澄
心
清
意

澄心文化

阅
读
致
远

cartman 绘

川端康成传

双面之人

［日］小谷野敦 著

赵仲明 译　李圣杰 审订

浙江文艺出版社
Zhejiang Literature & Art Publishing House

图书在版编目（CIP）数据

川端康成传：双面之人 /（日）小谷野敦著；赵仲
明译.—杭州：浙江文艺出版社，2022.4

ISBN 978-7-5339-6785-7

Ⅰ.①川… Ⅱ.①小… ②赵 Ⅲ.①川端康成
（1899-1972）—传记 Ⅳ.①K833.135.6

中国版本图书馆CIP数据核字（2022）第032126号

图书策划	邵 劼	封面设计	周安迪
责任编辑	邵 劼 徐 全	责任校对	牟杨茜
营销编辑	王莎惠 宋佳音	责任印制	吴春娟
封面插画	山 房	数字编辑	姜梦冉 任思宇

川端康成传：双面之人

[日] 小谷野敦 著 赵仲明 译 李圣杰 审订

出版发行	浙江文艺出版社	
地 址	杭州市体育场路347号	
邮 编	310006	
电 话	0571-85176953（总编办）	
	0571-85152727（市场部）	
制 版	杭州天一图文制作有限公司	
印 刷	浙江省邮电印刷股份有限公司	
开 本	710毫米×1000毫米 1/16	
字 数	511千字	
印 张	38	
插 页	4	
版 次	2022年4月第1版	
印 次	2022年4月第1次印刷	
书 号	ISBN 978-7-5339-6785-7	
定 价	128.00元	

川端康成
1968 年 10 月 17 日于瑞典

川端康成

晚年于镰仓

序言
数个相关话题

对孤儿故事的共鸣

对我而言，撰写川端康成的传记，与我过去撰写谷崎润一郎（1886—1965）、里见弴（1888—1983）、久米正雄（1891—1952）等三位作家的传记具有不同意义。

首先，川端是我最喜爱的作家。上高一那年，我读到大江健三郎的作品，从此"发现了文学世界"，开始集中精力一部部地阅读日本近代作家的作品。大江之后是太宰治，升入高二的1979年，我阅读了二叶亭四迷、岛崎藤村等人的作品。读完藤村的《春》，我再也无法忍受在那之后接触到无聊的作品。从那年秋天起，我将目光转向了外国文学，开始阅读莎士比亚。初次读到川端的作品是在那年的12月，我读了新潮文库出版的《睡美人》。阅读该作品的契机我记得不是很清楚，大概是因为当时我对"幻想文学"产生了兴趣，购买了《国文学 解释与鉴赏》9月刊以"幻想、特质——近代中的幻想时空"为题的幻想文学特集，从而知道了《睡美人》这部作品。该杂志上撰文介绍川端的人是河村政敏①。

杂志上还登载了短篇小说《片腕》，我读了一遍之后不由得为

---

① 河村政敏（1928— ），日本文学研究者。著有《毁灭美学：太宰治与三岛由纪夫》等作品。本书注释如无特别说明，皆为原注。——编者注

之惊叹，真是了不起的杰作。恰好我家里有一部《雪国》。于是，等到夜深人静，我翻开作品，却完全看不懂。我竟然如此无法读懂令人深受感动的作者的代表作，我甚至感到恐惧，害怕自己不懂文学。

因此，下一次阅读川端的作品，是在升入高三后的1980年5月，是由讲谈社文库出版的《伊豆的舞女、十六岁的日记和其他三篇》。我在上初中时，的确在国语的教科书上读到过川端在夏威夷大学举行的演讲《美的存在与发现》的开头部分。这篇以"我住在卡哈拉·希尔顿饭店……"开头的文章，当我读到"我发现角落的一张长条桌上，整齐排列着许多玻璃杯，晨光洒落在玻璃杯上，美丽极了"这一内容的时候，觉得无聊透顶。《十六岁的日记》也是在我上高一时从高中《现代国语》的课本上读到的，我不理解写出如此凄惨的故事究竟有何意义。无论过去还是现在，日本的国语教科书会让学生对文学产生误解，这一点从未有所改变。当然，作为读者而言，阅读《十六岁的日记》这种作品，我过于年轻了。我之所以选择讲谈社文库①，是因为那上面有作者年谱。自从读完讲谈社文库的大江健三郎的《万延元年的足球》之后，我在阅读某位作家之前，都会依据作家年谱制作该作家的作品年谱。新潮文库基本没有作家年谱，所以我当时的阅读，通常是从有年谱的角川、讲谈社、旺文社等文库本入门的。

这部短篇集还收录了《油》《篝火》《致父母的信》等作品。《油》和《篝火》是私小说，因此这部小说其实集中收录的基本都是私小说作品。和当时社会上人们的看法一样，我也认为私小说是不好的作品，可是，我却觉得《伊豆的舞女》是一部好作品。我为自己和周围产生的分歧而痛苦，因此非常理解主人公被舞女安慰时

---

① 此处文章指日本出版社出版的文库本书系或此书系版本，抑或是指代文库书系的出版部门。文库本为日本一种约A6大小且便于携带的口袋本书籍。——译者注

的心情。不过，让我感到震撼的是作品《致父母的信》。

　　当然，我不是孤儿，也不存在复杂的家庭环境。只是上高二时，我痴迷于高畑勋的动画《红发少女安妮》和NHK[1]播放的人偶剧《布丁布丁物语》，还有民营电视台重播的《小甜甜》，这些作品都是以少女为主角的孤儿故事。作为一个高中生，我大概过于与众不同了。从这一意义上而言，我的内心对川端存在某种共鸣。马特·罗伯特（Marthe Robert）在《起源的小说和小说的起源》（*Roman des origines et origines du roman*）中谈到孤儿故事与小说的深厚联系。如此抒情到撩人心弦的美感，是我从来没有感受到的。不过，那个时期我已经放弃了连续阅读一位作家作品的做法，等到下次阅读川端的作品时已经是高三的暑假了。我读了旺文社文库版的短篇小说集《抒情歌·玉响》，同时将"掌篇小说"放在案头，学习疲惫时便一篇篇地阅读，那是我最幸福的时刻了。川端用一气呵成的写作手法所呈现的抒情的、感伤的和富有青春气息的鲜明特征，令我感到："这不就是天才吗？"

　　当时，他是日本唯一获得诺贝尔文学奖的作家，"这不就是天才吗"的感悟着实可笑，但是当时对川端的赞誉声少得可怜。之后的暑假，我迷上了三木卓[2]。我之所以没有坚持阅读川端的作品，也有一下子读完太可惜的念头在起作用。因此，到了翌年1月，我读了岩波文库的《伊豆的舞女·温泉旅馆》。经历一次高考失败后，第二年我考上了大学，4月，我读了角川文库的《伊豆的舞女·禽兽》。这种读法有些奇怪，大概是出自应该读一些川端早期短篇的想法。回顾整个大学时代，我好像是在阅读川端的作品中度过的。那一时期，包括中公文库的作品在内，我几乎读完了文库版的全部

---

[1] NHK，即日本广播协会的简称，是日本第一家覆盖全国的广播电台及电视台。——编者注

[2] 三木卓（1935—　），日本小说作家、诗人。著有《胡桃》《理想的人生》等小说作品。

作品。

当时，穿过池袋的大十字路口，在通往立教大学的途中有一家专营文库本的书店。书店里有个脱销书专用货架。我在那个货架上买到了新潮文库的《东京人》，这是1985年4月的事了。读完之后，我又去书店买了第二卷，当时是1986年10月。读完两卷后，我彻底爱上了女主人公"弓子"。但第三卷，恐怕在我购买第二卷时就已经告罄了。之后，每当我逛旧书店时，总是不忘寻觅《东京人》的第三卷，但是没有找到。图书馆里当然有，可是我想自己拥有并读完它。此时我才了解到角川文库也出版了《东京人》的三卷本，但我同样没有找到。最终，我在旧书店买到了收录在全集中的两卷本中的下卷，读完《东京人》已经是1989年3月的事了。

伤感的作家

恰好从我开始喜爱上川端的1980年2月起，新潮社开始出版完整版《川端康成全集》，共三十五卷加两卷增补卷，这是历史上的第一次。我在书店购买了介绍全集内容的样本书。当然，那时我没有经济能力购买全集，因此在阅读文库本的同时，用荧光笔在样本书罗列的作品名上做记号。这样坚持了五年，样本书变得破烂不堪，我让川端全集的内容样本书变成了能表现韦编三绝之物。

1981年，对于川端而言是不幸之年。4月前后公布了川端康成文学奖获奖的两部作品，其中一部是深泽七郎（1914—1987）的《陆奥偶人》，但授奖却遭到了深泽本人的拒绝。他说接受奖项便是排挤他人，违背佛教的教义。然而，同年8月，他接受了谷崎润一郎奖，获奖的是同名短篇小说集。该事件引起全社会哗然。据说深泽声称自己讨厌川端，喜欢谷崎。同年6月，巴黎发生了日本留学生佐川一政杀害荷兰女性并食其肉的事件。佐川是川端康成研究者，因此有人评论此事件非常符合川端研究者的行事风格。在1981

年《国文学　解释与鉴赏》刊物的4月刊曾登载佐川与武田胜彦、海梅·费尔南德斯（Jaime Fernández）①等人座谈的内容。

当我了解到佐川也研究莎士比亚时，内心还是受到了些许冲击。因为当时我喜欢的文学家是莎士比亚和川端。不仅如此，该事件的前一年，大久保康雄翻译的纳博科夫的长篇小说《洛丽塔》（Lolita）由新潮文库出版，"洛丽控"②一词流传开来。不过，当时该词语还不带有现在这样的贬义，这是宫崎勤事件③发生后才出现的情况。然而，社会上或多或少存在着不敢对川端这样一位有着洛丽塔情结且多愁善感，进而自杀的作家宣称喜爱的氛围。④

1981年夏天，电视台开始放映根据长篇小说《山之音》改编拍摄的午间电视剧《爱的阳炎》，该电视剧与原著差别很大，改成了现代剧。尽管并不精彩，但是在补习学校放暑假期间，我一集不落地看完了整部电视剧。我至今对那首不知所云的主题歌记忆犹新："烟头上冒起的袅袅青烟/诉说着心中的迷茫/打住吧/眼泪是年少轻狂的原罪。"

当时，我也时常被人称作洛丽控，自己也觉得自己喜欢少女。川端作品中父亲带年少的女儿去跳芭蕾的情节让我十分好奇，我也梦想将来生一个女儿。现在回想起来，那是文弱书生都会有的梦想。在少女形象的塑造上，与川端创作风格类似的是电影导演大林

---

① 海梅·费尔南德斯（1938—　），西班牙人文学者。曾任日本上智大学副教授，专攻比较文学研究，为西班牙东洋学会会员。翻译川端康成《山之音》、远藤周作《沉默》的西班牙语版。——编者注
② 洛丽控，因小说《洛丽塔》中中年男子对未成年少女洛丽塔畸形的爱恋而得名，"控"指极度甚至畸形的喜爱之情。后谐音"萝莉控"，泛指对少女极度喜爱之人。——编者注
③ 宫崎勤事件，指1988年至1989年发生在东京与埼玉的少年诱拐杀人事件。罪犯宫崎勤在2008年被处以绞刑。——编者注
④ 对于川端康成是否具有洛丽塔情结且其自杀行为是否受此因素影响，目前学界未有定论。——编者注

宣彦①。另外，宫原昭夫的早期作品刻画的战后风格的少女形象则更具有鲜明特征，但是评委川端并没有对他的芥川奖候选作品《石头的精灵们》表达特别感想。宫原的另一部风格迥异的作品《麻风病疗养所》获芥川奖是在川端自杀前不久，川端缺席了评审会并表示弃权。

和上述作家相比，我对谷崎润一郎并不是很早就产生兴趣的。大学时代，我读了他的《细雪》后颇为感动，但并不觉得《痴人之爱》有多好。进入研究生阶段，我读了收入文库本的几乎所有的谷崎的作品，觉得《吉野葛》《芦刈》非常出色，但是《疯癫老人日记》远不足以与《睡美人》相提并论。

读研究生时，我喜欢的女生写了有关谷崎的论文，我问她："你认为川端怎么样？"她只说了两个字："异常。"川端有一些让女性讨厌的作品，如《湖》，我能感觉到川端不受女性欢迎。她说川端异常，这让我也怀疑自己的内心是否也有这种异常倾向。在见到鹤田欣也②老师时，我说自己喜欢川端，但女生说了令人难受的话。"不就是女生说了几句令人难受的话吗？"他说，"川端确实有被女性这么说的理由。"

鹤田欣也老师是我的恩师，于1999年去世。他堪称北美川端研究的代表性人物。不过，他的研究方法是新批评派的，几乎不搞传记类的研究。我在温哥华的不列颠哥伦比亚大学读书期间，有一次研究《万叶集》的学者中西进前来演讲。当时鹤田老师的主持发言非常精彩。正如纪实文学作家工藤美代子以近似离家出走的方式追随已有妻室的鹤田老师，并最终成为他夫人的这一事实所表明的那样，颇有女人缘的鹤田老师在温哥华拥有大量日本女性拥趸，会

① 大林宣彦（1938—2020），日本导演。电影作品有《画中少女》《穿越时空的少女》《四姊妹》等。——编者注
② 鹤田欣也（1932—1999），日本上智大学毕业。后在美国获得博士学位。曾任多伦多大学副教授、哥伦比亚大学教授。

场上来了众多中年女性。鹤田老师说："我和中西先生是关系很好的'闺密'，我们互相称呼'小欣''小进'……大家称他'中西万叶学'……我虽然研究川端，但没人称我'鹤田川端'……我上面光光的下面软软的……"他的话使会场气氛变得十分活跃。

我听鹤田老师说过他自己的过去。他从上智大学英文科毕业后赴美留学，留学第一年就接到了父亲去世的噩耗，当时没法坐飞机回家，在悲伤中度过了漫漫长夜。他想留在美国，害怕留学生签证过期，甚至梦见移民局的人找到自己。他还告诉我，当时他觉得研究日本文学能在美国找到工作，所以开始研究日本文学。但是，他当时为什么不回日本这件事一直是个谜。

1998年秋天，我决定辞去大阪大学的工作，于是请鹤田老师为我写了应聘东京大学公开招聘的推荐书。当我去信向他汇报应聘未成功一事时，在收到的回信中得知他得了癌症并已到了晚期。之后，我不知道自己该做些什么，鹤田老师便回了温哥华，这竟成了最后一别。后来我从鹤田老师出版的最后一部著作《越境者读过的近代日本文学》（新曜社）中了解到，鹤田老师2岁时母亲去世，他由继母抚养长大。我理解了，当时他是因此才不想回日本啊。我想，作为一直以来都在以《雪国》为素材讲述"另一个世界"故事的老师，他一定思考过"死亡"和"死后的世界"吧。

川端身上还贴着"温和保守派"的标签。获得诺贝尔文学奖后，他在东京都知事①选举中支持自民党候选人秦野章（1911—2002）对抗美浓部亮吉（1904—1984），当时被人说成"脑子出问题了"。在诺贝尔文学奖颁奖典礼上的纪念演讲——《我在美丽的日本——序言》，也被认为是在表达文化民族主义。

然而，我攻读的东京大学比较文学专业，虽然在别人眼里有着强烈的文化民族主义倾向，但几乎没有人研究川端。平川祐弘老师

---

① 知事，指日本都道府县行政区的首长。——编者注

（1931—　）和鹤田老师召开了研究《山之音》的学会，也出版了著作，但主要由于他和鹤田老师交往甚密，我从未听过平川老师主动谈论川端。不仅如此，鹤田老师来日本出席东京大学比较文学学会刊物《比较文学研究》的联合评议会时，小堀桂一郎教授（1933—　）在和大家进行了一番交谈后，突然开始攻击道："是要打造伟大的作家吧？川端康成这种人，就是个模仿者，有人要打造他吗？"

　　因为这番话太令人惊愕了，大家面面相觑。他的枪口无疑对准了当时在场的鹤田老师，甚至也攻击了平川老师。我不清楚他说的"模仿者"是什么意思，事后我试着问了一下鹤田老师，鹤田老师只是愁眉苦脸地回答："关系错综复杂啊。"说到关系错综复杂，后来弥涅尔瓦书房（ミネルヴァ書房）出版的"日本评传选"丛书中《川端康成：我在美丽的日本》一书的作者大久保乔树（1946—　），也是东京大学比较文学专业毕业的。大久保在尚未毕业的学生时代以评论家的身份登上文坛，受到江藤淳（1932—1999）极力推崇。小堀和江藤是政治上的盟友。川端的女婿川端香男里（1933—2021）是与小堀同龄的东京大学比较文学专业的毕业生，不过小堀的入学年份比川端香男里（当时姓山本）晚三年。香男里是文学部俄文科的教授，不参加比较文学专业的聚会。鹤田老师也谈起过大久保没有成为比较文学研究后继者的缘由。对于大久保，我也只见过其一面而已。

　　江藤淳非常厌恶川端。对川端充满恶意的川岛至（1935—2001），因针对川端写过既像评论又像攻击的文章，被清除出文坛。据说由于江藤的斡旋，川岛去了东京工业大学任职（井口时男《危险与斗争》）。川端自杀后不久，大久保撰写了大篇幅评论川端的文章，他从法国留学回国后，在东京工业大学的江藤手下当助手，之后去了东京女子大学。关于川端研究，"在野"的长谷川泉（1918—2004）可谓是位于研究的最前列，早稻田大学研究英国文学的武田胜彦、国文学者羽鸟彻哉（本名一英，1936—2011）等人则是主流学者。

1994年3月，小堀教授退休，在涩谷举办纪念晚会，从文学部退休的川端香男里也现身了，于是此晚会变成了两个人的退休纪念晚会。我毕业于文学部英文科，当时或许还是第一次见到香男里先生。那次晚会上，发生了平川老师在发言中攻击晚会主角小堀老师的事件。这一事件我在别处写过文章，在此不做赘述。当时恰逢我动身前往大阪工作的前夕，我也就此事与大家寒暄了几句。此时可能也是因为我自己对以语言教师的身份赴任一事心存芥蒂，因此狂妄地说道："若要问我为什么研究文学，那是因为西方人在研究，所以我要研究。"对此，站在墙边上的香男里先生频频点着头。

后来我在大阪生活了五年，而川端正出生于大阪。可能会有人问，五年时间你能搞清楚什么？即便如此，我还是觉得这比从来没有在大阪生活过要强。

自杀还是事故？

臼井吉见（1905—1987）将引发川端自杀的导火索——少女女佣的故事写成了小说《事故的原委》，发表于1977年，当时我正在上中学三年级。川端家人对此提出抗议，最后闹上了法庭，臼井和出版社筑摩书房败诉，此书不再发行。考上大学的第一年，我在旧书店买了这本书，读完之后感觉书中的内容在一定程度上应该是事实。为此，我在2010年出版的《现代文学论争》（筑摩书房）一书中，通过当时的文献进行了精心考证（只是女佣的名字有错）。

目前，川端的传记共有三部：川端在世时由古谷纲武（1908—1984）撰写的《川端康成评传》（1968），曾任川端编辑的进藤纯孝（1922—1999）执笔的《川端康成传记》（1976），以及大久保执笔、弥涅尔瓦书房出版的"日本评传选"丛书中的《川端康成：我在美丽的日本》。其中最正式的传记当数进藤的那部著作，不过那也是写在包括书信在内众多未发表资料得以公开的三十五卷（增补两卷）本全集出版之前。大久保的评传没有任何新发现，只是简单叙述了川端的生平。

我调查后吃惊地发现，眼下没有一部关于川端研究的英文版著作。或许可以做这么一个类比：文库本《睡美人》的解说中，三岛由纪夫将川端比喻为法国作家普罗斯佩·梅里美（Prosper Mérimée）①，但是日本没有一部关于梅里美的著作。然而，自己国家的诺贝尔文学奖获奖作家，即将迎来他的四十周年忌辰②，是时候对进藤传记之后的资料进行全面查证，并出版一部至少两卷本的传记了。川端的传记性研究成果中有：羽鸟彻哉著《作家川端的根基》（《作家川端の基底》），该著作对川端家族进行了研究；秀子夫人著《和川端康成在一起的日子》（《川端康成とともに》），详细叙述了川端的前半生；佐藤碧子（1912—2008）著《瀑布之声：怀旧的川端康成》（《瀧の音　懐旧の川端康成》），这部传记与秀子夫人的著作相得益彰，描写了川端生平中不为人知的部分，同时也是佐藤的自传。另外，还有川端学会年报每年发行一部的《川端文学的视野》（《川端文学への視界》），挖掘未收录于全集中的文章和书信，大森郁之助和深泽晴美等人对少女小说、海外儿童文学的代笔作品的研究也十分深入。然而，最为可惜的是，《事故的原委》停止发行事件令川端的传记研究遇冷。

过去我写过三位文学家的传记。我总有一种感觉，读者追求的是"伟人传"。在川端身上，他们希望看到的是：一个孤儿历经千辛万苦考入东京大学，以作家身份成名，最终成为日本首位诺贝尔

---

① 普罗斯佩·梅里美（1803—1870），法国作家、戏剧家和历史学家，代表作有剧本集《克拉拉·加苏尔戏剧集》，短篇小说《卡门》《高龙巴》等。——编者注
② 此序文撰写于2012年3月，日文版《川端康成传：双面之人》首次出版于2013年5月。——编者注

文学奖获奖者，他将日本之美传遍世界。在这一点上，进藤执笔的传记以冷静的笔触，对战后川端量产"通俗小说"的行为进行了严厉批评，这令人深感意外。当然，我会写川端好的地方，也会写他不好的地方，重要的是，我要尽最大努力接近事实。还有一点，尽管是"传记"，还是有很多读者期待写成"作品论"。文学家的传记，往往会变成一部作品论的大拼盘。我想将作品的论述限定在最小范围，这也是因为我对20世纪80年代以来流行用"文学理论"进行"作品分析"的做法深恶痛绝。我觉得名作家的作品，甚至"骨头"都已经被舔干净了，想要出现惊世骇俗的新解释只能是个笑话。这些是我想声明在前的。

加藤周一的《羊之歌》（岩波新书）中描写了东京大学医学部学生加藤去好友中村真一所在的法文科听铃木信太郎教授讲授马拉美①的情形。铃木用了一节课的时间讲马拉美借房子花了多少钱。加藤对中村感叹道："我太吃惊了。"中村说："今年讲到马拉美了，已经不错啦。之前有一年的时间都在讲马拉美出生前的事啊。"不用说，这是在讽刺传记研究有多么可笑，年轻时的我也是这么理解的，但是我现在还是要用这种实证性的方法来写传记。当然，我不会写完一卷后才写到川端出生。事实上，川端是北条泰时的后代，想要费一卷笔墨来写并非不可能。俗话说"上帝存在于细节之中"，不可思议的是，日本人在传记写作上很少有人这么主张。在西方社会，细节上经过充分调查的传记文学受到推崇，但日本人好像依然偏爱如"悼词"般为对象唱赞歌的传记。

而且，出于上述理由，对死者家属的采访十分困难，且多数写作者也不想进行采访。之所以不想采访，是因为死者家属往往要求作者写成赞美式传记，并且会对完成后的作品表示不满。死者家属

---

① 马拉美，指法国象征主义诗人斯特芳·马拉美（1842—1898）。代表作品有《牧神的午后》《爱罗狄亚德》。——编者注

即便对采访者透露了一些有意思的事情也会说："请不要把这件事写进去。"我时常听说因撰写名人传记而和家属之间发生矛盾的事，这些事往往让采访者不知所措。也许是因为我自身没有遇到过这样的问题（和名人家属之间的矛盾），所以我甚至会在听说有人卷入这种纠葛时深感不快。就川端的问题而言，香男里先生的行为有些令人费解：他同意在三十五卷（增补两卷）本全集中收录证明川端请人代笔的书信。我推测《事故的原委》停止发行事件，是由于川端的遗孀秀子的强硬态度才走到了这一步的。香男里先生可能觉得应该保持沉默吧。

社交之人

结束了川端传记的前期调研，我想先告诉大家一个惊人的发现——川端是一位极具社交性的作家。坊间流传着有关川端的传说：他很孤独、有社交恐惧症、难以接近、沉默寡言，还会用可怕的眼神凝视来访的女编辑并吓哭对方。

川端也在文章中写过自己不善社交，因此才有了他获诺奖后性格变得怪异、十分厌世等议论。与川端有直接来往的人也在文章中写道："川端厌恶社交，有社交恐惧症。"另一方面，据川端的家人说，川端非常照顾北条民雄（1914—1937）等后辈，从不拒绝帮助人，十分古道热肠。

然而，从青年时期到去世前，川端其实是一位让人瞠目的社交家。即便主观上不喜欢社交，他却担任日本笔会会长一职长达十七年。从客观上而言，不断与人打交道的川端是个极具社交性的人物。我之所以这么说，并非只是因为他在战后成了大作家，担任镰仓文库的要职以及日本笔会会长，还与政坛、财政界的大人物有着频繁交往。而且，在《文艺时代》创刊之际，川端将许多同人召集在一起，居住在汤岛、轻井泽时前来拜访的人络绎不绝等事实，我不得不说，他始终是一位社交家。当然，或许有人会说，他表面上擅长社交而内心十分孤独。但是，这也是社交家通常都有的特征，并不限于川端。从我这种货真价实的属于非社交性群体之人的角度来看，川端能与为数如此众多的人心平气和地交往，确实令人诧异。

如果从善意的角度来解释，他是个温和的、有人情味的人；从恶意的角度来解释，也可以骂他为"政治家""文坛总理大臣"。川端本人说自己幼年就成了孤儿，形成了不擅长与人争辩的性格，这一点应该是事实。自从他结束了从青年时代起写了很长时间的文艺评论之后，包括芥川奖的评审在内，他甚至没有批评过别人的作品。

另外，1957年，为了准备东京国际笔会，川端赴欧访问。从那时起他经常出差海外，社交活动频繁。有人说这令他疲惫不堪，睡觉全靠安眠药，变得十分厌世。他还两次声称想辞去日本笔会会长的职务。不过，即使是因为有人竭力挽留，川端才继续留任，那还是证明他的确是一个社交型人物。从我这个与诸如谷崎润一郎这样和文坛上的人际关系保持距离的作家有着强烈共鸣的人的角度来看，会长一职，即便是众望所归，只要去意已决，没有辞不掉的理由。事实上，有人推举里见弴担任镰仓文库的社长职务时，被他断然拒绝。①另一方面，川端身上还有一些令人难以捉摸的疑问，例如他和夫人是什么时候在一起的，夫人在《和川端康成在一起的日子》中所披露的不为人知的故事，以及人们所说的少女控等情况。

对我而言，最不可思议的是他的社交性，以及程度堪称异常的旅行兴趣。川端疯狂旅行，究竟出于什么心态？谷崎住在关西时，也时常往返于其位于热海的别墅，对于川端，我可以理解战前无法

---

① 关于此事，可参见本书作者的《里见弴传："迂直"的人生》（中央公论新社，2008）。后文中川端拒绝担任里见弴丧礼的治丧委员会委员长一事也可参见此书。——编者注

在家里工作而入住旅馆，但令人费解的是，他战后频繁前往京都。我不认为这出自他对古都的热爱。

于是，我将这部传记的副标题定为"双面之人"，意指川端具有两面性：一方面他是孤独的艺术家，另一方面他又是热衷旅行的社交家。

还有一个是我很久以来十分关注的问题，即川端与谷崎润一郎的关系。在昭和时期的日本，这两位作家以十分相似的耽美风格并称双璧，其中谷崎比川端年长13岁，但二人的关系却并不融洽。三岛由纪夫等人都师从过这两位作家，今东光①既是川端的好友，也是谷崎的弟子。从第二次世界大战开始，川端对志贺直哉、岛崎藤村、正宗白鸟、永井荷风等文坛前辈们礼仪周全，唯独对谷崎颇有戒心。他与除了担任艺术院院士之外从心底里对作家团体活动深感厌恶的谷崎，站在截然相反的立场上。一头是对自己所厌恶的事情坚决说不的谷崎，一头是对任何人都十分随和的川端。还有一位川端从未对其打开心扉的人物，那就是身居镰仓的里见弴。这位年长川端11岁的镰仓文士中的前辈，在川端去世时曾被请求担任治丧委员会的委员长，结果他直截了当地拒绝了。对谷崎和里见有着亲近感的我，非常明白他们从与世无争的川端身上感受到的违和感。

代笔问题

1984年结集出版的三十五卷（增补两卷）本川端全集，是当下最具权威性的版本。但是，出版时间已经过去了二十九年，在那之后又发现了其他书信和新的资料，从这一角度来考虑，推出新的全

---

① 今东光（1898—1977），日本僧人、作家。在大正末期作为新感觉派作家登上文坛。代表作为《爱染物语》。——编者注

集也未尝不可。之所以没有推出，大概是因为预计收支难以平衡吧。

　　全集的编委中有山本健吉、井上靖（1907—1911）、中村光夫（本名木庭一郎，1911—1988）等人，不过他们应该并没有实际参与编辑工作。每一卷的卷尾都有详细的内容介绍，有的还收录了相关文章，堪称是一套十分出色的全集。当然也存在一些问题，如有的作品被删除了。第一卷的卷末对此做了说明，如"一、经他人协助的著作"中提到了《小说的研究》和《小说的构成》。对于川端，至今还有些熟悉这方面情况的人对其"代笔"问题表示关注。《小说的研究》，前半部分是伊藤整（1906—1969）所写，后半部分来自川端撰写的文艺评论的精选。全集出版前的1977年，讲谈社学术文库将该著作作为川端的著作出版，虽然有一些人了解此事，但我不清楚这件事是什么时候浮出水面的。不过，从全集的书信中可以清楚了解到，《小说的研究》由伊藤整代笔，至于续篇《小说的构成》，川端也接受了约稿，只是因为工作过于繁忙，便转交伊藤整写作，而伊藤整委托给朋友濑沼茂树（1904—1988）操刀，这件事也可以从书信中获知。另外，从全集收录的书信中可以了解到，《少女的港口》和《花物语》也是中里恒子（1909—1987）代笔的作品。但是，这些作品都被收进了全集。其次，被删除的作品有"二、少年少女小说"中于战后即1945年（昭和二十年）以后发表的大量作品，包括长篇小说《歌剧学校》《万叶姊妹》《花与小铃》《亲友》《漫长的旅程》等，以及短篇小说数篇。

　　关于"二"中的作品，平山城儿（1931—　）明确表示，自己母亲是《歌剧学校》的代笔者。据说《万叶姊妹》由佐藤碧子代笔，但没有确凿的证据证明。而且，在这种情况下，作品也没有以"一"的理由被删除。1977年集英社文库"精灵"系列推出了《万叶姊妹》，所以我读了该作品。而且，全集中附有著作年谱，那上面也删除了"战后少年少女小说"，这种编辑方针有些让人费解。

另外，《漫长的旅程》似乎也被搞错了，实际上应该是河内书房出版的"梦幻小说"《遥远的旅程》。川端战后出版的作品极多，还有不少是对海外儿童文学的再创作，也都从全集的著作一览表中删除了。深泽晴美撰写的论文中详细论述了川端的代笔问题，为我提供了很大帮助。

在少女小说方面，《校花》被改名为《阳炎之丘》，也成了短篇小说集的书名，这在全集中是看不出来的。因此，全集并非没有问题。但是，该全集公开了川端的来往书信以及日记，具有划时代意义，它在很大程度上帮助研究者厘清了过去的研究中没有搞清楚的问题。还有秀子的《和川端康成在一起的日子》，也摘录了一部分未发表的日记，令我受益匪浅。不过，在经历了《事故的原委》事件之后再来看的话，川端的家人同意公开那些能清楚表明是代笔之作的信件实属难能可贵。在代笔问题上，曾根博义认为川端是"无赖中的无赖"，和曾根持相同立场的人不在少数。但是，我觉得不能一概而论地指责请人代笔的行为，因为有的代笔者非常年轻，是尚未崭露头角的创作者，川端向他们支付稿费、提供援助，这方面的意味十分明显。战后，川端和野上彰（1909—1962）共同翻译外国儿童文学作品，野上因病生命垂危，川端要求将版税全部支付给野上，这件事成为当时的美谈。

另一方面，我还认为，当代笔者以作家的身份在文坛上占有了一席之地后，也应该在适当的时机将代笔之事交代清楚。最让人不解的是中里恒子，最近《少女的港口》又在最初的出版社——实绩之日本社以复刻版和新版的豪华两卷本形式出版，进而又出了文库本。但是，这几个版本的作者署名依然是川端康成。当然，书中所附的解说中写到了此作品和中里的关系，然而说法是川端对中里所写的内容进行了大幅度修改。据我所知，川端只是修改了文字，故事是中里的创作。此外，版税是归了川端家，还是到了生活在美国的中里著作权继承人的手中，抑或是两者平分，实绩之日本社理应将相关情况公开。

关于川端的代笔问题，还有一部名为《空中的片假名》的作品，目前的研究中没有人触及这部作品。龙胆寺雄（1901—1992）在《致 M. 子的遗书》中指出该作品是内田宪太郎的代笔之作，川端对此予以否认。然而，这部刊登在《中央公论》上的佳作——《空中的片假名》，川端生前没有在任何出版社出过其单行本。全集第二十一卷至第二十三卷是"未出版作品"，收录了发表过但未出版单行本的作品，以及从未发表过的文稿。第二十一卷中以《千代·空中的片假名》为题收录了该作品。其他的未出版作品，大多是川端死后至全集出版这一期间内出版的作品，收入《天授之子》《海的火祭》《舞姬的日历》以及包括《千代》和《空中的片假名》等作品在内的短篇小说集《婚礼与葬礼》也位列其中。人们认为龙胆寺因这部作品指责菊池宽和川端而受到文坛封杀。事实上，龙胆寺之后以书面形式对两人表示了道歉，因此没有被封杀至战后。全集中，在川端的"反驳文"的解说文中全篇刊载了该道歉文，但完全没有涉及《空中的片假名》为何没有出版单行本的问题。另外，未出单行本的作品，大多是川端为赚些零花钱所写的读物。全集中还收录了名为内田宪太郎的人写给川端的信件，此人住在贫民街，立志于文学事业。目前尚未发现正面谈及《空中的片假名》的论文。

解说中还写到了当初师从川端却因怀才不遇而精神失常，并开始憎恶川端的耕治人（1906—1988），他和上文提及的内田沆瀣一气。该书信集，对川端的代笔作品态度暧昧，欲言又止，令人不可思议。

井伏鳟二的代表作《黑雨》抄袭了提供素材的重松静马的日记，直木奖获奖作品《约翰万次郎漂流记》盗用他人的素材，这些情况，十年前在读书界掀起轩然大波。事件的契机源于猪濑直树的《流浪汉　太宰治传》（2000）。猪濑在这之前写过一部川端和大宅壮一①青年时代题材的小说《杂志青春谱》，并未涉及川端的代笔问题。后来他又创作了描写菊池宽的小说《心灵的王国》，该作品连载时受到质疑，被人认为他剽窃了代笔问题另一方当事人佐藤碧子的著作，实际上为了表明佐藤是创作协助者，双方在杂志上进行了对谈。

当然，我不是想写一部批评川端的著作，只是想写出一部没有任何禁忌的传记。

过去有一个时期，围绕"日本文学作品的特征是结局暧昧"的讨论十分流行。1990年出版的《结局的美学》（国文学研究资料馆编）等著作堪称典型代表，实际上阅读一下丸谷才一的随笔，他在1988年就这么写过。当时我也基本认同他的看法，后来经过认真考虑发现不妥——那只是美国等西方的日本文学学者单纯地将眼光放在《源氏物语》和《雪国》上而提出的观点，通览整个日本文学，有清晰结局的作品占压倒性多数。川端的作品，没有清晰结局的特征广为西方人所知，但仅以川端作品和《源氏物语》来谈论日本文学是非常错误的行为。这也是需要加以反省的问题。

关于年龄的计算方法，过去我在撰写传记作品时也为此煞费苦心。战前使用虚岁、战后使用实岁是通常的做法。使用虚岁没有什么问题，使用实岁则需要了解生日，当某个事件正好发生在传主生日之际，那就需要一一加以说明。因此，我只是单纯地采用"年龄"这一说法替代"实岁"，只要用某事件发生的年份减去出生年份，该年份中一定包含实岁的年龄。②

---

① 大宅壮一（1900—1970），日本作家、编剧。代表剧作《千夜一夜物语》《日本最长的一天》。——编者注
② 因中日对年龄算法不一致，本书如无特别说明，所有年龄采用中国虚岁的计算方式。——编者注

第一章
北条泰时第三十代传人

川端家族的谱系

横光利一写过川端长得像北条早云。这么说来，川端和那位大名鼎鼎的北条早云即伊势宗瑞的肖像画有几分神似。横光大概也是在听说了川端是北条氏的子孙的传闻后才这么想到的吧。不过，川端的祖先是执掌镰仓政权的北条氏，以早云为始祖的后北条氏也自称是该北条氏的后代。

川端自己在文章中提到，家里有将北条泰时尊为始祖的族谱。祖父三八郎整天将族谱挂在嘴上念叨，甚至到了令人厌烦的程度。这种族谱中的始祖大多是后人牵强附会而成，不能轻信。祖父为这样的族谱引以为豪，川端曾写道，让他的内心深受煎熬。但是，这份纵跨三十个世代的族谱，在1902年（明治三十五年）被亲戚黑田善右卫门的幼子山田丰藏（1872—1952）刻在匾额上送给了川端家，羽鸟彻哉的《作家川端的根基》一书的卷首插图中正有该匾额正反两面的照片。

亚历克斯·哈利（Alex Haley）发表了小说《根》（1977年被翻译为日文版）之后，"根"（Roots）一词常被用作表述"祖先"之意。1968年川端获得诺贝尔文学奖时，远房亲戚川端富枝和笹川隆平（1913—1991）——应该是川端小学时期的同学笹川良一的同族——两人热心调查了川端的家族情况，出版了自编版族谱。羽鸟

又对此进行了第二次调查，基本弄清了始于元禄时代前后至后来的
祖辈的实际情况，并附在书的卷末。之后，笹川又多次进行调查，
撰写了《川端康成》一书，并于其去世后的1991年出版。笹川在
书中推测川端家和北条氏扯上关系的族谱，可能是三八郎制作的。

任何人只要向政府申请"除籍誊本"，①就都能够追溯到近世②
末期的祖先，近世之前，则需要对檀那寺③的早期记录、古文献等
进行调查。康成的出生地是父亲的私人诊所所在地大阪市北区此花
町，父母去世后，他在祖父的照料下长大，因此现在茨木市的宿久
庄被认为是康成的老家。从族谱上来看，这也是顺理成章的，川端
家历代都是这个村庄的"庄屋"④。

那幅匾额，右边刻着大字"平氏"，写着"北条康时之九男骏
河五郎道时之三男"的字样，第二行刻着"川端家初代舍人助道
政"。接着分成两栏，上栏刻着"二代　权大夫道次""三代　藤兵
卫尉道则""四代　多太夫道贞"。羽鸟等人所做的调查，始于文禄
时代的第十八代左卫门。

我不清楚为什么不是"泰时"而是"康时"。北条泰时无疑是
时政的孙子，为镰仓幕府的中兴之祖，没有九男道时这个人物。泰
时的弟弟有时生有一个名叫骏河五郎的儿子，并被准确记录在册。
但是，他的儿子川端舍人助这一人物则没有记录。这样来看，该族
谱即便是真的，川端家族也不是泰时而是其父义时的后代。只是由

---

① 除籍誊本，户籍上的人因死亡或婚姻——从该户籍中去除，最终该户籍变成无
人状态停止使用。"除籍誊本"为该户籍的副本。——译者注
② 日本的时代划分，狭义的近世一般指安土、桃山、江户时代。——译者注
③ 檀那寺，指佛教信徒所皈依的寺院。该寺院负责保管信徒家祖先的牌位以及为
信徒家操办各种佛事。——译者注
④ 庄屋，日本江户时代村落中的最高长官，西日本称为"庄屋"，东日本称为"名
主"。——译者注

于义时恶名远扬，他暗杀了将军源赖家，在承久之乱①中流放了后鸟羽上皇；泰时则恰好相反，在《神皇正统记》一书中被称颂为名君，因此被立为川端家族的始祖。

羽鸟彻哉通过详细的实证性调查有了重要发现。川端康成是"孤儿"一事广为人知，这一点为研究川端文学增添了重要依据，而要了解这个人物，我们也必须同样程度地重视他那出自名门的家族谱系。

茨木市的宿久庄东村是川端家族世世代代生活的地方，川端家族的姓氏被允许使用大约始于18世纪末。正如"庄"字所显示的那样，这里原本是藤原摄关等贵族的庄园，到了中世②就已经可以见到这个名称了。1785年，川端家第二十七代传人三右卫门几康出生了，他是第二十六代传人三平的儿子。1840年，三右卫门的长子，本应成为继承人的24岁的时次郎死了。于是，亲戚家的吉川源左卫门的次子，即同年出生的三八郎被过继给三右卫门当养子。这是羽鸟的推定。三八郎的出生日期，户籍上记录的是1841年（天保十二年），实际上应该是前一年。这位三八郎，就是《十六岁的日记》中川端康成照顾并为其送终的祖父。

全集以及秀子的《和川端康成在一起的日子》都收入了——经过羽鸟调查并厘清——过度复杂的川端家族及其亲戚的族谱。川端家与黑田家关系密切，两家有嫁娶以及收养养子方面的关系。这在过去是司空见惯的事情，我对自己的家世进行过调查，小谷野家与矢田部家也有这层关系。我的祖父是上门女婿，来自矢田部家。只是在川端家族的这一族谱中，甚至写上了养女的丈夫香男里的父母家——山本家的名字，以美术史家闻名的香男里的胞妹若桑绿也名

---

① 承久之乱，承久三年（1221），后鸟羽上皇为征讨北条义时掌权的镰仓幕府发动的战乱，以后鸟羽上皇的失败告终。——译者注

② 日本史上的"中世"，指12世纪末镰仓幕府诞生至16世纪末室町幕府灭亡的历史阶段。——译者注

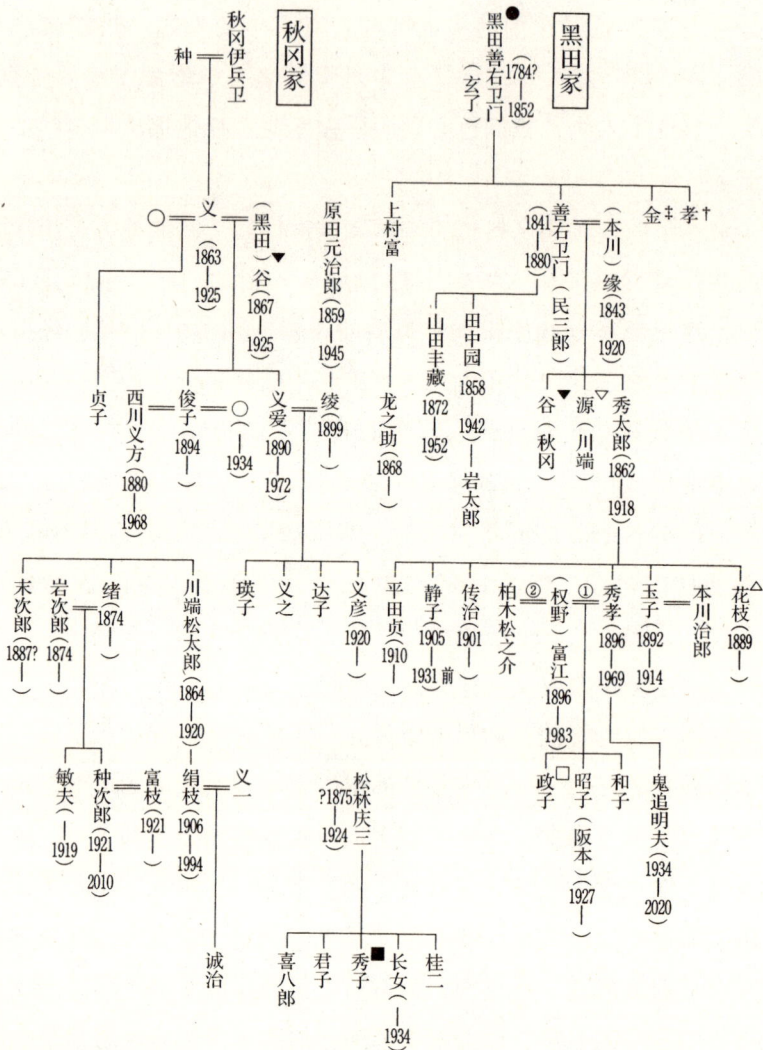

吉川家　**川端家**

川端家（右）

- 23代　川端武兵卫　1666—1738
- 24代　三郎平　1700—1748
- 25代　三郎平／武右卫门　1727—1779
- 26代　三平　1751—1825　　能　1756—1794
- 三平　1751—1825
- 石　1789—1858
- 峰 ★ 吉川家
- 27代三石卫门儿康　1785—1861
- 黑田玄了 ●
- 时次郎　1817—1840
- 三八郎 ▲

川端家（中）

- 川端三八郎 ▲（康筹）1840—41—1914
- （黑田）金　1839—1906 ‡
- （黑田）孝 †　1837?—1860
- 称随　1863—1914?
- 富三郎　1871—1878
- 荣吉　1869—1901
- 源 ▽　1864—1902
- 常太郎　1858—1894
- 恒太郎
- 秀子 ■　1907—2002
- **康成**　**1899—1972**
- 芳子　1895—1909
- 山本政喜　1899—1960
- 政子 □（1932—）
- 山本香男里
- 若桑绿　1933—2021／1935—2007
- 阿母里　1922—2002
- 明成　1971—
- 明　1969—

吉川家（左）

- 吉川源左卫门
- 峰 ★
- 真
- 定右卫门（源左卫门）（?—1849）
- （田中）直
- 蓑内民
- 中村樟（—1915）
- 三八郎 ▲
- 直藏（—1873）
- 雄弘
- 源三郎
- 蓑内收（1896—1971）
- 富美
- 平田龟次郎
- 三郎
- 四郎
- 耕之辅
- 庆三（—1931以前）
- （黑田）花江养子 △
- 贞（黑田）

┆┆┆＝养子

列其中，但川端康成的妻子——秀子的家人却完全不见踪影。

有人曾说年谱上看不出川端与秀子夫人是哪年结的婚，结婚的情况，通过秀子的文章才第一次明晰。尽管两人结婚之初有一段时间和秀子（户籍中的名字为片假名ヒデ）的母亲、弟妹一起生活，这些人却没有一个发声，也没有人进行过调查。

黑田，正确的读音似乎是"KUROTA"而非"KURODA"①（上田宏范）。与三八郎结婚的是黑田家族历代自称为"善右卫门"的名叫"孝"的姑娘，比三八郎年长。政界发生"安政大狱"②事件时，孝生下了长子常太郎。1860年（万延元年），她在生次子时亡故，孩子也胎死腹中。于是，比三八郎年长1岁的孝的妹妹金嫁给三八郎为填房。当时幕府风云变幻，尊王志士往来于京都和大阪之间，1863年（文久三年）8月18日的政变中，被萨摩藩和会津藩逐出京都的长州藩和尊王派势力丧失了政治上的主导权。试图卷土重来的长州藩攻入京都发动"禁门之变"，以失败告终，最终幕府军和新政府军在鸟羽、伏见发生激烈冲突，幕府军败退，幕府将军德川庆喜从大阪湾乘船逃回江户。川端应该读过这方面的史料，但是他的作品完全没有写过这些故事。

羽鸟彻哉的书中虽也涉猎了"菜种骚动"这一德川时代因农作物问题而发起的农民运动，但他没有提到领主是谁。我认为德川时代宿久庄称为"岛下郡"，受高规藩的永井家统治。其实，宿久庄不在美浓加纳藩永井家的辖地内，似乎是由地方官管辖。加纳位于岐阜县，对于年轻时期的川端康成而言是重要的地方。另外，说到永井氏，作为德川家的谱代③，出过旗本④，永井荷风以及高见顺

---

① 日语姓名中，"黑田"通常发音为"KURODA"。——译者注
② 安政大狱，1858年（安政五年）幕府权臣井伊直弼对尊王攘夷运动进行的一次大镇压。——译者注
③ 谱代，指1600年的关原之战以前追随德川家康的地方大名。——译者注
④ 旗本，江户时代拥有谒见将军的资格的幕府大臣。——译者注

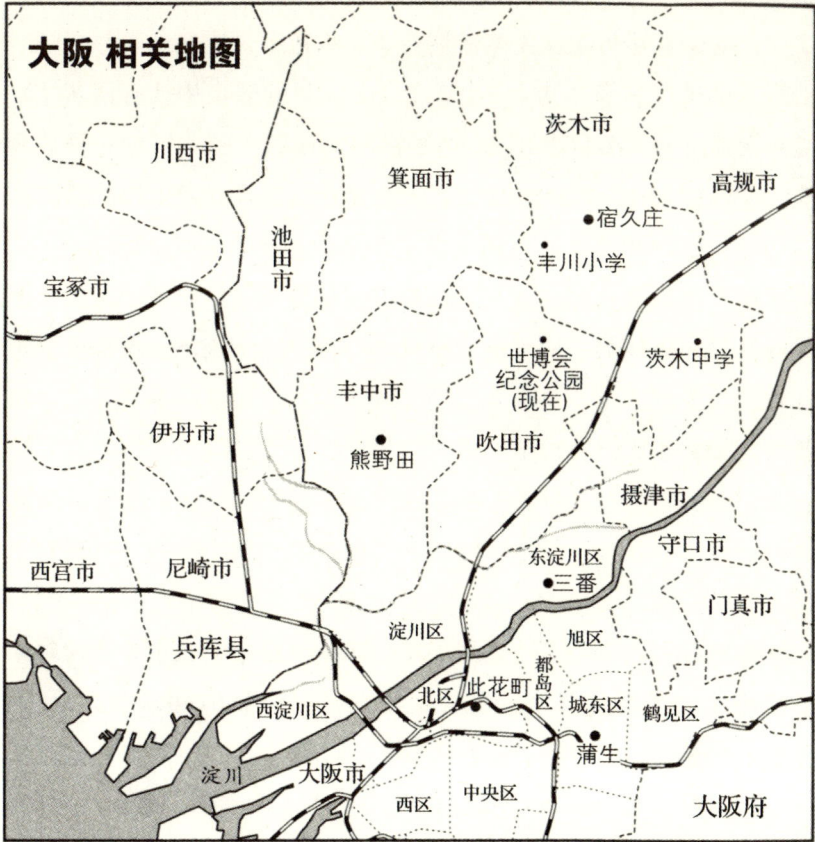

大阪 相关地图

川西市

茨木市

箕面市

高规市

宿久庄

池田市

丰川小学

宝冢市

世博会
纪念公园
(现在)

茨木中学

丰中市

吹田市

伊丹市

熊野田

摄津市

守口市

西宫市

尼崎市

东淀川区

门真市

三番

兵库县

淀川区

旭区

都岛区

西淀川区

北区

此花町

城东区

鹤见区

淀川

大阪市

蒲生

西区

中央区

大阪府

（1907—1965）是其后代。川端康成是否了解这一历史，我完全不得而知。

川端荣获诺贝尔文学奖后被授予茨木市荣誉市民的称号，当时他写过随笔《在茨木市》，这篇文章在全集的解说中注有假名"いばらぎし"（IBARAGISHI），这是错的。地名"茨木"的正确读音应为"いばらき"（IBARAKI）。无论是茨城县还是茨木市均是"いばらき"（IBARAKI），不念浊音。有人在文章中写道，被视为川端老家的茨木市恰好在大阪和京都的中间位置，其实这并不准确。至少养育川端康成的，应该是大阪郊外的土地。从地图上看似在京都和大阪的中间地带，从文化角度理解的话，处于大阪和京都中间位置的应该是水无濑、山崎一带。

没落世家的血脉

1869年（明治二年）1月，三八郎与填房金夫人生下了次男荣吉，他就是康成的父亲。曾祖父三右卫门在1861年（文久元年）去世，终年77岁。三八郎继承家业，时值而立之年。当年发生了"版籍奉还"①这一历史事件，宿久庄归于"知藩事"②麾下，1871年（明治四年）因废藩置县成为加纳县，同年11月编入大阪府。武士变成士族，失去了俸禄，过着不安的生活。直到1947年（昭和二十二年）民法修正为止，士族和平民的身份，不仅记录在户籍上，而且也清楚地写在大学的毕业证书上。芥川龙之介和志贺直哉是士族，川端康成是平民。不过，即便是平民，川端家也还是富农，比起不上不下的下级武士，日子过得还是富裕的，川端和岛崎

---

① 版籍奉还，指1869年（明治二年）实行的一项中央集权政策，即各地方大名向天皇交还各自的领土和辖内臣民户籍管理权。——译者注

② 知藩事，实施版籍奉还后维新政府在过去的旧藩中设置的管理长官。——译者注

藤村的出身相同。

川端在战时写的《故园》中详尽叙述了自己的身世，他写自己家庭堪称"乡村贵族"，在《临终之眼》等文章中称自己是出身于没落世家中的艺术家。在《十六岁的日记》中，我们仿佛读到了在没有女佣和下人的贫苦农民家中，一个年幼的孙子独自照看体弱多病的老人的故事。这里可能让人产生了两种误解：一种是川端出身于贫苦农民家庭，另一种是人们忽略了当时能够在五百坪①的土地上建起房屋的家庭绝不是真正的贫苦农家。

日本和西方社会的巨大差异在于，作为日本统治阶级的武士，只拥有行政权和征税权，自身并不是大规模土地的所有者。与此相对，西方的贵族拥有自己的土地。在这样的背景下，托尔斯泰、普鲁斯特等贵族出身的作家不需要为金钱写作。在日本，志贺直哉、永井荷风、有岛武郎是家财万贯的作家。第一次世界大战后欧洲贵族走向没落，英语这一语言拥有了强大的读者群，倚仗这一优势，美国作家占据了另一种有利条件，且直到今天。

谷崎润一郎，祖父是优秀的实业家，因此他自小就是个少爷。祖父去世后，因为父亲无能，家境急速走向衰落。在川端家，散尽巨大财产的应该是祖父三八郎。在福泽谕吉的《劝学篇》尚未成为畅销书的明治时代前期，大量有钱人创办企业，有成功者也有失败者。

三八郎，号万邦，是一个知识分子，通晓和歌、书画、易经等，著有研究宅邸风水的《构宅安危论》《要话杂论集》等书，他的几个儿子后来也在寺西易堂处学习汉学。他创建了制药、制茶、生产寒天②的企业。制药方面，他创办了"川端青龙堂"，生产制造中药。但是，三八郎的实业投资都失败了，到了康成出生的1899

---

① 坪，日本《尺贯法》规定的面积计量单位，1坪约等于3.3平方米。——译者注

② 寒天，亦称琼脂，一种含有丰富胶质的海藻类植物的萃取物，是一种高端食品。——编者注

年（明治三十二年），他几乎已经耗尽了所有家财。1885年（明治十八年）他用房屋做抵押，可是翌年房屋也赔了进去，只得举家离开宿久庄，投奔西成郡丰里村大字3番（现东淀川区丰里）的黑田家，之后又搬去了位于丰能郡熊野田村（现丰中市）的亲戚小寺家。

　　大阪府过去由摄津、河内[①]、和泉三国组成，合称为"摄河泉"。到了近代，从摄津西部，即尼崎市至神户市一带归入兵库县。因此，现在把兵库县算作是近畿地区其实是一种错误的看法，只有摄津的部分原本才属于近畿地区，剩下的兵库县的播磨国属于日本的中国地区[②]。

　　现在，大阪府北部依然被人们称为"北摄"。在大阪府中，有以大阪市为中心的都市区域和以吹田市为中心的北部都市区域。现在大阪的中心位域是同时也被称为"大阪站"的"梅田站"，其北部有东淀川、淀川、西淀川等三个区，三个区的北部由西往东与丰中、吹田两市接壤，该两市北部由西往东有池田、箕面、茨木等三市，每个地区都如针刺般与大阪的都市中心相邻。川端康成的活动范围，是从茨木南部至吹田、丰中一带。

　　笹川隆平所写的《川端康成》中，详细叙述了自三八郎起至康成出生前的家世。三八郎的第三个儿子富三郎，1871年（明治四年）出生，1878年（明治十一年）夭折。常太郎，于28岁即1885年（明治十八年），由杉本甚助[③]出版了《清国道中里程图志》，该著作收藏于东京都文京区的东洋文库[④]。荣吉，号谷堂，与父兄同

---

① 河内，日本旧国名之一，区域范围为现大阪府的东部地区。——编者注
② 中国地区，日本的一个区域概念。位于日本本州岛西部，由鸟取县、岛根县、冈山县、广岛县、山口县组成。——编者注
③ 杉本甚助，日本明治时期京都的知名出版商。——译者注
④ 东洋文库，日本最大的亚洲研究图书馆。1924年创立于东京都文京区，收藏有中国、日本、朝鲜、蒙古等多国的图书资料。——编者注

在儒家寺西易堂处学习。据记载，易堂生于1826年（文政九年），卒于1916年（大正五年），享年91岁。他出生于江户年间，讳名为鼎，七八岁时移居名古屋，在信浓师从木内梅轩（大沼枕山门下），在远州师从藤森弘庵学习，向村濑太乙学习古典诗文，向林鹤梁等学习诗文，向柳泽吾一学习书法，辅助绪方研堂翻译外文书籍。绪方研堂是"适塾"创始人绪方洪庵的弟子，也是其内弟。藤森、村濑、林鹤等人都是有名的儒学学者。幕府末期，易堂来大阪后，师从后藤松阴学习，并担任大阪府劝业科长、大阪博物场场长等职，后在大阪船町桥开设私塾"爱身学舍"，培养学生。

大阪博物场开设于1875年（明治八年），时年易堂50岁。以此推断，荣吉学习的地方应该是爱身学舍。1886年（明治十九年），荣吉18岁，居住在东京市日本桥区西河岸町，这一点是明确的，应该是在汤岛的济生学舍（后来的日本医科大学）学医。1888年（明治二十一年），三八郎一家为了创业移居大阪市内。这里有一个问题，即荣吉是次子，为什么他成了川端家的继承人？黑田善右卫门的女儿"源"，起初是分家另过的，改名为恒太郎的常太郎作为上门女婿入赘黑田家，成了丰里村长。不知道为什么善右卫门特意为已经分家的女儿招赘川端家的长子，此处意图不明。不过，善右卫门是当时的有钱人，这种做法大概也不足为奇。源是其和正室所生之女，善右卫门与另外几名女性之间还有庶出之女。换言之，善右卫门的这些女儿后来都成了川端康成的姨母。

笹川为了挽回三八郎的名声，他在书中将三八郎的债务写成是他在明治初期因牵头建小学需要资金而向人借钱所致。日后在少年康成照顾老年三八郎时，亲戚们都说母亲有恩于康成而祖父则没有。结合这一点来看的话，无法否定三八郎投机失败的事实。

荣吉在济生学舍毕业后，于1891年（明治二十四年）通过国家医师考试，在大阪府东成郡天王寺桃山（现大阪市天王寺区笔之崎）的桃山医院工作了一段时间，之后去了难波北诘（北区若松町）的高桥医院工作。据说他当时担任了该医院副院长。桃山医院是 1991 年废除的桃山市民医院的前身，是当时为应对传染病流行而临时设立的医院。那一时期，因痢疾流行而于 1893 年（明治二十六年）8 月至 12 月设立了该医院，因此如果荣吉在那里工作过的话，应该也是临时性的。

根据川端的年谱记载，荣吉为逃避兵役有一段时间自称"宫本"，名义上成了宫本家的养子。近年最为翔实的川端年谱，是新潮文库的《天授之子》（1998）附录中川端香男里编写的年谱，其中也提到了此事。不过，免除长子（继嗣）服兵役的法律，是在 1879 年（明治十二年）颁布大日本帝国宪法时被同时取消的。而且，既然常太郎入赘了黑田家，荣吉理应是川端家的继承人。

笹川隆平果然意识到了逃避兵役没有意义，于是将改姓宫本写成是三八郎为了避免债务殃及儿子而采取的措施。不过，在笹川的著作中写着，1891 年（明治二十四年）荣吉在参加医术开业考试时的姓氏是宫本，1896 年（明治二十九年）6 月 5 日，荣吉在户籍上恢复了川端姓氏。但是，从户籍上看不出改成宫本姓氏的时间，却能看到恢复川端姓氏的时间，这有点令人不可思议。

川端本人在《致父母的信》中曾写道，父亲为了逃避服兵役而用了别的名字，自己清楚记得那个名字。他还写道："如果有一天我需要用假名字的话，我会用这个名字，也算是对你的思念。"实际上，川端在小说《少年》中将"宫本"用作了自己的姓氏。另外，笹川将荣吉写成宫本家的户主，但没有说明户籍，"宫本"究竟是怎么来的，让人一无所知。

由于著作在快要写作完成时笹川去世了，所以是其死后出版的。与书中经过周密调查的部分相比，有关"宫本家"的问题，模糊到甚至让人不知道究竟有没有这户人家的程度，这一差距着实有些奇特。康成自己则从来没有提到过这个"宫本家"。

无论是恒太郎还是荣吉，应该都参加过征兵体检。1894 年（明治二十七年）4月14日37岁的恒太郎病死，他没有后代，荣吉成为川端家的继承人。①

有关这方面的问题，只要看一下荣吉的户籍就能一清二楚。但是，除了直系子孙，其他人很难看到户籍。我以学术研究为由向大阪法务局提出了阅览申请，被驳回了。和川端家族关系不错的研究者们的情况也与我的一样，他们不是不清楚有户籍问题，就是没搞清楚户籍问题，其中一定有什么原因。关于名字，长子名叫恒太郎，三子名叫富三郎，次子却叫荣吉，这也不合情理。当然，没有文化的家庭为孩子起名出现不合常理的情况司空见惯，但是，这种情况发生在三八郎身上则纯属不自然。这么推测的话，荣吉或许是三八郎在外所生之子。也可能存在一个夭折的次子。这些在当时都不足为奇，我的亲戚中也有很多类似的情况。不过，川端康成的生父是私生子，这或许会被看作是羞耻之事，所以户籍被藏在了某一地方。②尽管羽鸟和笹川也都十分疑惑，但至今也没有谁看到户籍。

康成出生时荣吉写给母亲金夫人的信件也已经公开，信件最后写着"川端母上大人　荣吉　也请转告父亲上述情况"的文字。即便给宫本家做了养子，如果出生于川端家，是否会写"川端母上大人"？就算是尊崇长辈的时代，为什么这封信是写给母亲的，并且收件人就是母亲的名字。如果荣吉和这位母亲是非亲生关系的话，那么就顺理成章了。

源夫人守寡后，1895年（明治二十八年）8月生下了康成的姐姐芳子。兄长死后，未亡人嫁给兄弟，这在过去十分常见，源夫人1898（明治三十一年）7月入户籍于川端家，比荣吉年长5岁。延迟入户籍，这在过去也是司空见惯。按照恒太郎去世的时间计算，

---

① 关于恒太郎的死亡日期，在新藤、羽鸟、笹川的著作中分别是5月17日、5月14日、4月14日，笹川对墓碑进行过确认。

② 此处推测仅代表作者个人观点，目前学界尚无定论。——编者注

芳子显然不是源夫人和恒太郎所生。羽鸟写道，康成大概在升入中学时申请了查阅户籍，他看到已经去世的姐姐的姓名栏里写着"私生子"的字样，受到了很大冲击，羽鸟在书中谈及了这件事。在康成父母结婚时，芳子是嫡女。

荣吉起初在大阪市西区北堀江下通6丁目30、31番的宅邸里开业，翌年，即1898年（明治三十一年）5月搬迁至东区安土町2丁目97番的宅邸。现在那里应该是属于中央区安土町。进而9月又搬到了北区此花町1丁目79番地的宅邸（现北区天神桥1-16-12）。翌年，即1899年（明治三十二年）6月14日，康成在这里出生。笹川的调查表明，荣吉可能为了出诊，购买了人力车并雇用了车夫。

很长一段时间，康成以为自己的生日是6月11日。户籍上记载的是14日，其本人听说的是11日，他可能觉得户籍上的日期是错的。获得诺贝尔文学奖后，川端种次郎的妻子川端富枝在自己家（三八郎旧宅）中发现了几封荣吉写给三八郎夫妇的信件，其中有报告康成出生情况的内容，由此断定康成的生日是6月14日。信件的收件地址是熊野田村。在《天授之子》的年谱中曾记载川端康成的说法："本人一辈子都误以为是那一天（11日）。"实际上，在康成自杀的前一年，即1971年5月那封信就被发现了，发现者马上通知了川端家，因此一个月后川端康成举办了两次生日会。

关于康成出生时的地址，2011年6月去世的梅花短期大学名誉教授枡井寿郎（1934—2011）——年轻时受过川端的亲身教诲，是西鹤文学研究者，并创立了西鹤文学奖——在川端获诺贝尔文学奖前后，他说发现了川端的出生地，并指给造访大阪的川端看，川端将这件事写进了文章《漫不经心的回忆》。文中写道，自己出生时的家后来变成了淀川河畔的公园。笹川隆平对此将信将疑，经过他的调查，地址为北区天神桥1-16-12的名为"相生楼"的饭店位置才是川端出生时其家的所在地。后来进藤纯孝曾在传记中写道，自己拜访了枡井，向他请教，最终也没有确定川端的出生地就是淀川河畔的公园。这里所说的公园，大概是位于中之岛东侧的淀川河畔的南天满公园。笹川说天满神社附近没有公园，这些说法之间存在矛盾。不过，川端出生地应该就是相生楼的位置。

"康成"这一名字，属讳名类型，类似武士的名字。三右卫门有"几康"这一讳名，三八郎晚年改名"康筹"。换言之，用意很清楚，那就是以"康"为"通字"①，起武家那样的名字。这大概与传说中三八郎不厌其烦地唠叨自己是北条泰时的后代这一滑稽不堪的故事有关。武士拥有类似"西乡吉之助隆盛"等通称和讳名的制度，明治维新之后就已经被废除了。但是，散尽万贯家财、自尊心备受打击的三八郎，他可能也想从武士的族谱中挽回些自尊。另外，康成的父亲荣吉好像也有"良仁"这一别名，这应该也是讳名类型中的名字。很久以后，康成为养女政子操办婚姻，婚期临近，他要求女婿随川端姓，并为政子所生男孩取名"明成"，这种做法使人感觉他也希望能以武家后代的身份延续川端家的血脉。

而且，有两个情况让人吃惊。其一是"良仁"这个名字看上去像天皇的名字，其二是"明成"这个名字取的是当时的皇太子即后来天皇名字中的一字，是"偏讳"，这在中国属于禁忌。在日本原本也是禁忌，川端和后来成为天皇皇后的美智子关系密切，因而可能得到了使用"明"字的许可。我见到过诸如《夏目漱石与天皇制》《谷崎润一郎与天皇制》等论文，但没有人写川端的。总体上而言，川端是一个朴素的文化民族主义者，大家都认为他崇敬天皇。不过，这一渊源或许可以追溯到师从包括赖山阳②的弟子在内的儒学家的弟子——父亲荣吉身上，同时他也了解祖父三八郎的想法。因为明治维新中，支持尊王思想的正是三八郎这种豪农阶层中

---

① 通字，指名字中所使用的祖辈传承的一个字。如历史上平氏家族中的忠盛、清盛、宗盛等名字中的"盛"字。——译者注

② 赖山阳，即赖襄（1780—1839），字子成，号山阳，日本著名汉学家。代表作品为《日本外史》。——编者注

的尊王派人士。

　　康成出生后的第二年，荣吉罹患肺结核，他在大阪府西成郡丰里村天王寺庄建造了宅邸，并在此处疗养。丰里是荣吉妻子源夫人的娘家，即黑田家的所在地，也就是后来康成称之为"淀川北边的舅父"家。当时的户主是源夫人的长兄黑田秀太郎（1862—1918）。此时再来考虑源的分家理由的话，可知也存在因为财产分配问题的可能性。荣吉通过国家考试后用于医院开业的资金，只可能来自源夫人，这与康成成为孤儿后的养育费问题也有关系。黑田家的房屋位于丰里村3番，康成去了东京之后，每当回老家时常去那里居住。由于肺结核是传染病，当时年幼的芳子和康成都寄养在黑田家，后来其父亲也搬到了距离黑田家较远的住处，1901年（明治三十四年）1月17日，其父亲在那里结束了生命，当时33岁。川端在《致父母的信》中写道：

　　　　父亲您临终前从榻榻米上支起身子，想为年幼无知的姐姐和我留下遗训。您为芳子写下"贞节"，为我写下"保身"。我在老家见过您留下的墨宝，现在不知遗失在哪里了。虽然年幼的我不懂"保身"一词的本意，但是读懂了您的教诲——"成为达者"。

　　但是，川端在随笔《我的故乡》（1963）中写道，父亲为芳子写下"贞节"，为康成写下"耐忍"二字。许多研究者认为，虽然《致父母的信》是文学创作，但那是他的代表作品，应视为私小说。因此，人们长久以来对"保身"一说深信不疑，这到后来变成了一个重大课题。事实上，父亲去世时康成刚满一岁零七个月，不可能记得这种场面，更不可能认得汉字。当然，这也可能是在六七岁时听祖父母说起的事情。

　　作家，或者说东京大学的毕业生中，存在着记忆力远超常人的人，谷崎润一郎等人属于此类人。川端是不是这种人？我并不觉得他的记忆力有那么出色，他更像一个记录"狂魔"，他保存着日记、书信、自己作品的剪贴纸，到了堪称异常的程度。他在经历了父母家消失、经常性搬迁、接连遭遇地震和战争之后，之前的日记和书信竟奇迹般地保存了下来，着实令人惊叹。他以这些日记为素材，创作了《少年》《独影自命》等作品。

川端康成父亲去世刚满一年后的1月10日，其母亲也去世了。父亲死后，姐姐芳子被寄养在蒲生的秋冈家。那是母亲的妹妹谷的夫家，即康成笔下的"淀川北边的姨父"秋冈义一（东成郡鲶江村大字蒲生 35 番宅邸，现大阪市东区蒲生）的家。秋冈义一（1863—1925）是家族中的成功人士。秋冈家世代从事酿酒业，上一代主人是伊兵卫。义一于 1888 年（明治二十一年）设立了私立天王寺养蚕传习所，翌年（义一 27 岁）从鲶江村村会议员出任村长，1891 年（明治二十四年）成为东成郡选出的大阪府议会议员，1894 年（明治二十七年）当选众议院议员，之后加入立宪政友会，应该是大隈重信①派系的人。正是由于这层关系，才有了三八郎晚年说要赴京见大隈的梦话。

1894 年（明治二十七年），义一的长女俊子出生，这位表姐比康成年长 5 岁，两人关系亲密。俊子毕业于三轮田高等女子学校，进入昭和时期后，她与大正天皇的御医西川义方（1880—1968）结婚，两人均为再婚，婚姻介绍人好像是川端。义一从 1904 年（明治三十七年）至 1908 年（明治四十一年）下野，后又重新当选众议院议员，1912 年（大正元年）任京阪电铁监查役，1914 年（大正三年）辞任众议院议员，1919 年（大正八年）任大阪送电株式会社监查员，1922 年（大正十一年）任北大阪电铁董事长兼社长。

---

① 大隈重信（1838—1922），日本明治时期政治家，曾任日本第八任、第十七任首相。——编者注

多亏黑田、秋冈等亲戚的照顾，成为孤儿的康成考入了东京大学。义一的次子秋冈义爱（1890—1972），在康成赴京时为他介绍了作家南部修太郎（1892—1936）。黑田秀太郎的长子黑田秀孝（1896—1969）则是后来成为康成养女——政子的生父。康成即便是孤儿，也不是穷苦人家的孤儿，他身后有着这些社会、文化资本的支持。

义一曾参与了铁路的建设规划。铁路建设是近代重大的建设项目之一，茨城市内也纵横贯穿着国铁（现日本铁路公司）、阪急、京阪三大公司的铁路线。但是，南海电铁①是1889年（明治二十二年）创建的，令人在意的是创始人中却有川端三郎平的名字。三郎平，在川端家的先祖中有这个名字。既然称之为"家"，当然就能另立门户。后来犹如亲生父母般照顾康成的川端松太郎、岩次郎的家，就是居住在宿久庄周边的另立门户的家庭，属于家仆一类，没有出现在族谱中。松太郎的妹夫是岩次郎，其子为种次郎，正是种次郎的妻子富枝和笹川隆平发现种次郎家里保存着众多关于康成的文字资料。

被祖父收养

失去双亲的康成，被62岁的祖父和64岁的祖母收养。祖父在原籍地三岛郡丰川村大字宿久庄字东村11番（现茨木市宿久庄1-11-25）建起了宅邸，三人一起生活。羽鸟曾写道，三八郎尽管破产了，但应该还略有结余。原本就大到他人必须穿过川端家的土地才能前往邻村的土地面积，已仅剩下五百坪，但从普通民众的角度来看，这依然属于大豪宅。

---

① 南海电铁，此处指日本南海电气铁道股份有限公司，是位于日本关西地区的铁路公司，主营线路位于大阪与和歌山县北部。——编者注

　　笹川的著作中记录着荣吉和源夫人葬礼的烧香顺序。父亲葬礼的顺序是，岸部称随、康成、芳子、黑田秀太郎、上村槌之助、中村樟、秋冈义一、小寺秀松、黑田益藏、黑田善兵卫、黑田定二郎，收尾的是川端松太郎。善兵卫是被称作"西边的黑田"的黑田家另立出来的门户，上村槌之助是黑田善右卫门的妹妹的儿子。这位名为"岸部称随"的人是尼姑，在源夫人的葬礼上，她也排在第一位，是引导师①。父亲的法号为"禅定门"，母亲的法号为"禅定尼"，从法号上可以看出应该所属净土宗。在笹川所著的传记中，父亲的法号先是写着"智光院礼誉义岳良仁禅定门"，后来的烧香顺序表上写着"义岳良仁信士"，"禅定门"和"信士"等级不同，此处存疑。称随在半年后的7月25日则成了三八郎的养女。

　　羽鸟经调查后这样写道，川端家以净土宗的极乐寺为菩提寺。除此之外，川端家历代与现在以慧光院（茨木市室山）的名字存续下来的寺院保持着密切关系，笹川称之为"私寺"。紫金山如意寺，原本是其山号或寺号，传说为奈良时代的僧侣行基创立。据羽鸟调查，当时上一代住持所写的《慧光院沿革史》一书中曾记载，北条泰时的曾孙，僧人川端道成1299年（正安元年）任住持，其弟川端道政辅佐其右，从幕府手中获得了寺院领地。这和前面提到的川端家的历代族谱有所不同。幕府灭亡后寺院式微，到了近世时代，1685年（贞享二年）黄檗山万福寺独堪和尚入寺，寺院宗法从法相宗变为禅宗，历代之后又开始衰败。在1873年（明治六年）的"废佛毁释"运动中，寺号遭废，改名虚空藏堂，成为虚岁13岁的少年少女前往参拜的佛堂——"十三诣"。1902年（明治三十五年）称随尼成为佛堂管理者。

　　川端在其《十六岁的日记》中如下描述这位尼姑：

---

① 引导师，指引导民众信奉佛教的僧人或尼姑。——编者注

　　我的村子里有一座尼姑居住的寺院。多半是昔日由我祖先
建造的，寺院的建筑和山林农田在我家名下，尼姑也入了我家
的户籍……但是，距离我家村子北边一里地的有名山寺里住着
一位圣僧，他迁到了这座尼姑居住的寺院。祖父非常高兴，撵
走了尼姑，放弃了在这座寺院中自己名下的财产所有权。

　　1910年（明治四十三年），寺院迎来了位于箕面①的胜尾寺的戒
誉法师。在大阪的丰田宇左卫门、八川卯之助、利见又兵卫等人的
发动下，三八郎捐献山林农田，新建了紫金山慧光院。寺院从此归
属净土宗。川端在《故园》中曾说，痢疾流行的中学一年级时，尼
姑被赶出寺院返回老家，称随于1910年（明治四十三年）11月与
川端家断绝了养女关系。其实她应该是1913年（大正二年）1月回
到了老家，这在羽鸟的著作中有详细叙述。

　　根据羽鸟著作中记载的户籍，称随是大阪府三岛郡玉栉村真砂
15番宅1号的户主岸部定吉领养的妹妹，与川端家断绝关系后，她
回到的也是此处。她生于1863年（文久三年），因此，进入川端家
时年龄为40岁（可能是羽鸟计算错误，两处写着30岁）。川端富枝
对称随的事情写得比较简单，笹川写进了卷末的年谱中，但正文中
没有进行任何考证。

　　《故园》的创作契机来自1943年（昭和十八年）收政子为养女
一事，这是川端康成成年后第一次写到祖父母，作品属于私小说。

　　祖父死后留下了还是孩子的我独自一人生活，当需要开亲
属会议时，亲戚中有一个人对我说："如意寺的妙瑞也入了我
们家的户籍吧。"

_____

① 箕面，位于日本大阪北部的城市，大部分区域在日本令制国时代属于摄津国丰
岛郡。——编者注

"对，可她已经死了。"

"哦。"我应道，心里不是滋味。

……

尼姑的死讯只是像一阵风吹过了村子，好像和我家没有任何关系。把她赶出了久居的寺院，可能加快了尼姑的死，后来我也发现了，起因都在于祖父的错。甚至尼姑为只有老人和孙子的孤单二人的家庭操碎了心，还是孩子的我却一无所知地过着每一天。

名字之所以是"妙瑞"，因为这是小说创作。如果她比祖父死得早，那么应该是50多岁。这位称随究竟是什么人？为什么成了养女，又为什么轻易断绝了与川端家的关系呢？这一时期，还有一个谜团，即姐姐芳子被寄养在秋冈家，而寄养在母亲的娘家黑田家不才是最合乎情理的吗？芳子在1909年（明治四十二年）7月16日从高等小学放学后患上热病，21日因心脏麻痹去世，当时15岁。22日家人为其举行了葬礼，康成因病未能参加，三八郎也没去参加，据说尼姑称随去了葬礼。称随与川端家断绝关系是在第二年的11月。羽鸟认为，尼姑称随离开慧光院后还留在川端家，可能由于某种原因待不下去了而回了自己老家。不过，如果她先于祖父去世的话，那么应该是死于1913年（大正二年）1月。换言之，1914年（大正三年）5月祖父去世前她就已经去世了。她究竟是不是自然死亡的呢？不得而知。

称随可能是三八郎的情妇、芳子的母亲。我估计羽鸟发现真相后，便在写作中途将笔触转移到了其他事情上，笹川察觉后则什么都没写。假如按照这个思路去想的话，多读几遍《故园》和《致父母的信》中描写到姐姐的部分，就会有这种感觉了。事情的概况便是如此，父母死后，称随成为川端家的养女，芳子死后，只有称随去参加葬礼，紧接着称随与川端家断绝关系回到老家，最后恐怕选择了自杀。写《十六岁的日记》时，尚未成年的川端没有注意到这些，到了写作《致父母的信》和《故园》时则发现了这个秘密。

在川端生前就开始悉心对川端进行实证性研究的川岛至曾论述，川端在27岁发表《十六岁的日记》时对作品做了修改，这激起了川端在战后就作品问题发起的几乎唯一一次反驳。川岛不仅对川端最初的失恋对象伊藤初代进行了详细调查，还以细川皓的笔名发表论文，指出《篝火》和《伊豆的舞女》的结尾相同，这让川端本人深感惊愕。之后，大概也是因为"爱之心切"，川岛继续写了一些直接冲撞川端的论文。只是不知什么缘故，川岛只字不提称随，让人费解。

在志贺直哉的《暗夜行路》中，时任谦作实际上是祖父和母亲的孩子，在祖父的妾室抚养下长大。当时的有产阶级中，这种情况并不罕见①。从恒太郎死到芳子出生只过了十六个月，将芳子作为源夫人的私生子登记入户籍，并为了合乎情理，说服荣吉与源夫人结为夫妇，这大概才是真相。称随出家肯定是在这一时期之后。笹川也反复提到羽鸟的观点，即芳子被写成"私生子"一事对康成打击巨大，这应该是他注意到了上述这一事实。实际上，如果户籍上仅写着"私生子"几个字，那么只要问一下大人，这也不是什么大不了的问题。

从《致父母的信》来看，芳子和康成如果是亲姐弟的话，他们之间的交往少得堪称异常，据说父母死后两人只见过两次面。"你们早逝，我没有留下任何记忆，我反倒觉得是幸运的，幸运和不幸运各占一半，可是，你们必须向姐姐道歉"，"作为我来说，我不愿意把它扭曲，硬要从中看到姐姐的不幸。再说，我对姐弟缘分单薄的姐姐也不那么关心"。从表姐（秋冈俊子）那里"也听说了姐姐

---

① 志贺直哉《暗夜行路》中谦作是祖父之子的设定为虚构的。志贺直哉在其《续创作余谈》中有详细说明。作者以此设定说明当时有产阶级的伦理情况似有不妥。——编者注

的事，可是，我马上露出厌烦的神色，也不好好跟她搭话，也许是这个缘故，我们的交谈总是提不起兴致"。

川端在《故园》中描写为了领养政子来到茨木，找到如意寺时的心情。"见到寺院，我的胸口像被针扎了一样，因为那原本是我家的寺院。它和我的祖父有着千丝万缕的联系。……我小时候这里是尼姑庵，只住着一位尼姑。尼姑入了我家的户籍。她应该是做了祖父的养女吧。寺院里的房子和山林都归我祖父所有。与其说还是孩子的我不懂这些事情，不如说我什么都没有想过，只是自然而然地接受了尼姑庵和我家的亲密关系。""孩提时代的我，在对尼姑的痛苦毫不知情的情况下过完了每一天。"[1]

同年11月，秋冈义一、黑田秀太郎、三八郎等三人协商，在银行存入3100日元，用作芳子出嫁前和康成独立生活前的抚养费，每月将利息23元25钱汇至三八郎家。对于此事，川端在《少年》中曾写道："我去世的母亲的钱交由舅父和姨父二人保管。"因此，羽鸟也这么照搬，但是从三人签署的契约来看，那并不是源夫人的遗产。

契约书

一、金叁仟壹佰日元也。

右黑田家与川端家乃旧来亲属，黑田家之女源嫁与川端

---

[1] 川端富枝的《川端康成的故乡宿久庄》中提到芳子出生时的逸事，荣吉在写给因生产回丰里村3番的源夫人的信中报告了父亲三八郎占卦的方位，并询问产褥的方位。关于孩子的名字，他说："今年出兵清国时天皇诏书中有'宣扬国威'之语。故顺便请教若生男子取名'宣扬'，读作'ノブタカ'，如何？若生女子可取名某子或某某子乃流行之故，取'某子'如何，如绫子某子？父亲大人（三八郎）说取'守'字，如何？"不过，芳子出生是在1895年8月；甲午战争爆发以及天皇发出开战诏书是前一年的8月，所以有些奇怪，给妻子的信件中用"请教"也很奇怪。首先，不清楚富枝引用的这封信的依据是什么。笹川和羽鸟都没有提及。

家，生子女康成和芳子，因死亡之故，为保障康成及至成年生
计所需资本，芳子婚姻所需费用，黑田秀太郎将该资本费用，
以应可分配赠予为条件，交由秋冈义一保管，上述情况一旦实
际发生，秋冈义一应将费用交与二人，比例交由秋冈义一决
定……

　　仔细阅读该契约上的文字，必然可以发现这笔 3100 日元的费
用不是来自对源夫人财产的分配，而是黑田家出于对孤儿芳子和康
成的亲情所支出的费用。羽鸟认为，之所以没有将这笔资金全数交
给三八郎，那是因为三八郎已经挥霍了全部家财，丧失了信用。这
笔钱原本就不是源夫人的财产，这么做也是理所当然的。即便源夫
人在另立门户时分得了财产，大概也都用在医院开业上了。康成后
来写了充满恳求之意的信给秋冈义一，称 23 日元不够开销。但似
乎也没有见到川端长大后得到 3100 日元本金的迹象。

孱弱的少爷

　　川端在两岁零七个月时失去了双亲，按常理而言，其对父母没
有留下记忆。作品《拱桥》中写的母亲牵着自己的手走过拱桥的故
事，应该是文学创作。家里应该还有一个女佣，或由几个人轮班前
来帮佣。祖母死于川端上小学那年的 9 月，作品《祖母》中所写的
是那之前的记忆。身体孱弱、胎龄只有七个月的早产儿康成，是在
祖父母的溺爱中长大的。有传言说，每当祖父发怒动手打康成时，
祖母总是用自己的身体护住他，祖父的拳头便不停地落在祖母背
上。不过，上中学前的康成基本上没有特别值得一写的逸闻趣事。
　　上小学前，日俄战争爆发。比康成年长的谷崎润一郎、志贺直
哉、芥川龙之介等作家在自己的少年时代便经历了这一重大事件，
康成则完全没有写过对这场战争的记忆。自那一时期直到进入昭和

时期这一时间段，日本没有直接参与战争，所以康成的少年时代没有留下这方面的记忆。

康成小学入学的时间是 1906 年（明治三十九年），小学名为"丰川寻常高等小学校"，离家 1.6 千米，现在此学校名为茨木市立丰川小学，位于宿久庄。当时没有幼儿园，康成被女佣带去参加入学仪式时，第一次见到一大群学生而惊恐万状。不过，据说谷崎润一郎的情况是其哭着逃回家了，但康成则没有。据说带康成去学校的女佣，名字不是叫田中美都，就是叫谷本金。《十六岁的日记》中，祖父临终时在场的阿婆指的就是当时的美都，她每天负责送康成上学，把康成唤作"少爷"。

笹川隆平有一份详细的资料表明，康成上小学一年级时很抗拒上学，缺席率达到 20%，这一点和谷崎相同，都是从二年级开始才习惯了学校生活。据说学校里学习的课程，他几乎早已了然于胸。这当然也在情理之中。

丰川小学毕业的知名人物，当数川端康成和笹川良一。良一比康成晚出生两个月，出生时的父母家位于现在的箕面市内的小野原，和康成家间隔了一座小学。两人性格不同关系却很好，据说这也是因为良一的祖父鹤吉和三八郎是一起下围棋的棋友。

要说对于笹川良一的印象，那是在我本人上小学时，也是在川端死后，看到他出现在电视广告中。他被孩子们围在中间，嘴上说着"人类皆兄弟"的格言。或许因为他是活下来的战犯，从他口中说出来的格言，让人觉得和儿玉誉志夫[1]说的话一样令人感到可疑。近年写了不少"右翼"纪实作品的作家工藤美代子，在 2010 年出版了《恶名之棺：笹川良一传》（幻冬舍），我以为又是一部"右翼"作品，翻开一看，是以写小说的方法描写从丰川小学放学回家途中的康成和良一两个少年的形象。我前面提到两人放学回家走的不是

---

① 儿玉誉志夫，日本明治时期至昭和时期的"右翼"社会活动家。——译者注

一条路，不过从那本书中我能发现一些笹川身上值得称道的地方。

很长一段时间，工藤是鹤田欣也老师的夫人。鹤田老师的代表性成果是对《山之音》中象征性技法的分析。1990年8月5日，在我出发去温哥华这天清晨发行的《朝日新闻》报纸上，刊登了一篇书评委员工藤评论石黑一雄《长日将尽》的文章，文章最后将这部作品比作《山之音》，当时读到此文，我不由得对鹤田老师产生了些许嫉妒。笹川自己曾写道：

> 有天晚上，我送前来参加秋季庙会的川端君回家。当我们走到已经能看到他家房子的地方时，我打算折回。他抽抽搭搭地哭着说，走夜路自己很害怕。于是，我只好把他送到家门口。这位日后的大文学家，就是这么一个弱不禁风、感情极其丰富的孩子。（《人类皆兄弟》）

68岁的祖母金夫人，死于康成上小学一年级那年的9月9日。从此，家里只剩下祖父三八郎和康成两人相依为命。祖父晚年罹患白内障丧失了视力。二年级的夏天，田山花袋①发表《蒲团》，文坛迎来了自然主义文学的兴盛期，只是当时康成大概还不懂文学吧。康成说自己的目标是成为画家，可是在他长大成人后他也从未作过画。上四年级时姐姐芳子去世了。五年级时发生了大逆事件②，但是康成没有写过有关这一事件的任何文章。

他在很多书中提到自己作文成绩优秀，每天浸泡在学校的图书馆里，几乎读完了图书馆里的所有书。笹川的著作从四五年级的《国语作文练习册》中引用了几篇当时康成的作文，都是一些物品

① 田山花袋（1872—1930），日本小说作家。本名为录弥，曾创作《蒲团》《田舍教师》等自然主义作品。——编者注

② 大逆事件，指1950年5月政府以策划刺杀明治天皇为借口对日本社会主义运动进行镇压的事件。——译者注

的说明文以及诸如《井伊直弼》之类的短文，到了康成上六年级时，《箕面山》等作文中，汉字一下子多了起来，从中可以看到康成的成长。他在图书馆读过的书中有押川春浪（1876—1914）的作品，押川是风靡一时的冒险小说作家。笹川的书中还提到了立川文库。立川文库创刊于1911年（明治四十四年），当时康成正在上小学六年级。包括押川的作品在内，那些书都不是图书馆中的图书。当时小学图书馆里有的基本上都是地理、历史、汉籍等种类的书籍，押川春浪等人的作品则都是康成在书店买来读的。1912年（明治四十五年）1月创作的近体诗《读书》收录在《少年》中，康成写道："别人认为我胡乱买书是浪费，但这是一个孩子发出的抗议声，他的胸中深埋着希望和悲哀。"

日后，康成用父亲的名号将自己的文章编辑成了《第一谷堂集》《第二谷堂集》。《第二谷堂集》中有《箕面山》这篇文章，据说该作品集中主要是收录了他提交给学校的作文。（《少年》）康成说自己上课时就写此类作文和新体诗。估计小学课堂上用的教科书，他一读就懂，没必要好好听课吧。

日记和祖父之死

1912年（明治四十五年）3月，康成小学毕业，义务教育阶段结束了。笹川和其他众多学生一起升入了高等小学，康成考上了大阪府立茨木中学。高等小学是为不上中学的孩子们开设的两年制课程学习。谷崎润一郎，一是因为家道中落，二是父亲认为商人不需要学问，差点就去当了学徒。由于谷崎成绩优异，在老师的恳求下，家里才让他上了中学。虽然康成也家境穷困，但那只是和过去有权有势的富农生活相比而言，现在他是川端家唯一的男丁，因此升学自然也就更加顺理成章。发榜当天，川端去学校用眼睛在榜上迅速扫了一遍，不见自己的名字。于是，他跑到校外，俯卧在茨木川岸边。同学跑来祝贺并说看见了他的名字，是第一名。川端是从横的中间看起的，所以看漏了。故事疑点重重，第一名却是真的。

川端松太郎是担保人，据说中学离家一里①半路程，因此上学要走约6千米的路，正是此时川端练就了强健的腰腿，虚弱的体质得到了改善。不过，我觉得康成虽然体格瘦小，身体或许本来就很健壮。因为他那惊人的旅行嗜好一直持续到晚年。

入学不久后的5月4日，康成在大阪城练兵场观看了武石浩玻②的飞行表演，几个小时后，武石在京都坠机身亡。这年夏天，明治天皇去世，改元大正，宿久庄虽流行痢疾，但祖父和康成都得以幸免。

当时的中学，上学年龄相当于现在的初中生、高中生的年龄。康成疯狂阅读文学书籍，每天写作文、新体诗、和歌、俳句。结果，他的学习成绩从入学时的第一名逐渐下降。他就这样度过了五年的中学时光。川端留有1914年（大正三年）以后的日记，在世时他自己在全集的后记（《独影自命》）以及《少年》中进行了大量引用，并以《旧日记》之作品名发表，三十五卷（增补两卷）本全集进而公开了日记的原稿。不过，虽然昭和时期以后的日记被保存了下来，但没有公开，只是秀子在自己的书中介绍了一些内容。

茨木中学是现在大阪府立茨木高中（茨木市新庄町）的前身，位于国铁茨木站和当时还未建的阪急茨木站的中间，康成上学必须经过国铁茨木站。因此，康成放学途中几乎都要去茨木站周边的书店转悠一下，在虎谷诚堂、堀广旭堂等书店物色并购买书籍，这成了他的日常生活。

上中学后，康成每晚去同学家玩，此时也能见到后来在他身上显示出的社交性。虽然他说家里只有祖父和女佣，显得十分寂寞，

---

① 按照近代日本的计量法，1里约36町，约等于现在的4千米。——译者注
② 武石浩玻，日本明治时代的民间飞行家。——译者注

然而他本身就是一个在家里待不住的少年。关于川端，流传着很多类似的逸闻趣事，其中有一则是他弄哭女编辑的故事。此事大概发生在战后，面对前来约稿的女编辑，川端一声不吭，女编辑最终忍不住哭了起来。这大概只是一个偶然的事件，日常生活中，川端不是沉默寡言的人，可能是他不想写稿，或者女编辑不够漂亮，不愿意的时候一言不发是川端惯用的伎俩，他也用这一方法"击退"过古董商。

也有人说他在座谈会上也十分沉默寡言，这是因为他不想与人发生口角。经过细致的调查研究，我发现说川端内心孤独、不擅长社交的人只有三岛由纪夫。三岛的很多话都在社会上流传，有些话也被人误解。三岛为什么这么说？我觉得是出于妒忌吧。战后，每年年初的1月2日，许多作家按惯例去位于镰仓长谷的川端家聚会，三岛也会去，他一定看到了川端十分善于社交。三岛可能有些焦虑，他一直觉得只有自己理解这位"老师"，他说"老师"是一个孤独的人。这如同一个人对恋爱对象表白："你的确是个孤独的人，只有我懂你。"这纯粹是三岛的单相思。

茨木中学倡导"质朴刚毅"的校风，校服是窄袖和服裙裤，外加草屐。当时，中学生几乎都穿西装，茨木中学显得与众不同。1916年（大正五年），该中学建造了游泳池，之后茨木中学似乎因游泳而变得全国有名，川端的文章中也反复提及这一点。中学时代，川端担任过棒球投手，却不会做引体向上，总是找借口逃避运动会。他似乎也不擅长唱歌。学习的课程中，数学也让他心力交瘁。战后，他热衷于在轻井泽打高尔夫球，与吴清源[①]打乒乓球，而且球技高超。川端或许擅长球类运动。

川端留下的日记始于1914年（大正三年）1月1日，因此在此

---

① 吴清源（1914—2014），原名吴泉，围棋大师。出生于中国福建，后东渡日本，于1936年加入日本国籍，被誉为"昭和棋圣"。——编者注

之前大约两年的情况，我们不是很清楚。这一年，他读了《武侠世界》《西乡南洲实传》等杂志。他在11月3日的日记中写道自己迄今觉得有意思的作品是尾崎红叶的、德富芦花的《自然与人生》《不如归》《蚯蚓的戏言》、小栗风叶的《青春》、笹川临风的《九郎判官》、幸田露伴的《洗心录》、大町桂月和岛崎藤村的诗歌，这些应该都是他升入中学后读过的明治维新后三十年具有代表性的文学作品。另外，他还读了大量正在走向没落的被称为"美文"的范文，以及盐井雨江的《花红叶：美文韵文》等作品，这些作品在当时的中学生中是被很普遍阅读的。

1月8日，祖父给秋冈义一写了一封信，请求增加汇款金额，其中大概也有一大部分包含了康成买书的费用。康成在《少年》中提到，几次恳求增加生活费的信件，名义上是在逐渐失明的祖父口授下写的，可是那年5月去世的祖父，当时已经"神志不清"，可知这封1月份的信件，虽然署其祖父之名，其实是川端自己写的。

始于这一年的日记，止于5月3日，因为从5月4日起川端开始创作《十六岁的日记》，这就是川端27岁时以作品形式发表的作品原型。不过，当时的标题是《十七岁的日记》。此时川端虚岁16岁，17岁应该是他计算错误。川端曾说，自己后来完全忘了写过这篇日记。进而，他后来又说此作品其实是用"夸张"的手法创作的。为此，川岛至特意撰文对这一说法进行了反驳。川岛指出，川端健在时，27岁那年对文章进行了大幅度修改（《川端康成的世界》，1970）。川端称原来的日记已经烧毁，且没有可反驳的证据（《老鹰飞翔的西空》[1]，1970）。秀子说，当时川端表现出了前所未有的愤慨，她在《和川端康成在一起的日子》中也进行了反驳。

川端中断了过去在日记本中写日记的做法，改为使用稿纸，他在祖父身边，目睹祖父临终时的模样，并写下了《十六岁的日记》。

---

① 书名日语为"鳶の舞う西空"。——译者注

人们一定从中感受到了冷酷。那个时候，川端本人大概也有意识地想将那一场景写成一部"作品"吧。森茉莉[1]将川端比喻为芥川龙之介《地狱变》中的绘佛师良秀，也是因为有这部《十六岁的日记》的存在。实际上，在《十六岁的日记》中，我们看不到川端对祖父的爱。他以冷眼观察的笔触，犹如观察生物一般描写了走向死亡的祖父。当代高中教科书中之所以采用这部作品，大概是出于它是同龄人创作的名作的考量吧，对于高中生的我而言，读该作品时感到毛骨悚然自是理所当然的。

尽管如此，在那些亲戚看来，在抚养费问题上，康成得到了母亲一方亲戚的资助，理应感谢母亲，对于以一己之力散尽万贯家财的祖父则不需要感恩戴德。有一件事令人生疑，即祖父向慧光院捐赠山林农田，如果那是事实的话，祖父为什么不留给康成？

日记结束于16日，5月25日0点刚过祖父便去世了，终年74岁。从年龄上来考虑的话，这是迟早的事。对康成来说，即便脑子里有了自己从此孑然一身、无所依傍的意识，应该也没有感到痛失祖父的悲伤。对于森茉莉这种一生都生活在父亲宠爱中的人，康成应该是无法理解的吧。康成后来写道自己看看世上的人就清楚自己已对祖父尽孝了。

祖父死后举行了葬礼，康成自然是丧主，50日元"劝业债券"被作为遗产留给了他。康成没有马上重新提笔写日记，他好像和女佣美都两人生活了一段时间，不清楚他是怎么度过一学期剩余的时间以及暑假的。9月，他被丰里的黑田家收养。当时的黑田家，户主黑田秀太郎53岁，长子秀孝19岁，次子传治14岁，传治是后来以第一名成绩考入大阪商业高等学校的异才。该学校后来改名为大阪商科大学，是现在大阪市立大学的前身。长女花枝此时已经嫁给

---

[1] 森茉莉（1903—1987），日本女作家，作家森鸥外与第二任妻子的长女。作品有《恋人们的森林》《枯叶的寝床》等。——编者注

平田庆三，次女玉子则嫁给久留米师团的骑兵中尉本川治郎，去了久留米。第三个女儿静子是10岁，第四个女儿贞则是5岁。

入住学生宿舍

成为孤儿的少年，被富裕的、家有同年龄表兄妹的亲戚收养，宛如简·奥斯丁《曼斯菲尔德花园》或狄更斯笔下的感伤主义小说中的情节。实际上，川端与年长10岁的花枝相处得很好，去了东京之后也依然有书信往来。玉子在丈夫去中国山东时肚子里怀着第二个孩子，在康成搬入黑田家不久后的9月25日因流产去世。这一时期康成热衷于新体诗，听闻噩耗后，他创作了悼念玉子的《吊唁诗》，9月30日玉子的遗骨被迎回家时，康成在几何课上创作了诗歌《迎白骨》。

从黑田家所在的丰里村3番去上学，需要步行两公里至国铁吹田站乘火车，在茨木站下车。现在离丰里最近的车站是阪急上新庄站，当时还没有阪急铁路路线。10月25日，康成重新开始写日记。他在日记的开头写道，喜欢读内藤千代子（1893—1925）的《蜜月旅行》和《订婚》。内藤千代子是出生于东京的作家，创作起步于向《女学世界》投稿，作品描写中产阶级年轻女性的婚约和婚姻，深受读者欢迎。她在比樋口一叶更有现代感的文字中，混入了"真把人当傻子""真是的，和先生"等女学生的用语，文字既通俗，又游走于庸俗和高雅之间。她描写的处女，对川端在战后创作《k》以及《东京人》可能产生了很大影响，不过迄今为止好像无人对其进行研究。或许是因为过去作品很难弄到手，现在在日本国立国会图书馆中的近代数字图书馆里很容易读到作品，非常希望有人能研究一下内藤与川端的关系。当时内藤年仅22岁，川端对这位年轻女作家的浓厚兴趣持续了很久，甚至欲罢不能，是否可以说这是川端的创作起因呢？

　　川端20岁前的阅读内容大致可以分为两类：一类是从红叶、芦花、藤村到陀思妥耶夫斯基等当时文学青少年热衷于阅读的作家的作品，另一类是川端自己喜欢的作品。关于已故作家冢越享生（1894—1917）的影响，目前已经有研究成果，其他作家，如石丸梧平（1886—1969），可以说与川端有着直接的关系，他对长与善郎写的《竹泽老师其人》的赞叹，以及有关江马修《受难者》的读后感等都值得特书一笔。

　　日记中与内藤并列写在一起的是《芳水诗集》。作者是有本芳水（1886—1976），她所写的伤感类的诗歌和读物都深受读者欢迎，是当时的畅销书。其他作家作品还有福本日南、儿玉花外、田山花袋的诗、涩泽荣一的《青渊百话》、德富苏峰的《吉田松阴》《二叶亭四迷全集》《俾斯麦》《彼得大帝》、谷崎润一郎的《情窦初开》、正宗白鸟的《自杀未遂》、铃木三重吉（1882—1936）的《朝颜》、田村俊子的《棣棠花》等作品，川端一部接一部地购买、阅读。写在此段最后的现代作家的四本书，属于植竹书院的"文明丛书"系列。

　　另一方面，川端在周日，即11月1日的日记中记录同平田花枝等人坐马车去了梅田。在川端眼里，花枝大概既是姐姐又是母亲般的存在吧。川端总是在课堂上创作短歌，成绩日益堪忧。他给自己起了一个别号"文屋曙"，已经下定决心将来成为文学家。从川端在学校里写给正野勇次郎的信中可以了解到，正野的别号为"萩鄙人"，两人各自起了一个日式雅号（《川端青春书简》）。正野另有一个别号为"芦风"。川端还有一位名为矢之向亥之松的朋友。

　　川端在这一时期的日记中开始使用暗号。最初是一些简单的暗号，在罗马拼音旁边标注0至5的数字，如"S^1"表示"さ"。始于12月2日的日记，上写在虎谷书店"被催促还钱"，12月7日的日记中，与"S^5N^0（那个）你陷入了同性K^5A^2（恋），把君当作$J^5S^4A^2$（女生）看待夜晚同寝警戒他人，相互间如此这般想入非非"。此处

"那个"这一暗号很难解，应该是指"正野"。《少年》中详细叙述了康成读中学五年级时在宿舍里经历的同性恋的体验，那之前，正野是他精神上的依靠，他与正野交换日记，下课后等正野一起回家。

从日记中可以看到，康成和常人一样，对女性也表现出了强烈的兴趣，他对秋冈义一与妾室所生之女贞子十分爱慕。有一位名叫宫胁吉太郎的朋友住在宿久庄附近，他上有大1岁的哥哥秀一，下有小1岁的弟弟宪一。康成搬来丰里村3番后，每当去宿久庄时，就会去找他们一起玩耍，康成在日记中写过喜欢名叫宫胁春野的女孩，应该是指宫胁家的妹妹，从这一点上看，他也只是个普通少年。

在黑田家中的生活，坚定了康成对文学的志向，他频繁出入书店，很快便陷入了困境。康成有时一大早起不来，外婆与舅母，即秀太郎的母亲和妻子便挖苦说他"会写小说又不能当饭吃"。康成在日记中，将舅母写成了歇斯底里之人；他曾在日记中写道，自己认为除了秀孝君以外没有正常人。直到晚年，康成一直被称作"小康"。

1914年（大正三年）11月，因占领中国青岛而在康成的作品中被写成"凯旋将军"的本川中尉来黑田家住了一晚，此人似乎是为了参加东京的陆军大学考试（全集补卷一，第247页），但是没考上；当他再次回到黑田家时，康成写他是"败军之将"。不过，本川爱写和歌，康成给他看了自己写的诗，之后也和他有书信往来。后来本川让亲戚们劝说康成放弃文学志向，康成写了一篇理直气壮的反驳文章《致H中尉》。当然，即便在今天，如果有人说自己想成为作家，大多数家长也会反对。但是，康成的情况则是，由于家长不是自己的亲生父母，问题才会有些微妙。

和这件事相比，康成在书店买书的事更让家人头疼。实际上，他没有现金，全靠赊账，账单寄来后，让秋冈姨父大吃一惊。川端终其一生都未改变的花钱大手大脚的习惯正是始于此时。战前，尽管家庭条件不富裕，但他依然养狗、养鸟，买了轻井泽的别墅。战

后，他不断购入字画和古董，走的都是借钱、赊账路线，欠下一屁
股债。这一点可以说来自祖父三八郎的遗传，他有些玩世不恭，丝
毫没有孤儿身上特有的那种花钱缩手缩脚的感觉。

1915年（大正四年）1月，亲属开会商讨康成今后的生活问
题，黑田秀太郎成为监护人，川端松太郎负责监督监护人。名单上
还写着其他亲属的名字：秋冈义一、田中园、川端岩次郎、中村樟
（三岛郡如是村大字津之江）。岩次郎比松太郎年轻10岁，是松太
郎的妹夫。中村樟是三八郎的亲妹妹，当时正在守寡，过着孤独的
生活，康成似乎常去看望她。7月，中村樟病危，住在丰里村3番
的康成赶去照顾她。

最终，康成被告知从3月1日起搬去学校宿舍居住。他在1915
年（大正四年）2月4日的日记中写道：

> 昨天放学回家后发生了一件事。"小康，你在书店赊账了
> 吧，以后不要再买了。""嗯。"事情的原委是舅舅昨天去了秋
> 冈姨父家回来说也被我的书费吓到了，说以后学校以外的书一
> 律不准读、不准买，我受了一顿训。且据说也不再给我书费
> 了。晚上舅父一只手撑在饭桌上说下月起让我住学校宿舍。我
> 只是短短"嗯"了一声，没问别的。我想了一下这究竟是为什
> 么。一是全家人都讨厌我住在这里，二是因为我乱花钱，所以
> 把我赶出去住宿舍，每个月汇几日元固定的学费以减少费用，
> 还有禁止我看书。我想到了两点，我觉得是后者。

尽管新学期4月开始，却要在3月搬入宿舍，这自然有悖常理，
康成为此十分悲观。不过从他的日记来看，搬入宿舍之后，他的生
活变得非常快活。后来川端频繁去国外旅行，无论去哪儿，当他离
开时都会感到浓郁的乡愁，他觉得哪儿都成了他的故乡。这可能是
由于从小失去双亲，辗转于祖父家、亲戚家、宿舍等养成的适应性

吧。最初康成住在6号室，他在日记中写自己遇上了寺野忠夫这样一位文学上的挚友，两人经常交换书籍。旧的年谱写的是在学校宿舍住宿了一个月，这是全集公开日记前的记录。

同年级的片冈重治成绩第一，康成甚至给片冈写信表示崇拜。重治的妹妹，后来成了片冈铁兵[1]的妻子，也就是同姓人结婚。这一时期，康成写自己一见到黑田家，就想自己不要有这样的家庭，见到重治不快乐，觉得生在这样的家庭太不幸了。他想象着自己娶妻生子后的家庭，这完全是一个普通的17岁少年的想法。让人吃惊的是他在1916年（大正五年）1月20日的日记中写道："无论如何，我要通晓英法俄德等各种语言，用外语自由写小说，而且我现在都在想得诺贝尔（文学）奖。"1915年（大正四年）的诺贝尔文学奖获得者是罗曼·罗兰，1914年（大正三年）没有获奖者，1913年（大正二年）是印度的泰戈尔。

搬入宿舍不久的3月末，川端因眼睛不舒服而去了大阪市内名为山县的眼科诊所，甚至做了便检，稀里糊涂地配了一副眼镜。后来的体检中，医生当时说他不只是近视，再后来的情况，我们就不清楚了。后来，今东光在文章中提到，川端实际上一只眼是瞎的。川端本人也提到，战后才知道年轻时由于眼底结核导致一只眼睛几乎失明，二十多年来自己却从未发现。可能就在更早的这个时期，他的一只眼睛已经瞎了。

康成在日记中遴选了十二位文豪，列举了（坪内）逍遥、（森）鸥外、（德富）芦花、（岛崎）藤村、（夏目）漱石、（正宗）白鸟、（山田）花袋、（小川）未明、上司小剑、田村俊子、德田秋声、（泉）镜花等人的名字。这些作家的作品，主要是从《中央公论》和《文章世界》等杂志上读到的，不过应该不是在他全部读完后列

---

[1] 片冈铁兵（1894—1944），日本新感觉派作家，代表作有《走钢丝的少女》。——编者注

举的，比如他只读了藤村的诗歌，搬入宿舍后才读了长篇小说
《春》等作品，还读了漱石的《虞美人草》《时至春分后》等作品，
读镜花也在同一时期。中学图书馆中有明治时期的文学作品，但没
有通俗小说以及谷崎、志贺以后的新文学作品。康成曾把谷崎的
《情窦初开》等作品藏起来，以免被老师发现。不过，康成喜欢的
是当时和谷崎齐名的长田干彦[1]，他的成名作《泠》抒情性地刻画
了一群四处巡演的艺人，后来成了康成创作《伊豆的舞女》的伏
线。也可以说，康成在读了干彦的作品后，自己也变成了流浪艺人
的旅伴："啊，自从读了《零落》以后，干彦先生成了我最敬爱的
一位老师。"（《大正四年笔记》）《零落》是长田干彦的初期代
表作。

　　川端当时还经常感叹自己容貌丑陋。他的日记中有"我的痛苦
在于自己不是美男子，并且我的相貌或许将我美丽的想象和空想破
坏与失望到无以复加的程度了"（大正五年1月6日），"我最大的希
望是给我一张能让所有女子为之倾倒的脸，我的天性是要让我自我
陶醉"（23日）等这样的内容。川端这种厌恶自己相貌的意识，后
来也投射在了伊藤初代的失恋事件中，我认为影响最大的是投射在
了《雪国》中岛村那张平淡无奇的脸上。

　　他将中村樟去世时的事写成了一篇短篇小说《孤儿的感情》。
小说中的樟失去了丈夫，膝下无子，领养了远房亲戚的男孩，男孩
中学一毕业就逃走了，樟过着孤苦伶仃的生活。从康成写给名为蓑
内民——应该是中年女性——的信件中可以了解这是一个真实的故
事，此信件收录于《谷堂书简集》。樟的葬礼好像也是这位女子操
办的，康成对她心存感激。这一时期的日记中，出现了一位名叫蓑
内收（1896—1971）的同龄青年，应该是蓑内民的儿子。那么这位

---

[1] 长田干彦（1887—1964），日本作家。代表作有《雾》《自杀者手记》等。——
编者注

蓑内民是什么人呢？在这篇《孤儿的感情》中，逃走的养子七年后看到川端发表在杂志上的文章曾前来拜访，他说自己从大学动物学科毕业后成了动物学家，他带康成去了大学的研究室。按照康成自己为《独影自命》等作品写的解说，该养子的弟弟研究发生学。经调查发现，1931年（昭和六年）名为蓑内收的人获得东京大学动物学理学博士，他应该就是樟的养子。这么说来，蓑内民就是故事中逃走的养子的母亲，这就符合逻辑了。川端把他写成养子应该是虚构的。

要写出蓑内收的完整人生经历比较困难。有人帮我做了调查，生卒年是了解清楚了。他是大阪人，考入札幌的东北帝国大学农学部，毕业于改名后的北海道帝国大学，进入东京大学攻读研究生，获得理学博士学位，在京都大学当过讲师、副教授。他从甘草中提取出噬菌体，宇都宫德马（1906—2000）用他的名字创立了制药公司"蓑内噬菌体制药"①，该公司成为宇都宫德马政治活动的资金源头。雕刻家流政之（1923—　）曾在文章中写过，1945年（昭和二十年）蓑内噬菌体制药的蓑内收请求过自己的帮助。战后，1946年蓑内收辞去京都大学的工作，担任了蓑内噬菌体制药的要职。学者坂本龙彦在《风成之人：宇都宫德马的岁月》中提到，宇都宫和川端关系非常密切。这么说来，战后川端的政治倾向和宇都宫的确非常相似。

言归正传。书店还有欠款，在宿舍里也怕遇到虎谷诚堂书店的人，所以川端尽量不出门。他去理发，特意避开虎谷诚堂门口，有时让同学帮着买书回来，收到账单时便去找担保人松太郎。黑田家已经不打算再支付这笔费用了，他在秋冈家也遭到了拒绝。可是，欠款并不是不去管它就会消失的。不过，对缺乏金钱概念的人来

---

① 2012年该公司在中国注册了米诺发源制药科技（北京）有限公司，其官网上的"米诺发源"是"ミノファーゲン"的音译。——译者注

说，这种事是不会往心里去的，因为他可能觉得秋冈总归会替自己还钱的。

1916 年（大正五年）1 月 8 日举行了新学期的开学典礼，川端写道："在礼堂举行开学典礼的同时，校长传达了（天皇）陛下的御旨。我觉得非常无聊。"4 月 7 日，他在记录恭迎皇太子（后来的昭和天皇）通过茨木站时的日记中写道："就这么来一下的家伙真有人会敬礼吗？这家伙既和我的生活没直接关系，我也一点不觉得他有什么了不起。我想时间上受到束缚且没有一点自由的这一皇太子的身份真是不幸到了极点。不知道应该支持还是反对有皇帝的国家。"

人们普遍认为川端是文化民族主义者，上述日记或许会被视作其年轻气盛时的产物。谷崎、志贺以及里见（弴），在接受文化勋章或以艺术院院士身份见到天皇皇族成员后会感激涕零地撰写文章，川端却不以为然。他也写过"美智子妃殿下"这样的称呼，但主要还是将美智子当成一个普通人来对待，并不是对皇室的礼赞。

康成升入中学四年级时，大宅壮一也来到了茨木中学。大宅说因建造游泳池，他曾和康成一起扛过土。不过，不清楚两人中学时代是否真的认识。康成屡屡向杂志投稿，但从未被采用，内心非常苦闷。此时，他听清水正光、大岛旷等同学说起他们向当地的小报《京阪新报》投稿，基本上都刊登出来了。1916 年（大正五年）2 月 18 日，川端拜访了京阪新报社，出人意料地受到了热情接待。他写了《致 H 中尉》，被刊登在 3 月份的报纸上。以此为契机，直至秋天，《微雪之夜》《紫色的茶碗》等众多短文和短歌也都刊登在《京阪新报》上了。现在已经找不到当时的报纸了，只留着四份草稿。

除此之外，康成也向博文馆的《文章世界》、新潮社的《文章俱乐部》《文艺杂志》等杂志投稿短歌、俳句，由植竹书院主办的

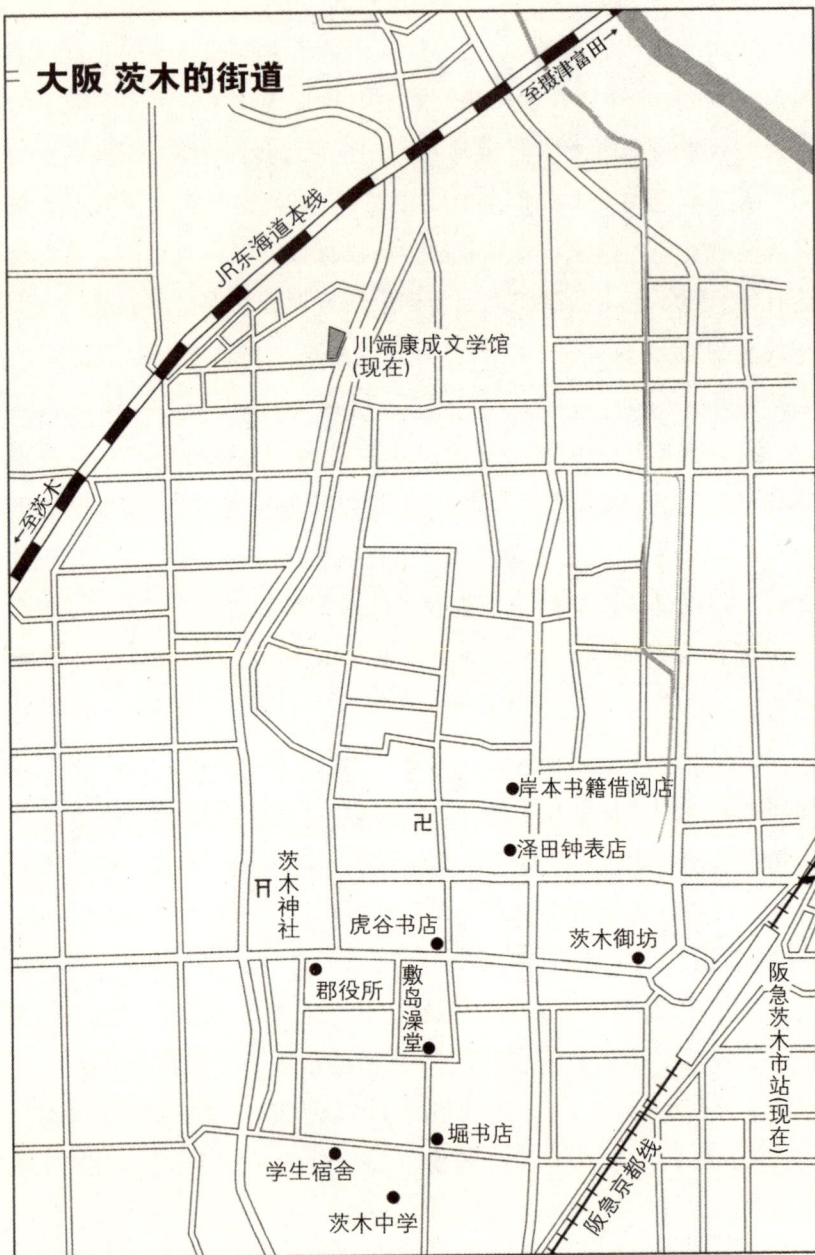

大阪 茨木的街道

至摄津富田→

JR东海道本线

至茨木

川端康成文学馆
(现在)

岸本书籍借阅店

泽田钟表店

茨木神社

虎谷书店

茨木御坊

郡役所

敷岛澡堂

堀书店

学生宿舍

茨木中学

阪急京都线

阪急茨木市站(现在)

《文艺杂志》出到第二期便休刊了，后来由生方敏郎[①]复刊。康成的作品基本上都是落选后以一首一句的形式被采用的，学者深泽晴美的论文（2005）对此有详细叙述。康成是生方的"日本文艺协会"的会员，发表的俳句比短歌多。他创作的短歌过于伤感，似乎脱离于时代。

3月5日康成去京都旅游，4月1日还去了新京极[②]。虽然这次旅游有同学一起同行，但是康成十分憧憬吉井勇[③]笔下富有情调的京都的花街柳巷，只身一人徜徉在京都的街头巷尾，当夜深人静，没有投宿的可去之处时，他只好敲开便宜小旅店的门。在《文学自叙传》等文中，康成曾提到这件事。大概是旅店老板同情这个可怜的中学生，因此留宿了康成一晚，不过这是他一生中唯一一次遇到无处留宿的情况。或许是因为看京都舞姬的表演，或许是去赏樱了，4月1日这天康成和同学分开了。

当时，中学四年的学业结束后就可以升入高等学校，但是康成在中学待了五年才毕业。他在日记中写自己在五年级的冬天时突然想去第一高等学校[④]。在这之前他的志愿是庆应，再早些时间是早稻田，如果再往前追溯的话，还有三高（京都）、三田（庆应）等。

五年级那年，发生了川端人生经历中有名的"男色"事件。

---

① 生方敏郎（1882—1969），日本作家、评论家。代表作品有《明治大正见闻史》。——编者注

② 新京极，日本京都中京区的一条繁华商业街。——编者注

③ 吉井勇（1886—1960），日本剧作家和歌作家。代表作有《午后三点》。——编者注

④ 第一高等学校，指日本旧制第一高等学校，简称"一高"。为日本最早设立的公立旧制高等学校，相当于当时的东京大学预科。1950年停止招生，并入东京大学教养学部。下文中的庆应，指日本庆应义塾大学，或称庆应大学；早稻田，指日本早稻田大学；三高，指日本旧制第三高等学校，为京都大学的预科；三田，此处特指庆应义塾大学早期的文史哲专业。——编者注

第二章
进入一高、《伊豆的舞女》

同性恋的情感

　　战后，川端开始在自己担任要职的镰仓文库的杂志《人间》上连载《少年》这部作品。连载自1948年（昭和二十三年）5月起至翌年3月止，当时并未完结，直到全集出版时才进行了修改并最终完成（1952）。这是一部既像私小说又像随笔的作品，川端在作品中介绍了自己中学五年级时的日记，并插入了说明。这部作品后来出版了单行本，但从未出过文库本，因此不太为人知晓。

　　同年5月，为纪念川端50岁生日，新潮社开始出版发行《川端康成全集》十六卷本，川端当时在每一卷的卷末撰写了解说，以及将年轻时代的日记穿插于其中的长篇解说文。为此，全集的完成用时七年。当时担任编辑的是后来以进藤纯孝这一笔名撰写川端传记的若仓雅郎。之后福永武彦将此全集中的后记编辑成了一部著作《独影自命》。

　　原本，人们普遍认为川端并不是创作私小说的作家，但是《伊豆的舞女》《十六岁的日记》均为私小说，还有《故园》《天授之子》等作品也可称为私小说。这一时期，川端住在位于长谷的家里，找出过去的日记，考虑以它们为素材进行创作。有意思的是，中途曾师从川端的三岛由纪夫，当年9月辞去大藏省①的工作，以自身的体验开始创作《假面的告白》，我认为这是受了川端的启发。

同性恋，古往今来无处不有，只是古希腊的和日本的同性恋比较有名，虽然基督教将同性恋视为有罪，但实际上存在大量男性同性恋者，据说中世纪并没有进行十分严厉的管控（约翰·博斯维尔著《基督教、社会宽容与同性恋》）。在日本，近世中期以后日渐式微；进入明治，萨摩藩的习俗传入东京，在男学生中，特别是在学校宿舍中非常流行。菊池宽等人在中学时代显然都是同性恋者，据说西日本同性恋者尤其多。

前面我提到川端对正野君抱有同性爱恋的情感，他们两人是同年级学生。川端的日记中写道，五年级时，自己与入住宿舍的二年级同学"清野君"有同性恋关系。无论是日本还是古希腊，同性恋都存在于年长者和年少者的关系中，因此虽然称之为同性恋，实则更偏向于少年恋。日本德川时代的武士，年长者的发型是"月代"②，年少者梳的是"前发"，这是规矩。换言之，当时川端走的是传统的"众道"③路线，至多只是在被窝里相拥而已。

从这一年的日记开始，诸如"我被红野君④的美貌迷住了""还没尝试过手淫"以及来自梦遗的罪恶感等性方面的表述非常抢眼。1916年（大正五年）4月川端升入五年级，担任了寝室长，"清野君"是这时候出现的。7月，他见到这位少年的臀部时兴奋起来，一大清早便和少年搂抱在一起。

林武志的《川端康成研究》中提到，这位"清野君"的真名叫

---

① 大藏省，日本自明治维新后设立的中央政府财政部门。2001年6月，因中央机构调整，设立财务省和金融厅，取代该部门的职能。——编者注
② 月代，传统日本成年男性的发型。将由前额侧开始至头顶部的头发全部剃光，使头皮露出呈半月形。——译者注
③ 众道，武士中的同性恋。——译者注
④ 此处"红野君"疑为川端的笔误。——编者注

小笠原义人。该论文发表于1972年川端去世前不久，林武志是听小笠原本人讲述的。之所以能搞清楚"清野君"的真名，是因为《少年》中其实有着很清楚的线索，事情的原委是，小笠原义人的父亲是大本教的干部，小说所引用的清野的信件中明确写道，大本教的杂志《神灵界》第二期上写到了我。

大本教，是由丹波某农民的妻子出口奈央创立的。出口会突然如神灵附体般用平假名一直书写神灵之言，她的女儿则是第二代教主，名叫须美，其丈夫是巩固了大本教基础的王仁三郎。之后历代都由女人担任教主，她们的丈夫是副教主，持续至今。

川端发烧卧病在床时，受到义人照顾。义人一边挥舞着手臂一边念着让人听不懂的祷告之词："利利萨、利利萨、利利萨。"川端觉得这是大本教的仪式。不过，按照最近片山伦太郎的考证，小笠原家开始信仰大本教是川端中学毕业以后的事情，该"咒语"是其父所皈依的神道中的祷告之词。

《少年》引用的日记中这位同学名叫"清野"，原日记中当然写的是真名，川端对日记做了修改。重要的是，《少年》为什么没有被写成小说的形式，而是采用了引用日记和书信的形式？也可以说，对于看上去很像事实的小说，川端非常讨厌被人误解成事实。在他成了文学大家之后，很多人研究《伊豆的舞女》和《雪国》中的人物原型，他嘴上说着不想谈论自己的作品，实际上他比任何作家都喜欢高谈阔论且喋喋不休地谈论那些是事实还是虚构，这成了他的嗜好。他曾写道，在作品完成后，自己将《少年》中使用的日记和书信都付之一炬，不再保存实物。

小笠原义人的父亲自称是清和源氏的小笠原氏的后代，祖父是纪州藩的武士。父亲义之生于1870年（明治三年），是祖父家的养子。义人生于1900年（明治三十三年），所以只比川端小1岁。他上中学时之所以比川端低三个年级，那是因为他在神户、广岛念完小学后，父亲没让他上中学，而是进了高等小学，后来他被允许在父亲所在的大阪附近上学，这才进了茨木中学，加上生病又休学了一年。川端在《独影自命》中写道：

> 我被他的爱所温暖，所荡涤，所拯救。清野是个纯真少年，我甚至不觉得他是这个尘世的物种。
>
> 从那之后直到我年逾半百，我再没有遇见过这样的爱。

不过，这段文字写于1948年4月，是开始连载《少年》的那段时期。

还有如下对话（12月1日）：

> 我真的爱上了清野。
>
> "当我的翰引吧。"我这么一说。"好，当你的翰引。"他回答。

这里的"翰引"是不是指的恋人？可能是"企鹅"的意思①。当时有书中写过企鹅是同性恋，也许是暗语。由于义人是美少年，也受到过其他高年级学生的骚扰。

川端第二年中学毕业，赴东京升入一高，有一段时间，川端经常收到义人的来信，但现在找不到川端给义人的回信。义人在信中写道："我没想到你想成为小说家，以为你会走上和我们相同的道路。"（1917年7月29日）义人虽然这么说，却读着川端的著作，挂念着川端，他描写川端离开后宿舍的情形，说现在自己受五年级同学欺压，十分怀念川端担任寝室长的日子，等等。1918年（大正七

---

① 对话中的"翰引"是川端康成写的片假名"ヘングイン"，意思不甚明了，因和"企鹅"一词的外来语发音相近，故作者如此猜想。——译者注

年）2月19日，他在信中写的尽是诸如不出五六年富士山就要大喷发，世界将以日本为中心获得统一等大本教的教义预言。实际上，大本教因散播这种预言并借此来壮大信徒队伍，而在大正和昭和的战前时期遭到了警察的大规模镇压。早濑圭一执笔的《大本袭击》（新潮文库），就是一部围绕第二代教主出口须美和镇压事件概述大本教历史的著作。

关于川端的宗教意识，虽然晚年他经常谈到佛教，但他师从今东光的父亲学习神智学（精神学），好像也相信过灵魂的存在和显现，或许这与战后他和新潮社关系密切，且新潮社的创始人佐藤义亮也是人道教团（PL）①的信徒这一点有关。

义人服完兵役后赴嵯峨进入大本教修行，川端也去见过他。在这次见面之前，1919年（大正八年）川端回大阪后接到义人来信，他埋怨说："既然路过，为何不来明信片让我去见你一次。"看来川端对扬言富士山即将喷发等言论的义人，内心多少有些对其敬而远之的想法。

川端在一高读书期间，将写给义人的信当作作文提交给老师，今井彦三郎教授好像隐去姓名后读了川端的作文，同年级同学无不大为吃惊。铃木彦次郎猜到此人"一定是川端"（《照片集：川端康成》长谷川泉注）。川端本人也在《少年》中写道："一高再怎么自由，这也是一篇颠覆常识的作文。"

川端上嵯峨去见义人是在1920年（大正九年）8月，林武志的著作中也刊登了义人的照片。在这之前的1919年（大正八年）11月8日，川端因风湿病休养去了伊豆汤岛经常投宿的汤本馆，他在那里见到了第二代教主和她的继承人，即出口须美和第三代教主直日两人。汤本馆的第二代主人安藤唯夫是狂热的大本教信徒。疼爱

① 人道教团，日语为"ひとのみち教团"。1916年成立的日本宗教团体，历经几次更名。1931年更名为"扶桑人道教团"，1974年更名为现在的"完美自由教团"，即PL（Perfect Liberty）。——译者注

川端的应该是安藤唯夫的母亲，即第一代安藤岨野夫人（泽野久雄《小说川端康成》）。

林武志书中也谈到，这些故事和《伊豆的舞女》有着相同的结构，身为孤儿的川端，孤苦伶仃，他与这些人相遇，从而获得了慰藉。从结论上而言，将川端写自己少年时代的作品，与现存的日记及书信、周围人的证言加以对照，可以发现他放大了这种孤独。

正如义人信中所写的"受五年级同学欺压"那样，中学宿舍里无疑存在着大量类似霸凌的现象，但是在川端的文章和日记中基本上见不到这种氛围。川端后来多次写道，自己是孤儿，所以变成了与世无争的人，这话的确有道理。纵观川端的一生，他的身上，除了作家身份之外，还有与之不同的另一面的特征，即"生活的达人"，在他身上似乎有着心灵鸡汤类书籍中所描述的那种生活风情。

川端活在这个唯利是图的俗世，一方面他总是站在令人瞩目的舞台中央，另一方面他却几乎与世无争。为此，他首先做到的就是自己不发怒。当然，实际上是即便发怒也不怒形于色。然而，即便自己可以做到喜怒不形于色，但也难免会被人欺负到头上。每当出现这种情况的时候，川端使出的或许便是时常被人提及的"瞪着眼睛且一语不发"这一招数吧。上中学时如果遇到校园霸凌，我想他首先用的也是这种方法吧。

在他成为文坛巨匠后，对于这种不直接与人正面冲突的招数，有人说好，有人说不好。说不好的人认为川端是"政治家""大恶人"，是"八面玲珑"之人。

我的话题似乎推进得过快了。四年级以后，他开始在自己不擅长的英语、数学等课程上用功，虽然现已不知道其成绩是否提升了，不过他并没有回到入学时的成绩第一名的位置。这一年秋天，岩次郎买下了宿久庄的宅邸，终于还清了祖父和康成的债务。岩次郎的儿子种次郎家里留存着康成的父母亲和他幼时的资料也是出于这一缘故。

读书倾向

这一时期，康成读了近松秋江的《写给分手的妻子的信》、永井荷风的《法国物语》等作品，但最让他感动的是江马修（1889—1975）的长篇小说《受难者》。江马，他的本名"修"应读为"なかし"（NAKASHI），一般读成"しゅう"（SHU）。战后，他所写的表现明治维新时期农民暴动的作品《山民》被介绍到中国，他在当时的中国是最有名的日本作家，是社会主义者。他中学退学后开始文学创作，1916年（大正五年）9月新潮社出版的长篇小说就是他的作品《受难者》，当时成了畅销书。

大正时期，江马的作品和岛田清次郎的《地上》（新潮社，第一部出版于大正九年）、贺川丰彦的《越过死亡线》（改造社，大正九年）等非文坛系作家的作品接二连三成为畅销书。贺川是基督教活动家，他的这部作品是半自传体小说，岛田和江马的作品则是小说。之所以称他们为非文坛系作家，理由之一是他们的作品未经《中央公论》《新潮》等杂志发表便直接出版了单行本。有岛武郎的《一个女人》①等也是非文坛系作品。

在这些作品中，现在没有人读《受难者》了吧。不过，如果想要了解当时知识青年的恋爱观的话，这部作品是必读的文献。它多少属于私小说。小说中的主人公是一个男青年，有个名叫喜美子的恋人，两人并没有发生肉体关系，他感觉到了两人难有未来。他去本乡的大学医院探望住院的姐姐，去之前他开始想护士的事情：

　　要去有女人的地方了这种意识一开始就让他内心骚动起

---

① 《一个女人》，有岛武郎于1911年开始在《白桦》杂志上连载的长篇小说，于1919年结束连载。——编者注

来。他的脑子里不由自主地冒出了这样的念头，我会不会在那里遇到未来的恋人，会不会有个为我而生的人在那里等我……

现在读来令人忍不住发笑和感慨。事实上，当时的知识青年，生活中几乎都存在这样的意识。不理解这一点的话，就无法从根本上理解川端后来在和初代的爱情中发生的失恋事件。

最终，男青年和其中的一个护士谈起了恋爱。在那之前，他和那个护士聊天，为了表明自己也有个恋人，他说："我要回去了。今晚必须给那人写信……"大正时期，是近代恋爱思想以那种种特异形态表现且达到巅峰的时期，男主人公在还未确认护士是否爱自己之前，就开始嫉妒、担心护士是否结过婚，即她是不是处女的问题。当他听说护士实际上被人强暴过时，内心十分痛苦。

对于康成而言，恐怕一直难以释怀的是，母亲是再婚之人，在和父亲结婚时就已经不是处女这一严酷的事实。战后作品《再婚者》，可能就是他在脑子里一边想象着父母的事情，一边写成的吧。芳子出生那年，父亲荣吉虚龄27岁，母亲32岁。或许在康成的想象中，父亲还是童子之身。和中学生时代相比，自己26岁前还有童贞的这一事实（石滨金作的证词）使他的这一想法变得更为强烈，并将他带入了喜忧参半的伤感情绪中。

川端在11月24日的日记中写道："在《新潮》上看了《受难者》的评论，我下定决心在找到自己的女人前一定要保持童贞。"《受难者》的评论是刊登在11月刊上由赤木桁平、谷崎精二、和辻哲郎、福士幸次郎等人撰写的一些文章，日记中川端提到了赤木的名字，但触动他的不是赤木写的那篇，而是和辻哲郎的文章。和辻与谷崎润一郎等人1910年（明治四十三年）第二次开始创办《新思潮》，但和辻不久便转向哲学研究，同时撰写文艺评论。和辻在文章中写道：

　　首先我感到欣喜的是，他刻画了一个受尽社会凌辱、可爱质朴、气质温柔并敢于为爱而燃烧的女人的鲜活形象。我觉得这位年轻作家，几乎可以说是日本第一个在这一题材上获得成功的作家，他必将唤起文坛以及读书界的注目。我见过很多作家将这类深陷贫困、丧失自由的女人（缺少面包和爱，精神和物质都不如意的女人）描绘得十分凄惨和卑微。……从受尽社会凌辱的所谓下层阶级中挖掘出如此美丽的女人，作者功德无量。……（过去的作家）充其量只是一些缺少爱心的旁观者，爱耍小聪明的情场高手。
　　……

　　还有一点我完全无法理解。将主人公在得知恋人数年前的痛苦经历后所产生的痛苦描写得如此强烈乃至令人战栗的作者，为什么对诱惑处女并向恋人告白"自己已经不是童子之身"的主人公的过去却能够表现得如此宽容。

　　《伊豆的舞女》的作者想必在读到前一段文字后产生了众多联想。在此，我想补充一句，护士这一当时近似于娼妇的职业，非常受人轻贱。后一段文字中提到的问题，是当时的知识青年频繁讨论的问题。菊池宽当时还是无名之辈，几年后成了人气作家，他写了大量以"妻子即便不是处女，也不应该受到指责"为主题的作品和评论。川端会下此决心正是受了《受难者》的触动，这部作品的影响力不可估量。

　　当年12月，康成表明了报考一高的志向。他认为实际上自己的成绩并不能保证考上一高，报考只是为了在老师面前争口气。另一方面，表哥秋冈义爱从芝中考上庆应，他与新近崭露头角的作家南部修太郎是好友，他请南部为川端把把脉，看看川端是否具备文才。经秋冈义爱的介绍，川端开始与南部通信交流。秋冈问南部要结果，南部回答说仅从书信难以判断，如果他想干文学这一行的话，就让他干吧。(《插话篇》，川端文学馆)川端到了东京后，首先去拜访了南部，以《南部先生的作品风格》一文第一次收到了稿费，这篇文章写的就是两人的这段关系。当然，南部来不及大显身手便英年早逝，与川端没有很多的交集。

1917年（大正六年）1月29日，英语老师仓崎仁一郎突然去世。学生们深感悲痛，很多人参加了在东本愿寺别院里的守夜仪式，在葬礼上抬灵柩。代表学生朗读悼词的是片冈重治，川端在国语汉文老师山胁（后改名满井）成吉的提议下写了一篇文章，发表在满井的同学，同样来自茨木中学的石丸梧平在大阪发行的《团聚》杂志上。

石丸梧平，号梅外，毕业于早稻田大学，当过教师和作家，出版过人生指南类的书籍，后来创办《人生创造》杂志，在当时的年轻人中有很大的影响力。1916年（大正五年），赤木桁平的《"游荡文学"的扑灭》(《"遊蕩文学"の撲滅》)一经发表，石丸随即回应说大阪的风气坏了。很长一段时间里，因为我没有找到《团聚》杂志的实物，所以也无法确认川端的这篇作文。2011年，尚絅大学副教授宫崎尚子发现并确认在以《扛在学生肩膀上的灵柩》为题的解说文的最后有一行字："葬礼日和守夜印象　川端康成"，该文章刊登在1917年（大正六年）3月刊行的《团聚》上（熊本大学《国语国文学研究》）。1927年（昭和二年）川端以同样题材写了小说《仓木老师的葬礼》发表在杂志《王者》上，以《肩扛恩师的灵柩》为题的文章则发表在名为《东光少年》的杂志上。

有迹象表明，川端爱读石丸的著作。后来川端长期与中央公论社的藤田圭雄（1905—1999）合作，挑选战前、战后的儿童作文以及年轻女性手记并编辑成集。筛选出这些儿童作品，自然都基于某种道德基准，年轻女性的手记也不会有背离市民道德的内容。由此可见，身为作家的川端，一方面创作出了《雪国》《千只鹤》等描绘离经叛道世界的作品，另一方面又自觉维护自大正至昭和初期诞生的市民道德。川端和润一郎、永井荷风乃至里见弴等作家的差别，就在于这些作家没有下过在结婚之前保持童贞的决心。

一高升学考试前

　　1917年（大正六年）3月，川端从茨木中学毕业。当时，高中9月开学，升学考试在7月。川端不顾老师们的反对，将一高定为第一志愿，第二志愿是三高，第三志愿是鹿儿岛高等学校。只是我们不清楚他是否参加了鹿儿岛高等学校的考试。

　　当时文坛的状况是，前一年年末夏目漱石突然去世，夏目最后的弟子芥川龙之介和久米正雄崭露头角。3月21日第一次来到东京的川端，先去拜访了亲戚上村龙之助，顺便去见了田中园的儿子——齿科医生田中岩太郎，并住了下来。那里是浅草森田町，也就是现在的藏前（据"东京红团"的网页显示，现地址位于藏前4丁目6番和藏前2丁目3番之间）。

　　关于一高时代的川端，目前资料非常少，日记也只是片段式的。他人的证言和石滨金作的文章都非常珍贵，我只能通过书信等资料加以推测。当时川端的生活费来自秋冈的汇款。为了准备入学考试，川端出入周末讲习会、明治大学预备学校等补习学校，后来与他成为朋友的石滨金作在明治大学预备学校见过川端。他觉得川端没在好好听课，且认为川端是个奇怪的家伙。在周末讲习会，川端师从藤森良藏学习数学（《学校和我》），他还常去浅草公园。岩太郎家有孩子，导致川端无法全神贯注地学习，因此大概4月或5月初，他开始租住西鸟越的石油商人笈川喜惣次家的二楼。这里还住着笈川家上小学六年级的次子仲次，据说搬家时他帮川端推过大板车。

　　这一时期，川端的精神状态看上去并不好。毕竟这一决定是在一高考试前不久才做出的，况且属于一考定乾坤。这一点，在后来发现的川端写给正野勇次郎的信中如实反映了出来。正野在中学毕业后好像干了教师这一行，川端的信中对此有些不屑，另外他对去了不是一高的其他学校的同学同样表现出了鄙视的态度，这不禁让人有些吃惊。这些内容在1987年出版的《川端康成青春书简》中得以公开。

6月17日，川端写给正野的信中略带嘲讽语气，这在年轻人中十分常见，并非说不过去。他还写道："我提醒各位，我的入学是3月以来的既定事实，现在也不用喋喋不休了……京都附近的部分同学高声传播我发疯的消息，传到了东京。"稍有雄心壮志的年轻人恐怕都有过类似的张狂经历，也让人有些心疼。但是，一周后的25日川端所写的明信片却很让人费解：

> 你是老师，故向你火速求教。实际上，我想研究熊王丸，你能否尽可能将你了解的情况告诉我。你好像读过一些书，不管是史料还是小说，请告诉我。倘若不回复，你便没有了做朋友的任何价值。今天我在思考"绝不能背叛自己所爱的人"，脑子里突然冒出了熊王丸的故事。当然，熊王丸和我之前说过的人不同，但是，远离史实，驰于空想，令我异常兴奋。……而且，我想用五年时间写一出充满人情味的熊王丸的戏剧。今天午后，我一边高喊着熊王丸的名字一边奔跑，心中畅快极了。务必告诉我他的故事最早出现在哪本书上。和考试相比，这件事对我至关重要。
>
> 还有一个十分打动我的人，她就是把自己封闭在我不记得名字的德国潜水艇里，或是不知何故已变成废墟的荒无人烟的南部小城疯人病院里的女魔术师。在墨国的巡演中，年轻的小天胜（现在好像叫天华）身居寒冷之地，疯狂高喊"妈妈"和"你、你"，她那美丽而可怕的双眸闪烁着炯炯的光芒。你不觉得她就是一个犹如恐怖的吉格玛①那样的演员吗？你不觉得她

---

① 吉格玛，20世纪初在日本上映的法国电影《吉格玛》中的男主角的名字。——译者注

就是一个陷入狂野爱情的南国男子吗？捏碎一只小心脏是为了什么？我现在就想去流浪，去玩味"你、你"的意味。

我解释一下，熊王丸是南北朝时代的武将，赤松光范的家臣宇野六郎之子。他为了讨伐父亲的仇敌楠木正仪而成为其家臣，最终他因正仪有恩于己，受此情感所困而出家。（《大辞林》）天华是女魔术师松旭斋天华。墨国指的是墨西哥。

正野也深感诧异，让同事看了此信，还给康成回了一封信以便让他安心。不过，该回信未被公开。针对正野的回信，川端又写了一封信，好像没有贴邮票就寄出去了：

六钱如何？一想到你要第一次拔掉你引以为豪的白鸽的胸部羽毛来支付，滑稽的感觉不禁油然而生。还有你在大阪高商里的伤感和读到此信时的一脸呆相，以及你在那里长吁短叹的老学究的模样。小生不值三钱的信件，不是为让你的同事竞相"吃惊得无法闭嘴"而写的。我没有让你同事看我信件的愿望。所以，你也不必写我不想看到的信件，只是为感谢熊王丸一事，我将奉献我生命的一部分，并为了惩前戒后，请让我遥拜老学究支付六钱时的痴呆相。君若不能认真对待小生，小生亦不必认真待君，不，对于诸如生活中拥有多种选择的你，不管对方是谁，你都必须正面相迎。对此，我非常赞同。六钱的报复，任凭处置，但不宜使出同样的手段，如小生一般做出榨取六钱的无能之事，对小生而言，断然会将未纳邮税的信件退还给你。在收到这封信时，只需想"他忘记贴邮票"这一件事，用麻木的神经放弃挣扎，我想这也是为你自己着想。

本次的通信就此终止，我深信这是最明智的选择。倘若你感到委屈，那也是我为了给你施加些许压力。

你以餐饭和读书等甚为贫瘠的示例给予我忠告，我一向不以为然。尽管需要解释，我不予理睬。只是，小生的升学事宜，毫无疑问成了既定事实。升学考试、学士学位、博士学位（我想是出于博取照顾我的亲戚的欢心且不过于打扰他们之故）眼下不是问题。当下面临的问题在于拷问自己的灵魂，我想这件事最近就会发生。大体上，大家——同学们——回避、退缩的态度出乎我的意料。不，我反倒不禁产生了怜悯之情。虽然我也对你说过努力和满足那样的话，但是努力的意思并不明确，小的满足想必让人想到的是微不足道的小成就。大家都在耍小聪明，很多人用为他人着想为借口，选择得过且过的生活，他们让我想到，究竟真的有多少人拥有能够大胆倾听自己不被束缚的内心隐秘之声的年轻活力。小生无法接受得过且过的生活，成为一个微不足道的小成品，我必须冲入主流的中心，即便得不到任何成绩，倘若不能成为伟大的未完成品，我想那也是枉费了青春年华。现今的新锐作家中，有着大量小成品，那是非常糟糕的现状。

……

写得过于冗长乃至让你忘记了六钱的傻瓜举动，也让我回到了此信本来的主旨，因此我要以傲慢的态度，正颜厉色地一巴掌打飞你的灵魂。

小生倘若落第，即便有人觉得可笑，小生也绝不觉得可笑。理由下次奉陈。六钱，深表感谢。

最后康成才吐露了真话，却极其匪夷所思。正野不但将前面一封明信片给同事看了，还将此事告诉了康成，这当然惹怒了康成，这一点可以理解。不过，后来的情况不得而知。康成再次给正野写信是在相隔一年后的1919年（大正八年），两人的关系果然一时变得疏远了。笹川隆平写道："他来东京参加升学考试，但他写的东西让人看不出他在想什么。这如实反映了他当时十分高昂的情绪。这种情绪也只有向真正的朋友才能吐露，我们可以从中看到，对他来说，正野勇次郎正是足以让他发自内心信赖的好友。"这个结论让人感到有些无可辩驳，可以认为是妥当的吧。

一高的升学考试是 7 月 11 日至 14 日，科目有国语汉文、代数几何、英语和历史。结束之后，康成好像还回关西参加了三高的考试。结果公布是在 8 月 9 日，茨木中学只有一人考上。据说成绩排在第一位、第二位的同学都落榜了，康成则榜上有名。录取学科为第一部乙类英文科。康成被录取后，返回黑田家，据说他大摇大摆地从正大门走了进去（笹川语）。只是，川端自己从未写过当时的情况。

一高和伊豆的舞女

当时的一高校长是新渡户稻造的继任者濑户虎记①，同年级中有石滨金作、酒井真人、铃木彦次郎、守随宪治（日本文学学者）、三明永无、片冈义雄②、辻直四郎（印度文学研究学者）③、池田虎雄等人。川端于 9 月 11 日入学，12 日入住西寮 13 室。由于全体寄宿制，因此入寮式即为入学式。一高的宿舍在向丘，被称作"向寮"，现在是东京大学农学部的所在地。同宿舍中有菱沼勇④（后成为贸易局长官），石滨则住在 15 室。石滨还记得预备学校的事情，

---

① 濑户虎记（1870—1920），土佐出生。帝国大学毕业。1913年（大正二年）任一高校长。
② 片冈义雄（1896—?），千叶县出生。东京大学经济学部毕业。经济学家。专修大学、法政大学教授。
③ 辻直四郎（1899—1979），东京出生。东京大学毕业。东京大学、庆应大学教授。
④ 菱沼勇（1898—1989），神户出生。东京大学法学部毕业。战时任贸易局长官。战后任输出文化振兴会副理事长等职。

"啊，是那个怪人"，他心想。石滨是《时事新报》记者石滨铁郎的次子，生于东京，在大阪上的中小学，哥哥是经济学家石滨知行①。

一高一年级时的同学。后排右一川端，前排左一石滨金作，前排左三菱沼勇。摄于1917年前后（日本近代文学馆）

自进入一高至发生关东大地震（1923年9月1日）为止的时间段，川端的日常生活状况有些模糊不清。原因之一是川端没有创作过诸如谷崎《青春物语》那样的作品。他留下了很多片段性的文字，其中大多和《伊豆的舞女》有关，还有一些以被初代抛弃为主的重复性内容。而且，书信和日记等也只有部分得以公开。另外，与川端共同发起刊行第六次《新思潮》杂志的是石滨金作、铃木彦次郎、酒井真人和今东光。今东光是川端一生的挚友，但不是他从一高至东京大学期间的同学。酒井放弃了作家身份，战争期间和川端在长野的犀北馆见过一面，他在那里教书，于1974年去世，除此之外没有其他信息。石滨虽然也退出了文坛，但是1950年（昭和二十五年）在《文艺读物》杂志上发表了《无常迅速》。石滨金作在川端获得诺贝尔文学奖后不久便去世了。他战后干了什么事，不得而知。

川端因伊藤初代悔婚事件而赶往岐阜县时有一位朋友同行。川端在《篝火》《南方的火》等作品中多次写到这一事件，由于是小说创作，所以作品中用的不是真名。川端在战后创作的《独影自

———

① 石滨知行（1895—1950），东京大学经济学部毕业。九州大学教授。

命》中明确宣称，其中的人物为同一人，他写道："至少也是过去近三十年的陈年往事了，现在公之于世也无伤大雅，他是E.M君。"但是，这显然没有交代清楚。1965年（昭和四十年）长谷川泉揭开了谜底，此人是三明永无。四年后，他在长谷川的恳求下撰写了《回忆川端康成》（《川端康成の思い出》）。

　　隐瞒恋爱对象的名字可以理解，为什么要这样隐瞒三明的名字呢？三明出生于岛根县净土真宗的寺院，从东京大学印度哲学科毕业后成为僧侣，赴夏威夷从事传教活动。在三明的存在浮出水面之前，在一高至东京大学期间，与川端关系密切的人除了东光之外当数石滨，且石滨自己也这么认为。石滨在《无常迅速》中写道，自己当初之所以觉得川端很奇怪，是因为直到10月帝大开运动会时才第一次听他开口说话。后来两人关系迅速亲密起来，第一年学期结束的暑假，川端回宿久庄，两人隔三岔五就有书信来往，川端甚至说如果石滨是个女人，一定要娶他。这种言行也可以说表现了精神上的同性恋。石滨的父母家在东京赤坂，那年夏天他在去淡路岛的途中也去了川端家。

　　不过，三明的文章指出，同一年夏天，川端住在秋冈家时三明曾去秋冈家找过他。有人觉得这并不奇怪，三明也提到川端、石滨、铃木和自己是四个铁哥们。另一方面，铃木在《新思潮前后》中指出，铃木和川端关系变得密切是在二年级的秋天，也就是川端突然离开，踏上创作《伊豆的舞女》的旅途之后。关于初代悔婚事件，我在后面将详细叙述。对此，川岛至、长谷川泉、羽鸟等人都进行过周密调查，厘清了很多头绪。

　　石滨曾写道，川端在英语老师畔柳芥舟[①]（都太郎）的课上读了托马斯·德·昆西（Thomas De Quincey）的《英国邮车》，不过他不擅长英语，所以经常逃课。三明写道，大家都觉得岩元祯的德

[①] 畔柳芥舟（1871—1923），出生于山形县。东京大学英文科毕业。一高教授。

语课很难对付，只有川端达到了及格分。川端的初期作品中也有对约翰·高尔斯华绥（John Galsworthy）作品的翻译，但篇幅很短，他的英语好像不及芥川和谷崎那样的程度。

据川端说，自己一高时代加入了田中馆爱橘（1856—1952）、田丸卓郎（1872—1932）的罗马字研究会，具体时间不详，"战后日语终将走上罗马字道路"的言论正始于该时期。他还在石滨的邀请下参加了由位于追分的帝大青年馆的石田三次主持的"托尔斯泰研究会"。年末，川端读到了中村白叶翻译的陀思妥耶夫斯基的《罪与罚》，非常激动。年初，川端和石滨在东京堂书店购买了米川正夫翻译的《卡拉马佐夫兄弟》，对陀思妥耶夫斯基的狂热持续了一段时间。1884年出生的白叶和1891年出生的米川，加上原久一郎这三人，从这一时期开始着手从俄语版本翻译俄国文学作品。在此之前，日本作家们读到的均是对英译本的再译，也有人直接阅读英译本。川端则是通过康斯坦丝·加尼特（Constance Garnett）的英译本读了契诃夫等人的作品，他说翻译使用的英语，比英国文学作品的英语更易于理解。

1917年（大正六年）12月，川端创作了变态性欲题材的小说《畜生道》，该作品没有保存下来。1918年（大正七年），日本文学的作品中，川端读了长冢节的长篇小说《土》，并深受触动；他还读了演员上山草人①的自传体小说《炼狱》。石滨认为在日本现代作家中，除了志贺直哉、芥川龙之介和谷崎润一郎外，川端不读其他人的作品，他开始摆脱长田干彦等人的影响。不过，在进入文坛后，他与芥川龙之介之间没有任何交往，到了令人不可思议的地步。

1918年（大正七年）1月3日，川端与田中岩太郎、上村等人

---

① 上山草人（1884—1954），演员。赴美参演《巴格达的窃贼》等剧。为作家谷崎润一郎的友人，著有《炼狱》《蛇酒》等自传体小说。

受邀参加职业为金箔匠的舅父山田丰藏的生日宴。这位山田丰藏就是后来出现在《父亲的名字》《大黑像与驾笼》等作品中的"古怪的舅父"。他是川端母亲的异母兄弟，黑田善右卫门妾室所生，排行老小。他将丰里法正寺的上田廓了奉为尊师，据说上田宏犹（1891—1976）在廓了所在的期间和川端非常熟悉。担任过帝冢山学院大学校长的前新闻记者、作家大谷晃一和宏犹的儿子宏范（1921—　　）交谈过，可能因为这一契机，宏范为帝冢山学院大学的校内杂志写了一篇文章《古田原》，因此我了解到了比羽鸟的调查更多的情况。1890年（明治二十三年），丰藏成了大阪市东区金箔师山田甚助的养子，改名为五世山田丰藏，即山田家第五代之意。1902年（明治三十五年）两人曾经一度脱离关系，1916年（大正五年）又恢复了养子关系。据上田所说，丰藏住在浅草北清岛町37，这么说来，这时候他已经在浅草了。关于丰藏，我将在之后介绍作品《父亲的名字》时叙述。

川端与平田花枝之间一直保持书信往来。1918年（大正七年）3月，川端说想搬出宿舍，宿舍生活对他来说似乎变得十分无聊。虽然是全员寄宿制，也有学生不住在宿舍里，或中途退出。[1]石滨写过这么一件逸事：起初，川端在别人眼里是个怪人，好像只和石滨一个人来往，后来朋友不知不觉地多了起来，也经常和别人一起外出喝酒。内心焦虑的石滨，有一天独自一人从外面喝酒回来，大家深受感动，石滨从此也加入了进来。

川端不喝酒，他是属于不能喝酒的体质，但他也去酒馆，似乎很擅长在一旁边喝饮料边看别人喝酒，和人聊天。文学家中不乏"酒鬼"，也有人当着川端的面吵架，川端恐怕完全不会理会

---

[1] 笹川著《川端康成》中载有1918年（大正七年）1月13日从南寮4室寄给松太郎的信，应为1919年（大正八年）。

这些。①

1918 年（大正七年）4 月，57 岁的舅父②黑田秀太郎去世。1920 年（大正九年），25 岁的继承人黑田秀孝与同龄的权野富枝结婚，川端也出席了婚礼。秋冈家的义爱与著名实业家原田元治郎（1859—1945）的千金绫小姐结婚，据说当时义爱在原田棉纺机厂工作，只是时期不甚明了。

1918 年（大正七年）9 月，川端升入二年级，入住南寮 4 室，与石滨、铃木同宿舍。10 月末，他突然只身前往伊豆，这就是他创作《伊豆的舞女》之旅。后来川端自己明确宣称，这部小说写的几乎都是事实。川端与江湖艺人冈本文太夫一行成了旅伴，舞女名叫加藤多美，哥哥名叫时田薰，作品中舞女"薰"用了哥哥的名字，哥哥"荣吉"则用了川端父亲的名字。兄妹姓氏不同，应该不是亲兄妹关系。31 日，川端从修善寺寄出一封给川端松太郎的明信片说前一日已经抵达，因此出发后他应该在修善寺住了一晚。当天下午离开修善寺前往汤岛，并住在汤岛温泉，又于 11 月 2 日清晨出发，在天城岭与江湖艺人一行相遇，结成旅伴，当日入住汤野温泉附近旅店。在此，川端为了和艺人们同行，改变了旅行计划，延期一天，5 日出发抵达下田，并在那里住了一晚。6 日川端与舞女一行告别后，和藏前的东京高等工业学校（后为东京工业大学）的考生后藤孟在"贺茂丸"轮上会合，在船上过了一夜，7 日清晨回到东京。这是笹川的传记中所写的日程。土屋宽（1907—2000）的著作

---

① 1918 年 2 月的一高《校友会杂志》中刊登了芹泽光治良（1896—1993）的《失恋者手记》，芹泽当时二年级，据说接受了约稿。川端读到文章后去芹泽的宿舍找他，两人聊了一会儿。这件事芹泽的《人类的意志》中有提及。不过，该著作写于芹泽 93 岁时，胡思乱想的成分较多，川端没有写过这方面的事情，也没有其他资料可用来佐证，可信度很低。

② 应为伯父，疑作者笔误。——编者注

《天城路慕情》①整本书都是对《伊豆的舞女》的考证，他也从生前的川端那里直接听过这个故事。有两点十分清楚，首先是和小说不同，真实的情况是没有下雨，其次是后藤孟家住在下田下一个船码头的河津，他是从河津码头上的船。

《伊豆的舞女》，1926年（大正十五年）发表于杂志《文艺时代》1、2月刊，这是1922年（大正十一年）夏天川端在汤岛创作的一百零七页纸的《汤岛的回忆》的后半部分。换言之，作品创作于真实故事发生的四年后，进而又过了四年才公开发表。据说前半部分写的是前面提到的小笠原义人的故事，被川端销毁了。②

后来，川端撰写了长篇随笔《一草一花：〈伊豆的舞女〉的作者》，他苦笑着描述了作品成名的情形，当时并未受到好评的这篇短篇小说，现在成了作者的代表作且家喻户晓。他认为此作品它虽然不是名著，从今往后还是会有人读下去。松本清张的《越过天城》（1959）经常被说成是由《伊豆的舞女》改编的推理小说，发表之时也不被认为是名作，在和田勉启用大谷直子拍成电视剧（1978）后终于获得好评，随后三村晴彦请田中裕子担纲主演拍成电影（1983），这才一举成名。进而，1986年石川小百合演唱了歌曲《越过天城》。上述的作品起因于《伊豆的舞女》，而"越过天城"这一名称本身被大众普遍接受，应该是在20世纪80年代以后了。

---

① 土屋在书中叙述了冈本文太夫的生平。冈本文太夫，1879年（明治十二年）出生于信州松本附近，真名为松本要，一生充满坎坷，死于1950年。林武志在《鉴赏现代日本文学：川端康成》中考察了土屋记述的内容与"时田薰"信件的一致性，他认为土屋所写的内容依据不明，没有意义。《静冈新闻》在2000年土屋去世的报道中谈到《天城路慕情》："从大岛至足尾，他认真寻访了川端的足迹，但是获得的众多信息似乎都装在他的心里了。土屋先生也对传闻的真伪盘根问底，但他既未做出否定回答也未加以肯定。"不知这里所说的传闻是什么，这篇报道真是不知所云。我们也无法否认该书出自土屋自身创作的可能性。

② 日本学者森本获在其《魔界的住人：川端康成》中指出川端并未销毁前半部分，而是将前半部分的故事运用到了《少年》这篇作品中。此处疑作者误。——编者注

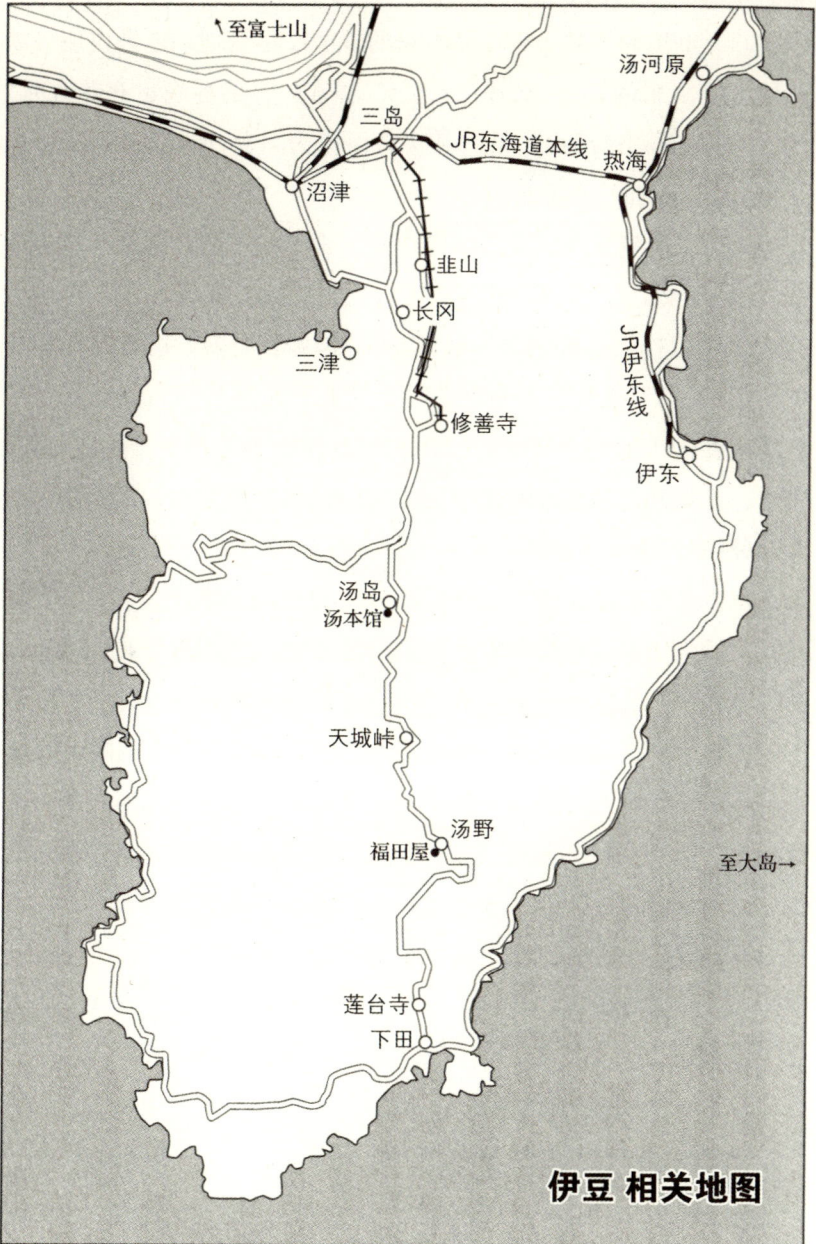

至富士山

汤河原

三岛

JR东海道本线 热海

沼津

韭山

长冈

三津

修善寺

JR伊东线

伊东

汤岛
汤本馆

天城峠

汤野

福田屋

至大岛→

莲台寺

下田

伊豆 相关地图

十重田裕一论述道，《伊豆的舞女》当初并未受到好评，但拍成电影以及被教科书采用后逐渐声名鹊起，甚至被用于旅游推广。不过，十重田并不是否定作品本身的价值，尽管他的电台讲座《名著是创造出来的》（《名作はつくられる》）的标题也有些夸张。《伊豆的舞女》这部作品是因其实力而成为名著。读者并不蠢，作品并不会因为推广而获好评。

战后，川端之所以成为国民作家，重要的原因在于他拥有诸如《伊豆的舞女》《十六岁的日记》《蝗虫与铃虫》等让许多少男少女喜爱的优秀作品。即便像《少年版日本文学全集》这样的作品集中，"川端卷"也能轻易集结成功，这是哪怕同样获得诺贝尔文学奖的大江健三郎以及谷崎、三岛、村上春树等人都不具备的优势。当然，谷崎和三岛也没有疏于为成为国民作家而努力，他们用《细雪》《潮骚》做好了准备。

川端不是私小说作家，然而他一生的作品，都让人感觉到贯穿在其中的强大的"事实"性。从他所敬重的前辈作家是志贺和德田秋声等私小说作家而非谷崎和芥川，也能充分理解这一点。研究川端的创作生涯，会感到他一直在努力摆脱私小说对自己的吸引力。

川端的伊豆之旅纯属一时冲动，其身边好友也不知情，格外为他担心。川端为什么突然去旅行了？按照铃木的说法，川端自己曾说过，收到老家的汇款后就想去一直以来心心念念的伊豆旅行。不过，汇款是定期的，这也不成为不告诉好友们的理由。10月末这个时间点，川端刚升入二年级不满两个月，因此我认为他可能是患上了所谓的"五月病"①，即神经衰弱症。他之所以突然决定一个人外出进行一次毫无目的的旅行，或许是因为来自宿舍生活的封闭感以及对将来的不安，也可能是因为性冲动。

———————————

① 五月病，一种假期后综合征。日本企业新人、学校的新生在每年4月进入，因理想与现实的落差或未能适应，往往在5月假期后产生心情压抑、焦虑等心理疾病。——编者注

《伊豆的舞女》写的内容是真
实之事，但没有描写江湖艺人们丑
陋的一面，这是后来川端本人说
的。据说舞女的哥哥患上了梅毒且
能看到脓包。还有一件事，我觉得
是川端歪曲了事实。怀有"孤儿根
性"的社会精英的一高青年，与社
会最底层的江湖艺人结成旅伴，江
湖艺人称赞他"是个好人"，对他
说"做个好人真好啊"，分别时彼
此还流下了热泪。这是小说创作中
最具有杀伤力的武器。事实上，写
到这里我甚至也已眼含热泪了。喜
爱陀思妥耶夫斯基的川端，当他见

与伊豆汤岛上汤本馆的人合影，中
间是川端。摄于 1924 年前后（日
本近代文学馆）

到江湖艺人时，脑子里出现了想和他们结伴而行的念头，他的潜意
识告诉自己，江湖艺人们一定会因为天底下不可一世的一高学生和
他们这些卑微、丑陋的人结伴出行而感激涕零。

和川端分别之后，舞女一行登上了伊豆大岛继续演出，并且彼
此之间有书信往来。年底，川端收到了落款为"横须贺甲州屋转艺
人时田薰"寄来的贺年明信片，这位时田薰是舞女的哥哥（香男里
《川端康成的素颜》）。川端自己说想去大岛，但没有成行。泽野久
雄（1912—1992）的文章中称，在伊豆七岛版的报纸上看到川端来
过大岛，令其感到十分惊讶。可惜没有该报纸的实物可以确认。
1935年（昭和十年）川端计划和横光一起去大岛，但未付诸实施。

村上春树的小说《挪威的森林》的开头部分，似乎是由森鸥外
的《舞姬》的开头部分和《伊豆的舞女》的结尾部分拼凑而成的。
《舞姬》开头的框架是从欧洲乘船回国途中船只停靠在西贡时男主
角的回忆；《挪威的森林》则是飞机在汉堡降落时男主角开始了十

年前的回忆。后者的故事中，男主角渡边突然哭了起来，空姐问他哪里不舒服，他回答说"只是有些伤感"。

《伊豆的舞女》的结尾中，学生"钻进少年的学生斗篷中"，"夜色中，少年的体温温暖着我的身体，我听任泪水流在脸上。我的头脑变成一泓清水，滴滴答答流淌，之后我感到了完全放空的甜蜜的愉悦"。山口文宪[1]半开玩笑地说此处暗示同性恋的行为。如果读者认为此处就是"少年"题材延续的话，这一观点也不是没有道理。

按照铃木的说法，这次旅行之后川端变得性格开朗起来，和朋友们也开始能玩到一起了。这和片冈的说法有些出入。据说川端和片冈、铃木围绕文学理论展开争论，三人传阅罗曼·罗兰《约翰·克利斯朵夫》，川端读了一个通宵，第二天迷迷糊糊地跑去教室上课。当时，后藤末雄[2]的全译本刚刚出版。

根据三明的说法，11月底陆军举行特别大演练，川端和石滨、铃木、三明一起去了静冈县三岛，结束后乘船抵达三津，前往修善寺，住在旅馆里，之后又回到三岛。

1919年（大正八年）4月起，川端转到了中寮3室，这件事可以从笹川著作中所记载的写给川端松太郎的明信片中了解到。6月，在文艺部委员冰室吉平（英法科）的建议下，川端在《校友会杂志》上发表了小说《千代》。一高至东大出身的作家中，担任文艺部委员的人很多，然而包括川端在内，第六次发起的《新思潮》的作家中没有人担任文艺部委员。《千代》或许称得上川端最具代表性的处女作。有人认为这部小说受到精神学的影响。故事中有一个向川端要债的男子山本千代松，他死后留下了女儿千代。这一时

---

[1] 山口文宪（1947— ），日本纪实文学作家、散文家。著有《香港世界》《空腹的王子》等作品。

[2] 后藤末雄（1886—1967），第二次《新思潮》同人。东京大学毕业。庆应义塾大学教授。

期，川端喜欢上了一个女招待，可能就是千代，但是川端本人说那只是创作（长谷川泉《川端文学的视野》）。只是，川端在后来创作的一部"掌篇小说"《处女作的祸祟》中写了后记，它应该是来自完成《千代》这部小说后被名叫千代的女性抛弃的这一经历。实际上，通过日记可以看到，现实中存在山本千代这个女性。

第三章

伊藤初代事件

与女招待的恋情

　　日本有一种饮食店，里面有女招待。从学生到成年男人，有很多人会聚到这种地方，和女招待恋爱，带她们外出。她们是近代社会中的艺伎。21世纪的今天，出现了"女仆餐厅"，宛如女招待行业复活，很有意思。百货公司的餐厅也有女招待，川端和三明就曾去过名为白木屋（后来的东急百货）和三越的餐厅找女招待。三明是情场老手，当时由他当向导，两人喜欢上了白木屋百货公司里那个佩戴16号胸牌的女招待，大家用德语称呼她"Sechzehn"①。三明还特意去女招待家里求婚，结果对方家人声称她已与别人订婚，拒绝了三明。（铃木语）川端所写的"千代"就是这位16号，所谓"千代"，应该就是"山本千代"。

　　关于麋鹿饮食店的地址，有人说这家店位于本乡真砂町，有人说在壹岐坂，根据长谷川泉的研究，似乎确定在本乡元町2丁目。换言之，壹岐坂才是其准确的位置。在这家饮食店工作的便是千代。她真名伊藤初代，老家在盛冈。"初代"用地方方言发音好像是"千代"。她比川端小6岁。川端爱上了这个少女，并想娶她，但就在川端准备向她求婚的那一刻，她反悔了。这就是川端的失恋

---

① Sechzehn，德语，"16"之意。——译者注

事件。

麋鹿饮食店的老板娘名叫平出真寿，是律师平出修（1878—1914）大舅哥的儿子平出实的妻子。平出修既是文学家，也曾在大逆事件中担任律师，很早就去世了。平出真寿，1887年（明治二十年）生于岐阜县，娘家姓山田，1911年（明治四十四年）与平出实（生于明治二十三年）结婚，因丈夫出轨女招待而离婚，并开了麋鹿饮食店，后来嫁给东京大学毕业的福田澄夫（澄男），去了中国台湾。今东光说，和年轻的女招待相比，他更喜欢这位比自己年长的老板娘。

按照今东光的说法，川端喜欢身世不幸、身份卑微、贫苦人家的女孩，对身份显赫家庭的千金小姐不感兴趣。他自己也写过，喜欢"出淤泥而不染"的美。有人说，这一时期，川端正从一高升入东京大学，却狂热地追求出身不明的女招待并想与之结婚。实际上，志贺直哉想娶家中的女佣，里见弴娶了艺伎，永井荷风和艺伎结过婚，尽管很快离婚了，谷崎的第一个妻子也当过艺伎。但是，他们和川端都不同，川端可能还是童子之身。我列举的这些作家，他们都是在和娼妇、艺伎厮混后走到了这一步，而川端则不是。拥有童贞的男人对女人的幻想可谓疯狂。

看一下初代的照片便知，她不是美人，尤其是鼻子很丑。川端笔下的舞女也是鼻子很小，应该和初代很像。她的长相用现在的词语来形容的话，就是长着一张"萝莉脸"，是小女孩的相貌。悔婚事件发生在1921年（大正十年），从川端认识初代起算前后大约三年时间。

1919年（大正八年），川端回大阪后在秋冈家和黑田家一共住了三十多天，这期间接二连三参加葬礼，其中还参加了一次本不用去的葬礼。表哥黑田秀孝说川端是"葬礼的名人"，让川端代替自己去参加了葬礼。这件事被写在了《葬礼名人》一文中。作家在创作初期大多写的是自身的经历，通过这种练习，作家能够掌握虚构

摄于岐阜县岐阜市濑古照相馆，左起川端、伊藤初代、三明永无。1921 年（日本近代文学馆）

的技巧。那些一开始被认为是虚构的内容，后来经过研究发现其实是事实的也不在少数。

笹川著作中收录了全集遗漏的康成写给川端松太郎的信件，其中 8 月 23 日从秋冈家地址寄出的信中写着去鸣尾四天，看棒球比赛。当时的这个棒球赛是现在全国高中棒球赛的前身，即全国中学棒球大会（大阪朝日新闻社主办），当时在西宫的箕面运动场举行。比赛时间为 15 日至 19 日，其间川端一共去了五天，可见川端和大多数人一样喜爱看棒球。

10 月 1 日川端在写给正野勇次郎的信中说，自己放学后一直在读《文章世界》，感觉平庸的作家很可怜，陀思妥耶夫斯基太棒了，自己想写出类似其作品中那样的孩子形象。《文章世界》是曾经的自然主义文学的中心——博文馆创办的杂志，这一时期由加能作次郎担任编辑。10 月刊上有吉田弦二郎、久米正雄、宇野浩二、前田晁、葛西善藏、广津和郎、中村星湖等人的作品，全部属于私小说类型作品。川端之所以批评私小说，是因为正如声称私小说才是纯文学正统派的久米本人所承认的那样，大正后期的文艺杂志刊登了大量描绘作家同人间社会关系的作品，因而私小说被川端唾弃也在情理之中。

9 月，正野进入师范学校，川端升入三年级，东寮被拆分成了东寮和和寮，川端搬进了和寮 10 室。寝室的房间大小不一，这个寝室可能比较大，浅野亲治、酒井、铃木、石滨、三明、田崎、高桥喜一、佐藤、崎山义雄也都住在这里。川端在写给正野的信中说宿舍太无聊，自己不喜欢，想去外面租房子住。10月31日天长节（大正天皇生日）开始，川端患上风湿，在田中岩太郎那里疗养了一段时间，之后去汤岛温泉疗养。当时川端住在汤本馆，见到了出口须美（《汤岛温泉》，1925）。

川端经同寝室的池田虎雄（丽进）的介绍认识了今东光，具体时间不详。铃木在《每日新闻》的文章中认为那是1919年（大正八年）①的初秋，著作《历史与人物》中写的则是1920年早春，总之是在川端升入高中三年级之后。池田丽进是法华宗寺院的儿子，后来成了大阪千日前的自安寺住持。东光是日本邮船船长今武平的长子，因在关西学院中学部表现差被勒令退学，来东京后便出入于谷崎的住处。池田在神户一中与东光的二弟文武是同年级同学。虽然东光与川端是好友，但他们之间往来的书信都没有公开，东光的全集至今也未见出版。三兄弟中最小的弟弟名叫今日出海，兄弟两人都获得过直木奖。前众议院议员矢野隆司先生和汉幸雄先生应该正在着手准备东光的传记，关于以上内容我参考了堪称矢野先生等人的私人杂志《慧相》中所刊载的年谱和著作目录。

众所周知，东光后来在比睿山出家，他出生时的名字是东光，出家后的法名是东晁，两年后又改名为春听。出家后他的法名成为户籍上的名字。川端经常出入位于西片町的今家，武平在他内心植入了对神智学（精神学）的兴趣。川端说自己小时候对神灵的感应很敏锐，这一时期多少有些为之倾倒。有人认为川端的作品《千代》也受到了精神学的影响，但是川端认识东光是在1919年秋天以后，所以不存在这一情况。事实上，《千代》和精神学并没有关系。

---

① 矢野隆司认为是大正七年。

武平的妻子绫夫人对川端照顾有加。根据铃木彦次郎的回忆
(《历史与人物》),绫夫人可能出于对孤儿川端的怜悯,称呼他
"小康、小康",甚至为他浆洗缝补。东光埋怨绫夫人"对小康比对
我都好"。这有点像贫穷的菊池宽住在家境富裕的好友成濑正一家
做家庭教师而备受成濑母亲宠爱的故事。后来川端在支持东光参选
时说是为了报答绫夫人的恩情。

1920年(大正九年)3月,秋冈俊子出嫁,川端在日记中记录
了自己的失望之情。他写道:"尽管受到她很多照顾,她和姨妈的
想法一样,对我没有爱。"从那年4月开始他留下了大量读书笔记,
而不是日记。他看上去要将过去没有读过的古今作品通读一遍。川
端所读的主要作品如下:

> 4月23日　木下杢太郎《南蛮寺门前》
>
> 　　25日　森鸥外《雁》
>
> 　　26日　永井荷风《丑女人阿笹》
>
> 5月2日　歌德《赫尔曼与窦绿苔》
>
> 　　4日　谷崎润一郎《兄弟》
>
> 　　9日　永井荷风《较量》
>
> 　　10日　上田秋成《雨月物语》
>
> 　　12日　仓田百三《出家人与其弟子》
>
> 　　16日　谷崎润一郎《鲛人》
>
> 　　17日　谷崎润一郎《神童》、芥川龙之介《偷盗》
>
> 　　25日　都德《最后一课》
>
> 　　28日　开始阅读《源氏物语》
>
> 7月7日　(以下为《源氏物语》中的卷名)须磨、明石
>
> 　　8日　澪标
>
> 　　9日　蓬生、关屋、绘合
>
> 　　16日　槿、少女

15 日止　松风、薄云

17 日　南北《四谷怪谈》、玉鬘

18 日　开始阅读歌舞伎、净琉璃

19 日　初音、志贺直哉《大津顺吉》

20 日　歌舞伎《世话情浮名横栉》

24 日　蝴蝶

27 日　纪海音《八百屋阿七》

28 日　《假名手本忠臣藏》

31 日　都德《普法战事》

8 月 21 日　长田秀雄

22 日　《徒然草》

23 日　森鸥外

24—28 日　仓田百三

29 日　伊巴涅斯等

30 日　牧野信一等

9 月 1 日　谷崎润一郎《恐怖时代》等

2 日　芭蕉《奥之细道》

3 日　南部修太郎等

8 日　大山郁夫等

10 月 4 日　里见弴、陀思妥耶夫斯基《群魔》

5 日　永井荷风《晴日木屐》

7 日　里尔克等

22 日　水守龟之助

23 日　犀星、芥川龙之介

11 月 8 日　易卜生《博克曼》

10 日　吉井勇

16—20 日　西方作品

22 日　犀星

　　23 日　　谷崎精二

　　24 日　　久保田万太郎

　　26 日　　霍桑、左拉

　　27 日　　梅里美《伊尔的维纳斯》

　　28 日起　　阅读厨川白村《近代文学十讲》

12 月 5 日　　读完白村

　　6 日起　　阅读太宰施门《法兰西文学史》

　　厨川白村（辰夫）是京都大学英国文学教授，太宰施门是京都大学法国文学教授。川端选择的不是滥读，而是十分有计划地阅读未读的重要文学作品。当时《群魔》尚无日语译本，因此他读的是英译本。

　　三岛由纪夫的父亲平冈梓（1894—1976）在文章中提到，自己曾偶遇是年从东京大学法学部毕业、战后成为社会党政治家的三轮寿壮（1894—1956），当时他和一高的学生川端在一起。三轮和平冈是同级生，平冈在东京大学正门遇见三轮时，三轮为他介绍川端，平冈说对文学青年不感兴趣，直接转身离开了。平冈居然记得如此清楚，如果真有其事的话，川端怎么会认识三轮？可能川端加入了"新人会"①。

　　1920 年（大正九年）5 月 6 日，给予康成事无巨细照顾的监护人、57 岁的川端松太郎去世。不知什么原因，康成没有回去参加葬礼，6 月 2 日他给妹夫岩次郎去信，感谢岩次郎告知自己松太郎去世的消息，并表示悼念。

　　　　小生 7 月 1 日也将顺利毕业，勿念。我打算报考东大英文

---

① 新人会，日本战前以东京帝国大学为中心的学生团体。1918 年成立，1929 年解散，该团体宣扬社会主义、马克思主义，对战前日本学生民主运动影响巨大。——编者注

学科。进入社会不得名誉不得财富，无颜面对对小生未来寄予厚望并热情照顾的父老乡亲，不才一意孤行之举敬请付之一笑并加以宽恕。小生心意已决，立志成就一番大事业。

信的最后部分，如果说出自川端康成之手也不是说不通，此时他还完全是无名之辈。有人认为，信中可以看出他充满自信，也的确具备才能。不过这种看法只是事后诸葛亮而已。

川端的生活费主要来自秋冈家，武田胜彦的《川端康成青春书简》中详细记载了当时的收款凭条。钱不够花时，他也会向松太郎和岩次郎开口。不过，正如笹川也提到的那样，松太郎去世一个月后川端才写了悼念信，比较可疑。

第六次《新思潮》创刊

6月，黑田家78岁的祖母缘夫人去世。7月，川端一高毕业，并于9月进入东京帝国大学文学部英文科。同年级中有石滨、铃木、田中总一郎、本多显彰①等人。文学部接受女生旁听始于这一年。三明考入了印度哲学科。因为15日才开始上课，所以川端回老家在秋冈家住了几天，返回东京后在铃木彦次郎租下的淀桥区东大久保181（现新宿6丁目）中西名下的公寓里合住了三个月。

东京大学英文科，长期没有日本人教授，1916年（大正五年）迎来了第一位日本人副教授市河三喜（1886—1970），他于当年升任教授。通常，立志成为文学家的学生会进入英文科，考入国文科的谷崎润一郎等人是例外。不过，谷崎中途退学了。除此之外，东京大学英文科日本人教师还有后来成为教授的斋藤勇②，讲师松浦

---

① 本多显彰，出生于寺院，本名念作"けんしょう"（Kensho），后改发音为"あきら"（Akira）。
② 斋藤勇（1887—1982），东京大学英文科教授。该科为日本英语文学界重镇。

一①、千叶勉②、土居光知③等人，他们都是在 30 多岁时就任的。除
了市河和千叶是英语（语言）学者外，其他人教授的课程以诗歌为
主，这与现在的教学情况也基本相同。松浦和土居可能比较偏向文
学，总之，大学里的课程对文学青年来说非常乏味，第一年川端没
有获得任何学分。

　　川端入学当年 9 月，麋鹿饮食店易主，初代去了真寿姐姐的婆
家所在的岐阜西方寺（现在在岐阜市加纳德川町），老板娘本人去
了中国台湾。此时川端虚岁 22 岁，满 21 周岁。他与今东光、酒井、
铃木等人策划创刊《新思潮》杂志。《新思潮》由小山内薫首创，
之后一直是东京大学学生的同人杂志。第二次的创刊人有谷崎、后
藤末雄、和辻哲郎、木村庄太、冈本加乃子的哥哥（即谷崎的挚
友，英年早逝的大贯晶川）等人。第三次的创刊人有丰岛与志雄、
山本有三、久米正雄、菊池宽等人。第四次有芥川、久米、菊池、
成濑正一、松冈谦等五人。第五次有中户川吉二、村松正俊等人。
此次计划第六次创刊。小山内算是谷崎等人的半个老师，中户川与
久米成了知心好友。另外，木村和中户川不是东京大学的学生。

　　围绕本次《新思潮》的创刊，过去流传的说法和实际情况有些
出入。最初的说法是，川端等人为了获得《新思潮》的继承权，前
往小石川中富坂的菊池宽家里征得同意。当时菊池宽 33 岁，是从
京都大学毕业的，因作品《珍珠夫人》大获成功而开始成为文坛大
家。但是，菊池反对既无学历且品德又差的今东光加入。川端提
出，如果东光不在其中的话自己也将退出。于是，菊池做出让步，
答应川端等人自己会去说服久米和芥川。不过，川端自己没有写过
和东光有关的这件事，而东光的《东光金兰帖》中则有提及。

　　当时东光本人并不在场，在场的有铃木和石滨。铃木的《〈新

---

① 松浦一（1881—1966），东京大学英文科教授。曾任中央大学、驹泽大学教授。
② 千叶勉（1883—1959），语言学家，上智大学教授。
③ 土居光知（1886—1979），日本东北大学教授，凭借著作《文学概论》而知名。

思潮〉时代的川端康成》一文中披露的真相与上述说法不同。文中提到的情况是，某日川端等人去了市川，之后去了汤岛天神①旁边文人出没的酒馆"汤岛沙龙"（也称作"沙龙汤岛"）。正当川端、石滨、铃木、东光在聊天时，菊池、芥川、佐佐木茂索、冈荣一郎、泷井孝作进门，东光上前打招呼。铃木一个月前在妻子的舅舅家见过菊池和芥川。菊池说："你们想办杂志的话，可以接下《新思潮》，我手里有继承权，可交给你们。"两天后（也可能是在第二天），他们便去了菊池家。长谷川泉的文章中也提到这一点，《川端康成实录》一书中也采用了这一说法。

菊池担心的是，由于东光作为谷崎的弟子已经登上文坛了，可能会出现类似上一次只有中户川一人受益的结果，即《新思潮》变成只把东光一个人推上舞台的杂志。对此，川端等人表示不会那么做，一定会努力直到大家都获得成功。不过，久米、芥川、菊池的传记中都没有出现"汤岛沙龙"一事，也可能是铃木记错了。铃木在文中写道，《每日新闻》上提到菊池说过"不会被东光利用吧"的话，同时否定了东光自己所说的——由于不是东大生并且品行不端而遭到反对的说法。

疑点在于，在1969年铃木写这篇文章之前，流传着川端告诉东光说菊池反对其加入的这一版本的说法，且铃木也从未进行过纠正。而且，菊池的担心其实还有一个原因，那就是东光是谷崎的学生。菊池大概担心川端等人与谷崎润一郎的关系会变得更加糟糕吧。菊池的担心，可以说毫无悬念地一语成谶。我不太清楚菊池是否真的拥有继承权，但是就算川端等人征得了菊池、久米、芥川等人的同意，可不去和第二次《新思潮》的创刊人谷崎打声招呼的做法是否合适，也依然是个问题。中户川等人在前一年也即1919年（大正八年）举行了"新思潮纵向会"（新思潮縦の会），邀请了谷

---

① 汤岛天神，位于东京都文京区的"汤岛天满宫"的俗称。——译者注

崎、菊池、久米参加。1920年（大正九年），谷崎35岁，住在横滨，当时正忙于拍电影。东光经常出入谷崎住处，和谷崎就此事打声招呼完全没有问题。川端为什么连向谷崎打声招呼的事情都不愿意做呢？可见，川端果然将谷崎视为棘手的对手。第二年的1921年（大正十年）3月30日，川端去浅草千代田馆观看由谷崎拍摄并由谷崎女儿鲇子出演的电影短片《女儿节之夜》，他在日记里写道："当时从跟前走过的女人，我觉得是在东光住处见到过的圣子。"

　　关于川端，今东光写了不少文章，大概也有不少记错的事情，让川端夫人非常讨厌他。但是，东光没有写过谈论川端和谷崎关系的任何文章。东光回忆谷崎的作品《凌云阁倒塌》[①]，也是在川端去世后才开始连载的。

　　战后，川端、折口信夫[②]、谷崎举行过三人对谈：

　　　　川端：过去我在本乡西片町见过您，那是第一次……
　　　　谷崎：啊？有吗？我，不记得了。在哪儿？
　　　　川端：东光君的家里……大地震[③]前后。
　　　　谷崎：不记得了。可能是大地震前吧。

　　上文是当时的一小段内容。（《〈细雪〉回顾》，《文学界》，1949年3月）

　　小林圣子是谷崎的妻妹，艺名是叶山三千子，是《痴人之爱》中直美的人物原型，14岁或15岁前后就和谷崎有男女关系。当时

[①] 此作品名日语为《十二阶崩坏》。明治时期东京曾建有十二层的瞭望塔，名为"凌云阁"，因1923年关东大地震严重损坏，于同年被爆破拆毁。今东光的小说以此建筑物为背景舞台，故此处译者译为《凌云阁倒塌》。——编者注
[②] 折口信夫（1887—1953），日本民俗学家、诗人。研究领域为日本民俗、日本经典文学作品和神道教。
[③] 此处指1923年9月1日的关东大地震。——编者注

在性关系上堪称有洁癖的川端应该很厌恶谷崎。4月2日去活动小屋时，谷崎、千代夫人、鲇子、圣子也来了，且坐在川端身后，川端觉得很不自在，只是对千代和圣子随意弯腰行了个礼。在文坛上擅长交际的川端，就这样开始了与谷崎具有隐匿性的不和。

1920年（大正九年）11月，川端离开铃木的住处，搬入位于浅草小岛町13的帽子修理洗涤铺店主高桥竹次郎家的出租屋。房间在二楼，六张榻榻米大小。现在这间房屋的地址是东京台东区3筋1-9一带（东京红团）。小岛这个地名还在，只是与当时的区划范围不同了。可能因为川端是东大学生，帽子修理洗涤铺一家人很崇拜他，给予他无微不至的照顾。25日，川端康成在写给川端岩次郎的信中说自己的目标是进入松竹合名社①当研究员，志在成为文学家并自立，因此想借35日元。三天后的28日，他回复收到汇款，表示感谢。关于松竹合名社的研究员一事，他曾写道，由大学推荐，在戏剧演出的后台工作，有时也会遇到十分棘手的事情。由此可见，川端曾担任过歌舞伎演出的幕后工作，只是详情不得而知。

1921年（大正十年），文武堂作为发行单位发行了《新思潮》创刊号。川端发表的作品是《订婚》，该作品是通俗恋爱小说，之后未出单行本。川端香男里所写的《川端康成的青春》一书中介绍了3月14日石滨写给铃木的信中的部分内容：

> 川端康成，我与他天壤之别。他的写作技巧可能并不比我高超。——但是，但是，他具备开创未来的伟大才能……通常在他读完一本书给予赞赏之后不久，我读这本书，也十分赞赏。在这件事情上，他又比我先行一步。从武者（小路实笃）到陀思妥耶夫斯基、（久保田）万太郎、（森）鸥外、（永井）

---

① 松竹合名社，创立于明治时代的戏剧、电影公司，现名为"松竹株式会社"。——译者注

荷风，无论读哪一位的作品，我都跟随他的脚步。与他相比，
我望尘莫及……

香男里认为，这封信写在川端作品《招魂节一景》发表之前，
也就是说香男里看过全文。虽然信件没有涉及新作，但那是铃木回
老家盛冈时收到的，《新思潮》第二期又是 3 月 27 日发行的，因此
石滨或许是在读了《招魂节一景》的稿子后写的这封信。《招魂节
一景》中的"招魂社"是靖国神社的旧称，小说描写了在该神社马
戏团的演出中，红角樱子边骑马边和人聊天的场景：

风和日丽，人声鼎沸的秋日。

小说以一行一段开始，模仿藤村《破戒》中开头的写法——
"莲华寺也可供外人住宿"。"新感觉派"这一名称，出自后来发表
在杂志《文艺时代》上的文章，是由当时在《时事新报》任职的文
艺评论家千叶龟雄命名的，上述的这种写作手法是"新感觉派"作
家的创作特征之一。

3 月 24 日，川端收到铃木从盛冈寄出的信件，得知东光罹患肺
结核。川端打算去探望，他自己也因害怕肺病且担心杂志的费用而
彻夜难眠。之后，失眠变成了川端的痼疾。

新人作家一旦发表自己认为比较满意的作品时，都会近似病态
地过度在意别人的评价。川端等人决定每出一期杂志便举办"讲评
会"，委托菊池、久米等人评论作品。按理说，菊池等人都是职业
作家，请人义务劳动未免有些失礼，不过川端等人大概也顾不上这
些了吧。

4 月 4 日，川端为讲评会之事前去菊池家拜访，当时南部也在
场，菊池一听是请他参加讲评会，便爽快允诺了。说到场地时，菊
池表示在他家举办也没关系，并称赞了《招魂节一景》这部作品。

这一时期的川端日记都已经公开了。5日，旧书店正在发售《荷风全集》，川端的资金都用在杂志上了，手头吃紧。6日，川端与酒井去菊池家，在场的还有铃木和石滨，菊池进行了非常细致的评论。川端还打算请久米等人讲评，但是讲评会只举办了一次。之后，菊池带川端等人去上野清凌亭吃饭。饭后送走了菊池，川端、石滨和铃木又跟着酒井去了燕乐轩、银座千匹屋、狮王等几家酒店。日记中提到的"跟着酒井"的文字令人有些在意。之后在创办杂志《文艺时代》时，围绕是否让酒井加入的问题曾引起过争议。《东光金兰帖》中提到，一开始的发起人有川端、东光、石滨、铃木等四人，由于资金不足，决定再找一人，酒井和桥爪健（1900—1964）是候补人选，最终选了酒井。东光曾说酒井一开始受到大家排斥（《处女作的前后》）。另外，按照铃木所说，大家想办同人杂志，但苦于资金不足，酒井向亲戚借来了100日元，这才办成了杂志。

9日，川端接到南部的来信，信中提到《时事新报》称赞了《招魂节一景》，请务必自重云云。于是，川端前往"牛奶馆"①看《时事新报》，标题为"隅"的时评栏里写着"有人认为川端康成先生是最有前途的"，而且在佐佐木和小岛政二郎所写的共同评论中文章也受到了好评。川端在日记中写道自己"喜不自胜"。

第二天，川端前往设在青木堂的编辑室，在那里遇见各位同人，大家希望川端下一期继续写稿，这让他难以抑制心中的自豪感。11日，由于手头拮据，川端打算去当铺当掉外套，可是没有坐电车的钱，只好将志贺直哉的《夜之光》典当给了位于本乡的南阳堂，这样以后川端才有钱坐电车，之后便去了大久保。《夜之光》是收录了《和解》等作品的志贺直哉初期的重要作品集，川端打算过后再将它重新赎回，可见当时窘迫的程度。

---

① 牛奶馆，明治时代创建，并在明治和大正时期在日本普遍开店的饮食店，以供应牛奶和奶制品为主，兼售卖杂志与报纸。——译者注

小恋爱事件

1921年（大正十年），大学也在4月份开学，一年级只有七个月的时间。川端入学两年后转入国文科，他几次写过自己花四年时间修完三年课程，转入国文科是在第三年的1922年（大正十一年）。在东大英文科，诗人罗伯特·尼科尔斯（Robert Nicholes，1893—1944）此时开始受邀讲课。5月2日，川端搬到位于浅草小岛町72的坂光子的住宅里居住，具体原因不明。在搬到镰仓居住之前，川端曾做过因交不起房租而半夜出逃的事情，他不断搬迁大概就是出于这一缘故，这次应该也一样吧。搬家几天后，川端受到房主的宴请，以为自己得到了信任，当听到房主提起女婿正在中国大连出差时，便开始担心那人回来后会将自己赶出家门。到了夜里，由于上厕所必须穿过主人的房间，他只好用看小说来熬过艰难的一夜。

据川端日记记载，搬家当天的5月2日，他去了久米正雄家与《野依杂志》的记者下围棋。后来写出《名人》的川端，年轻时似乎十分擅长下围棋。6月，新潮社的水守龟之助（1886—1958）在新桥站楼上的东洋轩举办第二部短篇集《深爱》的出版纪念会，川端在久米的带领下和石滨一同出席。出席者中有里见弴、德田秋声、中户川、菊池、佐藤春夫、佐佐木、吉井勇，川端和石滨穿的是大学校服。战后这种现象已经变少了，但从大正时期至昭和战前时期，从事编辑兼作家的人很多，新潮社有中村武罗夫、水守龟之助、加藤武雄、楢崎勤，博文馆有加能作次郎，改造社有泷井孝作。新潮社似乎尤其宽容，但其他出版社通常的做法是，想成为作家的编辑需要辞职，而像佐佐木这种一心扑在出版社事业上的人就放弃了作家身份。出版纪念会结束后，川端和石滨一起拜访了新潮社的水守，这次拜访可能就是至今维持了九十年的川端与新潮社关系的开端。

6月，戏剧研究会在帝大基督教青年会馆举行试演，上演的剧目是森鸥外翻译的斯特林堡戏剧《首陀罗》（Pariah），由清野畅一郎①任导演，北村喜八（1898—1960）、冈田嘉子担纲主演。据说川端的《文科大学插话》就是以此事为素材创作的。当时冈田嘉子初出茅庐，11月在帝国剧场②演出《出家人与其弟子》后一跃成名。北村毕业于东京大学德文科，妻子是演员村濑幸子，战后以日本笔会成员的身份从事戏剧活动。

7月的《新思潮》第四期刊登了川端的儿童题材小说《油》，讲的是主人公小时候害怕油的故事，是一部虚构作品（与长谷川泉的对谈）。那年夏天回老家，川端去了纪伊半岛一带旅行，收到铃木和回岛根老家的三明寄到秋冈家的来信。顺便插一句，关于川端的身高，我看过一些他站姿的全身照片，差不多是一米六四。

之后发生了"初代事件"。过去有不少这方面的研究。9月16日，川端去岐阜看望了初代，不过日记中完全没有提到初代。只有4月11日的日记中写道："铃木已放弃写'麋鹿'的千代的小说《薄命》③。昨天在青木堂看了一部分，觉得不行。"千代可以说是川端、三明、铃木等人的共同爱慕对象吧。川端和三明喜欢过同一个女人，各自也都喜欢上了初代，但是朋友告白在先，所以多少有些类似同性恋变形后的"欲望模仿"，遂使得三人各自对初代产生了爱恋的情感；虽然另外两位对此有些儿戏，川端却变得越发认真起来。

羽鸟认为，9月中旬川端回老家途中与三明在京都会合，第一次去看望人在岐阜的初代，因为《南方的火》中就是这么写的。不

---

① 清野畅一郎（1896—1976），东京大学英文科毕业。日本中央大学教授。
② 帝国剧场，位于东京都千代田区丸之内的舞台剧剧场。为日本第一座西式剧场，简称"帝剧"。——编者注
③ 《薄命》，铃木彦次郎打算以初代为题材创作的小说。——译者注

过，也可以理解为三明觉得川端喜欢初代，所以拉他去岐阜。另外，应该也有三明本身也喜欢初代的缘故。

在那之后，川端急速坠入情网，从他对监护人岩次郎以及菊池坦陈这件事的做法上也能看到这一点。9月29日，川端在给岩次郎的急件中写道："下月4日或5日之前需要5000日元，事关人生大事。"10月2日，他又寄出一封信，对收到汇款一事表示感谢，并写道要和朋友一起去岐阜。8日，川端和三明一起去了岐阜，川端与初代定下婚约。

不过，如果9月16日川端是第一次去岐阜，那么这次还可以算是年轻人头脑发热的行为，后面的急速进展则多少有些不自然。我觉得正如铃木所说的那样，川端每次回老家都会去一趟岐阜应该才是真实的情况。川端于21日写给岩次郎的信中说："我从岐阜回来了，办的是和结婚相关的事情，打算在东京养16周岁的少女，此后二三人将偕行前往岩手县拜访她的父母。拜托您切勿外传。"而且，川端在25日给岩次郎的信中写道："拜读了来信，感谢您的忠告，可是只有理性不能万事周全，与富家千金成婚并不意味着幸福，虽然和亲戚疏远让我深感煎熬，但我正在尽力放下一切。"《篝火》和最初的《南方的火》，是川端和三明前往岐阜入住长良川畔的旅馆时写下的抒情性作品。根据小说《非常》可知，初代在10月中旬的信中说自己要在11月1日出发，和住在附近年长自己5岁的女子一起前去，川端对此表示反对。根据《她的盛装》所写，10月23日初代又来信说希望川端去岐阜，打算11月10日前后出发。

当时，三明找石滨说明了情况，川端和三明、铃木、石滨一同前往盛冈的岩谷堂。初代的亲生父亲名叫伊藤忠吉，是江刺郡岩谷堂小学的勤杂工。江刺后来改成江刺市，现在是奥州市江刺区。铃木写的日期是10月16日，不过实际上，川端是在23日写信给岩次郎说自己现在准备去岐阜，在11月1日写给接待自己的名为鹿野的小学训导员的信中说自己已经回到东京。因此，四人是29日出发的。（武田胜彦《青春书简》）川端一行首先从水泽站驾车去了政府部门，拿到了初代的户籍，这才了解到初代的父亲是小学勤杂工，随后去小学把伊藤忠吉叫来旅馆。对方说的是方言，据说当时由铃木担任翻译，不过有些话应该还是听不明白，但战战兢兢的忠吉还是同意了两人的婚事。

忠吉出身于当地农民家庭，按照当地风俗，忠吉的姐姐找了上门女婿继承家业，忠吉则入赘菅原家，生了两个儿子后离婚了，在会津若松的学校当勤杂工，又在当地再婚，生下初代和妹妹真希。1915年（大正四年）忠吉的妻子撒手人寰。翌年春天，即1916年（大正五年）春天，当时12岁的初代被寄养在忠吉亡妻的妹妹家，忠告只带着3岁的真希回到岩谷堂，在小学当勤杂工。初代在父亲的要求下从小学退学，帮别人看孩子，之后换了很多工作，最后当上了麋鹿饮食店的女招待，她的童年非常不幸。

川端在10月31日乘上夜间大巴，于11月1日回到东京。初代决定11月10日前来东京，川端在11月2日给忠吉去信说：“由于心情紧张而彻夜未眠，但听了您的话后安心下来，我的事您可以问三明。”为什么川端在信中把同龄的三明写得像一个保证人，这令人感到有些奇怪。不过，在这件事上，川端一直得到三明的帮助，因此对三明十分信任。用铃木的话来说，三明和其他人相比，深谙人情世故，非常务实。

川端曾在《文学自叙传》中写道，从盛冈回来四五天后，川端拜访了菊池，向他报告自己准备结婚的事情，并希望在翻译上得到菊池的帮助。菊池听后说自己马上要出国了，川端可以使用他现在的这个居所，自己会先交给川端一年房租，另外每月给50日元。据说川端听后激动万分，蹦蹦跳跳地跑回家去。翌年4月，大家为菊池举办了送别会，但由于工作繁忙，菊池中止了出国计划。11月4日，时任总理大臣原敬在东京车站遭到暗杀，举国哗然。

同一时期，川端反复在日记中说自己在菊池家被引荐给久米、芥川以及横光利一。后来并称为新感觉派的"横光·川端"中的横光，在当时是被早稻田大学除名的学生，后来获得《时事新报》小说有奖征文的未入榜小说三等奖（一等奖得主是宇野千代，二等奖得主是尾崎士郎）。川端和菊池、横光一起去了本乡的大阪烧店"江知胜"，横光不知何故没有吃一口肉，回家途中他谈起手头上正在创作的小说。突然，他对着马路边上的商店的橱窗，用身体摆了一个造型。菊池曾对川端说："横光是个了不起的人，可以做朋友的话，挺好的。"

　　这两件事发生在不同的日子。见过横光回家后，川端收到了初代的来信，信中说遇到了"情况"，无法去东京和他一起生活。在川端的日记中，他被引荐给横光的日期是 11 月 6 日，但初代的来信落款是 7 日，关于这封信日记写着"昨天"二字，所以被引荐之事是在 8 日晚上。他独自前去拜访菊池，菊池承诺提供住处的日期是 6 日，而正如进藤和羽鸟所说，川端被介绍给横光认识的日期应该是 8 日，是川端记错了。他在几部小说中引用过初代写的来信，虽然实物已经被销毁了，但小说中的引用可以视为实物。小说《非常》中引用的内容如下：

　　　　现在，我想拒绝您。我们曾经共同郑重承诺，但是我遇到了情况。可是我实在无法告诉您这件事的原委。我现在对您这么说，您一定觉得很奇怪。您一定会说请告诉我遇到了什么情况。倘若要我说出这一非常情况的话，还不如让我死了更幸福。

　　　　当您下一次给我回信时，我已经不在岐阜了，您只要觉得我生活在某地就可以了。

　　　　我死都不会忘记和您之间的○！我已就此打住。

　　　　……

　　　　我们分手！再见。

　　川端慌忙跑去找三明，给他看了信。"情况"是什么意思？川端分明被这个词"击中"了。这里应该是"有事"，可能写错了吧。他立刻发了一封电报给西方寺说"道子要离家出走，请制止"，并从东京站出发赶往岐阜，第二天即9日刚过正午，川端便抵达了寺院。这里"初代"被写作"道子"（みちこ），川岛至等人一直用"道子"称呼初代。

　　川端在寺院见到了初代。他一眼看去，心想，"这个女孩难道就是一个月前的道子吗？这副模样哪点像一个女孩。她就是一个痛苦的集合体"，"和我的婚约，把道子撕碎了"。文章至此便戛然而止。

　　川端茫然不解地回到旅店，收到了三明的电汇。川端希望三明来陪伴自己，于是发了电报说请他"速来"，随后便倒头睡去，连吃晚饭的力气都没有了。10日清晨，三明抵达后虽然摇醒了川端，但三明表示要再让川端睡会儿，于是川端一直睡到中午才起床。起来后，川端给初代写了一封信，三明拿着信和为初代买的火车票赶到西方寺。三明回来后告诉川端说，初代回心转意了。

初代的来信

　　川端曾多次写过这一事件。后来已经是妻子的秀子甚至满怀醋意地写道："喋喋不休地老调重弹，把一个恋爱小事件当素材写成的小说，他自己都在否定吧。"（《那双锐利的眼睛……》，1929）

　　按发表顺序，以这一事件为题材的作品如下：

　　　　1922年（大正十一年）　《新晴》未发表，后发现草稿。

　　　　1923年（大正十二年）7月　《南方的火》（《新思潮》）

　　　　1924年（大正十三年）3月　《篝火》（《新小说》）

同年 12 月　《非常》（《文艺春秋》）

1926 年（大正十五年）9 月　《她的盛装》（《新小说》卖笑研究特刊）

1927 年（昭和二年）　《海的火祭》中的《鲇》（登载于《中外商业新报》，后改名为《南方的火》）

1934 年（昭和九年）7 月　《南方的火》（《文学界》）

《海的火祭》是报纸连载小说，该事件的部分是突然插入的，所以后来被抽出独立成篇为《南方的火》，战后的全集中收录了这部和旧作同名的小说。在川端所写的其他故事的小说中，也多次出现了"初代事件"。

日记中详细记录了川端在深陷失恋痛苦的同时创作小说《新晴》的过程。后来，长谷川泉发现了川端画掉"新晴"而将标题改为"篝火"的手稿，之后更是找到了《新晴》的手稿，这些将全部被收录于全集中。还有一篇名为《南方的火》的短篇小说草稿。《新晴》《篝火》和最早的《南方的火》等作品，描绘的都是川端去岐阜见初代时的情形，到了《非常》这部作品时，才出现了初代写的悔婚信件。不过，川端并不清楚初代为什么写这样的信。

关于后来发生的事情，川端写在了《她的盛装》和《海的火祭》中。川端赶到岐阜和初代谈了些什么，这一情况十分模糊。他写道："没有可停靠的港湾。"11 月 11 日，川端一早回到东京站，在那里给铃木寄了一份快件，他写道："女子无碍，伺机上京。今晚我回住处，有空请过来。"

在《她的盛装》中，川端第一次公开了事件前后初代的来信。川端将四封信放入了小说中，没有特意解释。其中的第二封信是写有"非常"情况的信。第一封信写于 10 月 23 日，初代告诉川端说养父反对自己去找川端，且自己受到了叱责。第三封信写于 11 月 11 日，信中说，那封信之所以写自己遇到"非常"情况，是因为有亲戚家的女子在身边看着，即使我亲生父亲给您写绝交信，也请不要当真。我元旦去东京。这封信的落款日期是川端去过岐阜后的第二天，逻辑上说得通。因此，川端去岐阜应该是 9 日至 10 日。

第三封信，川端在 11 月 21 日写给伊藤忠吉的信中引用了一部分，显然是实际存在的。另外，14 日还有一封初代写给三明的信，1969 年 6 月出版的长谷川泉的著作《川端康成论考 增补版》中有提到，同年 10 月出版的川岛至的《川端康成的世界》中则没有提及。根据长谷川独自调查的结果，在收入三十五卷（增补两卷）本全集之前，《她的盛装》没有单行本，这点只有长谷川一人注意到。不过，之后出版的进藤纯孝所写的传记中也没有提到《她的盛装》这部作品。

之后，川端给初代写信，信中还装入了正月让她出走东京的火车票，但是 11 月 24 日，他收到了初代彻底断绝关系的来信：

> 我拜读了您的来信，无法相信您的话。
>
> 您并不爱我。您只想用金钱买动我。我读了您的来信对您变得无法相信。
>
> 我恨您。我也不需要漂亮的和服。我是多么恨您的用心啊。请您忘了我。我也会忘了您。
>
> ……
>
> 您一定会恨我，恨我也无妨。
>
> ……
>
> 即使您给我写信，我也不会看，请您就这么想。村川先生也不会再转交您的来信。
>
> 我永远恨您。再见。

从信写得很差劲这一点来推测，川端应该真的收到了这封来信。信中提到的村川，是初代学习针线和花艺的人家，初代请那户

东大时代的肖像。摄于1922年前
后（日本近代文学馆）

人家帮自己收信件。通过这封信，初代和川端彻底断绝了关系。1999年《新潮》发行的《川端百年寿诞纪念特刊》上，川端香男里提到已经发现了这些信件的原物，但原件没有被公开。

"与初代相关的作品"中收录的小说《霰》（初次出版于《暴力团的一夜》），写的是一高和大学的前辈因爱慕和初代一样的女生而威胁主人公的故事。今东光听朋友宫坂普九说有类似这样的男子想要威胁川端，手持匕首四处找人。这看上去像一个真实故事，但缺少旁证，不知是什么时候发生的事情。我觉得对此应该持保留态度。

川端打算收养初代，按照自己的想法培养她，两三年后结婚。他已经买好了新婚生活用的各种物品，该物品清单在《她的盛装》中写得清清楚楚，让人动容。人们之所以调侃说川端想把初代培养成《源氏物语》中的若紫，是因为从经济状况来考虑，川端的行为过于有勇无谋了，反倒是更像莫里哀的那部《太太学堂》①中的人物行为。川端搬入了当作新居准备的本乡根津西须贺町13番户泽常松名下（现向丘2丁目）的住宅，那是位于二楼两间八张榻榻米大小的房间。翌年，他又搬入了本乡区驹入林町227佐佐木名下（现文京区千驮木5-32）的住宅，之后又搬到驹入林町的永宫志计

---

① 《太太学堂》，法国喜剧作家莫里哀于1662年发表的喜剧剧作。剧中的主人公为了培养一个顺从的妻子而购买了一个4岁的小女孩，并将其送入修道院。等小女孩被接出修道院并与社会有所接触后，她爱上了另一名青年，逃出了主人公的家庭。——编者注

里名下（现文京区千驮木 5-2-3）的公寓。他四处搬家，居无定所。

　　1922 年（大正十一年）3 月《新思潮》发行最后一期，川端发表了作品《一节》。1921 年（大正十年）12 月，川端在《新潮》上发表了作品《南部先生的作品风格》，第一次收到 10 日元稿费。一日元一枚硬币，一共十枚硬币。此事可能是事先拜托过菊池，也许出自水守龟之助的好意。川端还得到了新潮社加藤武雄的帮助，于 1922 年（大正十一年）1 月，在杂志《文章俱乐部》上发表了高尔斯华绥《街道》（*The Road*）和邓萨尼《死亡的绿洲》（*Oasis of Death*）的译作，并在 2 月刊上发表了契诃夫的《看完戏后》（*After the Theatre*）的译作。这几部都是极其短小精悍的作品，高尔斯华绥和邓萨尼的作品描写的是战争场面。邓萨尼的作品是从《战争故事》（*Tales of War*, 1918）中截取的。2 月，出于佐佐木的好意，川端在《时事新报》上连载文艺评论《本月的创作界》。现在文艺评论仅每月一刊，战前则一月连载数次。川端的文艺评论一直持续到 1937 年（昭和十二年），可以说它是川端成为文艺评论家的起点。川端的文艺评论，除了一部分，如今已经由讲谈社文艺文库出版，其优秀程度超过了小林秀雄（1902—1983）。小林的文章理论性不强，而川端富有逻辑思辨性，而且文笔出类拔萃。

　　自 1921 年（大正十年）5 月起，菊池在杂志《母亲之友》上连载通俗小说《慈悲心鸟》，他告诉川端故事情节，具体内容由川端代笔。当然，他是为了支付川端稿费而有意为之。或许菊池想起了四年前发生在久米正雄身上的事情。久米因被夏目漱石的千金笔子抛弃而一蹶不振，菊池首先想到的是从经济上帮助他。当时菊池是时事通信社的记者，他说服学艺部长千叶龟雄，让久米在报上连载长篇通俗小说《萤草》。小说大获成功，久米比菊池更早成为人气作家。只是，这件事成了后来久米创作大量毫无价值的通俗小说的开端。"生活第一、艺术第二"是菊池的文人哲学。

　　1922 年（大正十一年），久米在杂志《主妇之友》上连载了描写该失恋事件的作品——《破船》，川端没有表现出特别关注。对于菊池，他知道菊池结婚第五年有了一个艺伎情妇，每当去菊池家拜访，见到开门的菊池夫人时川端都会担心菊池是否会因为觉得没有面子而一直不想见自己。至于小说《慈悲心鸟》，川端也写不下去，中途被菊池收回。菊池的通俗长篇小说由佐藤碧子等人代笔是路人皆知的事情，川端则代笔了更多的作品。川端后来对北条民雄、石滨恒夫（1923—2004）、野上彰等后起之秀也爱护有加，这应该是受了菊池宽的影响，并且也是他继菊池之后成为文坛大家的理由之一。

4月，大宅壮一考入东京大学社会学科。6月，川端和铃木一起转入国文科。当时的教授中有上田万年、芳贺矢一和藤村作。大概为了节约房租，整个4月，川端和平田五郎合住。他和石滨等人出入于东京的酒馆及声色场所，因此经常去典当铺换钱或找菊池预支稿费，这两年川端的日子过得捉襟见肘。当时的日记后来公开了，上面写着川端说"自己竟活了下来"的内容。

初代为何悔婚

川端认为初代身边有一个名叫"权藤"①的情人，他和朋友们都十分关注权藤的动静。5月的某日，川端去美国咖啡馆的餐厅，回家后接到铃木来信说初代在美国咖啡馆。②然而，川端在那里并未发现初代，第二天又和平田一起去了一次，也没有遇见。第三

---

① 《独影自命》引用的日记中，人名因作品需要使用假名，初代为"道子"，权藤为"内藤"。

② 羽鸟认为将《她的盛装》和《南方的火》（《鲇》）放在一起考察的话，3月初代出现在本乡元町的巴黎咖啡馆，川端和石滨一起去找初代并遭到无视的事情，发生在美国咖啡馆。记录美国咖啡馆的日记也出现在了《独影自命》中，不知为什么羽鸟认为是巴黎咖啡馆。

天，川端和三明再次去美国咖啡馆时见到了初代，初代连看都不看川端一眼。第四天，三明独自一人去找初代，初代否认了权藤之事。几天后，川端和石滨去美国咖啡馆，初代依然对他们视而不见。川端俨然成了跟踪狂。

川端在6月11日的日记中写道："恶习定会引发早发性痴呆。"20日的日记中他又写道："又干了那事儿。"上述的日记的"恶习"和"那事儿"均指自慰。川端付不出房租，被勒令暑假从住宅搬出。他给岩次郎去信，称"这次真的窘迫不堪，夏天回不了家"，因此收到了岩次郎的汇款。不过，川端在落款为11月1日给岩次郎的信件中写道"自己已经穷困潦倒，虽然夏天收到汇款，但还是未能回家"。全集中显示的日期是1924年（大正十三年），笹川更正为1922年（大正十一年）。但是，在9月20日收到的横光来信中有"你原来回老家啦"的字样，也可能川端对横光撒谎了。那年夏天，川端在汤岛写了一百零七页稿纸的《汤岛的回忆》，从住宿费考虑的话，川端没有回老家，应该不是钱的问题，而是由于失恋的痛苦。

初代为什么离开川端？对此，川端以及他的朋友们，加上研究者们都进行过多种推测。很久之后，初代由于生活困难去找过已经以作家身份功成名就的川端，这次见面是否谈到了过去的事情，无论川端还是其他人都从未在文章中提到。

我想，首次应该考虑的是，川端是否属于吸引女性的那种男性。对这一点，我只能持否定的态度。初代一开始就说过川端"很恶心"之类的话。遇到川端且被他的人格所吸引的梶井基次郎（1901—1932）也在文章中评论他"让人有些心里发毛"。后来有些女性作家比较依赖川端，这是另一个层面的问题，川端曾在见到吉永小百合（1945— ）后写的信中说："你是我的精神贵族。"

其次，川端保持着童贞，虽然只有23岁的年龄，却常常钻牛角尖。初代之所以愿意见川端，可能也是因为有三明在场吧。同时，或许也有生活艰辛的初代发现了这名年轻人很有理想的缘故。无论是什么原因，初代一开始并未对川端产生"倾心"的感觉。收到初代那封声称发生了"情况"的来信后，川端和三明推测，初代失去了处女之身。也有一种说法，初代在岐阜遭到了强奸。三明曾在文章中写道，"川端说如果她的身体是'干净'的话，就把她带来"。他们并不认为初代将"有事"误写成了"情况"，所以觉得应该是初代在接受了川端的求婚之后失去了贞节。毕竟，有着初代这种经历的少女，是处女的可能性很低。遇到天真烂漫的伊豆的舞女时感到安心，且深受《受难者》触动的川端，期望、深信初代也是处女，进而有着和自己结婚的女人必须是处女的信念。从初代的角度而言，她不认为川端会觉得在饮食店当女招待的自己是处女。在两人交谈和信件来往后，初代明白了川端的想法。这种处女情结让初代毛骨悚然。川端没有公开自己写给初代的信件，自己手头当然没有，但是当收到初代第四封来信的时候，川端无疑会竭力回忆自己写了些什么。川端的信中难道没有写"你的身体是干净的话"这样的句子吗？初代一定觉得两人无法继续相处下去了。

今东光清楚初代不可能是处女，他担心如果自己说了真话，会让川端感到愤怒和绝望。东光选择保持沉默，他在等待川端成长。1925年（大正十四年），川端与秀子结婚，不再有童贞，他终于如梦初醒。因此，他在《她的盛装》中公开了初代的第四封来信。

"初代事件"过去三十多年后，弗拉基米尔·纳博科夫创作了《洛丽塔》，小说中有一个场景，恋童癖男主角亨·亨伯特终于得到了14岁的洛丽塔，但因洛丽塔不是处女而备受打击。大久保康雄的译本出版于1959年（昭和三十四年），有人觉得这太符合川端的趣味了，便拿川端来说事儿。丸谷才一就是其中之一，他曾问川端："您很喜欢吧？"川端回答说："那个太脏了。"丸谷说："川端先生，您不也写过这种肮脏的作品吗？"川端只能含糊其词起来。

（《回忆之一》）还有主持《文坛闲话》①的池岛信平和岛中鹏二，由于川端对其不加理会，两人便用《洛丽塔》的话题自娱自乐。

翻阅"与初代相关的作品"能让人感觉到的是，川端没有写全整个过程。他只写了从在岐阜得到结婚的承诺至收到写有"情况"的信后赶往岐阜前后的经过，至于他之前是怎么喜欢上初代的，又是如何下定决心打算结婚的，这些内容只有抽象的表述。日本近代文学中有失恋小说的写作传统，从二叶亭的《浮云》到花袋的《蒲团》，再到秋江、久米等人的作品，还有谷崎创作的大量仰慕女性的小说，相关题材的作品很多；但是川端的创作手法与上述的所有作品都截然不同，他不写自己一味狂热追求女人的滑稽模样，在他笔下的《非常》中，故事被描写得犹如突如其来的天灾一般。

很长一段时间人们不知道川端是什么时候结婚的，秀子写了《和川端康成在一起的日子》后，谜底算是被揭开了。即便如此，人们还是觉得有些情况模糊不清，那是因为川端本人从未写过和秀子的婚姻相关的小说，也未写过相关随笔。

川端写的"与初代相关的作品"，看上去像失恋小说，其实不然。由于川端略去了爱上初代的过程，因此掩盖了初代其实并没有那么爱自己的事实，他只展现了在收到初代不明就里的来信时如遭到晴天霹雳般的状态。川端的"恋爱"，实际上更像作品《湖》中桃井银平的恋爱。

另一方面，就在同一时期，川端与名为圆城寺菊子的女子有信件往来。1922年（大正十一年）4月4日，他在日记中写道："今天又读了一遍昨晚已经读过的圆城寺菊子的来信。从中学五年级的冬天到准备考大学期间，我们彼此保持着通信联系，菊子5月自目白

---

① 《文坛闲话》，1959年起为期两年由NHK广播电台播出的"教养特集"节目。——译者注

台女子大学①寄出的来信是最后一封。她在女子学校读书时的来信内容，将所谓女学生的气质展露无遗。换一种角度来读，或许堪称为情书。如今回想，免试入学的乡下中学生和东京的女学生保持着通信联系，着实让人觉得不可思议。"随后，日记中又写到菊子已经结婚云云。

川端的日记中没有写两人为什么开始通信，当时《文章世界》《文章俱乐部》等杂志也是文学青少年投稿的杂志，其中有类似于后来青年杂志上的征集笔友那样的栏目，川端可能为了寻找文学同好的女生而给杂志写了信。1916年（大正五年）3月3日的日记中，川端写道自己给在《文章俱乐部》上看到的名叫斋藤英子的女学生写了一封信。

秋天，川端搬到了千驮木町38的牧濑名下（现文京区千驮木1-22）的住处。这一时期，他收到此时正在朝鲜旅行的横光的来信，他在日记中写道："地址变了，居然收到了。"这户人家里有一个老妇人、带着女儿的姐姐和生病的妹妹，川端租的是二楼的房间，三明住进了永宫名下的住处。10月9日，川端在给秋冈义一的信中说自己已经收到生活费并表示感谢，同时请对方就此停止汇生活费。之后，本应三年毕业的大学川端读了四年，最后一年的生活费没有了来源，川端陷入了更为严酷的窘境。据东光所说，川端在失恋事件后，成天泡在曲艺场馆听落语②。但是，川端几乎没有写过任何与落语有关的文章。

---

① 目白台女子大学，即创立于明治时期的日本女子大学，所在位置为东京目白台，故有此称。——译者注
② 落语，日本的一种传统的曲艺形式。——译者注

第四章
《文艺春秋》与《文艺时代》

《文艺春秋》创刊号

菊池宽于1922年（大正十一年）1月创办《文艺春秋》杂志。"文艺春秋"原为菊池文艺评论集的书名，创刊号只是一本类似娱乐杂志那样内容轻佻的杂志，但却出人意料地畅销。当月刊杂志的发行日期一般是在前一个月，例如现在文艺杂志的8月刊一般定在7月7日发行，当时这本杂志好像也是在当月刊前个月的19日至24日之间发行。较为奇特的是一些妇女杂志和战后的中间小说杂志①，其8月刊会在6月24日前后出来。可能由于中间小说杂志的实际发行日期和注明的日期相隔太长，从1988年的年末开始被规定改为延后一个月发行，但是川端为杂志写稿的时期还是原来的状况。

川端在《文艺春秋》杂志创刊号上发表了小说《林金花的忧郁》。该作品曾经被看作《浅草红团》的一部分，这种看法其实是错误的，现在已经得到了更正。小说内容讲述的是川端爱上女艺人林金花的故事。林金花是活跃于浅草六区名为"江川踩球"②剧团中的演员。这部作品感觉上只写了一半，而且用的是实名，不清楚

---

① 中间小说杂志，中间小说是日本小说的一种，作品风格间于纯文学小说与大众通俗小说。登载此类小说的杂志，多被称为中间小说杂志。——编者注
② 江川踩球，明治初期至关东大地震时期，活跃于东京浅草六区的踩球杂技表演团。——译者注

算不算创作。此时，旧《新思潮》的同人也都转向了《文艺春秋》。菊池和石滨的关系不好，两人之间不知发生过什么。川端和铃木彦次郎商量后决定去面见菊池，恳求菊池同意石滨写稿。

1月6日，川端去找东光，那时谷崎和圣子在场，川端因不想见到谷崎而直接离开了。两天前，川端读了谷崎的《圣母颂》，感到非常失望，看来川端确实不喜欢谷崎。当时，浅草金龙馆①的浅草歌剧十分流行，聚集在此的年轻人被称作"歌剧狂魔"，川端和东光等人也是这些年轻人的同类。不过，把川端的《浅草红团》说成是以浅草歌剧为原型创作的作品则是个错误——《浅草红团》是他多年之后的作品，实际上写的是六年以后的卡西诺·弗利剧团②的故事。不过，无论是看当时被称作"活动写真"的电影，还是看演出，川端的目光始终集中在年轻的女艺人身上，即类似于初代那样的女孩子身上。

川端在麻布松竹馆看了《船头小曲》后曾说主演栗岛澄子和初代长得一模一样，因而成了她的拥趸。7月，川端又去电气馆看了澄子出演的剧目《水藻之花》。川端接二连三地创作并发表小说、文艺评论等，但是这些并不足以满足他生活上的需求。7月的某日，他去位于小石川饵差町的公寓拜访横光。两人一起散步，走了几圈之后，横光说"今天新娘要来了"，川端大吃一惊，他后来写道："（横光）在结婚的日子居然还和我散步。"这位新娘就是横光的第一任妻子小岛喜美，即文学家小岛勖的妹妹。

这一个月的日记内容变得比较有跳跃性，且止于翌年3月。目前这些日记内容已经公开。川端经常在记录完一天的事情后写上

---

① 浅草金龙馆，1911年创建的剧场、电影院，大正后半期成为"浅草歌剧"的据点。1991年闭馆。——译者注

② 卡西诺·弗利剧团，1929年至1933年活跃于浅草的轻喜剧团。剧团日语名称为"カジノ·フォーリー"，来自法语"Casino de Paris"和"Folies Bergère"的混合词"Casino Folies"，此处中文"卡西诺·弗利"为音译。——译者注

"保身"二字。"保身"一词，在《独影自命》出版时被公之于众，其实它首次出现在作品《致父母的信》中。由于是父亲留下的遗言，长久以来一直被川端写入他的文章。但是，在三十五卷（增补两卷）本全集公开原文时，能见到"要保身"（原日文为"保身二"①）的字样，确凿的含义出现在1924年（大正十三年）3月30日的日记中，他写到的内容有"感觉疲劳，必须保身"，由此可以断定"保身"针对的是手淫一事。在《独影自命》中，川端将该处改成了"由于太不节制"，并删除了"要"字。对此，川岛至写过论文，他提出疑问，如果是这样的话，川端为什么没有在日记中删除"保身"这个词？他介绍说吉行淳之介（1924—1994）在三十五卷（增补两卷）本全集出版前就说过这里可能指的是"手淫"。

川端经常在浅草看演出，但从不去浅草小巷里的吉原②。这也显示出与出入于花街柳巷的志贺、里见、谷崎、芥川等人之间的两代人的差异。川端"掌篇小说"中的作品《月》，其主题便是童贞。

童贞——的确是很棘手的家伙。虽然它是个弃之不足惜的累赘，走在昏暗的小巷子里或者小桥上，你可以将它扔进垃圾箱或者小河里，可是，当你走在灯火通明的石子马路上的时候，则找不到可以扔掉它的地方。

之后川端又写自己有过几次和女人发生关系的机会。他在《独影自命》中称："《月》是对过去的反思，长期保持'童贞'的我，似乎也不是没有和女人发生关系的机会。"

"我一直不接受来自不想和我的生活合二为一的女人的

---

① 此处是日语片假名"二"，日语格助词，表目的。——译者注
② 吉原，江户时代开始出现的妓院街区。——译者注

感情。"

在川端到了 25 岁的年龄时,身边这样的女人越来越多。结果,守护他童贞的围墙也越砌越厚。

1922 年(大正十一年),厨川白村的《近代的恋爱观》热销,他和爱伦·凯(Ellen Key)、与谢野晶子一样,都倡导恋爱结婚至上主义及结婚前保持贞节,直至 1955 年至 1964 年前后,逐渐对年轻人产生了深刻影响。现在的日本人心中,恋爱结婚至上主义的观念依然根深蒂固。从这个意义上而言,川端堪称典型的"昭和作家"。

川端写下父亲留给自己"保身"、留给姐姐"贞节"的遗训,这不是他随意编造出来的。保身,是告诫自己不去声色场所,婚前不和女性发生关系,手淫则是他为了实现这一目标的手段。无疑,川端当时深信手淫有害身体健康的说法。赤川学的《性意识的历史社会学》(《セクシュアリアティの歴史社会学》,劲草书房)中对此有详细论述。

1923 年(大正十二年)3 月,同年级的三明永无和酒井真人分别从印度哲学科和英文科毕业。川端和铃木由于转入国文科而延期一年毕业,石滨也延期了,《新思潮》的同人中只有酒井比其他人早一年毕业。

1923 年夏天,川端回到老家大阪。8 月 13 日,他使用秋冈家的地址给中河与一(1897—1994)写了一封信,并与因仰慕志贺直哉而去了奈良的泷井孝作在大阪见面,两人步行前往天王寺、道顿堀一带,边走边聊。23 日,川端收到在镰仓平野屋逗留的冈本加乃子的来信,信中说她和丈夫一平在一起,芥川也在那里。虽然我们不清楚川端是在什么时候认识这些人的,但能感觉到的是,川端似乎迅速为自己创造了和同辈文学家们交往的机会。

根据他 31 日写给川端岩次郎的信件内容可知,他之后去了津、镰仓，于29日回到东京。他在信中写道，自己在镰仓去了八幡宫的珍宝陈列馆，看到了高桥泥舟[1]的墨宝。岩次郎的家中也有泥舟所书字幅的匾额，是泥舟亲自送给康成父亲荣吉之物。冈本太郎回忆自己11岁时的那件往事时曾说，川端去镰仓是为了见加乃子。很难说11岁时的记忆究竟有多准确，文中写道川端站在那里喋喋不休地谈马克思，但没去见正在里屋的芥川。不过，25日前芥川人还在平野屋，川端如果是看到加乃子的信后才出发的，还是从津绕过去的话，几乎是来不及的。即便川端去了津，也应该是特意从名古屋绕道的，这也不合情理。冈本太郎在其他文章中说，大地震发生前不久，一平在《文艺春秋》上连载《文坛戏画》，川端正是为谈此事而来，且暑假前他应该也来过多次。

实际上，除了谷崎，川端与芥川也没有关系亲密的迹象。前面提到川端谈论马克思，但是没有这一时期川端倾心于马克思主义的旁证。不过，对于当时的年轻人来说，这种举动不足为奇，作为能与江湖艺人及女招待共情的青年，没有这些思想反倒不太合乎情理。就算是被公认为资产阶级文学家的菊池和久米等人，实际上也非常"左翼"。

关东大地震前后

关于川端康成，我们经常可以看到一些令人颇感不可思议的言论，这是因为他从昭和战前至战后失去了众多挚友：片冈铁兵、岛木健作、横光、武田麟太郎（1904—1946）等等。面对他们的墓碑，活得长寿的人，无论是谁都会变成这样，我无须在此处特别谈论川端。冷静思考一下的话，同时代的作家都在过着不断失去年龄

---

[1] 高桥泥舟（1835—1903），日本武士。通称高桥通三郎，晚年号泥舟。晚年隐居东京，以鉴定古玩字画为生。——编者注

相仿的友人而自己却依然活着的日子。交友越广的人，失去的朋友也就越多，这也只是广交朋友产生的后果。

8月29日，川端回到东京。9月1日发生大地震时，他在自己租住的公寓里。起初他并没有十分强烈的感觉，下楼后才发现公寓里人声鼎沸，众人惊恐万状。川端似乎是一个天生恐惧感较弱的人，晚年乘飞机去欧美旅行时，他似乎也从不觉得受罪：

> 没有比大正时期的关东大地震发生后数日的生活更让人的思想变得活力四射的了。这一经历一生恐难遭遇一回。虽然对我这个居住在公寓里的学生来说只要一人逃生即可，但是这一地震产生的"暴力"，着实为人类的生活点燃了一把火，遭遇悲剧的人们反而也呈现出了激昂的情绪。它对于愁眉不展的人更是巨大的刺激。我公寓里的危重病人，甚至因为地震而病情好转了。（《文科生的日子》）

这是川端写于1931年（昭和六年）9月的文章内容，可能有人会读之而愤懑不平。战后，每当川端萎靡不振时，他就会去想广岛遭受的核灾难，告诉自己必须把它写出来，从而变得振作起来。"活力四射"一词是川端常用的词语，堪称"川端语"，且战后很长一段时间他都在使用该词。社会学家埃米尔·涂尔干（Émile Durkheim）在《自杀论》中谈到战争时自杀的人会减少。大地震中，川端之所以变得意气风发，那是因为他感受到了与他人之间产生的一体感。不过，这也并非什么特例。

他曾写道，住处的楼下有病人，自己帮忙将人抬出公寓。正准备在后院吃午饭时，帝国大学图书馆着火了，烧焦的图书飞落在跟前，捡起来还能看到上面印着的文字。烧成这副模样，恐怕得烧三四个小时。川端也写了大地震的情况，但没有写明日期。他约了石滨金作一起去找东光，见到东光时，对方脸色苍白。他们在上野公园、浅草一带走了一圈，目睹了东京的大火。

第二天，由于担心，川端在后面的墓地里铺上棉被度过了一夜，接着又去各处转了转，看了一下震后的情况。由于当时已经下了戒严令，警察发现川端形迹可疑，将他带到富坂警署拘留了起来。据《芥川龙之介全集》中的年谱记载，9 月 5 日，川端和东光拜访了芥川。该全集将川端的《芥川龙之介先生与吉原》一文列为参考文献，但该文章中并没有写明 9 月 5 日这一日期，只写了"数日后"。当时，芥川在位于田端的自己家中。

"小岛政二郎对我说，你写的大地震的故事很有趣，让我好好听听。"芥川曾说道。川端只在这一时期和芥川关系不错，因此他提到芥川的事情也仅限于这一时期。三人一起去看了火灾后吉原一带的情况。火灾中，妓女们接二连三地跳入吉原医院边上的水池而死，真是活生生的地狱图景。

菊池宽则完全陷入了悲观情绪中，他在文章中表示在大地震面前，文学毫无用处。这遭到了里见弴的反驳。菊池为了确定《文艺春秋》今后的发展方向，在家里召集久米、芥川、川端、石丸梧平等人商谈。虽然我们不清楚是不是成员全都参加了，不过他应该叫了《文艺春秋》相关的所有同人，石丸也被叫去则令人感到有些意外。

文艺评论

虽然我前面提到川端与世无争，但是提到文艺评论时，1937 年（昭和十二年）前的川端则是另外一种状态。那时川端言辞激烈且尖锐地评论作品，并与人展开争论式的讨论。在那之后，除了芥川奖的审评外，川端可以说是彻底放弃了批评性言辞，这一点十分明显。

无论在当时还是现在，文艺评论都是比较奇妙的存在。首先，评论的对象是刊登在杂志上的小说。前面提到过和辻哲郎对《受难者》的评论，在这篇评论中，和辻写道："话题只集中在发表于权威杂志上的小说，这是文坛恶习。杂志表现出的专横跋扈对于自由的艺术而言是可悲的。为什么人们如此看重杂志？"其实，这是日本特有的现象。国外也有私小说这种文学样式，但偏重在杂志发表的现象却只有在日本才能见到，并且这种现象在一个世纪后的今天依然存在。同时，这也和该时期偏重短篇小说有关，有岛武郎的《一个女人》等作品，在当时是被视为通俗小说的。

这一时期《新潮》杂志相关人员发起了"创作联合评议会"，由编辑部的中村武罗夫和水守、加藤武雄担任主持，菊池、久米、德田秋声、近松秋江等人齐聚一堂，每月对作品进行评论。川端是后来加入的。但联合评议会逐渐"变味"，水守退社之后几乎全都由中村担任主持。川端在为8月刊行的《新潮》所写的《最近的批评与创作》一文中也稍稍涉及了联合评议会的话题：

> 从聚集的成员来看，充满权势，联合评议会的言论很快拥有了权威性，备受瞩目和信赖，这种倾向显而易见。……盲目地相信联合评议会拥有权威，这非常危险。……至少，我们这些"当下文坛的青年"必须意识到，我们在受到联合评议会恩惠的同时，也深受其害。

10月刊行的《新潮》在"联合评议会"内容的开头部分就有对川端言论的讨论。水守征询大家意见，菊池说："他说了这样的话吧……"随后宇野浩二、久保田万太郎、加能作次郎等出席者相继发言，他们只说出不要盲从联合评议会之类的废话。虽然这算不上很了不起的事，但是川端对会议上讨论了自己引发的话题一事感到十分兴奋，他为11月的《新潮》撰写了《致联合评议会的诸位》一文，尝试进行反驳。

从上文的内容可以看到，讨论并没有达到争论的程度，不过可以看出青年时代的川端的确富有年轻文学家的个性，擅长挑起争议，与晚年的川端相比，似乎完全是另外一个人。这一时期，川端和横光都对片冈铁兵的文艺评论给予了肯定。片冈是冈山人，从庆应义塾大学中途退学，在宇野、久米等人的举荐下步入文坛，这一阶段与川端关系密切。

伊藤初代嫁给了美国咖啡馆的经理中林忠藏，生有一子。大地震后，中林成为仙台火车站附近高级饭店"卡尔顿"的经理，因而举家迁往仙台，但川端好像对此并不知情。可见，西方寺给出的"结婚为时尚早"这一反对理由，实际上说明悔婚实为定局。

《新思潮》在7月由南天堂书店复刊，川端在《新思潮》上发表了作品《南方的火》，这是大地震后对复刊进行的尝试性摸索。众所周知，大地震后谷崎移居关西，小山内薰、直木三十五（植村宗一）（1891—1934）等人也短暂迁至关西居住了一段时间。

在笹川的著作中，收有全集中未收录的康成写给川端义一的信，信中对年底将山林出售给川端种吉而获得80日元一事表示感谢。还有一封1924年（大正十三年）1月19日川端寄自汤岛的信。15日前后，川端在汤岛本馆写毕业论文，他在信中委托义一登记处理土地事宜，希望只留下墓地。同年2月14日，川端在从汤岛寄给义一的信中写道自己1月末回东京提交毕业论文后返回了汤岛，17日、18日前后又回到了东京。

3月，川端和铃木从东京大学国文科毕业。同年，石滨也从英文科毕业（毕业论文写的是萧伯纳）。同期的守随宪治已于前一年从国文科毕业。由于学分不够，川端请求担任讲师的佐佐木信纲和沼波琼音网开一面，先借学分后提交课程报告。他拜访了藤村作的家，去借了两个学分。川端提交了论文《日本小说史小论》，由于篇幅过短，在教授会议上受到质疑。据说当时已经有了一定名望的学者藤村作表示由他负责，论文从而得以通过。川端在门外等到教授会议结束，藤村从会议室出来后告诉他说"没问题"。另外，据说芥川龙之介以英文科第二名的成绩毕业，不过从当时的正式通告来看，川端的名字好像不在那个成绩表上，因此无法确定他的排名。

包括谷崎、志贺在内，大学期间立志成为作家而中途退学的人不在少数，川端之所以必须毕业，是因为他是在亲戚的援助下上的大学。同期的国文科毕业生共有十四人，其中重友毅、山岸德平等人后来成为著名的日本文学家，也有几位成为其他方面的学者，而川端出勤率十分低，他们甚至可能都不知道川端这个人的存在。藤村在4月前后给川端写信邀请他去关西大学工作，第一年月薪180日元。几年后，藤村还为他斡旋去东洋大学任职一事，对川端非常关心。不知是川端拒绝了藤村的邀请还是进展不顺利，总之都没有成行。据说藤村十分高兴，因为川端是国文科毕业生中第一个成为作家的。实际上，中勘助也是从英文科转入国文科的毕业生。不过，对于教文学的老师而言，从事文学创作和表演戏剧这行，不上大学的学生才是可爱的。后来从东大国文科毕业后成为作家的还有中岛敦、阿川弘之①、桥本治等人，人数并不是很多。

大宅壮一为庆祝川端和石滨毕业而设宴招待两人，为此杀了一只鸡。据说川端曾回忆道："恭喜我毕业的人就这么一个。"大宅是继川端等人之后第七次创办《新思潮》的创刊人。这一时期，尼科尔斯离任，在斋藤勇的盛邀下，英国诗人白伦敦（Edmund Blunden，1896—1974）就任英文科讲师，后来川端因日本笔会的工作和他有交集。白伦敦经常在日本居住，有个日本恋人。（冈田纯枝《白伦敦的爱情书信》，平凡社）川端在《独影自命》中表示，临近毕业，他以为自己没有修过白伦敦的课，而石滨说两人一起修过了。另外，我本人在东大英文科教授的课上曾听说，中野好夫去

———

① 阿川弘之，小说家、评论家，志贺直哉最后的弟子。——译者注

白伦敦家拜访时，白伦敦曾赤裸着身体去玄关迎接。

川端毕业论文的序文以"关于日本小说史研究"为标题，被刊登在3月刊行的名为《艺术解放》的杂志上。《艺术解放》是仅持续了两年的杂志，由艺术解放社发行，同一期上还登载有石滨、赤松月船、伊福部隆辉、铃木氏亨、中村正常等人的作品，似乎是一本属于年轻作家的杂志。川端毕业论文的手稿在1973年被发现，后收录于三十五卷（增补两卷）本全集中。手稿长达九十七页稿纸，内容在中途戛然而止。守随宪治在研究生院读研时回忆说，藤村曾表示川端君的论文虽被认定有问题，但还是在教授会上通过了。当时，守随说川端的论文只有二三十页稿纸，像一份课程报告。那时英文科的毕业论文由于是用英文撰写的（现在也同样），所以比较简短，国文科的一般都要五百页或一千页。对此，我问过比我年长10岁的东大国文科的毕业生，有人写了六百页，所以当时写约一千页篇幅的论文也不是不可能。

的确，学术论文需要有更为细致的研究，川端的论文过于粗略了。不过，他写的不止二三十页，而且现在读起来，依然让我对他感到十分钦佩，他在大学本科时居然读了那么多书，尤其是认真阅读了镰仓、室町时代的物语类作品。他认为没有比《源氏物语》更有价值的作品了，其次才是西鹤①的作品。《平家物语》《太平记》《义经记》等军记物语②以及其他类型的作品则完全被他排除在外。川端不认可武家文学，这种态度贯穿于他所写的日本古典文学相关文章和讲义之中，包括他晚年获得诺贝尔文学奖以后的作品。在日本文学史上，公家文化③、武家文化、町人文化等三种类型的文化

---

① 西鹤，指井原西鹤（1642—1693），日本江户时代知名作家、俳句诗人。独创了"浮世草子"这一文学体裁。代表作有《好色一代男》。——编者注
② 军记物语，通常指创作于镰仓时代至室町时代的战争题材小说。——译者注
③ 公家文化，指日本天皇和贵族的文化。后文的武家文化，即武士阶层的文化，町人文化则指以市民为中心的普通大众文化。——编者注

渐次更替，川端后来认为，公家文化是日本文学传统的正统。或许这在当时算不上特别稀罕的观点，但是事实上也存在诸如三岛由纪夫等将武家文化看作日本文学传统的作家，而川端很早开始就认为武家文化是异质的，这一点非常重要。

据《新感觉派文学集》（讲谈社）中的年谱记载，铃木去了东京府立园艺学校任教，教授英语等课程，11月时因服兵役而离职。12月时，石滨可能是为替代铃木而前往园艺学校工作。翌年4月，石滨成了文化学院的讲师。

川端在3月刊行的杂志《新小说》中发表了《篝火》。《新小说》是图书发行公司春阳堂委托菊池编辑，实则由《文艺春秋》的斋藤龙太郎编辑而成的杂志。据说明治末年至大正时期，新作家们每天都在翘首盼望负责《中央公论》杂志的泷田樗阴坐着人力车来敲自己家门约稿。1925年（大正十四年）樗阴去世，而川端第一次为《中央公论》杂志撰稿的作品是1930年（昭和五年）创作的《风铃王的美国故事》，从时间上来说晚得让人吃惊。虽然在那之后进入了无产阶级文学的全盛期，但是中河、东光、稻垣足穗、横光等人在大正年间已经登上文坛。之后川端也频繁在文坛亮相，他在1924年（大正十三年）已经为《妇女公论》撰稿，之后依旧活跃，并和编辑藤田圭雄等人终生保持着深厚的友谊。但是，《中央公论》的负责人在初期为什么对川端置之不理呢？樗阴去世后，中央公论社由社长岛中雄作坐镇指挥，当时该社的中心作家是谷崎润一郎。或许是谷崎提出了不要邀请川端撰稿的要求，从而造成了这一局面。

这部《篝火》得到了尾崎士郎和金子洋文的盛赞，但是受到了中村武罗夫和宇野浩二在《新潮》联合评议会上的批评。菊池在6月的《文艺春秋》上发表的随笔《四个偶然》中调侃道："川端曾经称赞过尾崎和金子；相反，中村和宇野记恨川端，那么这'四个偶然'究竟是不是偶然？"尾崎和川端是好友，金子却是无产阶级文学作家，这让人感到有些意外。不过，川端这一时期的文艺评论并没有将无产阶级文学放在艺术派的对立面，他的观点是无产阶级文学中的好作品也值得肯定。为晚年的谷崎做记录的伊吹和子（1929—2015）在文章中写道："谷崎说，有人声称自己不批评别人的作品，所以自己也很少受到批评，这很奇怪。"（《唯有我心知》，讲谈社）其实，文坛也有这种相互吹捧的陋习。川端在1937年（昭和十二年）以后表现出来的正是这种姿态。

人们常说川端获得诺贝尔文学奖后变得性格古怪。实际上，川端文学生涯的最大变化发生在1937年（昭和十二年），这是他因《雪国》获得文艺恳谈会奖的年份，也是他停止撰写文艺评论以及批评他人作品的年份。

这一时期，川端通过在杂志《妇女界》上发表"插画小说"这类通俗读物赚取零钱，他从菊池那里借来英文通俗小说获取素材。7月起，他在该杂志上连载《争奇斗艳的花》，由太田三郎（1884—1969）担任插图制作。5月，川端在老家的三岛郡官署参加了征兵体检，在名为"柱屋"的旅馆里住了两天。不过，当时川端的体重只有十贯三十钱（约四十一千克），被判定为不合格。他曾回忆写道："我被人斥责：'你这种搞文学的人对国家有什么用？'"笹川著作中提到，当时还有一个高中毕业后参加体检的人，名叫笹川泰广。据此人回忆，体检结束后他和川端两人被留了下来，对方说虽然体检不合格，但川端毕业于好学校，可以在那方面为国家做贡献。恐怕这才是真相。铃木当了英语老师，他在6月9日寄给秋冈转川端的信中说川端逃过兵役，值得庆贺，自己还没去参加体检。

由于体检合格者必须入伍一年，因此当时很多人想方设法逃避兵役。有岛武郎应征入伍，志贺直哉则在当天跑回了老家。川端不能写自己因躲过兵役而感到高兴之事，所以写成被人责骂"对国家毫无贡献而羞愧难当"云云，这也在情理之中。

8月12日，川端去了汤河原，之后绕到汤岛，于26日返回东京。这一时期，《新思潮》复刊一事暂时搁置。川端打算创办能将更多年轻作家聚集在一起的杂志，那就是《文艺时代》。8月前后，川端接到了很多和此事有关的来信，大多表达对成员的不满。佐佐木味津三（1896—1934）是后来凭借《右门捕物帖》《旗本无聊男》一举成名的大众文学作家，他是爱知县人，毕业于明治大学，当时是纯文学作家。佐佐木也在成员之中，他对酒井真人和南幸夫（1896—1964）进入成员名单颇为不满，川端给他写信说请他克制。

南幸夫，和歌山市人，毕业于东京大学英文科，他从《文艺春秋》的同人转为杂志《蜘蛛》的同志者，最后回老家当上了邮政局局长。佐佐木之所以表达了反对，可能是因为不满没有才能的人也加入同人队伍。另外，针对川端想让牧野信一、三宅几三郎（1897—1941）进入成员名单的意图，菅忠雄（1899—1942）虽然对牧野和诹访三郎（1896—1974）加入表示了不满，但还是放弃了反对。

新感觉派的大本营

当时，几个同人杂志的成员聚集在一起，如《蜘蛛》的同人有南幸夫、佐佐木，《行路》的同人则有三宅和十一谷义三郎（1897—1937）。《文艺时代》在经历一番周折后终于得以创刊，同人有铃木、石滨、伊藤贵麿（1893—1967）、稻垣足穗、加宫贵一（1901—1986）、片冈、横光、中河、东光、佐佐木茂索、菅忠雄、佐佐木味津三、十一谷、诹访等人。南幸夫、酒井、岸田国士（1890—1954）是在次月加入的，稻垣足穗和三宅则在后一年加入。

十一谷，生于神户，是东京大学英文科毕业生，进入昭和时期后他所创作的《时代的败者唐人阿吉》成为畅销小说。他还翻译了《简·爱》等作品，但是英年早逝。三宅，同样毕业于东京大学英文科，出版了萨克雷《名利场》的完整译本。伊藤，也出生于神户，是早稻田大学英文科毕业生，他将《西游记》翻译成了适合儿童阅读的读物，其文学活动的重心在儿童文学界。加宫，生于冈山县，毕业于庆应义塾大学英文科，战后担任文京区议会议员。菅忠雄，漱石友人的德语教师，书法家菅虎雄的儿子，受到菊池、芥川、久米等人的提携而成为《文艺春秋》杂志的职员，并担任过《文艺春秋》的总编。诹访，本名半泽成二，福岛县出生，担任过中央公论社的记者。

《文艺时代》杂志由金星堂发行，社长是福冈益雄（1894—1969）。金星堂创立于1918年（大正七年），长期发行文艺书籍，战后成为出版英语教科书的出版社，由于我本人也当过英语教师，所以收到过金星堂的很多挂历。佐佐木味津三给川端写信说，想把金星堂打造成有销量的杂志社，川端回信说自己不愿对金星堂卑躬屈膝。他是不想变成一个商业主义者。然而，令人吃惊的是，将这些人召集在一起的正是川端，他在文章中曾说，自己认识他们中的每一个人。在此，我们可以领略到川端具有社交性的一面。

石滨在创刊号上发表了描写"初代事件"的作品《某人的爱情故事》，这在过去的川端传记中没有出现过。故事模拟川端的经历，用第一人称叙述，女主角则变成了千代。故事中，千代的来信是这样的：

> 我遇到了非常情况。
>
> 我不会再见你。
>
> 我现在要去没有人认识我的地方开始一个人的生活。
>
> 我恨你一辈子。
>
> 你想欺骗我。我已经离开东京了。

川端后来把上述始于第二行以后的文字在《她的盛装》中披露了出来，这意味着石滨先于川端公开了信的内容。故事中有一些虚构的情节：首先主人公父母健在，其次悔婚之后过了一段时间，女主角又后悔了，并给对方写信。

石滨糟糕的小说创作能力更是让人瞠目。在该故事中，石滨应该把自己写成主角，在听闻朋友快要结婚的消息后万分嫉妒，后来男女分手，自己却深感欣慰，这才合乎常理。如果说是因为这么写太过平庸，所以石滨才有意回避的话，这是不太可能的。如果是考虑川端的感受而不能这么写，只能说他没胆量。石滨日后写的侦探小说只有一篇选入作品集，看来还是缺乏这方面的才气吧。

10月末，川端前往帝国酒店的剧场观看新剧协会公演的剧目，内心受到了正宗白鸟的作品《人生的幸福》的冲击，他曾在日记中称其为"令人感到恐惧的天才白鸟"。川端从未创作过戏曲作品，战后，他只写过《船游女》等舞蹈剧剧本。不过，芥川也没创作过戏曲作品。创作过戏曲作品的有镜花、谷崎、菊池、久米、山本有三、里见等人，这显然反映了年龄层次上的差异。创作过戏曲作品的作家中看歌舞伎长大的一代作家占了多数，而比川端年龄小的作家里，戏曲和小说都写的人变得为数很少，可以列出的也就是舟桥圣一（1904—1976）、三岛、有吉佐和子（1931—1984）等几位作家。只是，唐十郎等剧作家却是写过小说的。

《文艺时代》一经创刊，《文艺春秋》的同人便解散了，《文艺春秋》变成了普通的商业杂志。有人认为，这是《文艺春秋》为了报复《文艺时代》所采取的措施。一时流言四起，有人将创建《文艺时代》说成是川端、横光等人对菊池的背叛。10月，川端在《读卖新闻》报纸上发表了《〈文艺时代〉与〈文艺春秋〉》一文，否定了上述流言。

然而，11月，千叶龟雄在《世纪》杂志上发表了《新感觉派的诞生》一文，为《文艺时代》的同人冠以"新感觉派"之名。人们常说，日本约每十年出现一次文学新浪潮。明治三十年代（1897—1906）有浪漫主义，明治四十年代（1907—1912）有自然主义，明治末期至大正时期有以《白桦》《新思潮》《昴》等文学杂志为中心的反自然主义文学，之后有新感觉派、新兴艺术派、无产阶级文学，进而有昭和十年（1935）的文艺复兴。战后的第一次战后派、第二次战后派、"第三新人"是十年间出现的三次浪潮。昭和三十年代（1955—1964），石原慎太郎（1932—2022）、大江健三郎、开高健、仓桥由美子等人登上文坛，昭和四十年代（1965—1974），出现了"内向的世代"。这之中，"第三新人"是由山本健吉（1907—1988）命名的，"内向的世代"则是小田切秀雄命名的，其中包含了批判性意图。

"新感觉派"被认为是对当时欧洲出现的现代主义、未来主义、达达主义等艺术动向的回应。日本文学史上必定会提及的是横光在《文艺时代》创刊号上发表的《头与腹》这篇文章。该文章的开头部分是："正午时分。满员的特急列车飞速行驶。它旁若无人地将沿线的小站如石头般地甩在身后。"这一小段内容被视为新感觉派小说的典型写作风格。当时有人认为，这样的写作风格模仿的对象是保罗·莫朗（Paul Morand）的《不夜城》（*Ouvert la Nuit*），川端等人愤怒地反驳说新感觉派的小说在堀口大学的莫朗作品日译本出版之前就有了，但是不可否认的是，新感觉派还是以某种形式受到了欧洲文学的影响。

但是，同人中也有人抗议称自己不是新感觉派作品。佐佐木味津三等人在文章中写得十分明确，川端也间接表示，在《文艺时代》上发表作品的作家不等于是新感觉派。川端在宣称自己没有背叛菊池的同时，在文艺评论中不断强调这是年轻作家对老一代作家的"反叛"。新感觉派，并非如反自然主义以及无产阶级文学那样是从内容上加以定义的文学流派。从作品内容的崭新性而言，以稻垣足穗为代表的新兴艺术派的幻想、荒谬、幽默远在其上。伊藤整、楢崎勤、中村正常、冈田三郎等人的写作风格异乎寻常。那段时间声名鹊起的尾崎翠也是其中之一，由于尾崎名气太大，看上去恰如只有尾崎一个人在反抗"自然主义"。实际上，足穗和楢崎等人的作品并不缺乏和尾崎的《第七官界彷徨》相通的内容。另外，宫泽贤治也是一个"歌剧狂魔"，他正是在这样的潮流中创作童话的。

川端由于顾及菊池和久米的感受，态度一直不够鲜明。他写了很长时间的文艺评论，却对私小说不置一词。他只在1929年（昭和四年）发表的《我的七条》一文中提到自己不写"原型小说"①。"原型小说"，很容易被人理解成是作家以他人为原型所进行创作的作品，但在当时，宇野浩二等私小说作家，写的大多是自己与文学界同人们的故事。川端所理解的私小说其实也同时指的是后者。最终，川端或许将这种风格散漫的私小说作品当成了假想的敌人。

危机很快便出现了。《文艺春秋》11月刊上刊登了后来在日本文学史上有名的《文坛诸家价值调查表》。该调查表极其无耻地将作家们列入表格，按天分、气量、风采、人气、资产、创作能力、性欲、喜欢的女人等各项指标进行打分。这份调查表实际上是直木三十五（当时34岁）制作的，他的行为被视为对《文艺时代》的攻击，引起了横光和东光的盛怒。11月4日，横光给川端写信，表达了对《文艺春秋》刊登此内容的极度愤慨：

> 昨日失礼了。
>
> 总之，我十分愤怒。即便加宫和菅不足为道，就连中河也是如此。中河负责校对杂志，为何不向我通报，如果他有那么一点敏锐感而向我等通报，无论是我还是你都会直接去找菊池先生请他撤回。如果这样也不行的话，当时也可另想办法。……瞄准我们《文艺时代》同人的竞争之心进行煽动，破坏团结，乘虚而入搞臭文坛大家们的行径真是可恶至极。……

---

① 原型小说，明治时代末期出现的日本文学中的一种小说类型，即以作家自身的经历为基础创作的小说，后演变成私小说，同时又是私小说的一个类型分支。——译者注

《文艺春秋》如此肆意妄为，首先已经将你我的颜面踩在了地上，他们全然无视你我等《文艺时代》作家的困境。……如果大家都选择沉默的话，我将以一己之力与文坛上的作家一决雌雄，无论胜败，我做好了被"打死"的准备。我没有事先通报一声，请勿见怪。因为你不在场……

横光和东光分别向《读卖新闻》《新潮》投稿，抗议文艺春秋社的行为。然而，对该调查表表示愤怒的不止横光等人。在调查表中，田山花袋"喜欢的女人"是其"弟子"，柳原白莲"喜欢的女人"的那一项中写着"龙介"，即指和其私奔的宫崎龙介。冷静思考的话便可看出，这实际上不是针对《文艺时代》的攻击。川端说服横光去《读卖新闻》撤回了稿件。当时该稿件好像是要直接登上报纸的。从这封信来看，撤回日期应该是在前一天即 3 日。不知何故，东光对此没有发表任何意见，但在 12 月的《新潮》上，东光发表了文章《文艺春秋的无礼》。同月的《文艺时代》上，川端发表了《文坛震动波》一文，他写道："制作《文坛诸家价值调查表》的是直木三十三①。……非常无聊和不负责任。但是，即便刊登了东光君的文章，我也并不认为他是在对菊池宽先生和文艺春秋社进行指责。"

事实上，在之前的 9 月的《文艺春秋》上登载过一篇《文坛最新蠢货排行榜》。第一书房出版了久米的情敌，即夏目漱石的女婿松冈让的三卷本长篇小说《守卫佛法的人们》，《文坛最新蠢货排行榜》称这是松冈自己花钱出版的。久米曾担心松冈会不会认为是自己找人搞的这个排行榜。

菊池也被东光的文章激怒了，他在《新潮》1925 年（大正十四年）1 月刊上发表《小人邪推》一文指责东光，表示自己没有攻击

① 当时直木三十五的笔名为"直木三十三"。——译者注

《文艺时代》的意图。直木在《新潮》2月刊上曾写过"放马过来"
"那是我写的""来吧，想杀就杀""想打就来打吧"等文字，并表
示"今君是我尊敬的朋友"，说自己是不喜欢暗中放枪的家伙。东
光进而对菊池发起了反驳。

最终，东光退出了《文艺时代》，开始着手创立杂志《文党》。
于是，出现东光由于得罪了文坛大家菊池宽而被逐出文坛的传说，
可以说这一事件还存在一些尚未解开的谜团。川端说服了横光，可
他为什么没有去说服东光？如果说川端去说服过东光而东光没有接
受，这倒也能让人理解。《读卖新闻》文化部编辑的《川端康成实
录》中写道："川端先生似乎对性格开朗的东光采取了听之任之的
态度。他一定觉得对东光是拦也拦不住的。即便这样，他和东光先
生的关系也并没有恶化，两人一直是亲密的朋友。"事实上，翌年
即1926年（大正十五年），川端在银座和东光夫妇聚餐。

野口富士男（1911—1993）在著作《感受昭和文坛史》中指
出，今东光如果和川端商量过的话，应该不会发表《文艺春秋的无
礼》一文。反之，倘若川端去找今东光的话，也会是同样的结果。
东光写了《犹太的扬言》（《新潮》2月刊）一文反驳菊池说：
"《文艺时代》有三个'垃圾'，其一是菅忠雄，其二是南幸夫，
其三是〇〇〇。《文艺时代》有三个蠢货，其一是中河与一，其二
是加宫贵一，其三是酒井真人。"东光隐去的名字应该是菊池宽。
不过，如果从前面提到的《文坛震动波》是刊登在12月刊上的文
章这一角度来考虑的话，川端应该是在知晓《新潮》将刊登东光文
章的情况下写的《文坛震动波》。况且，如果他没有劝阻过东光的
话，也不会写出那样的文章。因此，可以推断出川端曾劝阻过东
光，但没有成功。

《文艺春秋》和《文艺时代》所关联的作家群体之间的关系无
疑十分紧张。11月，川端搬至驹入林町190丰秀馆，位置就在之前
的永宫名下的公寓附近。11月4日，川端在旧地址收到横光的来

信，21日又在新地址收到三明的来信。12月10日，三明在佛教青年馆举办了婚礼，川端参加完婚礼又去了汤岛，住在了汤本馆。在12月刊的《文艺时代》上，他以《非常》和《短篇集》为题发表了"掌篇小说"中的七篇作品。

"掌篇小说"是川端初期的代表作。川端最早的单行本《感情装饰》就是一部"掌篇小说"作品集，后来又加入了《我的标本室》。川端对"掌篇小说"的创作持续到1929年（昭和四年）。"掌篇小说"的题名出现在1938年（昭和十三年）改造社出版的《川端康成选集》第一卷上。不过，他在战后也陆续写了一些，最后的作品创作于1964年（昭和三十九年）。"掌篇小说"的形式其实是对冈田三郎等人的"超短篇小说"的模仿，冈田最初模仿的则是法国所谓的"二十行小说"。"二十行小说"变成了"十行小说"，中河与一将这种形式命名为"掌篇小说"，最终其他人的这类作品都消失不存了，只剩下了川端的作品。他的每一篇"掌篇小说"作品都是犹如珠玉般的珍品。川端说自己通过创作这类作品来代替诗歌写作，这些出色的"掌篇小说"，如实展现了川端不靠情节取胜的文学天赋。

围绕"掌"的读音还出现了争议。长谷川泉的著作中提道，川端本人将其读成"Tanagokoro"（たなごころ），其实也可以读"Tenohira"（てのひら），新潮文库本则标上了后者的读音。不过，两种读音都应该是正确的。

1924年（大正十三年）的年末，川端经历了一场短暂的恋爱，他将这一事件写成了短篇小说《五封信》。1925年（大正十四年）1月，秋冈义一的妻子去世。3月，63岁的义一去世。这一时期，黑田秀孝过起了放浪形骸的生活，他卖掉了位于3番地的宅邸，搬到大阪市西成区玉出居住，后来彻底毁掉了自己的家庭。《文艺时代》编辑部收到外部年轻作家的大量投稿，藤泽清造未经约稿也寄来了稿件。当时饭田丰二（1898—?）担任编辑，同人中两人一组轮流承担责任编辑的工作。4月各杂志一起推出对新感觉派的评论文章，如千叶龟雄的《新感觉派论》、中村星湖的《新作家的感觉》、生田长江的《赋予文坛新时代》和《旧就是旧》、石丸梧平的《新感觉派与"苦痛的价值"》等等。不过，正如进藤所说的那样，围绕新感觉派的纷争仅仅持续了半年而已。

此时，川端开始了他在汤岛本馆的"天岩户"般的深居简出的生活。2月，同人中有人提议集体去看横光的戏剧《被吞噬的人》，横光来信说："各位应该很难忍受在极度寒冷的地方久坐，请不要来了。"月末，横光母亲去世，川端前往吊唁。川端又同中河与一一家去伊豆的吉奈温泉旅行，在天城俱乐部观看了女子歌舞伎的演出。川端在《文艺时代》《新潮》《文艺春秋》上连续发表作品，本人却一直蛰居在汤岛。横光在4月5日的来信中询问川端在伊豆干什么。30日，横光又来信提到东光退出同人，请川端马上返回东京。东光退出同人群体时，川端依然居住在汤岛。此时，川端和横光、片冈已经成了《文艺时代》乃至新感觉派的中心人物。5月6日，片冈在来信中询问4日会面的情况，不知此处所指的会面是川端和谁会面。这一时期川端的往来信件，内容尽是一些乱七八糟的纷争，如有说谁谁喜欢年轻作家中的谁谁的，有对年长的生田长江表达不满的，也有骂中村武罗夫混蛋的。

在此，川端拿出了其生存技巧中的"终极武器"，即长时间蛰居汤岛，远离各种纷扰。自秋天起，横光再三催促川端回东京，其他人也让他返回，但川端对他们的催促置若罔闻。他清楚自己一旦返回，必然卷入是非纷争，这一点让他心存忧虑。当然，这一"武器"，他一生中只使用了一次。这一年，川端收到的信件基本上都已经公开，但在三十五卷（增补两卷）本全集中，却未见川端发出的任何信件。自前一年的8月末为《文艺时代》创刊号写信向盛冈的铃木约稿，至1926年（大正十五年）11月写信给婚后的片冈夫妇，他们已有两年时间未见川端的信件了。尽管后来公开了川端

1925年（大正十四年）3月30日写给中河的信件，以及1926年（大正十五年）写给东京日日新闻社的冲本常吉的信件，但是却不见其对来自横光的大量信件所写的任何回信。究竟是他没有回信，还是信件均已丢失，是否应该让川端的家人澄清一下呢？

我觉得这恐怕和川端结婚一事有关。三十五卷（增补两卷）本全集出版前，人们对川端的婚姻状况所知甚少，在秀子写了文章之后，事情的概况和结婚时间才为人所知。但是，仍然存在大量令人不甚明了之处。川端从未写过自己结婚的情况，就算这件事被他在创作时混入在他的虚构作品中，也完全让人不明所以。在进藤所写的传记中曾提到，秀子出生于1907年（明治四十年）2月8日，川端的结婚日期是在1925年（大正十五年），所以当时秀子是虚岁19岁。

第五章
结婚、汤岛

与秀子结婚

第一次读到《山之音》时，我有些不寒而栗。主人公尾形信吾和喜欢的女人无法结婚，于是娶了这个女人的妹妹却忘不了姐姐。该作品看上去有些像是写作者自身的经历，我觉得川端夫人读后一定会气坏身体。秀子排行老三，上有姐姐，在和川端结婚前的很长一段时间里和妹妹君子住在一起。我做了一些无聊的研究，觉得作品里的姐姐其实是现实中的妹妹。因此，小说中的这位"姐姐"，人物原型应该就是伊藤初代。

秀子的父亲名叫松林庆藏，是八户的商人，据说起初做的是鸡蛋生意。在进藤的传记中，写的则是肉店老板。由于家境富裕，他后来放弃了生意，因兴趣使然，在消防所当了一个小头目，干了十八年或二十年。1924年（大正十三年）5月16日，八户发生火灾，50岁的庆藏殉职。那年秋天，秀子去了东京，年龄为18岁。

上述情况出现在秀子撰写的《和川端康成在一起的日子》一书的开头部分。她写道，三浦哲郎（1931—2010）的母亲与自己的娘家很熟，母亲婚前姓松井，与羽仁素子（1873—1957）一起学裁缝，自己在寺子屋①师从上野学园的创立者石桥藏五郎（1875—

---

① 寺子屋，日本江户时期以平民为对象的教育机构。——译者注

1964）学习，受到过立教大学校长松下正寿（1901—1984）的照顾
云云。松下于1967年在东京都知事选举中从自民党、民社党中脱
颖而出挑战美浓部亮吉，却以失败告终。1971年挑战美浓部的是由
川端充当后援的秦野章，这些事情绝非巧合。川端死后，秀子写过
悼念松下的文章，石桥藏五郎的名字就出现在那篇文章中。

松下是秀子母亲娘家的姓氏，母亲龟德静（1878—1966）是日
本助产士的先驱者，三浦哲郎就是由她接生的，三浦写有一部实名
小说《女人静子的一生》。正寿的哥哥龟德正臣（1899—1954）是
神学家，是青山学院大学教授。正臣的同级生冈本喜四郎是秀子母
亲一方的表姐松井沼江家的养子，在盛冈的学校念书的喜四郎与秀
子有过交往，周边的氛围已经将他们二人凑成了一对。秀子不喜欢
这种氛围，直接坐火车去了喜四郎学校所在的盛冈，要和他说清
楚。那个学校应该是岩手县师范学校。①

秀子转念一想，倘若火车抵达盛冈站被人发现就糟糕了，于是
坐火车直接到了上野。那是1924年（大正十三年）的秋天，秀子
真是一个胆大的女孩。秀子的哥哥已经在东京，她在哥哥工作的原
宿木炭店的老板并木帮助下，去了一户人家家里做帮佣。那户人家
的主人毕业于东京大学且在政府部门工作，夫人是济生会的医生。
文中提到的岩佐学园大概是岩佐实科高等女子学校（后来的佼成学
园），她希望能去那里读书，但没有成功，于是跟着夫人学裁缝。
翌年即1925年（大正十四年）春天，秀子看到《文艺春秋》杂志
社招收职员的广告便前往应聘，负责应聘的人见秀子那么年轻吃了
一惊，他表示在菊池这里工作会很辛苦，觉得她可以去菅忠雄那里
工作试试，而秀子就是在菅忠雄的家里见到川端的。

仔细想来，前面提到的《文艺时代》和《文艺春秋》的冲突
中，菅忠雄所处的位置非常微妙。最初由于漱石的关系，他和久

① 关于冈本，可参考《松下老师与八户》一书。

米、芥川、菊池关系密切，当时担任了《文艺春秋》的编辑。菅又是《文艺时代》的同人，所以问题变得复杂起来。秀子开始工作时，菅和第一任夫人住在原宿，后来搬到了市谷左内町。1925年（大正十四年）3月，菅因旧病哮喘卧床。秀子称是在菅忠雄家里见到川端的，这么说来，川端是年5月应该回过一次东京。

> 他头戴灰色的帽子——像是爵士帽，但中间陷进去的部分是圆的，有些奇怪，身上穿着哔叽短外褂……
> 我感觉这人有些阴郁和孤独，但眼神非常温柔，这是我的第一印象。他看上去是个十分爱读书的人。这年夏天好像去了一次逗子①，我记得他带我去过海边。

从《温泉六月》中可以看到，川端于6月1日在伊豆一带从汤岛坐马车去了吉奈温泉。川端缺席了10日的《文艺时代》同人会。6月中旬，川端中学时代的同学欠田宽治和清水正光从大阪来访，大家一同前往修善寺。欠田后来毕业于大阪外事专门学校，清水则毕业于同志社大学。18日，《东京日日新闻》社会部记者来找跟人私奔的夫人，和川端一起坐马车去了吉奈的酒馆。之后，武野藤介（1889—1966）也来了，两人玩得很尽兴。武野是从早稻田大学俄文科退学的作家，这一时期为杂志撰写八卦文章和超短篇小说，后来得了一个"文坛警视总监"的诨号。武野在自己创作的《文坛今昔物语》中，引用了一部分当时短暂离开后的川端的来信。有一封5月7日的信件上写着："请期待下月的《文艺春秋》。"这里指的是5月刊上发表的《温泉通信》中将出现武野的名字，不过日期错了，应为4月7日。他在信中写道："兄台离开后倍感孤独。……小生刚接到文学少女的结婚请求，为女子的愚痴落泪。"旅馆内还住着帝

---

① 逗子，日本神奈川县南部的城市。——译者注

国大学的两个学生，川端和他们处得很好。这两个帝大生被旅馆中名叫阿春的女仆甩了，对川端说了自己的失恋故事。川端将当时的情况写入了《初秋通信》《温泉通信》等该时期发表的随笔中，我以此为依据进行了重新整理。

7月，中村武罗夫以新潮社为发行机构创刊了同人杂志《不同调》，"不同调"曾是中村发表在《新潮》上的随笔的标题。这是与《文艺春秋》《文艺时代》抗衡的刊物，同人中有森本严夫[①]、藤森淳三、堀木克三[②]、今东光、间宫茂辅[③]、冈田三郎、尾崎士郎、浅原六朗[④]、川崎备宽[⑤]、木苏谷[⑥]、户川贞雄[⑦]、野岛辰次[⑧]、武川重太郎、佐佐木茂索等人。不过似乎没什么人研究该杂志。嘉村几多任编辑，不久他便以作家身份出道。佐佐木也在同人中，这一点让人费解，据说他会加入是因为中村，但是武川是久米正雄的弟子。东光在创刊号上撰文写道："新感觉派今何在！片冈铁兵，躲在关西不露头，川端康成还在，正打算和今东光一起退出《文艺时代》。"

在此值得注意的是5月6日片冈从兵库县武库郡鱼崎写给川端的信，他说想知道4日会面的情况。"我的意见是，此番打算退出的人尽可从速退出，有我们守卫孤堡也足以对付一阵。维护同人杂志的体面，要从现在做起。……我想听听对今东光的指责主要在什

---

① 森本严夫（1897—1955），出生于鸟取县的作家。小学毕业。

② 堀木克三（1892—1971），出生于三重县。早稻田大学英文科毕业。大正时期之后情况不详。

③ 间宫茂辅（1899—1975），庆应大学预科退学，后成为无产阶级文学作家。

④ 浅原六朗（1895—1977），出生于长野县。早稻田大学英文科毕业。

⑤ 川崎备宽（1891—1963），出生于大阪。关西大学退学。

⑥ 木苏谷（1893—?），汉诗诗人木苏岐山之子。早稻田大学英文科退学。

⑦ 户川贞雄（1894—1974），出生于东京。早稻田大学英文科毕业。战后任平冢市市长。菊村到和户川猪佐武之父。

⑧ 野岛辰次（1892—?），庆应大学退学。后任日本法西斯联盟委员长。

么地方。说他玩弄诡计，有什么具体事例吗？"

高见顺认为，同人之外，在《不同调》的创刊号上发表文章的有正宗白鸟、武者小路、室生犀星、宇野千代、吉屋信子、中条百合子、近松秋江、生田长江、千叶龟雄、藤泽清造、芥川，"之后，几乎所有作家、评论家都在写稿。最终，只有菊池宽一人没有写"。不过，谷崎润一郎、川端、久米也没有写。

这一时期，川端和尾崎士郎关系密切，尾崎和妻子宇野千代去汤岛拜访了川端。后来在尾崎的邀请下，川端也去马入文士村住了一段时间。这年夏天，川端热衷于钓鲇鱼。7月23日，川端接到横光来信，横光提议在《文艺时代》杂志社建立剧团，川端好像没有答应。横光在之前的21日的信中说第一次看了歌舞伎，在那个时代，即便不是作家，28岁时才第一次看歌舞伎，着实让人费解，况且横光以前还写过戏剧。对川端来说，受到这种人建立剧团的邀请，恐怕也只有苦笑了。

川端在8月和9月的《文艺春秋》上发表了作品《十七岁的日记》。前面我已经提到川端算错了年龄，但是川端究竟是什么时候重新找回了他创作《十七岁的日记》时所依据的日记的呢？从后来在种次郎的宅邸里发现了川端的日记一事来看，该日记应该是在宿久庄被发现的，川端不可能带着日记本四处奔波。如果考虑到3月31日秋冈义一去世，川端不可能不回去参加葬礼，我推测他是在那个时候带走了这本旧日记。

另外，川端还在《文艺时代》上发表了《蓝海黑海》。这一年是川端的作品多产之年。9月，川端收到尾崎来信，信中提到自己见到菊池后被问川端为什么迟迟不回东京，是否有了女人。在10月的来信中，尾崎贬斥十一谷却称赞川端，这反而惹怒了川端，尾崎又来信为此道歉。不过，川端这一时期所写的信件一封都没有公开。

是年4月，进藤纯孝的父亲进藤延所创立的文艺日本社由冈田三郎担任编辑，冈田还创办了《文艺日本》杂志。该杂志主打冈田、武野藤介等人创作的超短篇小说。武野藤介创作的原型小说《男犯》，小说中的女主角是淫乱女子。在该杂志上发表后立刻遭到了禁止。该事件发生在12月前后，杂志社也很快破产了。纯孝在传记中曾写道，实际上川端最初的著作原定以《骑骡子的妻子》为题在当年秋天出版，伊藤永之介已经见到校样了，但由于经营状况恶化而告吹。纯孝，本名若仓雅郎，这是他婚后改的名字。9月22日，尾崎来信提醒川端让文艺日本社为版税做担保。川端可能知道文艺日本社支付不了版税，所以也就放弃了。

收入是多少？

我试着计算了这一年川端的稿费收入。当然，我无法精确了解他的稿费情况。按照松浦总三编著的《稿费研究》中所写的情况，1915年（大正四年）前后，对于四百字的稿纸，一页纸的稿费约为1日元，1919年前后上涨至四五日元，1926年至1927年菊池在《中央公论》的稿费是8日元，《改造》《新潮》的则为7日元。而《文艺时代》的稿费是2日元，由此大致可以算出，川端一年至少有2000日元的稿费收入。

社会上流传作家因写不出作品发愁，把自己关在家里苦思冥想的说法，这种情况只是指畅销书作家。那些穷困潦倒的作家，是为写完稿子而无处发表感到痛苦。当时，纯文学作家单行本的发行数量是新手作家作品五百册，著名作家作品两千册，所以作家无法靠此版税生活。想要过上与声名相符的生活，就要为妇女杂志和报纸创作通俗小说。不过，当时银行职员入行第一个月的工资是50至70日元，换言之，作家的稿费只有它的十分之一。现在企业第一个月入职员工的工资是18万至20万日元，其十分之一就是1.8万至2万日元。文艺杂志的稿费则是5000日元。三十年前筒井康隆初次为文艺杂志撰稿时，他为收到的稿费十分低廉而深感吃惊，但那时稿费尚且还有5000日元，三十年过去了，稿费几乎没有什么变化，作家当然觉得稿费低廉。只是当时银行职员的工资本身也比较低，或许让人感觉当时的稿费本身和现在比没有什么区别。

即便如此，川端的收入还是比同龄的银行职员高了近一倍，这可能也是他决定结婚的理由。之后，直到战争爆发，川端的写作量也没有急剧减少。在这种情况下川端依然时常叫苦不迭，原因似乎是他没有储蓄观念，有多少钱花多少钱。

1925年（大正十四年）除夕，川端出发去下田，住在莲台寺，其间读了横光发表在《文艺时代》1月刊上的《拿破仑与顽癣》。这一时期，他发表了作品《伊豆的舞女》。川端随后去了汤岛。2月，他租好了东京麻布宫村町267大桥镇（1890—1935）名下的公寓，但没有马上入住。大桥镇是俳句诗人，俳号①"裸木"。《新潮日本文学集：川端康成》中载有荻原井泉水②所画的麻布一带的地图，并写有"大桥裸木（川端康成）"的字样。同一时期，井泉水也住在宫村町。金星堂出版过裸木写的书，可能是金星堂介绍川端认识大桥镇的。

1926年（大正十五年）3月，川端初次为杂志《若草》撰稿。该杂志是由宝文馆发行的文艺刊物，日后川端还在上面发表了《致父母的信》。就像川端在作品中所说的那样，它是"以年轻女孩为对象的杂志"，是面向少女的文艺类刊物，责编是北村秀雄。另外，4月，川端为讲谈社的《王者》杂志创作了通俗读物《村子里的选手》。这一时期至1932年（昭和七年）前后，川端大概迫于生计发表了大量未出单行本的通俗读物。这些作品大多发表在《SUNDAY

---

① 俳号，俳句诗人的笔名。——译者注
② 荻原井泉水（1884—1976），日本俳人。提出"非定型自由律"的俳句创作主张。为日本"自由俳"的创始人。——编者注

每日》①、《讲谈俱乐部》、《妇女俱乐部》等俗称"俱乐部杂志"的
刊物上。这类作品被称作"读物"，其中包含了读完就扔的意思，该
称呼现在还保留在《ALL读物》②的杂志上。其中有一篇写法国政
治家的作品《莱昂·甘必大的爱情物语》（《讲坛俱乐部》，1918年
6月），这是川端唯一的一部西方题材的历史小说。最近，片山伦太
郎公开的川端未发表手稿《勤王之神》，也应该发表在此类杂志上。
片山认为，包括该小说在内，川端的其他作品也都有现成的素材。

　　川端于3月31日回到东京，《入京日记》中对当时的情况有详
细记录。返程途中，池谷信三郎（1900—1933）、片冈也上了车。
川端出席了《文艺时代》第三次联合评议会。据说当时在火车上他
看见了一位长相很像伊藤初代的女子。研究者认为，初代当时在仙
台，应该是川端看错人了，川端后来也说那可能不是初代。出席联
合评议会的有初次与川端见面的稻垣足穗，以及石滨、加宫、中
河、酒井、佐佐木、岸田、南、菅、铃木、福冈、伊藤永之介等
人，菊池也破例出席，这让东光感到浑身不自在。

　　正如野口富士男提到的那样，东光被逐出文坛，60岁那年因
《吟小姐》获直木奖后复出的传说非常可疑。1930年（昭和五年），
东光在浅草传法院出家，之后继续发表小说。菅忠雄和石滨身为作
家并不得志，不过这也仅仅是因为天赋不够，即便依附于《文艺时
代》，他们也没有创作出拿得出手的作品。

　　4月1日，川端前往宫村町的公寓，在"新桥演舞场"看了
"东舞"③（東をどり）演出，并和东光夫妇共进晚餐。2日，川端
前往文春和金星堂，见了石滨、饭田、片冈，又见了东光二弟文武
夫妇和池田虎雄。3日，川端前往叶山森户海岸探望正在疗养的横

① 《SUNDAY每日》，每日新闻出版公司发行的周刊杂志。——译者注
② 《ALL读物》，文艺春秋公司1930年起发行的娱乐杂志。——译者注
③ 东舞，以东京新桥艺伎的传统舞蹈而逐渐形成的舞蹈表演。1925年首次在新桥
　 演舞场公演。——编者注

光夫人，电影导演衣笠贞之助（1896—1982）恰好在场，他提起自己想拍一部新风格的电影。该提案最终结出了影片《疯狂的一页》这一硕果。当时，衣笠导演已经将横光的作品《日轮》搬上了银幕，他们决定再加个人入伙一起合作，横光找到了池谷，但对方似乎觉得有困难。7 日，横光写信给川端问可否找菅和岸田。10 日下午 5 点，横光、岸田、片冈、衣笠、井上正夫①等人在东京站的车站酒店碰头，请岸田写了剧本，最终该剧本因不适合拍电影而被束之高阁。

　　据说菅忠雄因哮喘打算搬去镰仓，让川端来其位于市谷左内町的房子里居住，结果川端搬进了只留下秀子一人的房子。对此，秀子曾回忆说："当时他的行李除了绣着祖母家家族章纹的被褥和包袱、文卷箱、一张闲②的小桌外，竟然还有祖父母珍藏的六七尊佛像和先祖的舍利，让我非常吃惊。"是否真的是菅邀请川端搬去只有一个 20 岁的女孩居住的房子里生活？假如菅一开始就打算撮合两人的话，倒也说得通，但在两人结婚时，反对的正是菅本人，因此不存在这种可能性。虽然房子里还有女佣在，但是，这种做法不近情理。③

　　此时，林芙美子（1903—1951）与友人友谷静荣一起来拜访川端，并与川端成为好友。林芙在《新婚时的护城河边》中写道，黄昏时分在市谷八幡举行了只有川端与秀子的二人婚礼。秀子的《和川端康成在一起的日子》中则没有提及。此事发生在横光妻子去世前不久，应该是 6 月 20 日左右。秀子写道，自那以后，片冈、石

---

① 井上正夫（1881—1950），活跃于明治、大正、昭和时代的戏剧演员、电影导演。——译者注
② 一张闲，日本传统的和纸漆器工艺。——译者注
③ 猪濑直树在 1925 年 12 月的《文艺春秋》的杂报栏里用小说的方式叙述了菅登广告招聘十四五岁的少女当助手，秀子前来应聘的事情经过，与秀子所说的事情原委和时间都有很大出入。猪濑所写的应该是除秀子外另外招聘一名少女的事情。

滨、横光、池谷等人每天来访,家里仿佛变成了好汉聚集的水泊梁
山。川端果然是一个社交家。(秀子在文中提到"刚刚结婚的片
冈",片冈的结婚日期其实是在这一年的11月。)

理性的婚姻

秀子很晚才入川端家的户籍,那是1931年(昭和六年)的事
情。菊池去道贺,当场借给川端200日元。(《新婚时的护城河
边》)夏天,秀子回老家八户报告结婚的消息。这究竟是否属于恋
爱结婚,自然取决于川端的心情。从结果上来看,只能说比不上川
端想和伊藤初代结婚时的"恋爱"心情。当时秀子称川端为"老
师"。也有文献上写道,秀子在女佣面前才称呼川端"老师",不过
书信上的称呼的确是"老师"。

石滨金作发表在1926年(大正十五年)11月刊行的《文艺时
代》上的小说《山径》,刻画了丧妻的友人和去了温泉的友人两个
人物,大概前者的人物原型是横光,后者是川端吧。小说中石滨本
人化名为"恭三"。这应该就是川端结婚的真相:

> 恭三有一个时间最长的且也是和他关系最好的朋友,当时
> 也是单身,他逃到山中的小型的温泉场去了。有个女人去追
> 他。那个女人长相丑陋,没有任何可取之处,只有一点魅力,
> 那就是她拥有自由的精神,堪称到了放纵不羁的地步。他和那
> 个女人因机缘巧合建立了无聊的关系。不过,孤男寡女在一个
> 屋子里待上三天,发生这种事情也理所当然。可是,女人追男
> 人追到温泉场,说要嫁给他。他反省自己对这个女人的感情,
> 不知如何是好。只有一点他很清楚——自己不想和这个女人
> 结婚。
>
> ……

女人终于不请自来地追到了朋友躲在那里的山中温泉场。

"你怎么来了？"

面对大胆爬进自己房间的女人，他想这么问她。可是，他只是沉默，并用善意的目光注视着女人。

"我追你到这里，对不起。"

女人先开口说话。她低下头，可能有些情绪激动，开始啜泣。

……

他不知所措。如果她更好看一些就好了，他想，"如果她是更好看的女人，我会怎么做呢？"……

他觉得很不可思议。问题没有得到丝毫解决，他和她之间，从昨天开始没有再提过这个话题。可是，他和她今天一早就像一对夫妻，交谈得那么融洽。

在12月的《文艺时代》杂志，赤松月船发表了《一九二六年文艺时代》。他在文章中指出《山径》"显然是在爆料，有趣倒是有趣，但对于这部小说，无论是横光先生还是川端先生，想必都不会感到高兴吧"。

秀子后来干了不少相当于川端助手的工作，也帮川端初选文章，人似乎非常聪明，川端应该也发现了这一点。秀子不算美女。在她还是短发时，尚未见过她本人的冈本加乃子看到登在杂志上的照片说她"好可爱"（1933年12月19日）。川端则说因为那是照片，她本人其实长着一张老太婆脸。这应该是真心话吧。

性方面的吸引也可能存在极限吧。泽野久雄和进藤纯孝表示，川端结婚前保持着童贞，这或许是当下年轻人无法理解的。我觉得这是他们对"当下年轻人"的误解，现在这种误解仍然存在。

但是，对于川端而言，他或许死心了。他对由恋爱走向婚姻已然断了念想，并选择了理性的婚姻。众多作家反复结婚、离婚或解

除婚约，而川端夫妇则相伴走
到了终点。现在不离婚的作家
也很多，但在那个时代，没有
离婚或丧偶再婚抑或找情人
的，只有漱石、志贺、室生犀
星等为数有限的几个作家。

　　晚年自称"无赖之徒"的
川端，在实际生活中终究不过
是一个普通市民。他曾对1925
年（大正十四年）出版的《名
叫竹泽老师的人》赞赏有加。
这部小说堪称是过着隐士生活
的竹泽老师的"圣人言行录"，
川端赞赏这部作品，很让人感

与夫人散步。大森马入的住处附近。摄
于1928年前后（日本近代文学馆）

到意外，可见川端也有十分注重社会性道德的一面。

　　4月至5月，川端忙于电影《疯狂的一页》的剧本创作和拍摄
工作。这部电影是衣笠在京都拍摄的无声、无字幕片。我没有看
过这部电影，但仅读了剧本便能想象到电影镜头，非常精彩。4
月3日，川端和横光、衣笠在芳千阁酒店住了一晚，商讨拍摄计
划。他们决定让岸田加入进来则是之后的事情了。岸田创作了《弹
簧的游戏》，但因不适合拍成电影而搁浅，改为由川端执笔创作剧
本。川端从月中至29日住在森崎的大金旅馆并完成了剧本。最初
的片名好像是《疯狂的圣人》。因这部影片而诞生的"新感觉派电
影联盟"这一称呼，是《报知新闻》在4月11日对前一天的聚会进
行独家报道时命名的，并非由衣笠或者川端命名。另外，由于《疯
狂的一页》票房不佳而联盟终止的说法也不是事实。衣笠想以精神
病院为舞台，特地去松泽医院参观。川端想到使用能乐面具，于是
在拍摄最后一个镜头的前一天，犬冢稔（1901—2007）和川端跑遍

电影《疯狂的一页》创作人员，左起川端康成、衣笠贞之助、井上正夫、片冈铁兵。摄于1927年（日本近代文学馆）

京都买了四只能乐面具。（《〈疯狂的一页〉摄影余谈录》，全集中未收录，野末著作中收录。）

川端将尚未写完的剧本交给衣笠后，5月6日起电影在京都的下贺茂进行拍摄，川端于14日抵达京都，和衣笠、泽田晚红、犬冢稔一起执笔创作未完成的部分。影片主演为井上正夫。《电影时代》的7月刊以川端之名刊登了剧本，影片则于9月24日开始在新宿武藏野馆、芝园馆、南明座等专门放映西式电影的电影院上映。翌年5月，该影片被全关西电影研究会评为优秀影片，获得了奖状和奖牌，这是川端首次得奖。这部影片在《电影旬报》的排行中排名第四，第二名是《日轮》，其他入选的电影还有根据菊池原作改编的《陆地上的美人鱼》和《受难花》。

过去就有人认为该剧本不能说是川端创作的。其实它是由川端、衣笠，加上电影从业者犬冢稔和泽田晚红等人共同完成的。活到107岁的犬冢稔尤其在意，他曾非常愤怒地指出这一点。他认为，将这部电影的剧本放入川端的作品全集中极不恰当。同时，犬冢将横光和片冈也列入其中。有学者赞同犬冢的这一观点，但是犬冢的证词也未必可信（川畑和成持否定态度，川胜麻里则采用了犬冢的证词）。

作品本身深受德国表现主义的影响，以精神病院为舞台，故事情节围绕女儿和在医院干杂役的父亲展开，堪称川端、衣笠、犬冢、泽田合作的结晶。不过，此事与之后引起争议的"代笔"问题不能混为一谈。影片中，女儿的父亲是杂役这一人物设定，显然和伊藤初代的情况如出一辙，因此它被认为出自川端的创意也是很自然的。

横光和川端被视为新感觉派的两个旗帜性人物。横光在年轻人中深受欢迎，对于川端，社会上则流传着川端从战后开始人气上升，最终因诺贝尔文学奖而获得盛名的说法。实际上，包括创作《浅草红团》《雪国》而声名鹊起在内，战前川端已然在文坛拥有了相当高的地位。尽管在战后有过一段时期的"沉默"，但他也是要用"著名作家川端康成最近不够活跃"这种方式来进行报道的人物。

6月，收录三十五篇"掌篇小说"的川端第一部著作《感情装饰》由金星堂出版。7月3日，在日本桥三共大厦举办了出版纪念会。出席纪念会的有菊池、久米、横光、铃木、石滨、酒井、三明、南、片冈、岸田、东光、佐佐木、大宅、中河、三宅、加宫、菅忠雄、尾崎士郎、冈本一平和加乃子夫妇、武川、饭田、池谷、小岛勖、铃木氏亨、斋藤龙太郎、丰岛与志雄、小岛政二郎、改造社的山本实彦、村松正俊、吉田谦吉（装帧）（1897—1982）、江户川乱步、佐藤惣之助、田边耕一郎[①]、伊藤贵麿、木苏谷、桥爪健、福冈益雄、崎山犹逸[②]、井上康文[③]、森本严夫、能岛武文[④]、诹访三郎、宵岛俊吉（胜承夫）[⑤]、津岛圭治（太宰治胞兄，1903—

[①] 田边耕一郎（1903—1985），生于广岛。小学毕业。无产阶级文学家，战后住在广岛，致力于禁核运动。

[②] 崎山犹逸（1901—1962），生于大阪。早稻田大学文学部退学。与藤泽桓夫等人为《辻马车》杂志同人。

[③] 井上康文（1897—1973），诗人。生于小田原。东京药学校毕业。著有《诗与诗论》等。

[④] 能岛武文（1898—1978），剧作家、翻译家。生于大阪市。早稻田大学英文科毕业。战后以翻译推理小说著称。

[⑤] 胜承夫（1902—1981），诗人。东洋大学毕业。

1930）、富田时郎、朝野谆、田代威三、伊藤钦二、古贺龙视①、赤
松月船、高桥邦太郎（1898—1984）等人。

这是一次堪称荟萃一堂的盛会，从这一点上也能看到川端社交
范围之广。不过，我无法确认这份名单中的人是否全数出席了，这
终究只是一份邀请的嘉宾名单，也会有人不出席。桥爪健，出生于
长野县松本市，东大法学部毕业，文学部退学，后主持《文艺公
论》杂志向旧文坛发起挑战。高桥邦太郎，出生于东京，东京大学
法文科毕业，师从小山内薰，在筑地小剧场创作剧本，战后在日本
广播协会工作过，从事日法文化交流，也翻译过法国、意大利的文
学作品。有些让人吃惊的是，名单中还有太宰治的哥哥圭治的名
字。圭治是太宰治的三哥，也立志成为作家。太宰治因未获芥川奖
对川端提出抗议，该事件发生在十年以后。纪念会的嘉宾名单中，
丰岛、菊池最年长，没有芥川。名单中有山本实彦的名字，而川端
第一次为《改造》创作的作品是1927年（昭和二年）发表的《西
国纪行》。当时川端结婚一事还没有公布，因此名单上没有秀子的
名字，据说川端居住在左内町时的关系密切的朋友如数参加了。

当时，中野重治（1902—1979）给狱中的左翼活动家林房雄
（1903—1975）送了一本《感情装饰》。据说林房雄称赞道："真是
好书。"中野则说："至少很优美。"

6月24日，横光夫人君子去世，《文艺春秋》的同人举办了葬
礼。横光十分悲伤，菊池等人说："你（横光）一直被夫人的嫉妒
心所困扰，实际上这也是一种幸福。"7月26日起，川端和号称
"独身俱乐部"的石滨、池谷、横光、菅、高田保、六笠武生等人
一起住进了位于相州逗子234番地的菊池碾米厂后面的住宅里，并
且住到了8月。池谷直接在逗子租了房子继续居住。池谷信三郎从

---

① 古贺龙视（1895—1932），生于福冈。早稻田大学英文科毕业。与横光等人为
《街》杂志同人，后为《文党》杂志同人。

东京大学退学后赴德留学，当时他以作品《望乡》参加《时事新报》的小说有奖征文比赛并获奖，从此华丽登上文坛。由于评委是菊池、久米、里见，此后池谷便以"文艺春秋系"作家的身份活跃于文学界。池谷英年早逝，菊池深感惋惜，为此设立了池谷信三郎奖。

在《文艺时代》杂志的 9 月刊上，川端发表了作品《祖母》，同时他在《文艺春秋》上发表了以祖父为原型的《大黑像与驾笼》，在《新小说》上发表了《她的盛装》。这仿佛是定下了结婚一事的川端要对过去做一个了结，尤其是他在《她的盛装》中公开了来自初代的写有"我恨你"字样的信件，他会这么做无疑是因为自己要结婚了。另一方面，在发表于《若草》10 月刊上的作品《牺牲的新娘》中，川端为女主角起名为秀子。

9 月 20 日起，秀子寄信的收件地址都是汤岛，那一时期直到翌年春天，川端一直住在汤岛。关于同年出版的《中国文学大观》的第八卷《唐代小说》，川端翻译了其中"剑侠类"中的六篇作品，其余由今东光和铃木彦次郎翻译。10 月前后，秀子也抵达汤岛，池谷、岸田、林房雄、外村繁、尾崎、萩原朔太郎等人接二连三地来此拜访，与川端的关系也变得密切了起来。这也表现出川端身上有令人不可思议的品德，他在人群中颇有口碑，众人接踵前来拜访。林房雄，本名后藤寿夫，东京大学法学部退学，后从事左翼运动，屡次被投进监狱，之后人生转向。他创作的小说《青年》描写了幕府末年长州志士井上闻多（馨）和伊藤俊辅（博文）的故事，深受小林秀雄赞赏，战时言行则偏向右翼，战后因撰写《大东亚战争肯定论》而受到批评且广为人知。

11 月，片冈铁兵和川端中学同学片冈重治的妹妹光枝结婚。由于是同姓，因此在介绍给川端以外的朋友时，大家以为两人早已结婚了。川端等人逗留在汤岛，因此没有出席片冈的结婚庆祝会，为此他专门写信赔礼道歉。年末的 12 月 25 日，大正天皇去世，改元昭和，昭和元年（1926）只有六天时间。12月31日，在大阪负责同人杂志《青空》的梶井基次郎抵达汤岛，除夕夜在落合楼住了一晚，觉得住得不舒服。1927年（昭和二年）1月1日，梶井听说川端住在汤岛便前往拜访，川端向他介绍了名为"汤川屋"的旅馆。因肺结核而来汤岛疗养的梶井，从那天起一直住在该旅馆。

　　川端写过当时的情况，梶井在写给大阪的饭岛正（电影评论家）、诗人北川冬彦等人的信件中也有详细叙述。川端读过北川的诗集《体温表与花》，而梶井谈到电影的话题时，川端表示也认识饭岛，据说后来岸田也来了。新婚时期的川端工作量有所减少，在汤岛时热衷于下围棋，他在文章中提到，自己当时的棋友中有"天城"牌清酒的酿酒师浅田六平、邮政局局长浅田、井上、吉奈围棋会所的田中又三郎等人。梶井的朋友小山田嘉一也来了。梶井在2月1日写给饭岛的信中说川端每天都在下围棋，不怎么谈文学；在写给淀野隆三（1904—1967）的信件中说，小山田见到川端和池谷后认为川端太出色了，池谷和他不在一个段位上。这种认识不知是否指个人风格方面。梶井后面还写过这样的内容："初次见到川端，他那双滴溜溜转动的发光的眼珠让人不舒服。"

　　6日，因梶井在信件中邀请，淀野和恋人政子也来到汤岛并住了下来。淀野毕业于东京大学法文科，后以翻译家身份而为人所知，梶井死后，他也一直和川端保持着家庭之间的来往，川端非常疼爱淀野的女儿华子。东京大学法文科从外国教师手上零星送出了一些毕业生前往海外，1921年（大正十年）从法国留学归国的辰野隆前来任职，担任副教授，开始大量招收学生。学界对于淀野的研究非常欠缺，最近林哲夫在自己创办的同人杂志 SUMUS 上公开了他的日记。

　　3月，金星堂着手出版川端的第二部著作《伊豆的舞女》，其中收录的作品除了用作书名的小说《伊豆的舞女》外，还有《十六岁的日记》《招魂节一景》《葬礼名人》《孤儿的感情》《骑骡子的妻子》《蓝海黑海》《白色的圆月》《牺牲的新娘》《五月的幻想》。梶井协助校对，是他建议川端将《十六岁的日记》收录其中。川端后来在日记中写道，是他让自己想起了已被自己遗忘的作品。（《〈伊豆的舞女〉的装帧及其他》）为了该著作的装帧设计，负责设计《感情装饰》的舞台设计师吉田谦吉于2月26日来到汤岛对伊豆的风景进行写生，并于27日回到东京。吉田还带来了横光和片冈的口信，希望川端早点回去。

　　1927年（昭和二年）1月刊的《文艺时代》标着大正十六年1月刊的刊号，川端在该期杂志上发表了"掌篇小说"《可怕的爱》。该小说讲述的是失去了妻子的男人的故事，他写道："无论哪个女人、哪个妻子都同样散发着鱼腥味。"据说有的女性在生理周期来临时身上会有鱼腥味，川端结婚不久便这么写，不知出于何种动机。

　　据说，居住在汤岛的人还有画家铃木信太郎（与法国文学研究者铃木信太郎同名，年龄也相同）、经济学家大冢金之助、和歌诗人若山牧水等人。川端与牧水只是在旅馆的楼梯上擦肩而过，但他很喜欢牧水创作的和歌。秀子在后来的回忆文章中还列出了保田与重郎的名字。当时保田只有18岁，还未来到东京，应该是秀子弄错了。石滨、铃木彦次郎、今东光夫妇、金星堂的福冈也来了。3月14日[1]，患肺病住院的藤泽桓夫（1904—1989）在小野勇（1904—1982，后为关西大学教授，教授英国文学）的帮助下，拜托川端，并住进了汤本馆。藤泽是《辻马车》杂志的同人，曾经也是深受川端和片冈等人赞赏且在大阪崭露头角的新作家。他前一年从大阪高等学校毕业，考入东京大学英文科，之后和川端一样转入国文科。25日三好达治、29日日本画家河内雅溪（1873—1943）

---

[1] 铃木贞美《梶井基次郎 语言之魂》、铃木编著《梶井基次郎（年表作家读本）》中提到，藤泽来汤岛的日期是2月16日，川端记录为3月14日，根据梶井于3月17日写给中谷、平林英子的信可知时间应是3月。

分别来拜访，河内是桥本雅邦的弟子，是川端一高时期的保证人。

4月，横光准备再婚，川端为了出席婚礼终于打算返回东京。3月31日，澄宫（三笠宫崇仁，1915年出生）和朝香宫孚彦来到绪明圭造的别墅，川端见到邮政局局长身穿礼服出迎，便想借这件礼服参加横光的婚礼，可能因为不合身，最终他借了汤本馆主人的和服长褂，并于4月1日回到东京。他和池谷在丸之内酒店住下，开始寻找在东京的落脚处。5日，川端在上野精养轩参加了横光的婚礼，菊池担任证婚人，随后川端在池谷和武野的陪伴下在阿佐谷一带寻找出租屋，当时和小林秀雄同路而行。川端和小林关系很好，当时是否为第一次见面则不得而知。如果这是初次见面，应该是池谷介绍两人认识的。

9日起，川端入住丰多摩郡杉并町大字马桥226（现杉并区高圆寺南3-17），他很快叫了秀子来住。房东名叫吉田守一，住宅里还有其他房客。（《上京记》）川端将该住处称为"阿佐谷"。不久，川端又叫来了秀子的妹妹君子，加上女佣岸子，四口人住在一起。君子从八户的高等女子学校转入涩谷的常盘松高等女子学校，5月起每天去那所学校上课。（武田著《川端康成青春书简》19）之后，秀子的母亲和弟弟喜八郎也一起搬来居住。川端多次搬家，很难确定秀子的家人是从什么时候开始频繁出入川端住处的。与秀子家人住在同一个屋檐下，无疑影响到了川端的家庭经济状况。无论是秀子还是川端，都几乎没有写过任何有关秀子家人的文章，除了君子结婚的年份是清楚的这一点外，只有在川端全集中的解说文章里有提到君子的婆家姓羽田。

是年4月11日起，川端开始在《福冈日日新闻》上短期连载小说《美！》。《福冈日日新闻》也是二十年前发现谷崎润一郎小说的媒体，在川端之前，今东光、十一谷义三郎都在该报上发表过作品。根据这一媒体的报道，《海的火祭》曾被视为川端最早的报纸连载小说。如果是长篇小说的话，的确是《海的火祭》最早，但如果是短篇小说的话，则应该是《美！》，加上稍后于 5 月 1 日起在《读卖新闻》连载的《结婚之谜》，这些作品都发表在《海的火祭》之前。[①]《美！》后来被改名为《美丽的墓地》，发表在《新潮》杂志上。

月末，川端有五天罹患感冒而卧病在床。据说川端相信吃肉便不会得感冒。从这一时期开始，川端将秀子留在东京，自己开始了疯狂的旅行生活。他频繁地在旅行的所到之处给秀子写信，详细叙述自己之前的行踪、接下来的行动计划等等，我们由此可以详细了解川端的旅行情况。不过，这些内容之所以得以公开，仰仗于三十五卷（增补两卷）本全集的发行，那是之前的研究成果中所欠缺的部分。

《文艺时代》停刊

本年度的 5 月刊成为《文艺时代》停刊前的最后一期，这份杂志仅仅存在了两年零七个月，然而它作为孕育了新感觉派的刊物却名垂史册。金星堂的福冈曾说，杂志的同人们成了流行作家而不再为杂志写作，说得直白一些，成不了流行作家的同人在为杂志创作，但仅靠这些作品，杂志销售不出去。5 月 25 日起，川端因改造社的演讲旅行和池谷一起出发前往京都，为该年度开始发行的"一日元本"[②]《现代日本文学全集》做宣传。之后，春阳堂也出版了同样类型的书籍，社会迎来了"一日元本"热潮，据说这让作家受益颇多。然而，此时川端还是个刚崭露头角不久的作家，在 1931 年（昭和六年）的《新兴艺术派文学集》中，他的作品只是和池

---

① 后文提及《海的火祭》于 1927 年 8 月 13 日至 12 月 24 日在《中外商业新报》（现为《日本经济新闻》）上连载。——译者注

② 一日元本，指 1926 年年末改造社开始发行《现代日本文学全集》，一日元一册，后各出版社相继仿效，故由此得名，日语原文为"円本"。——译者注

谷、十一谷、片冈、中河、龙胆寺雄等人的合为一册。所谓"全集"，本来的意义在于汇集一个作家的全部文章，然而作家还活着便称为"全集"则自然难以说通，《现代日本文学全集》这种提法也相当奇怪，不过这种说法在日本已经根深蒂固了。过去没有类似于现在的文库本形式的书籍，近代的经典作品是很难获取的。

　　川端这一时期的旅行止于6月7日，他的作品《西国纪行》的写法比较奇特，很难依此追溯其行程。川端先在京都接受了对电影《疯狂的一页》的表彰，随后在衣笠的陪同下参观了四个电影拍摄基地，并在牧野拍摄基地偶遇了直木三十五。26日，川端在京都举办演讲。27日，川端赴奈良，见到了新居格、有岛生马、泷井孝作，之后在津市进行演讲，去桑名市吃了"鬼壳烧"①套餐，又去了大垣、岐阜，见到了渔夫用鸬鹚捕鱼。在此地，他是否会因为想起了作品《篝火》中的情景，而表现得感伤呢？高须梅溪（芳次郎）好像和川端同行，接着川端在和歌山举办演讲，进而绕道大阪去见了秋冈家的人。

　　随后，川端在《大阪每日新闻》报社见了山崎文武，在剧场"松竹座"见了正冈容，又在松竹座音乐主管松本四郎的陪同下观看了影片《杂耍班》（Varieté）。随后，听说井上正夫出演，川端便在剧场"京都南座"观看了剧目《亲友》的一幕，又去后台拜访，并见到了林长二郎②（后改名长谷川一夫），这一次和川端初次来到京都时的情况有些相似。之后，川端又见了片冈铁兵，在江商大厦出席了片冈的新作《网上的少女》的发布会，和三宅以及康子、冈成志、奥屋夫妇等人聚集一堂。冈成志是《朝日新闻》的记者，也是片冈的老朋友，与谷崎润一郎关系也很好。川端当时没有拿到新书，便委托位于大阪千日站前的书店"波屋"负责购买。很快，二

① 鬼壳烧，用炭火烧烤方法制作的伊势龙虾料理。——译者注
② 林长二郎（1908—1984），电影演员，同时活跃于舞台剧、电视剧，为日本20世纪电影"时代剧"的代表性演员。——译者注

十本书被送来了。波
屋书店的老板名叫宇
崎纯一，弟弟是宇崎
祥二，在作家群体中
有不错的口碑，藤泽
桓夫写过这方面的回
忆录。川端是大阪
人，似乎和大阪的作
家更为亲近，日后因
自己亲如弟子般的石
滨恒夫成为藤泽的内

《文艺春秋》主办的东北巡回演讲。右起池谷信三
郎、横光利一、片冈铁兵、川端、菊池宽。1927
年6月摄于福岛（日本近代文学馆）

弟（和石滨金作没有关系），川端与织田作之助（1913—1947）也
建立了深厚的友谊。

6月7日，川端回到东京，当天动身前往东北①举办巡回演讲。
同行的作家有菊池、横光、池谷和片冈等人，此行可谓是马不停
蹄。时至今日，演讲依然是作家巨大的收入来源。在电视机尚未出
现的时代，对于各地的文学爱好者来说，这是见到活生生的文学家
本人的绝好机会。不过，据说川端不擅长演讲，谷崎甚至一辈子都
没有举办过一场正式的演讲。虽然川端不擅长演讲，但还是举办过
几次。芥川也不擅长演讲，菊池、久米、里见和林芙美子则好像很
有这方面的天赋。川端一行在福岛、山形、秋田巡游，那段时间临
近秀子待产期，川端从秋田给菅写信，希望让秀子尽早住院。

7月18日，川端返回东京，此时秀子已经在庆应医院②生产，
不过孩子当时就死了。只有川端见到了孩子，他在《保护色的希
望》中描述了当时的情形。

---

① 东北，指日本东北地区，因位于日本本州岛东北部而得名。——编者注
② 庆应医院，庆应义塾大学医院，简称为庆应医院。——编者注

《文艺春秋》主办的东北演讲旅行。左起池谷信三郎、片冈铁兵（？）、菊池宽、川端。摄于1927年6月（日本近代文学馆）

25日，芥川龙之介自杀身亡。这是一个带给文坛巨大冲击的事件，川端和林房雄前去参加葬礼。在代代木车站，川端突然感觉身体不适，直接折返了。川端一生未和芥川建立友谊，他没有明确解释为什么自己对芥川的评价不高，这似乎和芥川擅长历史题材创作而川端本人一直不写历史小说有关。

8月，大宅壮一搬来和川端做邻居。实际上大宅有过三段婚姻。第一次是和学生结婚，女方原名为山本和子，两人生有一女。第二次是和秀子同乡名叫爱子的人结婚，其父是在八户做大生意的"近元组"①的近藤元太郎。和川端做邻居时，他的妻子就是这位爱子。1931年（昭和六年）3月，年轻的爱子因病去世，次月大宅去富山县演讲，在那里初次见到奥田昌子，并与她迅速成婚。奥田就是英年早逝的大宅步和评论家大宅映子的母亲——大宅昌。

大宅后来回忆说，这一时期川端可能生活贫困，当时秀子来自己家借酱油，并打算把正在连载小说的剪报送入当铺。后来秀子听闻这些说法后，十分气愤地说大家为什么相信这种鬼话。不过，川

---

① 近元组，由日本近代企业家近藤元太郎创立的企业，主要从事日本东北地区的铁路、公路、学校、发电厂等工程建设。——编者注

端本身也曾提到过，自己墨水用完后买不起新的，只好把糨糊瓶的盖子反过来，将墨水瓶里残留的墨水滴在那上面，钢笔横过来蘸上墨水后再继续写作。

上面提到的报纸连载小说，指的是经取访三郎介绍，于 8 月 13 日至 12 月 24 日刊登在《中外商业新报》上的《海的火祭》。该报纸是《日本经济新闻》的前身，稿费相对较高，川端不可能那么穷困潦倒。为该小说画插图的是富田千秋。但是，该小说最终惨淡地成了一部失败之作，此作品在川端生前没有出版单行本，直到川端去世后才有了单行本。为了创作这部作品，川端去了逗子酒店和镰仓的海滨酒店，他计划以海边为舞台写一个青年男女的爱情故事。当时的报纸连载小说，类型通常是通俗小说。川端在小说中写了三个男人和七个女人的故事，让他们一个接一个登场，又在中途突然插入了"非常情况"的情节，即把"初代事件"作为发生在作品人物之间的故事插入小说，最终作品以支离破碎的故事结构呈现在读者面前。

后来在出版单行本时，佐伯彰一为该小说撰写了解说文章，他认为作品洋溢着青春气息，有类似于川端创作笔记的意味。这一点说得也不错。作品在报纸上连载之后，川端截取了其中一部分，改编成了短篇小说《晚秋海之恋》。不过，更重要的是，这部小说鲜明地显示了川端不擅长打造故事情节的特征。后来，也有人认为川端使用将短篇小说联结起来的方式创作长篇小说，直到他发表了《山之音》和《美丽与哀愁》才终于在作品中体现出长篇小说的特征。《海的火祭》中首先登场的是两男一女，三人形成一种三角恋的故事模式，有着恋爱气息和颇具现代特色的对话，但小说缺少情节的展开，很快又有新的女性、男性等人物接二连三登场，最终竟出现了七名女性，主角变得模糊不清。川端的失败之作基本上都存在这种情况。

即使是《雪国》，也有类似问题。为什么需要叶子这个人物？

叶子和驹子的关系是什么？这些都模糊不清。此类问题是川端不擅长构筑情节而导致的。我们可以看到，当连载小说陷入僵局时，川端便简单粗暴地插入与作品毫无关系的内容，如在《牧歌》（1937）中插入了大量记录和公开的资料，在《东海道》（1943）中罗列和古典文学研究相关的内容等。在战后创作的《东京人》中，他用了三天或四天的时间来描写故事中的人物或去看戏或去演出的情节。尽管文艺评论家臼井吉见未经过认真确认便对此提出了批评，受到了武田胜彦的猛烈反驳，但这确定也是川端过去坏习惯的残留。

麻烦的是，由于川端成了日本第一个诺贝尔文学奖获奖者，因此有一段时期出现了一种论调，即用短篇拼凑长篇、不会构筑情节是日本文学的特征。事实上，这不是日本文学的特征，而只是川端个人的特征。

我觉得川端也可能意识到，如果将情节打造得非常完美，作品就会变成通俗小说。后来有人问他对通俗小说的看法，他回答说即便起初是纯文学的作品，读的人多了，也就变成了通俗小说。或许可以这么理解，《悲惨世界》这部作品出现在19世纪时属于纯文学作品，如果20世纪那么写的话就成了通俗小说。且不论这一点，重要的是报刊连载的作品，在一定程度上具有通俗性，它本身就是为了满足社会的普遍需求。

《海的火祭》中涉及了那一时期川端所读的与精神学相关的内容，这一点非常突出。英国物理学家奥利弗·洛奇（Oliver Lodge）爵士（1851—1940）创作的与阵亡的儿子雷蒙德进行灵魂交流的作品《雷蒙德》（野尻抱影译，1924）一书显然让他印象尤其深刻。法国天文学家弗拉马里翁（Flammarion）创作的作品《通往未知世界》中也出现了通灵术。从精神学主题出现在川端六年后的短篇小说《抒情歌》这一现象也能看出，他对于精神学的兴趣持续了很长时间。

11月，大宅搬至吉祥寺。当时热海有一座名为鸟尾子爵的别

墅，由别墅相邻的米仓旅馆进行管理并对外出租。川端收到梶井的
来信后便去了热海，虽然租金高达 120 日元，他还是支付了定金。
12 月 16 日，川端搬家，当天住在万平酒店，第二天便住进了别墅。
梶井似乎非常喜欢川端，他说自己和川端的亲戚黑田传治是中学同
学。1928 年（昭和三年）正月，梶井和川端的亲戚，同样热爱文学
的友人小西善次郎一起来到鸟尾子爵别墅。

　　当时还有一位客人，只是住了两三天后便回家了，只剩下梶井
一位客人。7 日，梶井住在二楼，川端夫妇睡在一楼。有小偷推门
而入，躺着的川端听到脚步声，以为是梶井。虽然脚步声不是从二
楼传来的，但川端依然觉得是梶井，直到小偷进了夫妇卧室，川端
这才警觉起来。小偷走到川端的枕边，而川端借着月光终于发现了
小偷。川端的视线和小偷的视线相交集，瞬间的沉默过后，小偷嘴
上说着"不好意思"，并转身跑出屋子。秀子起身去追赶，可小偷
已经跑远了。

　　梶井听后，笑得前仰后合，他四处对别人说这件事，于是川端
家进了小偷的故事很快流传开来。11 日，川端给当时经常为之撰稿
的东京日日新闻社的《周日每日》编辑冲本常吉去信时写道，他打
算为该报写杂文，希望能马上得到稿费，但这不是因为家里进了
小偷。

　　根据收录于《日本近代文学馆》而非川端全集中川端写给冲本
的信件来看，川端马不停蹄地向报社推销自己的文章。5 月 29 日的
信中有这么一段话："心系几天前寄出的稿子是否被采用，因未得
回复故去报社询问，闻听阁下因病居家休息，故将稿件寄往府上，
倘若病重不必劳神垂阅。"

　　《文艺春秋》成为发行量超过十万册的知名杂志，菊池由社会
大众党提名为众议院候选人，横光为其参选活动担任助手，为参选
活动四处游说，弄得精疲力竭。川端和片冈、池谷等人前去参加在

"市村座"①举办的演讲，与横光等三人刚进门，就恰巧遇到横光的友人中山义秀（1900—1969），横光为川端做了介绍，这是川端与中山两人初次见面。（中山义秀《台上之月》）

3月15日，发生了日本政府镇压共产党人的"三一五"事件，林房雄和村山知义一起前来川端的住处避难。几天后，横光给了两人逃亡资金便离开了。川端一直对左翼人士十分友善。这一时期，片冈开始倾向马克思主义，最终成了无产阶级文学作家。4月29日川端在给片冈的信中写道，自己应该不会成为马克思主义者，但对近来镇压左派的运动深感愕然。在日本真正进入战时体制前，作家们几乎都是持这种态度。是年6月撰文《谁？是糟蹋花园的人！》批判无产阶级文学的中村武罗夫当然是个例外，他十分反感左翼。

川端于4月发表了作品《诗歌与散文》，内容写的是身为作家的妻子将报纸连载小说的剪裁当给当铺的故事。一直以来，该故事的主人公就是川端本人的说法深入人心。横光去了上海，归国后创作了长篇小说《上海》，新感觉派的时代至此便结束了。原本约定在鸟尾别墅住到3月底，但由于川端没有按时支付房租，最后房东请代理律师找到川端，并表示他不用交4月和5月的房租了，需尽快搬离。虽属无奈，川端还是在尾崎士郎的邀请下搬到大森的子母泽（子母泽宽在此居住并用地名作为笔名）居住，随后搬入马入东的臼田坂（马入町小宿389，现大田区南马入3-32），即马入文士村。明明付不起120日元的租金，却偏要租下别墅，川端的金钱观实在匪夷所思。川端住在马入的时间也十分短暂，这段时间他时常去大森酒店居住，仓田百三、小林古径、上森子铁（1903—1989）就住在附近。

上森子铁是充满谜团的人物。他毕业于寻常小学②，最初是菊

---

① 市村座，江户时代建造于日本桥葺屋町的歌舞伎剧场，1932年因火灾焚毁。——译者注
② 寻常小学，日本明治时代至昭和初期的初级教育机构的名称。——译者注

池的入室弟子，但是没有一部著作，后来从事古川绿波①等人的演出策划工作，战后一手掌管《电影旬报》杂志，任现代评论社董事，被人称为"最后的总会屋"②。战后，上森在镰仓住了很短的一个时期，并为川端操办了葬礼。在《日本近代文学大事典》中，上森子铁以其笔名"上森健一郎"被列入，其人物简介由谷泽永一执笔。平山城儿的《川端康成：补遗》的最后一章对此有详细介绍。"子铁"的准确读音应为"SHITETSU"，大家则称他"KOTETSU"。

这一年，川端的创作量比前一年有所减少，也没有特别引人注目的作品。6月，川端赴纪州白浜旅行。7月，川端受三明邀请为明治大学举办夏季讲座。9月，秀子流产。秀子在臼田坂穿高齿木屐从澡堂回家途中，被迎面驶来的汽车的车灯照射而不小心摔倒在地，被送去了大森医院。后来秀子变成了习惯性流产体质，多次流产，最终和川端之间没有生育子女。当时无人了解这一点，社会上流传着川端有自己的考虑而不想生孩子的说法。

9月18日，川端在写给《周日每日》编辑冲本的信中恳求说："作品寄出后未见答复，26日曾发出一信，此种作品其他地方亦能使用，倘若不用请归还，家人住院急需用钱。"这里的"家人住院"指的应该是秀子流产一事。年底，川端第一次养狗，从此他将乐趣转向饲养宠物狗，最多时曾一次养了九只狗。此时，他为猎犬和日本狆的杂交犬取名"黑牡丹"，唤作"阿宝"。为此，川端写过一部篇名为《黑牡丹》的小说。秀子经历了两次流产，感觉生孩子已经变得很困难的川端，大概想用饲养宠物狗来替代孩子吧。这里的"黑牡丹"应该不是花名，而是牛的别名③。

---

① 古川绿波，20世纪30年代日本知名喜剧演员。——译者注
② 最后的总会屋，即持有少数股票出席股东会进行捣乱或从公司方面领取金钱以阻止股东正当发言的人。——译者注
③ 此处似应为狗的别名，疑作者笔误。——编者注

"作品歉收期"

回头来看的话，这几年堪称川端的"作品歉收期"。川端当时的想法是，自己这样下去有可能走上彻底消沉之路。事实上，众多作家都是初期华丽登上文坛，之后便逐渐销声匿迹。川端应该也有过这种焦虑，他在经济上也并非十分富裕，而且已经迎来了而立之年。但是，这个时期，日本的无产阶级文学进入鼎盛时期。泉镜花（1873—1939）曾说，1907年（明治四十年）以后文学进入自然主义鼎盛期，因而自己的作品开始滞销。当然，这更像是镜花夸大其词，那个时代的自然主义文学完全无法与处于鼎盛期的无产阶级文学相提并论。

1929年（昭和四年）3月，川端在《少年俱乐部》上发表了《侦探年级长》。之后，该小说成为少男少女小说集的书名，流传甚广。川端后来说市场上没有面向儿童的读物，所以推荐了自己的这部小说，但这部作品根本称不上佳作，显得非常平庸。战后，当藤田圭雄建议再次出版时，川端颇有些生气地说："你应该也一定觉得这部作品不好吧。"该作品塑造了一个通过心灵感应可以猜中一切的盲人学生形象，因此经常有人分析它与后来的《少女开眼》《美好的旅行》等作品之间的关系，以及川端对心灵感应的兴趣。川端创作过大量少男少女小说，但他认为自己创作的此类作品中没有名作。

3月，社会大众党的加藤勘十前来动员尾崎士郎参加竞选，遭到尾崎拒绝，于是他推荐了川端，不知加藤是否认识川端，此事没了后话。片冈误会了，写了加藤动员川端参加竞选，川端对此给予了更正。从4月到10月，川端在《文艺春秋》上连载文艺评论。该时期的川端的评论措辞十分激烈。文章风格冷静且尖锐，但有一种意犹未尽的感觉。读完后之所以无法留下深刻印象，是因为他基本上没有可传世的评论之作，他的文艺评论都存在这一共性。概览川端的文艺评论，论及的几乎都是已经被人遗忘的作品和作家，难免让人失望。

当时，川端称赞了改编自片冈原作、由内田吐梦担任导演的电影《活着的人偶》，受到今东光在《读卖新闻》（5月24日）发文抗议，称他这是在吹捧自己人。第二天，川端做出了回应：

> 今天，正如今东光君非我在文学上的友人一样，片冈铁兵君亦非我在文学上的友人……我本不太相信评论，但是倘若今天尚有值得相信的评论存在，我想那不也只是一些"吹捧自己人"的文章吗？

人们也许会将这段文字理解为反话，或将其视为虚无主义的思想。水上泷太郎（1887—1940），本名阿部章藏，是明治生命①创始人的儿子，他痴迷于泉镜花的作品，因此用泉镜花作品中的一个人物的名字当作笔名，在任职于明治生命的同时创作小说。他由于出身庆应义塾大学，因此能在庆应义塾大学文科机关刊物《三田文学》上以"放逐贝壳"为题长期连载文艺评论。1931年（昭和六年）3月，他撰写了《文坛游泳术》一文。该文讽刺文坛，指出日本人不读单行本，杂志和报纸备受推崇。读古典名著的人在文坛出不了头，他们需要读现在的读物去迎合时代潮流，不断向前游、向前游。他的矛头似乎是针对无产阶级文学。

这篇文章多少有些让人首肯的地方，当时川端却突然在《东京朝日新闻》的文艺评论中对其撰文谩骂：

---

① 明治生命，指1881年创立的明治生命保险公司，创立者为阿部泰藏。——编者注

水上泷太郎先生，摆出一副讥讽别人之前请先瞧瞧自己的姿态，您在《三田文学》上发表《文坛游泳术》，大骂文坛腐败。文章的低下格调或许才是水上先生的本质吧。如果先生的眼中只能看到卑劣的文学氛围，那么您自己的创作精神也必然十分寂寥，向文坛输送后进的《三田文学》同人也应为之心痛吧。我不禁同情起来。

川端日后再次对水上的这篇文章发起痛击，这和他一高入学前写给正野的信的内容十分相似，让人不寒而栗。川端的文章时常会让人有这种感觉。水上是业余作家，他可以不顾及文坛的人际关系品头论足，1927年（昭和二年）久米正雄将安藤盛的作品当作自己的作品发表而引起争议时，水上也作檄文讨伐。其实，水上所写的这篇讽刺文章也是言之有理的。

川端善于"吹捧自己人"的行为和对水上的攻击，从本质上来看是一致的。换言之，我们只能理解为这是川端站在维护文坛相互捧场这一规则的立场上所发表的言论。在此，我们窥见了战后文坛的一鳞半爪，但是在这一时期，我们也能发现川端的妥协和醒悟，他深知作家凭借公正的评价并不能出人头地的现实。或许从中也有他对水上这种大企业的"富二代"不用为了生活而写作所表现出的"站着说话不嫌腰疼"这一姿态的痛恨。

是年《不同调》停刊，4月起《近代生活》作为后继杂志创刊，成为同人杂志。该杂志同样以中村武罗夫为中心，除此之外还有楢崎、冈田三郎等人。新潮社的《文章俱乐部》也遭遇停刊，改头换面为《文学时代》。在《改造》的有奖论文竞赛中，宫本显治批评芥川的《"败北"的文学》一文获第一名，小林秀雄的《形形色色的创意》获第二名。此事也发生在4月。

4月至9月，川端告诉在战后的镰仓文库担任《人间》杂志总编的木村德三（1911—2005），说菊池在《朝日新闻》连载的《坚硬的珍珠》是自己创作的，但此事真假难辨。不过，在这个不得志的时期，川端应该帮菊池干过一些工作吧。5月，川端收到伊藤整写来的第一封信。伊藤出生于北海道，大正末年起以诗人身份登上文坛，写过前卫小说，日后成为川端的《小说的研究》的代笔人。

新潮社在5月出版的《日本小说集 第三集》中刊载了川端的三篇"掌篇小说"。这是一部优秀作品集，除了《穷人的恋人》这篇外，其余作品首次发表的出处不明。其中有篇名为《士族》的"掌篇小说"，我曾经引用过且对其赞不绝口。作品中，出身士族但贫穷而美丽的少女认识了一个画家，画家表示要给少女画肖像画，少女十分高兴。可是画家却说："你不赤身裸体，我无法画人体画。你如果不脱衣服，我画不出你真正的美丽。下次你能裸体吗？"

少女点了点头，犹如新娘般地露出了羞涩的神情。他吃了一惊，好似被针刺了一下。

内容写得十分淫靡，文字却很精彩。但是，川端在《独影自命》中说："《士族》写得很一般。"大概在自己的作品中，川端也不喜欢这种淫靡风格的小说。

这一时期，川端经常与宇野千代、佐佐木房（本名大桥房子，与佐佐木茂索结婚）、三宅康子（植物学家，三宅恒方遗孀）以及其女三宅艳子等女性作家一起游玩。6月，川端与池谷、康子、艳子，以及和艳子结婚了的美术家阿部金刚、演员山内光（冈田桑三，1903—1989）赴伊香保旅行。7月，他与康子、佐佐木房、宇野千代、菅忠雄、池谷、中河、霜田史光、森川宪之助一起，从仙石原赴元箱根旅行。8月，川端在镰仓写了《新人才华》一文，这成为他发掘新人的开端。9月上旬，川端和秀子去伊香保，见了为建造别墅前来的竹久梦二，川端写道，只有47岁的梦二显得非常

《文艺时代》同人。左起池谷信三郎、中河与一、
石滨金作、川端、菅忠雄。1931 年前后摄于文艺
春秋大阪大厦楼顶（日本近代文学馆）

苍老，令人吃惊。

9 月的《文艺春秋》刊载了洼川稻子（佐多稻子，1904—1998）的小说《洛阳饭店》，作品描写佐多在这家饭店当女招待时的体验，并将再次从仙台赴东京后辗转于"聚乐咖啡""东方咖啡"等饮食店的伊藤初代设为第二女主角。川端为该小说写了评论。川端死后，佐多在她写的追悼文中披露了此事。初代的第一任丈夫名叫中林，1927 年（昭和二年）因肺病去世，初代带着孩子再婚，嫁给了名为樱井的男子。不知当时对这些一无所知的川端是否察觉了初代后来的命运。川端在文艺评论中，对该小说真实描写了女招待的生活状况这一点给予了称赞，但没有他觉察到初代命运的确切证据。

9 月 17 日，川端搬入上野樱木町，住址是下谷区上野樱木町 44 番地（现台东区上野樱木町 2-20），即现在的东京艺术大学后侧，谷中墓地的旁边。川端住在马入时，家里进出的人太多，过于热闹，因此他和房东的关系相处不好。川端在文艺春秋社听说有个名叫小野田的人，其住处有空房，就表示自己想搬去居住。文艺春秋社扩大规模、拓展业务，从四谷的有岛武郎旧居迁入内幸町的大阪大厦。如同"木阿弥"的故事①那样，川端和横光貌似是"文艺春

---

① 此故事内容为战国时代武将大筒井顺昭病死，遵其遗嘱将声音酷似顺昭的盲人
男子木阿弥安置于顺昭病榻，并对外人隐瞒真相，至其子顺庆长大成人，木阿
弥方才恢复平民身份。——译者注

秋系作家"，然而当我们回过神来时才发现，川端一生只在文艺春秋社出版过三部著作，即在战前出版过的一部作品，在战后出版的《吴清源棋谈·名人》及文学全集，文春文库出版的甚至一部都没有。提及横光更是让人瞠目，当时他一部作品都没有在文艺春秋社出版过。难怪当有人谈到横光、川端是"文艺春秋系作家"时，我一时无法理解，应该也有这层关系吧。

川端用卡车搬家，宠物狗也一起坐在卡车上。就在刚忙完搬家的那天傍晚，川端忽然外出散步了很长时间。他从东京大学校园走到浅草、广小路，漫无目的，只是一直走到夜幕降临。可能是人会因搬家感到心烦。在帝国大学校园和浅草一带有川端熟悉的环境，所以他想去那里散步。当时川端结婚也已经四年了，他开始对这样的生活感到倦怠，或许这也是其中的一个原因。对已经常搬家的川端来说，在上野樱木町居住了五年之久，这一情况实属罕见，尽管他也在附近一带搬过家。

10月，第一书房创办了杂志《文学》，川端和横光都成为该杂志的同人。其他还有犬养健、堀辰雄（1904—1953）、吉村铁太郎、永井龙男、深田久弥（1903—1971）等人。犬养健是总理大臣犬养毅的儿子。永井没有学历，19岁创作小说，受到菊池首肯，兼任《文艺春秋》的编辑和作家。堀辰雄是芥川的弟子，日后和川端在轻井泽成为好友，两人的文学风格则完全不同。是年4月刊的《文艺时评》中，川端批评堀辰雄是"笨拙的天使"。他写道："犹如与外表魅力四射实则内心空洞的千金小姐相亲，我只能割爱这样的作品。……与其说是由于作家经验不够，我甚至觉得作为小说家他缺乏身体方面的健康。就算他是个合格的诗人，但作为小说家的天赋不足。"我认为川端对堀辰雄的评价一语中的。然而，之后的堀辰雄并没有任何改变，彼此都成为同人后，川端再也没有提出过任何批评。川端从未明确解释过他为什么曾经否定堀辰雄而后来又改变了看法。无法否认，川端给我的印象是一个狡猾的男人，一旦与他

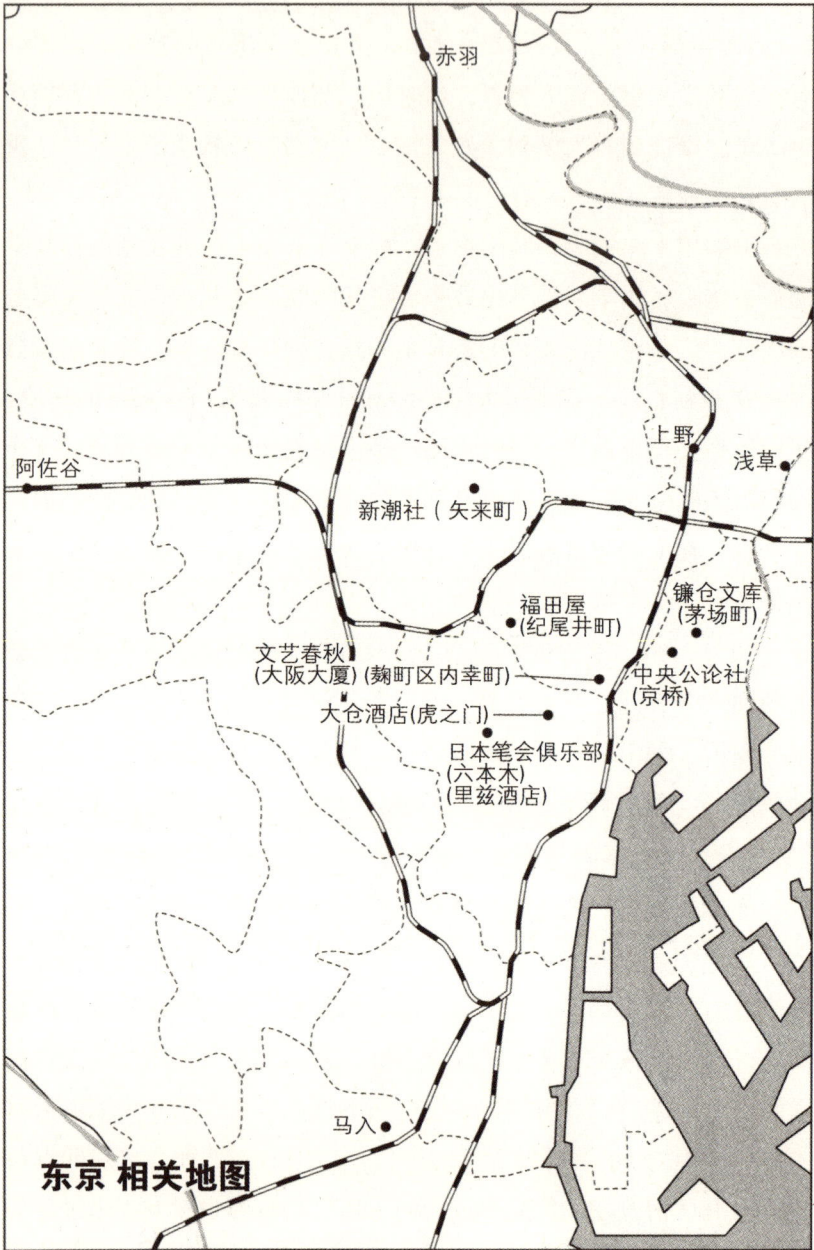

赤羽

上野
浅草

阿佐谷

新潮社（矢来町）

福田屋
(纪尾井町)

镰仓文库
(茅场町)

文艺春秋
(大阪大厦) (麹町区内幸町)

中央公论社
(京桥)

大仓酒店(虎之门)

日本笔会俱乐部
(六本木)
(里兹酒店)

马入

东京 相关地图

人成为伙伴便不再发出批评对方的言论。

另一方面，这一时期川端拜访了龙胆寺雄，两人结下友谊，他也在《文艺时评》中多次谈及龙胆寺。但是，龙胆寺后来一生憎恨川端，恰好与堀辰雄形成了鲜明的对比。

对谈和座谈会上的发言

在此，我想谈一下川端参加对谈和座谈会的情况。然而，即使是川端这种地位的作家，也没有他参加对谈、座谈会详细情况的一览表。至于谷崎也是同样的状况，只是在经过专业人士细江光先生的调查之后，才有了近乎完美的一览表，并准备作为对谈集出版。对于川端，我在专家深泽晴美女士的协力下制作了一览表附在了本书书末，所列内容应该还有未尽之处吧。秀子说，她听别人说川端在座谈会上很少张口说话。战前，川端经常参加《文艺时代》《新潮》《近代生活》《文学界》等杂志的创作评议会、座谈会，确实沉默寡言，虽然人在场，却没有留下任何文字。除了《新潮》，其余均为同人杂志，大家以同人的身份参加，因而都踊跃发言，川端却一言不发，因此，经常会有人催促问道："川端先生，您怎么看？"不过，战争期间至战后初期，川端出席不是同人杂志的座谈会时反倒是经常发言，可能因为人少的缘故。

其中，尤其引人注意的是，当人们开始称赞谷崎润一郎的长篇小说《食蓼之虫》是世界级的作品时，川端并未给予该作品高度评价。（《一九三一年文坛总决算座谈会》，《近代生活》）川端说："我们讨论现实主义的问题，我不知道到哪里为止是现实，从哪里开始不是现实。"（《有关现实主义的座谈会》，《文学界》，1934年9月；《文艺界的诸问题批判》，《新潮》，1934年7月）尾崎士郎也盛赞川端是天才，大概这是因为川端对无产阶级文学也存在过些许否定性的言论：

　　尾崎：谈到文学的话——是我自己的看法——时代随时都
会进入大脑，我指的是时代的发展动向，并且创造时代，这一
根本的精神，就在眼前。川端康成不考虑这种问题——因为他
是天才。我真的这么认为。川端从不考虑这样的问题。对他来
说没有问题。不管什么时代，这家伙都是天才，就算身处明治
维新以前也没问题，更何况是现在。他的文章是天才的文章。
（《有关现实主义的座谈会》）

　　关于川端本人在座谈会上的发言，我十分期待有人能在其他方
面论述分析。

第六章
《浅草红团》与梅园龙子

出入"卡西诺·弗利"

1929年（昭和四年）7月，喜剧演员榎本健一（1904—1970）将浅草的水族馆二楼的演出场地用作自己的专用剧场，创立了卡西诺·弗利剧团，正式登台亮相。然而，剧团于9月解散了，又于10月重新启动。川端第一次在此剧场看的演出是11月7日剧团的第二次公演，此后他与梅园龙子（1915—1993）、榎本的妻子花岛希世子、吉住芳子、山原邦子、山路照子、三条绫子、望月美惠子（优子）等歌舞演员们的关系变得亲密起来。卡西诺·弗利并没有留下大地震前浅草歌剧演出的《薄伽丘》中的《小夜曲》《恋爱是温柔的野花》《布姆将军》等现在依然有名的曲目。关于浅草歌剧，现在还有当时的录音，或据当时的录音重新制作的CD片，但没有卡西诺·弗利的作品。我们还可以见到将两者混淆的一些文章，在川端还活着的时候，就有人将两者混为一谈。

而且，关于卡西诺·弗利剧团的基础性文献，有人说是川端的小说《浅草红团》，这种说法就好比是"以子之矛，攻子之盾"。关于这个剧团，研究者的确也有一些研究成果，有人将相关人物的名字罗列了出来，也让人知道了女演员因为出演轻喜剧而名声大噪的故事。但是，卡西诺·弗利剧团并没有像浅草歌剧那样留下音乐，因此很难让人留下印象。对川端而言，梅园龙子以及后来成为参议院议员的女演员望月优子，都是十分重要的人物。

之后，川端经常出入剧团，由此创作了《浅草红团》。12月，秀子将创作的短文《那双锐利的眼睛……》，以《谈谈我的丈夫》为题投稿给了《文学时代》杂志社。这就是前文中提到的秀子诉说川端不厌其烦地写类似失恋事件的那篇短文。秀子在文中写道："他一旦遇到不顺心的事情，便对我拳脚相加，我不得不提防（想看笑话的人尽管看吧）。"这种事对当时的男人而言可谓司空见惯。不过，川端去世后，在与桐岛洋子的对谈中，秀子却说："丈夫从未打过我，只有我打过他一次。"

寡妇用撒谎的方式美化自己的亡夫，这没什么好指责的。令人感到棘手的是，研究川端家庭生活的人或许会从川端的家人嘴里获得信息，其中也有人为秀子打抱不平。

和川端一起经常出入"卡西诺·弗利"的有武田麟太郎、新田润（1904—1978）、仓光俊夫（1908—1985）等人。秀子的书中写道，和堀辰雄一起是在1931年（昭和六年）。武田麟太郎，大阪人，从东京大学法文科退学，后成为无产阶级文学作家。新田润，出生于长野县，毕业于东京大学英文科，1933年（昭和八年）前后才开始涉足文坛。仓光俊夫是二战期间获得芥川奖的作家，毕业于法政大学国文科。按照秀子的说法，仓光曾是《朝日新闻》社会部的记者，常驻象潟警察署，经田中岩太郎介绍才认识了川端。不过，从仓光俊夫的年谱来看，他在上大学期间，即1931年（昭和六年）就已经进入报社工作。据武田的年谱记载，川端和新田、仓光等人出入"卡西诺·弗利"是在1930年（昭和五年），据说这群人中还有仓光在法政大学上学时期的友人平山清郎（1910—1989）。平山清郎后来成了非凡阁出版社的编辑，1937年（昭和十二年）举家搬到镰仓，与川端及其家人建立了深厚的友谊。

自12月12日至翌年的2月16日，川端在《东京朝日新闻》的晚报上连载长篇小说《浅草红团》，太田三郎负责插图制作，但是该作品并未全部连载完。1930年（昭和五年）9月川端在《改造》上发表《浅草红团》，在《新潮》上发表《浅草赤带会》，这才算是完成了作品的全部创作。是年12月，先进社出版了其单行本。实际上，通读《浅草红团》，虽然不及《海的火祭》那么严重的程度，但它给人的感觉不像是一部有情节的小说。尽管小说写的是卡西诺·弗利剧团的故事，但内容杂乱，只给人留下他只是写了一堆浅草风物的印象，颇为奇特。在人们的印象中，"红团""赤带会"都是不良团体、流氓团伙的名称，川端也为这部小说进行了辩解。他说这部小说仅止于序文部分，也未达到以卡西诺·弗利剧团的女演员为原型写她们故事的目的，自己仅参考了石角春之助的《浅草秘闻》之类的书，没有深入浅草的底层社会内部进行取材。《浅草秘闻》是非常珍贵的资料，其中包含"浅草变态杂耍""浅草艺伎的今昔""盘踞于浅草的流浪者""浅草的卖淫女""流浪卖淫女的生活状况""女伶的生活和恋爱""浅草的不良少年少女"等章节。

《伊豆的舞女》《林金花的忧郁》《招魂节一景》等作品所表现的重点无疑都是对下层艺人，尤其是对少女的关注。追溯此类作品谱系的话，老一辈作家作品中有泉镜花的《贫民俱乐部》，长田干彦也写过艺人的作品，还有谷崎润一郎的未完成作品《鲛人》。特别是《鲛人》这一作品，写的是名为林真珠的少女的故事，与川端的创作之间颇有联系。在描写不良少男少女的作品中，在此之前已经有过里见弴的《多情佛心》，描写都市故事的作家则有江户川乱步。因此，这就意味着新锐作家川端从此登上了《朝日新闻》这一可令他大显身手的舞台。小说女主角弓子和她所营造的氛围，加上同时非常流行的卡西诺·弗利剧团的演出，这些条件开始让川端幸运地被普通读书大众所接受。（此处"读书大众"一词不是"读者大众"的误写。因为单册纯文学作品的读者一般仅有五千人左右，单册书读者超过一万人的作品，称作"读书大众"的读物。）

当时卡西诺·弗利剧团本身面临解散，因川端作品连载再次起

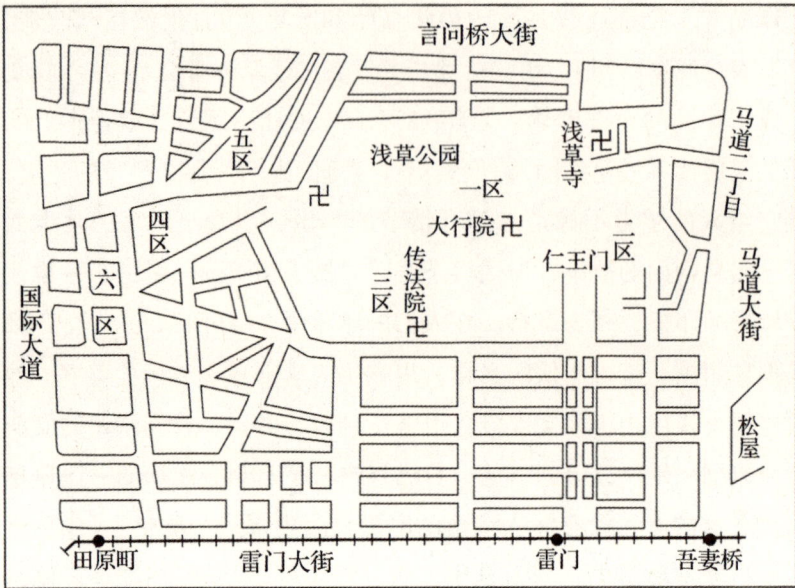

《浅草六区简略图》。根据高见顺编《浅草：其黄金时代的故事》（新评社龟子Books，1978）制作

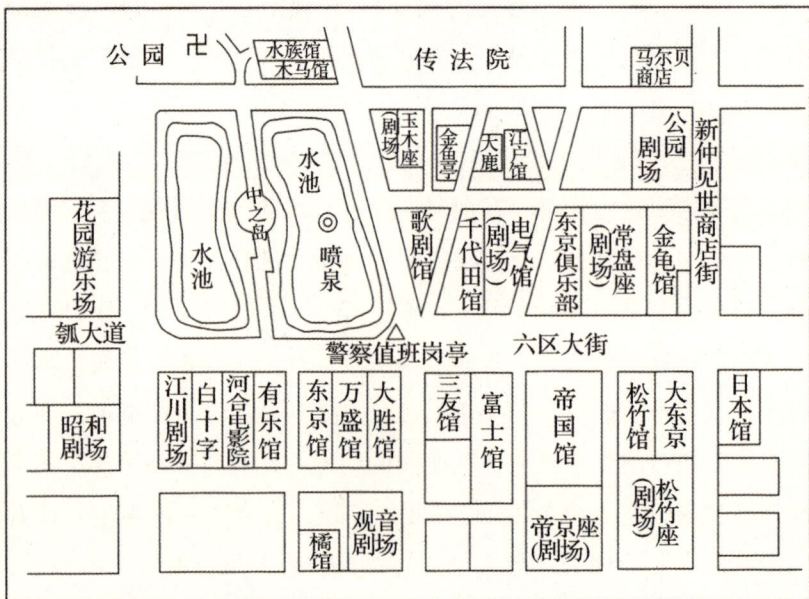

《浅草六区兴业街平面图》，1935年（昭和十年）前后（出处同上）

死回生，这在很多文章中都被提到过。山本茂在作品《物语中的女人》中提到的曾接受其采访的岛村龙三（1905—1989）也这么认为。不过，羽鸟却在其撰写的《川端康成传》中对这一观点表示怀疑。在我看来，川端和该剧团应该属于相互成就的关系。

1929年（昭和四年），菊池宽的小说《东京进行曲》被拍成电影，主题曲也大受欢迎。受到此作品走红的鼓舞，1930年（昭和五年）9月，在作品单行本出版之前，高见贞卫导演将《浅草红团》拍成了电影。在拍电影一事定下之后，经词作家佐伯孝夫介绍，川端见到了高见贞卫。川端不太在意电影中对原作故事情节的改编，他始终认为电影和原著小说是不同的作品。该影片由川端创作《疯狂的一页》时认识的前田重信（孤泉）担任剧本创作，主演有小宫一晃、德川良子、叶山三千子等人。叶山三千子就是谷崎润一郎的妻妹圣子。继《浅草红团》之后，在《朝日新闻》上连载历史小说《乱菊物语》的谷崎，于1930年（昭和五年）8月将妻子转让给了佐藤春夫，并且与其妻、佐藤春夫一起发表了三人联合声明。这在当时的社会上掀起轩然大波，谷崎的历史小说连载也就此中断。

川端家中曾住过一个名叫绿川贡（1912—1997）的文学青年，是一名学生。1929年（昭和四年）除夕，川端和卡西诺·弗利剧团的演职员们在浅草万世庵吃了荞麦面。之后川端没有去小剧场的后台，而是去了卡西诺·弗利剧团的文艺部门，因为川端之前偶然认识了本名为黑田仪三郎①的岛村龙三。岛村在卡西诺·弗利剧团的文艺部门工作。岛村在位于白山上的南天堂书店二楼那间多有文学青年出入的食堂与川端相识，之后进入卡西诺·弗利剧团的文艺部门，据说川端并不知道岛村在那里工作，还给文艺部门负责人写信

---

① 黑田仪三郎，一般写作黑田义三郎，鼻肇（ハナ肇）的岳父，中野正昭著《红磨坊新宿座》中有详细记载。

表示想去取材。（山本茂《物语中的女人》）

自1930年（昭和五年）1月起，川端又开始出席自己曾经攻击过的《新潮》联合评议会。27日，他在吉行安久利（1907—2015）的理发店理了发。众所周知，安久利是新兴艺术派作家吉行荣助（1906—1940）的妻子。1月，宇崎祥二去世，川端在葬礼上致悼词。这是川端第一次写悼词，后来他写过许多悼词。2月，犬养健参加众议院竞选，举行了政见演讲会。3月，久保乔（隆一郎，1906—1998）携手稿前来拜访，川端不在家，他将手稿交给秀子，之后又给川端写了信。在川端的帮助下，久保乔进入创元社，成为儿童文学作家。4月的《新潮》联合评议会还邀请了东乡青儿、古贺春江（本名良晶）（1895—1933）、阿部金刚等画家。年谱中记载川端在1931年（昭和六年）与古贺相识并成为好友，但两人初次见面应该是在这次联合评议会上。

这一时期，川端搬至离原住处不远的樱木町49号，又养了一条宠物狗，是杂交品种，取名萝莉，又唤作特尔。川端给宠物狗起名非常随意。4月起，小林秀雄开始在《文艺春秋》上发表文艺评论《阿基里斯和乌龟之子》。当时，听到小林说要写文艺评论时，川端笑着说道："就凭你这个什么都不懂的男人吗？"现在来看这件事，会让人觉得不可思议，但是当时的小林是一个马克思主义者，深谙法国文学，从川端的角度看来，一定是觉得他缺乏日本的古典知识。

菊池宽担任了西村伊作（1884—1963）创立的文化学院的文学部长，川端则在每周四11点至12点以讲师的身份去该学院授课，他同时也是日本大学艺术学部的讲师。阅读这一时期川端所写的随笔，实际上可以发现他看了很多电影。当时也是一个知识分子热衷于看电影的时代。

4月，龙胆寺雄高举起了新兴艺术派俱乐部的旗帜，川端和横光作为老一代文人受到冷落。《读卖新闻》文化部于19日举办了

十三人俱乐部的聚会。右起尾崎士郎、佐左木俊郎、浅原六朗、中村武罗夫、嘉村几多、饭岛正、久野丰彦、吉行荣助、加藤武雄、川端康成、冈田三郎、楢崎勤、龙胆寺雄。摄于1931年（日本近代文学馆）

"新兴艺术派宣言！暨评论演讲会"，新兴艺术派的雅川滉①、小林秀雄、舟桥圣一、阿部知二（1903—1973）等人出席，评论家一方则有川端、横光、新居格、十一谷等人。一般而言，新感觉派也被视为新兴艺术派的一部分，在这个时点上，两派彼此之间并没有发生大的对立和争执。

4月25日起，川端前往德岛演讲旅行，同行的还有中村武罗夫和尾崎士郎。主办方德岛日日新闻社报道了当时的情况，大标题是"中村武罗夫先生光临德岛"，边上有一行小字"川端康成、尾崎士郎等人同行"，显而易见，当时写通俗小说的中村更有名望。川端一行从大阪港乘船抵达小松港，在德岛高等小学礼堂做了题为《夜话新文艺》的演讲。他们观赏了阿波鸣门海峡的漩涡，买了很多竹子做的人偶，又在大阪帝国电影公司停留了一段时间后才回到东京。

4月，作为"新艺术派丛书"中的一部，新潮社出版了"掌篇小说"集《我的标本室》。该小说集中的近一半作品与《感情装饰》

---

① 雅川滉（1906—1973），本名成濑正胜，出身于日本大名家庭，为岐阜县犬山城主后裔。后以日本文学研究者的身份出任东京大学教养学部教授，并使用本名。与第四次《新思潮》的成濑正一没有直接关系。

中的作品重复，这对于当时的短篇小说集而言是司空见惯的现象，之前出版的小说集也已经售罄。30 日，收到《我的标本室》的南部修太郎来信，信中写道："看似是一些左派作家擅长的小技巧，没想到你已经掌握得如此得心应手。不过，让人吃惊的是这一段文字——'我最终在这中间低迷徘徊，什么都干不了，碌碌无为地过着每一天'。"进入昭和时期后，南部在文坛销声匿迹，1936 年（昭和十一年）悄然离世。我想，川端目睹的不仅是一个朋友的死亡，更是一个作家的死亡。后来，石滨金作也与川端的地位形成了差距，他在给川端的信中写道自己不好意思与川端见面。虽然没有出现菊池担心的那"仅东光一人大获成功"的局面，但从结果上而言，获得成功的也仅有川端和大众作家铃木彦次郎。诸如南幸夫、菅忠雄、三宅几三郎、十一谷等人，尽管在一段时间内也拥有读者过，但是上述的大量作家从人们的视野中消失了。梶井虽然英年早逝，作品却仍然畅销，而其他作家最后只留下了无名的尸骨。

　　5 月，59 岁的田山花袋去世。一生风光无限的花袋，晚年生活得十分寂寞。另一方面，这一时期政府对左翼的镇压十分严酷，林房雄、片冈入狱，左翼评论家藏原惟人（1902—1991）逃亡苏联。受片冈的委托，川端也曾让他在家中避难。6 月，聚集形成"十三人俱乐部"，新潮社出版了《十三人俱乐部创作集》，同人有尾崎士郎、佐左木俊郎①、加藤武雄、浅原六朗、中村武罗夫、嘉村几多、饭岛正、久野丰彦②、吉行荣助、冈田三郎、楢崎勤、龙胆寺雄等人。在 7 月的《中央公论》上，川端发表了作品《风铃王的美国故事》。起初，中央公论社的佐藤观次郎③等人来找川端时遭到了他的

① 佐左木俊郎（1900—1933），宫城县人。现代派作家，创作过侦探、猎奇小说。
② 久野丰彦（1896—1974），庆应义塾大学毕业。后成为反马克思主义经济学家，任名古屋商科大学教授。
③ 佐藤观次郎（1901—1970），爱知县人，早稻田大学经济学部毕业。曾任《中央公论》总编等职。战后成为社会党的众议院议员。

拒绝，佐藤软磨硬泡了三个小时也没有说服川端，后来经过武田麟太郎的介绍才如愿以偿。佐藤并未提及川端为何拒绝中央公论社的约稿邀请。是因为川端已经成了敢于拒绝中央公论社的大作家，还是对《中央公论》杂志有什么不满，理由不明。

10月，川端出版了作品《有花的写真》，并被纳入了"新艺术派丛书"之中。书中除了标题作品外，还收录了《尸体介绍人》《温泉旅馆》《春天景色》等作品。是月，今东光在浅草寺传法院出家，后在比睿山足不出户地修行了三年。川端越发热衷于养狗，11月开始饲养柯利牧羊犬和灰猎犬，还建造了犬舍。最多的时候川端养了九"头"宠物狗（川端使用"头"这一量词，而不使用"只"），因此通过书信、日记等整理川端养狗的历史颇为费力，加上后来又开始养鸟，甚至养起了鸥鹆。这些成了他所创作的小说《禽兽》中的素材，川端还声称自己特意将该作品写得很"邋遢"。当时中产阶级流行饲养动物，尤以猫狗为主，谷崎也在大阪和神户的住处养了许多宠物猫和宠物狗。

现在也是如此，宠物热潮长久持续，人们将猫狗之类的宠物当家人般宠爱。据说有人只对宠物敞开心扉，有的女孩养了宠物后结婚都变得困难了。即便如此，这些爱猫爱狗人士最多也就养一两条而已，但在川端和谷崎那里养宠物仿佛变成了一桩生意，数量不断增加，他们让宠物们交配、繁殖，用来送人或从别人那里索要交换之物。换言之，他们把宠物当成了社交的工具，从中也能见到他们对待宠物冷酷的一面。

这一时期的五年间，除了文艺评论外，川端的随笔全部是与舞蹈、宠物相关的话题。川端不擅长写随笔，这是因为他想隐藏自己，所以他的日记反而会显得比较有趣。《雪国》中名为岛村的人物是一位舞蹈评论家，这不完全是川端的虚构创作，实际上川端自己几乎就是个舞蹈评论家。当时正是流行现代舞的时代。人们曾经认为谷崎从现代西方趣味回归了日本趣味，最近这一观点开始受到质疑。他落笔书写《阴翳礼赞》，而他自己设计的位于冈本的家中，全然不存在什么阴翳（阴影），浴缸中的水是可用电加热的。川端也是如此，人们往往觉得他从富有现代感的新感觉派风格转向了"我在美丽的日本"似的传统风格，然而非常有意思的是，与谷崎和菊池等人相比，他对歌舞伎和能乐没有表现出兴趣。

舞女们

卡西诺·弗利剧团究竟是一个怎样的团体，是不太容易搞清楚的。我想这个团体的舞蹈质量不会很高，应该也就是宝冢少女歌剧①初期那种稚拙的水平。这么说来，川端的目的也就成了一睹年轻女子的身体了。据说舞女有时会脱下短裤衩，引得看客们一哄而上。谷崎喜欢看脱衣舞，川端倒还没有这种勇气，他摆出一副考察艺术的姿态（他自己可能也对此深信不疑），写了一些看上去有点像舞蹈评论的文章。

舞女们亲热地称呼川端"川端哥"。卡西诺·弗利剧团决定去仙台演出时，几个舞女前一天在上野樱木町的川端家住了一晚，都是些年轻的女孩，兴奋地打闹到凌晨两点，川端从二楼下来表情严肃地厉声斥责道："你们以为现在几点了？"

后来，川端挑选了一位名叫梅园龙子的舞女，让她正式学习西方舞蹈，并为她找了一个英语家教。这件事发生在1931年（昭和六年），当时龙子17岁。川端在她身上表现出了和曾经想要"改造"伊藤初代时相同的热情。龙子，本名植草正枝，据说她是外祖父雄三郎的亲生女儿。雄三郎的女儿孝在招赘女婿之后很快就离婚了，那是因为当时孝已经怀上了龙子。龙子7岁时，她的母亲便去

---

① 宝冢少女歌剧，因1914年日本知名女性歌剧团宝冢歌剧团以少女歌剧的形式举行公演而得名。该歌剧由许多十多岁的少女出演，因而给人以幼稚笨拙的表演印象。——编者注

世了，外祖母津祢继承了日本歌舞伎舞蹈梅园流①家的掌门之位，艺名为小美都。因为这原本也不是什么重要流派，龙子就没有继承掌门之位。

后来，龙子进入芭蕾舞团并登上舞台，最终成了电影演员。10月22日至11月16日，《都新闻》26期连载了题为《戏剧艺术座谈会》的文章，文章指出宝冢的引田一郎、白井铁造，松竹的青山圭男、小仓峰子，以及榎本健一、龙子、川端都出现在了该座谈会上。羽鸟彻哉在《川端康成传》中写道："文艺座谈会上很少发言的川端，在这一座谈会上表现得十分活跃，他的发言从和榎本竞相掰扯浅草歌剧时代明星的名字开始。"在谈到对舞女的教育时，他最后说道："时常被我看在眼里的龙子，其每一刻的生活状态和心情，都会立刻体现在她的舞蹈中，我一眼就能看明白，可不能小看裸体啊，所以如果梅园龙子有了恋人，我不用问就能看出来。"羽鸟推定，这是川端说给龙子听的。很快龙子按照川端的指示正式学起了芭蕾。神保町田泽画室老板的女儿、舞蹈家田泽千代子，在画室附近的唱片店二楼开了一家芭蕾教室，龙子去那里跟随美国人鲁道夫·艾伯、福沃德·加内特等人学习芭蕾。她还出入位于神田三崎町的英语教室，并在雅典娜语言学校（Athénée Français）短暂学习了一段时间，还跟随河上彻太郎（1902—1980）的夫人学习过弹钢琴。

龙子是川端情人的流言不胫而走，对此川端当然是否认的，有这方面的证据。《定本图录川端康成》（1973）中载有一封川端1931年（昭和六年）12月16日写给吉行荣助的信②。似乎是前一天川端去见了吉行，他拒绝了是年除夕在新宿开张的艺术剧场红磨坊的文

---

① 梅园流，日本歌舞伎舞蹈的一个流派，由知名流派坂东流衍生而来。第一代掌门为坂东小三津。——编者注

② 该信件是影印本，附有另外印刷的"书签"。我在旧书店购入时不知有书签，因此费了不少周折。想在旧书店买此书的人请多加注意。

艺部成员吉行请龙子出演的请求。川端说龙子已经被人从卡西诺·
弗利剧团挖掘走了，吉行似乎不知道是谁挖掘走她的，川端回答说
是自己。主要是川端觉得剧团的舞蹈水准实在太低下了：

> 演歌舞剧的女孩子们的未来令人寒心。不仅对梅园龙子如
> 此，见到对小生满怀善意的剧团女孩，小生无法置身事外而不
> 内心痛苦。（略。大意为：龙子没有父母，和外祖父、外祖母
> 共同生活，他们为龙子最近状态不佳而担忧，因此对川端的提
> 议感到非常高兴。）
>
> 龙子接受了小生的建议，因此小生对龙子的将来负有重大
> 责任，小生从未对她和她的家人提起过为什么且是以怎样的心
> 情来照顾她的。小生也完全不知龙子的想法。我没有说过任何
> 喜欢她或讨厌她之类的话。正如您所看到的那样，三年多来小
> 生的爱慕之情除了唯以可怜兮兮、拐弯抹角的方式表露之外别
> 无他法，似乎要一直这样不明不白地守候到她最终有了恋人方
> 能作罢……倘若她对小生也怀有相同恋情自当最为理想。显
> 然，她毫不动心。直到辞去水族馆工作之前，她每每欢天喜地
> 地与小生见面，最近却是唯恐避之不及。两人相处时，她甚至
> 不愿意和小生多走一步路……
>
> 平素小生的内心总是无比寂寞，让自己喜欢的女孩走上她
> 也热爱且小生也热爱的舞蹈之路，这至少也能让小生的情绪变
> 得高昂……况且要为她寻找老师，今年秋天观赏了几乎所有的
> 舞蹈会，越看越觉得疑惑，舞蹈这种东西在表演艺术当中难道
> 不是最味同嚼蜡的吗？从而对龙子的一生也变得担心起来。尽
> 管如此，或许是对舞蹈有些熟悉，看小剧团的舞蹈便会发现，
> 她们简直不堪到了让人头痛的地步……

如此重要的信件，竟未收录于三十五卷（增补两卷）本全集。

小林秀雄曾声称川端是"值得珍视的伽蓝堂①",其实这是小林故弄玄虚的惯用伎俩,人怎么可能是伽蓝堂。只是偶尔有人觉得难以理解川端而称之为"伽蓝堂"倒也可以理解。这封信完全称不上"伽蓝堂",它展示了有血有肉的活生生的川端。川端可能——像小说《湖》中的银平那样——被龙子用手提包狠狠砸过。当然,此后他还是照顾着龙子,川端婚后,他们的交往依然没有中断。

川端参加戏剧艺术座谈会时的焦虑状态,可以推测是来自对龙子的爱慕之情,当他用这种感情去拉拢龙子时,得到的是龙子不爱自己的回应,于是川端的情绪跌落到谷底。另外,在新宿红磨坊文艺部中,除了吉行,还有龙胆寺、楢崎、岛村龙三等人。

佐藤碧子大概也是让川端有些心动的女性。佐藤碧子的《瀑布之声》和秀子的著作形成了鲜明的对比。秀子所写的是作为家人的川端,碧子则描绘了由于川端将大量金钱砸在色情行业的女人身上而痛苦不堪的秀子的形象。在与桐岛洋子的对谈中,秀子重申川端完全不存在与女性相关的问题。

回到1930年(昭和五年),川端曾在日记中写道,因6月发表的《新人才华》一文中受到称赞,丹羽文雄(1904—2005)登门致谢,当时已经先到的客人有中山义秀。义秀当时31岁,获芥川奖在此之后,堪称大器晚成(起初的笔名是议秀)。川端11月的日记中出现了大冈山的笠上夫妇的名字,他们是秀子的姐姐和姐夫。年末,先前已离开的绿川又回来寄宿,妹妹君子没有了住处,去了位于涩谷的秀子哥哥家中居住。

1931年1月刊行的《改造》上刊登了川端模仿爱尔兰作家詹姆斯·乔伊斯的写作手法创作的小说《水晶幻想》。这一时期的川端似乎和正在翻译《尤利西斯》的伊藤整交往甚密。当时以《改造》杂志记者身份登门拜访的是德广严城(1902—1980),其笔名为上

---

① 伽蓝堂,佛教用语,指内在广阔且虚空之物或人。——编者注

林晓。另外，川端将描写自己在火车上（以为）又见到了伊藤初代的作品《双重失恋》发表在杂志《雄辩》上。此举真可谓是"喋喋不休地老调重弹"。《雄辩》是大日本雄辩会的杂志，由野间省二创办。野间拥有讲谈社和雄辩会两家公司，后来两家公司合并，作为资本实力最为强劲的出版社存续至今。

　　这段时间，大宅爱子住进了下谷医院，川端前去探望。3月8日，29岁的大宅爱子去世。之后，川端之所以搬至樱木町36番地，是为了让君子回来住，因此全家搬入了更加宽敞的住宅。佐藤八郎①也来帮忙搬家。此时，川端家中住着二男四女和九只宠物狗，还有女佣松和阿佐。即便如此，川端可能还想要养狗，他和古贺春江夫妇一起去了小安农园看狗。川端在古贺家认识了高田力藏（1900—1992），这是一位在战后为川端在九州搜寻创作素材提供了巨大帮助的画家。

　　6月，川端在《中央公论》发表了问题作品《空中的片假名》。淀野寄来了刊有梶井的小说《柠檬》的《青空》杂志。翌年3月，梶井带着尚未见到单行本出版的遗憾去世，年仅32岁。6月前后②，川端和池谷、菅忠雄、福田兰童前往草津温泉，在北轻井泽的岸田别墅短暂停留之后，川端与直木在高崎会合，乘坐上越线列车，在后闲站下车后入住法师温泉的长寿馆，和直木下围棋。

　　11月的《新潮》刊登了标题为《一个作家的两天的感想》的川端日记，日期标注为9月，实则为10月。川端常犯写错月份的错误，研究者对这一点需要注意。12月2日，川端提交了和秀子结婚的登记表。按照秀子的说法，之所以选在这个时候提交，是有理由

---

① 佐藤八郎（1903—1973），诗人、童谣作词家、作家。用汉字书写的"佐藤八郎"为其本名，用片假名书写的"サトウハチロー"是其笔名。——译者注
② 引自《作家与旅行》（《作家との旅》）。年谱中标为8月，根据池谷的"不嫉症、浅间山、镜"中所写，时值《改造》在报纸上刊登7月刊的广告，可断定为6月。

的。大宅爱子从八户领回了一个小学女生，让她在家里做家务。爱子死后，大宅与昌子结婚，女孩子留在家里不方便，于是寄放到了川端家里。这个小学五年级、名叫"井上（岛守）吉江"的女生好像是个孤儿，川端夫妇一有关心的举动，她便会哭出声来，她表示从来没有人对她这么好。据说爱子的母亲也拜托过川端夫妇，因为让吉江上小学需要保证人，没有入户籍的话十分难办，于是川端夫妇便同意让她入他们的户籍，这些在《和川端康成在一起的日子》中有记载。

但是，书中完全没有提到这个叫井上（岛守）女孩后来的情况。不过，后来发现川端尸体的女佣名叫岛守敏惠。《现代文学论争》曾刊发文章认为她就是作品《事故的原委》中"鹿泽缝子"的人物原型，经川端文学研究者森本获先生指教，发现川端尸体的女佣有两人，敏惠并不是"鹿泽缝子"。在前辈研究者的帮助下，明确了她是岛守吉江的女儿，母女两代人都在川端家帮佣。

1932 年（昭和七年）3 月初，发生了伊藤初代登门之事，接待她的就是岛守吉江。当时的情况记录在《背影》①（《致父母的信》）一文中。中林去世后，初代与名叫樱井的男子再婚而穷困潦倒，她找到川端请求他收养自己和前夫中林所生的长女。当时川端 33 岁，初代 27 岁，恐怕川端是愿意收养孩子的，秀子却不可能同意。见到曾经抛弃川端的女人现在却藕断丝连，秀子十分不悦。川端给了初代一些零钱便让她离开了，虽然初代之后又来过几次，但最终回了岩谷堂生活。战后，初代突发脑出血，反复发作了几次，于 1951 年（昭和二十六年）去世。川端竭尽全力地调查初代的生活，几乎到了疯狂的程度，据研究著作《伊藤初代的一生：续篇麋鹿的窗户》记载，川端甚至将此调查之事记入到了晚年的日记中。

1932 年（昭和七年）1 月，与川端关系密切的三宅康子去世，

① 《背影》，日语名为《後姿》。——译者注

年仅43岁。同月，川端和直木三十五去热海看了本因坊秀哉①和吴清源的对局，这是写作长篇小说《名人》的起因。本因坊是围棋门派之一，秀哉出身于这一世家，按照他的意愿废除了宗派制，后来只要是有实力的棋手，都能拥有本因坊的名号。

5月，青山圭男、益田隆、田泽千代子、藤田繁、堺千代子在朝日讲堂举行了小提琴五重奏的首次公演，川端和龙子出席了这一小提琴演奏会，结识了经纪人矶沼秀夫，后来龙子加入了该音乐剧团，1933年（昭和八年）举办了"益田隆·梅园龙子公演"。

6月，卡西诺·弗利剧团文艺部门发行宣传册，由岛村担任主编，川端也为其撰写了文章。10月末，文艺部门的岛村等三人退出卡西诺·弗利剧团。川端不知情，牵狗散步来到剧团的后台时发现空无一人。这一时期，《文艺春秋》编辑部中好像有几位漂亮的女性，如谷崎润一郎的第二任妻子古川丁未子（1907—1971）、儿童文学翻译家和作家石井桃子（1907—2008）、单身时期追求过横光并被疑为石井同性恋对象的小里文子、被视为菊池情人且为川端代笔的佐藤碧子，以及濑尾梢等人。还有一位名叫马海松（1905—1966）的年轻人，他后来成为文艺春秋社旗下的"摩登日本社"的发起人且十分活跃。据说他长相英俊。此外，还有担任《妇女沙龙》《ALL读物》等杂志总编的永井龙男、后以嵯峨信之的笔名广为人知的诗人大草实（1902—1997），以及后来成为栃木县名门船田家入赘女婿的斋藤龙太郎。

佐藤碧子在下谷区的龙泉寺长大，那是作家樋口一叶曾经短暂生活过的地方。碧子是被人领养的孩子，本名光枝，长得十分美丽，家境贫寒，和养母两人一起生活。她是菊池作品《新道》的代笔者，也替川端代笔写作，战后以小矶奈津子的笔名创作小说，还成为过直木奖候选人。她的名字写作"碧子"，读作"みどり"

---

① 本因坊秀哉（1874—1940），日本知名围棋棋手。本名田村保寿。——编者注

（Midori）。川端曾经送给碧子一只鸥鹆。她后来嫁给文艺春秋社的石井英之助，这一举动意味着她将要离开菊池，因而遭到菊池的强烈反对。碧子的外甥是评论家矢崎泰久，在矢崎的《寡言：我心中的菊池宽》和碧子的半自传体小说《瀑布之声：怀旧的川端康成》中对此有详细叙述。不过，关于《寡言：我心中的菊池宽》一书，猪濑直树在为碧子在世时再版的《人：菊池宽》所写的解说文中提到，碧子说大家都在胡说八道，因此可信度很低。

1931年（昭和六年）12月，犬养毅任总理大臣，其子犬养健任秘书。1932年（昭和七年）5月15日，犬养毅遭到暗杀。3月，日本建立满洲国①。9月，片冈铁兵在狱中发表思想转向声明，已经转向的林房雄开始在《中央公论》上连载以幕府末期时井上馨②和伊藤博文的经历为题材创作的长篇小说《青年》。这一时期，川端去狱中见了村山知义。11月起，川端住进海滨酒店，林房雄来信并在信中说："如果村山知义的稿件被《日本国民》退回的话，一定到了你手里。"《日本国民》杂志是11月停刊的，所以有退稿一说，只是稿件为什么会到川端的手里，这一点令人不解。此时的未发表作品《薄雪鸠》后被收录在川端的全集中，这似乎就是上述所说被退稿的作品。如果情况属实，恐怕是川端想用自己的名字发表村山创作的作品，将稿费支付给村山。尽管真相不明，川端援助左翼作家的事情则是确实存在的。

1932年（昭和七年），川端发表了《致父母的信》《抒情歌》《浅草的九官鸟》《浅草的姐妹》等作品。根据《致父母的信》中的描述，到了这一时期，在川端母亲的娘家——黑田家，表妹花枝的丈夫平田庆三已去世，花枝因财产管理事宜而煞费苦心，妹妹静子从女子学校毕业后得了肺结核，嫁给百货店的职员，之后也去世

---

① 本书中的"满洲""满洲国"指"伪满洲国"。——编者注
② 井上馨（1836—1915），日本近代政治家。明治维新的元勋之一。年轻时曾与知名政治家伊藤博文（1841—1909）一起赴英留学。——译者注

了。贞是平田家的养女，后成了填房，琴则居住在贞的家里。秀孝有三个女儿，后来成为川端养女的秀孝小女儿政子应该出生在 1932 年（昭和七年）。川端于 1933 年 4 月发表的《睡颜》可以说是一部私小说，它描写了预示川端、龙子以及剧团其他舞女的关系即将走向末路的状态，其中写到了卡西诺·弗利剧团解散后的 1933 年除夕夜的情形。

1933 年（昭和八年）1 月至 6 月，川端在《令女界》上连载了《翅膀的抒情歌》。在近代小说的发展过程中，女性读者的存在起了十分重要的作用，这在美国和日本尤为明显。包括《汤姆叔叔的小屋》在内的女作家的"奇情小说"（Sensation Novel）风靡了一个时代，在明治时代的日本，大量美国女作家创作的"廉价通俗小说"（Dime Novel）被改编。在日本本土，也有德富芦花的《不如归》、尾崎红叶的《金色夜叉》等深受女性读者追捧的作品，其销量直线上升。

2 月，《伊豆的舞女》被首次拍成电影，片名为《情窦初开 伊豆的舞女》，由五所平之助担任导演。影片中有两首主题曲——《伊豆的舞女》和《流泪的候鸟》，分别由长田干彦和西条八十作词。电影的主演有田中绢代、大日向传。《伊豆的舞女》多次被搬上银幕，田中被公认为是第一代"舞女"。川端在少年时期仰慕的干彦，此时已经成了通俗作家，以及日本胜利公司①的专属词作家。

2 月，淀野隆三遭到检举。2 月 20 日，无产阶级文学旗手小林多喜二在筑地警署经受拷问并身亡。这是事实上的屠杀。4 月，川端在《新潮》的文艺评论的开头部分提及此事，不过用了很多隐晦的表述。1938 年，改造社出版发行《川端康成选集》，在该选集中删去了上述这一篇文艺评论开头部分的大量文字，1974 年出版的川端的全集也仿效这一做法。三十五卷（增补两卷）本全集中，对删

---

① 日本胜利公司，英文简称为"JVC"，为日本知名影音电子产品制造公司。——编者注

除的部分进行了还原，但是讲谈社的文艺文库版由于照搬十九卷本全集中的一卷，因而依然是删节本。不知何故它不照准三十五卷（增补两卷）本全集进行重新编辑，这让人颇感遗憾。

5月，川端住在船桥的三田浜乐园，7月末至8月的整一个月则居住在上总兴津（千叶县夷隅郡兴津町）的山岸屋并在此处工作。此时，川端和秀子的母亲、上中学的弟弟喜八郎一起生活，因此川端很难在家里工作。不过，他养了不少狗和鸟，在这些宠物身上的费用，以及旅馆的住宿费，等等，让他高额的稿费如流水般地飞快消逝，这就是当时川端的状况。

不清楚川端是否一直认为舞蹈无聊至极，只是他此后还是一如既往地去观看舞蹈演出，如去观看江口隆哉和宫操子夫妇、石井漠和石井小浪，以及朝鲜访日舞蹈家崔承喜（1911—1969）等人的表演。8月，39岁的古贺春江住进帝国大学医院，后于9月去世。是月，宫泽贤治在盛冈县去世。从作品风格而言，宫泽贤治算得上典型的新感觉派作家。12月21日，34岁的池谷信三郎去世。1934年（昭和九年）2月，39岁的佐佐木味津三以及44岁的直木三十五也去世了。

直木和三上於菟吉、佐藤八郎等人自称"法西斯主义者"。同年5月，久米、新居格、田边耕一郎、丰岛与志雄等众多文学家在彩虹烤架酒店举行集会，抗议法西斯焚书行为，成立了学术自由同盟。川端和小林秀雄等《文学界》同人一起参加了活动，并担任干事，不过该同盟很快解散了。

1933年（昭和八年）7月，川端在《改造》上发表了《禽兽》。川端饲养着柯利犬、刚毛猎狐梗①等宠物狗，柯利犬中有取名"列纳"的公狗和取名"路易"的母狗，秀子觉得路易是男性的名字，

---

① 刚毛猎狐梗，19世纪因猎狐而培育出的犬种，产生于英国，1920年前后曾出现饲养该犬的风潮。——编者注

创作《禽兽》的时期。1932 年前后摄于上野樱木町的家（日本近代文学馆）

说川端乱起名字。有时家里没了宠物饲料，川端便把狗送到宠物店。不知是什么时候，川端住院时将列纳放在宠物店照料，不料列纳被汽车碾压而死。宠物店老板以狗皮为证找到川端，川端勃然大怒。这种事情让人听得不禁毛骨悚然。不过，川端的确在家中养过这些大型犬。是月的《文艺评论》（《读卖新闻》）上，川端提到了谷崎的《春琴抄》，他写道："这只是一部'一味叹息'的名作，缺乏语言。"对于作品中小鸟的描写，川端认为是实际上没有养过鸟的人的创作。

《文学界》创刊

1933 年（昭和八年）9 月，以文化公论社为发行方，同人杂志《文学界》创刊（创刊号为 10 月刊），这就是现在文艺春秋社发行的《文学界》的前身。杂志发起人为林房雄、小林秀雄等人，并得到了文化公论社经营者田中直树的响应。武田麟太郎、深田久弥，以及年长的作家宇野浩二和广津和郎也加入了同人。日期标为 8 月 8 日的"《文学界》创刊词"，由川端执笔，宇野浩二和林房雄进行了修改。田中直树在此之前担任过《犯罪公论》杂志的总编，更早前任武侠社《犯罪科学》的总编。昭和初期，这类猎奇性的犯罪杂志十分流行。作家高见顺认为，《犯罪公论》从内容上来说并不是色情而低俗的杂志，但在社会上人们对其的认识定位并非如此。

（《昭和文学盛衰史》）同月，由纪伊国屋书店的田边茂作为发行方，舟桥圣一、阿部知二、雅川滉等人创立了同人杂志《行动》，同年10月改造社的杂志《文艺》（11月刊）创刊，这一时期被称作日本的"文艺复兴"时期。

事实上，川端以同人之名与众多同人杂志联系在一起，这应该也反映出川端在这方面的社交能力。而且，杂志的同人时常发生更替，川端交往的人也在不断变换。这一时期以及之后，川端不断加入同人行列，而横光最初就不在这些同人行列中。创办同人杂志，旨在与横行文坛的大众文学、通俗小说以及与以恶俗的花边新闻为主要内容的新闻媒体进行对抗，捍卫纯文学的地位，并发掘新人。但是，由于这些杂志是同人杂志，所以没有稿费。为有稿费的杂志所写的作品，是不是不能再投给《文学界》了呢？虽然《文学界》的同人意在挖掘新人，但实际上如果刊登了无名作家的作品则会影响杂志的销量，所以刊登的作品也必须是出自有一定名气的作家之手，川端是否为《文艺界》创作了无法在其他商业杂志上发表的作品？上述两个问题依旧存疑。

小林、林、武田等人都创作了颇具个人风格的作品，而川端主要是利用《文学界》挖掘了北条民雄、冈本加乃子等新人。之后丰岛与志雄加入《文学界》同人行列。时至1934年（昭和九年）2月，杂志迎来了里见弴、横光、藤泽桓夫等新的同人，然而此时文化公论社却退出了《文学界》的相关业务活动，杂志只能临时停刊。6月，野野上庆一（1909—2004）的文圃堂接手杂志，《文学界》得以复刊。文圃堂还出版了中原中也的诗集，这是由小林从中斡旋介绍的。之后，中村光夫加入，《文学界》变成以小林、中村、深田为核心人员的杂志。

1933年（昭和八年）年末，以诗人、佛教评论家身份活跃于文坛的冈本加乃子找到川端，声称自己想成为小说家。可是她不喜欢狗，每次来川端家登门拜访时都落荒而逃。保田与重郎也来过樱木町，川端让其为《文学界》撰稿。

刊登在 1933 年（昭和八年）9 月文艺春秋社发行的《新文艺思想讲座》上的文章《最近小说的倾向》是由伊藤整代笔一事，从信件中已经得到证实。稿费全归了伊藤整，这在当时不足为奇，但是事情一旦被披露在光天化日之下就有些令人难堪了。1933 年（昭和八年）11 月，改造社创立了文艺杂志《文艺》，二战期间转至河出书房旗下，直至今天。在《改造》杂志社担任川端编辑的德广转到《文艺》编辑部，《改造》杂志社川端的编辑则变成了水岛治男（1904—1977）。水岛后来因横滨事件①受到牵连，战后在日本笔会事务局工作。

龙胆寺雄于 1934 年（昭和九年）7 月在《文艺》杂志上发表了作品《致 M. 子的遗书》。这是一部文学自传体小说，意在揭露文坛内幕，对菊池宽、中村武罗夫、佐藤春夫等人进行了猛烈抨击，其中也有和川端相关的部分：

> 我对纯粹文学提出的怀疑，在纯粹文学的范畴中，最终变成了对那些干得风生水起的作家和评论家的工作状态以及工作本身的批评和怀疑。例如对于川端康成，可以说也有类似的情况。……我将热心前辈所做的事情揭露出来，不知是不是粗暴无礼之举，但是由内田宪太郎代笔的《空中的片假名》，按照他本人的说法是几乎未经加工修改，前些日子就在《中央公论》上发表了。另一方面，当他提笔撰写以最为冷酷辛辣的笔锋著称于世的正式的文艺评论时，他收起了玩弄文学游戏的轻浮面孔，倒也不是不能怡然自得的。（引自《龙胆寺雄全集》）

---

① 横滨事件，指第二次世界大战期间，日本政府打压言论自由的事件。《改造》杂志因发表赞美共产主义的言论而被日本政府勒令停刊，神奈川县警察逮捕《改造》的编辑及记者 60 余人，横滨地方法院判处其中 30 人缓刑。——编者注

　　龙胆寺，出生于千叶县的佐仓，在茨城县下妻市长大。他的本名为桥诘雄，曾从庆应义塾大学医学部中途退学，据说他的作品《放浪时代》受到谷崎润一郎盛赞，但是谷崎并没有写过那样的文章。作为新兴艺术派的新人，他也经常评论川端。另外，上文中提到的"纯粹文学"，指的是纯文学。

　　龙胆寺在《致M.子的遗书》中曾写道，由于佐藤春夫和菊池宽关系不和，自己作为佐藤的学生在菊池家吃了闭门羹。因此，社会上流传着龙胆寺因此文批评了文坛大佬菊池宽而被逐出文坛的说法，最近我还读到了以这一传说为依据所写的学术论文，但这究竟是不是事实，非常令人怀疑。曾是龙胆寺好友的保高德藏撰写的《作家与文坛》（1962）中有一章"可怕的文坛"，这一章写到了龙胆寺的这一事件。龙胆寺在文艺春秋社发行的《文艺通信》8月刊上发表《龙胆寺雄致川端康成的私信》向川端赔礼道歉："我应该事先征得你的同意再交稿，不过时间很紧……"川端则在《文学界》的8月刊上以《私事》为题写道："拙作《空中的片假名》，绝非如龙胆寺先生在《致M.子的遗书》中所写的那样由他人代笔。龙胆寺先生听错了或理解错了。那部作品中的氛围和文字，除了我以外没有其他人能写出来，这是一目了然的。"几乎在同一时期的7月19日，川端在《时事新报》上发表的文章《俗论》中写道："20日的'代笔'之事，龙胆寺雄先生在《致M.子的遗书》中错误地将我某部作品说成是由他人代笔。由此，我认真思考了代笔这一问题。"之后，川端展开了令人感到高深莫测的议论，提出了"即便是自己的作品，如果由自己心中的另一个人所写，不也可以算作代笔吗"之类的问题。

　　保高德藏则认为，龙胆寺不应该赔礼道歉。保高在书中写道，那一时期直至战后在《改造》上发表《不死鸟》（1952）之前，龙胆寺在文坛上消失了。不过，这是保高搞错了事实。事实上，该事件发生后，龙胆寺不仅在《文艺》上，还在《中央公论》杂志上发表过作品。1943年（昭和十八年），龙胆寺的历史小说被提名直木奖候选作品，战后的1947年（昭和二十二年），他的作品《放浪时代》由川端担任要职的镰仓文库出版。

羽鸟彻哉在其创作的川端康成的传记第九章中提到了这一点，他从龙胆寺的精神状态有问题的视点出发进行了论述。对于问题的关键——《空中的片假名》这部作品，川端生前从未将它收入单行本以及全集中。如果是平庸、失败之作，或是为了生计的"读物"类作品倒也能理解，然而《空中的片假名》却是一部佳作，它写了一个居住在浅草的贫困青年与住在对面建筑物中的少女在空中比画假名对话的故事。不过，《致 M. 子的遗书》中提到的内田宪太郎则又是何人呢？

川端去世后的1978年，由武田胜彦编纂的，主要汇集单行本等未收入作品的《婚礼与葬礼》作品集收录了《空中的片假名》。武田在"后记"中写道："之所以收录《空中的片假名》，是因为该作品未收入全集……且被有的评论家诟病为代笔之作。读一下该作品便很容易发现代笔之说可笑至极。对此，我想择机撰写学术论文并发表。"文中用了"可笑至极"之类的词语，不过这篇文章表达得并不十分准确，实际上是龙胆寺指责作品为代笔，并且由于未收录于单行本而被说成代笔。不过，之后的三十五年中，武田并未在任何杂志上发表其已"预告"的学术论文。

这可能是因为在那不久便开始出版发行的三十五卷（增补两卷）本全集中收录了内田宪太郎的书信。与此同时，内田这一人物也出现在秀子在该全集的月报上连载的《和川端康成在一起的日子》中，且事情发生在川端创作《浅草红团》的那一时期：

　　　　这一时期，因"夏洛克·福尔摩斯"而闻名的长沼弘毅在厩桥税务署工作，他说"你想写浅草的话……"，他请来了道上号称老大的人与川端见面。这位身上文着黑颜色的龙而被人称为"黑龙大哥"的关根益一郎先生（当时他自称横田）对卡西诺·弗利剧团相当关照，因此剧团没有受到任何人敲诈勒索。……关根先生的父亲亦可能是祖父，当选过三任众议院议员，他本人也为此颇感自豪，并喜爱文学……

受到关根先生关照的人中，有两个名叫内田的人。一个已经正儿八经地结婚了……另一个据说眼神凶狠且猥琐，他就是传说中为川端代笔的人。川端本人已经明确否定了代笔一说，应该不需要再讨论了。在我的记忆中，这个名叫内田的人，住在山谷一带①，经常找上门来，声称自己饿着肚子。换言之，他很穷。每次我都会包上一些钱给他。不过，自从绿川先生那边住上学生后，他就不再出现了，好像后来他跑到关根先生那里去了。

长沼弘毅（1906—1977）是东京大学法学部毕业的大藏省官员，经常扮演为黑白两道纷争进行调停的角色。当时宇野浩二也在场并出谋划策，长沼的《人间宇野浩二》中也提到了此事。关根的祖父应该就是葛饰出身的关根柳介（1851—1917）。诗人菊冈久利（1909—1970）——他好像是川端的学生——的妻子曾回忆说，川端死后自己曾接到关根益一郎的电话。

全集中公开的内田宪太郎来信共有五封，其中一封日期不明，1932年（昭和七年）9月有两封，来自山谷。12月和1933年（昭和八年）1月各有一封，均来自龙泉寺。信中内容诉说下层人民生活的艰辛，称赞川端的文艺评论非常出色，希望川端能出版，完全没有提到代笔之事。内田的来信显示，他对文学十分熟悉，文采十足。全集的解说完全把写信人当成了身份不明之人，指出"从字面

---

① 山谷一带，指现在的东京都台东区东北部和荒川区南千住一带，过去此处有众多廉价旅馆和小酒馆，是下层劳动者聚集、出入的地方。——译者注

上可以看出，这是一位文学青年，是川端的'浅草题材'的作品素材提供者，优秀的协助者"。关于第三封信中所写的"毕业于法政（大学）国文科，在龙泉寺巴士车站前的一家旧书店帮忙"一段文字，解说文的撰写者写道："据说他是耕治人。"撰写该解说文的是郡司胜义。事实上，耕治人毕业于明治学院，并没有在旧书店工作过，解说中的"据说"，不知是据谁所说，让人费解。

从其中的两封信中还能看到，内田患有盲肠炎，没有接受手术，时常疼痛难忍。《空中的片假名》中的主人公也因胃痉挛卧床，并引发盲肠炎。内田有时住在公共慈善机构的旅店，有时被当作病倒的旅人收入慈善医院。人们之所以会众口一词地认为《空中的片假名》是内田的代笔之作，这封信起到了提供证据的作用，武田也因此无法进行他的"学术论文"写作了。而羽鸟所作的川端传记的出版也是在内田的信件公开之前。

当然，川端本人对作品进行过修改。中里在川端的追悼文中曾写道："川端只是对他人的创作稍加修改，犹如施了魔法，他人的作品便变成了川端的作品。"因而这篇追悼文反而成了川端让人代笔的证据。

在《事故的原委》事件发生时，龙胆寺接受了臼井吉见的来访，他大骂川端并扬言志贺直哉和里见弴才配得上诺贝尔文学奖，臼井好像也觉得龙胆寺的精神状态有问题。战后，龙胆寺在1952年（昭和二十七年）4月的《新潮》上发表文章《别妻——此文赠予川端康成先生及林髞先生》。川端自杀后，他又写了文章《川端康成的神通力》（《历史读本》，1972年7月）。或许也是因为他被文坛抛弃这一传说在社会上流传甚广，1984年龙胆寺的十二卷本全集出版后，最终只是证明了他不过是一个平庸的作家。龙胆寺自1933年（昭和八年）起便已热衷于仙人掌研究，他似乎为此耗费了半生的精力。他在早期创作了一些色情和风格怪异的作品，具有现代派的文学特征。中村正常有一部题为《宝儿吉的求婚》的小说，

"M.子"这种奇怪的名字见于这部作品中，此外同样的情况也存在于楢崎勤那部名为《忘穿内裤的大小姐》的作品中。

那么，川端家人为什么公开内田的信件呢？川端的全集中有评论家郡司胜义所写的解说文，之后是川端养女之夫川端香男里撰写的解说文。我觉得这是出自香男里的判断。无论秀子还是武田如何巧言善辩，都是为了维护川端的颜面。然而，即便从立场上而言香男里必须站在和秀子相同的立场，但是出自学者这一身份，他觉得需要就事论事，揭开真相。因此，在川端死后，香男里一定仔细查阅了川端收到的信件，并公开了证明中里、伊藤等人为川端操刀代笔的书信，以此期待学者展开公正的研究。

我还没有读到过有关《空中的片假名》的论文，龙胆寺的全集的解说文中也没有关于此事的内容。令我吃惊的是川端康成全集的月报小册子中有森安理文（1915—2003）的一篇文章，森安写过一部著作《川端康成：消亡的文学》，其中也没有提及《空中的片假名》。

1932年（昭和七年）9月20日至11月10日，《东京朝日新闻》连载了川端的小说《化妆与口哨》。1933年（昭和八年）6月，新潮社出版了短篇小说集《化妆与口哨》，该短篇小说集中没有《空中的片假名》。久米正雄等人不会将代笔的作品收录于单行本。当然，川端恐怕也是一开始就没有收录该作品的打算。稿费应该被支付给了内田。代笔未必一定是坏事，只是应该在适当的时间，如十年之后，再将代笔的事实公之于众。事实上，久米公开了《堕落之人》是菊池的代笔之作（久米比菊池更早成名）。不过，《空中的片假名》的代笔问题被龙胆寺公开，也可以说这让川端失去了公开此事的时机。最终，川端从未承认过该作品为他人代笔之作。

12月，川端在《文艺》上发表了随笔《临终之眼》，此文被认为是受到古贺春江之死的触动而撰写的，似乎也可能是因芥川的自杀有感而发创作的，是一部中心点不是十分明确的作品。此文在战后成为川端随笔集的书名，人们在论及川端时无不提及这一作品。

然而，川端自己却在《独影自命》中写道："我在被人评论时，《临终之眼》几乎无一例外地被拿出来引证，每一次都令我愁眉不展，甚至作呕。"川端经常表达对自身作品的嫌弃，包括对《禽兽》《湖》，甚至《睡美人》，他都不喜欢，因此他对评论家的评论不甚在乎。但是，羽鸟彻哉死后而处于川端研究最前沿的学者原善曾在其早期著作《川端康成：其透视法》（1999）的后记中无奈地表示川端被过度使用广告宣传式的语言加以评论，这可谓是一语中的。《临终之眼》也遇到此类情况，过去一段时间曾经流行的是"魔界"一词。使用广告宣传式用语，意味着没有谓语，无动态，缺乏评论的生动性。而且，这种评论，只是在广告宣传式的文字上绕圈子而已。

1934年（昭和九年）2月，文艺春秋社为直木举办了社葬①后，川端可能由于为《文学界》的复刊四处奔走而累得腰痛卧床。他让宠物狗路易、艾丽分别与公狗交配，两只狗都怀上了幼崽。狗的孕期大约为两个月。2月，川端担任了《梶井基次郎全集》和《池谷信三郎全集》的编委。《梶井基次郎全集》的编辑以淀野和中谷孝雄为中心。3月29日，在热爱文学艺术的警保局②局长松本学主导的日本文化联盟的赞助下，文艺恳谈会设立，并举行了成立仪式。因松本学是警察，因而许多作家担心此举是否表明国家对文化的控制。据说，川端前往参加活动后，发现到场的尽是年长者，自己年龄最小，这让他非常吃惊。出席者还有上司小剑、岸田国士、丰岛与志雄、三上於菟吉、近松秋江、正宗白鸟、菊池、中村武罗夫、佐藤春夫、室生犀星、长谷川伸、吉川英治（1892—1961）、岛崎藤村、加藤武雄、横光、德田秋声、广津、宇野浩二、山本有三等

---

① 社葬，又名公司葬，是为对公司有重大贡献者举行的、由公司与逝者家人一同操办的葬礼。公司一般负责葬礼的组织及费用。——编者注

② 警保局，日本内务省下辖的管理机构。负责日本警察行政工作的管理。1947年该机构因内务省被废止而变更为日本内事局第一局。——编者注

人。久米正雄未受邀请，据说之前他因赌博事件遭到检举。久米为此十分生气，对座谈会进行了猛烈抨击。

然而，实际上根本原因应该是久米前

文艺恳谈会的聚会。右侧第四人起：室生犀星、中村武罗夫、川端、德田秋声、上司小剑、岸田国士、广津和郎、丰岛与志雄、宇野浩二、近松秋江、松本学。摄于1935年（日本近代文学馆）

年担任了学艺自由联盟的委员长。（参见拙著《久米正雄传：微微苦笑之人》）不知何故，这一时期的历史小说家中有法西斯主义倾向的人居多，恳谈会中的三上、吉川、长谷川等人也属此类，尤其是三上，是法西斯主义的急先锋。丰岛在这一时期与川端关系密切，由于他参加了学艺自由联盟，因而受到为什么出席恳谈会的指责。

川端并不是因为战后担任日本笔会会长才开始加入各种团体的，他很早起就热衷于参加这样的聚会，和讨厌聚集在一起搞活动的永井荷风以及谷崎润一郎形成了鲜明的对比。

3月，川端中断了在文化学院的授课。4月，短篇小说集《水晶幻想》由改造社出版。另外，战后的1959年（昭和三十四年），他将4月至5月的日记作为《旧日记》发表，但不知是哪个环节出错了，时间写早了一个月。4月起（不确定），君子从学校毕业去了松屋百货店工作。4月21日，在涩谷举行了忠犬八公雕像①的落成

────────────

① 忠犬八公雕像，指为纪念日本知名的忠犬八公（1923—1935）的事迹而在涩谷站设立的八公犬的雕像，因八公犬的事迹于1933年被《朝日新闻》报道而广为人知，次年设立了该犬的雕像。——编者注

仪式，实际上这是发现川端在日记中写错日期的关键性证据。并且，秀子在她的著作中记录着1934年太宰治来访，川端不在家。经五十岚康夫（1939—?）调查，弄清了两件事其实发生在同一天。据说，当日久保乔带身着学生装的太宰治登门拜访。川端第二天出发前往伊豆，秀子因腰痛去了池袋的名叫野尻的医生那里，川端于27日返回东京，并于28日观看了舞蹈表演，深夜回家后，妻子的母亲让君子起床做饭。

川端到了晚年也是如此，日记中记录的大多为一天里见到的人、收到的来信、自己写的信等事宜。晚年时，作家濑户内晴美[1]在著作中写道，当她说起自己手里有川端的来信时，被了解川端特别喜欢写信的人嗤笑。文学评论家江藤淳曾回忆说，每当自己寄去著作后，川端必定会来信，尽管江藤自己并没有给川端写信（对于江藤为什么不写信这一点，我颇有兴趣，将在后文详述）。

对于川端这样的人，用性格孤僻、热爱孤独来形容确实有些滑稽。如果说有人擅长交际，实际上内心孤独，政治家和企业家中也有这种人。川端和担任内阁总理大臣时的竹下登[2]长得有几分像，我觉得在为人处世方面也有相似之处。

川端在5月的《新潮》上发表《文学自叙传》，回顾了之前的人生。读了该文的林芙美子曾给他写信道："您有朋友，十分羡慕。"芙美子写给川端的信件大部分已经公开，她似乎对川端仰慕不已。佐藤碧子也请川端修改自己写的小说，是年5月，《女性的出发》刊登在了《东京日日新闻》上。另外，芹泽光治良第一次寄来了自己的著作。芹泽毕业于东京大学经济学部，后来川端担任日本笔会会长时，芹泽担任副会长，后又成了继任会长。芹泽被认为

---

[1] 濑户内晴美，即濑户内寂听（1922—2021），日本作家、僧人。代表作有《夏之残恋》《场所》等。——编者注

[2] 竹下登（1924—2000），日本政治家。曾于1987年至1989年担任日本内阁总理大臣。——编者注

是通俗作家，还有过上了诺贝尔文学奖候选名单的传说。不过，他的作品没有被翻译成外文版过，因而这一说法应该是空穴来风。

说到诺贝尔文学奖，1932年的获奖者是约翰·高尔斯华绥，这位也是担任国际笔会会长的作家。当时，川端在文艺评论中批评野上弥生子的作品《年轻的儿子》，他在文中写道："而且，我们不能对作者的着眼点和正面的人生观丧失敬意。为此，我产生了一种奇特的想法，即我意识到似乎西方出人意料地存在大量这类'感觉迟钝'的小说。日本人，无论是作者还是读者，对小说神经过于敏感……就如这部《年轻的儿子》，假如能对时间问题加以适当把握的话，小说在日本不是也能更从容地流行于世吗？高尔斯华绥不也拿到了诺贝尔奖吗？"

川端在年轻时翻译过高尔斯华绥的短篇作品。但是，他究竟是否读过高尔斯华绥的长篇代表作《福尔赛世家》，这点令人怀疑，因为该作品日语译本的出版时间是在1935年（昭和十年）。不过，这部小说的内容，他应该是了解的吧。诺贝尔文学奖评选人有些偏爱大河小说①，在这之前有亨利克·显克维奇（Henryk Sienkiewicz）、罗曼·罗兰（Romain Rolland）获奖，以及托马斯·曼（Thomas Mann）凭借《布登勃洛克一家》获奖，之后也有罗杰·马丁·杜·加尔（Roger Martin du Gard）以《蒂博一家》、赛珍珠（Pearl Buck）因《大地》获奖。换言之，川端和久米正雄一样，表达的应该都是"西方的长篇不就是通俗小说吗"这层意思。后来，野上创作了大河小说《迷路》，芹泽创作了《人类的命运》。但是西方的文学在第二次世界大战后也发生了若干变化，海明威就是以短篇小说《老人与海》获得诺贝尔文学奖的。

全集中收录有一封被认为是1935年（昭和十年）10月13日川

---

① 大河小说，指多卷本连续性长篇小说巨作。原为法国文学中的一种文学形式。——编者注

端写给秀子的信，没有信封，寄自群马县水上温泉乡的汤桧曾温泉。不过该日期，川端应该正在越后汤泽，所以这封信可能是1934年5月的。当时川端和与梅园龙子结婚的矶沼秀夫在一起。矶沼是明治制果①的摄影师。川端为1933年12月发行的明治制果的宣传杂志《飞碟》创作了童话《奶糖姐妹》，他似乎是因此与前来约稿的矶沼交识的。川端在信中说温泉旅馆的服务员知道自己的名字，起初他被认为是穷的游客，当自己在旅馆的登记簿上写下名字时，服务员的态度发生了一百八十度的大转变。另外，信中还写道，5月中旬，受沼田警署的委托，谷中警署的警察前来调查川端的身份。换言之，自己可能被警察怀疑是左翼知识分子。第二天是文艺恳谈会的例会，因东京府知事（香坂昌康）也出席了，故特意提了一句。《松本学日记》中没有记录这一天发生的事情，因此无法确定日期。据说第二天是浅草三社祭②的活动。

18日，大相扑5月场所③的第九天，川端和山本实彦、横光一同前往观看比赛。川端喜欢看相扑比赛。战后每逢东京赛场的"千秋乐"④的比赛场次，川端一家都会与藤田圭雄一家相约观看比赛。22日，川端给福田清人（1904—1995）寄了一封快件，委托他代笔。当时川端为改造社的《日本文学讲座》撰写《菊池宽论》，他委托福田撰写其中"新思潮派的人们"一章的内容。福田后来成为儿童文学的泰斗。他毕业于东京大学国文科，当时在第一书房出版

---

① 明治制果，指明治制果股份有限公司。为一家生产糖果点心与药物的日本公司。——编者注
② 三社祭，日本东京浅草神社的盛大祭典。正式名称为"浅草神社例大祭"，在每年5月第三周的周五至周日举办，三社祭的名称来自浅草神社旧名三社大权现社。——编者注
③ 大相扑指日本相扑中拥有最高地位的职业选手（力士）所举行的商业性比赛。该相扑比赛分为六个赛季，不同赛季的名称为"某月场所"，如5月的赛季为"5月场所"。——译者注
④ 千秋乐，指日本相扑赛季中的最后一个比赛日。——译者注

社工作。这一时期，川端去看了第一书房社主长谷川巳之吉的岩佐又兵卫①收藏展。龙胆寺揭穿川端代笔之作一事恰好发生在此时。

这段时间，川端每天工作到深夜，凌晨躺下，中午起床。不久，他便陷入了失眠的痛苦，因服用安眠药，导致安眠药中毒。28日，川端同样工作到凌晨，他寻思浜松町的花鸟店应该已引进了伯劳鸟，一大早便出门敲开店主家的门，结果发现没有伯劳鸟，于是他买了两只鸥鹆回家，分别为它们起名"大咪咪"和"小咪咪"。这大概可以算作川端的异常举动了吧。

30日清晨，刚过6点宠物狗艾丽便开始生产，川端叫来了莺谷②的兽医北山，艾丽顺产三只幼崽后，第四只难产，中午过后仍未产下。三宅几三郎、古贺春江的妻子前来。2点半，第四只幼崽在分娩中死亡。东京大学农学部的兽医石崎也来了。此外，来客还有冈本加乃子。冈本加乃子在后来的信中说当时还是自己付了回家的车费。之后，路易开始生产，这只狗最终难产死了。加乃子来信说"给狗喝可尔必思③"。由于川端不想住在死了狗的房子里，于是打算搬家。6月7日，川端前往群马利根郡桃野村的大室温泉开始写作。在此之前，川端去的伊豆、热海、船桥等地的温泉均位于东京以南地区，自去汤桧曾温泉之后，川端似乎开始向北旅居，大概是为了寻求新的创作题材，打破闭塞的局面。

川端常使用"材题"一词。作家，干了十年后便会穷尽少年期和青春期的记忆，他们苦苦寻求新的题材。但是，川端不写私小说、原型小说、历史小说。《二十岁》这部小说的素材来自警察的案件记录。有意思的是，川端是去异地看风景，以风景为创作题材

---

① 岩佐又兵卫（1578—1650），日本江户初期的画师。本名为胜以，号道蕴。被认为是"浮世绘的鼻祖"。——编者注

② 莺谷，东京都台东区的一处地名。——编者注

③ 可尔必思，日本的一种乳酸菌饮料。1919年由三岛海云创立该品牌。——编者注

的作家，从他战后为创作《千只鹤》的续篇而环绕九州采风一事上可以清楚地看到这一点。但是，只有风景是无助于小说创作的。创作通俗小说的话更是如此，例如菊池宽以蒲郡为舞台创作的作品《火华》，可以说作品中的人物就是类型化的。

川端自称不写类型小说。实际上，"类型"也有程度上的强弱之分，既有如实描写事实的私小说，如菊池所说的"不是类型"的"如实"作品，也有只借助人物真实境遇的作品，借助真实人物关系的作品，以及经完全变形后几乎不知原型的作品。战后，川端曾告诉弟子泽野久雄说不用介意类型问题。他曾说："一部《伊豆的舞女》，让自己的家人到丰衣足食的程度，但自己从来不说这是以自己家庭为原型创作的小说。"作家一旦迫于生计，是什么都会写的，虽然川端在文章里从不这么表达。

秀子无疑是个非常能干的秘书。她会给突然外出旅行的川端写信告知有人来家中拜访之事，并转寄他人来函，情急时也会抄下内容寄送。秀子去出版社预支稿费时，因恰好菊池等熟人不在场而被人嫌弃、刁难，回家途中她去菅忠雄夫人家里哭诉。川端通过铁路快件寄回稿件时，秀子便会去东京上野站收信，并给川端电汇寄钱。即便这样，川端有时还会大动肝火，指责秀子转寄的信件是急件，要求其转寄前读一下，称旅馆中打电话的地方太冷，怒骂秀子的回信来得太晚，如此种种。

事实上，1934年至1935年前后，川端不存在无法靠稿费维系生活的情况。然而他在养宠物的爱好上耗费了大量开销，住旅馆也是很大的花费。川端完全没有存钱的意识。

10日的信件中写有"如果搬家的话，务必告知"的内容。换言之，川端在外出期间，从找房子到搬家的这些事宜，他全都交给秀子处理。信中还写道要秀子去印刷两百份搬家通知单。12日的信中写有："蠢货，务必及时报告，你要我回去臭骂你吗？"此时，秀子已把家搬到了谷中坂町79（现台东区谷中1-6）。

13日，为给《文学界》杂志送稿件，川端去了水上站。该作品题为《南方的火》，由《海的火祭》中的一部分改写而成。由于清水隧道已经开通，他便直接坐火车穿过了隧道，抵达越后汤泽，并入住高半旅馆。当时在水上站发生了男女私奔事件，这让他想到了"投河殉情"的构思。由于当时的川端是只身来到此地的，因此在14日返回大室取行李后，他又一次奔赴越后汤泽。

就在这样的奔波中，《雪国》诞生了。

第七章
《雪国》与北条民雄

《雪国》的故事结构

长大后，我终于明白了《雪国》中那句话的意思——"我的食指最记得你呢"，这让我兴奋不已。在大阪大学教书期间提起这件事的时候，女学生们当即心领神会地笑了起来，男学生们却是一脸懵懂。后来，我在东京大学、明治大学等学校也谈到过这个话题，但还是大阪大学学生的反应最让我满意。总体来说，男学生们大多不明就里，有人还在提交的小论文中写道："想起你便用这根手指自慰了。"男学生们保持童贞的程度真是超乎想象。

但是，最初发表在杂志上的《雪国》原型之一《暮色之镜》中写的是"手指还记得触摸你头发的感觉"，到了最终版上，这句话显然成了另外的意思，这也是为了躲过审查而下的功夫。

明白了这一点后，也就能读懂岛村和驹子是如何边交谈边行男欢女爱之事的了。那么，是否这样就能认为《雪国》是一部杰作？并非如此。我无法理解作品中驹子和叶子这两位女性存在的意义，也无法理解岛村的平庸无奇；罹患肺病的学生和驹子、叶子的关系以及这两位女性和岛村的关系也模糊不清。换言之，整部小说缺乏合理的故事结构。

创元社版本问世时，最后部分的火灾场面尚未出现，但从这时起，《雪国》就得到了很高的评价。到了后来，说看不懂《雪国》

的人反而逐渐多了起来。最重要的是，战后出生的读者不懂艺伎这一职业。当然，我不认识任何艺伎。可是她们也并没有消失，在祇园一带依然能见到她们的身影，只是普通人中了解这一职业的人意外地少之又少。"舞伎"很有名，但人们觉得她们的工作就是跳舞，并不知道她们成长为艺伎后，往往成了政治家或企业家的情人。

若要追根溯源起来，《雪国》的问题有着很深的渊源。出现两名女性这一故事架构与泉镜花的《日本桥》相似；再往上追溯的话，便不得不提德川幕府时期的人情本①，乃至以净琉璃《新版歌祭文》为代表的德川后期的色情文艺。从类型上而言，被两名女性"夹"在中间的男人必须是美男子。《日本桥》便是如此。

然而，《雪国》中的岛村算不算美男子？《雪国》被多次改编成电影、搬上舞台或拍成电视剧。电影中扮演岛村的演员有池部良和木村功，电视剧则有若原雅夫、山内明、田村高广、山口崇、片冈孝夫（现名仁左卫门）和鹿贺丈史，舞台剧中则有中村吉右卫门、菅原谦次、孝夫、山口、山本学、近藤正臣、田中健、篠田三郎和松村雄基。可见，这一角色大多是由美男子扮演的。但是，如果忽略这些影视和舞台作品，不带着先入为主的印象来阅读《雪国》就会发现，关于岛村，除了他是个无所事事的舞蹈评论者之外，他长什么模样、是否真有女人缘，一切都不得而知。即使是在我有了一些相关知识，了解了这部作品来自川端的实际体验，而驹子也有其人物原型之后，我也无法从岛村身上见到川端的任何影子。

在对《雪国》的解读上，川端本人也摇摆不定。起初川端写道，自己把岛村写成了比现实中的自己更让人讨厌的人，但事实上，岛村是不是一个让人讨厌的人，甚至于他是否具有统一的形象这一点都让人怀疑。后来，意识到这一点的川端表示，比起岛村，

---

① 人情本，江户后期至明治初期流行的以市民爱情和世俗人情为题材的小说，代表性作家有为永春水等人。——译者注

自己更接近驹子。评论家对此不以为然，拿出声称"我就是爱玛·包法利"的福楼拜来对比。山本健吉用能乐来打比方，他说驹子是主角，岛村是配角，最终在他眼里，川端甚至连配角都不是，而是幽灵。

田村充正认为，《雪国》不是小说，而是前卫艺术。但是，从形式上来看，无法否认它是小说，而难以把它看作诸如洛特雷阿蒙（Comte de Lautréamont）创作的《马尔多罗之歌》（*Les Chants de Maldoror*）那样的长篇散文诗。小林秀雄说，川端从未写过一篇小说，这也过于夸张了。我觉得最合理的大概是"氛围小说"这一理解，即像谷崎润一郎的《食蓼之虫》和夏目漱石的《草枕》那样，能在读者的脑海里留下美好氛围的那类作品。

既然本书是传记，那就让我们去确认一下事实吧。川端抵达汤泽温泉并入住高半旅馆的日期是1934年（昭和九年）6月13日，回家则是在21日左右。下一次入住高半是在8月上旬。换言之，是在夏天，而并不是去了"雪国"。接下来的一次是12月6日，此时川端已经打算写在这里发生的故事。川端先为《文艺春秋》杂志的1月刊创作了《暮色之镜》，迫近交稿日期时匆匆完稿，寄了出去。随后，他为交稿截止日期较晚的《改造》刊物写了《晨曦之镜》，同样有头无尾，标题中的"晨"也没有体现出来。

三十五卷（增补两卷）本全集中的第二十四卷中，收有最初在杂志上发表、之后成为《雪国》原型的作品，作为《雪国》的"初稿"。川端后来创作的《山之音》和《千只鹤》均采用了先发表若干短篇，随后再将短篇串联起来写成长篇的方法。《雪国》则与上述的例子不同，在创元社出版单行本时，川端对其进行了彻底修改。

有一部分西方作家在创作长篇小说时往往会先进行充分构思，这一点对日本作家来说却并非易事。这是因为部分西方作家如托尔斯泰和普鲁斯特是贵族出身，家境富裕，还有一些如司汤达以及梅里美则身居要职。当然，日本也有荷风和志贺这样资产丰厚而作品很少的作家，西方也有巴尔扎克等为了收入而勤奋写作的作家，所以也并不能一概而论。有岛武郎不仅家境优渥，而且作品畅销，当下的村上春树也展示了其作品在全世界范围内热销的盛况。至于川端，从根本上而言，他做不到长时间写作，再加上存不下钱，因此需要为钱创作，算是个特例。

《暮色之镜》以下面这段话开头：

> 我用手指触碰了她濡湿的头发。——我比任何事情都清楚地记得那种触感，岛村回忆起那个活生生的场景，他便想去告诉那个女人，于是他乘上火车，开始了旅程。

叶子是虚构的人物，但在火车上川端见到了怀里躺着男人的女人，这应该是事实。驹子的名字，在川端写完第四部《徒劳》之前从来没有出现过，他用的称呼一直是"女人"，"驹子"这个名字则多半来自对"丙午"的联想。川端笔下"驹子"的原型小菊是艺名为"松荣"的艺伎，据平山三男对盲人女按摩师的原型星野美莎（1893—1983）的采访，川端是在第二次即8月份来汤泽温泉时经美莎介绍而和松荣认识的。川端应该是被她的气质吸引了。正如作品中所写的那样，松荣聪明伶俐，喜欢读书，是个好女人。川端本人未在任何文章中提到故事中的场景是在越后汤泽，事实上对这一背景的确认，依据的是1949年（昭和二十四年）川端全集的后记即《独影自命》。不过，1937年（昭和十二年）《雪国》被改编成戏剧时，已经有人进行了调查，扮演驹子的花柳章太郎和进行脚本创作的寺崎浩（1904—1980）去越后汤泽见了松荣。

高半旅馆的主人是高桥半左卫门的后代，是村里的名门望族，当时其长子正夫刚从京都大学转入东京大学文学部，后来继承了半左卫门的家业。岛崎藤村和北原白秋等人常来此居住，长子正夫拜白秋为师；次子有恒则上中学五年级，后来从新潟高等学校毕业升入千叶医科大学，这完全是一个知识分子家庭。因此，川端8月份入住高半旅馆时，应该和正夫相处得十分投机。6月来的那次，他写给秀子的信中情绪十分焦虑，而他8月和秀子的来往书信则没有公开。川端死后，有恒发表了《〈雪国〉原型考》一文。文中写道，1937年（昭和十二年）5月末，川端在新潟高等学校讲演时，发现了坐在台下的有恒，他突然说道："了解我作品中的原型和写作过程的人就在眼前，这让我很难堪。我觉得自己的作品和排泄物没什么两样。"

1956年（昭和三十一年），和田芳惠为《东京新闻》取材走访汤泽温泉，后来又为1957年（昭和三十二年）3月刊的《朝日妇女》的连载栏目"名作原型访谈"第一期前去采访，对松荣的故事有了详尽的了解。据说将松荣的存在告知和田的也是有恒：1942年（昭和十七年），还是千叶医科大学学生的有恒参加了作家上田广（1905—1966）等人组织的房总文学会，和田记得在那个文学会上有恒告诉了自己关于松荣的事情，所以他便向当时在东京某医院工作的有恒打听。和田的文章中说松荣的本名为"丸山菊"，也有很多人把她的名字写成"五十岚和子"——据五十岚康夫的采访，五十岚和子是她去给人家当养女时的名字。丸山菊于1915年（大正四年）11月23日出生于新潟三条的岛田，是铁匠铺家中的长女。她的家中有十个兄弟姐妹，因而生活穷困潦倒。1924年（大正十三年），虚岁10岁、正在上小学的菊被迫辍学，并被送去位于长冈名为"立花家"的艺伎世家当学徒。

1931年（昭和六年）8月，丸山菊作为艺伎从汤泽的若松屋出师，次月清水隧道开通。1934年（昭和九年），19岁[1]的菊在转入

---

[1] 和田在《记忆中的人们》（《おもかげの人々》）中写的是昭和三年、17岁，年龄不符，之后的年龄也错了。在《解释与鉴赏临时增刊　现代作品的造型与原型》（《解釈と鑑賞臨時増刊　現代作品の造形とモデル》）中，平山三男认为松荣是在昭和元年成为艺伎的。此处19岁为实岁。

"丰田屋"时，已经成长为一个能独立门户的艺伎。换言之，她已经不再欠债了。她以舞艺高强但绝不留宿即不和客人同寝而远近闻名。我见过她当时的照片，其中也有她滑雪的照片，眉毛很粗，修得十分整洁，是个美女。提起这一点时川端写道，花柳表示要去见松荣时，"我说过他会失望的，请他放弃，……他果然扫兴而归"（《作家访谈》①）。本人见到这段文字恐怕会不高兴吧，川端为什么要这么写？

小说将人物写至这种程度的比比皆是，但是，因为川端是诺贝尔文学奖获奖者，所以伊藤初代和驹子会被人格外仔细地研究，甚至到了异常的程度。不过，《睡美人》的原型至今不明。

据之后去见松荣的泽野久雄所说，1935年（昭和十年）1月，有人告诉松荣，"刊登在杂志上的小说很像在讲你"，于是她立刻买了《文艺春秋》和《改造》两本杂志，读得面红耳赤，这让她害羞又坐卧不宁。后来菊和名叫小岛久雄的、比她年龄小的一个跛脚青年结婚，又于1999年1月13日去世，终年85岁。川端获得诺贝尔文学奖以及他自杀后，菊都接受了《妇女周刊》等杂志的采访。

《晨曦之镜》中有大量隐晦的文字，但也有我前面提到的嘴上说着"你说过就让我们做个好朋友吧"而身体却已经重合在一起的场景。据说川端曾给松荣去信，对自己未经同意而擅自将松荣当作了小说原型一事表达了歉意，但没有收到回信。实际上，川端之后又去了高半旅馆，叫了松荣。从1935年（昭和十年）9月30日起，在不足一个月的时间内，川端在《日本评论》上发表了《物语》和《徒劳》。《日本评论》是日本评论社的杂志，在1935年（昭和十年）10月由《经济往来》改名而来，小林秀雄在该杂志上连载过《私小说论》。1936年（昭和十一年）7月，川端再次赴高半，这次似乎是最后一次。

---

① 《作家访谈》，日文名为《作家に聴》，全集中将书名误写为《作家に聞く》。

1957年（昭和三十二年），岸惠子（1932— ）主演的《雪国》电影拍摄期间，川端也去了外景拍摄地汤泽。当时，岸惠子见了菊，川端晚来一步没有见到。也有人说，那之后两人在三条的咖啡馆见了面。1959年（昭和三十四年）川端发表随笔《〈雪国〉之旅》，其中收录了1935年（昭和十年）10月住在高半旅馆时的日记，那上面写有"驹。（注：驹子来旅馆之事）"等文字。"驹子"是小说中的名字，日记中将原来的"松"改成了"驹"①，非常生动。

概言之，当《暮色之镜》等作品发表后，松荣读得面红耳赤，其后川端又来了，为了创作后续部分。川端的房间称作"霞间"，现在还保留着。和田的著作称，松荣的丈夫小岛曾提到，据说小说中写的是真实的对话，大概八九不离十吧。川端经常挂在嘴边的说法是，即便有现实中的原型，并借用了一下他们的生活场景，书中所写的也都是编造出来的故事，然而，他发表写有"驹"等文字的日记，相当于自己宣布了那是真实的故事。这出自作家的本能：写的是事实，却让人觉得是虚构，这一点让他感到不适。

不能将《雪国》当作爱情小说来读，因为川端写的不是爱情小说。但是，尽管讲的是艺伎和顾客之间的关系，若揭去川端写作技巧的面纱再去读其中的对话，会发现它就是爱情小说。读者的纠结之处就在这里：岛村有没有爱上驹子，驹子又有没有爱上岛村？乃至川端和松荣之间是否产生了"爱情"，而即便是顾客和艺伎之间的短暂关系，也会存在爱情吗？小说让人不由自主地产生这些疑问，这是川端的写法所造成的。

我并不觉得川端是个让女人倾倒的男人，因此《雪国》看上去是有一些虚构成分的。但是，就松荣这个人物而言，好像又并不如此。首先，川端是什么时候开始起在去温泉后叫艺伎的？曾经纯情

---

① 关于名字的改称参见川端香男里的《川端康成的素颜》一文。

的川端，压根不懂如何玩弄女人，甚至为了饮食店女招待而陷入单相思的痛苦。距离那个年代已经过去了十二年，他结了婚，也对家庭生活产生了厌倦，因此叫来了艺伎。川端迷恋上了身世凄惨、爱读书、有知识的艺伎。松荣究竟有没有爱上川端？能被写进日记、进入小说剧情中的女人，见到已经成名的三十出头的作家，想必会不知所措。于是，两人嘴上说着"就让我们做个好朋友吧"的话，身体却陷入了男女情爱之中。这件事应该发生在8月，而不是6月。

菊对泽野说"对不起夫人"，事实上是在川端发表《晨曦之镜》等作品之后，此时最受打击的恐怕就是秀子。翌年秋天川端住在高半旅馆时，在最后几天叫来了秀子，两人一起在新潟县小出的栃尾又温泉、群马县的四方温泉等地玩了三天后返回东京的家里。此时，《物语》已经刊登在《日本评论》上。需要注意的是，川端在第一次和这一次给秀子写的信中都写道"想尽快回家"，这里既有想尽快结束工作的本意，也夹杂着想要隐瞒与驹子间的亲密关系，哄骗秀子并使其安心的用意。

《雪国》中没有写到被写入小说中的驹子即菊的苦衷。"你为什么来这里？"这应该是第二年川端在高半期间菊发怒时的台词。岛村对她说"你是个好女人"，听了这话驹子发怒了。误解造成的场面有些匪夷所思，让人感到成年男女间微妙的关系。电影版中，岸惠子没有理会岛村的话，之后她又来找岛村，埋怨他是什么意思。岩下志麻（1941— ）则更直截了当地质问："你一年来一次，难道我是召之即来的女人吗？"也就是说，被写入小说而且也接受了川端的菊，以为自己听到了那样的话后发怒了。不过，"好女人"还有别的含义。

千叶俊二在《色情小说〈雪国〉》一文中引用了一段较长的文字，以体现驹子多么善于情事："这个男人真的了解我吗？他是为此事才远道而来的吗？他是因为到处找不到我这样的女人才忘不了我的吗？"这段话在单行本出版时被删除，由"你是个好女人"这

句话代替。在初稿的《天之河》中也有一处这么写："你说过我是
个好女人吧？请告诉我，你为什么这么说？混蛋。"

千叶之后把话题延伸至他曾经翻译的中国唐代小说中的神仙题
材。《雪国》原本就让人联想到《桃花源记》等作品中桃源乡的故
事，乃至联想到原来属于中国文学但现在只在日本留存的《游仙
窟》的故事结构，我倒认为，这里强烈暗示了川端被松荣吸引的一
个理由。

据说，菊当时有一个名叫俵丰作的恋人。丰作没有结婚的意
思，于1937年（昭和十二年）应征入伍，菊则被住在东京的60多
岁的男人养了起来。以不在外过夜闻名的松荣，因为对川端这一作
家的名声和对城市的憧憬而终于破了例。那么，川端又是怎么想的
呢？他有没有想过娶松荣？想必他们也谈论过这件事吧。不过，那
是一条看不到尽头的路。如果带着这样的理解来阅读《雪国》这部
作品的话，应该就能够充分理解驹子为什么发怒，而岛村也不是什
么幽灵了。岸惠子主演的影片以及搬上舞台的戏剧，都采用了这种
表现方式。作品发表之初，很多读者应该也是这么理解的。

以下是作品发表时间一览表：

1935年（昭和十年）	1月	《暮色之镜》
		（《文艺春秋》）
同年	同月	《晨曦之镜》
		（《改造》）
同年	11月	《物语》
		（《日本评论》）
同年	12月	《徒劳》
		（《日本评论》）
1936年（昭和十一年）	8月	《萱草花》
		（《中央公论》）

同年	10月	《火之枕》
		（《文艺春秋》）
1937年（昭和十二年）	5月	《绣球之歌》
		（《改造》）
同年	6月	《雪国》
		（创元社）
1940年（昭和十五年）	12月	《雪中火灾》
		（《公论》）
1941年（昭和十六年）	8月	《天之河》
		（《文艺春秋》）
1946年（昭和二十一年）	5月	《雪国抄》
		（《晓钟》）
1947年（昭和二十二年）	10月	《续雪国》
		（《新潮小说》）
1948年（昭和二十三年）	12月	《雪国》增补版
		（创元社）

其中，川端对《雪中火灾》和《天之河》不满意，进行了修改，将其变成了《雪国抄》。《雪国》借用了德川时代后期越后人士铃木牧之①创作的《北越雪谱》。岩波文库于1936年（昭和十一年）1月出版了《北越雪谱》，对此川端称，自己是在旧版《雪国》出版后读到该作品的，并放入了《雪中火灾》②。

川端本人写道，自己作品的发表方式给出版社和读者都造成了困惑。即便如此，到了20世纪六七十年代，他似乎依然打算继续

---

① 铃木牧之（1770—1842），日本近世末期越后地区巨贾，生于以大雪名世的盐泽。好文学创作，代表作品《北越雪谱》。——编者注
② 河村清一郎的论文中有详细论述。不过，该论文装订有些混乱，其中有四页混入了其他论文。

写下去。死后，他留下了实际上经过修改的题名为《雪国抄》的谜一样的草稿。《山之音》也是中途和《千只鹤》一起出版的，而且更加过分。我们可以在川端谈论自己的发表方式时所说的这些话中领略到他那充满傲气的自信——即便是这样的发表方式，依然被人们称为名著。

《雪国》就是通过这种方式拒绝人们将它视为私小说的。它的创作技巧让人觉得将它作为私小说来阅读的话太过庸俗。对于这部小说，人们如何像对待私小说般对它深究都不足为奇，但事实上对它的深究却仅仅局限于人物原型方面，这可以视为"川端康成的神通力"（龙胆寺语）中的一个能力吧。

田山花袋有一篇游记《雪中信浓》，记录的是1904年（明治三十七年）前往信州拜访岛崎藤村时的情景，其中有如下一节：

> 隧道数量多达二十六条，哎呀，漆黑一团啊。车灯的光影影影绰绰照亮着人影，其貌、其态，恰如阴曹地府。啊啊，这不是通往雪之天国的门洞吗？
>
> 一出门洞，山脉皎洁、田野皎洁、房屋皎洁、人皎洁，果然，这才是雪之天国！

《雪国》的开头部分就是对这一段落的改写。川端在《百日堂老师》一文中引用了这一段，并公开了这一秘密。该游记收录在1914年出版的《草枕·旅姿》中。

我们暂且搁下《雪国》的话题。据说小林秀雄曾询问撰写文艺评论的川端："你撰写月评，能看到作家的脸吗？"川端不知其意，回答"看不到"。小林于是说："是吗，能看到的话那就完蛋了。"这句话虽然可以理解为"一旦能看到脸，笔锋也就变滞钝了"之意，但当这话出自著有《作家的脸》的小林之口时，意思就难说了。不过，如果把小林的这句话当真也就上当了。

北条民雄的来信

1934年（昭和九年）8月至12月，川端在《摩登日本》上连载了小说《水上殉情》，该作品的第一章一经发表，便立刻出现了将其拍成电影的计划，连载过程中就已经影视化了，导演是胜浦仙太郎，主演有若水绢子等人。在电影开拍前，胜浦和写电影脚本的陶山密拜访了川端。当年8月，川端居住在高半旅馆，表姐秋冈俊子的丈夫去世，秀子带钱前往高半接回川端并参加了葬礼。前文已经提到，经川端介绍，翌年俊子再婚嫁给了西川义方。紧接着川端收到了北条民雄的第一封来信，落款日期为8月11日。

凭借短篇小说《生命的初夜》而闻名的麻风病作家北条民雄与川端的关系，在高山文彦的《火花：北条民雄的生涯》中有详细叙述，其中也存在着诸多疑问。麻风病过去称作癞病，由于患者的脸发生变形，因此麻风病人会受人歧视。生田长江也罹患麻风病。有人认为染上此病是遭到天谴，所以又称"天刑病"。历史上，讨伐生父斋藤道三的斋藤义龙、真田幸村的岳父大谷刑部吉继等人都因感染此病而闻名。过去人们以为麻风病是遗传病，但麻风杆菌的发现揭开了此病为传染病的真相。然而，尽管那个年代的人们已经普遍了解该病只在幼童时期感染，但还是非常恐慌，据说志贺直哉等人甚至在阅读印刷版的北条作品时会先进行消毒。

当时，为消灭麻风病做出巨大贡献的是光田健辅（1876—1964），然而，这位光田也在泽野雅树的《麻风病人的生活》等书中受到批评，书中指责由他制定的麻风病预防法加深了社会对患者的偏见。当时，为麻风病患者提供治疗的小川正子（1902—1943）撰写的手记《小岛的春天》于1938年（昭和十三年）出版。手记问世后便引起了强烈反响，并被搬上银幕，影片的主演是田中绢代。该作品直到今天依然被广为阅读。然而，后来发生的一件事却显得十分虚伪：松本清张创作的小说《砂器》以角色与其身患麻风病的父亲之命运为主题，该作被野村芳太郎导演拍成电影，受到盛赞，但在之后拍摄的电视剧中，为了回避敏感话题，麻风病这一成因被抹去了，直至今天。现在"癞病"这一名称已然变成了外来语"麻风病"。我之所以对这种改称呼的做法有抗拒的情绪，是因为它是自动转换的。并且，对于创作了题为《癞院受胎》这一作品的北条，我觉得只在叙述语汇上用"麻风病"一词过于虚伪。因此，我觉得在此使用"癞院"一词倒是十分恰当的。

"北条民雄"这一笔名是川端帮他起的。据说他的真名叫"七条晃×"，五十岚康夫对其家谱进行了详细调查。不过，在第一个搞清楚其姓氏的羽鸟一英（彻哉）所写的《北条民雄与川端康成》一文中记载，北条"实名七条某"，但在文章收录进《作家川端的展开》时，他删除了这句话。据我所知，单行本上写的不是北条的真名。这是因为麻风病患者使用实名的话其家人会受到困扰，这在当时是可以理解的处置方式。但是北条去世已经超过七十年了，我不明白为什么还要继续隐瞒他的真名。①

川端对不幸之人有着强烈的同情心。这种同情心尤其表现在后来描写盲人少年通过手术重见光明的长篇小说《少女开眼》，以及被海伦·凯勒全集感动而创作的以受三重苦的少女为主人公的《美好的旅行》中。但我们还应该留意的是，这种素材在日本走向军事体制的过程中，很受政府方面的青睐。1935年（昭和十年）9月，英年早逝的山川弥千枝（1918—1933）的遗稿集《蔷薇还活着》面

---

① 荒井裕树著《隔离的文学——麻风病疗养所的自我表述史》（《隔離の文学——ハンセン病療養所の自己表現史》）（书肆ARS，2011）认为，五十岚的调查是"十分珍贵的成果"，"但是，另一方面，他在阅读、解释后叙部分所谈到的存在一些情况的北条民雄的作品时，究竟是否在必要的范围内进行了查证和公开。对此，我还没有完全消除疑问"。我不清楚荒井如此考虑的理由。我觉得至少不必含糊其词，而应该堂堂正正地展开讨论。

世，这也是川端喜爱的著作。

8月，川端还去了霞浦。9月至翌年2月，"浅草题材"中的《浅草节》在《文艺》杂志上连载。这一时期，朝鲜的崔承喜声名鹊起，川端经常去看她的舞蹈演出，1935年（昭和十年）2月《音乐》杂志上的崔承喜后援会招募通知的发起人中，就有川端的名字。11月的《文艺》中，刊登了川端撰写的《朝鲜舞姬崔承喜》一文。10月20日，秀子带着艾丽所生的名为皮伯的小狗去邮局时，皮伯被汽车轧死了，据说秀子号啕大哭，喊着"它死了，它死了"。

从汤泽回东京后，川端在给中央公论社的藤田圭雄的信中写道，这次交给《文艺春秋》的作品让他觉得很惭愧，读了信件之后有一种"被打脸"的感觉。藤田圭雄是历史学家藤田明的儿子，他前一年从早稻田大学德文科毕业后进入中央公论社，而川端与他的交往正始于这一年，信中写了什么则不得而知。藤田后来成为川端终生的朋友。当时川端交给《文艺春秋》的作品是《暮色之镜》，川端在信中那么说可能是该作品有头无尾之故，他确实没有想到作品后来会大获成功。12月，竹村书房出版了川端的短篇小说集《抒情歌》。

年末起，川端辗转于稻毛、船桥、千叶等千叶县境内的旅馆，还去了浅草的舟和酒店、船桥的三田浜乐园等处。1935年（昭和十年）1月6日，川端开始在《东京日日新闻》等地方报纸上连载《舞姬的日历》，一直到3月。2月22日，川端在写给藤田的信件中称作品失败了，要在第二部和第三部中重新修改，但实际上没了下文。6月，佐佐木康导演将该作品拍成了电影。当时将小说改编成电影时，大多听凭写电影脚本的人处置，和原著没有什么关系，不少电影在小说连载结束之前就已经完成制作了。

川端生前，《舞姬的日历》也没有出版过单行本。小说写的是舞蹈才能出众的少女弓子进京的故事，这是后来川端常用的故事类型，眼看着写成了通俗小说，无法顺利写下去。川端战前的连载小

说几乎都失败了，只有《化妆与口哨》勉强过得去。大获成功的是
《少女的港口》，但这部作品不是川端创作的。川端战后的连载小说
比较成功，但是先天性地缺乏对故事结构的建构。

3月，由成濑巳喜男导演、东宝电影公司前身PCL公司拍摄的
《少女心之三姐妹》公映。该影片改编自川端的原著《浅草的姐
妹》，由细川千佳子、堤真佐子、梅园龙子等人担任主演。公映前，
文艺部的佐佐木能理男和成濑导演登门致谢，川端与PCL公司约定
继续为电影写小说原作，并约定为《中央公论》杂志创作《花的圆
舞曲》。2月28日，川端因高烧在前田外科医院住院一周，据他本
人记录则是因失眠而住院的。

这一时期，已经由左翼彻底转变成右翼的尾崎士郎出版了代表
作《人生剧场》的最初部分。横光在4月的《改造》杂志上发表了
《纯粹小说论》一文，成为文坛的话题，川端也出席了为《作品》
杂志的6月刊所举办的围绕该主题的座谈会。横光之所以倡导既是
纯文学又是通俗文学的小说，是因为这一背景：在纯文学作家享受
了"一日元本"的红利之后，立志于纯文学创作的作家不断增加，
但他们登上文坛后却又陷入了生存危机；与此同时，以直木等人为
代表的大众文学开始抬头，自此之后，本来就没有市场的纯文学不
断改头换面，问题至今依然存在。

西方为什么没有出现同样的问题？那是因为作家靠纯文学无法
生存的观念在西方是一种社会常识。横光创作的长篇小说无法用逻
辑来解释，反而是川端的作品，逐渐走向既是纯文学又是通俗文学
的道路，从而大获成功。

言归正传。长期以来，北条民雄的出生地也是隐晦的。北条在
麻风病医院中的作家朋友光冈良二（化名，1911—1995）于1970
年出版的《生命的火影》中披露，北条的老家是德岛县。1933年
（昭和八年）北条患病，住进了武藏村山的全生医院，该医院至今
依然在营业。离医院最近的车站是清濑站，但它并不位于清濑市，

这一点比较容易搞混。北条格外年轻，只有20岁。他与深泽七郎同龄，比太宰治小5岁。北条初次给川端写信时，将名字误写成"河端"，这让人怀疑在此之前他究竟读过多少川端的作品。北条与川端开始书信往来，《生命的初夜》一经《文学界》发表便立刻引起了强烈反响，并被提名为芥川奖候选作品。可惜北条英年早逝，不过他死于肺结核，而非麻风病。

北条起初提出"十条号一"这一笔名，川端则认为这太容易让人猜到实名，并改为"秩父号一"，最终按照北条本人的意愿，取名"北条民雄"。笔名中保留了真实姓氏"七条"中的"条"字。高山文彦写道，自己去德岛调查时，当然知道北条的真名，但翻阅德岛的电话簿，发现有那么多同姓之人，仍然甚为吃惊。我觉得既然德岛有那么多同姓之人，完全没有隐瞒的必要，尽管高山并没有提到这一点。

实际上，我无法判断北条的文学作品是否真的那么出色。一般而言，英年早逝的作家往往会因某种机缘巧合而获得超过事实的评价。具体就北条这位作家而言，由于他罹患麻风病，因此对他的评价更多的是出于好奇心以及政治正确的考量，仅从文学性而言，北条或许谈不上是一位名垂青史的作家。北条不断将稿件寄给川端，川端则尽其所能帮他发表作品。不过，读一下高山的著作，看不出此时川端处于忙碌的状态。

实际上，北条在给川端写信前，曾给横光寄送过稿件和信件，但没有收到横光的回复。北条欣赏的作家是横光、黑岛传治、前田河广一郎和小林多喜二。至于川端，有说法称北条认为《浅草红团》是通俗小说，因此不太瞧得起川端。

从时间顺序来看，5月12日，川端收到了北条寄来的稿件《间木老人》，在回信中，川端对其赞不绝口。野田书房出版了川端的《禽兽》后，到了6月，川端再次发高烧住进了庆应病院，听闻此事的北条深感吃惊，给川端写了信。川端将《间木老人》交给了藤田，但没有得到藤田的回应，于是又要回了稿件。7月5日清晨，内务省地下室的共济会齿科技工室发生酒精桶爆炸事故，牙科医生浑身着火，与女助手一起被抬到了川端入住的庆应病院，6日，牙科医生去世。川端后来将该事件作为素材用到了作品《意大利之歌》中。

在这一时期，菊池宽设立了芥川奖和直木奖，川端成为最年轻的评委。8月6日川端出院后，10日便举行了奖项的最后一次评选会。当时几次召集评委进行商讨，6月13日举行了第一次会议，之后，在7月24日也即芥川忌日的晚上，几位评委再次聚集，并将候选作品集中到了永井、泷井等人的作品上，因此，8月10日举行了最后一次评选。川端出院后恰好赶上了这次评选，最终，获奖作家是无名新人石川达三。其他候选作家有高见顺、太宰治、衣卷省三和外村繁。是年7月，文艺恳谈会的第一届获奖作品确定为横光的《纹章》和室生犀星的《该神的呕吐物》（后改为《兄妹》）。不久便有一种流言开始传播，声称实际上当时排名第二的是岛木健作的《狱》，松本认为该作品是左翼文学而提出反对，于是原本位列第三名的犀星被提了上来。中村武罗夫以及丰岛与志雄写道，评选过程是公正的，但不应该对外泄露。以批评家身份著称的杉山平助（1895—1946）在《朝日新闻》上指责这是"暗箱操作"。此外，也有传闻称，佐藤春夫因岛木落选而震怒，退出了文艺恳谈会。

《文艺春秋》的9月刊是在8月18日前后发行的，川端在该期刊物上发表了对芥川奖参评作品的评语以及文艺评论一篇。其中，前者评论的是太宰治，在这篇评论中，他写下了那段非常著名的话：老师佐藤春夫认为《道化之花》远比候选作品《逆行》写得好，拜读之后"以我所见，作者对眼下的生活充满厌恶，无法淋漓尽致地发挥他的才能，甚是遗憾"。这个时候，曾经出席《感情装饰》出版纪念会，并自称太宰兄长的圭治已于1930年（昭和五年）病逝。另一篇文艺评论谈论的则是文艺恳谈会，文中，川端写道

"我不相信松本先生怀有毒害并曲解文学的野心和胆量", "不能创作否定日本国家体制的文学作品, 这是松本先生唯一的条件", "但是, 没有一开始便明确'否定国家体制的文学作品'不能获奖的方针, 无论怎么说都是松本先生的过失"。

川端的言辞十分含糊。后来他又写道: "如果文艺恳谈会认为岛木健作先生的作品危害社会的良俗和安宁……的话, 这岂不是很有讽刺意义吗? 岛木先生的作品堪称修身教科书般的典范。"(《文艺春秋》, 12月刊)此时的川端恐怕是想为中村和丰岛做火力掩护。然而, 同一时期, 石滨金作的哥哥石滨知行在《文艺》的9月刊上揭露称, 文艺恳谈会的资金来自右翼团体日本文化联盟。不过, 这一说法此前已经在私底下传开了。《文学界》同人武田麟太郎于翌年3月创刊《人民文库》杂志, 表明了其反对文艺恳谈会的立场。

川端自25日起前往三田浜乐园工作, 其间, 秀子得了重感冒, 横光对她多有照顾。31日, 在写给秀子的信中, 川端提到了一群来自尾久三业工会①团体的游客, 非常热闹。他将这一素材用在了《改造》杂志10月刊上发表的《童话》中。9月2日, 川端在写给横光的信中称自己失眠, 不喜欢待在家里。这一时期, 川端似乎回过一次家, 之后又去了水上温泉, 也是在这段时间,《文艺通信》杂志上刊登了太宰的《致川端康成》,《新潮》杂志则刊登了杉山平助的《川端康成论》(《新潮》, 1935年10月刊)。

太宰在文中写道:

> 我被愤怒点燃, 连续几夜无法安寝。
>
> 饲养小鸟、欣赏舞蹈的生活, 有那么了不起吗? 我甚至想杀了你。你真是罪大恶极。然而, 随即, 我又突然从心底里感到, 你对我犹如涅莉般的充满世故的强烈爱情。虽然你声称不

---

① 三业工会, 指风俗服务业中由三个行业组成的工会组织。——译者注

是的、不是的，摇头否认，虽然你装得那么冷酷无情，但是你那陀思妥耶夫斯基式的激烈而错乱的爱情让我浑身发热。然而你却完全没有察觉到。

只是我实在觉得很遗憾。川端康成装得那么若无其事，却又瞒不过去的谎言，实在让我感到遗憾。

换言之，太宰治认为，是菊池宽不想让自己获芥川奖，只是借用了川端之手。"涅莉"指的是陀思妥耶夫斯基的长篇小说《被侮辱与被损害的人》中的少女"涅莉"。川端也直接收到过太宰的来信，而除去其中的一封外，这些来信全都被烧掉了，因为川端认为留着这些信对太宰没有好处。留下的那一封信中写着"请给我芥川奖"，详情容我在之后叙述。问题出在杉山身上。

在讲谈社文艺文库发行的《文艺评论》的解说中，羽鸟彻哉认为，"经常遭到讥讽的杉山平助终于忍无可忍，发表了充满恶意和仇恨的《川端康成论》，这或许也是必然的结果"，而正是这篇文章刺痛了川端，他也因此放弃了撰写文艺评论。在《川端康成传》中，羽鸟进一步指出，这是杉山对自身的小说遭到奚落的报复。不过，我觉得这不太公正。首先，从时机上来看，杉山针对的显然是川端在恳谈会问题上含糊其词的做法；其次，杉山的文章较之小林的"伽蓝堂"等言论，更加准确地解释了川端让人难以理解的地方：

很多人说，很难与川端康成这个男人交往。表面上看的确如此：在他身上看不到人情味，看到的是没有人情味。总之，他用后妈生的孩子那样的眼神看人，信任中流露着不信任，不信任中又好像掺杂着信任。

……

换言之，他有时吹捧同好，深受浓重的朋党色彩侵蚀，有时又言辞激烈地批评朋友，巧妙地挽回自己在诚实度上的信用，随之又利用这种信用，不知羞耻地给予同好更大的吹捧。

……

而且，尽管有着这些弱点的他理应输得一败涂地，但他还是凭借着自己在其他方面异常高超的判断力而绝不受人轻视。

……

他不爱讲大道理，绝不正面和人争论，而他射出的箭总是弧形的，射中对手胯下的骏马。

……

当他回避过于直白的线条，从而让作品带上云雾般的朦胧和阴翳般的微妙感觉，又加之以绘卷式的展开时，便诞生了效果最为显著的作品。但是，他缺乏像树干让枝叶不断伸展那样坚固有力的结构能力。

杉山的文章一语中的。仅从我这里引用的部分便能看出，他对川端的人品、文学评论和作品等方方面面的评论十分准确，并非充满恶意和怨恨。羽鸟说，"这果然刺痛了川端"，并进一步提出，川端暂时停止了当年年末的文艺评论的撰写。然而事实上，在那之后，川端依然对杉山展开了猛烈的抨击。

9月25日，川端第三次发了高烧。他担心自己得了肺病，去找西川医生诊断，在青山御所拍了X光片。另一方面，龙子的祖父病重，是癌症晚期，这让川端十分担心。30日，川端又去了越后汤泽，这次大桥被水灾冲坏，火车从临时桥梁上驶过。《雪国》开篇登场的信号所是现在的土樽站。记录这次身居越后汤泽之经历的日记中，出现了大量"驹"的名字。10月4日，58岁的千叶龟雄去世，秀子代表川端参加葬礼。此时，太宰通过濑尾梢和佐藤碧子转达口信，希望川端对自己的文章做出回应，于是，川端让人寄来了剪报。在《文艺通信》杂志的11月刊上，川端发表了《就芥川奖一事致太宰治先生》一文。文中写道，因金钱和人情而刷掉太宰的想法是胡思乱想，"如果我说的'你的生活笼罩着阴影'等言辞是无礼谩骂的话，我毫无保留地收回，在你日后出版太宰作品集时，我会再读一遍《道化之花》"。

对芥川奖评选中落选者的质疑给出回复，这种事情只有在过去才会有，换作今天，不予理睬是理所当然的。不过，后来川端在谈到太宰时也常常表现出自己的好感。太宰自杀后，川端也在其作品的英译本翻译一事上出过力。然而，社会上很少有人了解这些情况。即便川端对太宰表现出了这样的态度，在《文艺时代》的今东光事件发生之后的十年间，川端一直被认为是菊池的爪牙。

18日，《文艺界》同人举行聚会，川端不在场，会上决定请里见、宇野浩二、广津、丰岛等年长者退出，邀请新的同人加入。在横光、小林、林房雄、深田、武田、藤泽桓夫等旧同人的基础上，阿部知二、村山知义、河上彻太郎、森山启、岛木健作和舟桥圣一加盟了进来。22日，在汤泽兼作蚕茧仓的"旭座"小剧场中，神立村青年会组织了一场电影放映活动，结果放映机起火烧毁了房屋，这就是《雪中火灾》的素材。翌日，川端给改造社的水岛写信称，自己突发灵感，将以火灾作为结局来结束《雪国》的故事。

北条的《间木老人》发表在《文学界》的11月刊上。16日，欣喜若狂的北条给川端写信说，自己的心情犹如一举夺得天下般兴奋不已。然而，由于《文学界》是同人杂志没有稿费，冈本加乃子的丈夫一平靠漫画创作赚取稿费，每月匿名捐助给杂志100日元，以此创设了"文学界奖"，为发表在该杂志上的作品授奖。首届文学界奖颁给了小林的连载作品《陀思妥耶夫斯基的生活》。《文学界》的复刊，似乎得到过小林的妹夫、漫画家田河水泡的资助。换言之，这本杂志是由漫画家们支撑起来的。不过，按照野野上庆一的说法，宇都宫德马也给予了资助。川端在写给北条的信中说，务必多读陀思妥耶夫斯基等人的经典著作，不要读现在日本文坛的小说，也不要想着见文学家，"就把我当作你的窗口"。

11月，林房雄出狱，开始在镰仓居住。那是政治家小泉三申（1872—1937）在自己的别墅中建的出租房，其中的一栋住着长田干彦。林房雄、小林和深田邀请川端也搬来居住。于是，川端于12月5日搬入了镰仓净明寺宅间谷（现净明寺2-8-15或17—18中的一栋①）。自那以后，川端终生住在镰仓。此时，久米正雄、小林、里见弴、今日出海等人已经住在镰仓。此处地名写作"扇谷"，"谷"的发音为"YATSU"，这里的"谷"是镰仓特有的地貌，和通常的读音不同。

深田久弥凭借《日本百名山》一书成名，在东京大学哲学系就读期间便已在改造社工作并发表作品，得到了川端和小林等人的肯定。他后来与女作家北畠八穗（1903—1982）结婚，将北畠的作品修改后充作自己的作品发表，受到小林警告，于是开始自己写作，但没有写出好的作品。川端作品的编辑小岛千加子（1928—　）在文章中提到过一个故事：1937年（昭和十二年）6月起，深田在《朝日新闻》连载《镰仓夫人》，川端前去深田家拜访，他告诉北畠创作连载作品的技巧。北畠说："告诉他本人吧。""不不，告诉太太即可"，川端回答。后来，深田在中村光夫的婚礼上得知，中村的姐姐就是自己年轻时从远处望了一眼便喜欢上的女人，于是和北畠分手，娶了中村光夫的姐姐。他的实际生活远比他的作品有趣。②

在文学的世界里，经过对人物生平的深入研究后，你会发现有一些人的真实人生远比其作品精彩。例如谷崎的《疯癫老人日记》，

---

① 鹿儿岛达雄《现代镰仓文士》，镰仓春秋社，1984。

② 安宅夏天《〈日本百名山〉的背景——深田久弥：两次爱情》（《〈日本百名山〉の背景——深田久弥・二つの愛》），集英社新书，2002。田泽拓也《百名山之人——深田久弥传》，阪急交通出版社（阪急コミュニケーションズ），2002。上述的两部著作于2002年几乎同时出版。田泽的著作后由角川文库再版。

被视为飒子原型的渡边千万子和谷崎的往来书信一经公开，人们便
发现这些书信比作品有意思得多。当然，人们有时会把作品当作真
实事件来读。把作品当作真实事件还是当作虚构事件来读，它们之
间又究竟有什么差别，很难一概而论。光冈良二写道，很多人说，
《北条民雄全集》中，收录书信和日记的下卷远比收录在上卷中的
作品精彩。我深以为然。

　　发表在12月的《日本评论》上的《徒劳》是《雪国》的原型
之一，受到了青野季吉（1890—1961）和河上彻太郎的盛赞。川端
在写给水岛的信中说，自己重读了《晨曦之镜》，不明白为何能受
到如此高的评价。从上述的例子中，我们可以看到，从原型作品的
发表开始，《雪国》就受到了超出作者预想的好评。两年后，岛木
健作描写转向后心境的长篇小说《生活的探求》名列畅销书榜单，
现在读来却味同嚼蜡，难以卒读。《雪国》能在机缘巧合之下成为
被后世人们不断阅读的名著，究其原因，不外乎它所处的历史节
点——无产阶级文学几近全军覆没，而川端正值35岁左右的年龄，
大家觉得也差不多到了该追捧川端的时候了。另外，他的作品有私
小说的影子，因此也受到了私小说派的称赞。

　　不知何故，川端一如既往地缺钱。他靠典当换钱前往汤河原
町①，在写给林芙美子的信中，他说自己决定搬家，但又由于缺钱
而无法搬走。换言之，他花钱如流水，付了押金后便身无分文。

　　这一时期，川端的文艺评论变得前所未有地粗暴。他痛骂水上
泷太郎的作品，认为"所谓大众作家摆出一副大文学家的嘴脸，一
个个看上去都见怪不怪了，这就是当下的日本"（《文艺春秋》12
月刊）。12月8日，川端在《东京日日新闻》上发表了《大众作家
的大众文学家的脸面——致三上於菟吉先生》，接着发表了《纯文
学杂志回归说》（《读卖新闻》12月刊）、《私小说式的文艺评论》

---

① 汤河原町，神奈川县境内的地名，以温泉著称。——译者注

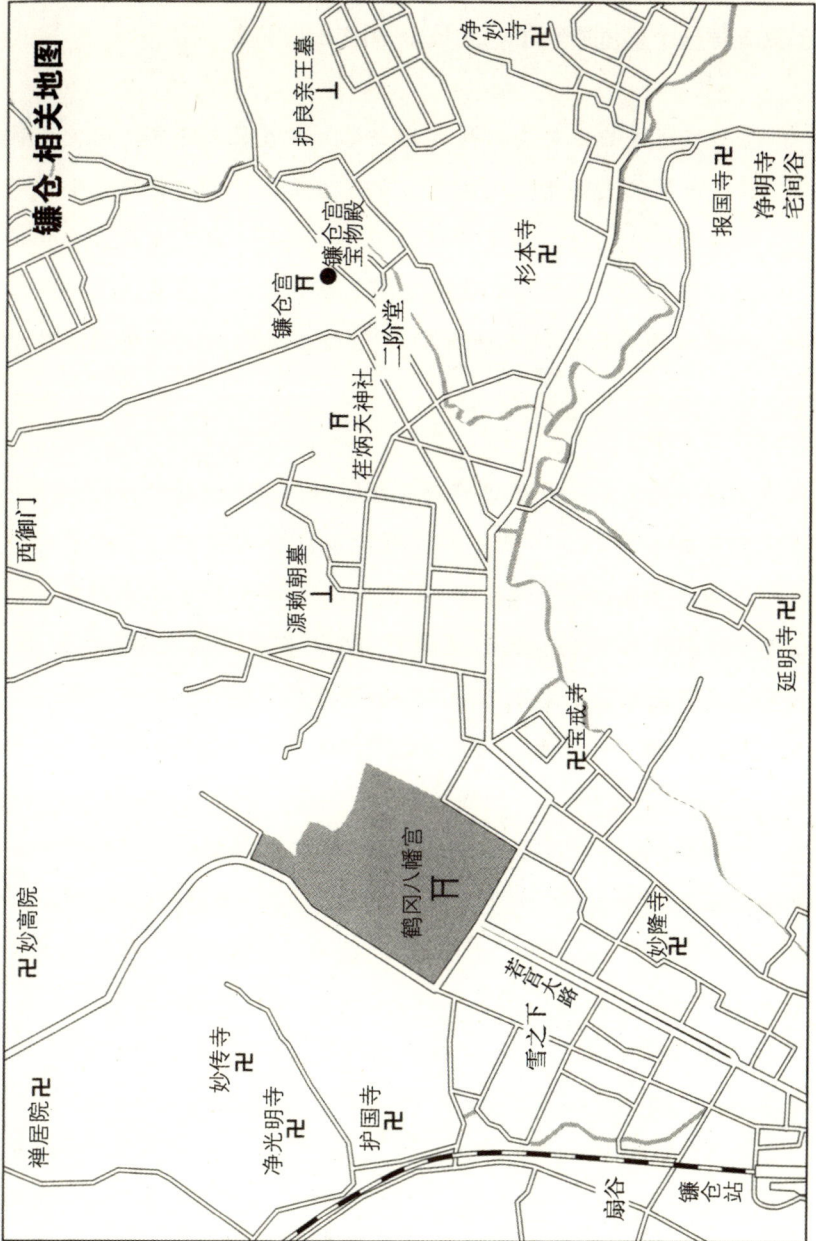

镰仓相关地图

净妙寺 卍

报国寺 卍
净明寺
宅间谷

护良亲王墓

杉本寺 卍

镰仓宫 卍
镰仓宫
宝物殿

二阶堂

荏柄天神社 卍

延明寺 卍

西御门

源赖朝墓

卍 宝戒寺

卍 妙高院

鹤冈八幡宫 卍

妙隆寺 卍

禅居院 卍

妙传寺 卍

净光明寺 卍

护国寺 卍

若宫大路

雪之下

卍 厕谷

镰仓站

（《文学界》1月刊）等一连串文章，都是川端一生所写的文章中言辞最为激烈的。他写道："这些信口开河之物之所以能够出笼，也只有拜这个盛世所赐了。大日本帝国万万岁。"

> 我也是日本笔会俱乐部的会员，实在让人汗颜。他们号称这是世界三大国之一的文化，是东方文化，努力将我等小说介绍给西方，哎呀，真是滑稽的笔会。当今日本究竟是否存在值得拥戴的文化和文学？日本只有军队，没有文学家，老外对此拥有正确的认识却无视我们，全都仰仗日语这个屏障，真是万幸。

如此一连串的痛骂和嘲笑出自战后担任日本笔会会长长达十七年之久的作家笔下，不禁让人深感惊讶甚至无法相信，这是为什么？川端显然觉察到了翌年的"二二六"事件，以及后来的卢沟桥事变等连续事件背后响起的日本走向军国主义的脚步声。实际上，川端对文艺恳谈会拒绝岛木获奖一事感到非常愤怒。

并且，说实话，被人视为盟友的横光和川端之间，关系真的有那么密切吗？同年8月，横光开始在《大每东日》（大阪每日新闻、东京日日新闻）上连载《家族会议》。对于这部似乎有"毒性"的通俗小说，川端是如何看待的？就算他发出"这是纯文学小说吗"这样的惊叹，也不足为奇。或许最终他为自己无法通过创作纯文学小说来维持生计而感到焦虑不堪。况且，川端本身只有一个养女，没有将来事业有成便可以养家糊口的儿子，在养女35岁出嫁前，家里的经济负担全部压在川端一个人身上。

不过，即便到了战后，川端也从未谈论过当时的情况。正如前面写到的那样，1937年（昭和十二年）之后，他不仅几乎不再撰写文艺评论，甚至不再批评他人的作品。从这一时期直到战后，他始终对志贺直哉和德田秋声持有高度评价，这也许是因为这二位的作

品与川端的作品风格迥异，属于
私小说乃至私小说体系中的不情
绪化的文学。因此，对川端而
言，纯文学的标准或许就是志贺
和秋声，而镜花以及芥川都是不
值一提的通俗小说。不仅如此，
近代小说本身——无论是自己的
小说还是西方的小说——都是无
法与《源氏物语》相比的通俗之
物，这或许就是他的认识。

与爱犬一起散步，于镰仓净明寺内。
摄于 1936 年（日本近代文学馆）

12 月 13 日，龙子的外祖父，
78 岁的植草雄三郎因癌症去世，
川端一手操办了葬礼等所有善后
事宜。15 日，北条寄来了小说
《最初的一夜》。川端立刻给中央公论社的藤田写信，说该作品十分
出色，请他过目；同时，他向北条提议，将篇名改为《生命的初
夜》。最终北条采用了这一篇名，但是，该篇名太容易让人产生联
想从而曲解内容。不过，新婚初夜这种提法似乎出现在战后，归罪
于川端恐怕并不合适。

川端打算在《改造》杂志的 1 月刊上发表《意大利之歌》，并
在《若草》上连载《花之湖》，因此，自 12 月 22 日起，川端入住上
诹访湖畔的布半酒店，又去了由医生兼作家正木不如丘（1887—
1962）担任院长的富士见高原疗养所。此时，堀辰雄已经离开，他
则见到了正在疗养的《文艺春秋》杂志社的电梯管理员高桥正子。
川端在给秀子的信中提到了此事。随后，他去了伊东温泉，又和秀
子一同前往上林温泉。除夕，在今日出海的引导下，川端探访了镰
仓的大街小巷，这意味着在此之前川端已经搬来镰仓了。

1936 年（昭和十一年）1 月，藤田寄回《生命的初夜》。在曾

经为《文学界》杂志担任编辑的式场俊三的恳求下，该作品在《文学界》上发表，并获得第二届文学界奖。北条欣喜若狂，川端却因作品发表在不支付稿费的《文学界》上而向北条道歉。藤田为何退稿？我至今依然固执地认为，大概是因为该小说除了题材新颖、作者是麻风病患者之外，并无其他过人之处吧。

生活在麻风病医院里的北条，精神上十分痛苦，却与光冈良二、东条耿一等作家朋友不期而遇，但是，住院的患者并不都是文化人。自己的作品刊登在中央的杂志上之后，他甚至开始如天狗①一般居高临下地对待别人，变得不可一世起来。后来川端也在描写北条的《寒风》中写道，21 周岁的年纪，置身于那样的环境中，任谁都会变成那种样子，这也在情理之中。北条不幸英年早逝，如果他活得再长一些，又一直生活在麻风病医院里，那么创作上他将穷尽素材，这是很容易预见的结果。

1 月，淀野隆三因父亲去世而回到京都老家继承家业，当上了钢材、铁器商店老板。自那以后，川端每次前往京都几乎都会去淀野家，备受淀野的照顾。另一方面，川端收到黑田秀孝来信说自己与妻子分居了。由于秀孝生活放荡，他的妻子便带着小女儿回了娘家。这个小女儿便是日后成了川端养女的政子。25 日，川端前往伊东温泉，他在写给佐藤碧子的信中说，自己为了给《若草》杂志写小说而来一碧湖游览。他又提到，《新道》非常精彩。川端之所以在信中问她"不写纯文学小说吗"，是因为当时菊池连载的通俗小说《新道》正是由佐藤代笔创作的。

2 月 5 日，北条离开医院赴东京，拜访了发行《文学界》杂志的文圃堂，在编辑部的伊藤近三陪同下来到镰仓，但是因有顾虑便未去川端家，而是在名为川古江的荞麦面店和他见了面，林房雄也

---

① 天狗，日本神话中的一种怪物，被认为长有长鼻子和红脸，手持团扇和槌，背后长着双翼，具有怪力和法术。——编者注

来了。据说当天夜里，式场想用酒精灯消毒双手却被烫伤。北条后来听说此事时，感到非常愤怒。这件逸事来自式场俊三的哥哥式场隆三郎写的文章，他特意将这件事归于自己弟弟的头上。实际上，此事并非俊三所为，而是发生在伊藤近三身上。

高山文彦在他的书中对川端进行了美化。川端虽然也对文稿进行了消毒，但在面对北条时面不改色。1936年（昭和十一年）10月28日，川端在从上林温泉寄给秀子的信件中写道："不要用手触碰麻风病人寄来的稿子，务必严格消毒。触碰后务必对手进行消毒。虽然不必过虑，小心谨慎实为上策。"高山并没有引用这封书信。

2月，横光赴欧，并在那里待到了8月。当时《文学界》举办了座谈会，以往这种场合被称为"送别会"，而这一次则用了"欢送会"这一称呼。我不清楚"欢送会"一词过去是否存在，好像正是从这时候开始用上的。会上，林房雄做了以下发言：

> 前些天川端两口子和我家两口子聊天，我俩说，下次我俩去国外应该是40来岁，是得了诺贝尔奖后去领奖的。

我觉得横光是个悲剧性人物。他的《机械》写得很好，但《寝园》《家族会议》等作品是无聊透顶的通俗小说，《上海》《旅愁》等小说结构松散，毫无趣味，《纯粹小说论》一文则纯属妄想且无法理解。由于横光的作品涉及东西方主题，因而常被比较文学研究者研究，但我从未感受到他作品的深度。

20日，川端在神户港送别横光，顺道去了秋冈家。26日，发生了"二二六"事件。当天有芥川奖的评选，寺崎浩与德田秋声的女儿在东京会馆举行婚礼，由佐佐木茂索担任证婚人。寺崎是从早稻田大学法文科中途退学的，师从横光。他后来将《雪国》改编成剧本，并在战后创作了大量通俗小说。在28日给佐藤碧子的信中，川端写道，自己对"二二六"事件深感震惊，好像患上了神经衰弱症，"文化，也许进入了漆黑的漫漫长夜"。

27日，改编自川端"掌篇小说"《谢谢》并由清水宏自由创作脚本的电影《谢谢先生》公映。该影片由上原谦主演，女主角则由桑野通子担任。影片还出了录像片，片中大巴上的一位乘客酷似久米正雄，让我深感惊奇（不是久米正雄）。3月初，川端为工作前往鹄沼的东屋，12日，又为了芥川奖的最终评审事宜赴东京，但这一届并没有评出获奖作品。川端和丸冈明推荐了小山祐士的剧本《濑户内海的孩子们》，但因为该作品是剧本而被否决了。评委有菊池、久米、佐佐木、小岛政二郎、横光等文艺春秋系的作家，以及室生犀星和佐藤春夫。谷崎润一郎也在评委名单中，但他一次都没有参加。15日，川端收到北条来信，称自己有些胆怯。川端写给佐藤碧子的信中说，应该授予小山祐士芥川奖，并说报刊小说都很差劲，自己想写纯文学作品，又称西鹤、清少纳言和《徒然草》都十分无趣，字里行间情绪非常愤怒。川端对《源氏物语》评价很高，对《枕草子》却似乎打心眼儿里感到厌恶。后来他开始在公开场合表示，日本的小说，从《源氏物语》直接跨越至西鹤，中间都不值一提。我认为，实际上，他对西鹤也没有好的评价。虽然谷崎将《源氏物语》翻译成了现代文，但其实他对《源氏物语》的评价并不高。川端对《源氏物语》的评价远高于谷崎的评价。

过去也曾发表过小说的冈本加乃子，在6月的《文学界》杂志上发表了以芥川为原型的《仙鹤病了》。当时加乃子已经48岁，这意味着，她只剩下三年的创作时间了。这一阶段的川端非常照顾加乃子和北条。的确，人一旦自己有了地位，便会以父爱、母爱般的热情照顾晚辈。只是，如果照顾怪人的话，也会遇到像后来的耕治人那样的棘手之人。

理应发表在《中央公论》杂志上的《花的圆舞曲》，却发表在4、5月的《改造》杂志上。1935年（昭和十年）10月至1936年

（昭和十一年）8月，川端没有在《中央公论》上发表任何作品。在此期间，藤田邀请川端创作《我爱上的少女》这一类的作品，被川端生气地回信拒绝了，或许两人在这段时间的关系不太好。得知创元社有出版北条作品集的打算，北条由于担心，心急火燎地赶往东京。他去文圃堂时恰逢无人，便感觉自己受到了拒绝，于是住进廉价旅馆，给川端写了一封声泪俱下又充满自负的信。16日，北条搭乘自神户驶往老家的轮船，又写了暗示自杀的明信片。21日，北条在老家将明信片投入了邮筒。

22日，45岁的南部修太郎去世。抵达东京的北条在旅馆收到川端的来信，读完信后清醒过来，翌日回到全生医院。29日，川端收到太宰的来信，这是唯一一封保存下来的太宰来信。川端似乎写了回信，但是没有保存下来：

拜读严肃来信，我的一片诚意得到了超额回报，今晚我深受教诲，万千魔鬼横行的世间也有万千我佛在，还有活着的尊严。《晚年》一部，我不为第二届芥川奖发愁，有生以来的首次奖金……

困难重重的一年。

就凭我没死活了下来这一点，也请称赞我一下。

信中提到的第二届应为第三届芥川奖，当时，在川端缺席的情况下召开的评委会上决定，上一届（第一届?）的候选作品不得参加评选，太宰因此未获芥川奖。

《文艺春秋》杂志社的大草实住在信州的疗养所，他是已婚之人，却和濑尾梢产生了恋情。大草的妻子和佐藤碧子一起来疗养所时恰巧遇见濑尾梢，两人一起从《文艺春秋》杂志社辞职。川端在写给佐藤的信中说，且不说大草的人品是好是坏，他的日子的确不好过，因此自己打算下次去看他。

7月起，《文艺春秋》杂志社接手《文学界》杂志，同人有岸田、川端、武田、芹泽光治良、小林、河上、林、阿部、岛木、舟桥、横光、村山、深田、藤泽和森山启。4日，川端先去了越后汤泽的高半旅馆，于14日回到东京。17日，他又参加了一高的同学会，与在夏威夷居住了五年，且此其间致力于推广佛教的高明永无重逢。8月4日，川端前往水上温泉，与此同时，北条成为第三届芥川奖候选人。在写给北条的信中，川端说，《文艺春秋》杂志向北条约稿，虽然这不是参加评奖，但也请北条准备好作品。另外，川端和伊藤整商谈《小说的研究》一事，该书由伊藤代笔，书稿则交由第一书房出版。第三届芥川奖颁给了小田岳夫和鹤田知也。

芥川奖作家中里恒子

8月28日，川端和秀子前往轻井泽。这是因为川端从明治制果为《文学界》拉来了广告，所以要为明治制果的杂志《飞碟》写稿。于是，两人前往隶属于明治制果的神津牧场参观，同行的还有松坂屋美容部的芝山美代香。30日，偶遇为改编自菊池原著《新道》的电影拍摄外景的五所平之助，一行人中还有高峰秀子、山内光、佐野周二、川崎弘子等人，大家一起合影留念。31日，秀子等人返回东京。这一时期，沙罗书店出版了由堀辰雄担任装帧的川端随笔集《纯粹的声音》。该书店是后来也成为芥川奖候选人的作家石冢友二（1906—1986）经营的小公司。书中出现了大量印刷错误，川端也因此收到了石冢写来的道歉信。在轻井泽，川端入住藤屋旅馆，并见到了室生犀星、板垣鹰穗和板垣直子夫妇、河上彻太郎以及堀辰雄，还和德国文学学者芳贺檀（芳贺矢一之子）、山崎斌（1892—1982）、阿比留信（丰田泉太郎）、丸冈明、神西清等人一起游玩。自那以后，川端便在夏天时于轻井泽居住，他和堀辰雄的关系也变得尤为密切。

当时，《报知新闻》邀请川端创作连载作品。川端在给秀子的信中说，为了过一个愉快的新年，自己决定接受这项工作，这让秀子非常高兴。9月23日前川端便已回到镰仓，10月16日又前往信州，去了御母家温泉、汤田中一带的温泉。20日，川端入住志贺高原（下高井郡平稳村）上林温泉的尘表阁。这次旅行是川端创作"信州题材"的开始。随后他在长野、善光寺等地旅行并创作，其间他写信和秀子商量，让秀子和母亲或和中里恒子一起过来。

中里恒子是第一位获芥川奖的女作家，后来还成了艺术院院士，她也是川端的小说《少女的港口》的代笔者。中里毕业于女子学校，当时已经结婚。她的丈夫姓佐藤，师从横光，与川端的关系也很密切。不过，此次受川端邀请后中里恒子有些犹豫，最后秀子的母亲来了。11月6日、7日，秀子及其母亲分别抵达，8日秀子母亲返回，随后川端和秀子入住户隐、别所温泉的柏屋别墅，10日秀子回家。川端就这样常常外出，并在结束工作后叫来秀子进行短期旅行。

是年11月，作品社出版了古谷纲武撰写的《川端康成》。虽说对于刚满37周岁的川端而言，被人写成作家论的著作有些为时尚早，不过，古谷也出版了《横光利一》一书。三岛由纪夫31周岁时，吉村祯司出版了《三岛由纪夫》，大江健三郎32周岁时，松原新一的《大江健三郎的世界》问世。古谷是久保乔的朋友，他和川端好像就是通过久保认识的。

或许是出于为《妇女公论》撰写连载的需要，川端紧接着又赶赴信州取材。他还接到了松竹电影公司创作电影脚本的邀请（羽鸟《川端康成传》）。20日，川端去上田的工商会议所购买资料，会议所里的职员为他鞍前马后地充当向导。久米正雄的父亲曾在此地当过小学校长，因失火烧毁了天皇照片而引咎切腹自尽，川端参观了这所小学。当天，他住在上田馆（埴科郡户仓温泉）。《文艺春秋》杂志的12月刊刊登了北条的《麻风病人家庭》，他欣喜若狂地给川端写了信。23日，川端前往上水内郡鬼无里村（户隐），参观了鬼女传说的遗迹。当时，他向来学校参加新尝节的小学生问路，这名小学生就是后来撰写《川端康成与信州》的川俣从道。

这一时期，川端和秀子的来往书信中经常出现辻野久宪（1909—1937）的名字。辻野是从东京大学法文科毕业的，和永松定合作翻译了《尤利西斯》，还担任了第一书房《蛇》（《セルパン》）的主编，留下了若干法国文学译著。川端在信中问秀子，把俊子介绍给萩原朔太郎怎么样。他指的应该是萩原朔太郎，萩原当时刚和前妻离婚，其妹和诗人佐藤惣之助结婚后，他经常抱怨自己很孤独。俊子是谁不详，可能是和辻野有关系的人。次年辻野去世，可谓英年早逝。

月末，川端回到镰仓，由久米担任会长的镰仓笔会成立，川端成为其会员。副会长由大佛次郎（1897—1973）担任，干事有冈田直吉、佐藤正彰（法国文学学者）、林房雄和山田珠树（法国文学学者、东京大学教授，与森茉莉有过一段婚姻），会员则有小林秀雄、今日出海、里见、岛木、永井龙男、深田、横山隆一、三好达治等四十四人。镰仓笔会设立了池谷信三郎奖，川端也担任了评委。第一届获奖作品是中村光夫的《二叶亭四迷论》和保田与重郎的《日本的桥梁》。

12月，川端在明星社的杂志《333》上发表了《晚霞少女》，11日起至翌年7月，他在《报知新闻》上连载《少女开眼》。该小说描写了家住信州的盲人少女如何在结识了来自东京的中产阶级家庭的千金后，前往东京接受最新医学技术治疗而重见光明的故事，这种题材在战前的川端作品中十分少见。当然，故事中也插入了爱情元素，这或许是为了延长篇幅，因此后半部分的展开显得有些多余。战前该小说曾有过一版单行本，而在战后出版的全新版本中，小说的后半部分被彻底删去。

同月，改造社出版了川端的《花的圆舞曲》。北条的作品集

《生命的初夜》也得以出版，畅销程度相当惊人。创元社是位于大阪的出版社，与谷崎润一郎关系密切。几经搬家周折的谷崎，最终将原籍地写成了创元社的社址。《春琴抄》等作品都由创元社出版。战后，其东京分社改名为东京创元社，并且倒闭过一次。之后，主要发行推理小说的"创元推理文库"得以重建，很多人由此认为创元社是专门出版推理小说的出版社。《北条民雄全集》（共两卷）经由创元社出版正经历了上述过程。

1937年（昭和十二年），《生命的初夜》发行量达到六千册，与此同时，北条健康状况恶化，住进了重症病房。冈本加乃子发表在《文学界》3月刊上的《母子叙情》获好评，随后她又陆续创作了不少作品。1月6日，镰仓笔会的作家以一人一篇的形式在《东京朝日新闻》神奈川版晚刊上发表随笔，该栏目名为"镰仓组出阵"。其中，川端为"地方版"所写的文章于1月28日发表。随笔的发表顺序为林房雄、大佛、今日出海、永井龙男、大森义太郎、神西、深田、田中纯、升曙梦、山田珠树、大岛十九郎、小牧近江（1894—1978）、里见、关口泰（1889—1956）、佐藤正彰、小林秀雄、川端、福永恭助、高滨虚子、小杉天外、小泉三申、久米（据猪熊雄治）。关口泰是东京朝日的记者，新村出（1876—1967）的亲弟弟。4月2日，川端在日比谷公会堂观看了西班牙舞蹈家古姬塔·布兰科（Cuquita Blanco）的舞蹈表演后回到镰仓，并得知了41岁的十一谷义三郎去世的消息。川端立刻赶往三浦郡大楠町（现横须贺市）的十一谷家，当时十一谷的好友丰岛与志雄也在。此时，菅忠雄也因肺结核住进了东北帝国大学医院。

虽然北条在文学上大获成功，但他仍一直为生理问题烦恼不堪，时常想离开麻风病医院结婚。但是，患者结婚的前提条件是做绝育手术，以防代际遗传。这一时期，北条说自己已经断了结婚的念头，他还和川端说自己想要创作长篇小说。川端建议他读福楼拜和陀思妥耶夫斯基的作品，并买书送给他。4月中旬，北条的父亲似乎突然来东京拜访了川端。川端又考虑起搬家的事情，便让秀子去找房子，后于月末前往长野。

这一时期，海伦·凯勒（1880—1968）访日，足迹遍及全日本，让人们深受感动。川端也读了海伦·凯勒全集并被其故事打动，这也是他后来在《美好的旅行》中描写深受三重苦的少女形象的契机。5月中旬，川端给国文学者盐田良平（1899—1971）去信，在自己承担的非凡阁《现代语译国文学全集》的几个写作部分中，他请盐田代笔其中的《堤中纳言物语》。此外，他还请朋友帮忙完成了相对简单的《竹取物语》部分。据说这一部分是由石滨金作完成的（还有一种说法是由铃木彦次郎撰写的，均属传闻）。在信中，川端写道，仅一部作品稍嫌分量不足，自己也没有好好考虑，请再随意挑选一部，于是，盐田又选了一部《真假鸳鸯谱》，8月便出版了。这一系列的译者中既有国文学家又有作家，这在今天是难以想象的情形。藤村作也位于译者之列，由此看来，可能是藤村作推荐的川端。《源氏物语》三卷的中卷由与谢野晶子翻译，上下卷的翻译者则是洼田空穗，构成很奇特。《南总里见八犬传》和《平家物语》的译者分别是白井乔二和菊池宽，《徒然草》和《方丈记》则由佐藤春夫翻译。《西鹤名作集》只翻译了下册，译者是武田麟太郎，《梅花历》则由永井荷风翻译。谷崎翻译的现代语《源氏物语》出版后成为畅销书是第二年的事情了，当时整个日本都出现了回归古典的趋势。《源氏物语》曾被视为淫秽书，直到这时才开始被各阶层的读者广泛阅读。与谢野晶子的译本，实际上几乎没有销量。

6月至翌年12月，川端"信州题材"中的《牧歌》在《妇女公论》杂志上连载，与此同时，《少女的港口》在实业之日本社发行的《少女之友》杂志上连载。《妇女公论》似乎由藤田负责，《少女之友》的主编则是内山基（1903—1982），他是早稻田大学名誉教授、人形净琉璃①研究者内山美树子的父亲。内山基的妻子是内田百闲的女儿。这本杂志的封面和插图使用的都是中原淳一（1913—1983）创作的少女画。

6月，川端搬家至镰仓二阶堂。这是他租住的房屋，战后才知道房屋真正的主人是诗人蒲原有明（1875—1952）。创元社也出版了《雪国》，并附了一本小册子《名家对名作〈雪国〉的评论》，这是川端委托久保乔从图书馆复制的（五十岚康夫语）。这一版《雪国》原定由《文学界》的发行方文圃堂出版，后来出版时，创元社的小林茂去文圃堂的野野上庆一那里道谢。该作品与尾崎的《人生剧场》一同斩获第三届文艺恳谈会奖。

6月5日，川端与野鸟会的人一起前往山中湖，同行者有中西悟堂（1895—1984）、清栖幸保（1901—1975）、鹰司信辅（1889—1959）、铃木大麻（画家）、津田青枫（1880—1978）等人。一行人从御殿场站乘大巴抵达须走的米山馆，入住三岛海云（1878—1974）的别墅藏云山庄，以观察鸟类。清栖、鹰司等人出身于公卿家庭，以研究野鸟著称。6日川端离开并起程前往箱根。6月末，川端和永井龙男、大岛十九郎、画家佐藤敬（1906—1978）以及朝日新闻横滨支局的川谷洁等人一起去镰仓阿尔比斯山（好像镰仓的小山脉有这样的称呼）。他们在明治制果公司门口集合，参观了建长寺和觉园寺。7月，川端又和镰仓笔会的成员一起登了镰仓阿尔比斯山。由此可见，川端完全是个社交型人物。另外，银座有一家名为"赞位屋"的高级饭庄，饭庄主人名为堀内赞位（1903—1948），也是一位鸟类研究专家，和川端关系密切。福田兰童的文章中提到，堀内曾经带川端去过其位于轻井泽的店。

7月7日发生了卢沟桥事变，其名称在日本被称为"北支事变""支那事变"，日本发动了对中国的全面战争。7月，竹村书房出版

---

① 人形净琉璃，日本传统木偶傀儡戏。——编者注

了川端短篇集《少女心》。28 日，川端前往轻井泽，入住藤屋旅馆。帝国美术院扩充并改名为帝国艺术院，文学家被归入第二部门，文艺恳谈会就此解散。

川端用文艺恳谈会奖的奖金在轻井泽购入了一栋别墅。这是在板垣鹰穗夫妇的建议下，从美国传教士尼克迪穆斯手中花了 2300 日元买下来的住宅，位于轻井泽 1307 号。不过，光靠奖金并不足以支付这笔费用，川端还向出版社借了钱。由于尼克迪穆斯年事已高，手续是由住在仙台的希普尔代办的（武田《川端书简》）。川端在镰仓的住宅是租住的，别墅倒是不动产，但他还是始终存不下钱来。

从长野登上户隐山后，川端和山崎斌、片冈、矶沼以及龙子一起入住野尻湖酒店，并和山崎与片冈一起去参观了小林一茶①的土屋。之后，秀子、矶沼、龙子和大仓喜七郎（1882—1963）从赤仓酒店返回了藤屋。山崎斌是长野的作家，同时又是为"草木染"命名的染织家，师从岛崎藤村。大仓喜七郎是大仓喜八郎的继承人，大仓财阀的最高统帅，亦是里见弴的情人菊龙的丈夫。他是个很感性的人，善写长歌，取名"听松"，后来川端正是在听取了他的建议后创作了西川流的舞蹈台本《船游女》。他着手建造了大仓酒店及川奈高尔夫酒店。如今文学奖授奖仪式的场馆大多选在东京会馆，而新潮社的授奖仪式却在大仓酒店举行，其中大概有什么缘由。

夏天，川端受邀乘坐信越线前往新潟高中演讲。他在日记中写道，去了之后才发现自己绕了远路，乘上越线应该会更近一些，不清楚此处指的是高桥有恒也出席了的 5 月的那场演讲会，还是他于 8 月前后再度前往的那一次。和川端同行前往追分的有中里恒子、

---

① 小林一茶（1763—1827），日本江户时期的俳句诗人。主要作品有《病日记》《我春集》等。——编者注

堀辰雄、日后和堀辰雄结婚的加藤多惠和芹泽光治良，河上彻太郎也来了。堀辰雄的恋人矢野绫子因肺结核去世了，众所周知这就是《起风了》中写的故事。这一时期，川端声称要去冲绳创作一部以琉球为舞台的小说。1937年（昭和十二年）10月，河出书房的"新作长篇小说丛书"系列的宣传册中预告了书名为《南海孤岛》的作品，但是川端还没有进行创作。实际上，他一生中没有直接写过单行本作品。后来川端也时常提起这部琉球题材的小说，战后他也去过美国控制下的琉球，但最终还是没有写。

8月29日，川端前往户隐中社采访久山宫司。《牧歌》再一次遭遇了惨淡的失败。在这部作品中看不出故事情节：川端只是如同《信浓风土记》那样，对小林一茶进行了一番调查，引用了一些他在乡土资料馆里购买的资料，一行又一行地罗列着统计数据，仅此而已，一定程度上还不如《海的火祭》。因此，该作品也没有出版单行本，而是被收录于1939年（昭和十四年）的选集中，战后，《牧歌》的第二章以《户隐的巫女》为篇名而被收进了全集中，很难将这部作品看作一部像样的小说。

一位写作了十多年的作家，其连载的长篇作品中出现了如此不堪的失败，这只能说是川端的一种顽疾，很难理解。后来，川端在战时发表的《东海道》也极其失败。《牧歌》的惨败，让人难以想象他是一位职业作家，由此看来，这根本不是川端本身想不想沦落为通俗作家这种层面上的问题。

在该作品中，川端恐怕是想模仿谷崎的《吉野葛》的创作方法；再进一步追溯的话，或许他受了1931年（昭和六年）出版的日文版约翰·多斯·帕索斯（John Dos Passos）所著《美国》三部曲中的第一部《北纬四十二度》的影响。尽管谷崎和多斯·帕索斯的风格并不相同，但是，在向作品中加入一眼看上去就是多余的素材并加以考证这一点上，两者有着相同之处。虽然川端并没有在文艺评论中写过《吉野葛》，但他应该是读过的。多斯·帕索斯的日译本由新潮社出版，川端读过该作品也是很自然的事，不过没有证据。然而，谷崎的作品中贯穿着统一的线索，他由此搭建作品的完整结构；与此相反，川端的故事建构随心所欲。另一方面，《吉野葛》属短篇小说，至多算得上中篇；川端将该小说的技巧运用在他这部长篇小说的创作中，毫无章法可言。此外，他不加任何选择地投入素材，没有发挥任何效用，仅让《牧歌》成为了一部支离破碎的作品。

不过，同时期连载的《少女的港口》，即便是在所有川端名义下的少女小说中也算得上出类拔萃的作品，我至今仍对其爱不释手。该作品描写了女子学校中的"S"，即精神性同性恋的三角关系，没有逻辑上的缺陷，也没有多余的情节。它能如此成功的原因就在于，它是中里创作的作品。1989年5月15日的《朝日新闻》晚刊报道，神奈川近代文学馆中发现了《少女的港口》中由中里执笔的一部分稿件。实际上，那是1984年出版的全集的书信集，研究者们是了解这一情况的。川端在9月14日写给中里的信中指导中里，称作品逐渐变得粗暴起来，对情节也给出了指示。

2009年，实业之日本社出版了将《少女的港口》的复刻本和新装本①合并而成的两卷本，2011年出版了文库版，作者均为川端。复刻本中附有法国文学学者鹿岛茂的解说和内田静枝（1969—）撰写的作品简介，均没有提到中里代笔一事。不过，鹿岛的解说是从川端构思了情节这一角度进行考察的。文库版则删除了鹿岛的解说。

至于"S"这一主题是川端给予的指示还是中里独自的创意，对此展开全面研究的大森郁之助也没有给出自己的判断。但是，从川端过去的作品来看，我认为这应该是中里独自的创意，情节的安

---

① 1938年（昭和十三年）刊，由根据中原淳一装帧的单行本全本复刻的旧假名版本和《少女之友》连载时收录的全部中原淳一插图的新编辑新假名版本组成的豪华两卷本。

排也来自中里的构思——川端根本做不到将情节结构构建得如此
顺畅。

换言之，《少女的港口》的作者应该署名为中里恒子。中里是
艺术院院士，也是拥有全集的作家，但是名气不如川端，所以出版
社想以川端的名义出版，此外应该也有川端的版权还未进入公版的
问题。但我认为不应该继续以川端的名义发行此作品。鹿岛的解说
中也耍了手段，毫无根据地声称主要情节是川端的创意。这不是典
型的"文本霸凌"（Textual Harassment）吗？川端想必将稿费和版
税的一半给了中里，那么，现在出版的《少女的港口》的版税是否
也支付给川端著作权的所有者或中里了呢？实业之日本社需要解释
清楚这一问题。

我没有指责请人"代笔"的川端，但是我对明明了解作品由他
人代笔却佯装不知的现代研究者和出版社深感不解。新潮文库的
《竹取物语》也将川端当作译者而出版。川端的确修改过最初的版
本，但是有的论文完全无视这其实是代笔作品的事实，这就让人难
以理解了。《少女的港口》也是如此，以内田这样的研究者为例，
他将"经过了川端修改"这一说法当作最后的武器，用中里按川端
指示的情节创作而非中里代笔，川端进行了彻底修改等诸如此类的
逻辑，硬是将作品的创作者归为川端。然而，这种雕虫小技，越是
想刻意逢迎，其效果越是适得其反，只能越发让人觉得川端不够
光明磊落。

甚至力图表现得不偏袒川端的长谷川泉也有这样的文章：

　　"冒犯作者人格"，这是个很敏感的问题。关于川端康成的
　　《空中的片假名》，龙胆寺提出了这是一部"伪作"的观点，这
　　不仅受到了川端的指责，而且受到了文坛的批判，这是来自读
　　者立场的问题。严格地说，这不是不能看成是故意误读的读者
　　对作者人格的严重冒犯。（《读者的变迁与读者史》，森安理

文、大森盛和编《新批评　近代日本文学的结构7　新构想
近代日本文学史（上）》国书刊行会，1982）

　　我不清楚哪里有"受到了文坛的批判"的事实，文章写得非常
奇怪。这可能是因为文章写于1984年书信集出版之前，但是，曾
根博义谈到代笔问题时说，川端是老狐狸中的老狐狸（《代笔的可
怕之处》），然而研究者和出版社并未认真对待这一问题。
　　9月，林房雄前往上海。川端在《文学界》10月刊上发表的
《同人杂记》中写道："切勿一夜轻易滥造一部战争文学而遗臭万
年。"对此，回国后的林房雄给川端写了一封极力赞美天皇和战争
的信，他写道："我反对。轻易滥造也无妨。上海战线轻易死伤一
万人。他们不是被杀，是自愿伤亡。为了天皇，为了用鲜血履行义
务并实现理想。"川端从实业之日本社的田川那里得到一辆自行车，
他每天骑着这辆自行车在轻井泽转悠。从书信中可以看到，这一时
期，秀子的弟弟喜八郎从学校毕业后正在寻找工作。1932年（昭和
七年）喜八郎还是中学生，也许他毕业于商业学校，不过，秀子的
家庭情况不是很清楚。
　　川端将轻井泽的土地事宜交给了名为三泽屋的公司帮助斡旋。
秀子听人说三泽屋不太靠谱，急忙打电话给川端。当时，电话还很
少见，且常常听不清或中途断线。川端很生气，给秀子写了一封挂
号信训斥道："别听别人乱说。"10月秀子也来了轻井泽，这是川端
用来慰劳家人的一贯做法。
　　川端在轻井泽一直住到了11月底。19日，和立原道造一起住
在追分油店里的堀辰雄来了，川端让他留宿了。交谈中川端得知，
堀辰雄他们听说油店起火便立刻赶过去，两人的东西已经全部烧毁
了，因此堀辰雄来找川端，希望他能收留自己。26日，川端将堀辰
雄交给山小屋别墅，自己则返回镰仓。11月的《文艺春秋》杂志刊
登了川端的《高原》，在此让人大跌眼镜的是，川端竭力盛赞住在

轻井泽的西方少女们，文中可以见到她们比日本少女美丽等说法。
战后川端在《写于镰仓的书斋》中写道："在戛纳的酒店餐馆和大
堂里，我见到世界上最美丽的少女，内心十分悲凉。日本没有如此
气质高雅、楚楚可怜、干净利落的少女。"在我眼里，黑头发黑眼
睛的日本少女是世界上最美丽的人，因此年轻的我读到中公文库的
《高原》中所写的那些文字时，内心充满厌恶，我很怀疑川端究竟
有多少爱国心。这部作品中也出现了宠物狗的话题，川端养的都是
西方犬种。认为柴犬是世界上最漂亮的犬种的我，对此也心怀
不满。

和川端通常的做法一样，小说《高原》也以变换篇名续写的形
式在各种杂志上发表，共计五次。第三次发表在《日本评论》杂志
1938年（昭和十三年）12月刊上的《高原》，其中有十行左右的文
字和《少女的港口》几乎完全一致。以"网球场边上的联合教堂里
有过很多外国人的孩子，让人不敢相信轻井泽居然有过那么多外国
儿童"起始的这一节被多次使用。换言之，这一节是由川端自己
写的。

从这一年的10月开始，川端频繁收到耕治人的来信和稿件。
耕治人毕业于明治学院大学英文科，老家在熊本，因参加左翼活动
受到检举，师从诗人千家元麿。他的姓氏"耕"，一般读作"TA-
GAYASU"，在此念成"KO"。千家没有能力让耕治人出人头地，
所以请求川端帮助。年谱中写道"经友人推荐"，从私小说《红色
美丽的容颜》中可以得知，这位友人应该是石井秀平，他是俄国文
学译者，在中央公论社工作，于日本战败前去世。耕治人长期怀才
不遇，精神变得不正常起来，并开始攻击川端。对川端来说，这是
让他陷入一段最难堪关系中的人物。

12月，东京剧场上演了由寺崎浩编剧、新派剧团演出的《雪
国》。驹子一角由花柳章太郎扮演，岛村则由柳永二郎扮演。前面
已经提到，寺崎和其妻子与花柳再次前往越后汤泽取材。然而，川

端多次写道或说道，那之后花柳在与镝木清方的对谈中说自己见到了叶子的原型，她的双眸比驹子的更加有神，然而叶子是虚构的人物，秀子也反复说到此事。只是，我没有找到川端提到的花柳和镝木的对谈。我也询问过花柳传记《花颜之人》的作者大笹吉雄先生，他说从未见过镝木和花柳的对谈。1957年（昭和三十二年）角川文库版《雪国》发行时，花柳撰写了篇名为《〈雪国〉的戏剧化》的文章，文章中也没有提到此事。后来出现了叶子的原型可能是梅园龙子的说法（羽鸟《川端文学的展开》），如果当时真有那件事的话，花柳见到的也许是龙子。川端香男里三十五卷本全集增补卷二的解说中写道，1937年（昭和十二年）花柳给川端写过六封信，信中请求将《雪国》改编成剧本，并希望川端提供作品中原型地点和人物的信息。然而"当日后章太郎告诉川端自己不但见到了驹子，还见到了叶子时，康成十分惊讶，非常不高兴"。香男里的说法与川端本人的说法有出入，这样看来，叶子的原型似乎真的存在。

12月5日是周日，这一天，川端接到了北条民雄去世的消息，与创元社的小林茂第一次去了武藏村山的全生医院。川端后来在小说《寒风》中写了当时的情况。北条去世时虚岁24岁，实足年龄23岁。北条的父亲前往川端家取走了骨灰。

以北条作为早稻田大学毕业论文研究对象的五十岚康夫，出于对北条的兴趣撰写了文章《三十多岁的川端康成》，只是连载，未出版单行本。五十岚在文中批评川端对北条很冷淡，在文学界评奖时未投票给北条，芥川奖评奖时也没有积极推荐北条，并且写了评选评语，这大概让北条感到不快，过去他在写给川端的信中都称其为"川端老师"，后来出现了"川端先生"的称呼。1970年五十岚写道，北条在写给川端的信的最后表示想得到芥川奖。为此，五十岚收到一张未署名的明信片，上面写着"那是为北条君的家人着想""因为他家是农村的"云云，说的应该是事实。人们对川端的

《雪国》中的人物原型进行了详尽的调查，因此他深知，如果北条获芥川奖的话，有关他的一切都会被人调查清楚。

《寒风》中有川端对北条死后指责其作品的全生医院的医生的反驳。这位医生就是日户修一（1909—？）。日户批评北条将麻风病医院描写成了地狱，他强调麻风病医院是天堂，并批评了北条的人格。1944年（昭和十九年）日户前往冲绳的麻风病医院爱乐园就职，该医院收容了麻风病患者，被称作"日户收容"。战后，日户获得新潟医科大学博士学位，由此来看，当时的他还不是博士。战后的1966年（昭和四十一年）他在为《中央公论》写稿件时是新潟大学讲师。五十岚康夫于1987年联系过日户，他生气地说，日户压根儿没有反省。后来的情况我不得而知。

第八章

《名人》的原型

围棋、象棋的世界

让人头疼的是，我对围棋毫无兴趣。在大阪大学工作期间，我见到比我稍微年长的同事下围棋，自己也想试着学学，就买了一本《围棋入门》的实用书放在研究室里，但是五六年里一次都没有翻开过，最后还是把这本书卖掉了。我说一次都没有翻开，不是修辞学上的夸张手法，而是真的从买进到卖出，从来都没有打开过，这倒让我有些佩服自己。

我父亲喜欢下象棋，所以教过我象棋，我也想认真学习，因此每天阅读登在报纸上的棋谱进行钻研，不过，最终还是没有搞懂。我也玩过"诘象棋"①，但是不明白乐趣在哪里。据说纳博科夫的小说《洛丽塔》，实际上描写的不是少女爱，而是描写了各种机关。但是我读了名为若鸟正的英国文学学者解说该作品的著作《洛丽塔、洛丽塔、洛丽塔》以后，还是没有弄懂他所说的机关究竟是什么，因此完全不觉得有趣。若鸟还玩国际象棋，听说他原来是学理科的，国际象棋和围棋大概非常相似，我之所以对这类游戏不感兴趣，和不明白《洛丽塔》中的"机关"有什么趣味可能是一回事。

---

① 诘象棋，日本盛行的象棋的一种玩法，相当于中国象棋的连将杀局。——译者注

川端康成很容
易否定自己的作
品。他不仅对《禽
兽》以及《湖》表
达了厌恶，甚至还
说过不喜欢《睡美
人》。他只对《名
人》表现得很有自
信。这显然不是因
为写得出色，而是

与横光利一下象棋。1937年摄于山王下的文艺春秋俱
乐部（日本近代文学馆）

因为它有个好题材。这部作品不属于川端的文学世界。如果有人读
了《名人》之后表示赞赏，那一定是川端讨厌的人。

北条民雄去世的1937年（昭和十二年）12月，川端住在南伊
豆的下贺茂温泉的伊古奈酒店，不清楚北条去世前川端是否已经住
在那里。关于东京剧场演出的《雪国》，川端在写给秀子的信中说
"看了寺崎君编剧的演出，实在不喜欢，真怀疑他有没有文学细胞，
这也没办法"，看来他十分不满。秀子好像是和"龙介"一起去看
的，龙介也是梅园龙子的外号。

是月，创元社出版了《少女开眼》，中央公论社出版了《侦
探年级长》。中央公论社原本只是杂志社，不发行单行本。该社
最早出版的单行本是1929年（昭和四年）泰丰吉翻译的雷马克
作品《西线无战事》，在当时成了畅销书。川端住在酒店时，接
二连三地收到耕治人的来信，喋喋不休地要求川端读他的稿件，
为他第二本自费出版的书写序，态度非常执拗。另外，冈本一平
的来信也很多，还有加乃子的信，也写得很长，说她要创作长篇
小说。

18日，在鹿儿岛出生的山本实彦的安排下，川端会见了冲绳的

议员、拓务省①参与官等人，翌年会见了岛根县知事藏重久等人，似乎很用心地在考虑创作琉球题材的小说。该时期，《文学界》1月刊上刊登了石川淳的《马尔斯的歌》，该作品因批判战争而被禁止发行。令人吃惊的是，石川淳和川端同龄。《日本评论》上刊登了中河与一的《天上的月光花》，中河有严重的洁癖强迫症，有一段时间出现了严重的精神异常，妻子干子是诗人、国文学者。战后，两人的右倾言论十分引人关注。

　　1938年（昭和十三年）1月，川端前往伊势，回程时经过热海，观看了当时名为吴泉的吴清源与木谷实（1909—1975）六段的比赛，随后在热海探望了正在病中疗养的本因坊，等川端抵达奥伊豆时，吴清源也在那里。2月，火野苇平被选为第六届芥川奖的获奖者，由于火野已经以从军记者的身份出征，因此小林秀雄作为文艺春秋的特派员前往中国为火野颁奖。另外，以文春为中心成立了日本文学振兴会，菊池任会长，设立菊池宽奖，该奖由45岁以下的作家为虚岁46岁以上的作家评选并授奖。另一方面，改造社决定出版《川端康成选集》，自是年起出版发行九卷本选集，川端为此撰写了后记，对自己的作品进行解说。

　　夏目漱石门下的铃木三重吉，在大正时代创立了杂志《赤色鸟》②，发起了新儿童文学运动，晚年出版了《写作读本》（《綴方读本》），站在儿童文学创作运动的前沿。在这一背景下，中央公论社出版了《写作教室》（《綴方教室》），其中名为丰田正子的贫寒少女的作文受到了众多关注。3月，川端前去观看了改编自该作文，由新筑地剧团演出、山本安英主演的戏剧，并深受感动。最初的《写作教室》是由大木显一郎、清水幸治两位指导老师共同编写

---

① 拓务省，1929年至1942年日本政府的机构之一，负责殖民地统治及移民事务。——译者注
② 《赤色鸟》，铃木三重吉创刊的儿童杂志，刊登童话和童谣，1918年创刊，1936年停刊，对日本近代儿童文学、儿童音乐有非常重要的影响。——编者注

的，不是丰田的著作，之后，大木、清水两人长期与藤田圭雄合作，成为儿童作文写作及女性手记选编的发端人物。

3月，川端为小说《牧歌》的创作再次前往长野采风，由于积雪太厚随即返回。30日，佐藤碧子和石井英之助在明治神宫纪念馆举行婚礼，据说川端担任了证婚人。佐藤碧子是作为继承人进入佐藤家并成为养女的，养母反对她将姓氏改为夫姓石井，因此，英之助的弟弟泰治去佐藤家做了养子，他就是为川端作品画插图的画家佐藤泰治（1915—1960）。碧子是菊池的情人，但她实际上爱着马海松，这在碧子的《瀑布之声》中说得很清楚。马海松战后去了朝鲜。

4月，川端在《改造》上发表了描写"金块打捞诈骗事件"的异类风格短篇小说。《新潮》以《文学一夕话》为题刊登了川端与高见顺的对谈。之后，高见在镰仓文库以及日本笔会俱乐部中与川端建立了密切的联系，不过，他是一位转向作家①。永井荷风的叔叔阪本钐之助是福井县知事，在前往县内的三国町视察时，找来民间女子高间古代彻夜陪伴，生下的就是这位高见顺。由此可见，明治时代有着如此不堪的恶俗。高见毕业于东京大学英文科，有正室，但正室没有生育，因此去世前他将情人生育的女儿认作养女，那就是电视演员高见恭子。

《少女的港口》深受好评，因此从4月起，川端开始在《少女之友》上连载《花日记》，该作品也由中里恒子代笔。4月1日，日本公布了总动员法。不知出于何种机缘，东京野野宫照片馆的主人野岛康三送给川端一台单镜头反光式照相机。12日，川端和横光、片冈从上野站出发，开始了田山花袋的《田舍教师》的探访之旅，在行田、羽生一带拍了很多照片。羽生市现在建有该巡礼活动的纪

---

① 转向作家，曾经支持某种思想信仰，后来转变为另一种信仰或放弃信仰的作家。——编者注

片冈铁兵（右）与横光利一于高崎线路的列车
上。川端摄影。1938年4月（日本近代文学馆）

念碑。

据说秀子曾预言堀辰雄会与加藤多惠结婚，4月17日，在室生犀星的证婚下，两人果然举行了婚礼。可能川端也出席了这场婚礼，因为犀星在给川端的信中请川端带一本《少女的港口》，要送给女儿朝子，说是和女儿说好了。犀星去世后，室生朝子（1923—2002）写了很多回忆录，当时她16岁。

之后，受到伊古奈温泉酒店经营者之一的安田善一（1914—？）的邀请，川端和野野宫照片馆的冈野一一同前往伊豆旅行。安田毕业于东京大学美术史专业，是突突屋旅馆的老板。接着，川端去了户隐，秀子代替川端出席了小林秀雄的回国欢迎会。这一时期出版的《北条民雄全集》和川端选集由林芙美子担任装帧设计。5月的《新女苑》上刊登了川端和横光的对谈，该杂志的编辑由《少女之友》编辑内山基兼任。曾经的《少女之友》责编桑原至诚，以桑原至这一名字师从川端。5月桑原入伍，直到1943年（昭和十八年）病死在前线。6月，川端住在轻井泽，此时，浅间山发生了喷火。归途中川端和横光去了北海道旅行，在青森县浅虫、函馆停留。

6月26日起在箱根举办本因坊引退围棋赛，对手为木谷实，川端自7月23日起在《大阪每日新闻》和《东京日日新闻》上连载《本因坊名人引退围棋赛观战记》。正如《名人》中所写，该比赛持续至12月4日，共进行了十五场，以本因坊败北告终。围棋赛期间，一有空余时间，川端便到轻井泽去旅行，往返于箱根和轻井泽两地之间。

纵观川端的一生，可以看出他对旅行的热爱到了异乎寻常的程度。即便是带着善意撰写《川端康成传》的羽鸟彻哉也在文中写道："不外出旅行便无法写作，川端的这一癖好似乎病入膏肓，看上去可以

本因坊秀哉名人引退围棋赛纪念照片。前排左起第三位是本因坊，后排左起第四位是川端。摄于1938年（日本近代文学馆）

成为心理学家研究的好素材。"他并不像阿川弘之或宫胁俊三那样是因为对铁道和列车的兴趣而旅行，也不是出自工作需要。由于川端的这一癖好，秀子不厌其烦地承担起了随之而来的各种繁杂琐事，诸如将川端忘记带上的创作笔记寄给他，或转寄川端不在家时收到的信件，或转达来客的留言，等等。过去，娱乐活动很少，旅行堪称是最快活的娱乐活动，很多作家都会外出旅行，战后的川端开始踏出国门，一有机会便去或计划去欧美旅行。

他自己写道，每当从欧洲回国时，便会产生那里才是故乡的感觉，这让他十分愕然，这是有着失却故乡意识的人的天然愁绪吗？可能也是因为不喜欢在家穷于应对来客，或者不喜欢与妻子面面相觑的庸碌日常吧。即便如此，川端频繁往来于轻井泽和箱根的举动，还是异于常人。围棋赛就在箱根举行，只需待在镰仓即可，川端为何要去轻井泽？例如，他会在列车和飞机上干什么？川端后来提到他曾在飞机上睡觉。患有失眠症的川端，在飞机上是不是也服用安眠药？他的文章中说过他曾在火车上阅读工作需要的资料，但不太提到阅读无关书籍之类的事情。

另外，我不清楚川端的阅读习惯。据别人的证词，川端习惯于

边读书边卖书。据说镰仓文学馆中有五千册藏书，但是没有目录。据我的了解，川端在战时读了《源氏物语》大开本的《湖月抄》①，以及日本中世时代的古典作品。川端为了编辑选编，读了大量少年少女的作文和女性的手记，并在战后撰写了大量推荐文章，其中也有一些是代笔之作，可见他读了不少无名新人的作品。作为芥川奖以及其他奖项的评委，他也阅读了很多候选作品。川端见过莫里亚克（François Mauriac）并接触过他的作品。

谷崎润一郎很早就读了进入 20 世纪后受到重新评价的斯坦达和梅尔维的作品，去世几天前，他通过明信片订购了《存在主义辞典》，这是谷崎的阅读习惯，川端应该没有。无论在他的小说还是随笔中都很少涉及这方面的内容。他在《文学自叙传》中写道："即便阅读，也难以摆脱在文坛的流行中随波逐流的困境。"这一言论作为文献而言过于陈旧，战后不知川端是否发生了变化？

我在著作《久米正雄传》中引用了中户川吉二的话："没有比久米更不读书的作家了。"在我的想象中，川端可能也是不读书的人。比如，只是为了见弗朗索瓦·莫里亚克（François Mauriac，1885—1970）川端才会读一下《苔蕾丝·德斯盖鲁》（*Thérèse Desqueyroux*），他的阅读习惯或许就是如此。川端从战时至战后，一直声称打算创作一部以室町时代为背景的历史小说，写一写文人将军足利义尚、宗祇等人的世界，结果却连一个字都没留下。川岛至在《美神的反叛》中反问："川端是不是一个努力的作家？"确实，川端极其热衷于现场调查，然而，要写历史小说，需要系统地阅读文献，最终他还是没能做到这一点。

川端还说过，打算继谷崎之后完成《源氏物语》现代文翻译。最终，他只将《浮舟》这一短篇改写成了现代文，如果活得再长久

---

① 《湖月抄》，17 世纪北村季吟所著的《源氏物语》的注释书，又称《源氏物语湖月抄》。——译者注

一点，他也未必真的能全部完成。谷崎为了完成现代文翻译，一开始请了山田孝雄，战后请了玉上琢哉等国文学学者进行校订，并参考了各种注释类书籍，这种学习劲头恐怕是川端所不具备的。川端经常说自己是懒人，其他作家一个个去世，自己反而获得了长寿。这句话甚至让人感觉还有点自嘲的意味。

对历史题材的兴趣

言归正传。6月26日和27日的围棋对局在东京进行。30日原定在箱根举行第三次对局，但因暴雨而延期。7月，日本文学振兴会被批准为财团法人，川端成为理事。理事长是菊池，其他理事还有久米、佐藤春夫、斋藤龙太郎、永井、泷井。7月5日，川端委托耕治人在图书馆复印资料。自11日起，川端住在箱根观看围棋赛，29日在轻井泽，31日在箱根。8月14日比赛结束后，本因坊住进了圣路加医院。

8月，川端让林房雄帮着照顾家里，自己前往信州。19日，川端前往富士见疗养所探望了吴清源，也探望了本因坊。9月，日本陆军参谋本部要求作家参军，加入攻打中国汉口的战役，菊池和久米率先应征，高调出发，林芙美子更比久米抢先一步，是最早奔赴前线的作家，对此，川端完全不加参与。9月，川端没有在杂志上发表任何作品，似乎那部应称为《徒劳》的《牧歌》和《本因坊名人引退围棋赛观战记》让他颇费心力。《本因坊名人引退围棋赛观战记》延迟一个月才开始连载，川端对比赛很用心地做了记录，似乎在写作中用上了。

之后的九州采风也是同样，例如从《少年》和《独影自命》中可以看出，对于自身的日记和旧稿件，即便是对读者而言无关紧要的页数，川端也会详细记录，做好笔记。在这种事情上体现出来的精神和努力，一旦离开自己的范围，就会消失殆尽。例如开始写到一茶及中世的连歌①的段落时，川端便立刻失去了热情，丧失了认真描述事物的欲望。三岛由纪夫在《永远的旅人》这一川端论中说川端没有文体。他认为文体即是解释世界的意志。我觉得"文体"一词很奇怪，因为川端有其独特的文体。鹤田欣也老师说，此处三岛由纪夫指的是"历史"之意，但我无法认同"文体"即为"历史"之意。三岛想表达的恐怕是"没有思想"的意思。不过，这么一来就和佐藤春夫评价谷崎时说的话一样了，所以他用"文体"一词来韬晦。

不过，那位鹤田老师之所以会这么写，是因为从某种意义上说他和川端非常相似。除了都在幼年时代失去了母爱之外，鹤田老师也算不上热爱阅读的人。按照工藤美代子的说法，他每天尽看电视，喜欢驾车。进入20世纪80年代以后，鹤田老师开始频繁往返于日本和国外，他说在飞机上绝对睡不着，这点和川端不太像。他擅长社交，非常善于组织国际学会。

虽然《名人》花了很长时间才完成，但是川端面对的是活生生的本因坊。无论他多么想写足利义尚，最终还是没有动笔，那是因为他见不到足利义尚。关于中世文学，川端写过《东海道》等作品。他在《我在美丽的日本——序言》之后所写和所谈的和日本古典有关的内容，里面的文学只是空中楼阁，历史背景被惊人地遗忘了。年轻时候因阅读受到的影响现在还依然残留在川端身上吧，但他没有表现出对赖山阳的《日本外史》的狂热，即便被称作北条泰时的子孙，他也从未对泰时进行过调查。在这一点上，他与谷崎润一郎迥异，当谷崎润一郎得知谷崎家族大概出自近江蒲生家的家臣门第时，他便逐渐将兴趣转向了石田三成。总览川端的全部作品，几乎从未出现过"平清盛""织田信长"等人的名字。②

---

① 连歌，日本一种诗歌体裁。始于平安时代末期两人对咏和歌的形式。——编者注
② 日本学者森本获在其著作《魔界的住人：川端康成》中指出川端生前曾在发表的作品《如梦幻地》中描写织田信长跳舞的场面。故此处作者论断有误。——编者注

　　川端十分敬重东京大学的前辈，即镰仓作家大佛次郎。他在文章里写过，有一次聚会以为大佛要来，当得知大佛缺席时，他非常沮丧。川端年轻时即使是对菊池宽也从未写过这样的话。这位大佛在追悼川端的文中将他们之间的关系形容为"沉默的五十年"，让人觉得有些毛骨悚然。他说和川端一起爬过山，但几乎没有说过话。作为追悼文而言，这篇文章显得有些另类。大佛是个无论对日本还是西方历史都有着很深造诣的人，在他看来，川端甚至十分天真无邪。川端与吉川英治看上去关系很好，但在《中央公论》的对谈中，两人谈的尽是围棋和老古董的话题，可能川端压根没有读过吉川的小说。

　　这么说来，川端对题材大多为历史事件的歌舞伎和能乐不感兴趣也就在情理之中了。①谁也不会想到，在人们眼里用小说来表现日本古典美的世界级的作家，竟然对自己国家的历史毫无兴趣。虽然里见弴说自己不写历史小说，实际上也确实没有写过，但他对历史还是很熟悉的。

　　川端在战后创作的《生为女人》《东京人》《千只鹤》《古都》等作品，被进藤纯孝等人称为通俗小说也并不是毫无道理，这些小说中完全没有历史感，只是将川端个人偏爱的少女形象置于模糊的同时代习俗中，以此来描写她们的故事。

　　在10月的《文艺春秋》上，刊登了《百日堂老师》，其中的人物原型被认为是折口信夫。据折口弟子加藤守雄的文章透露，川端为了创作琉球题材的小说，经由河出书房介绍在大森拜访了折口，之后不久便发表了该作品。另外，《妇女公论》的10月刊上还刊发了征集寻常小学一年级至六年级的学生作文的通知，川端和岛崎藤村、森田珠共同成为评选人，在碰头会上，川端第一次见到藤村。

----

① 日本学者森本获在其著作《魔界的住人：川端康成》中指出，在川端的《山之音》《蒲公英》《隅田川》中能乐对作品的描写起到重要作用，且战后川端的作品有许多以能乐作为主题。故此处作者论述疑有误。——编者注

高半的次子高桥有恒的文章中写道，在演讲会之后的会议上，川端对泰斗藤村进行了严厉的批判。

9月，川端和中里一起外出旅行的计划终于有了进展。10月6日，中里夫妇抵达镰仓，川端和秀子与他们一起乘大巴翻过和田岭，在上诹访问了午餐，下榻木曽福岛。7日，一行人乘大巴抵达上松，游览了"寝觉床"①之后乘火车抵三留野（南木曽町），转乘大巴车至桥场，翻过马笼岭，下榻落合、中津川，在马笼步行拍摄照片，并在见到藤村时把照片给了藤村。8日，川端一行乘火车前往多治见，坐轿车抵达土田。从木曽川的"日本线"②下至犬山，下榻名古屋，9日，返回镰仓。在这个时期，由武田麟太郎、间宫茂辅遴选的当年优秀小说选《日本小说代表作全集》开始在小山书店发行，至1950年（昭和二十五年）每年发行一册。该全集最初的编辑是岛崎蓊助（岛崎藤村之子）。四年后川端在小山书店创立同人杂志《八云》，当时藤村也是同人。同时，川端还拜访了志贺直哉。二战期间，川端与年长的作家们开始出现了"和解"的动向。小山书店的老板是小山久二郎，后因出版伊藤整的《查泰莱夫人的情人》全译本而受到起诉。

11月，川端住在热海金城馆温泉旅馆。18日，本因坊的围棋赛重启，川端搬入伊东德暖香园酒店，直到围棋赛12月4日结束。改造社的《川端康成选集》中的最后一卷出版了《文艺评论》。《文艺评论》原定由作品社出版，在征得作品社小野松二（1901—1970，即小野勇之兄）的同意后放入了改造社的选集中。

之后，川端下榻热海富士屋酒店，他给秀子去信，告诉她别老在电话里唠唠叨叨，为此，后来前往伊势、京都的旅行好像都带上了秀子算作慰劳。本次旅行在淀野的斡旋下，入住了可能是川端首

---

① 寝觉床，位于长野县木曾郡上松町的大峡谷，日本五大名峡之一。——译者注
② 日本线，从岐阜县美浓加茂市至爱知县犬山市的木曾川沿岸峡谷别称。——译者注

次下榻的中京区麸屋町姊小路上段的柊家旅馆。川端常常在对秀子发完脾气后带她旅行。年末，在热海举行了《文艺春秋》的忘年会，川端记录了众人聚集一堂的情况。小林秀雄夫妇住在大伊豆，川端下榻的富士屋二楼住进了片冈一家，舟桥一家入住鱼鳞酒店，绿风阁老板柳原敏雄忙前忙后地照顾他们。岛木健作来富士屋时，和川端一起去了海边（岛木《伊豆日记》），川端还和秀子开车去谷津看望岛木，两人聊了各种话题，并一起泡了温泉。川端和岛木应该就是从此成为关系亲密的朋友。川端还鼓励小林秀雄和佐藤信卫（1905—1989）写小说。佐藤信卫是毕业于东京大学哲学科的哲学学者，他和三木清都是《文学界》的同人，战后作为法政大学教授讲授哲学。佐藤是单身，川端及小林等人经常张罗着为他介绍对象。除了上述这些情况，是年还有堀辰雄和今日出海加入《文学界》同人。

川端与自己的弟子之一的野上彰相识也是在这一年。野上本名藤本登，出生于德岛市，东京大学美学科中途退学后转入京都大学哲学科，又因"泷川事件"①中途退学，定居仙台从事围棋工作。1936年（昭和十一年），野上赴东京，在平凡社编辑《木谷、吴清源全集》，1937年（昭和十二年），担任《围棋春秋》的编辑，组织文人围棋会，认识了村松梢风（1889—1961）、榊山润等人。在村松成为围棋初段的纪念会上，野上与川端相识。

1938年（昭和十三年）9月起，川端重启文艺评论的写作。1939年（昭和十四年）在永井龙男担任总编的《文艺春秋》上连载。川端收起批评和揶揄的刻薄言辞，较之杂志上的小说，他开始更多地关注单行本并给予称赞。这种变化并不只是发生在川端一个人身上。战争进入正式阶段后，社会变化日趋加剧，曾经指责文艺恳谈会的人们，也在不自觉中开始成为战争的帮凶。

---

① 泷川事件，1933年（昭和八年）京都帝国大学法学部的泷川幸辰教授因其著作《刑法读本》及演讲内容涉嫌赤化思想而受到罢免，该校教授和学生对此发起了抗议运动，受到当局镇压。该事件又称"京大事件"。——译者注

　　1939年（昭和十四年）1月，川端从上一年年末起入住热海的聚乐酒店，15日乘"燕子号"特急列车抵名古屋，在那里转乘关西急行列车前往伊势神宫，在二见浦住宿一晚，翌日返回镰仓。是月，中央公论社预告将出版谷崎润一郎的《源氏物语》现代译本，并在东京和大阪举行了出版纪念演讲会，东京由横光利一、大阪由岛木健作分别发表演讲，两场演讲会川端均未出席。我很难否认川端对谷崎的抗拒。谷崎可能也感觉到了这一点，直到战争结束之后，谷崎才读了《雪国》一书。19日，川端在下贺茂温泉，与吴清源在一起，两人度过了愉快的三天，安田善一也加入其中，一起外出郊游。26日，曾经是作家的绿川贡赴满洲，川端等人为他举行了送别会。（保田与重郎年谱）

　　2月12日的芥川奖评选会上，中里恒子成为第一位女性获奖者，其中应该有川端起的作用。紧接着，川端成为菊池宽奖评委，21日，川端在山水楼推荐德田秋声的《化妆人物》为获奖作品，并为德田颁奖。24日，川端在热海撰写水谷和吴清源的围棋观战记，从报纸上得知冈本加乃子去世的消息。51岁的冈本加乃子于18日突然去世，丈夫一平未通知任何人。川端急速携林房雄赴东京吊唁。晚年，加乃子过着和情人、丈夫三人同居的异常生活，儿子太郎当时身居巴黎。加乃子留下了自传体长篇小说《生生流转》的遗稿，自4月起在《文学界》上连载。就这样，在川端一手培养下成长起来的北条和加乃子两人，都在战前去世了。

　　这一时期，川端和藤田对应征作文进行了遴选，5月和6月，中央公论社出版了按年级编辑的《模范作文全集》，其中能看到波多野里望[①]（1931—2008）、大冈信（1931—2017）、田边圣子

[①] 波多野里望，心理学家波多野完治和波多野勤子的长子，国际法学家、学习院大学教授。上小学高学年四年里写给母亲的信件，由母亲勤子集成《少年期》（1950）一书出版，成为畅销书。《波多野勤子著作集》第四卷（小学馆，1982）中收有完治撰写的解说，未提到里望的作文被收入《模范作文全集》一事。

（1928—2019）等人的名字。4月7日，在丸之内东洋轩饭店举行了加乃子追悼会，为出席者分发了短篇小说集《老妓抄》。5月起，日本发动了诺门坎战役。川端和大宅、坪田让治、丰田四郎、北村小松等人成立了少年文学恳谈会。5月上旬，实业之日本社的桑原在名古屋举行婚礼，川端和秀子一同参加了婚礼后，前去观赏吉野的樱花，并住在大阪的秋冈家。6月1日，由沼波功导演的电影《少女开眼》公映，

与夫人在名古屋。摄于1939年5月（日本近代文学馆）

主演有高山广子、草岛竞子等人。另外，金星堂出版了川端的随笔感想丛书《纯粹的声音》。

7月起川端在《少女之友》上连载《美好的旅行》，之后，与秀子去了轻井泽，石井碧子一家、关根益一郎、大阪的秋冈家的孩子们住在川端家帮忙看守家里。川端从轻井泽写给林房雄的信（7月27日）中说自己打算领养亲戚家的小女儿。据武田胜彦的《川端康成书简》推定，信中的小女儿就是后来的养女政子，经秀子更正为秋冈瑛子。秀子写道"大阪表兄的孩子共兄妹四人"，秋冈家的孩子从上至下有义彦、达子、义之、瑛子四人，黑田家从上至下则有和子、昭子、政子三人，所以信中指的是秋冈家的小女儿，武田搞错也在情理之中。为芥川奖评选一事，川端多次返回镰仓，在轻井泽时则经常和野上彰下围棋。9月7日，67岁的泉镜花去世，川端和镜花最终无缘相识。

10月至翌年1月，川端在《文艺》上连载篇名为《母亲朗读者》的作品，连载未完，无疾而终。这一时期，川端的责任编辑是

后来成为《人间》总编的木村德三。由于是未完成的作品，川端生前没有将它收入单行本。但是，作品的故事很有趣。故事讲述青年田宫春治曾经是小说家的弟子，他的母亲前来拜访作品中的主人公小说家。春治精神异常，让母亲朗读自己写的文章，最后没有东西可读了，于是，母亲就自己写文章为儿子朗读。1953年（昭和二十八年）川端在短篇小说《无言》中给小说家起名为大宫明房，由来访之人说起《母亲朗读者》的故事。作品中包含"元小说"（Meta-Fiction）的元素，很有意思。讲谈社文艺文库出版的《再婚者·弓浦市》中收录有《无言》，倘若将《母亲朗读者》也收录其中的话，想必会更有趣，我觉得有些遗憾。另外，川端在10月的《ALL读物》上发表了诙谐小说《美人竞赛》，作品中"川端康成"实名登场，故事十分搞怪，谐趣横生，让人难以相信川端居然能写出这么轻松有趣的故事。

加乃子去世后，川端经常收到一平的来信，冗长且废话连篇，信中写的那些与己无关之事，川端读来深感厌烦。《生生流转》同样絮絮叨叨，有人怀疑是出自一平之手。对于加乃子这本长篇小说的评价，至今没有定论。据秀子所写，是年长期与他们共同生活的妹妹君子嫁给了羽田先生，不过，日期和举办婚礼的地点、君子丈夫的职业都不清楚。11月9日，川端写给中里的信中提到的恐怕就是给君子的结婚贺礼，因此，婚礼可能是在10月底举办的。11月，汇集"掌篇小说"的《短篇集》由山崎刚平经营的砂子屋书房出版，川端将稿费充作了文人围棋会的维持经费。这家"砂子屋书房"本应读作"Managoya"，大家都读作"Sunagoya"，于是以讹传讹，反而是后者的读法被固定下来了。山崎也是文人围棋会的会员。是月，川端前往热海，旅馆几乎都客满，找了几处之后最终下榻聚乐酒店，川端后来来热海时便固定在这家酒店住宿。

耕治人深受贫穷困扰，7月第一次在《文学界》上发表小说。川端为耕治人介绍了一份校对工作，可是到了12月耕治人手持稿件来找川端时，川端恰好不在，除夕他又给川端写了很长一封信，诉说自己没有钱的困境。

1940年（昭和十五年）1月，川端在《中央公论》上发表《正月头三日》，在《文艺春秋》上发表《旅人的旅馆》，在《妇女公论》上发表《母亲的初恋》。《美好的旅行》几乎还处于创作瓶颈之际，《旅行邀请》却已开始在《新女苑》1月刊上连载了。这也是一部很奇特的小说，我在后面会介绍。1月15日，本因坊秀哉下榻热海的鱼鳞酒店，第二天川端前去拜访他，并和他下了棋。川端离开后，本因坊突然发病，生命垂危。川端不知此事，17日在热海参加了纪念尾崎红叶的红叶节，他谢绝市长的招待宴，去祭拜了坪内逍遥的墓地后回到酒店。18日清晨，川端接到本因坊的女婿高桥重行四段来电，被告知了67岁的本因坊去世的消息。

第九章
战争、最低限度的协助

战时生活

对于日本"战时"中的状况存在各种误解，最大的误解是认为日本与法国发生了战争，还有人认为英美是日本的敌国，所以英语受到禁止，英语文学的翻译和研究也停止了，从事那些工作会遭到逮捕，云云。实际上，英语文学的研究和翻译尽管有些零碎，但一直在持续，政府也并没有强迫作家和演员支持战争。只是，不赞美战争就无法维持生计，这的确是真相。因此，家底丰厚的永井荷风以及志贺直哉几乎没有赞美过战争，这并不是因为志贺及荷风等人在精神上反对战争的缘故。

我们把这场战争称作"十五年战争"①。事实上，在很多知识分子的眼里，对中国的战争就是侵略战争，这让他们感到非常厌恶。与美国、英国、荷兰开战，确实是打着将亚洲从西方百年来的侵略中解放出来的旗号。但是，这场战争从一开始就没有胜算。日本战败后，战争价值发生逆转，有些人因被视为战争支持者而被剥夺公职。菊池宽、德富苏峰等人便是如此。在这一点上，川端也有些不幸。实际上，川端可以说完全没有写过鼓舞战争斗志的文章，

---

① 十五年战争，指从1931年"九一八"事变到1945年日本无条件投降这一战争时期。虽实际不足14年，但日本有此说法。——编者注

然而日本投降后，川端写过感叹日本灭亡的文章，因此受到了误解。尽管有人怀着善意引用《哀愁》中的文字以及川端为岛木健作撰写的追悼文，但是，读到此文的人却将川端的文章解释为叹息日本的战败。换言之，就是他在祈愿日本的胜利。这当然不是事实，不知从什么时候起，川端成了歌颂"日本古典美"的人。

1940年（昭和十五年）2月中旬，川端突然眼睛失明，在庆应医院住了四天。我不清楚川端的视力坏到什么程度。我从未见过他戴眼镜的照片，不过，过去即便是近视眼，也有很多人不戴眼镜，故详情不得而知。

3月，川端与横光利一、片冈铁兵一起踏上了东海道之旅。这次旅行对于川端而言，也是为写作《旅行邀请》采风。14日，川端与横光、片冈从箱根关所附近的芦之湖畔酒店联名给秀子和林芙美子寄出了一封信。15日，川端一行下榻静冈县的金谷。16日，住在爱知县的冈崎。17日，返回途中在烧津住了一晚，抵家后，川端又立刻独自出发，在兴津下车后游览了三保的松原①。23日，因疲劳在岛田车站下车后下榻经济型旅馆。24日，川端抵达蒲郡，因打算入住的常盘馆客满而投宿经济型旅馆竹岛馆。提到蒲郡，川端过去没有在蒲郡住宿的记录。1922年（大正十一年），菊池、芥川等人在演讲会结束后的归途中住在此地，菊池因过量服用芥川给他的安眠药而身体出现状况，后来菊池以蒲郡为舞台创作了长篇小说《火花》，以该小说的连载为契机，蒲郡一夜成名，成为旅游观光胜地。（小岛政二郎《眼中的人》）

25日，川端从蒲郡寄出一封写给片冈铁兵的女儿蓝子的信，信中提到大概明天可以转到常盘馆，又对《美好的旅行》中让花子父亲死去的情节表示歉意。蓝子出生于1928年（昭和三年），当时应

---

① 松原，位于静冈市清水区三保境内的松树林。长达7千米的海岸上茂密地生长着三万棵松树，这片松林和背后的富士山经常出现在浮世绘及和歌中，2013年入选世界文化遗产名录。——译者注

该虚岁13岁，正是招人喜爱的年龄。川端在《旅中片信》（《文学界》7月刊）中谈到《美好的旅行》时这么写道："这是一部奇怪的小说，提不起兴致继续往下写，只能努力强迫自己。费了九牛二虎之力，也花去了大量时间，却了无趣味，只有女学生们可能会读这部作品。"不过，无论是通俗小说还是少女小说，虽然是知识分子无法忍受的作品，读者却十分喜欢，这在当时和现在都没有什么不同。是年川端以《我爱的人们》为大标题将他连续创作的短篇小说集中在《妇女公论》上不定期发表。这些小说或许可以归类为通俗作品，但实际上是有川端个人风格的名作大汇集。我觉得川端不愧为创作短篇小说的高手。

翌日，川端转到常盘馆住宿。4月2日，秀子带着中里恒子来了，三人好像去了名古屋。17日，轮船"新田丸"完工，日本邮船特别顾问内田百闲与佐佐木茂索商议，遴选了部分文化人士乘船渡海航行至大阪，川端也在其中。此外还有梅原龙三郎①、辰野隆、里见、大佛、久米、横光、吉屋信子、下村海南、大仓喜七郎、德川义亲、杉村楚人冠、宫城道雄、今井登志喜等人。一行人在船上举行了座谈会，《文艺春秋》6月刊以《远离浮世海上闲谈会》为题刊文报道。不过，该座谈会变成了久米一人独霸的会场，川端几乎没有发言。"新田丸"抵名古屋时川端下了一次船，抵大阪后，川端乘坐"燕子号"特急列车和大佛一起返回。他在写给林芙美子的信（5月2日）中说，"新田丸"之旅非常快乐。

5月，川端途经京都、桑名，从法隆寺绕道吉野，参观了粉河寺、长谷寺等地。《少女开眼》中有盲人少女接受最新手术治疗的情节，《美好的旅行》描写的则是盲人聋哑少女，治疗过程充满艰辛，治好后的境况和前者相同。川端可能想学习海伦·凯勒那样的

---

① 梅原龙三郎（1888—1986），日本西潭画家。1952年获日本文化勋章，代表画作有《座裸妇》《浅间山》等。——编者注

故事展开方式，但是，正如他自己所说的那样，按照少女篇、成人篇的方式写作的话，不知什么时候才能结束，因此川端写得十分缓慢，进展不顺。有名的安妮·莎莉文老师在海伦·凯勒身上创造的"奇迹"，是让海伦想起在变得又盲又聋之前所学的那些有限的单词，并不是当场掌握单词。对于这一点，至今仍有很多人存在误解，川端没有搞清楚也在情理之中。为此，川端自5月起去各处的盲人学校、聋哑学校参观采访，当他了解到盲人和聋哑儿童的教育存在极大的困难后，似乎陷入了困境。

5月25日，在观看聋哑学校的上课时，川端旁听了名叫橘川千惠的女教师的课，感觉自己对她"一见钟情"了。该女教师就是后来的评论家秋山千惠子（1917—2016）。川端最终中止了《美好的旅行》的创作，当他重新开始创作《续：美好的旅行》时，这篇小说就变成了以秋山为原型的故事。"一见钟情"虽说是我的推测，但情况想必非同寻常。实际上当时两人并没有交谈，好像是后来川端收到了千惠子的来信，两人才开始有了交流，五十岚康夫的《三十多岁的川端康成（八）川端与秋山千惠子》公开了在对秋山进行采访时获得的川端10月7日从轻井泽寄出的长信。千惠出生于仙台，在东京长大，毕业于东京女子高等师范学校（现御茶水女子大学），接受过当时女性的最高教育。这封信是千惠告诉川端自己婚后将去欧亚大陆的消息后来自川端的回信，11月8日，橘川千惠去镰仓拜访了川端。作品中，千惠以"月冈老师"的角色出现，之后出版单行本时（1942），川端在后记中写道：

> 作为月冈老师原型的年轻女教师，在婚后辞去了教师工作，去了丈夫工作的大陆。我甚至可以说没有这位女教师便不可能写出这部作品，因此我曾经灰心丧气，失去了继续创作的勇气，很长一段时间都萎靡不振。

没有了"原型"便无法创作吗?《美好的旅行》连载至1941年（昭和十六年）4月，幼女篇算是结束了，并出版了单行本。1941年（昭和十六年）9月起至1942年（昭和十七年）10月止，川端在《少女之友》上连载了续篇，此篇在全集中名为《续：美好的旅行》，不过，川端已经放弃了最初的主题，转而描写"月冈老师"满洲之旅的情形，这听上去似乎还不错。川端前往满洲以及和满洲相关的故事，都是围绕月冈老师来写的，称不上小说。

同时期川端着手创作的《旅行邀请》也在中途发生了变化。《美好的旅行》尚在连载时，川端就开始了《旅行邀请》的连载，这本身已经很奇怪了，加上故事讲的是名叫上杉的男子，在妻子去世后与名叫园子的女子再婚，他带着与亡妻生的儿子去东海道旅行，读来让人觉得不知所云。男子途中遇到独自旅行的千金，心跳加快，而且不知何故男子和那位千金一直住在同一家旅店。在蒲郡，男子见千金在花瓶上写字，他等到花瓶制成后便去确认上面的文字：

> ——二十二岁正月于蒲郡　市河明子
>
> 上杉的眼前出现了这么一行字。
>
> "二十二岁正月、于蒲郡、市河明子。"
>
> 上杉小声念道，他的内心燃起了汹涌的爱情烈火，情不自禁地抓起花瓶，如同抱紧所爱之人的脖颈。
>
> "二十二岁、二十二岁！市河明子！"
>
> 花瓶是滚烫的。手掌烧灼的热量，让他产生了麻木的快感。

不得不说这一描写十分异常。而且，这个"市河明子"也以谜一般的千金形象出现在川端之后创作的长篇小说《东海道》中。

暂且不说这个"市河明子"是不是秋山千惠子，总之，这一时期的川端的确有些不正常。五十岚说川端写给秋山的信"会让人产生是一封情书的错觉",其实并没有到这种程度,川端给自己喜欢的年轻女人写信基本上都是这种风格。秋山将朋友的弟弟介绍给川端,就是战后不请自来的弟子、自称"守门人"的北条诚(1918—1976),这在信中也提到了。就在几个月前,北条成了芥川奖的预选候选人,当时芥川奖候选人的前一环节中还设有预选候选人,川端在评语中写道"是个好人"。宇野浩二在评语中称有"后川端"的感觉,于是北条手持介绍信出现在川端家的门口。是年,北条从早稻田大学国文科毕业,首部单行本《春服》的出版已经确定下来。

回到5月,大仓喜七郎促成了川奈乐剧团的成立,青山圭男、橘左京、龙子、川端、山根银二、大田黑元雄担任顾问,矶沼任经理,该剧团的目标是建成真正的芭蕾舞团,29日和30日该剧团在新桥演舞场举行了公演,然而时局恶化,公演没有持续下去。30日,川端前往箱根旅行。6月2日,川端从箱根关所给秀子寄去彩绘明信片,随后乘大巴赴三岛,在三岛站换乘列车抵达兴津,在清见泻的一碧楼水口屋住了两晚。4日,川端前往静冈,乘大巴至金谷,在丸子桥下车后拜访了叶月峰柴屋寺,随后徒步翻越宇津谷山岭,乘大巴去岛田,下榻鱼种。6日或7日返回。14日,德军占领法国。

这一时期的作家们被迫参加后方文艺运动,奔赴各地举行演讲。菊池及久米等人走在最前列,四处演讲,川端只参加了一次。他于7月8日在早稻田大学大隈讲堂举行题为《事件写作》的演讲。他让龙子朗读作文,自己讲解。在场的其他人还有阿部知二、林芙美子、广津、丰岛等人。有文章说,之所以让龙子朗读作文,是因为川端不会演讲,然而在这之前川端也做过多次演讲,所以这种说法不是事实。是日,35岁的吉行荣助去世。7月,迄今一手承担《少女之友》插图的中原淳一,因其创作的图案不合时局而被迫中止创作，改换成了初山滋（1897—1973）。战后，中原还在继续创作，川端却从未在任何场合提起过他。

在此之前川端已经去过了轻井泽，演讲会结束后他又返回轻井泽。这个夏天，英国、美国、法国等国的外国人开始陆续离开轻井泽回国。淀野隆三携全家来轻井泽，居住在川端家，长女华子生于1928年（昭和三年），以后很长的岁月里都受到川端的宠爱。川端在轻井泽打高尔夫球，年末，他买下了隔壁的土地（1305番地），一开始出租给了德国人。

10月，三笠书房出版了《浅草红团》。由于9月8日一位名叫近藤的编辑来川端家私自加盖了检印，第二天川端向三笠书房寄去内容证明，中止了出版。所谓检印①，后来变成了在书上加印"经与作者协商废止"的文字，现在已经见不到了，当时是由作者一册一册加盖上去的。三笠书房是竹内道之助创立的出版社，数年前在美国成为畅销书的长篇小说《飘》由竹内的友人大久保康雄进行了全本翻译，战后三笠书店靠此书赚了不少钱。三笠请川端撰写《小说的构成》，川端将此书转交伊藤整写作，伊藤在10月4日的信中说自己没有写，已经委托给了濑沼茂树，由此揭开了《小说的构成》由濑沼代笔完成的真相。

翌年，计划出版《小说的研究》修订版，这也是由伊藤完成的。伊藤在《太平洋战争日记》1941年（昭和十六年）12月16日的日记中写道：

> 现在就等着请川端先生撰写《小说的研究》序言，甚是不快。
> 朋友间干这种不愉快的事情也是自己的性格使然吧，有些

---

① 检印，即作者在每本出版物的底页加盖自己印章或将盖有印章的贴纸交由出版社粘贴，用于同意该出版物的出版并确认所印刷的数量，后来由于出版物的印刷数量增加，改为在出版物上印刷"检印废止"等字样。——译者注

自作自受。

不知川端是否察觉到伊藤的这种情绪。后来川端将代笔翻译的
西方儿童文学的版税全部交给了野上彰，据说川端声称"我不怕弄
脏自己的名声"，这虽然可以称作帮助贫困作家的行为，但是对于
读者的责任在哪里？这让人产生川端在道德方面存在某种缺陷的印
象。当然，他和无赖、恶魔是不同的，他只是在不经意间犯下极其
平庸的错误。

川端在杂志上遴选读者投稿的作文，始于1937年（昭和十二
年）的一整年的《妇女公论》。《新女苑》自1939年（昭和十四年）
1月刊起，因前任片冈铁兵参军而改由川端负责，并持续了很长时
间。一开始是来自读者投稿的评论，其中有小品文、作文、手记等
形式，之后川端将它们汇集成"小作品"（小品文）。1941年（昭和
十六年）1月起，川端又开始在《少女之友》上遴选作品，这种选
编读者投稿的做法一直持续至战后。遴选过程中，川端通常先让编
辑部阅读作品并初选，自己再从初选出来的文章中遴选，他会把投
稿作品全部亲自阅读一遍。但是，从1942年（昭和十七年）4月29
日来自秀子的信中所写的"由我对作文进行预选不太好，我决定停
止此项工作"来看，秀子也参与了作文初选。不过，在那之后可能
是川端阅读了全部文章。

收录于全集第三十四卷中的川端的评语都十分有意思。不清楚
这给他带来了多少收入，但这毫无疑问是他喜欢干的工作。他遴选
的大多是女性杂志上的文章，投稿者来自各地，仅限于女性。然
而，来自男性的投稿络绎不绝，有时会有读者来信说入选作品中有
男作者伪装成女作者，批评评委竟然分辨不出男女，这也有些滑
稽。川端也曾表示过，没有为男性读者服务的这类杂志也是挺遗憾
的。战后不知何故，《妇女公论》以及"读卖女性人生纪实大奖"
等业余作者手记征文比赛直至今天依然仅限于女性，真是太不可思

议了。也许这些文章集中于恋爱、相亲、婚约、生病等主题，男性对这种题材本身也不感兴趣。

杂志会反复提醒投稿者注意错别字、必须使用稿纸等等，《少女之友》还呼吁过切勿使用奇怪的笔名，令人捧腹。其中也有大量和时局、战争有关的话题。川端称《少女心》（1936）这部短篇小说依据的是早逝女性的手记，《来自北方的海》（1950）依据的是T.O女士的来信中所写的真实故事。太宰治的《女生徒》也使用了名叫有明淑的女学生的日记。他们或许一开始就有使用这些素材的打算，当然，直接用的话会穿帮。这也纯粹是因为读少女、女性写的文章比较愉悦吧。

川端经常说，小学生的作文很不错，但是，女生一旦上了初高中，很快就会变得无趣。换言之，她们的文章会变得矫揉造作，不可一世，染上文学少女的习气。不过，来自她们的投稿基本上写的都是事实，从这一点上去考虑的话，川端就同时具有了主动阅读的态度和消极面对私小说及类型小说的态度，他是如何将这两者结合在一起的呢？川端深知，她们的作品有着很强的真实性，就如声称私小说才是纯文学的久米正雄进入昭和后就不再创作私小说那样，川端生怕私小说引发家庭危机。尽管如此，我还是觉得川端如果能多写一些一高、东大时期的故事就好了，或许他有很多想要隐瞒的事情吧。

11月，天元社出版了吴清源的《随笔莫愁》，吴清源几乎不会写日语，因此由佐藤垢石（1888—1956）、野上彰、三堀将代笔，川端也了解上述的情况，因此为他撰写了序言。《吴清源棋谈》（1953）后来发表在《中央公论》等杂志上，在此文中，川端这样写道：

> 《莫愁》和《望乡》在《中央公论》上发表时，菊池宽先生对我说：

"你知道吗？吴清源的随笔写得真棒。"

"确实不错……"我迟疑了一下。我不能骗菊池先生，于是我说："不过，那不是吴先生写的，是别人代笔的。"

"瞎说。怎么可能有这种事。这些文章除了吴清源以外别人写不了。"

"吴先生不会写日语。是佐藤垢石先生写的。他听了吴先生的故事……"

川端继续写道，自己也告诉过丰岛与志雄代笔的事，但他无论如何都不相信。佐藤垢石是写钓鱼娱乐项目的随笔家，对围棋也十分熟悉。

然而，这篇文章是多么具有弗洛伊德色彩啊。绝不承认自己的作品是有人代笔的川端，却抓住别人的代笔之作侃侃而谈。并且他还否定了"除了吴清源以外别人写不了"的说法，意味着他也否定了自己回答龙胆寺时说的那句话——"那部作品中的氛围和文字，除了我以外没有其他人能写出来，这是一目了然的"。

采风之旅

言归正传。11月，川端去了伊东暖香园等地，在大佛和川奈打了高尔夫球。12月7日，川端准备动身前往大阪参加读者千金的婚礼，北条诚前来送行，川端将自己为《春服》撰写的题字交给北条。8日，川端在中之岛的新大阪酒店撰写了《春服》的序言，此时，经藤泽桓夫介绍，川端初次见到了大阪高等学校的学生石滨恒夫。石滨恒夫虽然也应称作川端的弟子，但与石滨金作没有关系，他是东方史学家、关西大学教授石滨纯太郎（1888—1968）的儿子，纯太郎姐姐的儿子是藤泽桓夫。不过，石滨金作和恒夫的祖上都是淡路岛人，可能有亲戚关系。当时恒夫的母亲说川端家里可能伙食不好，于是让恒夫带着便当来了。后来，石滨随川端参加了诺贝尔文学奖授奖仪式，并且受到了家人般的款待。据说石滨问"为什么带上我"，川端回答"因为你母亲的便当啊"。

据说后来文春的鹫尾洋三（1908—1977）来川端家打算住下珲催稿，川端从自驾车的窗户中把稿件交给他。谷崎抛弃妻子古川丁未子和根津（森田）松子生活在一起，菊池将伤心的丁未子收留于自己的老巢文春，安排她再嫁的就是这位鹫尾。鹫尾后来当上副社长，丁未子从事绘画，战后好像和川端关系非常密切。川端这一时期的作品，是发表在1月刊上的《义眼》和在《改造》上发表的描写北条民雄的《寒风》。

12月，新声阁出版了《正月头三日》。20日，在大阪大厦彩虹烤架酒店举行了北条诚的《春服》出版纪念会兼北条出征送别会。据说，北条民雄成名时，由于同名，北条诚对他颇为嫉妒。北条诚出生于东京，是铁路官员的儿子。

经与野泽组交涉，川端购入了轻井泽的土地后，在热海温泉西山庄延寿过除夕，岁入1941年（昭和十六年），川端人在热海，却不断催促芹泽光治良和堀辰雄买轻井泽的土地。他还进而鼓动片冈和尾崎来热海买地建立作家村。堀辰雄在川端的鼓励下买了自己心仪的别墅。战后，川端成为镰仓文库的重要人物，被人认为非常精明的川端，在购入土地、别墅的事情上已经彰显出他作为大阪人与生俱来的商人气质。概言之，他成功以低价购入了英美法等国人抛售的别墅，价格低走时买入，是唯利是图的大阪人的典型行为。

17日，横光、片冈、佐佐木、小岛夫妇等人来热海，入住川奈温泉。3月的《改造》上，川端时隔两年发表了文艺评论，这也是他最后一次撰写文艺评论。这一次川端评论的不是发表在杂志上的小说，而是用很长的篇幅写下了自己阅读业余女作者山口里创作的《我的爱之手记》后引发的感动，这是一部妻子照顾战争中失去下半身的丈夫的手记。除此之外，川端也在杂志上预告了下期将介绍柜田祐也的手记和田中军吉郎部队的《皇兵》，但没有写完，只是在《英灵的遗书》中提到了这两篇文章。

自3月31日，因《满洲日日新闻》的邀请，川端和吴清源、村松梢风一起前往满洲。满洲国事实上被日本政府以日本附属国的形式建立了一个国家，大量日本人移民此地。川端和秀子在东京站坐上火车，4月1日，秀子在京都下车，去秋冈家等地旅行了八天后回家。2日，川端从神户出发，在下关与梢风会合。当时，川端在门司拜访一个名叫林洋子的人，作家大迫伦子（1915—2003）也恰好在场，川端从他们两人那里听说了片冈的情况。大迫在前一年将自己对拥有自由思想的女儿的感受写成了一部《女儿时代》，成了畅销书。林氏夫妇也曾经出现在片冈的信中，林洋子可能就是在1938年（昭和十三年）2月刊的《文学界》上发表了篇幅较长的小说《光阴》并成为芥川奖候选作品的桥本寿子。对于桥本这个名字，我完全不了解，她也没有发表过其他作品，这部小说采用了40岁前后的女子和女儿交谈的形式，描写了主人公边谈论家庭内部的纷扰边陷入精神崩溃的状态。

川端在1937年（昭和十二年）5月20日给片冈的信中写道："读了洋子的作品。我认为向《文学界》投稿的话还是在冬天为好。是一部出色的作品，祖母这个角色写得很成功。不过，如果现在发表的话，对洋子的家人不会有影响吗？"1941年（昭和十六年）1月14日片冈在写给川端的信中说："前几日门司的林氏夫妇来东京，来舍下小聚。新夫人红光满面，看上去是一位普通的健康女性，很放心。"信中提到的作品和《光阴》在内容上不符，片冈的意思应该是虽然作品中描写了精神崩溃的状态，但信中说看上去是一位普通健康的女性，让他感到安心，从这一点上来看是说得通的。此话暂且不表，留待后叙。

川端从门司上了轮船，三天后抵达新京（现在的长春），入住位于中央通大街的满蒙酒店。5日，举办了围棋大赛，川端与旅居满洲作家即原日本作家绿川贡、檀一雄、田中总一郎、北村谦次郎（1904—1982）、刘爵青座谈，绿川在川端的下榻处住了一晚。北村是当时旅居满洲作家中的代表性人物。檀一雄则无须介绍了。6日，石井英之助前来参加围棋会。在满洲，川端也十分积极地参观了聋哑学校，这一素材也被他用在了《邀请旅行》中。他还见到了轻井泽藤屋的少主小林忠义。

这一时期，北条诚在伪北满的部队里，川端从关东军司令部给北条打电话，据说北条被告知"著名作家川端康成来电"时，匆忙赶去接电话，但是电话已经挂断了。8日，川端和梢风一起前往吉林，见到了师道高等学校的阿部襄、学生寺田一夫等人。4月前半月，川端与《满洲日日新闻》的筒井俊一、《满洲新闻》的绿川、作家山田清三郎（1896—1967）、北村等人坐马车前往宽城子，在波波夫咖啡馆和国民画报社的奥一商量《满洲国各民族创作选集》一事。川端去了居住在宽城子的作家的家里，见到了坂井艳司、横田文子（1909—1985）。山田清三郎原为左翼作家，是石坂洋次郎的《麦子不死》中描写的妻子的通奸对象。横田文子的描写女同性恋的另类小说《白日之书》成为第三届芥川奖候选作品。

另外，川端还访问了大经路国民学校、吉林的国立高等师范学校等地，11日出发，12日抵达奉天，投宿奉天大和旅馆。13日的《满洲日日新闻》上，刊登了川端与北村等人的座谈会。16日，川端乘坐"亚细亚号"特急列车赴哈尔滨，在新哈尔滨旅馆住了一个星期。19日，川端前往竞马场，恰逢复活节，晚上去了中央寺院。20日，川端在白俄人的斯特林芭蕾舞团的领队O先生家里与舞蹈教师、音乐家聚餐。22日，川端乘坐"亚细亚号"返回"新京"，小林忠义用"回教徒的中国料理"招待了他，晚上下榻新京第一酒店。23日川端前往吉林，与衣家柱下围棋后留宿，24日返回"新京"。川端还观看了全满洲国民学校日语朗读大会的排练，具体日期不详。25 日，川端从"新京"赴热河①，在车上过夜。26 日抵达承德，27 日参观了喇嘛庙和离宫等地。同行的有伪满日文化协会的三枝朝四郎（1901—1992）。三枝是摄影师，后来热衷于研究中国的剪纸，撰写了一部名为《窗花图案》的书籍。川端还访问了热河省的承德女子学校，与热河特别古迹调查所的伊东祐信（1909—1994）、儿玉重雄见了面，对川端来说，最想见到的就是这些研究者。

这一期间，在关东军的要求下，29 日，川端作为关东军特别顾问抵达北京，出席了全市小学的日语学习大会以及中学的联合运动会。他参观了北京市立第一女子中学，还在东城的扶轮学校参观了一年级的国语课，5 月 13 日，川端从天津乘坐"阿根廷丸"客轮，经大连、旅顺回国。川端在船上给片冈写信说，旅顺是个好地方，希望能三人一起去。16 日，客轮抵达神户时，秀子和秋冈家前来迎接，一起度过了一天。18 日，川端乘坐"燕子号"特急列车回家。

6 月，川端身居热海聚乐。7 月，川端在轻井泽为佐藤信卫的相亲做准备。9 月起开始连载月冈老师在满洲的故事——《美好的旅行》。前一年，川端在轻井泽的高尔夫球场认识了一个名叫"素浪人"的美国人，是年听说美国人准备回国，川端于是送给他自己写的《素浪人》一书。

川端和横光经常被人们相提并论，据说两人实际上关系并不密切。当时，两人恐怕从不谈论对方的作品，也不批评对方。川端和片冈看上去的确关系非常好，这可能和片冈夫人是川端老乡也有关系。日本战败前后，川端失去了好几位朋友，最让他难以接受的应该就是片冈的死。

9 月 5 日，川端因关东军的邀请与山本实彦、高田保、大宅等

---

① 热河，指热河省，中国旧行政区划的省份。1955 年 7 月 29 日被撤销。位于河北省、辽宁省和内蒙古自治区交界地区。——编者注

人再度前往满洲。当天从东京站出发，6日，在神户乘上"乌拉尔丸"客轮。7日，抵达门司。8日，与火野苇平合流。10日清晨，抵达大连，下榻大连大和旅馆。12日，入住汤满子温泉的对翠阁。13日，住在奉天大和旅馆。14日，前往抚顺，下榻炭矿酒店。15日，回到奉天举行演讲。16日至19日上午，住在新京大和旅馆。18日，出席满洲建国十周年纪念典礼。19日，在黑河。20日，在海拉尔。21日，在齐齐哈尔。22日至25日上午，宿哈尔滨大和旅馆。

　　川端在演讲会结束后前去参加了斯特林芭蕾舞团在哈尔滨马迭尔宾馆举办的酒宴，此舞团刚刚在日本结束了为期两个月的公演，据说川端第二天在新哈尔滨旅馆与芭蕾舞女演员们座谈，具体日期不详。川端还参加了为大佛、林芙美子、洼川（佐多）稻子、横光隆一、特务机关长等另一行人举办的招待宴，出席的有吉斯林齐大将、尼古拉·扎耶夫斯基、作家拜科夫等人。25日至28日上午，川端住在新京大和旅馆，当天前往吉林，和高田保一同入住三阳旅馆。

　　10月，川端和前来参加后方文艺运动的小岛、久米、佐佐木夫妇、片冈见面。是月12日，岸田国士就任大政翼赞会①的文化部长。7日，川端在写给秀子的信中说，在奉天还想再继续工作十天左右。川端开始构思新的小说，为了写女工，前往毛织厂（伪满蒙毛织公司社长椎名义雄）的开设工厂参观，并为返回日本的高田保，赴北京的小岛、久米、佐佐木夫妇和片冈送行。8日，川端转到沈阳馆居住，决定让秀子也前来长期居住。接到消息的秀子有些不知所措，最终还是乘坐客轮于20日左右抵达。24日，川端前往北京，和久米、小岛、片冈、佐佐木夫妇在北京饭店聚餐。11月

---

① 大政翼赞会，日本在第二次世界大战期间的一个极右翼政治团体，于1940年10月12日宣告成立，以推动政治权力集中的"新体制运动"作为主要目标，1945年6月13日解散。——编者注

初，久米等人回国，只留下川端夫妇，两人在齐家镇、张家口、北京、天津等地转了一圈后，从须知善一那里了解了日美近期即将开战的动向，于是动身回国。29日川端夫妇乘坐"吉林丸"客轮从大连出发，30日抵达神户，恰好是日本偷袭珍珠港的前一周。

川端的作品，都夭折在他采风之后，这可以说已经成为作家川端的顽疾，满洲女工的小说最终没有完成。《浅草红团》《牧歌》《美好的旅行》也是同样，一经采风便夭折了。结果，只有描写如伊豆的舞女和驹子等旅途中偶遇的女子，或如《招魂节一景》那样通过灵感创作的作品才获得了成功。川端就是这样的作家。战后也是同样，一旦经过采风，作品注定以失败告终。采风是获取素材的手段之一，作家理应首先设置好框架结构，再将采风取得的成果嵌入其中，这才是正道，而川端则是在与故事本身没有有机联系的条件下，硬是将采风获得的素材笨手笨脚地置入作品，因此这些作品大多未能完成。

中日全面开战后，《我爱的人们》由新潮社出版。川端参加了冈本太郎的入伍送别会。这是发生在送别会之前的一件事，川端去冈本家做客，准备离开时，一平抱着刚出生的婴儿出来。一平当年1月再婚，没有告诉川端。川端有些不解，看着婴儿寻思是不是太郎的孩子。"这是我女儿。"一平说。川端"呃"了一声，说不出话来。太郎写道，从来没见过川端这么惊讶的面部表情（《回忆川端先生》[①]）。除夕，川端在家吃鸭肉火锅，野上彰来了。

川端决定通过小山书店发行同人杂志。1942年（昭和十七年）1月，川端和秀子一起前往大矶拜访了岛崎藤村，请他给予支持。藤村给川端去信说："《潮流》这个刊名有点弱，《潮待草》如何？"（2月6日）之后定下刊名为《八云》，这可以说是一个紧跟时局的刊名。川端给志贺直哉写信，请他加入同人。另外，里见弴、泷井

---

① 书名日语为"川端さんの思い出"。——译者注

孝作、武田也加入了同人。长时间不与老一代文学家交往的川端，在作文遴选时认识了藤村，进而开始积极接近志贺直哉。川端给予了志贺非常高的评价。

川端还策划编选了《新女苑》中的文章，进展不顺。翌年，谷崎润一郎开始在《中央公论》上连载《细雪》，日本军部指责在现时战况下描写悠闲的女人生活太不合时宜并强加干涉，因此连载持续了两期后便中断了。川端选择的作品也都有这种倾向。另外，川端给藤田圭雄写信，询问能否在中央公论社出版自己在满洲期间受托在满洲国协和会青少年团中央统监部编辑的日满俄蒙德文集誊写本（1月9日）。负责人近期刚好要来东京，因此12月中央公论社出版了《满洲国的我们》一书。除此之外，川端还编辑了《满洲国各民族创作选集》，7月由创元社出版。从那时起，川端就开始了编辑工作，这与战后镰仓文库的工作有一定的联系。

战时的川端，经常表示各民族通婚才是理想的世界，只要看一下小熊英二的《单一民族神话的起源》（新曜社）就能明白，这符合当时的国策。当时的日本，将朝鲜半岛、中国的台湾地区、库页岛南部据为自己国家的领土，将满洲国窃为半个附属国，是个"不折不扣的多民族国家"，并将这个国家置于天皇的统治下，秉持所谓"八纮一宇"①的理念。川端在这一时期讨厌汉字，重视日语，他认为应该使用通过发音便能理解意思的语言，他也没有反对战后使用新假名以及限制汉字的措施。他说这可能是因为自己参加了罗马字学会的缘故，新假名自不待言，重视假名实际上接近以本居宣长等人为代表的国学派的主张和实践。另一方面，战争期间，他在自己并不愿意撰写的文章里用了大量奇怪的汉语。文中出现了从未见过的汉字、汉语，这证明所谓讨厌汉语并不是川端的本意，这种现象在他晚年的文章中再次出现。

---

① 八纮一宇，天下一家之意。——译者注

2月15日，英属新加坡被日军攻占，谷崎润一郎在广播里庆祝胜利，并写下文章。川端却没有任何表示。2月，获芥川奖的芝木好子来川端家拜访，据说诗人津村信夫当时也在场。4月，石滨恒夫入学东京大学美学美术史专业（当时美学和美术史是一体的），因参加美术鉴赏会而第一次来镰仓，看了教授让江之岛上的辩才天女①变成裸身的雕塑，在学生们原地解散后前去拜访川端。石滨告诉川端这件事并说："美术史家尽做些残酷的事。"川端开心地笑道："很性感啊，我也见过。"

4月，川端的随笔集《文章》由东峰书房出版，该出版社的老板是三木干人，是林芙美子介绍给川端的，装帧设计也是由林芙美子负责的。《日本小说代表作全集》共同编辑武田写道，由于间宫加入陆军和海军报道组出征前线，只剩川端一人进行遴选，撰写编辑笔记。《名人》当时还在写原型，川端因此去了京都。19日，川端和友人们一起按照《古寺巡礼》（和辻哲郎）的顺序参拜大觉寺、高尾栂之尾的寺院，20日，川端参拜了大德寺塔头、东寺、醍醐寺、日野药师、平等院，晚上去了名为"一力茶屋"的茶馆。川端在写给林芙美子的信中说这次旅行是和朋友一起，武田胜彦推断另一人是横光，但此判断依据不明。有疑问的是，1944年（昭和十九年）10月川端从京都写给林芙美子的信中提到"朋友带我去了二尊院"，武田根据秀子所说，认定该朋友是保田与重郎，但在这一时期，从前后的书信来判断，该朋友应该是京都大学教授森畅（1903—1985），信中用的是单数，所以只有一人。这么说来，1942年的"友人们"应该是保田搞错了。在京都，川端一开始下榻河原町御池旅馆，片冈来了，淀野也来拜访，25日川端搬到柊家旅馆，随后去了奈良，应该是在5月1日回到了镰仓的家。在此期间川端

---

① 辩才天女，为印度神话中梵天神的妻子，佛教将此人物视为菩萨，作为文殊的妻子。——编者注

接到母亲源夫人最小的妹妹，即嫁入小寺家的那位，她的孙子小寺正三（1914—1995）来电说，原本听从父母的建议打算婚后放弃文学创作回大阪生活，现在还是想再努力一下，为此想和川端商量一下。

5月11日，57岁的萩原朔太郎去世，川端可能参加了他的葬礼。29日，与谢野晶子去世。日本文学家学会解散，社团法人日本文学报国会成立（会长是德富苏峰），26日，在丸之内的产业工会中央会馆举行了成立大会，事务局局长是久米正雄。6月5日，日本在中途岛战役中大败，之后局势逐渐恶化。改造社的《文艺》组织了由同人杂志推荐的评选，在虎之门晚翠轩评选会上选出了宇野浩二和青野季吉。青野季吉是原左翼文艺评论家，战时曾转向，战后重新回到左翼阵营，后又转向成为艺术院院士，在日本笔会协助川端。作家青野聪是青野季吉54岁时和情人所生之子。

7月9日，44岁的菅忠雄在东北大学医院去世，他曾给川端写信说：等我身体好了……之后，川端带秀子去了京都。11日[1]林芙美子也来了，7月中旬三人一起看了祇园祭。这一时期至战后，川端经常访问京都，人们理所当然地认为，热爱日本古典文化的川端爱着古都京都。当然，不排除有这一层原因，但是在阅读川端的书信后我发现，淀野华子的名字在其中频繁出现。川端留下了大量写给华子的信，目前尚未公开。我觉得川端是爱上了华子，这可能才是川端频繁出入京都的最大原动力。

这一时期川端也曾去亲戚家走动，表哥黑田秀孝品行不好，妻子富江（旧姓权野，1896—1983）带着小女儿政子另过。1934年（昭和九年）秀孝与别的女人生下一个男孩，这男孩就是家谱上的鬼追明夫（1934—2020），鬼追明夫毕业于大阪市立大学，职业是律师，曾担任日本律师联合会会长和整理回收机构社社长，是政子

---

[1] 今川英子的《林芙美子年谱》中为6月。

同父异母的弟弟。这一时期秀孝可能曾请求川端将政子收作养女。秀子的文中写着是10月，但是10月没有川端前往关西的记录。当时川端将富江和政子叫来枛家旅馆并询问了情况。政子出生于1932年（昭和七年）2月23日①，在她20岁前后《太阳》杂志刊登过她的照片，看起来非常漂亮。也可能是因为川端想要孩子但是秀子不能生育的缘故，因此，川端决定收养政子。

7月，实业之日本社出版了《美好的旅行》，该版本未收录续篇。甲鸟书林出版了中短篇集《高原》，装帧设计是堀辰雄。甲鸟书林是位于鸭川的新兴出版社，之前出版了横光、中里、里见、堀辰雄的众多作品，从中斡旋的好像是堀辰雄。后来甲鸟书林和其他出版社合并，变成了养德社，位置在奈良县的丹波市町，改造社被迫解散后，木村德三便在此工作。

27日，举行了芥川奖的评选会。中岛敦的《光和风和梦》、石冢友二的《松风》成为候选作品，川端推荐石冢，久米推荐中岛。石冢是俳句诗人，《松风》是其名作。中岛可以算作川端在东大国文科的晚辈，以《古谭》为篇名在《文学界》上发表了包括《山月记》在内的众多作品，并交由深田久弥保管。《光和风和梦》是根据罗伯特·路易斯·史蒂文森（Robert Louis Stevenson）的信件编辑、改编的作品。这次芥川奖最终没有评选出获奖作品，但是《松风》获得了池谷信三郎奖。川端之后前往轻井泽。新购入的土地出租给了名为"花月"的旅馆兼餐馆，也是该土地的前主人。那里长着高大的树木，川端曾经关照"花月"的老板，让他可以营业，但不要砍树，然而这次去后一看，店面为了扩张还是砍掉了一部分树木。"花月"的主人此时人在店外，宇垣一成（1868—1956）正坐在附近的桌子跟前，川端上前怒吼道："我告诉过你不要砍掉树木。"据说宇垣吃了一惊，问道："那人是谁？"

---

① 据森本获《魔界的住人：川端康成》中第二十九回（2011年1月）记载。

此时从川端和林芙美子的信件中可以看出，两人都为《松风》落选而感到惋惜。8月，《八云》出了第一期，撰稿的有藤村、里见、宇野浩二、武者小路、网野菊、犀星、真船丰，以及川端的《名人》。该杂志一年一册，最终仅出了三期，因在战时坚守文艺而扬名天下。网野是志贺的弟子，真船是剧作家，与梅原龙三郎颇有交情，总体来说接近白桦派。志贺和梅原这一时期来轻井泽拜访川端，川端为他们斡旋购买别墅一事。从川端和中里的来往信件中可以得知，中里也想买别墅，由于撤走的外国人的别墅由大藏省管理，中里的丈夫常去大藏省。川端写给志贺的信（9月24日）中提到，自己见了法国文学学者朝吹登水子和其兄三吉。由此可以看出，川端是个务实的人。

川端在战后的随笔《落花流水》中写道，战后不久，正宗白鸟派羽仁五郎（1901—1983）来轻井泽，他们一起用餐，吃了荞麦面。川端说战后有一段时间没有去轻井泽了，可能指的就是这段时间。这一时期，川端频频收到野上彰的来信，信中说他由于太崇拜川端，想把笔名改为吉野康，好像受到了川端的责骂。耕治人也给川端写信告急，称妻子生病，家里没钱，想去工作却不想放弃小说创作，云云，这令川端十分担心。

川端与原无产阶级作家德永直也有书信往来。二战期间，大量的原左翼作家转而创作农民文学。当然，他们描写的不是社会主义和揭竿而起的农民，而是忠厚老实的农民。这一时期，文学报国会等组织大肆赞扬勤恳的平民百姓，10月8日，川端因"走访日本的母亲"企划而采访了长野县伊那郡松尾村的战争遗孀井上传枝，翌日回到轻井泽，称当时没能与井上进行充分交流，于是23日前往饭田，在那里住了一晚，第二天又进行了采访。反复去同一个地方，这看上去像是川端独有的习惯。当天，川端接到舅母田中园去世的消息，立刻赶往东京。据说秀子向小山书店借了300日元，川端借了200日元，一共准备了500日元的奠仪。这是秀子的记录，并称之后还清了从小山书店所借的 300 日元。在当时，银行职员的第一份工资只有 75 日元，不可能出高得如此离谱的奠仪，大概是秀子记错了。田中园的孙女节子嫁给了《日本经济新闻》的佃正弘，梅泽亚由美有一篇采访田中子孙们的论文。

这一时期，野上送给川端一只文乐①木偶，可能只有头部，林芙美子请第二代桐竹纹十郎为其制作了服装。11 月，文学报国会主办的大东亚文学者会议开幕，来自满洲、蒙古、中华民国的代表来到日本。

冷对战争

川端没有参加日本的大东亚文学者会议，12 日，他在大东亚会馆（东京会馆）为望月优子的婚礼当证婚人。望月优子嫁给了庆应义塾大学中途退学的作家铃木重雄（1917—1981），两人是由田边茂一介绍认识的。婚礼出席者有岛村龙三、石井英之助、碧子夫妇、片冈铁兵等人，川端代读了菊池的贺词。

是年，德国人奥斯卡·本尔（Oscar Benl，1914—1986）翻译了德文版《伊豆的舞女》，放入《无常人生：现代日本物语集》中，这恐怕是川端作品的第一部外语译本。

12 月，文学报国会评选"爱国百人一首"。在这次活动中，文学家们各自书写并进行展示、当场销售，当时菊池命部下买下了自己和川端、横光的作品，因为他觉得卖剩下了会十分难堪，菊池死后，川端两次在文章中提到此事。川端不配合战争也是有限度的，当时在《东京新闻》工作、战后成为戏剧评论家的尾崎宏次（1914—1999）委托川端自是年起，在今后的三年里，每年 12 月在该报上连载《英灵的遗书》，即引用并介绍战死的士兵们的文章。

---

① 文乐，日本传统艺术中的木偶剧。——译者注

川端战后回忆道，自己内心很不情愿，但不得不接受下来。赖尊清隆（1915—1994）也在《东京新闻》负责此项工作。不过，第一年川端还是露出了抗拒的情绪：

> 每每读到那种说战死者的亲人毫不悲伤的庸俗文学作品，我们的内心便会充满愤慨……所谓描写悲伤会挫伤国民的斗志，这恐怕才是根深蒂固的个人主义思想，无法激发日本的精神，这反映了现代作家远不及人形净琉璃和歌舞伎的作者。

当时战死者因为是"为荣誉战死沙场"，所以亲人们必须欣喜若狂、高呼万岁，川端对此提出批判。但是，他把这种批判和当时反对的个人主义结合在一起，逻辑上说不通，文章也写得很乱。他表达这种观点，也只是在第一年。

回头来看，川端实际上对战争毫不关心，他对大冈升平从反战角度创作的《莱特战记》并不感兴趣，《平家物语》《太平记》这类军记物语作品，也被川端排除在了日本文学的传统之外。[1]

川端与尾崎士郎以《日本文学的现实》为题在1943年（昭和十八年）1月的《新潮》上进行了对谈。由于尾崎配合了战争，战后受到开除公职的处罚，川端因与尾崎是好友，所以没有对他穷追猛打。对谈中，他也提到了讴歌日本的美是否妥当的话题，倒是说了不少话，但没有什么实质性内容。2月至3月，川端在《文艺》上发表了《父亲的名字》，小说描写的是舅母临终的故事。川端前去探望舅母，意识模糊的舅母见到川端时叫出了父亲的名字："是荣吉吧。"作品中也出现了那位古怪的舅父山田丰藏，作品中的名字叫"重吉"。丰藏喜欢在自行车、帽子等各种物品上贴上金箔，

---

[1] 日本学者森本获在其著作《魔界的住人：川端康成》中指出，川端在其作品《东海道》中并未将军记物语排除在日本文学的传统之外。此处疑作者论述有误。——编者注

和艺人们合影也是其爱好，据上田宏范说，寄来的照片中有丰藏和第六代尾上梅幸、第七代松本幸四郎、第一代中村雁治郎、伊井蓉峰、喜多村绿郎、河合武雄、第一代中村吉右卫门、第五代中村歌右卫门、花柳章太郎、市丸、小呗胜太郎、横纲双叶山定次、第五代清元延寿太夫、山田五十铃等人的合影。1951年（昭和二十六年）9月13日拍的最后一张照片，是在福田家中的花园里和汤川秀树①的合影，可能是经由川端介绍的吧。据说丰藏自称"宫内省金箔师"，应该不是胡编乱造。

2月的芥川奖评选中，仓光俊夫受推荐并获奖。川端与仓光自卡西诺·弗利剧团时期起交往，至此已经超过了十个年头。2月7日，日军从达康纳尔岛撤退。

3月12日，川端按照事先约定，前往大阪接养女黑田政子。当天，川端和秀子下榻京都的酒店，第二天从茨木前往东部的高规，在那里住了九天。22日，两人带政子回到家中。政子虚岁12岁，4月起进入藤泽的片濑乃木小学上学。政子作为养女正式进入川端家户籍是在5月3日。山田丰藏3月在法正寺为亡母举办五十周年祭，川端夫妇可能也参加了。

4月5日，梅园龙子与矶沼秀夫在镰仓八幡宫举行婚礼，川端担任证婚人，在香风园举行了结婚披露宴。当时矶沼41岁，龙子29岁。龙子从前一天起住在川端家为婚礼做准备，石井夫妇搬来了片濑。该时期山本五十六战死。

《满洲日日新闻》开始连载川端的小说。该连载没有出版单行本，报纸本身也已经失传，连载的作品成谜。川端去世后，剪报得以发现，被收录进1975年的《天授之子》一书，作品名为《东海道》。川端保存了发表在杂志和报纸上的自己作品的剪报。

---

① 汤川秀树（1907—1981），日本理论物理学家。1949年获得诺贝尔物理学奖。——编者注

　　不过，提到《东海道》，它和《邀请旅行》是同一题材，实际上是改写已经中断了的作品。川端为此又去了东海道旅行，重复着以往的做法。具体出发时间不明。20日傍晚，川端携秀子在烧津下车，由于没有下榻处，所以坐火车前往浜松住下。川端在浜松给政子写了明信片。这时政子来川端家恰好满一个月，可能是因为母亲回了大阪，信上说不要给鹿野添麻烦。估计是富江来了镰仓。鹿野是川端家中的女佣。川端和秀子22日出发，在大垣用了午餐，傍晚抵达京都，下榻柊家旅馆，见了淀野华子、高见顺。24日，两人赴大津，游览了琵琶湖，秀子当天夜里返回镰仓。川端给政子写信，信中说寄出了鞋子和彩笔。25日，川端下榻蒲郡常盘馆，之后好像直接回家了。

　　5月起，川端在《文艺》上连载《故园》。这是川端罕见的私小说，始于收养政子的话题，回忆了自己孩童至少年时代的往事。川端写道：

　　　　我只能在不给孩子和亲戚朋友添麻烦的前提下写作，这部作品既不是小说，也不是真实的记录。作为作家，我既怯懦又欺瞒他人。
　　　　……
　　　　我很难写自己。对于打算写自己的故事的自己，我首先感到的是疑惑和厌恶。这种感觉让我把作品中的人物，即自己，写成了讨厌的人。

　　实际上从5月刊上的第一次连载起，川端一直处于这种状态。上林晓是一位私小说作家，他曾经以编辑身份与川端有过交往，他每次收到川端的著作时写给川端的信件都收录在川端全集中。这些信件均长度适中，既有对川端表示的感谢，也有适度的称赞，并报告自己的近况，唯恐越线而令川端不悦，这让人深感上林的过人之处。

上林在读了《故园》后撰写了文章《关于书写自己——川端康成的私小说论》。文中阐述的观点有些复杂，他提到川端在写自己的故事时会进行大量的辩解，从而得出川端写自己十分困难的结论，他认为川端"对写自己的故事所表达的极端的责难，可以用他所说的'自我表现者无人能够摆脱虚荣心'这句话来代表"，他还直接引用川端的话"任何自我表现，都偏向于伪善或伪恶，难免陷入一种自我宣传和自我辩护之中，归根结底，它是让自己的故事变伟大的源泉之一，但是我从没有以此为志"。

川端这一段话的论点，缺少逻辑上的合理性，不知道他究竟是不是在否定写自己的故事的举动本身。我不认为私小说一定会陷入自我宣传和自我辩护的窠臼，小林应该也不赞成这种说法。况且，创作时避免自我宣传和自我辩护，才是摆脱"既怯懦又欺瞒他人"的方法，写出《安城家的兄弟》的里见弴就完全没有这种顾虑。

川端说由于自己是个孤儿，所以是一个与世无争的人，结果，他成了独缺"坦诚"这一美德的人。攻击私小说的人，几乎都是谎话连篇的社会活动家、政治家，他们为了替自身的虚伪性进行辩护而攻击私小说。高见顺批评大冈升平的《花影》没有写关键的自己，林房雄批评中村光夫的小说处女作《我的性白皮书》貌似揭露，实际上没有伤及任何人，这些便是一端。

5月，镰仓笔会举行了迁居镰仓的中山义秀和高见顺的欢迎会，无法确定川端是否参加了该次欢迎会。当时，日军在阿图岛全军覆没。从《故园》中可以看到，川端这一时期参加了头山满的89周岁生日纪念会。6月，住在北海道松前的秀子的大姐从干护士工作的女儿那里传染了斑疹伤寒，包括大姐和大姐的女儿在内，一共有三人去世，秀子为此去了松前。

7月13日，川端前往和歌诗人、众议院议员吉植庄亮（1884—1958）在千叶县本野村经营的农场，看望被动员来参加劳动的国民学校五、六年级的学生。吉植是国粹主义者。是年11月，川端最后一次为《新女苑》遴选文章，之后他因为军部的干涉被从这个位子上撤了下来，军部称川端的遴选方式不合时局，继任者是右翼作家浅野晃，短歌的遴选人变成了吉植。战后，川端曾回忆说做梦都没有想到自己的遴选方式会不符合战时体制。但他没有提到谷崎的《细雪》被禁一事。

是年夏天，川端委托耕治人看家，自己去了轻井泽。7月起他在《满洲日日新闻》上连载《东海道》，长达五十回。小说中的主人公是名为植田建吉的古典学家，川端歌颂了日本的古典美。实际上，川端和谷崎有类似的错觉，即只要描写日本的美，当局可能就会网开一面，两人描绘了堪称平安时代女性文学传统延长线上的日本美，因而难以与军事体制契合。川端借植田之口说出了这样的话："所谓大和魂、大和精神这种概念，产生于平安时代，而且是由女人创造的。"这毋宁说是一种有意识的抵抗。在之前的文艺恳谈会上，第一届获奖作品引发骚动时，久米正雄揶揄说，实际上是想把奖授给大佛次郎的《大楠公》吧。女性式的日本美是绝不允许言说的，不写南朝的武将楠木正成或者幕府末期的尊王志士，就无法得到军部首肯。

《东海道》中"市河明子"再次登场。主人公植田在寺院中见到市河明子的名片，心想那人大概就是读了自己的著作《日本的旅人》后给自己写信的人吧。同行的一个学生说："老师，快去追吧。""就在这样的犹疑中，他的内心还泛起了一种奇怪的念头，自己这辈子已经错失了与市河明子这个人再见的机会。"从这里开始，小说变得越发不知所云。后半部分，川端不断塞入足以摧毁小说形态的内容，如最近在电车上阅读老版大开本《源氏物语湖月抄》的事情，中世的《源氏物语》古代注释，以及对连歌作者的考证，等等。

最终，川端的笔墨触及了拥有诗人精神并在幕府的内部斗争中被杀害的足利九代将军义尚①，这也是川端之后不断表示想要撰写义尚故事的端绪。翌年，太宰治写了主人公同为将军的《右大臣实朝》，川端没有太宰治那般创作历史小说的能力。川端热爱的日本古典美，归根结底是平安时代的公家文化，而不是武家文化②，这一点在战后很难说得到了充分的理解。不是川端不被理解，而是普通人不理解公家文化与武家文化的异质性。可以说这一时期19岁的平冈公威③，实际上对这一点也一直有误解。

二战时期的作家们

1943年（昭和十八年）7月25日，意大利首相墨索里尼下台并遭到逮捕。此时川端大概居住在轻井泽。志贺直哉来过两次，一次是带年轻人来，据说不是阿川弘之，也不是藤枝静男④。川端在《日本评论》8月刊上发表了短篇小说《夕阳》，并断断续续地连载至第二年。该作品写的是本因坊的故事，是《名人》的草稿。石冢友二的短篇小说集《松风》由小山书店出版，川端出席了该小说的出版纪念会，和三好达治、鹫尾洋三、永井龙男、河上彻太郎、山本健吉、石川桂郎（1909—1975）、小林、横光等人聚集一堂。山本健吉是明治时代的评论家石桥忍月之子，山本健吉是其笔名。山本认为，在《雪国》中，驹子才是主角，岛村是配角，并且战后他为川端的作品撰写了大量解说。当时或许是山本与川端初次见面，之前没有他们认识的迹象。山本也是耕治人的好友。

<hr>

① 室町幕府的足利义尚在历史上为病死，而非被杀害。川端在作品《东海道》中曾描写义尚病死时的样子。此处疑作者笔误。——编者注
② 日本学者森本获在其著作《魔界的住人：川端康成》中指出，川端在作品《东海道》《我在美丽的日本》中表现出其对日本武家文化的重视，并将其认为是日本的古典文化传统之一。此处疑作者论述有误。——编者注
③ 平冈公威，即三岛由纪夫。——译者注
④ 藤枝静男，小说家，深受志贺直哉和泷井孝作的影响。——译者注

石冢友二《松风》出版纪念会。前排左小山久二郎，后排左起加纳正吉、三好达治、鹫尾洋三、永井龙男、河上彻太郎，隔一人川端、山本健吉、石川桂郎、小林秀雄、横光利一，小林身后为石冢友二。摄于1943年8月（日本近代文学馆）

川端可能是在出版纪念会后去的轻井泽，8月22日，72岁的岛崎藤村去世，留下仅创作了一小部分的《东方之门》，川端为参加岛崎的葬礼而离开轻井泽，先去探望了躺在病榻上的德田秋声。川端没有将藤村去世的消息告诉德田。26日，在青山殡仪馆举行了岛崎藤村的告别仪式。此时恰逢正在举行第二年度的大东亚会议，出席者们从殡仪馆直接赶往会场。在这次的大东亚文学家会议上，片冈铁兵攻击鲁迅的弟弟周作人是"反动的老作家"，即反日作家。片冈的女儿蓝子后来写道："他是为了保护家庭而成为右翼。"

可能是在这一时期，石滨恒夫因学生出征而前来拜访川端，川端在太阳旗上签名后交给石滨。10月，川端前往京都、奈良，当时他拜访了三省堂，委托以竹子博士闻名的竹内叔雄（1890—1944）撰写《八云》。11月18日，73岁的秋声去世，川端可能为此从镰仓赶往东京。21日是秋声的告别仪式。另外，本月今春听（东光）的《顺德天皇》出版，川端出席了出版纪念会。此时川端已经有十五年左右没有见到东光了。

川端在11月19日写给片冈的信中提到，想在旧书店购买《大日本佛教全书》，此时，川端的收入应该已经减少了大半。当月，设立了满洲文艺春秋社，永井龙男任社长。12月17日，有一封川端写给第一书房野田宇太郎（1909—1984）的信。这是在旧书店里发现的信件，谈论的是牛岛春子（1913—2002）作品集一事。牛岛居住在满洲，1940年（昭和十五年）成为芥川奖候选作家，她计划在野田的帮助下出版作品集，信中的内容是川端希望她的作品能在日本和满洲两地的文春出版。我无法确认川端是否在满洲见了牛岛。不过，似乎没有这部作品集问世的迹象，牛岛的作品集是在很久以后才出版的。

年底的26日，表千家举行茶会，招待作家，川端叫上横光、片冈，与木下杢太郎、和辻哲郎、儿岛喜久雄、谷川彻三等人聚集一堂。会后，川端和横光、片冈在新宿的安田吃了猪肉。横光在这一时期被认为是日本大东亚战争的空想理论家之一，活跃于文学报国会的小说部会，由他创作的描写东西文明对抗的《旅愁》在《文艺春秋》及《文学界》上间断性连载。横光声称东方的精神文明能够战胜西方的物质文明，他热衷于当时流行的"被禊"活动，说瓦雷里也举行过"被禊"，言论堪称异常（在当时却符合时局）。

1944年（昭和十九年），水岛治男因横滨事件而受到检举。两年前，《改造》杂志上刊登了细川嘉六的论文，使得杂志被安上违反治安维持法的罪名，在此后的几年中，编辑陆续遭到逮捕。3月，后来成为镰仓文库编辑的大森直道也遭到检举。《文艺春秋》、讲谈社的《王者》等刊物显然顺应了军事体制，《中央公论》和《改造》这两本杂志，则由于秉持了大正时期以来的自由主义传统，最终在这一年接到了解散的命令。

2月15日，高见顺在东京遇见了自称参加朋友婚礼的川端，他在日记中写道："我经常见到参加婚礼的川端先生。"同月，川端与画家石井柏亭（1882—1958）一同前往广岛的庄原町，采访受到表彰的伤残军人竹本利三，川端在写给志贺的信中提到了此事，全集24卷中也有一篇以此为素材的无题文章。26日，川端回家。3月16日，川端收到铃木彦次郎的来信，说他决定接受疏散回盛冈老家。

信中还写道，铃木想起自己大学毕业时本打算回老家破罐子破摔，但是被哥哥写来的一封长信打消了念头。几天前，铃木在由自己的原著改编的电影《土俵祭》（丸根赞太郎导演）试映会上见到菊池，菊池说那时候的作家中现在还在写作的只有川端和铃木。《土俵祭》由黑泽明担任编剧，现在还有DVD可看。战后，铃木继续留在盛冈，历任大学教授及图书馆馆长，以地方文化人的身份度过了一生。

4月，川端以作品《故园》《夕阳》获得战前最后一届菊池宽奖，并以获奖者身份出席了6月18日的文学家总决起大会。当时，川端虚岁46岁，从评委身份摇身一变成为被评选人，并很快获奖，实在是幸运至极的作家人生了。另外，4月，川端被选为日本文学报国会小说部会的干事，首次参加文学报国会的聚会。秋声去世后，由正宗白鸟继任小说部会长，横光任干事长。15日，木村德三应征入伍。当时林芙美子被疏散到了上林温泉，川端在20日的信中流露出了愤慨，他写道：不能创作，小说部又有何用。是月，政子从高等小学毕业，升入乃木女子学校。5月，周作人对片冈进行反驳，川端说接到了片冈的来信。①

该时期，空袭变得日趋激烈，川端被选为防空群长，但因受到邀请前往上林拜访林芙美子而缺席了第一次防空演习。日本文学振兴会设立了战记文学奖，川端成为评委。其他评委还有佐藤春夫、斋藤泷、山口青邨、火野苇平、上田广、丹羽文雄等人。7月，塞班岛沦陷，从这里升空的美军飞机的空袭变得越发频繁。不知何故，始于6月15日的川端日记全部被收录进了全集中。从这些日记中可以看出，该时期川端埋头写信。其中有一封6月13日写给片冈的信件，全集中标注日期为昭和十年（1935），显然有错，应该是昭和十九年（1944）。川端的信写得非常悲观。在今年由于缺钱而

---

① 益井康一的《汉奸审判史》中提到此事发生于1944年（昭和十九年）的大东亚文学家会议时，刘岸伟所著的《周作人传》中给予了更正。

无法前往轻井泽的文字后面，川端写道：

> 上述的文字看上去让人担心，其实不用。只是因为没有旧
> 作再版而有些无奈而已。有一两篇报刊小说的约稿，我想写历
> 史小说，但无从查阅资料。我想写东海道、吉野朝（梨花集、
> 新叶集等等，以皇子们为中心）、足利义尚等人的故事。还想
> 写承久之乱之后与《远岛御歌合》①相关的作品。

无论是否处于战争年代，纯文学作品的单行本通常不会再版。
战后，只有屈指可数的作家作品才有幸得以畅销，川端便是其中之
一。信中的《梨花集》写错了，应为《词花集》。川端想跟随潮流
创作历史小说，一直说了四分之一个世纪，但是即便到了战后，最
终也还是一字未写。

25 日，秋冈义爱的长子义彦和海军预备生的朋友一起来看望川
端。年末义彦也出征了，但平安归来。里见弴的长子在这场战争中
阵亡。川端给黑田富江写信，也叮嘱政子写信，政子本来就不爱写
信，甚至连给自己的亲生母亲都不愿意写，这让川端十分惊讶。7
月，《八云》第三期"评论、随笔篇"出版，执笔人有宇野浩二、
藤村、野上丰一郎、秋声、柳田国男、三宅泰雄、堀口舍己、中野
重治、森畅、竹内叔雄、小山富士夫（1900—1975）、青野、折口、
长与善郎、吴文炳、奥平英雄、泷井、广津，其中也有悼念藤村和
秋声的意思。森畅是日本美术史家，妻子是女演员毛利菊枝，后来
和川端关系密切。小山也和川端有交往，是陶瓷器研究家。

川端在 7 月 9 日的日记中写道：

> "今天，我是妈妈，是女仆。"政子边收拾午饭的碗筷

---

① 《远岛御歌合》，镰仓中期后鸟羽上皇所收集和创作的和歌集。——编者注

边说。

政子高兴地准备了午饭，她做了煮马铃薯、烤茄子、拌黄瓜丝、拌菠菜。饭后，她说还要把碗橱"整理干净"。"看，整理好了"，她是个爱干家务的孩子。

尽管处在战争时期，但还是有大量新人作家、年轻作家给川端寄送稿件，从日记来看，川端都认真地将其退稿，北条诚和石滨恒夫等弟子的稿件他也退，其中还有深泽七郎的稿件。当时深泽31岁，十二年后他以《楢山节考》成名，我猜测他对退稿一事怀恨在心，因此后来做出了辞退川端奖的举动。另外，长春的小尾十三（1907—1979）寄来了杂志，川端打算推荐他参评芥川奖，应该是在去满洲时两人见过，后来小尾果然获得了当年的芥川奖。当时，菊池及久米等文春的直系作家都放弃了评选，其他还有佐藤春夫、片冈铁兵、河上、横光、泷井等人，除了佐藤，这些人大多为川端的朋友，可见川端的意见被大多数人接受了。不过，这一时期芥川奖的获奖者中鲜有后来取得大成就的作家。

从日记来看，这时期川端也给真室二郎（1906—1957）写过信。真室是出生于山形县真室川的作家，最近出版的《真室二郎作品集》中收有川端与真室的往来书信。真室从山形工业学校毕业后进入飞机制造公司，边工作边创作航空题材的小说，1941年（昭和十六年）开始向川端寄送稿件。编辑香西升想在《ALL读物》上刊登他的作品，真室写信请教川端，说自己不想走大众文学之路，想创作纯文学（昭和十六年7月2日）[①]。川端马上回信说，并不是在《ALL读物》上发表作品就是大众文学作家了，而且要获得芥川奖是很难的。战后，真室创作活动很少，1950年（昭和二十五年）他

---

① 《真室二郎作品集》下卷标注的书信年份有三处错误。昭和十六年（1941）2月的两封信件应为昭和十七年，昭和十六年6月20日的信件应为昭和十九年。

给川端寄过稿件，但未发现在任何杂志上发表。

改造社被迫解散，川端收到木村德三来信称《故园》在《文艺》上的连载无法继续。随后《文艺》被河出书房接收，自11月起复刊，《故园》也得以继续连载。野田宇太郎成为河出书房的编辑，他来拜访川端，聘请川端担任《文艺》杂志的顾问。河出书房的前身是明治时代河出静一郎创立的成美堂，一开始出版农业书籍，1930年（昭和五年）前后养子河出孝雄继承家业，开始出版国内外的文艺书籍，直至1951年（昭和二十六年）的《浅草红团》之前，河出书房没有出过川端的作品。除川端外，丰岛、火野、木下杢太郎也被聘为顾问。

7月13日，秀子的母亲来了。我不清楚秀子的母亲是何时去世的。18日，东条英机内阁全体辞职，小矶国昭出任内阁总理大臣。25日，川端看到政子的成绩下降，感到十分愕然。根据之后的信件，似乎政子的成绩还是很差，她对于自己作为著名作家的女儿却成绩这么差感到非常羞耻，川端写信安慰她。不清楚政子最终是否从女子学校毕业了。该时期，川端还给住在下仁田的一个名叫松本太郎的人写过信，说到喜八郎证婚人的事，可见喜八郎在此之前结婚了。在秀子的家庭方面，川端家的保密行动贯彻得十分彻底。27日，在彩虹烤架酒店举行了芥川奖评选会，当天川端得知三明永无在东京，便给他写了信。

8月初，川端只身一人前往轻井泽，他打算卖掉轻井泽两栋别墅中先入手的那一栋，即位于1307番地的那一栋，来充作生活费，6日，川端返回镰仓家中。秋天，川端和秀子一起去了轻井泽，将已经出售的房子里的物品搬到剩余的房子里。8月30日，林芙美子在疏散区的温泉和人吵架后，搬入长野县下高井郡穗波村角间温泉，租住了牛木圣子宅邸的二楼房间。小林秀雄前来告诉川端创元社有纸，邀请他出小说。川端给林芙美子去信，邀请她出版诗集。

这一时期，片冈铁兵身体有病，但不知为何他时常外出旅行。

9月，片冈和川端前往吉野。10月，在黑岩市兵卫的邀请下，片冈和川端一起参加了信州的小学教员座谈会，川端见了林芙美子。10月15日，片冈来信说11月要去纪州，自己胃痛，可能得了癌症。22日，川端前往京都，在柊家落脚，见了森畅和淀野华子等人，顺道去了一趟秋冈家，又和华子前往交野，在那里住了一晚。23日，川端听说京都博物馆归还了寺院的镇寺之宝，于是和森畅一同前往小仓山的二尊院，可能也有为《故园》取材的缘故。川端还走访了吹田站，在车站前的旧书店发现了藤田圭雄的父亲藤田明创作的《征西将军宫》，于是给藤田写了一封信。另外，川端还见了中学时代同年级的同学、现在经营着一家大型工厂的井上，在他家里留宿了一晚。29日，川端以《信件的故事》为题，为当地勤工俭学的女学生做了一场演讲。此外，川端还去拜访了在丹波市养德社工作的木村德三。

　　川端回到镰仓是11月1日。之后，片冈前往纪州旅行。18日，石冢茂子从大阪来镰仓。石冢在《新女苑》的小作品选拔中脱颖而出，并立志成为作家，川端尤其宠爱她，但她后来自费出版的作品质量极差，可见川端宠爱她只是因为她是女性，和才能并没有什么关系。20日，耕治人夫妇前来拜访，川端将稿件交给耕治人。

　　12月1日，川端收到住在纪伊田边一个名叫猪野多毛师的人的彩绘明信片，告知片冈在25日抵达纪伊后就病情恶化，卧床不起。收到明信片的三天前，川端给片冈写过一张明信片。将猪野介绍给片冈的是法国文学学者生岛辽一。7日，川端给片冈的妻子光枝去信，说空袭把玻璃窗全都震碎了，建议她疏散避难，并说收到了名叫猪野的人的明信片，询问她片冈是否已经回家。是日，东南海域地震，东海道线停运。此后，川端再也没有收到任何来自田边的消息。19日，川端见到小岛政二郎，小岛借给他谷崎在战争期间暗自坚持创作并出版的私人版《细雪》上卷，川端用一天的时间很快地看完了。

日记停在20日。21日，川端夫人可能接到了片冈病危的消息，因而赶往田边。东海道线还处于停运状态，夫人绕道北陆，在片冈去世的五小时前抵达田边。25日，51岁的片冈铁兵去世。光枝给川端发了电报，打算先不告诉蓝子这件事。川端难以置信，秀子给片冈家打电话，片冈家尚未接到消息，秀子在电话中哭泣，被蓝子觉察到了，于是蓝子也哭了起来。

遗体火化后，光枝带着片冈的骨灰在神户的亲戚家住了几天，生岛前来烧香，29日返京。川端请菊池准备小车，去车站接了光枝，在荻洼的片冈家守灵后，第二天晚上返回了镰仓。

30日举行了不公开的葬礼，准备等到年后再举行正式葬礼。当时河盛好藏（1902—2000）前来帮忙，他说这是他第一次见到川端。年后便进入了1945年（昭和二十年），1月14日举行了葬礼，似乎是川端一人做的安排，他委托菊池、横光、小岛、今村洋子、藤泽写悼词。11日，川端前往文艺春秋社请求协助葬礼事宜，菊池的外甥菊池武宪应承下来，当时菊池正专注于和萩原八段下象棋，问他悼词之事，他支支吾吾地回答不知写什么。葬礼的前一天，川端又来要悼词，当天在片冈家住了一晚，第二天上午8点举行葬礼。之所以选择这么早的时间，是为了避开空袭。为此，前来参加葬礼的人也费了一番周折。丹羽文雄从疏散地前来，在车上吃了随身带的便当，佐佐木茂索于3点起床，吃了早饭后坐上始发列车。在葬礼上，川端代读了菊池的悼词。当天伊势神宫遭到空袭。

至1944年（昭和十九年）年底，《英灵的遗书》已经拖了三年了，川端不得不开始写作。他写道，自己读了西方将士的遗书，甚感凄惨：

> 这不是所谓我们的将士没有通信自由，不能像西方将士那样如实写信这种表面上的问题，而是与国情联系在一起的深层次的精神问题。

在我们的心理上，面临战争惨状的只有敌方的英美将士，而非日本的将士。这么说或许听起来有些超现实，但是，事实就是如此。

这恐怕是川端写的最大程度上迎合军部的文章。

镰仓文库的创立

1945年（昭和二十年），满洲文艺春秋社出版了由发表在《新女苑》杂志上的文章汇编而成的《女性文章》。该计划是三年前制订的，如今才终于得以实施，由于在日本国内无法出版，因而拖延至今。1月至2月，进行了战前最后一次的芥川奖评选，28岁的俳句诗人清水基吉（1918—2008）获奖。芥川奖和直木奖并非因战争中断，而是由于战败后文艺春秋社解散而导致中断。

这一时期，镰仓的岛木健作已经患病。从广岛文理科大学毕业后在学习院任国语教师的清水文雄（1903—1998）与莲田善明等人出版了《文艺文化》，平冈公威从学习院升学进入东京大学法学部，清水为他起了笔名"三岛由纪夫"。三岛师从佐藤春夫，可能因为对佐藤非常失望，他的第一部单行本《鲜花盛开的森林》由野田宇太郎通过岛木敬献给了川端。当时以最年少身份获芥川奖的作家清水基吉前去拜访岛木，初次见面便自报家门"我是清水基吉"。岛木边寻思这人是谁边让他进家门。清水说，我是获得芥川奖的清水，他觉得岛木应该知道自己。岛木告诉他，在这样的战争时期，自己不怎么读杂志。这个故事传开后，清水被人认为是个傲慢的家伙，不过，事实确实如此。

2月18日，川端前往热海，在名为"重箱"的鳗鱼饭店参加了"古怪的舅父"家的婚礼，并住了一晚。川端写给光枝的信中提到了当时的情况，这位舅父应该就是金箔师山田丰藏，已经74岁，妻子亡故，这场婚礼大概是他的长子山田丰明（1919？—1945）的婚礼。丰明日后上了前线，在菲律宾阵亡。丰藏热衷于名为"歌泽"的歌谣，据说他出过一张名为《山田金箔儿》的唱片。此时，川端在写给上田宏范的信中说自己住在热海市天神町。川端在参加婚礼后的第二天见了谷崎。谷崎疏散到了冈山县，他在热海也有一处住宅。他们究竟谈了些什么，让人十分好奇，但是两人均未留下只言片语。

随后，川端计划编辑片冈追悼文集，他委托耕治人制作目录，并四处请人撰写悼念文章，但此事最终似乎不了了之。3月8日，川端给三岛写了第一封信，发表在《文艺文化》2月刊上。他写道，读了《中世》以后，自己也想写足利义尚。10日，东京发生了大空袭。16日，川端收到三岛的回信。是月，耕治人被扣上思想犯的罪名，在中野警察署被拘留了十七天。18日，岛木健作带着小说集来拜访川端，请川端撰写书名，这是先前新潮社的斋藤十一（1914—2000）委托给他的。该小说集的书名为《出发之前》，在岛木去世的翌年出版。26日，日本宣告硫黄岛全军覆没。

4月，政子和今日出海的次女园子（1932— ）一起升入中学。4月1日，美军在冲绳登陆。1月6日，镰仓作家在二乐庄聚会时，大家渴望有书可读，于是有人提议将各自的藏书凑在一起，建一个图书借阅店。其中有久米、中山、高见等人。4月5日，川端和高见、小林秀雄一起去拜访久米，正当大家商量借房子的事情时，收音机广播报道苏联外交人民委员莫洛托夫宣布废除《苏日中立条约》。川端等人去找店面，遭到了两家拒绝。最终大家决定租用一家玩具店，这是秀子通过八幡通的布料店"茶碗屋"介绍的，日期为4月23日。

不过，此时川端以海军报道组成员身份前往鹿儿岛县鹿室的海军航空队特攻基地一事有了新的进展。该提案来自海军会计大尉高户显隆（1915—2011），他的部下吉川诚一前去动员志贺、武者小路等人，志贺以自己高龄为由，推荐了横光和川端，他说川端一定会如实报道的。4月10日前后吉川前来镰仓。川端随后去海军省①拜访，见了高户，此事便定了下来。5月24日清晨，川端出发前往厚木。

这是川端唯一一次被征用为报道组成员，同行的还有山冈庄八（1907—1978）、新田润。据说川端享受少佐待遇，山冈和新田享受大尉待遇。一行人在厚木坐上飞机，由于可能遭遇敌机，中途在静冈县的大井飞机场临时降落，午后再次出发。川端加入的是宇垣缠中将担任司令官的第五航空舰队，在海军专用俱乐部的水交社下榻。每天都有激烈的空袭，每当空袭来临时，人们就跑进防空洞躲避。抵达后的第五天前后，川端去了特攻队基地驻扎的野里，那里发生了飞行事故，飞机烧毁。新田说："不能待在这么危险的地方。"川端两眼通红，一声不吭。川端将这里的故事写成了《生命之树》。山冈庄八是历史作家，战后出版的《德川家康》成为畅销书，他秉承自民党人的政治思想，据说他创作《德川家康》是为了祈求和平。

4月30日，苏军攻占柏林，希特勒自杀。5月1日，图书借阅店"镰仓文库"开张。2日，柏林解放。7日，德国无条件投降。其间，喜八郎生下男孩，他在写给秀子的信中列举了一些名字，说正在考虑给孩子起名字。

5月24日，川端回到镰仓的家里。当时川端听说名叫杉山幸照的海军预备生接到了返回茨城部队的命令，便搭机一同返回。据说川端在那里实在待不下去，飞机因补充燃料在铃鹿降落时，川端可能喝醉了酒，迈着东倒西歪的步子，痛诉特攻队中的非人状况。那段时间川端没有写任何文章。据说他在日本战败后，与名为鸟居达也的候补生约定"我终有一天会写在生与死的缝隙中挣扎的特攻队队员们的绝望"（《海军神雷部队》）。与其他人笔下喜怒不形于色

---

① 海军省，1872年至1945年主管日本海军军务的政府部门。——编者注

的川端不同，只有杉山刻画了内心激荡的川端，这个川端应该才是真实的。

6月1日，《朝日新闻》引用川端的谈话，报道了新式武器"神雷"。"神雷实在是让人心惊胆战的武器，当这种新锐武器来到前线时，我们的精锐勇气增加百倍，只要有它，冲绳周边的敌舰群船必将全部葬身海底——神雷特别攻击队正气冲云天。"报道称川端如是说。

镰仓文库盛况空前。加入的有吉屋信子、中山义秀、真杉静枝、大佛、小岛政二郎、横山隆一、林房雄、永井龙男、清水昆等人。6月4日，川端与高见前往久米家分配红利。排第一位的是久米，有900多日元，川端排第十二位，有129日元46钱。当时，其他人还有岛木、福永恭助、山村一平、松井翠声（漫谈家），片冈的份额应该是其夫人出的。中山毕业于早稻田大学英文科，边从事教师工作边创作。十年前第一任妻子亡故，1942年（昭和十七年）和女作家真杉结婚，真杉今天是武者小路实笃的情人，明天又爱上中村地平，口碑极差，战后中山便与她离婚 b。

每天在镰仓文库忙碌的川端，8月6日在久米家听到美国在广岛投下原子弹的新闻后两腿发软，川端在写给住在轻井泽的川口松太郎的信中提到了此事。9日，美国又在长崎投下原子弹，苏联参加对日作战。12日，川端前往位于八幡宫参道的医院探望住院的岛木，岛木说他"看上去无精打采"。

这一时期，川端将藏书寄给正在轻井泽的堀辰雄以便疏散。13日，梅园龙子的祖母去世，龙子有一段时间住在川端家里，《瀑布之声：怀旧的川端康成》一书中提到了这件事，理由不详。14日，川端得知日本即将投降，偷偷将极右和极左的书籍从图书借阅店抱回家烧掉（《战败前后》①），充分显示了川端的深谋远虑。

---

① 日语书名为《败战のころ》。——译者注

15日，川端在家和妻女一起收听了天皇的广播讲话，他没有对此发表任何感想。17日，川端将高见和中山叫来自己家里商谈继续办文库之事时，接到岛木病危的消息，立刻赶往医院，但此时岛木已经去世。岛木去世时43岁。中山、久米、小林、高见、三浦抬着棺木将岛木送回扇谷的家里，18日灵前守夜，19日火化，23日在镰仓文库举行了告别仪式。

坊间也流传着军部将要抵抗到底的消息，川端在写给川口松太郎的信中说，横须贺镇守府长官已经通过广播宣告，三浦半岛应该不会变成战场，但这一带的人都十分恐惧。

大同造纸公司的常务荒川喜久雄找到久米等人，商量将镰仓文库转换成出版社。之后在丸之内大厦的五楼设立了出版部创建事务所，租下白木屋二楼一家日产的店铺用作借阅总部的东京支部，大佛、里见、林、吉屋、久米、中山加上大同造纸、帝都印刷的公司高管在香风园聚会，9月1日，选举里见任社长，久米任常务，大佛、川端、高见担任高级领导职务。3日，重建曾经由久米及里见等人创办的同人杂志《人间》，有人提议继续使用该杂志的名称。7日，里见辞去社长职务，久米改任社长，川端升为副社长，问题可能出在久米担任过文学报国会事务局局长一事上。尽管1944年（昭和十九年）4月久米任期已满并由中村武罗夫继任，但有可能被追究战争责任，因此才将里见选为社长。但是，里见并不适合这样的职位，又非常鄙视通俗作家久米。之后，大佛也不再积极出力，于是形成了以久米、川端、高见、中山为中心的格局，迎来了镰仓文库四年的辉煌时期。

9月8日，川端接到林芙美子来信，信中写道今后可以自由写作了，不用自欺欺人。不知川端读了此信后会做何感想呢？

第十章
镰仓文库时代

感受战败

提到川端与战败的关系，有几篇文章必定会被人引用。这些文章读来宛如他为国家的败亡而哀伤，为走向破灭的日本之美而殉情。如他写的岛木健作的追悼文、横光利一的追悼文，以及创作于1947年（昭和二十二年）的《哀愁》：

> 战争结束后，我沉浸在自古以来的日本的哀愁中，我的心恐怕想要回到山村，厌离尘世……我是已死之人，从今往后，除却哀愁的日本之美，我不会再写一行字。（悼念岛木健作）

> 战败后的我一直在回归自古以来的日本的哀愁。我不相信战后的世风和习俗，也不相信现实中的人和事。（《哀愁》）

> 横光君
> 我要以日本的山河为灵魂，在你死后活下去。（横光利一悼词）

战后不久，横光被认定为"战争支持者"而受到排斥，川端的发言可以说考虑到了这一因素，不过，原左翼作家的岛木是否会为川端写给自己的悼词而欣慰呢？

众所周知，进入战后，众多知识分子的立场马上发生了一百八十度大转弯，对此提出批评的著作也不在少数。作家中，林房雄、保田与重郎、中河与一等人没有改变战时立场。高村光太郎隐居深山，反省自己战争期间创作的鼓舞斗志的诗歌。谷崎润一郎遭到军部禁止出版的《细雪》得以公开发表，但是，时至战后，由于该作品被认为描写小资生活情调，因此下卷未能在《中央公论》上连载，而是连载于《妇女公论》。谷崎对受到军部打压一事并未表现出自豪，还特意解释自己的作品并没有反对军部的意图，并且删除了说英国和蒋介石坏话的内容，战争时期所写的随笔《旧年、昨天和今天》中也删除了一部分内容。里见弴在整理担任过西园寺公望秘书的朋友原田熊雄的日记时，发现军部瞒着天皇擅自行事，感到非常愤怒，打算暗杀东条英机。听到日本战败的消息后举杯庆祝的是永井荷风。

《近代文学》一众，在战后对战争责任展开了激烈的追究，他们中有平野谦、小田切秀雄等人，野间宏等人还创作了描写军队阴暗面的《真空地带》。太宰治对战后知识分子的态度骤变深感愤慨，他在《潘多拉的盒子》中让登场人物喊"天皇陛下万岁"，坂口安吾目睹了孩子们巴结美军索要巧克力以及女人们成为美军士兵的情人，于是撰写《堕落论》加以批判。竹山道雄是一位德国文学学者，战前批判纳粹，战后批判左翼势力的蛮横。

然而，川端和他们所有人都不同。他自称对战争只是做了最低限度的支持，这确实是事实。既然如此，他为何又特意写下了对战败感到哀伤的文章？并且，之后他又在东京都知事竞选中声援秦野章，在诺贝尔文学奖颁奖典礼上发表了《我在美丽的日本——序言》的演讲，因此被视为保守派作家、文化民族主义者，评价一落千丈，受到左翼作家小田切秀雄等人的批判。小田切在《新日本文学》1946年（昭和二十一年）的6月刊上发表了《文学中的战争责任的追究》，并列举了菊池、久米、横光等人的名字。

可能也是因为川端顾及实际上受到开除公职处分的菊池以及永井龙男（因担任满洲文艺春秋社社长一职）等人的感受，川端在稍后的《独影自命》中写道，战争与战败对自己没有产生任何影响。但是，1949年（昭和二十四年），在参加日本笔会俱乐部组织的前往广岛、长崎的活动中，川端亲眼见到了原子弹爆炸的惨烈场景，他又从过去的意志消沉中重新振作了起来，决心创作原子弹爆炸题材的作品，然而，始终未见他写出一行字。谷崎的《残虐记》这部以原子弹爆炸为主题的作品写到一半中断，而川端甚至连这样的作品都没有。他嘴上说着战败让自己垂头丧气，见到原子弹爆炸的遗迹后又振作了起来，却没有写出一篇原子弹爆炸题材的作品，这恐怕会让有些人感到愤怒，我也深感不快。川端口口声声计划创作历史题材小说、原子弹爆炸题材小说、琉球题材小说，却没怎么去创作的小说实在太多了。

川端为什么在日本战败时意志消沉，而去了广岛、长崎后又重新振作了起来，这与关东大地震让他精神振奋大概出自同一种原理，即所谓"失范"机制在发挥作用。战争期间，人们共有"战争"，即便在广岛和长崎，人们也共有灾难。没有比川端更厌恶孤独的作家了。从《新思潮》起，他接连不断地成为《文艺时代》《文学界》《八云》《人间》等杂志的同人，并加入镰仓文库，进入日本笔会，这表明川端如果不隶属于某个团体便会感到寂寞难耐。

很多人认为，在经历了诺贝尔奖的热闹之后，川端由于疲惫不堪而自杀。我的看法恰好相反。诺贝尔奖的喧嚣暂告一段落后，川端变得寂寞孤独，陷入了"失范"状态。因此，他声援选举，并投入日本文化研究会议、日本近代文学馆的工作，努力和他人保持密切的联系。川端很会关照别人，这是因为寂寞。根据后来发现的各种资料，我对川端整个人生中交往过的人数量之多深感惊讶。木村德三写道，川端无论成为企业家还是政治家，都会是一流的，此话在理。

日本战败后的9月，一场意想不到的灾难降临川端家。居住在静冈县的诗人蒲原有明是川端家住房的房东，因受灾而搬回来和川端一家在同一屋檐下居住。过去川端不知道房东是谁，尽管对方是一位文学家这件事堪称奇缘，但是这位文学家和川端素不相识。川端后来写道，自己与诗歌无缘，甚是遗憾，虽然和朔太郎、犀星等人有交往，但从未写过评论光太郎和白秋的文章。

9月12日，川端和高见一起见了志贺直哉。16日，他给身居丹波市的木村德三写信，请他担任新杂志的总编，并给住在新潟的石冢友二也发了电报，请他来家里。石冢很快就来了。27日，木村也来信表示允诺。川端还叫来了北条诚。严谷大四也被久米叫上了，决定加入新杂志。严谷大四是严谷小波的四子，在日本文学振兴会、日本文学报国会的事务局工作。另一方面，被关进牢房的三木清未等到释放就死在牢中。和三木关系密切的野上彰深受打击，给川端写了明信片，提到自己因无法承受痛苦而出门浪迹天涯。10月，新潮社出版了川端的短篇小说集《朝云》。

永井荷风在战争期间创作了几部无法发表的小说，战争一结束，各出版社接踵而至，和他联系出版事宜。川端也多次拜访荷风，起初在热海，接着在市川。据说奥斯卡·本尔翻译了《暗夜行路》，荷风又为川端介绍了住在热海的志贺。

镰仓文库的出版巅峰期

镰仓文库的职员中有原改造社的佐藤绩（编辑部长）、秋山龙三（总务部次长兼出版部长）、日后成为翻译家的田中延二（宣传科长）、伊仓贤次郎（出版部次长）、木村、石冢友二（企划科长）、中岛信平（营业科长）、锻代利通（《人间》编辑部）、横岛武郎、北条诚（《人间》编辑部）、神谷作太郎（会计科长）、严谷大四、内山保（后勤）、伊东荣之助（少年国民科）、高桥幸一（校对）、今宫正平（同上）、高泽二郎（后勤）、桥爪裳子、坂本达男、山口升、松田信子（《人间》编辑部）、米山方子、渡边三郎（营业）、福冈正七、房野顺一、深川弥生子、初濑国雄，其他还有英国文学学者西村孝次，国木田独步的儿子国木田虎雄为特约顾问。除此之外，白木屋的分店中有武川重太郎、绿川贡、岛崎健、池川静树、大堀久治郎、桥本英吉（特约顾问）、牛岛春子等人。最终，白木屋成为总社，据说自那以后川端每周至少去东京两次，过上了上班族生活，该体验写入了《山之音》中。

镰仓文库的行动力极强，很快设立了"现代文学选"系列丛书，开始陆续出版与川端关系密切的冈本加乃子等人的作品。11月2日，谷崎因出版《食蓼之虫》而来社造访，收到了1万日元版税，犀星、堀辰雄、横光、吉井勇、高浜虚子等人都一一获得了出版许可。战后的几年，新兴出版社如雨后春笋般出现，发行了大量文学作品，包括旧书和新作，只是纸张大多使用粗糙的外国再生纸。另外，镰仓文库接到岩波书店的要求，必须停止出版荷风的作品中已经由岩波书店出版过的部分。

之前的《人间》杂志来自国民文艺会，里见、久米、田中纯、吉井勇、中户川吉二是该杂志同人，11月26日，新旧《人间》相关人员在新桥演舞场前的会场举行了见面会，沟口直亮子爵、法学家穗积重远、渡边铁藏（经济学家、实业家）、长崎英造（实业家）、田中纯、长田秀雄、久保田、久米、中山、高见、大同造纸会长桥本作雄、冈泽一夫等人聚集一堂。冈泽是来自大同造纸公司的镰仓文库常务。大家协商在推出《人间》创刊号前后出一本女性杂志，决定将其命名为《妇女文库》，并和女流文学者会合作，12月27日，川端和吉屋信子、壶井荣、长谷川彼女、中里、真杉、村冈花子等人在"三宅"举行会议。《人间》创刊号上刊登了川端的《女人的手》。川端在战后的两年时间里没怎么创作，主要是因

在里见家中举行新年会。左起真船丰、大佛次郎、里见
弴、久保田万太郎、川端、中山义秀。1946年至1949
年前后摄于镰仓里见宅（日本近代文学馆）

为镰仓文库实际上是由川端在负责运作。这一时期，川端出人意料地表现出了精于计算的一面，不过，川端事实上原本就具备经营才能。除了受姨父秋冈义一的影响，他身上毕竟也流着川端家族的血脉。

时至1946年（昭和二十一年），《人间》十分畅销。川端在这一时期的记事本已经公开，上面密密麻麻地记载着已经出版的或准备出版的图书册数。大森直道入社，耕治人的夫人芳子也进入文库工作。秋山千惠子回国后也来拜访。三岛由纪夫也时常光顾，前来交稿，有时直接交给木村，木村读了三岛的《香烟》后，刊登在6月刊的《人间》上。木村是很有鉴赏力的编辑，不会受在文库中担任重要职位的作家们的意见左右，始终贯彻着独立的编辑方针。吾妻春枝①（后改名为德穗，1909—1998）开设了名为"衣美"的店铺，经常被用作文库的聚会场所。

镰仓文库关闭后，川端还是经常坐电车从镰仓来东京办事。他一般先抵达大船站，再坐上横须贺线。横须贺线，顾名思义，是大船至横须贺的线路，指大船至久里浜的区间，从大船至东京站的线路固然应该是东海道线，但一般通称为横须贺线。川端该时期以及

---

① 吾妻春枝，日本舞蹈家，吾妻流派掌门人。——译者注

后来的动向可以通过《高见顺日记》得到详细的了解，高见的日记堪称杰作，我们可以从中读到高见的苦闷和愤怒。高见在战后的政治立场有些暧昧不清，这点和川端相同。

石滨恒夫到东京大学复学，当时寄居在父亲的朋友、作曲家信时洁（1887—1965）家里。信时在二战时期创作了《出海》，此时正处于不得志的状态。这一时期东条英机等人被逮捕，近卫文麿在被捕前自杀了。

川端在2月的《世界文化》中发表了《感伤的塔》，在这一作品中也提到了自己战后意志消沉。该杂志是曾在改造社工作的水岛治男编辑的杂志创刊号，由日本电报通信社发行，后来变成大地书房、世界文化社。前一年的11月30日，川端在写给林芙美子的信中谈到，发表该作品是出自交情，为水岛的杂志帮忙。《感伤的塔》中也出现了很像秋山千惠子的女性。3月前后，秀子好像又流产了。被追究战争责任的菊池辞去了艺术院院士职务，并决定解散文艺春秋社。川端和横光前去拜访菊池，希望他放弃解散文艺春秋社的打算，月末，文艺春秋社还是解散了。永井龙男、式场俊三与香西升等人经营日比谷出版社，发行《文艺读物》杂志。该杂志响应了战时兴起的排斥敌对国语言的运动，由《ALL读物》改名而来。文艺春秋社的佐佐木茂索、鹫尾洋三、车谷弘等人重新创立了文艺春秋新社，11月，《文艺春秋》和《ALL读物》复刊。

3月31日，武田麟太郎突然死亡，据说是因醉酒在夜雨中步行导致，4月2日，为他举行了葬礼，川端任治丧委员会委员长。藤田圭雄进入实业之日本社，担任儿童杂志《红蜻蜓》主编，川端与大佛、岸田、丰岛、野上弥生子等人成立了"红蜻蜓会"。川端在该杂志上选编少男少女的作文，一直持续至1948年（昭和二十三年）10月杂志停刊。当时被选中的文章作者中，可以见到英国文学学者井出弘之（1936—　）、日本近代文学研究学者土佐亨（1935—1999）等人的名字。

　　《雪国》也由镰仓文库出版，续篇则刊登在随后出版的《晚钟》上。5月的《人间》上登载了上林晓的代表作《在圣约翰医院》，该作品描写了病中的妻子。川端收到上林来信告知，其妻于5月3日去世了。这段时间里不断涌现的各家新出版社也出版了大量川端的旧作。

　　这一时期，川端与谷崎润一郎的关系看上去出现了冰释前嫌的迹象。谷崎从疏散地搬至京都，之后在那里居住了十年。4月5日，谷崎前往镰仓文库取了川端的《雪国》，第一次读了这部作品。5月6日，谷崎给川端写了一封长信，信中写道，听说足下在樱花盛开季节入洛①，在下转至热海一带，未能谋面，甚感失礼。欲差使亲戚家青年前去取《食蓼之虫》版税。贵社的《现代文学选编》是否出版速度过快。与《人间》杂志所获好评相比，自己对《食蓼之虫》亦觉心中没底，云云。从这封信的内容来看，川端3月应该去了京都。31日，川端又收到一封谷崎的来信，信中感谢川端的回复，并称6月5日将差日本大学学生根津清治前往，嘱他若足下不在可拜访冈则常务，因搬家手头吃紧，故请通融1万日元。根津清治是松子再婚带来的孩子。谷崎的来信到此为止，川端的回信未被公开。此时正值发行新日元②的当口，川端还是为谷崎及荷风支付了1万日元版税。这可以看作一部著作的版税，应该不是借的。在花钱方面，谷崎和川端很像，也是一个寅吃卯粮的人。

　　6月，《妇女文库》创刊，若槻繁（1914—1987）担任主编。若槻也是原《改造》的主编。《武田麟太郎全集》的编辑也在推进中，定由川端、高见、藤泽、新田润、长冲一担任编辑委员。但是，《文艺春秋》6月刊上刊登的《过去》是《再会》（《世界》2月刊）的续篇，经占领军审查后删除了《再会》中描写占领军士兵和日本

① 入洛，指进入京都之意。——译者注
② 新日元，第二次世界大战结束后的1946年，日本为应对通货膨胀废止旧纸币而发行的新纸币。——译者注

女人散步的情节。1953 年（昭和二十八年），川端将《再会》与 7 月刊登在《文艺春秋》上的《过去》合在一起收录于《再婚者》中，跳过了之前删除的部分。全集的第二十七卷中插入了说明，署名"G"，写这篇文章的应该是郡司胜义。

14 日，复员后的冈本太郎由于家中失火找到镰仓文库，在川端家住了一周。川端本人住在蒲原家，因为叨扰对方过久，只得火速找其他房子住。8 月 3 日，经安田善一介绍，川端去长谷看房子，据说当他得知这是本因坊遗孀的房子时感到大为惊讶。川端在文章中写过自己很讨厌"未亡人"这个词（《全国未亡人短歌、手记及征文评语》①），不过，之后他也还在使用这个词。实际上大家都认为这个词不好，但为了图省事还是在使用。本因坊的遗孀回了老家淡路岛的洲本，恰巧遭遇了 12 月 21 日纪伊冲半岛海上地震引发的海啸。

川端最终可能在长谷找了其他房子，10 月 2 日搬了家。这里的地址当时是长谷 264 番地，现在是长谷 1-12-5。川端一开始是租住，后来买了下来，直到去世，他一直住在这里。该住所尽管只是平房，但十分漂亮，后面就是山。起初川端并不知道这座山就是出现在歌舞伎《白浪五人男》中的"御兴岳"，附近的甘绳神明神社就是依该山而建。该住宅现在是川端康成纪念馆，翻过山就是镰仓文学馆。9 月 20 日起，秀子的外甥、北条、野上、藤田等人都来帮忙搬家，用大板车拉去了大量书籍。隔壁邻居是山口瞳（1926—1995）一家，山口瞳当时刚满 20 周岁，在镰仓学院②学习。山口瞳的父亲山口正雄（1898—1967）是毕业于早稻田大学理工学部的实业家、镰仓学院的理事长。

1946 年（昭和二十一年）横光因脑出血卧床，之后深受病痛折

---

① 日语作品名为《全国未亡人の短歌・手記応募作品・選後評》。——译者注
② 镰仓学院，1946 年至 1950 年开设的私立专门学校，培养了众多电影、戏剧界人才。——译者注

钱洗辩才天女宇贺福神社 卍

源氏山 ▲
卍 寿福寺

↑至大船

鹤冈八幡宫 卍

雪之下

扇谷

若宫大路

佐助

镰仓站

妙本寺 卍

大佛坂
山路

卍高德院(镰仓大佛)

由比浜

大町

镰仓文学馆

甘绳神明宫 卍

长谷的家 •

和田冢站

卍
长谷寺

由比滨站

横须贺线

至江之岛 →

长谷站

材木座

长胜寺 卍

至逗子 →

材木座海岸

小坪

逗子码头 •

镰仓 周边地图

磨。被追究战争责任的小林秀雄，母亲亡故，8月16日在水道桥站从站台上跌落，未受重伤，堪称奇迹。不久小林辞去明治大学教授职位，成为创元社顾问。战后川端大多时间花在外出、聚会、宴会等事情上，见人不计其数，在此恕不一一叙述。

1947年（昭和二十二年）1月1日，镰仓文库在久米家举办新年会，2日，在川端家聚会，这成了惯例，在久米去世后依然保留了下来。每年的1月2日这一天，众人来川端家拜年。是年，来川端家拜年的有高见夫妇、久米夫妇、中山和真杉夫妇、石冢友二、水岛、立野信之（1903—1971）、北条诚、三岛、锻代、大森、严谷、松田、清水基吉、国木田、石井一家。立野以"二二六"事件为主题创作的小说《新乱》获得直木奖。他原为无产阶级作家，后在日本笔会俱乐部与川端交往，介绍他们认识的大概是高见或新田。当时可能是因为喝了酒，清水一直对比他年长的国木田虎雄以"喂，国木田"相称，受到高见的指责，两人发生口角，清水被赶出门去。石冢声称自己是清水的好朋友，也和高见争执起来，随后也离开了。

这件事在高见顺的日记中有记载，清水和石冢的名字用的是隐晦的字符。不过，三岛的《会计日记》中也写了此事，一读便知。后来清水在刊登在《新潮》上的随笔中写道，自己会撒酒疯，让人觉得傲慢，等等。高见也就是个俳句诗人，在小说创作上没有什么成就。高见还有一点很奇怪，让清水离开的明明还有大森，但高见却陷入了自我厌恶的情绪中，高见日记在这方面很有意思。高见是易怒体质，容易和人发生争执，久米和川端则一言不发地在一旁静观，这也很有趣。易撒酒疯的中山义秀和严谷、川端一起去饭店吃饭，中山和严谷发生口角，两人叫着："出去一见高下。"川端立刻插到他们中间对严谷说："快打住吧，你打不过他的。"（《川端康成实录》）中山义秀是创作剑客小说的彪形大汉。

1月10日，住在大阪的35岁的织田作之助猝死，他是战后的人

气作家，据说是死于过劳。名为轮岛昭子（1922—2004）的女性是
他最后也是事实上的妻子，之后该女人自称织田昭子，并成为石滨
恒夫的情人。是月中旬，日本笔会俱乐部计划重建，丰岛与志雄和
青野季吉前去拜访志贺直哉，请他出任会长。日本笔会俱乐部成立
于1935年（昭和十年），岛崎藤村担任会长，有岛生马、堀口大
学、芹泽光治良等与法国关系密切的作家也加入了。二战期间，正
宗白鸟任第二任会长，日本笔会俱乐部也是因为战争而解体，国际
笔会俱乐部也解散了，在战后才得以重建。

川端在战前与日本笔会俱乐部没有关系。2月14日，川端出席
了在丸之内记者俱乐部举行的第一次评审员会议，成为十六位干事
中的一员。丰岛被选为干事长，水岛治男、大森进入书记局。川端
自此经常参加干事会议。21日，举行了镰仓文库在茅场町自建办公
楼的上梁仪式。之后，川端寄回丰田穰（1920—1994）的稿件并附
了一封信，这篇稿件是去年秋天打算参评直木奖的丰田寄给川端
的。4月刊的《新潮》刊登了丰田的《新喀里多尼亚》，川端收到丰
田写来的感谢信，并给他回了信。织田昭子这段时间住在朋友林芙
美子家。邻居山口瞳不知从什么时候起经常和政子（当时约14周
岁）一起玩。4月，山口瞳带弟弟、妹妹和政子去日本剧场观看宝
冢歌剧《美好的浪漫》，据说因为弟弟把便当忘在了网架上，大家
只能看完演出后饿着肚子拖着疲惫不堪的身体、浑身脏兮兮地回
家。山口正介的《江分利满家的毁灭》中写道，父亲很想成为川端
家的女婿。山口瞳果然很喜欢政子。

镰仓文库发行了综合杂志《社会》，并打算和欧洲的杂志合作
创办《欧罗巴》，川端和英美代表部（因日本处于被占领的情况下，
作为大使公使的替代机构）人员的见面也变得多起来。淀野华子嫁
给了京都高桐书院的中野四郎，日本国宪法颁布的5月3日那天，
她来镰仓见了川端。其父隆三是高桐书院的经营者。

5月29日起，包括镰仓文库在内的一众文人前往北海道进行演

讲旅行。这是由于当时纸张紧缺，各出版社都在北海道建立了分部以便采购纸张。一行人在横滨港乘上"冰川丸"客轮出发，他们中有长谷川如是闲、柳田国男、久米、小林、河上、龟井、中村光夫、清水几太郎、中谷宇吉郎、田中美知太郎（1902—1985）、嘉治隆一、创元社社长小林茂及其公司职员秋山修道、青磁社社长米冈来福及其公司专务片山修三和职员那须国男、镰仓文库及创元社北海道分社社长三浦德修、严谷。31日，一行人抵达函馆港，入住汤川温泉。6月1日，筑摩书房北海道分社社长竹之内静雄前来迎接，一行人坐火车前往札幌。2日，在北海道大学举行了演讲和讨论会。随后，一行人参观了中山义秀女儿玲子嫁来此地的余市的苹果园。在这之前的4月3日，川端担任证婚人为玲子举办了婚礼。6月5日在别登，7日去了洞爷湖，8日乘坐"冰川丸"客轮从室兰起航。10日，当川端回到横滨时，听说秀子和政子住在医院里，大吃一惊。秀子得了感冒和疖子，政子得了盲肠炎。

告知川端秀子和政子生病之事的是平山城儿。平山是大众作家，也是平山庐江（1882—1953）的孙子，父亲清郎在上文中已经提及。清郎是非凡阁的编辑、松竹的剧作家，一生坚持创作小说，但没有任何成就。城儿的《川端康成：补遗》以城儿的母亲为川端代笔一事为中心展开，不可思议地既具有自传体的风格，更带些鬼怪故事的意味。清郎是庐江在妻子雪住院时和前来帮忙操持家务的雪的亲妹妹秀所生的孩子，被庐江当作妻子雪的孩子抚养。清郎的生母嫁到了外地，其女婿据说是山崎晴一（1915—?），山崎是东京审判中约瑟夫·贝瑞·季南（Joseph Berry Keenan）首席检察官的秘书，后成为东洋大学法学部教授。

清郎的妻子原名森下宫子（1909—1964），是关西实业家的女儿。她进过宝冢音乐学校，隶属"月组"，但没能成为明星，与清郎是恋爱结婚的。1937年（昭和十二年），清郎一家住在镰仓，认识了川端，此时，15岁的城儿在湘南高中上学，同时为14岁的政子当家庭教师。据说因为他家太穷，这是秀子特意为城儿创造的工作机会。书中写道，可能是因为担心两个几乎同龄的男女待在一起不方便，所以特意又加了一个女孩，有时夜里突然停电，点上蜡烛后气氛会变得怪异。6月13日秀子出院，城儿去探望政子，这里写得有些不清不楚。当时武田麟太郎的遗孀也在场，秀子和留女知趣地退出病房，留下政子和城儿两个人，政子正在病床上看《太阳》杂志。

7月，"新潮文库"创建。战前曾创建过三次"新潮文库"，但不是"文库版"。文库版最早出现的是"岩波文库"，其他还有"改造文库""春阳堂文库"等。战后，新潮、角川、河出市民文库的创建掀起了一股"文库热"。其中"新潮文库"大获成功，现在在文库界拥有君临天下的地位。它出版的第一部著作就是《雪国》。战后的川端自此迈出了新潮系作家的第一步。不过，当时的这部《雪国》的结尾和现行版并不相同。

8月初，林芙美子的养子泰因瘟疫痢疾而住院。他就是二战期间林芙美子突然带回家的新生儿，也有人说是林芙美子的亲生子。林芙美子身高只有一米四三，我觉得很难隐瞒怀孕一事。4日，川端和高见打算去探望林芙美子，顺便还去了一下料理店"滋滋弥"，在那里听说泰已经出院了。

9月创刊的《新潮小说》是将"中间小说"这一概念确定下来的杂志。之后，六兴出版社的《小说公园》、讲谈社的《小说现代》都是模仿该杂志的名称。除此之外，《文艺春秋·副刊》《ALL读物》也逐渐被视为中间小说杂志。中间小说杂志与纯文学杂志不同，里面带有插图。10月的《新潮小说》上刊登了《续雪国》，此时终于出现了与现行版相同的结尾——"银河好像哗啦一声，向他的心坎上倾泻了下来"。战后，川端为中间小说杂志创作了大量作品。

10月4日，川端入手了与谢芜村（1716—1784）和池大雅（1723—1776）所绘制的日本国宝《十便十宜图》。有个住在门司的人说，为了逃避遗产继承税想卖掉这套画，于是画商高桥一雄便去门司将它们买了回来。11 月，川端在家里招待志贺和里见等人，向他们展示了这套画作，这是战后川端正式收集老古董、老字画的开端。

文坛上被称作战后派的新晋作家层出不穷。大冈升平是曾经和川端下围棋的棋友，战后两人几乎没有交往。太宰治的小说《斜阳》在这一时期十分畅销，使太宰成了人气作家。椎名麟三、梅崎春生、中村真一郎、福永武彦等人也登上了文坛，与川端关系密切的大概只有堀辰雄的弟子福永。战后，作为川端弟子得到社会认同的有北条诚、泽野久雄、三岛、石滨恒夫，除了三岛，其他几个很难说是公认的一流作家。

11 月 17 日，川端和林芙美子、中山义秀、广津、寺崎浩等人一起前往金泽，出席在那里举行的德田秋声文学碑的揭幕仪式。此时的演讲以日本小说史为题，川端从《源氏物语》一下子跨越到西鹤，他说继承西鹤的或许就是秋声了。18 日，举行了揭幕仪式，川端受邀参加文学碑设计者谷口吉郎的茶会。19 日，川端和林芙美子前往京都，下榻柊家旅馆。志贺直哉创建的 "左右宝刊行会" 中的后藤真太郎也住在该旅馆，林芙美子买了奥古斯特·雷诺阿（Auguste Renoir）的《玫瑰》。快要生产的中野华子来了，三人睡在一个房间。

下面这件事应该也发生在这一期间，川端归途中在米原下了车，去长浜拜访了一个名叫柴田的人，因为他听说此人藏有一幅浦上玉堂①的水墨画《冻云筛雪》，不过，柴田告诉川端，这幅画在战乱中被烧毁了。该作品是重要文化遗产。《卷头画解说》中写成了 "福井县小浜"，显然记忆不是很准确（羽鸟《浦上玉堂和川端康成》）。22 日川端回到家里。

12 月 20 日，川端去探望了横光。30 日，50 岁的横光去世。当

---

① 浦上玉堂（1745—1820），江户时代的文人画家，《冻云筛雪》为其代表作品。——译者注

时川端在荻须高德的画室，秀子和政子去了小岛政二郎的新居参加忘年会，久米一家也来了。秀子从收音机广播里听到横光的死讯，便给川端打了电话。川端担任横光的治丧委员长。新年1月2日，为横光守夜时，川端应横光长子象三的请求，挥毫写下"无常"二字。3日，举行了告别仪式。不久，新潮社和改造社为横光全集的出版事宜闹得不可开交。7日，原中央公论社编辑、后跳槽至改造社的木佐木胜（1894—1979）前来拜访川端，川端看上去束手无策，木佐木感觉他倾向于新潮社。

　　15日，曾是菊池亲信的铃木氏亨去世。23日，川端收到菊池来信，信中写道，改造社和新潮社为横光全集一事接连不断地打扰自己，深感厌倦，请川端定下编委，交给他们中的任何一方都行，菊池自己不想管这事，而是打算在文春新社举办铃木和横光的追悼会。1948年（昭和二十三年）1月中旬，根据横光遗孀的意见，定下由改造社出版横光全集，因此从改造社得到了50万日元。2月，川端在参加某出版社社长儿子的婚礼时遇到了菊池，告诉了菊池此事，菊池大声说道，改造社不可能出那么多钱，川端一时愕然（《与〈文艺春秋〉有关系的人们》①）。川端不清楚改造社为什么这么逞强。据说，改造社听说新潮社出的条件是1.8%的版税，山本实彦说如果那样的话我们就出两个点，就这样决定了下来。2月7日，木佐木、横光夫人、亲戚代表S先生聚集在山本家，川端说2%的版税对出版社来说应该很难办到，1%就可以了，也得到了横光夫人的同意。山本很高兴，起初想以两个点争赢新潮社，现在却听说只需出1%，不过他意识到木佐木很沮丧。3月6日，61岁的菊池突然去世。当时川端正和三岛在一起，接到电话才知道菊池的死讯。12日，在音羽护国寺举办的葬礼上，久米担任菊池的治丧委员长。无论是横光还是菊池，大概都可以说是由于被追究战争责任而

---

① 日文为"『文芸春秋』ゆかりの人たち"。——译者注

缩短了寿命。

是年1月起，川端在《新潮》上连载《再婚者的手记》。该作品堪称战后初期第一本真正意义上的小说，小说以前妻已经再婚的男子的自述展开，后改名为《再婚者》。1月31日，川端收到年逾六十的水守龟之助的来信，委托川端从中斡旋，让高见为一本小杂志写稿。信中还感谢川端过去曾给了自己机会（《读卖新闻》）。不过，这里所说的杂志应该不是杂志，而是向报纸提供信息的名为《文艺通信》的通信公司（《水守龟之助传》）。4月的《社会》上刊登了川端与志贺、广津的《文学三人谈》①，后来川端写道，自己当时说得十分过激。尤其是对太宰治的评论非常辛辣，志贺说："两三天前读了太宰治的《犯人》，实在太无聊了。"川端多少有些迎合志贺的意思：

> 川端：我读了《斜阳》，并不觉得有什么新鲜感，谈不上前无古人。只是跳跃式的联想比较独特，有点趣味……
> 广津：旧瓶装新酒……
> 志贺：感觉像大众小说一样杂乱无章。
> 川端：现在正在崭露头角的年轻人更是如此。我读了很多

---

① 在对太宰治的研究中，忽略了《社会》杂志中刊载的这一三人谈，有人认为太宰治之死起因于发表在河出书房的《文艺》6月刊上的志贺、中村真一郎、佐佐木基一的《作家与文坛》，相马正一著《太宰治评传》（1985，修订版1995）、杉森久英著《战后文坛备忘录》（1998）、长部日出雄著《樱桃与基督》（2002）均采用了这一说法。其中，杉森是当时《文艺》杂志的主编，他写道，太宰自杀后，志贺撰写的《太宰治之死》本应发表在志贺等人的同人杂志《心》上，他说由于自己的杂志是起因，因此放到《文艺》杂志上来发表。长部认为太宰治所说的"庸俗不堪的作家"指的是杉森（因"编辑部"的发言）。不过，当时杉森还不是作家，太宰的引用准确地说是来自《社会》杂志。生井知子在《志贺直哉与太宰治》（1998，《白桦派的作家们》所收）中说太宰指的是《社会》杂志，这一观点似乎并没有广为所知。川端本人曾回忆过事情的经过，所以川端的研究者们早就知道实情。

参加评奖的作品，基本上都很通俗。

太宰治读到这篇文章后怒火万丈，写了一篇题为《如是我闻》的文章痛骂志贺："什么小说之神，哪里有什么暗夜？"他又痛骂川端"如走狗一般阿谀逢迎老家伙，'说得太好了，像大众小说'——说出这种话的卑鄙又无能的庸俗不堪的作家，不值一提。"6月13日，太宰治投河自尽。

从结果上来看，川端一共批评过太宰治两次。与对待太宰治不同的是，志贺对三岛的评价也不高，川端却十分维护三岛。川端始终对三岛很宽容，在这一点上，川端表现得颇有些小团体主义。

4月，政子的学校改名为湖南白百合学园高中，政子当时读二年级。5月，川端在《人间》杂志上不定期连载小说《少年》。同时，自5月起新潮社开始出版发行《川端康成全集》十六卷本，由于川端为每一卷都撰写了引自《旧日记》的冗长的"后记"，因此十六卷全部出完共花了六年岁月。最初，编辑是社长佐藤义亮的儿子，即出版部长佐藤亮一（1924—2001），后来改由若仓雅郎（即进藤纯孝）担任编辑。

春天，石滨恒夫从东京大学毕业，好像回了大阪。诗人菊冈久利搬来镰仓的佐助居住。菊冈是横光的弟子，之后靠上川端，成为川端的半个弟子。这一时期，川端好像也去大阪见了石滨。根据6月23日川端回家后写给石滨的信件，似乎石滨已和织田昭子同居了。石滨写道，当时自己带川端去了住吉神社，一起走过拱桥，这一素材好像被川端用在作品《拱桥》和《住吉》中了。

就任日本笔会俱乐部会长

6月，国际笔会俱乐部批准日本笔会俱乐部重返国际俱乐部大家庭，在23日的评委会上，志贺遵守之前一年的约定，从会长的位子上退了下来，川端被选为继任会长。副会长青野、干事长丰岛继续留任。在这前后，川端和丰岛一同前往大洞台拜访志贺，志贺不在，恰逢阿川弘之在志贺家中，于是招待了两人。后来可能志贺回来了，川端便留宿一夜，第二天带了一只鱼篓回家。

川端担任会长也是约定一年，然而之后的十七年里，川端一直稳居会长位子。当然，我上高中时看了川端的年谱就知道这件事，但是，当我重新意识到这件事时还是几乎难以置信。川端之后的芹泽光治良干了九年，后来的会长基本上都是四年一换。国际笔会俱乐部首任会长约翰·高尔斯华绥也干了十年，之后每三年轮换一次。换言之，无论是在日本还是在国际上，担任会长长达十七年之久的只有川端，真是名副其实的长期"独裁"。

人们对川端晚年为东京都知事选举充当后援这件事感到惊诧，我觉得在那之前，他当了十七年会长一事才更值得惊奇。他自称"哪怕在不擅长社交的日本作家中，我也是最不擅长社交的那个人"，真是一派胡言。诚然，川端中途两次提出要换人，还是被挽留了下来。不过，把十七年这一异常的长度说成全是由于别人的挽留也的确难以自圆其说，例如志贺就是约定了一年便卸任，如果自己有强烈引退的意愿，无疑是可以做到的。《日本笔会俱乐部五十年史》中称，川端辞任会长这件事是人事上的异常事件，我倒是觉得，会长干了十七年才是人事上的异常事件。这一职务无疑是一项极其繁忙的公务，每月1日均有例会和理事会，而且日本还举办了国际笔会俱乐部大会。本来如果川端将这些时间用于创作的话，那将是一件多么大的幸事啊。我难以理解，为什么当时川端周围的人里面没有人向他提出换人的建议，或者同意他辞任。

离川端最近的高见顺对此也表现得漠不关心。这一点与川端在为东京都知事选举做后援时周围的人对他不断劝阻的做法形成了鲜明对比。援助东京都知事选举只有短短一个月的时间。很多人写道，晚年的川端因为安眠药中毒而非常痛苦，这难道不是因为承担了日本笔会俱乐部会长的工作所导致的吗？无论是志贺还是荷风或者是里见，对此均摆出了事不关己的态度，只活在自己的世界里。当然，志贺在战后就已经不再创作，他的生活态度可以说是贯穿始终。

笔会俱乐部究竟是个什么样的存在？我曾经也是日本笔会俱乐部的会员。当时我打算加入日本文艺家协会，于是给某位老师去了电话，希望得到他的推荐，结果他建议我加入日本笔会俱乐部，我就稀里糊涂地加入了。后来我又加入了日本文艺家协会，退出了日本笔会俱乐部，直至今天。文艺家协会由于是作家的福利保障团体，所以会帮会员办理加入国民健康保险的手续，对作家来说很受益，但我完全不清楚加入笔会俱乐部能得到什么。笔会俱乐部的"PEN"原是由"Poets"（诗人）、"Essayists"（散文家）和"Novelists"（小说家）三个词语的首字母组成的词语。第一次世界大战后，世界各国的文学家旨在通过文学祈求世界和平，从而创立了这么一个组织。战后，它也对专制国家中的抵抗作家、逃亡作家给予了援助。听起来很不错，但是，钢笔毕竟抵不过铁剑，它无法制止第二次世界大战的爆发。

最终，正如战前在川端的文章中被唾弃的那样，日本笔会俱乐部实际上致力于把日本的文学作品介绍到海外（主要是西方），请人翻译成西方语言，是一个为了让日本人获得诺贝尔文学奖而存在的团体，在这方面的意义是第一位的，川端之所以获得诺贝尔文学奖，也有他当了十七年会长（后成为国际笔会俱乐部副会长）的原因。那些不喜欢川端的人深知这一点。因此，后来的会长井上靖和远藤周作也被风传是诺奖候选人。再后来笔会俱乐部理事大江健三郎获诺贝尔文学奖。与笔会俱乐部无缘的村上春树一直被认为是诺贝尔文学奖候选人，而他甚至不是笔会俱乐部会员。因为笔会俱乐部可以推荐诺贝尔文学奖候选人，所以村上很难获奖。

在那之后，笔会俱乐部开始呈现出政治团体的样貌，发表了诸如反核声明之类的言论，不过，这些声明只是被刊登在报纸的一个角落里，甚至构不成世人茶余饭后的话题。在国际笔会俱乐部会长中，除了首任的高尔斯华绥、赫伯特·乔治·威尔斯（Herbert George Wells）、莫里斯·梅特林克（Maurice Maeterlinck）等诺贝尔文学奖作家或世界级的文学家，以及最近的阿尔贝托·莫拉维亚（Alberto Moravia）、阿瑟·艾许·米勒（Arthur Asher Miller）、马里奥·巴尔加斯·略萨（Jorge Mario Pedro Vargas Llosa）之外，几乎都由不知名的人担任。日本笔会俱乐部的会长不是由第一线的纯文学作家担任也已经有很长一段时间了。

现在，在事务局工作的人可能有工资可拿，会长和干事是没有薪水的义务劳动，据说当时即使是事务局的工作人员也是没有钱的。那么，一般会员究竟为什么入会呢？如同曾经的我那样，很多人是听从了别人的建议，没怎么仔细思考就付了会费，或者像有些老人或将俱乐部当成联谊会的人，他们会积极参加各种聚会，也有人意在成为俱乐部里的干部。

在日本举办的国际笔会俱乐部大会也并没有什么具体的内容，只是一种仪式，是为了彰显日本文学的存在感。我和谷崎润一郎以及战前的川端有着相同的看法，即作家只要创作作品就够了，如果是好作品，自然会被外国人发现并翻译。当然，现在和川端当时的状况不能同日而语，不过，我对"推销"作品的行为还是抱有某种不快。

原善在《川端康成：其透视法》（1999）的后记中写道，西方对川端作品的接受是出自他们的东方趣味，《雪国》中有艺伎，《千只鹤》中有茶道，《古都》中有祇园所在的京都，他们喜欢的是这些元素。我在看到他的这一观点后，感到对川端的研究也终于有了进步，我的意思并不是说这一点直到现在才被发现，而是说这些观点终于可以毫无顾虑地被表达出来。更重要的是，两三年前学者柄谷行人曾经说过，《雪国》之所以被美国的日本研究者所津津乐道，是因为对美国而言日本是一面镜子，而那部小说的主题正是镜子。

我觉得问题哪有那么复杂，标题冗长的平装英译本《雪国》的封面上印的是艺伎的画像，因此原善的观点才是正确的。三岛之所以在国外拥有很高的人气，是因为他选择了"切腹"作为自己的死法。

我之所以絮絮叨叨地写了这些内容，也是由于我隶属于比较文学学会，见多了向海外介绍、传播日本文学和文化的形形色色的无聊场面。

川端当上日本笔会俱乐部会长时，正值虚岁50岁，比前任志贺年轻16岁，比后任的芹泽也年轻3岁。最终，由于担任笔会俱乐部会长，川端也开始被人称为是继菊池之后的又一位文坛大佬、文坛总理大臣，是拥有深不可测的政治手腕的人物。

7月27日，在东中野的藻奈美饭店举办了耕治人的小说集《结婚》的出版纪念会，川端和井伏鳟二、山本健吉、一色次郎等人出席。是年，耕治人的启蒙老师千家元麿去世。川端在《水中的桑》（1938）中写道："耕治人是个非常善良的人，所以我想为他这部诗集写序。"这次纪念会规模很小。耕治人在私小说《红色美丽的容颜》（1986）中写道：二战期间他去拜访川端，当自己给川端看写在记事本里的诗歌时，他的双颊立刻红了起来。耕治人说，当时他不知所措，赶紧取回记事本，把诗歌也撕破了。这首诗写道："是谁脚踏我的灵魂……我看不见踩踏我灵魂的那个人的脸。我只看到缠着绑腿的脚——"不清楚耕治人的记忆有多少是准确的。川端可能读出了诗歌中批判军队的意味。耕治人在战后前往长谷的住宅探望川端时，感觉川端变了。抱着"他是我一个人的老师"幻想的孩子般的耕治人，从这种幻想中清醒过来也只是时间问题吧。

不知道我的记忆是否准确，当时川端坐着时左腿的膝盖是直立的。很多人画过川端头上插着黄杨木梳的这一坐姿，可以说很女性化。

该时期，政子开始学习舞蹈，川端在写给石滨恒夫的信中说，对政子一开始就学跳《藤娘》感到十分吃惊（7月23日）。三岛从

东京大学法学部毕业后进入大藏省工作，是年9月2日辞职。《红蜻
蜓》停刊，藤田圭雄回到中央公论社工作，继续负责《妇女公论》
的作文遴选。9月中旬，镰仓文库举行了大阪演讲旅行。由于在
《人间》上连载的桥本英吉的《富士山顶》出版了单行本，并被佐
伯清（1914—2002）导演搬上了银幕，因此，该次演讲旅行是带着
影片出发的，成员中还有久米、高见、佐伯、林芙美子、吉屋信
子、严谷大四、北条诚等人，阵容强大。一行人在中之岛公会堂举
行了演讲，川端以《文学的世界尸骨累累》为题发表演讲，他只讲
了四五分钟便走下讲坛，北条诚填补了剩余时间（严谷《非常时日
本文坛史》、北条诚《川端康成：心路历程》）。10月11日，63岁
的冈本一平去世。

　　11月12日，川端因《读卖新闻》的工作前往旁听东京审判，
这一天恰巧是宣判的日子，他写了《处在生死间的老人们》（后改
名为《接受东京审判的老人们》）。14日，为了感谢在回归国际笔
会俱乐部一事上给予帮助的英国，川端在镰仓八幡宫招待了英国代
表部的莱德曼（Redman）和布伦顿（Blunden）。青野、丰岛也在
场，他们见到埃蒙德·里奇（Edmund Leach）的茶碗时十分高兴。
川端以为自己在东京大学学习期间没有听过布伦顿的课，但12月
初石滨金作来访时说起了两人一起去上布伦顿的课的事。是年，金
作从战争期间工作的东洋通信机公司辞职，住在横滨，后来定居川
崎，可能干上了英语教师的工作，也代笔过写给美国人的情书（森
田正治《日常生活中的作家们》①）。川端的邻居山口瞳一家搬去了
东京。由于父亲的实业遭受失败，山口一家几乎是连夜出逃的。

　　12月，创元社发行了新版《雪国》，也就是我们看到的现行版
本。镰仓文库中，《人间》经木村之手变成了类似于《改造》那样
的综合性杂志，并且出现了些许左翼倾向。针对这一情况，久米着

---

① 日语书名为《ふだん着の作家たち》。——译者注

手创办了《文艺往来》。久米原本就想办一份文艺杂志。1949年（昭和二十四年）2月前后，石滨恒夫和织田昭子前往东京，这一行为几乎等同于私奔。这一时期，折口信夫和臼田甚五郎（1915—2006）一起来访。臼田毕业于国学院大学，后成为该大学教授，是国文学、民俗学者。带他们前来的是鹤丘八幡宫的祢宜①白井永二（1915—2008），也是一位民俗学者，后任宫司、神社本厅总长等职。他们来拜访川端的用意是请川端为国学院发行的杂志《本流》撰稿，不过，川端似乎并没有为该杂志写过任何文章。3月的《文学界》以《〈细雪〉回顾》为题，刊登了川端、谷崎、折口三人这一很难得的组合的会谈（关于臼田和折口的拜访，臼田认为是前一年的秋天）。

被称作川端三部曲的《拱桥》《时雨》《住吉》这三部作品也创作于这一时期，当时没有最终的统一标题，发表的时间和杂志分别为：

1948年（昭和二十三年）10月，《信件》（后改为《拱桥》）（《风雪·副刊》）

1949年（昭和二十四年）1月，《时雨》（《文艺往来》）

同年4月，《住吉物语》（后改为《住吉》）（《个性》）

这三个标题一如既往地无章可循。这些作品收入《哀愁》（细川书店，1949年12月）时改了标题，目录中这三部作品用星号分开，表明它们是连续的作品。《风雪》是风雪出版社的杂志，无疑属早稻田系，后由六兴出版社接手，具体情况不详。《个性》是由片山修三的思索社发行的杂志，推出过武田泰淳、梅崎春生等人的作品。上述三部曲以虚构的孤儿回忆母亲的形式呈现，开头和结尾均是"你在哪里？"的呼唤，其基调来自日本的中世文化，内容中

---

① 祢宜，神社中的神职。——译者注

夹杂着对《梁尘秘抄》、连歌大师宗祇、虐待继子的古典作品《住吉物语》、二战时期川端颇感兴趣的足利义尚，以及中世古典文学的随想。作品中描写了5岁时被母亲牵着手走过住吉神社的拱桥等情节，可知是虚构的。与谷崎的《恋母记》在江户时期的氛围中刻画人物相比，人们觉得川端更是典型的日本古典之人，这一认识大概是始于这一时期的这些作品，然而，川端的作品中还渗透着一些大阪人的情愫。

芥川奖的复活

芥川奖重启后，川端像战前一样担任"铨衡委员"（"选考委员"的称呼是从1956年开始的）①，另外，改造社也设立了横光利一奖，川端也担任了该奖的评委。横光奖第一届获奖的是大冈升平的《俘房记》，丰田穰和今官一居次席。川端在5月的《时事读物·副刊》上发表了《千只鹤》，之后以连载形式不定期发表。该时期，川端受邀出席国际笔会俱乐部，报纸上也披露了这一消息，他在写给石滨恒夫的信中说自己不想参加。数年之后疯狂想去海外的川端，此时尚未出现这种苗头。不过，该次国际笔会因故中止了。

5月13日，64岁的中村武罗夫去世。6月起，川端在《向日葵》杂志上连载少女小说《歌剧学校》，这部作品是森下宫子的代笔之作。森下是宝冢歌剧"月组"的演员，艺名为近江久子。森下几乎如实描写了自己的所见所闻，使之成为一本堪称"私小说"类型的作品。据说这段时期，森下不辞辛劳地一次次将稿件送到川端家中。有一次川端发现稿件经过森下丈夫的修改，十分生气。是月，东光出版社出版了少女小说集《阳炎之丘》，但是全集中找不到

---

① 日文"铨衡委员"与"选考委员"意思相同，中文为"评委"之意，文中其余部分均译为"评委"。——译者注

"阳炎之丘"的作品名，因为它是由《校花》一文改名而来。

　　森下宫子的儿子平山城儿这一时期从湘南高中毕业，参加东京大学入学考试失败，进了立教大学英文科，1954年（昭和二十九年）毕业，接着读完硕士研究生，毕业后重入日本文学科，于上学期间的1962年（昭和三十七年）结婚，妻子是立教大学学生，即通过在《立教文学》上发表作品《白猫》而成为芥川奖候选人的加藤浩子。城儿目睹自己的父亲因热爱文学而让一家人过着艰辛的生活，因此他要求妻子在婚后放弃创作。教授盐田良平在婚宴上提到自己曾经代川端翻译了《堤中纳言物语》等作品。该作品的编辑是非凡阁的平山清郎，当时与川端关系甚密的小田切进（1924—1992）、福田清人等人也以教授的身份列席，众人之间有着千丝万缕的联系。

　　平山致力于对《万叶集》和谷崎的研究，婚后也经常出入川端家，他撰写的《川端康成：补遗》一书刻画了生活在文学和川端阴影下的自己的半生，读来让人毛骨悚然。这恐怕来源于年轻时代平山对政子的爱。他曾说："政子小姐是非常楚楚动人的美女。"1950年（昭和二十五年）至1953年（昭和二十八年）期间，平山受邀在镰仓花柳流的报告会上观看政子表演的《鹭娘》，着实为她捏了一把汗。平山和政子之间可能也谈起过关于结婚的话题。

　　政子的舞蹈老师吾妻君子是吾妻德穗同母异父的姐姐，其母是藤间政弥（1879—1957），其父是第二代河原崎权十郎（1880—1955），她从事舞蹈工作时的艺名是吾妻春江，详情不明（吾妻君香、松本龟松）。据说政子在新桥演舞场和第三代权十郎一起表演了舞蹈《阿仙和菊之丞》，时间不详。

　　7月25日，宣布了芥川奖和直木奖的获奖名单，川端推荐的由起繁子获奖。其他评委有舟桥、岸田、宇野、泷井、石川达三、丹羽、坂口安吾、佐藤春夫。川端在9月的《改造文艺》上发表了《山之音》，《千只鹤》和《山之音》作为连续的作品开始在各处发表。10月川端在《群像》上发表《向日葵》，在《新潮》上发表《雪炎》，这两部作品都属于《山之音》。9月，川端在战后第一次去轻井泽。

和其他新兴出版社一样，当社会进入安定期后，起步顺利的镰仓文库开始走下坡路。秋天，镰仓文

川端和政子。1949年摄于镰仓长谷的住宅（日本近代文学馆）

库终于将《人间》连同主编木村一起卖给了目黑书店。文库正式解散是在翌年3月，严谷大四在这之前已经跳槽到了茜草书房。名叫山川朝子（1918—1998）的编辑转至河出书房，之后河出成为川端系出版社。这位山川是诗人西出朝风（1885—1943）的次女，丈夫已经去世，她使用丈夫的姓氏外出工作。据说同为诗人的朝风的妻子西出蔚木（1883—1972）通过朝子将亲手缝制的抹布送给了川端。

11月3日是由战前的明治节变更而来的文化节。是年，在谷崎和志贺于皇居接受天皇亲授的文化勋章的同一日，片冈铁兵的女儿蓝子与插花草月流①的掌门人敕使河原苍风的儿子即电影导演敕使河原宏举行了婚礼，川端担任证婚人。同日，太宰治的弟子田中英光在位于三鹰的太宰墓碑前服药并切腹自尽。蓝子大概在四年后离婚，加入了"葡萄会"，立志成为演员，并与剧作家和泉二郎再婚。

① 草月流，日本插花艺术的流派之一。1927年由敕使河原苍风创立，追求自由、前卫的插花风格。——译者注

第十一章
《千只鹤》与《山之音》

《天授之子》

日本战败那年谷崎润一郎虚岁 70 岁。从疏散地迁至京都后，年轻时因喜欢美食而患上糖尿病的谷崎又于这一时期起备受高血压的折磨。因《细雪》受到了高度评价，他开始在新村出的协助下对《源氏物语》的现代译文进行修改，并于 1949 年（昭和二十四年）11 月起在《每日新闻》上连载《少将滋干的母亲》。尽管谷崎在文坛上以不爱与人交往著称，但是，他和芥川、佐藤春夫等人关系密切。在将第一任妻子让给佐藤后，他又将唯一的亲生女儿鲇子嫁给了佐藤的外甥竹田龙儿，但在此之后和佐藤几乎不再来往。

战后，许多日本知识分子相信社会主义，将美国称为"美帝国主义"即"美帝"，反对日美安保条约。关于核武器问题，也有人十分认真地认为，不能允许美帝国主义持有。随着浅间山庄事件①的发生，日本左翼知识分子逐渐减少。不过，今天依然存在着敌视美国的情况。

1949 年（昭和二十四年）11 月 25 日，川端受广岛市邀请，代表日本笔会俱乐部前往该市旅行，同行者有小松清、丰岛、水岛书

---

① 浅间山庄事件，指 1972 年 2 月 19 日至 2 月 28 日在日本发生的一起人质挟持案件。当时，5 名日本激进组织联合赤军成员挟持了浅间山庄管理人的妻子，造成 3 死 27 伤。浅间山庄位于日本长野县佐久郡轻井泽町。——编者注

记长和田边耕一郎。众人一大早从大船起程，一路上难以入眠，终于在下午3点后抵达广岛。于高圆寺时期住在川端家的女佣岸子也回了广岛，前来看望川端。川端在广岛进行了广播录音，参加了市长招待宴，见了曾是小岛勖夫人的津田爱子，她给川端看了横光未发表的作品原稿。该原稿是《悲伤的代价》，后来也发表了。该作品描写的是与女性的离别。川端写道，其实横光和妻子喜美之间并没有发生过这类事，因此不希望读者将其当成私小说来读。实际上，通过中山义秀的《台上之月》可以了解到，该作品描写的是横光和他在喜美之前的恋人的故事。

26日上午，川端参加了在市会议事堂举行的和平城市建设座谈会，下午在中央公民馆参加了以世界和平为主旨的演讲会，傍晚又出席了在湖畔酒店举行的广岛笔会俱乐部座谈会。川端目睹了原子弹爆炸的受灾地区，内心受到极大震撼。27日上午，一行人访问红十字会，在电台用完午餐后参加了关于广岛印象的座谈会录音，座谈的对象是约翰·理查德·赫尔西（1914—1993，John Richard Hersey）长篇报道《广岛》中的人们。由于美军的审查制度使得原子弹爆炸这一灾难在很久之后才为普通人所了解，该年出版的赫尔西著作译本（谷本清、石川欣一译，法政大学出版局）使得当时的实际情况得以尽早传播。将"广岛"写成片假名"ヒロシマ"也是从这本著作开始的。赫尔西是杂志记者、小说作家，也是一位反战运动的活动家，后成为耶鲁大学教授。是日，镰仓家里接到政子的母亲富江病危的电报。

28日傍晚，川端前往严岛。他在给秀子的信中说，自己非常想写反映原子弹爆炸灾难的作品。为了前往富江家，秀子在东京四处借钱并因此流产。川端当天住在安芸的宫岛，并于29日抵达尾道时收到转送至田边耕一郎夫人处的告知富江病危消息的电报。川端在尾道受到市长等人的迎接并留宿，他将情况告知同行之人，翌日即30日清晨6点起身乘坐普通列车赶往神户，当时还没有特急列车。

富江送走政子后再婚嫁给了名叫柏木松之介的男子，住在神户市垂水。川端将当时的一些情况写入了《天授之子》，虽然变换了人名，但从后来的信中可以知晓其真名。只是他没有提到神户，因此有些令人费解。按照森本获的说法，1953年（昭和二十八年）7月，富江将政子的二姐昭子送给柏木做养女，昭子则于1963年（昭和三十八年）嫁给了阪本菊三郎。阪本是酒铺喜久屋总店的店主，现在阪本昭子是店主。

实际上，后来镰仓收到的电报中说："计画妥当，请放心。"政子因感冒卧床出发迟了。川端抵达时见到了昭子的女儿，后来在大阪站接上了乘坐特急"和平号"抵达的秀子和政子。富江得的是盲肠炎，且患有慢性病。她出身于川端家族中的权野家，其兄是过继给小寺家当养子的小寺胜雅，胜雅的儿子则是想当作家的小寺正三。富江的前夫即川端的表哥黑田秀孝也来了，川端与他不期而遇。阅读《天授之子》时，如果不清楚这些极其复杂的婚姻关系，便会感到异常混乱。川端夫妇将政子留在柏木家，两人则回到大阪，下榻在土佐堀的旅馆京屋。

诸如《故园》《天授之子》等出现政子的私小说，让秀子和政子十分不满，因此川端生前，这些作品没有出版单行本。川端去世后，《天授之子》才以单行本的形式出版。

12月1日，川端绕道京都，秀子和政子先回家了。川端见到了秋冈义爱和秋冈义彦，在三条与两人告别，并于6日从柊家给秀子写了一封信。此时的信中出现了达子，即秋冈义彦的妹妹的名字。信中说到她决心回关东，心情很激动云云，详情不明。此时还出现了一个叫"须知"的人，可能是在满洲认识的须知善一，当时须知带了一位画商来见川端。中野四郎、华子夫妇、尾崎书房老板等人来了，给川端看了松山邦所著《等待春天的心》的样稿，请川端作序。据川端9日的信件可知他去了本能寺的浦上玉堂的墓地。10

日，川端前往岚山看了赖山阳的玉堂碑（《花无眠》），并于11日去了富冈铁斋的家，其间他对古董的兴趣越来越强烈。

12日，淀野隆三的儿子，13岁的淀野隆（1937—　）来了。他是华子的弟弟，后来于庆应大学毕业并进入《产经新闻》报社工作，还陪同川端参加了诺贝尔奖授奖仪式。他有时也使用"隆之"这一名字。这一时期，川端在写信给秀子和政子时还用了"一荣""麻纱子"这样的抬头，佐藤碧子也说有些奇怪。从姓名上判断，户籍上的名字没有变化，其余的则是家庭内部使用的名字。"麻纱子"也上了家谱："麻纱子（户籍名：政子）。"川端去世后她又叫回了政子，由于过程比较烦琐，本书中一概使用秀子和政子这两个名字。

15日，在森畅的请求下，川端与京都大学学生见面。当天，他给政子写了信，看上去川端为政子复杂的童年经历和糟糕的成绩深感忧心：

> 见到小昭子了。我想问一下你母亲的情况，便去了大阪煤气公司总部，小昭子去年6月已经辞职了，并不在公司。前一阵在垂水时，可能出于什么缘故她不太好开口告诉我们辞职的事情。或许去其他公司工作了。我离开大阪时已经是夜里9点了，所以没去你妈妈家打扰。我尽可能再去看她一下。得了盲肠炎还是很受罪的，如果有什么问题，他们应该会来这家旅馆告诉我。
>
> 麻纱子能见到妈妈真是太好了。大家以那种方式聚到一起确实有些热闹，平时的生活太寂寞了吧。柏木的确是难得的好人，他那样的人一定能让你妈妈过上平静的生活。或许家境有些贫寒，但是嫁人时能把孙女带在身边当女儿，这对于身体虚弱的她来说也比较安心吧。虽然你妈妈的一生非常不幸，过得非常孤独和忧伤，但就像麻纱子已经知道的那样，每个人都过

得孤独而忧伤。你妈妈心地善良，愿意相信别人（比如你妈妈
相信父母亲，把你给了我们），所以她又是幸福的。你父亲我
却是个不足以信赖的人，让麻纱子感到不满和不安，不过，因
为我深爱着麻纱子，从本质上来说我还是可以被原谅的吧。你
母亲也是不太好相处的人，但她骨子里是个好人，也有很多过
人之处。小达子回东京了，所以我也有些感触。

　　麻纱子不爱学习也是没办法的事，那么，就成为一个心地
善良和宽厚的人吧。能够善待所有的人，设身处地为别人着想
就够了。……我这个做父亲的也要重新出发，为余生的工作而
埋头苦干。……我在广岛深受感动，又振作了起来。自从战争
爆发以来，我一度非常萎靡不振。……人还是应该经历悲伤和
苦难的，不必害怕。……我后天回去。务必保重，谨防感冒。
切勿自暴自弃……

　　这样的书信埋没在全集中，川端与三岛、东山魁夷（1908—
1999）的往来书信却以文库本以及精装本的形式出版，我认为这是
错误的做法。

　　按照年谱，这一年高桐书院倒闭，淀野隆三赴东京进入三笠书
房工作，似乎把妻子和孩子们留在了京都。

　　1950年（昭和二十五年）1月起，中央公论社的《少年少女》
杂志由藤田负责开始进行作文遴选。该杂志创刊于1948年（昭和
二十三年）2月，后于1951年（昭和二十六年）12月停刊。川端只
干了两年。这一年川端在寄给松太郎的女儿川端绢枝（1906—
1994）的贺年卡片中有"二十五年至今从未换过妻子"的文字，这
是因为当时外界传说川端换了妻子，绢枝特意去信询问。为什么会
出现这种流言呢？

　　1月3日，川端在林芙美子家看了博纳尔的画。他在14日的信
中写道："万一哪天想死的时候我还会来看，它很有治愈力。"林芙

美子和川端的关系相当密切。林芙美子当时是超人气作家，但是，作家中无论男女都十分讨厌她。她长得并不漂亮，但恋爱经历丰富，川端又有着喜欢保护被人嫌弃之人的特点，如冈本加乃子、北条民雄等人。换言之，他喜欢"奇怪的人"。

1月末，芥川奖评选举行，井上靖获奖。泽野久雄虽也名列候选名单但落选了，川端还特意去信安慰他。《文学界》杂志2月刊上刊登了描写川端大阪之行的《天授之子》，其中写了奇怪的话：

今年夏天，我知道镰仓和平大会是由共产党幕后策划的，为其起草了宣言并朗读。我既像是为共产党提升了气势，又像是为其帮了倒忙，结果非常怪异。

我知道川端并不支持日本共产党，他在镰仓和平大会上朗读宣言是1950年（昭和二十五年）8月的事情。上面的文字中提到的可能是1949年（昭和二十四年）5月由小牧近江等人组织的镰仓和平集会，但是，没有见到能证明川端参加了该集会的资料。作品发表在2月刊上，那么截稿应当是在1月中旬（确认是初次发表）。他在1月发行的杂志上写"今年夏天"，应该是指前一年的事。1950年3月发表的斯德哥尔摩宣言，是具有社会主义风格的和平宣言，但那是后话。当时的和平运动是由共产党主导的，因此川端写下的当属对自身未来行动的预言，并且自己进行了注解。川端直到去世前都致力于和平运动，同时，他也明白和平运动是国际上左翼势力的运动。有人说川端政治上后知后觉，我十分清楚这话为何是错误的。

2月28日，石滨恒夫和织田昭子的女儿出生，川端从准备好的候补名字中选了"春上"二字为其起名。她就是随同川端出席诺贝尔文学奖授奖仪式的女孩。自3月起，在长达一年零两个月的时间里，川端在《妇女生活》杂志上连载长篇小说《彩虹几度》。该小说是战后川端发生变化的第一步。进藤纯孝所说的"出人意料地将

执笔《千只鹤》的时期。摄于镰仓长谷住宅的书房，1950年至1951年前后（日本近代文学馆）

大量'所谓的中间小说'拖入连载"的作品就是这部小说。的确，即便是由媒体连载的作品，也会被人视为中间小说乃至通俗小说。事实上，在战后川端作为国民作家之所以能获得众多女性读者的青睐，就是仰仗这类长篇中间小说。以《彩虹几度》为例，这部以姊妹三人为中心的作品，有追随《细雪》的痕迹，但它以桂离宫作为主题之一，内容上独具匠心地大量展现日本古典美术和建筑的华美，且富有知性，这是昭和初期的中村武罗夫、加藤武雄、三上於菟吉、久米正雄等人的通俗小说所无法企及的高度，甚至比技巧圆熟的菊池的通俗小说更加令人陶醉，比同时代的舟桥圣一的《雪夫人绘图》等作品更加富有艺术性。

话说回来，完全不擅长故事结构的川端，到了战后竟能如此轻而易举地创作长篇小说，这究竟是为什么？常年写作，或许会让人熟能生巧吧。谷崎也是过了40岁之后才变得出类拔萃、技压群雄的。另外，可能也有《细雪》对川端的影响。当时，川端应该也不知道《细雪》写的几乎完全是事实，他大概从中学习了如何描写布尔乔亚家庭的女孩子的美丽生活样貌的手法。此外，和战前相比，对情爱的描写也变得相对容易。这部《彩虹几度》中，有对乳房形状以及同性恋少年的描写，如果是在战前这些内容恐怕无法通过审查：谷崎的《痴人之爱》等战前作品中就充斥着隐晦的字符。

3月，长期为文艺春秋社工作并担任芥川奖和直木奖事务总长的永井龙男因短篇小说《朝雾》获横光利一奖。14日，会议决定解

散镰仓文库。在大阪《朝日新闻》工作的泽野久雄被调至东京工作
后，为《改造文艺》杂志工作的小田切进来访约稿，于是泽野首次
在商业杂志上发表小说《道化师》。川端去世后不久的三人对谈中，
小田切第一次说出这件事的真相：该小说是由川端推荐的。对此，
泽野说自己完全不知情。4月的《小说公园》杂志上，佐藤碧子以
小矶奈津子这一笔名发表了小说《雪化妆》，扉页上有川端撰写的
推荐语；该小说成为直木奖的候选作品。严谷大四跳槽进入河出书
房担任《文艺》杂志的主编，并成为原先的工作地茜草书房的特约
董事。据说自那以后，由茜草书房出版的署名为川端的海外儿童文
学的翻译本和再创作本都是由严谷代笔的。

归于川端名下的海外儿童文学

下面，我必须谈一谈战后归于川端名下的海外儿童文学。1949
年（昭和二十四年），川端已经出版了梅特林克的《青鸟》翻译本，
后又在众多出版社出版了各类作品。以下是初版年份和出版社的
情况。

埃克多·马洛（Hector Malot），《苦儿流浪记》，1950年5
月，茜草书房。

埃迪蒙托·德·亚米契斯（Edmondo De Amicis），《爱的
教育》，1950年6月，茜草书房。

弗朗西丝·霍奇森·伯内特（Frances Hodgson Burnett），
《小公子》，1951年1月，茜草书房。

格林兄弟（Brüder Grimm），《白雪公主》，1952年1月，
鹤书房。

《伊索寓言》，1952年6月，凸版印刷公司。

弗朗西丝·霍奇森·伯内特（Frances Hodgson Burnett），

《小公主》（野上彰合译），1952年6月，创元社。

夏尔·佩罗（Charles Perrault），《灰姑娘》，1953年12月，鹤书房。

《一千零一夜》，1954年9、10月，凸版印刷公司。

琴·韦伯斯特（Jean Webster），《长腿叔叔》（野上彰合译），1955年12月，创元社。

莱曼·弗兰克·鲍姆（Lyman Frank Baum），《绿野仙踪》（野上彰合编），1957年3月，宝文馆。

《朗格世界童话全集》（共十二卷，野上彰合译），1958年6月以降，东京创元社。

塞尔玛·拉格洛夫（Selma Lagerlöf），《尼尔斯骑鹅旅行记》（野上彰合编），1958年11月，宝文馆。

约翰娜·斯比丽（Johanna Spyri），《海蒂》（野上彰合编），1959年10月，宝文馆。

路易莎·梅·奥尔科特（Louisa May Alcott），《小妇人》，1961年6月，偕成社。

韦达（Ouida），《弗兰德斯的狗》，1961年9月，偕成社。

我记得自己小时候，书店还有这种标为"川端康成文"的对海外儿童文学进行再创作的作品。但是，著名文学家之中，能在这一工作上如此多产的，恐怕除了川端，也只有宇野浩二了。这里所谓的再创作，既不是翻译，也不是改编。改编，只是把场景换到日本。也不是节译，节译是大多数儿童文学作者的谋生手段。我不清楚他们的英语水平到什么程度，而除了个别人之外，他们中的多数人都不懂德语、法语、意大利语或瑞典语，因此他们参考别人的译文，将作品改写成面向儿童的读物。海外的儿童文学经典比日本作家的原创作品畅销。野上弥生子也为岩波文库翻译了《海蒂》，这应该是译自英语的转译本。佐藤宗子的《"无家可归儿童"之旅》

是研究儿童文学再创作的学术性成果。在这些作品中，有的是"翻译"，也有人甚至没有看过原著。因此，这些作品里有的用"梅特林克原著、川端康成文"，有的用"川端康成、野上彰编"等诸如此类的表述。

当然，参考别人的翻译对作品进行改编创作，这种行为无论是在版权方面还是在道德伦理方面都存在问题。研究儿童文学的学者鸟越信（1929—2013）曾经对"再创作"提出过强烈谴责。那是发生在1965年至1974年间的事情，当时他由于过于激动，甚至说出了"岩波少年文库等节译本也不行"这样的话。在战后，儿童文学的世界基本上属于左翼，鸟越也是日本共产党的相关人士，他最大的敌人，或许就是他一次都未提及名字的川端。

川端更是还存在几乎所有作品都是请人代笔的问题。这些再创作作品当然没有收入全集，进了全集的只有川端写的序言和后记。深泽晴美在论文《关于川端所译"童话"——作品一览和实际情况》中对此展开过全面调查，而她对代笔问题也进行了采访调研，是十分珍贵的研究成果。正如前文所述，严谷大四也为川端代笔，而在一览表中可以看到，川端与野上彰合译的作品众多，这些作品实际上均为野上代笔。除此之外，据说代笔者还有菊冈久利、北条诚、木村德三、中山知子等人。菊冈是横光的弟子，他从菊池宽和横光利一的名字中分别取"菊"和"利"二字用作笔名。中山知子（1926—2008）是经济学家中山伊知郎（1898—1980）的女儿。伊知郎是一桥大学教授、学士院院士，知子则毕业于日本女子大学，是童话和童谣作家，其父通过大宅壮一和二反长半与川端相识，战后，经父亲介绍，知子翻译了《小公主》，这应该是从原文翻译过来的译文。《小公子》据说是由野上翻译后经川端修改而出版的。

川端的儿童文学作品如《苦儿流浪记》《小公子》《小公主》《长腿叔叔》《海蒂》等大多为孤儿的故事，这应该是川端刻意的选择。这些代笔行为，有着在经济上帮助无名作家的意图。提到野

上，选定并翻译《朗格世界童话全集》的都是野上本人，据说在他
50岁患上脑瘤卧床不起时，川端要求将朗格译著的版税全额支付给
野上，令大家感动得热泪盈眶，这在藤田日记中有记录。不过在我
看来，全额支付是理所当然的事情，过去川端收下稿费才不合情
理，这种行为本身欺骗了读者，大概也只有他周围的人才会感
动吧。

购入玉堂画作

话题回到传记。4月至5月，笔会俱乐部再次前往广岛，进而
赴长崎视察。13日，川端与笔会俱乐部其他二十三名成员一起出
发。他们中有青野、阿部知二、会田军太夫、石川达三、小牧近
江、小松清、芹泽、田边、米川正夫、保高德藏、寺田竹雄（画
家）、新田润、原民喜[①]、真杉、丸冈明、水岛、汤浅克卫、寺崎浩
等。15日，一行人在瓦斯大楼会议厅开会，下午在中央公民馆举行
"世界和平和文艺演讲会"，川端以会长身份致辞，宣读了《和平宣
言》（《武器导致战争》）。寺田、小牧、真杉、田边以及原分别发
表了演讲，下榻宫岛。16日，分为三个小组，川端和青野、米川、
寺崎、汤浅、水岛、立野一起前往长崎，其他人则前往因岛、福
山。晚上8点前他们便已抵达门司，入住山水馆温泉旅馆，文艺春
秋社的德田雅彦（秋声的次子，1915—2002）也跟着来取稿件。川
端从酒席上溜了出去，前往美术古董店高桥文凤堂。

17日，一行人乘坐12点的急行列车赶往长崎，当时林芙美子

---

① 原民喜在《永远的绿色》中写了当时的情况，他说在报纸上发现了自己的名字，
果然被原子弹爆炸受害者的哥哥说了"被原子弹炸了的男人"这种话，这是原
民喜本人的故事。平山三男在《〈哀愁〉论》（《川端康成研究丛书　哀愁的孤
影》）中援引原民喜的话："川端'被原子弹炸了'。"只看这句话，似乎是原民
喜批评川端的文章。为了不造成误解，特此说明。

已经在那里等候了。他们在长崎举行了演讲会。写给秀子的信件里，日期集中在1月份的应该就是他在这一时期所写的。川端看望了《长崎的大钟》的作者永井隆和石田雅子，与山里小学活下来的儿童见面，并获赠永井编写的《活在蘑菇云下》。川端向永井表达感谢，并表示要将原子弹爆炸事件传播至全世界。另外，川端收到了渡边库辅（1901—1963）赠送的濑户烧，以及永井潜（1876—1957）赠送的砖瓦。20日清晨，川端与其他人分开，和德田以及林芙美子一起去了天草。21日，登上岛原云仙岳后，林芙美子的两只手表被偷了，川端于是将芥川奖的奖品手表送给林芙美子。之后林芙美子前往熊本，川端和德田则乘坐1点的大巴在云仙站下车，入住南风楼。22日，两人乘船前往熊本，下榻绵屋旅馆。夜里12点，川端写完了稿子，将其交给德田。这篇稿子应该是发表在《文艺春秋·副刊》上的《地狱》。23日，川端与德田分手，乘7点的火车前往别府，随后乘3点半的汽船返回神户。

　　24日上午10点，川端抵达神户，下午入住京都柊家。26日，从八坂神社逛到高台寺，当川端拜访美术古董店薮本宗四郎时，听说了本以为已经烧毁的浦上玉堂的《冻云筛雪》又出现的消息。中野华子带女儿美矢子来看望川端。27日，薮本带来一幅画，说要30万日元，川端给秀子写信，让她去骏河银行借20万日元。随后，川端去了大德寺，看了龙翔院、高桐院和位于聚光院的利休墓地。28日，川端从《朝日新闻》获得参观许可证后独自前去参观桂离宫，花去半天时间。29日，织田昭子来了，川端听她讲了一些事情。此外，川端还在京都博物馆看了东福寺文化展，时间不详。之后川端见到了佐佐木、小林秀雄和森畅，一起去了高尾寺。他还随须知善一去了两次龟冈，看了大雅烧和丹波烧，又去参观了大本教，见到了出口澄[①]。川端在京都逗留至4日，收到秀子汇款后购

_____

[①] 出口澄，大本教第二代教主。——译者注

入了玉堂的作品。当时川端讨价还价至27万日元，又让人从《妇女生活》杂志社送来了5万日元，再加上从文艺春秋社得到的稿费，一次性全额付清了画款。

　　川端原打算让秀子带钱来京都，后又去信说钱够了、不用带了，让她在秋冈家住下即可，不知秀子最终是否成行。13日，川端乘坐"鸽子号"特急列车返回镰仓。这便是川端的收藏品中与《十便十宜图》齐名的著名美术珍品的入手经过。据说，这种作品一旦落入川端这样的名人手中便会广为人知，所以商家并不想出售。当时的价格相当于现在的1800万日元，如果实际出售的话，其价值应该上亿。川端起初将"冻云"看成了"东云"。

　　对这件逸事，泽野久雄有不同的说法。1949年（昭和二十四年）秋天前后，川端来到《朝日新闻》的大阪总部借了10万日元，泽野将钱送到了川端在京都的住地。这可能是他记错了，因为泽野3月就被调往东京工作了。泽野的意思似乎是川端用这笔钱购入了玉堂的画作。羽鸟彻哉认为，他是在前一年将这笔钱带到柴田家去的。

　　另外，据松下英麿所说，5月，自己和小林秀雄去了京都，与西村贞（美术史家，1893—1961）、川端等四人一起去大德寺看"喜左卫门"的茶碗。和小林一起入住祇园的中村楼后，他在寺町的旧书店觅得《玉堂诗集》，用200日元购入。川端抵达后，眼神都变了，他嘴上说着"给我看看"，手里已经将诗集夺了过去。川端兴奋得难以入眠，深夜去旧书店问人家还有没有玉堂的其他作品，后找到一份琴谱买了下来。据说川端一直没有说出购入《冻云筛雪》一事，他以为谷川彻三的嘴比较紧便告诉了他，消息就此流传开来。

　　6月，朝鲜战争爆发。7月的《世界》杂志组织了特集"不忘广岛——日本笔会俱乐部寄语'广岛协会'"，《王者》杂志组织了特辑"广岛至长崎",川端均未撰稿。①《世界》是安倍能成等古典知识分子创建的同人杂志,由于编辑部逐渐左倾,同人们又创建了《心》杂志,川端也是"心协会"的同人。这一时期,《新潮》的责任编辑是菅原国隆。也是在这段时间川端去热海和箱根的次数多起来了。8月,川端住在箱根强罗温泉,见了三岛等人,三岛因连续推出《假面的告白》和《爱的饥渴》等话题性作品而成为流行作家。当时政子19岁,似乎高中毕业了,一个人去大阪旅行,貌似去了秋冈、淀野家。

日本笔会派出阿部知二和北村喜八参加在苏格兰爱丁堡举行的国际笔会俱乐部大会。为了给笔会俱乐部筹措资金,川端开始写稿。3月《斯德哥尔摩宣言》发布,第一届斯德哥尔摩和平大会举行。为与此呼应,小牧近江、高见、中村、久米和川端发起并举行了"镰仓和平大会",在会上川端宣读了《宣言》。不过,该宣言是具有社会主义风格的。小牧近江在大正时期和金子洋文等人一起创刊《播种者》。他是一名社会主义者,也是法国文学翻译家。同月,新潮文库出版《伊豆的舞女》,附有三岛撰写的解说。

《美丽与哀愁》的英译者、以日本文学研究者著称的哈佛大学教授霍华德·西贝特(Howard Hibbett,1920—2019)在文章中写道,他在这一年的日本笔会俱乐部例会上第一次见到川端,当时自己刚刚获得博士学位,还不能流利地使用日语,又住在一间又窄又暗的房间里,只能结结巴巴地进行自我介绍。唐纳德·基恩(Donald Keene,1922—2019)等人能使用一定程度的日语,但不如爱德华·乔治赛登斯蒂克(Edward George Seidensticke,1921—2007)那么流利。基恩似乎用日语写作都很困难。研究外国文学的日本人也一样:战前出生和战后出生的人有着天壤之别,年轻人显然外语

---

① 日本学者森本获在其著作《魔界的住人:川端康成》中指出,川端曾在《王者》杂志特辑登载《武器招致战争》一文。故此处作者论述有误。——编者注

能力更强，这得益于他们更容易走出国门这一优势。

《查泰莱夫人的情人》审判及污秽描写问题

9月，今日出海凭借《天皇的帽子》与小山伊都子同获直木奖。6月，伊藤整在小山书店出版了 D. H. 劳伦斯（D. H. Lawrence）著作《查泰莱夫人的情人》的无删节版译本，遭到禁售。当月，他和小山久二郎一起受到起诉，罪名是涉嫌销售猥亵文书，这就是"查泰莱夫人的审判"。战后，恶俗不堪的杂志层出不穷，它们被称为"糟粕杂志"，里面有大量污秽的描写，警察和检察机构对其不断取缔，并起诉著名文学家以示警告。文部省也以战后性道德堕落为由，着手开展净化教育活动，并取得了一定的成果。伊藤的律师是正木明，后换为中岛健藏。福田恒存、吉田健一等众多文学家支持伊藤。一审宣判伊藤无罪、小山有罪，因此两人提出上诉，二审两人均被判以罚金，于是两人向最高法院提出上诉。1957年（昭和三十二年）最高法院做出终审判决。

在此期间，伊藤的著作《关于女性的十二章》成为畅销书，堪称与审判一决到底。在这场《查泰莱夫人的情人》审判中，大众也并非一边倒地支持伊藤。1953年（昭和二十八年）1月，日本笔会俱乐部发表声明，对东京高等法院判决伊藤有罪表达不满。1951年（昭和二十六年）9月21日，伊藤在给川端的信中写道，在支持者的名单中使用了川端的名字。这是在事后征得他同意的。伊藤和小山都与川端有来往，如果要说川端为他们做了什么的话，他也只是做了最低限度的事情。川端是日本笔会俱乐部会长，所以他也是上面提到的声明的责任人。川端给伊藤的回信并没有公开；实际上，川端写给伊藤的信件无一公开，可能是被伊藤家人遗失了。不过，川端从未在文章中提及《查泰莱夫人的情人》的审判事件。

12月12日，《朝日新闻》开始连载《舞姬》，这是战后川端第一次在报纸上连载作品。当时狮子文六的小说《自由学校》大获成功后，朝日新闻社学艺部长扇谷正造（1913—1992）来向川端约稿，由泽野久雄担任编辑，佐藤泰治则画了插图。说到《舞姬》，川端在这部和森鸥外的作品同名的小说中写了关于芭蕾舞的故事。连载开始的前一天即11日，川端去帝国剧场观看了舞剧《普罗米修斯的火种》，该剧由江口隆哉和宫操子担纲主演，菊冈久利负责剧本，伊福部昭担任音乐制作。过去为舞蹈写评论的时期，川端与这两位舞蹈家夫妇关系密切，经常看他们的演出，不过这已经是十五年前的事了。第二天，川端又委托泽野要了第二场演出的入场券，两人一起看了演出。或许是因为川端在江口夫妇身上看到了行将老去的自己的影子，并且也将他们写入了《舞姬》中，所以看了两场演出。《舞姬》中的插图是以小牧芭蕾舞团的日高悖为模特而创作的，舞台的原型则是北镰仓的烤羊肉店"好好亭"。不过，《舞姬》并不是真正意义上的芭蕾舞题材的小说，而是以芭蕾舞为背景的风俗小说。

当时，按照报纸小说的惯例，川端先交了可连载二十天的稿件。但是，第二十九回的色情描写出了问题。朝日新闻社编辑局次长雨宫说，麦克阿瑟司令部将发表新年讲话，因此小说中的内容有些不合时宜。泽野感到非常不满且不知所措，他将此事告知川端，希望川端能够进行修改。川端当然不愿意，他也因此停下创作，于是过了新年之后，稿件存量开始紧缺。泽野甚至计划，倘若川端不打算继续创作，不如自己也提交辞职信，一了百了。据说，快到连载真的撑不住的时候，川端终于对小说进行了修改。

原先的稿件可能保存下来了，《川端康成点描》（初次发表的标题为《舞姬诞生》，发表于《小说周刊》，1972年5月12日）中有对原文的引用。

矢木外出旅行回家的夜晚，他有时候会与妻子进行两次性爱活动。

他感到波子发自内心的抗拒，或许自己想要的就是征服这种抗拒。两次性爱活动后，波子不再抗拒。

"啊啊，真讨厌。讨厌。"

起初波子轻声说道。最近波子老是在控制自己，可是一旦做了那事，她的体内就会不由自主地留下想要第二次的感觉。

矢木似乎对波子的喘息心领神会。

第二次真的抱得紧紧的，波子透不过气来，她闭上的双眼里看到金色的光环在飞转，通红的色彩在燃烧。

"喂，我看到几只金色的光环呢。眼睛里一下子都变成了通红的颜色。这没问题吗？我是不是疯了？"

过去，波子会把脸靠着丈夫的胸口摩擦，抓住丈夫的长发，问他这种问题。

"我以为自己要死了呢。真没问题吗？"

女人难道都这样？自己是否不正常？

"喂，你感觉怎么样？男人是什么感觉？和我一样吗？"

描写差不多就是这种程度。泽野在十二卷本全集（1959）的月报中写到此事，而三十五卷（增补两卷）本全集的内容简介中也有下面这段话："时常为是否触及占领军审查的红线而担心，当事人的这种焦虑情绪也影响到了这部作品，围绕是否属于色情描写产生了争议。"这究竟是不是事实？驻日盟军总部（GHQ）及其下属部门，对具有封建性的、歌颂军队的、批评盟军的文章实施了言论管制，但是，他们是否也管制起了污秽的文字？读一下平野共余子的《与天皇接吻》（草思社）也能发现，占领军对于接吻之类的描写是给予鼓励的，他们认为那是自由主义的表现。

而且，对于当时的情况来说，向《查泰莱夫人的情人》提起的诉讼产生的影响不是更大吗？泽野没有考虑到这一点，有些不太合乎情理。即便在英国，尽管后来《查泰莱夫人的情人》也变成了社会问题，但是从英美出版了无删节本这一点来看，这次的事情是日本审查机关的独自判断。

六年后，谷崎润一郎的《钥匙》在《中央公论》上连载时，也在国会中被视为淫猥作品，谷崎只好对之后的故事展开采用保守的写法，因此他自己也觉得作品失败了。总之，川端的《舞姬》或许出人意料地给了伊藤整火力掩护。后来，川端对上面引用的段落进行了如下修改：

> 每当矢木在结束了时间稍长一些的旅行后回家的当天晚上，也不知道为什么，波子总是在有的没的地收拾东西，有时还迟迟不肯睡觉。
> ……
> 最近一段时间，波子总是在控制自己，矢木装出一无所知的样子，其实心知肚明。
> 波子觉得自己仿佛在接受丈夫的审视，罪恶的心理却又似得到了缓解，与此同时还有一种自己被抛弃了的感觉，她一会儿陷入这种内心空洞的状态，一会儿又被拽回来。这一次，她闭上的双眼里看到金色的光环在飞转，通红的色彩在燃烧。
> "喂，我看见金色的光环在飞转呢。眼睛里一下子都变成了通红的颜色。我以为自己要死了。"

《舞姬》中，开头一章标题为"皇居的护城河"（"皇居の堀"），登场人物总是在护城河边转来转去，据说也有人给川端起了一个诨号"堀端康成"①。有人认为这个外号是大宅壮一起的，也有人说是《朝日新闻》起的（福田兰童）。后者的说法应该较为

---

① 日语"堀端"是护城河边之意。——译者注

准确。

2月3日，川端在自己家里招待了由日本笔会俱乐部介绍的斯坦福大学教授、作家华莱士·斯特格纳（Wallace Stegner）。此外，还有夏威夷大学的松本刚、浮世绘研究者理查德·道格拉斯·莱恩（Richard Douglas Lane，1926—2002）、西胁顺三郎（1894—1982）、英国文学学者平松干夫（1903—1996）、小松、立野、真杉、高见、水岛、日本笔会俱乐部事务局局长奥村铁男等人。他们都是笔会俱乐部的成员。和文坛不同，笔会俱乐部成员都是些不为社会所知的人。27日，47岁的伊藤初代去世，川端是在收到初代的妹妹真希的次女纪子来信后得知这一消息的。纪子是有名的作家，不知什么时候她给川端写信称自己想当演员。川端自身提到初代的死则是在1965年（昭和四十年）的随笔《水乡》中。

3月13日，原民喜卧轨自杀。《舞姬》于31日连载结束，4月1日起，林芙美子的小说《饭》开始连载。林芙美子是根据石滨恒夫说的大阪话而写的作品。有文献记载，以此为契机，石滨认识了织田昭子，但此时春上都已经出生了，所以记载有误。4月，在朝鲜战争中提议使用核武器的麦克阿瑟被免职，李奇微中将继任驻日盟军总司令。5月的《文艺春秋·副刊》刊登了川端的短篇小说《玉响》。这部作品后来成为著名电视连续剧的片名，汉字写作"玉响"，日语读作"たまゆら"（Tamayura），指的是勾玉①互相撞击时发出的微弱声响。这个作品名称是川端从银座的古董商山冈铙兵卫那里听到勾玉撞击声而定下的。

6月28日，49岁的林芙美子突然去世。大量的小说连载使她写作工作缠身，最终因过劳导致的脑出血而逝世。7月1日，川端任治丧委员长，在林芙美子家里举行了告别仪式。当时，川端在致辞

---

① 勾玉，又称曲玉，呈逗号状的玉石，首端可钻孔，可系绳。在日本的起源最早可追溯到绳文时代。——译者注

（由于是治丧委员长，因此不是"悼词"）中说了下面一段广为流传的话：

> ……故人为了守卫自己的文学生命，有时也会伤害他人，然而，两三个小时之后，故人便会化为灰烬。死亡让一切罪恶消亡，因此，我想请求各位原谅故人。

很多人觉得这段话是从某本书上抄来的，事实并非如此。川端的致辞以《林芙美子的死》为题收录于全集中，而文章中并没有这一部分。这是出席葬礼的板垣直子依靠记忆写进《妇女作家评传》（1954）中的文字。虽然这部评传以此为书名，但是书中的内容有一半以上是林芙美子的传记。后来评传进入角川文库，之后起名为《林芙美子的生涯》。川端的致辞被竹本千万吉《人：林芙美子》（筑摩书房，1987）引用，又在岚山光三郎著《追悼的达人》（1999，后入中公文库）中被间接引用，从而传播开来。太田治子是太宰治的女儿，她曾请川端为自己的第一部著作《手记》写了推荐文。当她在《石之花——真实的林芙美子》（筑摩书房，2008）中提及该致辞时，川端生气地说："有必要特意提这件事吗？"

获得艺术院奖的大佛次郎所著小说《归乡》中有和林芙美子的《浮云》类似的部分，其中《归乡》描写了二战期间在南方相遇的一对男女在战后发生的故事。作品中名为高野左卫子的女子是一位绝色美人。关于这一点，大佛写道：

> 过去听说有个有名的女人称，我曾说《归乡》中的左卫子是以战争期间的她为原型创作的。于是她便通过别人来问我这是不是真的。我回答："恕我失礼，那人以为自己是美女吗？"（《关于原型》，出自《石头语录》，光风社书店，1966）

这里指的正是林芙美子。这个故事直接解释了别的作家们不喜
欢林芙美子的理由。据说三岛去参加葬礼前说："我为什么非得去
参加那个傻女人的葬礼？"川端的致辞，指的好像是女作家协会中
的内斗。川端本来就是喜欢这种话题的人，《寒风》中他同样为北
条民雄生前的傲慢行为说了很多辩解的话。另外，还有一些社会上
并不为人熟知的事情：之后在菊冈久利的葬礼上，川端也说过同样
的话。这段话是从录音磁带中记录下来的：

> 众所周知，菊冈君心胸宽广，有他善良的一面。但是，另
> 一方面他活得非常随心所欲……可以这么说，很多人，不知在
> 座的各位中有没有，即使从不给别人添麻烦，多少也有让人讨
> 厌、让人感到不愉快的地方。我要向社会上广大的人们，而不
> 是在座的各位提议，随着菊冈君的死，请你们原谅这一切的一
> 切吧。(《川端文学的视野》三，1987)

林芙美子去世后，川端和林芙美子的丈夫手冢绿敏继续保持来
往，而绿敏则和林芙美子的侄女林福江结了婚。正如传记有时会带
来麻烦，这些故事也都成了坊间揣测的对象。川端担任了新潮社计
划出版的《林芙美子全集》（共十四卷）的编委，此外还有中岛健
藏、船山馨等人。

之后，川端参加了"追忆芙美子"座谈会，其中有一些奇怪的
对话（芹泽、井上友一郎、壶井荣、小林秀雄，《文艺临时增刊　林
芙美子读本》，1957年3月）：

> 井上：战后，我和林女士在座谈会上有过交流，她又问
> 我："井上先生，你觉得我在名叫《新潮》的杂志上发表私小
> 说是什么时候？"我一下子没明白她问话的意思。为《新潮》
> 写小说应该是在《改造》上发表《放浪记》二十年之后了。比

我想象的更晚，我吃了一惊。换言之，这意味着《春潮》没有
向她约稿。她很生气地告诉我这事。

壶井：我也听说过这事。

林和井上都参加了的座谈会中，有一次是和丹羽文雄一起的
"小说三人谈"（《风雪》，1949 年 7 月），其间并没有发生上述对
话。不仅如此，《新潮》没有向林芙美子约稿也不是事实。或许是
井上搞错了杂志，可是在《放浪记》出版两三年后，林芙美子的作
品出现在了所有主流杂志上。我觉得这里面似乎可以看到林芙美子
有迫害妄想症的影子。我特别想听一听林芙美子研究者们的意见。

7 月末，川端前往京都，与佐佐木、大佛、内田诚等人同行，
之后在芥川奖评选会上，川端推荐安部公房（1924—1993）获奖。
此时，川端说想像安部那样写作。的确，初期的川端很前卫，像安
部的风格，但是安部却没有川端那样的风情。川端对战后作家的评
价有些不好懂，堀田善卫获芥川奖时，川端也盛赞堀田，声称自己
也想写堀田那样的作品。安部还算说得过去，如果说堀田有什么地
方吸引川端，那就完全不明白了。不过，较之堀田，川端似乎更喜
欢安部（《续月下之门》）。

川端在 8 月 10 日写给三岛由纪夫的信中说，《禁色》是一部惊
人的作品。《禁色》是三岛于 1 月起在《群像》上连载的小说，作
品中有一位名叫桧俊辅的 65 岁的剧作家，和谷崎润一郎等人在相
同时期登上文坛，颇有巨匠风范，其全集正在第三次再版。他和一
个名叫悠一的美貌青年共谋，——报复曾经背叛他并被他怀恨在心
的女人，这便是《禁色》的梗概。这是一部充满怨念的通俗小说。
第一部出版后，三岛又创作了第二部《秘乐》，从两人的往来书信
中可以发现，川端应该为这部作品写了推荐文。不过，不清楚该推
荐文登载在什么杂志上，另外，从文字上来看应该是有人代笔。

这位桧俊辅让人联想到川端，但是再往下读又有点像谷崎。川

端之所以被认为有同性恋倾向，是因为他有《少年》这部作品。人们因此觉得《禁色》的原型可能是川端，但从年龄上来看应当是谷崎。曾经有一个叫田中纯夫的人在《人类探究》这种怪异的杂志上说到这一点，这人是谁不得而知，田中纯夫应该不是其真名。

川端对三岛的文学作品究竟如何评价？后来他用夸张的文言盛赞《丰饶的海》，很难说这是理智的评价。那张曾经犀利的文艺评论家的脸，战后几乎不见了踪影。在同一封信中，川端还问了《假面的告别》的英译者是谁（韦瑟比①），他说日本文学应该有更多的英译本。要得到包括诺贝尔奖在内的西方社会的评价，将作品翻译成英文是一条捷径。由此可见，川端已经开始走上了通向诺贝尔奖的道路。

是月，东宝电影公司的《舞姬》公映，其导演为成濑巳喜男，脚本制作是新藤兼人，出演的则有山村听、高峰美枝子、冈田茉莉子、木村功、泽村贞子和谷桃子芭蕾舞团。尽管有新藤担任脚本创作，这部影片依然是一部平庸之作。

14日，耕治人夫妇借钱在中野区野方町1-605（现中野区方4-30-9）向土地主矢岛借地八十七坪，用十坪建造了平房并住了进去，这就是后来引发川端和耕治人之间纠纷的土地。

9月，旧金山对日和约签署，随着该条约的生效，日本成为独立国家。10月16日，为参加片冈铁兵的胸像揭幕仪式，川端与片冈光枝、立野信之前往冈山县芳野町。秀子和政子将其送行至横滨，之后川端等人在横滨站乘上特急列车，当天在位于大阪土佐堀的京屋旅馆下榻。17日，过了正午，川端等人从大阪出发，5点后抵达津山，和前来迎接的人一起参观了城址和片冈家宅邸的旧址，之后乘出租车前往芳野村，入住寺元的长寿旅馆。18日，公民馆中的仪式结束后，于10点举行揭幕仪式，由光枝揭幕，村长、川端

---

① 韦瑟比，即梅雷迪思·韦瑟比（Meredith Weatherby）。——译者注

和立野致辞。碑上的文字"请记住，我是大海和无垠天空中一粒孤独的尘埃"，是从请川端撰写的几个句子中挑选出来的一句话。川端解释道，这不是自己选择的，而是大家认为"孤独"这一词语很符合石碑的立意。随后，一行人乘坐公交大巴前往奥津温泉，在河鹿庄举行了宴会，川端在那里听了自己的讲话录音，他说这是有生以来第一次。《旧日记》中，川端这样记录19日的行程：

> 10点坐上前往冈山的大巴。河野庄的主人送给立野君山椒鱼。片冈诀先生和定包先生等送我们到津山。从津山至冈山的路上，山椒鱼从木箱里爬了出来，造成了急行大巴停车。另外，这台大巴撞到了骑自行车的老人。来时的特急列车好像压到了一个女子。

当时的特急列车是蒸汽机车。

11月13日，川端与政子一起赴京都参加里千家①的光悦会。川端和里千家有来往，里千家当时的掌门是淡淡斋千宗室（1893—1964）。在回家的"鸽子号"特急列车上，川端遇到了淡淡斋千宗室的嫡出儿子，他是下一代千宗室，即现在的千玄室（1923— ）。提到川端和里千家掌门的交往，便不得不提川端曾经带泽野前去观看敕使河原苍风展览会的经历。泽野在文章中写道，自己完全理解不了十分前卫的插花艺术，川端则呵斥道，"你不想了解新生事物"。川端还参观过草间弥生早期的展览会，并购买过一件产品。

1952年（昭和二十七年）1月的《世界》杂志发表了川端的《名人生涯》，该作品是小说《名人》的原型，在其中川端多次变换形式讲述本因坊的故事。同时，《妇女公论》上也开始连载通俗小

---

① 里千家，日本最主要的茶道流派之一，其历代掌门称作宗室。后文提到的玄室当属第十五代家元鹏云斋千玄室。——编者注

说《日兮月兮》。另外，美国大使馆和日本笔会俱乐部在赤坂的鹰匠料理店"赤羽"举行新年会，詹姆斯·米切纳（James Michener）和大使馆文化交换局的威廉姆斯夫人来了。该夫人是玛格丽特·威廉姆斯[1]（Margaret Williams），自此经常出现在这种场合，后来好像在圣心女子大学教授中世纪英国文学。同月，大映电影公司的《浅草红团》公映，由久松静儿任导演，成泽昌茂任剧本制作人，主演有京真知子、乙羽信子、根上淳等。《新潮》杂志的2月刊开始连载川端的随笔《月下之门》。

《千只鹤》与《山之音》

前一年，位于镰仓的神奈川县近代美术馆开馆，1月，东京站八重洲口普利司通美术馆落成，川端的去处又增多了。2月起，川端在《向日葵》杂志上连载《花与小铃》，这部作品并未收录在全集中。不过，该作品应该是川端自己创作的，小说中出现了7月在歌舞伎座公演的舞剧《暗梅百物语》，川端当时可能去看了演出。2月，筑摩书房出版了《千只鹤》，该作品获得艺术院奖，它的前半部分是《山之音》已经发表的部分。《千只鹤》和《山之音》的发表情况如下：

　　《千只鹤》
　　《千只鹤》，《读物时事·副刊》，1949年5月。
　　《森林夕阳》，《文艺春秋·副刊》，1949年8月。
　　《绘志野》，《小说公园》，1950年3月。

---

[1] 玛格丽特·威廉姆斯的论文有小堀玲子的译本。小堀是东京大学名誉教授嘉治元郎之女，小堀杏奴的长子鸥一郎之妻，圣心女子大学名誉英国文学教授。她提到威廉姆斯也是名誉教授，但经与圣心女子大学确认后发现，这不是事实。（《英国文艺复兴时期的文艺样式》，荒竹出版，1982）

《母亲的口红》，《小说公园》，1950年11月至12月。

《二重星》，《文艺春秋·副刊》，1951年10月。

《波千鸟》，《新潮小说》，1953年4月（以下《波千鸟》）。

《旅途的别离》，《新潮小说》，1953年5月。

《父亲的城市》，《新潮小说》，1953年6月。

《荒城之月》，《新潮小说》，1953年9月。

《新家庭》，《新潮小说》，1953年10月。

《浪花间》，《新潮小说》，1953年12月。

《春之眼》，《新潮小说》，1954年3月。

《妻子的思绪》，《新潮小说》，1954年7月。

《山之音》

《山之音》，《改造文艺》，1949年9月。

《蝉之羽（向日葵）》，《群像》，1949年10月。

《云之炎》，《新潮》，1949年10月。

《栗之实》，《世界春秋》，1949年12月至1950年1月。

《岛之梦》，《改造》，1950年4月。

《冬之樱》，《新潮》，1950年5月。

《晨之水》，《文学界》，1951年10月。

《夜之声》，《群像》，1952年3月。

《春之钟》，《文艺春秋·副刊》，1952年6月。

《鸟之家》，《新潮》，1952年10月。

《伤之痕》，《文艺春秋·副刊》，1952年12月。

《都之苑》，《新潮》，1953年1月。

《雨之中》，《改造》，1953年4月。

《蚊之梦》，《文艺春秋·副刊》，1953年4月。

《蛇之卵》，《文艺春秋·副刊》，1953年10月。

　　川端写道，这种方式"给刊登的杂志和读者都造成了极大的困惑。只将作品中的一部分内容展示给读者而没有任何解释，可以说类似于欺骗"。他自己这么说堪称厚脸皮。这种发表方式的确会让社会上的人产生神秘感，使作品成为某种传说。用现代作品来类比的话，恰如美内铃惠的大长篇漫画《玻璃假面》的运作方式，该作品已经连载了三十余年之久而尚未完结，并且更新也是时续时断，最后作者彻底放弃连载，重新创作了单行本。她的这种游离于常规的发表方式，一直刺激着爱好者们的好奇心。

　　在1952年（昭和二十七年）3月这一节点上，《千只鹤》和《山之音》各自都尚未完结，因此它们合为一体并获奖，让人为之惊叹。《山之音》完成后获得野间文艺奖，川端本人也是评委之一。川端满不在乎地声称，得奖后两部作品都终止于最初的部分，剩下的就请各位海涵了，这话说得十足不堪。我之所以觉得有人讨厌川端也属情理之中，就是出于这一方面的理由，况且说出那样的话，让颁奖给他的人情何以堪？明知社会上的人并不接受这种客套话却偏要这么说，这意味着他的品行有问题。按照伊吹和子的说法，谷崎似乎觉得自己比紫式部更伟大。尽管也有人讨厌谷崎，但其实这种想法也没什么问题，不过是典型的艺术家个性罢了。但是，川端因这种极其低俗的自满而遭人讨厌，其本质与谷崎完全不同。

　　2月3日，78岁的蒲原有明去世。3月1日，62岁的久米正雄去世，里见任治丧委员长，在文艺春秋社举行了葬礼。川端4月至5月的动向也出现在日记中，他一如既往地记录了大量的聚会活动，其间也见了不少人。17日，川端参加了在鸣泽的桃李境旅馆为志贺和柳宗悦赴欧而举办的送别会，福田兰童、谷口吉郎、梅原、安井曾太郎、和辻、广津、谷川、堀口舍己、古田晃、菊池重三郎等人出席。20日，在森田珠的邀请下，川端参加了芝伊皿子的里千家的梅松会，在座的还有千宗室和中谷宇吉郎。22日，在岩波茂雄的忌辰纪念会上，川端自诉胃痛，于是僧人朝比奈宗源为其介绍了按摩师宫崎。

5月1日，日本笔会俱乐部在丽思酒店举行例会，约翰·洛克菲勒二世（1874—1960）讲话，松方三郎（登山家、记者，1899—1973）、坂西志保出席。2日，川端在三越的小林古径展上见到了北镰仓的冈本和后藤真太郎（座右宝刊行会社社长），并住在福田家。在此之前，东京纪尾井町的福田家已经成了川端固定的留宿地。当时有很多文学家经常住在这里，其中也包括谷崎。3日，在国立博物馆举办的中国画展上，川端见到了梅原和杉村勇造。之后，他在与谷川彻三约定的时间抵达某车站，这时谷川的儿子（俊太郎？）来了，他转告川端说，自己的父亲以为是在明天见面，因此去了热海。川端从自己家打电话给谷川家时，听到留言说，镰仓笔会俱乐部有活动，请川端速回，于是他回到镰仓后直奔华正楼饭店。久米夫人艳子还有儿子昭二来了，商谈为久米建造胸像之事。4日，川端在家中招待洛克菲勒，在场的有威廉姆斯夫人和葛兰·肖（Glenn W. Shaw），以及翻译池原藤。5日，高田力藏带了十位春阳会会员来访。向日葵社的匹田带着新娘前来致谢。高田下榻鹄沼，并于6日上午来修理画家古贺春江的作品《花火》。下午宫崎来为川端按摩治疗。秋冈义爱的妻子上京，住在川端家。7日下午，川端和秀子还有义爱的妻子一起去镰仓近代美术馆看了法国近代美术展和国宝馆的屏风展，随后逛了八幡通街上的头饰店、竹村的新店、镰仓雕刻的后藤店、坂本的吉祥庵以及今井美术馆。之后，他们和义爱的妻子一起在附近的松竹电影馆看了黑泽明的《罗生门》。同日，《文学界》的樫原雅春来访。

8日上午，川端在电话中得知福田家太太福田真知去世的消息，平井弥太郎随后前来商量参访癌症研究所的相关事宜。《草月》编辑、《文艺春秋·副刊》编辑山本来访，商量艺术院奖等获奖联合庆祝会事宜。川端于3点前往东京去文艺春秋社与佐佐木见面，在资生堂的清光会上见到后藤和画家宫田、益田义信。8点半时川端回到镰仓，在市民剧场观看《凯旋门》试映会。9日，川端前去参加美国文化中心的开馆仪式，在茶话会上与墨菲大使，即罗伯特·丹尼尔·墨菲（Robert Daniel Murphy）交谈。川端说的英语难以理解，令威廉姆斯夫人不知所措。10日，川端接受了宫崎的治疗。11日，他逛了银座的美术店，随后去了泉岳寺，又在茶寮松参加里千家的梅松会，当时在场的有吉川英治、佐佐木、森田玉、菊五郎夫人、清元延寿太夫的母亲（荣寿太夫之妻）、土川爱子以及从京都来的师尊辈的田井柘。12日，川端和秀子在银座逛了画廊，两人在千匹屋买了花后，前往筑地本愿寺参加福田家女主人的葬礼。葬礼上，他们第一次见到了北大路鲁山人。

14日，川端前往癌症研究所。副院长是川端在一高时的同学田崎勇三（1898—1963），川端在患者拍片等候室住了一晚。15日，川端接受诊疗时山本实彦来了，两人一起吃了匈牙利料理。诊断结果显示，川端患了胃部十二指肠溃疡。30日，川端出席在日活国际会馆大楼举行的获奖庆祝会，这是为中村光夫和大冈获读卖文学奖、神西清（因翻译契诃夫的《万尼亚舅舅》）获艺术选奖而举办的联合庆祝活动。

6月，林房雄的夫人后藤繁子自杀。守灵当晚，三岛由纪夫向秀子提出想娶政子为妻，遭到秀子拒绝。25日，天皇亲授艺术院奖，翌日，川端受邀出席午餐会，向天皇讲述了日本笔会俱乐部的情况。7月1日，68岁的山本实彦去世。川端在癌症研究所遇见山本时便觉得他的状况不容乐观，改造社从此走向衰落。8月，由久保田万太郎改编、花柳章太郎主演的新派歌舞剧《千只鹤》在歌舞伎剧场公演。8日，川端出席了于上午9点半开始的夏季文艺演讲会，主办方是文艺春秋社。演讲会上，川口松太郎、佐佐木、高桥松竹常务、花柳、水谷八重子致辞，中野实、宫田重雄、北条秀司、北条诚、村松梢风、川端、林和久保田万太郎分别发表了演讲。若仓雅郎以进藤纯孝之名在《文学界》杂志的9月刊上发表了

《加缪论》。

《千只鹤》和《山之音》常被人放在一起比较，但我认为这两部作品实际上截然不同。两者发表的方式都与《雪国》类似，但是《雪国》对原型进行了彻底修改，而这两部作品基本上就是将此前发表的系列短篇故事直接连接起来。完整的《山之音》，是川端作品中完成度最高的长篇小说。与此相比，《千只鹤》并没有完结且非常通俗，至于它的续篇《波千鸟》，说它是为《新潮小说》这一中间小说杂志写的连载也不为过。川端说，这部作品完全没有原型，只是来源于他见到去参加茶会的千金小姐手中绘有千只鹤图案的包袱后而产生的灵感，不过，也有人说这部小说其实有原型。

作品以这样的情节开始：三谷菊治是一位英俊的青年，他在和稻村雪子相亲后的归途中与已故的父亲的旧情人太田夫人发生了关系。之后同为父亲旧情人且胸前有痣的栗本近子等人物一个个登场。太田夫人自杀后留下女儿文子，而菊治和雪子从来没有发生过关系。不知不觉中，文子变成了菊治的情人。之后，在续篇《波千鸟》中，文子一人只身去九州旅行。

10月13日，川端在关西结束演讲后顺便去了一趟九州。当时，为纪念《文艺春秋》创刊三十周年而举办了演讲会，当日川端在姬路演讲了五十分钟，之后于14日抵达神户，在15日到达堺市，并于16日和17日分别到了和歌山以及奈良。18日，川端从奈良出发，傍晚抵达京都，下榻柊家，在冈崎的鹤家饭店与川口松太郎及其妻三益爱子共进晚宴。随后川端准备动身前往九州。此前由于住在九重的画家高田力藏的力荐，大分县决定招待川端，这次他正是受邀成行。

19日，高田来接川端，傍晚川端等人从神户乘上关西汽船"黄金丸"。20日，一行人抵达别府。县政府的观光科科长田岛密和职员加藤数功出来迎接。当日，川端下榻杉乃井酒店，并参观了市内和地狱温泉。21日，川端乘火车前往中津，在自性寺观赏了池大雅

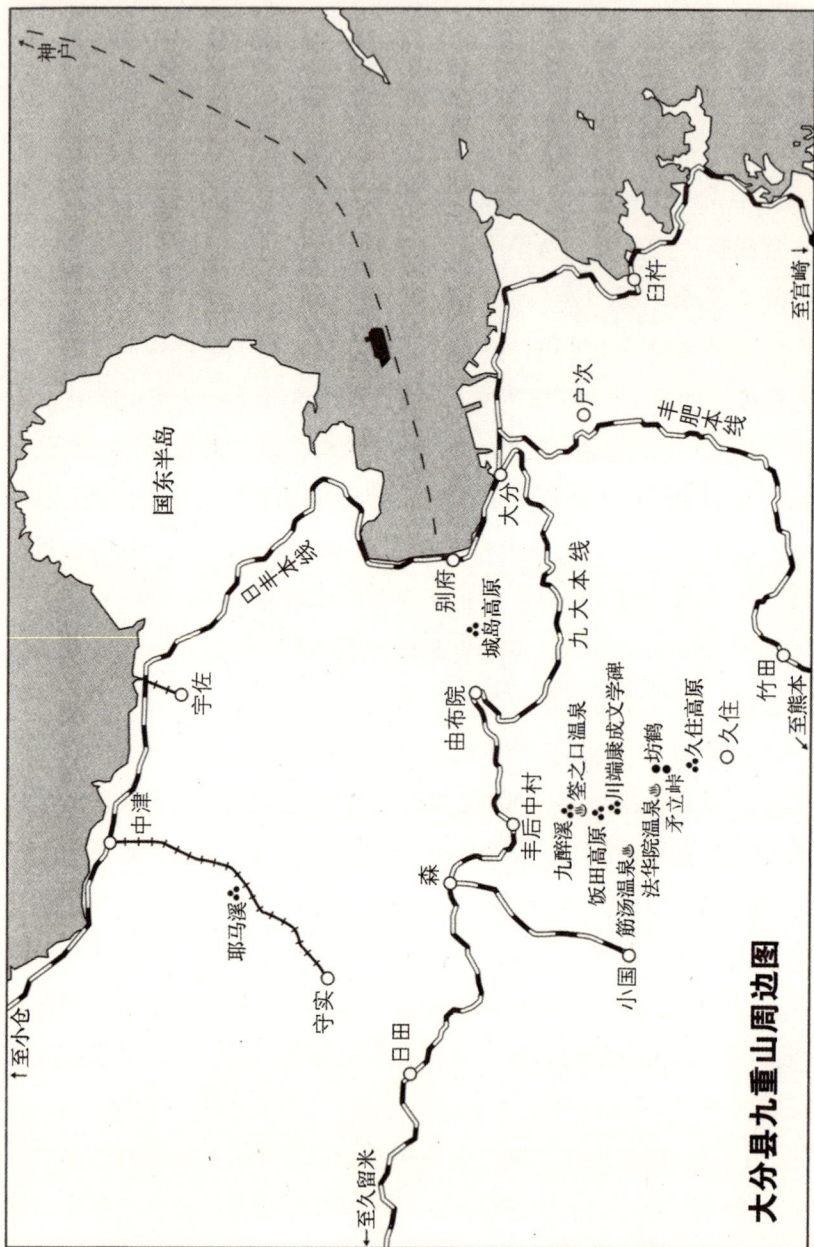

大分县九重山周边图

的作品，并拜访了福泽谕吉出生地，最后下榻筑紫庄。22日，他参观了耶马溪、青洞门、罗汉寺和耶马溪文库，并入住名门平田武夫的宅邸。23日，川端前往森町，看了三岛城址，在栖枫楼用了午餐。下午，他先乘坐三轮摩托，之后换乘大卡车，抵达饭田高原，写下采风笔记。入住筋汤温泉两筑屋时，他恰巧遇到有人结婚，于是向新人表示祝福。24日，川端乘坐卡车前往筌之口温泉的小野屋吃午饭，随后坐卡车登上了饭田高原北面的硫黄山。徒步登上岩石群后，川端又去了诹访守越的山口、北千里浜和法华院温泉。25日，他游览了坊鹤沼泽，此处因芹洋子演唱的《坊鹤赞歌》而闻名。据说此歌出自山里的男人之口，不过从山歌的角度来看过于哀婉了。当日知事细田德寿（1904—1991）前来拜访川端，两人共进了午餐后，川端入住法华院。26日，川端和知事一起翻越矛立峠登上九重山群的南面，并在朽纲别和知事道别，之后穿过久住高原，抵达久住町，最后在安井旅馆住下。

27日，川端参观了浅见瞭望台和县种畜场，于下午前往竹田市，造访田能村竹田的旧居，并观赏了美术作品。之后，他浏览了冈城遗址和碧云寺，在竹田庄下榻。28日，川端乘火车前往大分市，访问县政府。当日川端在佐藤副知事的陪同下参观了酒坊"帆足家"，观赏了竹田及其弟子帆足杏雨的画作。入住龟井旅馆后，川端参加了因县内作家们的要求而举行的座谈会，座谈会上川端与高田的对谈以《川端康成激情漫谈：我所钟爱的高原美》为题刊登在11月1日的《大分联合新闻》上。29日，川端翻越回头岭和城岛高原，在久大线的由布院站乘火车抵达日田，参观了广濑淡窗的旧居以及县工艺指导所，入住横大旅馆。30日，他乘火车前往久留米，参加了在旭屋百货店举办的座谈会。下午，川端前往福岛町拜访坂本繁二郎（1882—1969），和青木繁一同为古贺春江扫墓，下榻六三亭。31日，他从福冈板付机场返回。青木是川端友人福田兰童的父亲，也是蒲原有明的好友。川端的文章中提到过青木和有明

川端与爱犬巴伦。摄于镰仓由比浜。
1952年前后（日本近代文学馆）

的关系。

自1953年（昭和二十八年）1月起，在一年的时间里，川端于《妇女画报》上连载《河边小城故事》。大映电影公司拍摄的《千只鹤》公映。该影片由吉村公三郎担任导演，新藤担任剧本制作人，音乐制作则由伊福部昭担任。影片中，森雅之饰菊治、木暮实知代饰太田夫人、乙羽信子饰文子、杉村春子饰近子、木村三津子饰雪子。《妇女俱乐部》杂志12月刊上登载了川端与吉村和女演员们举行座谈会的文章。专门将作品改编成电台广播剧剧本的北条诚于1946年（昭和二十一年）获野间文学奖励奖，当时由北条担任编剧的《街对面的三邻两舍》大受欢迎。是年1月，《白扇》获直木奖提名，最终获奖的是立野信之。之后，北条还创作了大量通俗小说，并以电视脚本家的身份活跃于文坛。2月，因淀野的请求，川端在三笠书房推出了短篇小说集《再婚者》。该作品的装帧设计是由藤冈光一担任的，这是三笠书房的老板竹内道之助的别名。《中央公论》杂志4月刊登载的《无言》中出现的"我的美术史家朋友"，好像就是三岛英年早逝的朋友德川义恭。这一时期，石滨恒夫为了生计而在后乐园球场当售货员。川端经常写信鼓励这位在创作上很难有所作为的石滨。

1947年（昭和二十二年），今东光出版了小说《稚儿》，此后他再无单行本问世，而经常为二流杂志撰写小说。是年4月，名为"东光会"的后援团成立，创立了《东光》杂志，川端成为该杂志的推荐人。其他推荐人还有谷崎、画家林武、保田与重郎、佐藤春夫、今日出海等。5月1日，石滨恒夫与轮岛昭子结婚。这一时期文库大受欢迎，川端的著作接二连三地出版，进入新潮文库、创元文库和三笠文库。川端不愧为昭和时代的作家，这一时期的文学尤以年轻人、女性为中心，文库本和日本文学全集等书极其畅销，其中首屈一指的人气作家，在纯文学领域当数川端。川端去世之后，时代发生了巨变，"文学培养人的素养"这一观念日趋衰落，纯文学作家的生活陷入困境。川端时代成为一种时代基准，而其消亡造成了人们认为文学已经式微的结果。换言之，昭和时期川端在世的五十年是例外。

三岛通过《潮骚》《过于漫长的春天》《道德的迷途》等通俗小说充分展示了自己的才能，谷崎依赖《细雪》和《源氏物语》等作品过上了富裕的生活，这些成就无疑都拜当时的时代背景所赐：那时女子被允许进入大学，私立大学的文学部中女性所占比重高，她们将这些同时代的小说当作必备的知识，并加以阅读。

5月20日，川端乘坐专程前来接他的小车前往新潮社，在位于饭田桥的大神宫举行的婚礼上担任证婚人，又在东京会馆参加了婚宴。川端并未写出新人的名字，不过应该是新潮社的第二代社长佐藤义夫（1900—1967）的长子，即后来继任社长的佐藤亮一。川端和新潮社的关系从此变得更加牢固。随后，川端在社长家看了梅原龙三郎的绘画作品，当天夜里，秀子因在走廊上踩到一只蜈蚣而惊叫起来，并因此闪了腰。

从这一时期的日记中可以看出，川端还是经常外出，带妻子和女儿出入东京都内的展览会。名为"茧山龙泉堂"的东洋美术古董店位于京桥，这家古董店始建于明治时代，当时的店主是茧山顺吉（1913—1999），川端经常光顾此店。5月28日，50岁的堀辰雄去世，当时在信浓追分举行了火葬，告别仪式则于6月3日在芝增上寺举行，由川端任治丧委员长并致辞。告别仪式上，岸田今日子朗读了堀辰雄翻译的诺阿耶夫人创作的诗歌。5日，川端为参加角川书店的演讲而动身前往九州。和去广岛时的情况一样，川端去了九州后便想去第二次，这似乎是川端的个性。当时的同行者有大冈升平、伊藤整和角川源义。角川当然是角川书店的老板，他也参加了堀辰雄的葬礼。从新桥至东京站的途中，神西清上了车，他说堀辰雄的全集要在新潮社而不是角川社出版，为此拜托川端说服角川。换言之，他想让川端压一压角川的不满，川端了解角川和堀辰雄的关系之密切，因此十分为难。

随后，一行人在羽田机场搭乘飞机，但原定于3点起飞的飞机延迟至7点半才起飞，之后在大阪伊丹机场停留了一个小时。飞机穿过黑夜里的阴云，于凌晨2点抵达福冈机场。从后来的欧美之旅来看，川端似乎特别喜欢乘飞机，这一点与害怕乘飞机的谷崎完全相反。谷崎晚年只乘坐过一次从大阪飞往东京的航班。封闭空间恐惧症还导致谷崎害怕坐火车。川端似乎与谷崎的身体结构天生不同，但是他却有另一种烦恼：他在飞机上难以入睡，只能依赖安眠药。

6日，川端在熊本演讲，随后回到福冈，似乎住在市外的二日市温泉。7日，他在小仓和福冈演讲。在福冈，川端见到了杉浦正一郎和牛岛春子。晚上，小仓市市长举办招待宴会，川端又中途离开并去了门司的美术古董店"高桥文凤堂"，于12点前后回到酒店。这让人联想起川端曾经在凌晨敲开禽鸟店店门的故事。8日清晨，在小仓市副市长的陪同下，川端前往郊外一家名叫"中村"的美术店，购买了池大雅的作品，随后赶往长崎进行演讲。9日，一行人乘船参观长崎港，前往云仙。之数日后的行程不详，他好像是去了岛原。10日凌晨，川端在梦见政子出嫁后醒来。进入岛原后，他搭船前往三角，并在回到福冈后住下。11日上午，川端与其他人道别，回程途经熊本，并于5点半抵达竹田。当时，川端怕被人认出，因此偷偷前往，但他的脸部特征很明显，故而在入住的小野屋旅馆被人认出，还惊动了町长和町会议长前来看望。当日，川端联系了上一年帮助过自己的饭田邮电局局长赤峰武。12日，川端在町长等人陪同下参观竹田。他参观了天主教徒的地下礼拜堂和圣地亚哥大钟，并在田岛医生家欣赏了田能村竹田的画作，随后受邀前往町会议长家中做客。在大分车站，县政府的人前来迎接川端，将其送到别府的旅馆。

13日9点半，县政府的车前来接川端。当日，副知事给川端看了一些美术作品，随后饭田村村长时松和女儿包车将川端送到山上。小野屋的年轻店主岛田裕雄与其同行，此外高田也从法华院赶来。14日，川端在法华院参加开山仪式，在高田陪同下走了大约三里路，下榻中野温泉。15日，因阿苏国立公园的九重地区扩张一事，厚生省派来了审议官，和川端一起共进晚餐。加藤数功负责陪同。16日，川端和准备返回法华院的高田在县营的山中休憩所附近道别，随后和赤峰、岛田下到筌之口。17日，川端从丰后中村站离开时，有十几人前来送行。当天川端下榻位于别府观海寺温泉的杉乃井旅馆。18日，川端在杉乃井参加NHK大分放送局的广播对谈"周日沙龙"的录音，这次对谈由加藤担任主持，对谈者则是川端与高田。20日，川端乘船抵达神户，在京都看了森畅和宗达的美术作品，并住在京都。21日，川端似乎乘坐"鸽子号"特急列车返回了镰仓。

当时川端已年过半百，身体却惊人地强健。倘若他原本就是健壮的登山家的话倒也不必吃惊，但是川端看上去身材瘦小，无法将他和"健硕"一词联系在一起，然而他的腿脚竟然如此强健，而且见了那么多人后依然若无其事。他显然将自己这两次在九重的采风经历大量植入到了《波千鸟》中，这可以说是他的顽疾。在《牧歌》和《美好的旅行》中，直接植入采风素材的问题又显现了出来。《波千鸟》中，文子后来离开了九重，故事也就此中断。川端说，他原本计划的结局是，在九州旅行的文子决定留在九重，并打算进入高山的售货店工作，之后菊治来了，两人生活在了一起。不过，川端还说过，鉴于菊治和雪子已经成婚，他原本想让他们殉情自杀。

据川端说，这一次的采风笔记丢失了，因此他无法继续创作。川端死后的 1978 年 8 月 28 日《朝日新闻》晚刊社会新闻版面上的文章提到，笔记本实际上是在川端经常留宿的福田家被盗了。报道称这一说法得到了高田、赤峰、岛田和川端家人的证实。当时新潮社的责编丸山泰司也说："我听说笔记本遗失了。"川端在 1954 年（昭和二十九年）二三月前后写给高田的信中提到自己想再次去九州采风。但是当年 6 月，九州当地发生水灾，川端无法成行，小说便以未完成的形式告终了。并且，川端怕给福田家人添麻烦，因而一直说笔记本遗失了。但是，1968 年（昭和四十三年）出版并收录于伊藤整主编的《近代日本的文豪（三）》中的《川端康成传》里，濑沼茂树这么写道："他回答我说，已经想好了主角二人在阿苏山殉情自杀的结局；实际上，记录了这一想法的笔记本在车上被盗了。他回答得很简单，因此我只能说'那太可惜了'。我不敢追问下去，就此打住了。"至少，这里已经出现了被盗的说法。同年的《川端康成实录》中写道，川端"丢了一只行李箱"。同年，月村丽子的论文中提及，"根据川端老师的说法，由于创作笔记被盗，因此小说的创作中断了"。

新潮文库的《千只鹤》于 1955 年（昭和三十年）出版，并附有山本健吉的解说，但《波千鸟》不在其中。1989 年，增加了《波千鸟》中除去《春之眼》和《妻子的思绪》之外的内容，并附有郡司胜义撰写的内容简介。这两个篇目是 1956 年（昭和三十一年）的《川端康成集》（新潮社）出版时由作者本人删去的。郡司的文中说，过去的说法是，在川端旅途中采访笔记遗失，既然是在旅途中遗失的，那么当时再进行一下采风即可。这样看来，创作的中断成了一个谜。然而，1978 年《朝日新闻》的报道揭开了谜底：笔记是在福田家被盗的。况且，即便川端说是在"车上""旅途中"，也没有说是在采风旅行中。郡司还认为，被盗的事实瞒过了夫人以外的所有人，然而报纸上写着，高田、赤峰和岛田都知道此事，可见故事存在着分歧。

当然，《朝日新闻》对名人死亡等消息堪称极尽报道之能事，在大标题下占去了一大半的版面。报纸文化版面姑且不论，其社会版面充斥着不值得报道的消息。报纸的一般读者，甚至不知道《千只鹤》中断之事，可以说这篇报道的新闻价值极低。一般情况下，报纸不会报道这种事情。况且，濑沼和月村写了是"被盗"事件，因此，之前遗失的说法或许是误报。《朝日新闻》的报道，恐怕是川端家人提供的。就在前一年，尽管臼井吉见的《事故的原委》被逼入绝版的境地，川端家人还是遭到了攻击，1978年日月书房出版的《致M.子的遗书》更是打出了"问题小说"的旗号。武田胜彦则编辑出版了包括《空中的片假名》在内的未完成小说集《婚礼与葬礼》（包含已发表的作品）与之对抗，书中写道，"由于担心给他人造成麻烦，因而选择了遗失这一说法"，这显然有着美化川端的意图。

以上种种暂且不论，且说回采风笔记，据说里面记录着矿山的小卖部里卖什么东西之类的内容。对于一部描写虚构人物故事的小说，这种笔记的丢失，实在构不成无法继续创作的理由。川端扬言称自己想再次前去采风，这是事实。从这件事上可以看出川端身上所表现出来的某种病态，即川端采风关注的不是人物，而是土地。1969年（昭和四十四年）川端在接受武田的采访时回答道："殉情自杀有些说不通。写到《千只鹤》结束是最合情合理的。"这次采访中有些让人吃惊的内容：

武田：粟本近子去参加了护国寺的茶会，之后就脑出血去世了……

川端：是去世了吗？

武田：嗯，在《妻子的思绪》中有写到。

《妻子的思绪》收录于三十五卷（增补两卷）本的第二十三卷未完成作品集中。武田也记错了，实际上近子是因为心脏不舒服，回了家之后心脏麻痹，在无人知道的情况下死去的。由此可见，《波千鸟》这一续篇纯粹是画蛇添足，实际上使局面变得无法收拾。可以说，川端失去了继续创作的兴趣。

这里不得不提到川端一气呵成的一篇短篇小说《偷窃》。小说刊登在1956年（昭和三十一年）3月的《ALL读物》上，之后收录于三十五卷（增补两卷）本全集中，未出单行本。小说讲的是一个女人被人偷换提包的故事，大致是说婚外恋对象的妻子偷换了两只相同的提包。换言之，故事中的人物是无法报警的。这么看来，川端的行李被盗事件，也可能是这种类型的故事。1956年（昭和三十一年），丰田穰去福田家见川端时，认识了照顾川端的女佣雪，知道了她名叫河崎雪，是川端的情人。1965年（昭和四十年），听说雪在银座开了一家名为"雪小姐"的酒吧，资助人可能是川端。当时川端正在为《新潮小说》杂志写《爽快的女人》的推荐文，他趁机公开道："我起了店名，写了开张致辞，写了招牌，甚至写了火柴盒上的字。"川端行李被盗却没有选择报警，难道真的是为留宿的人家着想吗？

回到传记。7月，川端前往轻井泽，在那里住了十天，之后在画家多贺谷信乃的陪伴下去了箱根仙石原的俵石阁，花了三天时间采访吴清源。8月的《读卖新闻》上连载了《吴清源棋谈》。24日，川端第一次给爱德华·乔治·赛登施蒂克写信，只是《日本近代文学馆》的信件中有一封比这一时间更早。时间上是第二封的信件将收件人名字写成了"赛登施特里克"①，是他还不知道对方姓名的

---

① 此处按日语片假名音译。——译者注

读音时写的。时间上第一封信上写的是"赛登施蒂克",因此我判断,从时间上来看是第一封信的年份错了。"赛登施蒂克",更为准确的读音应为"赛登施提克",也有人称他为"赛登先生"。为方便起见,在此简称为"赛登先生"。赛登是继亚瑟·威利[①]之后,又一位以英译本《源氏物语》而闻名的译者。他学过日语,在海军部队、国务省等部门工作,又以驻日盟军总部职员的身份留在日本,并在东京大学师从吉田精一学习日本文学。他在东京大学时代的友人中,有直木奖作家高桥治(1929—2015)。每至夏季,他都会去九十九里浜的高桥亲戚家避暑。所以,川端写给他的信件的收件地址是千叶县山武郡片贝町(现九十九里町)。他们之前应该见过面,信中提到太宰治的《樱桃》的英译本得到了太宰夫人(津岛美知子)的许可。川端当初之所以会将他的名字写成了"赛登施特里克",是因为赛珍珠的旧姓是"赛登施特里克"(Pearl Sydenstricker Buck),川端大概误认为二者有着相同的发音。

11月,川端留任日本笔会俱乐部会长,与永井荷风、小川未明共同当选艺术院院士。当时川端54周岁,算得上年轻有为。11月中旬,川端前往京都,见到了中野四郎和华子夫妇,以及秋冈家的孩子们,还有森畅、藤森淳三等人。是月,折口信夫去世。12月1日,川端的恩师藤村作去世,享年79岁。自《新潮》杂志1月刊起,川端开始连载小说《湖》,其责任编辑是小岛千加子。这是一部问题作品。这一时期开始,在文艺杂志方面,川端主要为《新潮》创作小说。由于山川朝子在《文艺》工作,川端也在那里继续发表了一些作品,至于在《文学界》上川端则只发表一些随笔,《群像》杂志上他也仅为野间文艺奖撰写评委评语。川端为妇女杂志以及中间小说杂志和综合杂志写稿,可能是为了赚取较高的稿

---

① 亚瑟·威利(Arthur Waley,1889—1966),英国东方学者,尤以翻译《源氏物语》知名。——译者注

费。上述情况大概就是川端和新潮社的关系变得越发密切而带来的结果。

这段时间，川端经常在福田家遇见岸田国士。每次去岸田的房间，都有个名叫"御木"的按摩师在按摩。12月22日，剧作家加藤道夫自杀，据说悲伤的岸田在福田家和川端聊了很长时间。24日，川端给身在业平桥的石滨恒夫写信。从川端的书信来看，石滨在东京不断变换住处。是年7月，石滨的《蓝色狂想曲》获芥川奖提名，最后落选，评委对其的评价很糟糕，川端也未称赞该作品：

> 读到你的几次来信，非常痛心，不知如何回复是好。我的意见起不到什么作用吧。只是，你的信件总是能打动我，而且非常出色。……我至今从未遇见过如你这般想象力丰富、才能出众的年轻作家。也许你对芥川奖评委的批评有些介怀，那毫无意义。只要是有个性的年轻人，注定会受到这种评论。

此时石滨已经进入而立之年，想必也十分苦恼。他的作家生涯就此告终。之后，石滨成了作词家和冒险家。川端见过许多因不得志而销声匿迹的作家，面对痛苦的石滨来信，内心也一定非常煎熬。

川端也为《妇女评论》杂志挑选女性的手记。1954年（昭和二十九年），他三次选中了岩桥邦枝（1934—2014）的作品。岩桥当时21岁，是御茶水女子大学的学生，同年入选《文艺》杂志举办的全国学生小说比赛，以新晋作家的身份登上文坛。自1月起，川端在《女学生之友》杂志上连载《亲友》，该作品好像也是有人代笔的。前一年，川端成为野间文艺奖的评委。元月1日，川端前往菊池家拜年，被菊池遗孀称作"老师"。1月，东宝电影公司拍摄的《山之音》公映，导演是成濑巳喜男，由水木洋子担任剧本制作人，主演有山村聪、原节子和上原谦。这部电影，作为改编自川端原著的作品，得到的评价算是比较高的。影片中有原节子发"擦伤"这个音的镜头，而原作中菊子没有这句台词。原著《山之音》此时也已经写作完成，后于4月由筑摩书房出版，并获得当年的野间文学奖。之后，在谷崎润一郎奖评选时，评委圆地文子强硬地要求自己的

东宝电影公司《山之音》的拍摄现场。右起：原节子、成濑巳喜男、川端、水木洋子、山村聪、藤本真澄。摄于1953年（日本近代文学馆）

作品获奖并如愿以偿。评委武田泰淳（1912—1976）说，评委不应该利用所有的评委来给评委授奖。

　　这一时期，川端家里已经有了电视机。政界发生了"造船疑狱"①事件，对自由党干事长佐藤荣作（1901—1975）也下达了逮捕令，只是由于法务大臣犬养健动用了领导权从而阻止了逮捕令。最终犬养健辞职，结束了其政治生涯。川端和犬养是曾经的友人，而佐藤家和川端家是因夫妇关系而有所来往的。另一方面，自由党政权也在推进修宪，日本笔会俱乐部为此展开了积极的反修宪运动。会长川端面对这些动向没有发表任何意见。川端晚年的政治思想，被人认为属于保守派，可以说和宇都宫德马接近，也可以说有宏池会的倾向。他曾经反对社会主义，不赞成日本加入苏联的势力范围，但对于当时的川端而言，最重要的是不发表政治性言论。只在必要范围内最低限度地表达意见，这就是川端式的现实生活生存法。

---

① "造船疑狱"，发生于1954年的航运、造船企业贿赂日本政府官员事件，相关人员受到逮捕及起诉。——译者注

第十二章
国际笔会日本大会

接连搬上银幕的作品

就完成度而言，《山之音》在川端的所有长篇小说中堪称最高。由于发表的方式相似，人们经常将它和《雪国》以及《千只鹤》相提并论，但是它们的完成度完全不在一个等级上。书中邻居家的原型是山口瞳的家，尾形家的原型是川端位于镰仓的住宅，尾形信吾的原型是川端，妻子保子的原型是秀子，媳妇菊子的原型是政子，情况大致就是这样。死去的妻姐的原型，应该是伊藤初代。该小说创作伊始，伊藤初代还活着，她是在作品时断时续的发表过程中去世的，和小说中写的一样。儿子修一则完全是虚构的人物，参照的可能是川端身边的年轻男子，如石滨恒夫或高见顺。一家人从镰仓去东京上班，可能来自川端文库时代镰仓的印象，这是很高明的构思。信吾和修一都有工作，但不明确是在哪个公司。这就和谷崎的《钥匙》一样，《钥匙》的主人公是一位大学教授，但书中没有描述大学的情况。作品中有一个认识修一的情人绢子的公司办事员，名叫谷崎英子。我曾经思考过，川端为什么在此使用比自己年长并堪称自己竞争对手的作家名字，或许其中并没有什么深意。还有一个名叫房子的女孩，她的原型会不会是石井碧子？与创作《海的火祭》时截然不同，川端将这部作品中的主要登场人物控制在六人，每个人在故事中的分量都恰到好处。故事情节看上去有些刻板，其实不然，而书中利用山脉和植物所做的比喻也妙趣横生。在我看来，这部名作出人意料地被人遗忘，而《千只鹤》这种完成度很差的作品却让海外读者乐此不疲。的确如原善所说的那样，这可能是因为西方人往往只是钟情于茶道的东方趣味。

《山之音》的结尾非常出彩。信吾想拯救不幸的菊子，这来自川端本人的执念。但是《夫妇的沼泽》中，菊子顺理成章地回到了修一身边，而没有听到信吾的呼唤。拯救不幸女人的梦想就此破灭，这里姑且可以看到信吾所下的决心。身为人夫却始终对已经死了的女人怀有执念的信吾，就是对过去的恋爱事件"喋喋不休地老调重弹"的川端。信吾以如此微妙的形式受到惩罚，这便成就了川端对过往的补偿。

后来川端在谈到《千只鹤》时声称，他不是在赞美茶道，而是在讽刺堕落的茶道。这是当时他与被指责太热衷于宣传的里千家交往而带来的结果。不过，如果仅仅阅读《千只鹤》的话是感觉不到这一点的，这部作品反倒与后来立原正秋①反复描写的故事非常相近。不过，我并不认为立原有讽刺日本美的意图。我觉得，《千只鹤》的开头部分可能是受了谷崎的刺激。谷崎在谈到《细雪》时声称，"我想写布尔乔亚夫人颓废的一面"。谷崎在《〈细雪〉及其他》（《作品》，1948 年 11 月，后标题改为《〈细雪〉回顾》）中写道："如果我想如实地描写关西中上流社会中人们真实的生活状况，可能必须涉及'婚外情''不道德'等话题。按最初的构思进行创作让我如履薄冰。"在推出《千只鹤》数月前，川端、谷崎和折口有过一次三人谈，后来在很长的一段时间里，川端与谷崎断绝了交往，可能是因为谷崎觉得川端窃取了自己的创意。

1954 年（昭和二十九年）3 月 5 日，岸田国士去世，享年 65

---

① 立原正秋（1926—1980），出生于韩国，为日韩混血的日本小说家、随笔家、诗人。——译者注

岁。守灵的晚上川端前往，并遇见了织田昭子，他向织田打听了石滨的情况后有些担心。在4月12日给石滨的信中，川端称，自己很同情昭子女士，也十分担心石滨，请他来见自己一面。据说昭子在家里的佛龛前放着织田作的照片，时常将石滨与织田作进行比较，责备石滨不成器。石滨在后来的《离婚手记》中写道："不要再提死去的人，织田作。不是嫉妒，他和我没有任何关系。"在这一点上，我很同情石滨。昭子想开酒吧。1955年（昭和三十年）昭子在银座开了一间酒吧，名为"阿里巴巴"；翌年昭子出版著作《老板娘》，非常畅销。1956年（昭和三十一年）两人正式离婚。川端说在福田家见到为岸田做按摩的御木时，御木哭了整整一周。据小岛千加子说，按摩师的名字叫"美木"，经营着一家按摩公司。

3月中旬，罹患乳腺癌而动了手术的诗人中城富美子（1922—1954）寄来了信和诗稿《花的原型》。川端深受感动，将其推荐给了角川书店的《短歌》杂志。短歌研究社的《短歌研究》杂志4月刊的征稿作品中，中城的短歌名列第一，之后《短歌》和《短歌研究》的6月刊上相继登载了中城的一系列短歌作品。《短歌》上还登载了川端写的推荐文《评花的原型》，此后该文又稍经修改，在7月1日作品社出版的《丧失乳房》上被用作了序文。8月3日，33岁的中城去世。

不过，此事背后的关系相当复杂。曾任北海道新闻社文艺部记者的山名康郎（1925—2015）是中城的短歌创作好友，当时中城说想请石川达三写推荐信，山名提议请为《北海道新闻》创作连载小说的川端来写，中城听取了这一建议。另一方面，《短歌研究》的主编是后来成为作家的中井英夫（1922—1993），他和中城之间联络频繁。然而川端对此并不知情，他只是和中井之间有联系。据说4月末，当山名收到川端答应撰写序文的明信片时，激动地转告中城，中城却说："男人真是好说话。"然而，当她见到实际写出来的序文时，发现自己的私信被公开，且全篇充满了同情的文字，这让中城深受打击。中城是一位性格极其傲慢的女性，这一点在曾是她入住的札幌医科大学的医生渡边淳一创作的小说《冬天的焰火》中有所描写，因此广为人知。中城在写给川端的信中诉说，自己罹患癌症，将不久于人世。5月5日的信中又写道，现在自己

于野间文艺奖聚会。左起：久我美子、川端、有马稻子。摄于1954年12月（日本近代文学馆）

除了平安之外别无所求，担心自己的短歌因同情和好奇而获好评，因此反对中井提议的《丧失乳房》这一书名，但是最终还是在中井的规劝下妥协了。

3月，松竹电影公司拍摄的《伊豆的舞女》公映，由野村芳太郎任导演，木下忠司任音乐制作，主演是美空云雀和石滨朗。现在也很容易找到这部影片。美空沙哑的声音毫无舞女的感觉，川端对美空也很冷淡。倒是石滨的学生模样和川端非常相像，让人为之惊叹。美貌的石滨下足功夫来接近川端的外貌，仔细观察的话会发现，石滨的眼睛和鼻子部位尤其接近川端。起先该影片是计划由东宝电影公司拍摄的，于是松竹的高层人物便想通过年轻的制作人即里见弴的四子山内静夫（1925—2021，后为镰仓文学馆馆长），利用川端与其父里见的关系来解决此事，然而山内并未借助父亲的关系，而是直接找到了川端。川端说自己接受了山内的请求，做了一件对东宝电影公司不仗义的事。

4月，三位女演员岸惠子、有马稻子（1932—　）和久我美子（1931—　）成立了"人参俱乐部"，由在向日葵公司工作的若槻繁担任顾问。当时五家电影公司签署了五公司协定，各公司拥有专属

演员，"人参俱乐部"的诞生也有与其对抗的意味。岸惠子说今后想写小说，于是若槻带她去福田家拜见了川端。岸一见到川端，似乎害怕得又将小说带回去了。在后来的对谈中，川端问她要不要拿出来看一下。岸于2003年出版了小说《风看见了》，后又于2013年出版了《亲密无间的窗户》，成为畅销书，小说实际上写于六十多年前。自此以后，川端对岸和有马两人关心有加，好像还喜欢上了有马。4月，川端全集终于完结。进藤说让读者等了太长时间，提议出版选集，翌年在没有川端介入的情况下很快出版了九卷。同时，金子和代创作的《致埃米：爱的遗言》由日本织物出版社出版，该作品是一位和美国军人育有混血儿的女性的手记，川端为作品撰写了推荐文。这是缘于出版社社长鸟居达也是川端在鹿屋认识的特攻队队员之一。

5月20日起，《北海道新闻》《中部日本新闻》和《西日本新闻》同时连载《东京人》。该小说连载至1955年（昭和三十年），持续一年零五个月，成为川端最长的小说，并由森田元子（1903—1969）担任插图制作。据说女主角弓子是以政子为原型创作的。作品写了一名容貌美丽的孤儿被大城市的布尔乔亚家庭收养的故事，刻画了当时富裕家庭的美好生活，充分展示了川端的某种梦想，堪称川端版的《细雪》。不过，这么说或许有过誉之嫌。小说中有作品里的人物演出田纳西·威廉斯（Tennessee Williams）和让·阿努伊（Jean Anouilh）戏剧的场面，此外内容梗概占了三四回连载的分量，这也受到批评。对于年轻时的我来说，《东京人》中所写的是我梦想中的世界。我梦想自己有一天也能住在东京，有一个如此美丽的女儿，过着优雅的生活。当我读到作品中带着女儿去舞厅的描写时备感吃惊，舞厅原来是这样的。也可以认为这部作品只是把不谙世事的年轻人带入了一种梦境。森茉莉说，提到川端就会联想到室生犀星，这部作品的确很有犀星的风格。不过，我想犀星大概写不出《东京人》吧。它只属于川端，称它是1955年（昭和三十年）前后在日本具有里程碑意义的风俗小说大概也不为过。川端似乎很喜欢《浅草红团》中的女主角"弓子"这个名字。后来他又创作了围绕"弓浦市"这一虚构的城市中发生的故事而展开的小说。

6月1日，赛登施蒂克来参加笔会俱乐部的例会，当时两人的座位距离太远，因而没能有所交流，回家后川端给赛登写信，告诉他《伊豆的舞女》中人物的年龄是虚岁。赛登翻译的《伊豆的舞女》翌年刊登在《大西洋月刊》（*Atlantic Monthly*）上，这是川端的作品第一次被翻译成英语。当月，川端在写给进藤纯孝的信中说，他对由进藤代笔的推荐文进行了修改，这件事后来被公开了。7月21日芥川奖的评选会进行，吉行淳之介获奖。淳之介是荣助的长子，他的创作风格让人感觉是在模仿川端，但又模仿得并不彻底。7月27日，川端起程前往京都、鞆津、宫岛和广岛，并于31日乘"海鸥号"特急列车返回。本次川端前往鞆津应该是为创作《船游女》采风，关于这一点，我将在后面叙述。

7月，文艺春秋社出版了《吴清源棋谈·名人》。战后文艺春秋社出版的单行本只有这么一本。川端就此完成了"名人"系列的创作，从最初的《观战记》开始，一共花费了十六年时间。"名人"系列的原型如下所示：

《本因坊名人引退围棋赛观战记》，1938年，《东京日日新闻》和《大阪每日新闻》。

《本因坊秀哉名人》，1940年，《围棋春秋》。

《名人》，1942年，《八云》。

《夕阳》，1943年至1944年，《日本评论》。

《花》，1947年，《世界文化》。

《未亡人》，1948年，《改造》。

《名人》，1951年8月，《新潮》。

《名人生涯》，1952年1月，《世界》。

《名人供养》，1952年5月，《世界》。

《名人余香》，1954年5月，《世界》。

最后的四篇合并在一起，成为小说《名人》。故事中的角色使用了化名"木谷实"。战前，大仓喜七郎委托川端创作名古屋舞蹈掌门西川流的舞台剧脚本。8月9日前后，川端带着五十一册参考书来到箱根闭门创作《船游女》。在此期间，川端与第二代西川鲤三郎（1909—1983）和清元荣寿郎住在一起，后于14日完成写作。该作品围绕《平家物语》中的恶七兵卫景清和他女儿的故事展开，使用了众多《梁尘秘抄》中的"今样歌"①，由鲤三郎等人谱曲。9月，由川端创作脚本的舞台剧在名古屋御园座举行的鲤风会上进行了公演，川端携秀子两度前往观看，回程顺道去了蒲郡、兴津等地。该剧在东京和大阪也进行了公演，后来严谷槙一（大四的长子）将它改编成了歌舞伎，另外宝冢歌剧团也曾演出过此剧。不过，川端为该剧创作的终究只是舞台剧脚本，其中并没有川端作品的典型风格。第二年，川端继续创作了舞台剧脚本《乡音》，这部作品也公演了。这一时期，三岛由纪夫创作了《鳎鱼小贩的情网》等歌舞伎脚本并大获成功。三岛创作的戏剧公演时，川端也收到邀请函前去观看。作为剧作家，川端的才能远不及三岛。不过川端原本对戏剧创作也并没什么兴趣。

9月，东宝电影公司拍摄的《母亲的初恋》公映。该影片由久松静儿导演，八田尚之担任剧本制作人，黛敏郎负责音乐制作，并由岸惠子、香川京子、小泉博、上原谦等主演。10月，川端在写给水岛的信中说，自己可以卸任日本笔会俱乐部的会长职务，结果还是留任了。丰岛因健康问题辞去了干事长的职务，由立野接任。新

---

① 今样歌，平安时代中期至镰仓时代初期流行的歌谣，歌词大多以"七五调"的四句构成，《梁尘秘抄》为"今样歌"的集大成著作。——译者注

潮社设立新潮社文学
奖和岸田演剧奖，川
端同时成为这两个奖
项的评委。第一届新
潮社文学奖授予了三
岛的《潮骚》。《文
艺》杂志于 1955 年
（昭和三十年）1 月刊
（12 月发行）上开始
连载川端的《某人的

与高见顺于《文艺》杂志社对谈。摄于镰仓长谷的
川端家，1955 年 4 月（日本近代文学馆）

一生中》。12 月，鸠山内阁成立。1 月，大映公司将《河边小城故
事》拍成了电影，由衣笠担任导演和剧本改编，根上淳、有马稻子
和山本富士子主演。川端好像不太喜欢山本富士子。这一时期，赛
登施蒂克来日本笔会俱乐部商议，想推荐谷崎参评诺贝尔文学奖。
赛登在前一年将《食蓼之虫》翻译成了英语。川端长篇小说《彩虹
几度》新书版的装帧由东山魁夷负责，川端为此去信表示感谢。新
潮社的菅原国隆带魁夷来见川端，两人从此成为朋友，开始了长期
交往。这一时期当然也有其他作品出版。《东京人》写作完成后并
未出版完整的单行本，而是在连载过程中，由新潮社以《东京人》
《续东京人》《续续东京人》和《完结东京人》的形式出版了一系列
单行本。2 月 17 日，坂口安吾去世，川端在葬礼上致悼词。3 月 30
日，川端出席了在神田如水会馆举行的谷川俊太郎和岸田衿子，以
及仲谷升和岸田今日子两对新人婚宴的鸡尾酒会。4 月，新潮社出
版长篇小说《湖》，由町春草为其题写了书名。《文艺春秋》杂志的
5 月刊上刊登了川端类似"元小说"风格的《美梦编织的小说》。该
作品中的叙述者是一位被认为是川端本人的小说家，在故事中的年
龄为 63 岁。该作品创作伊始之时川端只有 50 岁，这意味着川端写
了一部感慨"老之将至"的小说。

邀请国际笔会俱乐部来日

　　6月，山本实彦去世3年后，改造社解散，《改造》杂志停刊。当月，被派往维也纳参加国际笔会俱乐部大会的有北村喜八、芳贺檀、木下顺二和松田文，芳贺提议在日本举行国际笔会俱乐部大会，得到了同意。北村并不赞成这一提议，但他的意见没有得到理会。芳贺是关西学院大学教授，德国文学学者、评论家，战前是隶属"日本浪漫派"的右派评论家。战后受到批判，他也进行了反驳，最终还是未能成为东京大学教授，因此内心十分不满，牢骚满腹。芳贺的具体反驳，记录于1959年（昭和三十四年）的文章《致日本笔会事务局局长松冈洋子女士》中。

　　在日本举办盛大的国际会议是一件十分困难的事情，不但需要筹集资金，而且日本地理位置遥远，会让很多西方人士觉得太远而不想参加。当时距离日本独立仅仅过去了四年，尽管经济已经开始复苏，还是有很多人觉得举办国际会议为时尚早。川端认识唐纳德·基恩应该就在这一时期，当时基恩来到镰仓，住在和光旅馆。

　　6月18日，66岁的丰岛与志雄去世。他从小说家起步，创作了数量众多的小说，然而，他的小说家身份逐渐被人遗忘，反而是作为翻译了《悲惨世界》等作品的翻译家而闻名。丰岛嗜酒，喝坏了身体。据说川端和立野去看他时，他醉卧在地上，手中紧握着酒瓶，起身后又开始喝酒。他死前的模样十分凄惨。川端在葬礼上致悼词。22日，川端收到东山魁夷的来信，信中说其朋友的夫人翻译了德语版《千只鹤》，委托他画插图。魁夷提到的这位夫人名叫八代佐地子。据说这位八代佐地子师从罗伯特·申青格尔（Robert Schinzinger）学习德语。她应该是学习院出身的，但有关其出生年月、经历等情况一概不明。

7月，川端的短篇小说集《玉响》由角川小说新书出版。芥川奖评选中，泽野久雄获提名，川端因自己和泽野是熟人故而弃权，最终远藤周作获奖。算上这次，泽野一共四度获提名，本次是最后一次。前一次获提名的《夜之河》在第二年被拍成电影，由吉村公三郎任导演，山本富士子主演。以该作品为契机，泽野确立了自己作家的身份。平山城儿记录了7月21日发生的事情：当时城儿前往川端家拜访，政子举着一杆尺说道："我要打你。"城儿回答："你凭什么打我？""放心，我不会真的打你。"政子说。秀子解释说，城儿的态度很暧昧，表现得很不爽快，所以政子想打他。

8月2日，获1949年诺贝尔文学奖的美国作家威廉·福克纳（William Faulkner，1897—1962）访日，在东京的国际文化会馆发表了演讲。川端和克诺普夫出版社（Knopf）的社长约翰·内森（John Nathan）通过来往信函做好了充分准备。伊藤整、石川达三、高见、福田恒存、大冈升平、西村孝次、竹山雄道、青野、丹羽等人参加了演讲会，川端则得到了有着福克纳亲笔签名的书。川端写道，福克纳似乎不喝酒便不会和人交流，一大早就开始喝威士忌。3日，川端可能去了轻井泽，住在哲学家、京都大学教授田中美知太郎从友人处租借的别墅里，该别墅曾经是川端的不动产。田中在东京大空袭中脸部重度烧伤。

福克纳在长野也发表了演讲，川端好像也有出席这场演讲会的打算，不知是否的确参加了。他没有写过任何和福克纳有关的文章，也不清楚他究竟有没有读过福克纳。川端在轻井泽住到9月26日，之后赶赴名古屋，又在回了一次家后前往京都，并于10月10日完成《东京人》的写作。11日，川端从羽田机场飞往福冈。

这一年的秋天，川端在田崎勇三的邀请下，携秀子与佐藤荣作夫妇见面用餐。11月15日，日本首相鸠山一郎领导的民主党与绪方竹虎的自由党合并成立了自由民主党，联合的保守派势力缔造了

55年体制^①。当时佐藤遵从恩师吉田茂的要求而没有加入自由民主党，暂时在野。

12月1日，小岛千加子来福田家找川端催稿。《文艺》杂志向来有在新年刊上登载名家短篇的传统。但川端并没有写。小岛正打算离开时，发现自己的鞋子被搁在了放鞋的石板地外面。石板上洒满了水，这让小岛吃了一惊，一时不知所措。跟在小岛身后的川端，穿着短布袜跑过石板地，跳下石阶，提起鞋子放在石板上，又轻快地蹦了上来。5日小岛再次来找川端，川端见她居然还没死心，十分沮丧。小岛已经准备好了一份目录（暂定），上面印着《檐溜》。川端这才开口道"好吧"，写了一篇题为《檐溜》的稿子交给小岛。当时《文艺》杂志的发行日期是10日，可见这无疑是川端赶出来的稿子。

1956年（昭和三十一年），日期上始于元旦的川端日记公开发表（《旧日记》）。总而言之，从年底至年初，川端家的来客络绎不绝。新潮社的佐藤亮一外出滑雪了，社里只留下社长和年轻的夫人。川端前往菊池家拜年，出门时耕治人夫妇和打木村治夫妇来了。2日，河出的竹田博、秀子的妹妹羽田夫妇、石井夫妇和望月优子夫妇来了，他们大多带着孩子，家里乱作一团。新年告一段落后，6日晚上，川端在起夜时摔倒，手被烫伤。在1月11日耕治人的来信中可以看到"之前夫人前去拜访时已经把稿件交给《新潮》了，请费心关照"之类的内容。20日，川端的回信中说，当时新潮社的菅原来了，自己已向他转告了此事。据耕治人的《红色美丽的容颜》所写，当时将作品《诗人》（后为《诗人千家元麿》）的一百页稿纸交给了《新潮》，但一直没有回音，因此内心非常苦闷。

对于《文艺》杂志来说，如果不是约稿，让那些刚出道的新人

---

① 55年体制，日本政坛自1955年出现的一种体制，即政党格局长期维持执政党为代表保守势力的自由民主党与在野党为代表革新势力的日本社会党的两党政治格局。——编者注

在投稿后等候半年以上是司空见惯的事情，有时投稿人甚至收不到任何回复。因此，很多人为此深感痛苦，出现了心理问题。耕治人去新潮社询问后，原稿被退还。2月，川端将该作品连载在了同人杂志《心》上。所以前面提到的"当时"，应该是指后来发表在《新潮小说·副刊》上的作品。川端明知耕治人向《新潮》投了稿件却不闻不问，这件事是耕治人对川端产生不信任的开端。不过，据说川端即便是对石滨恒夫这样的弟子，也不会十分爽快地帮他们推荐并发表作品，毕竟文坛不是那种领域，但耕治人没有准确理解这一点。这一时期，石滨声称自己已经对小说创作死心，打算回大阪深居。19日，川端给石滨写信说，还是来东京为好，刚刚崭露头角就深藏起来是很不明智的。第二天，耕治人来信说打算好好工作。

当月，芥川奖评选，石原慎太郎的作品《太阳的季节》获奖。川端对此表示赞成，佐藤春夫则反对，之后还和舟桥圣一之间发生了论战。女作家岩桥邦枝是一个大学生，她被称为女慎太郎，也加入了论战。23日，川端在评选会后于镰仓出席了小津安二郎的《早春》试映会，并参加在里见家举行的小津、里见、大佛、池部良等人出席的座谈会。川端写道，当时听说即将拍摄的电影《雪国》中驹子的角色由岸惠子出演，但是有马稻子也想演驹子，而两人又都是"人参俱乐部"的成员，因此自己感到非常为难。

第二天，在镰仓的日式旅馆"和光"举行了有关文物的座谈会。据川端在日记中所写，当时听说大佛缺席，自己感到"胸口很堵"。尽管有小林秀雄在场，川端还是有这种感受，可见他非常依赖和尊敬大佛。当日还有一场艺术院奖的会议，川端是初次参加，会上只来了柳田国男和久保田万太郎。川端将票投给了井伏鳟二和升曙梦（俄罗斯文学学者）。27日，东光的母亲绫在东光任住持的大阪八尾的天台院去世。川端第二天一早从报纸上看到这一消息，由于他当时住在福田家，便立刻给自己家里打电话，指示秀子如果今日出海还在镰仓，就把奠仪交给他。31日，从美国回国的秋山千惠子来访。过去的七年间，秋山已经成了电台广播"我的所见所闻"栏目的名人。翌年，该广播栏目获得了日本随笔作家俱乐部奖。之后，秋山开始写随笔，据说川端建议她写小说。不清楚是什么时候，有人委托秋山把自己写的稿子给川端过目，川端写信给秋山说："是个有才能的人，不过请转告他，32岁的年纪，请务必放弃辞去眼前工作走文学道路的念头。"和秋山见面或许可称是"久旱逢甘霖"，除去这样的时间外，川端每天忙得焦头烂额。

2月，由大映公司出品、岛耕二担任导演的影片《彩虹几度》公映。八住利雄任脚本制作，主演为京真知子、若尾文子和船越英二。在《雪国》的拍摄地，川端和来自美国的哈罗德·施特劳斯（Harold Strauss）、赛登施蒂克一起前往久未光顾的越后汤泽的高半旅馆。当时，岸惠子说打算嫁给法国导演伊夫·希安比（Yves Ciampi，1921—1982）。此时，赛登当着导演丰田四郎的面称把《雪国》拍成电影是不太可能的，受到了川端叱责。

3月10日，日本笔会俱乐部举行评议员会，围绕在日本召开国际笔会大会一事展开讨论。川端发言道："我想我们应该已经达成努力办好这次活动的共识了吧。我现在只能这么表述。也有人提出，明年举办不行，要等到三年以后，甚至五年以后。我对现状的判断是，相对三年、五年以后，明年是最好的。不能一味地强调慎重，不谈恋爱就不可能生出孩子。"举办国际笔会大会一事就这么确定下来了。或许，这是川端向诺贝尔文学奖迈出的第一步。

3月16日起《朝日新闻》开始连载《生为女人》。此时，川端委托佐藤碧子帮忙。碧子前去拜访鹫尾丁未子，想以她为原型进行创作。丁未子是谷崎的第二任妻子，当时50岁。连载一直持续到11月。我小时候听过唱着"我梦见，我生为女人"的歌曲，一看见书名便回想起这首歌。这首歌的歌名叫《姑娘的爱的呼唤》，由弗兰克永井演唱，词作者是石滨恒夫。换言之，它借着恩师小说的篇名，成为一首轰动一时的歌曲，于是石滨恒夫开始以作词家的身份活跃于文坛，可见川端的神通力非同一般。金井美惠子写道，"我一直以为《姑娘的爱的呼唤》是电影《生为女人》的主题歌"。不过，准确的歌词应为"啊啊，我梦见，我生为女人"。我始终觉得"我梦见，我生为女人"这句歌词非常奇特，有趣极了。

这一时期，丰田穣在《中日新闻》东京分社工作，这时《东京中日新闻》已经确定创刊，社长是与良江（1908—1968），他请川端撰写创刊贺词，让丰田来取。日后《中日新闻》也成了川端的赞助商。4月，日活电影公司拍摄的《东京人前后篇》公映。西河克己（1918—2010）担任电影的导演，田中澄江（1908—2000）、西河和寺田信义担任脚本创作，主演则有月丘梦路、左幸子、泷泽修、芦川泉、新珠三千代、芦田伸介和金子信雄。田中澄江是田中千禾夫的妻子，是一位虔诚的基督教徒，她说当时川端前来拜访，说故事情节可以自由修改，情节变化了，他的小说也会跟着一起变。听了此话，田中感到大为惊讶。田中还参与了《生为女人》和鳄渊晴子（1945—　）版的《伊豆的舞女》的脚本制作。是月，对川端充满敬意的三岛在《文艺春秋·副刊》上发表了《永远的旅人》。在这篇文章中，三岛称川端没有文体风格，而作家的文体风格是其解释世界的意志。

4月18日，日本笔会俱乐部将松冈洋子（1916—1979）派往伦敦的国际笔会俱乐部执行委员会。松冈出生于东京，毕业于美国斯沃斯莫尔学院，战后从事妇女运动，是左翼人士。22日，川端在写给滨本浩（1891—1959）的信中提到某天两人一起在浅草看脱衣舞的事情。这一时期，角川文库出版了《雪国》，并附有赛登施蒂克撰写的解说。战后和新潮文库争霸的角川文库，自1951年（昭和二十六年）出版《伊豆的舞女》以来，推出了大量川端的作品。5月，寺内大吉、司马辽太郎等人创建同人杂志《近代说话》。二战中结识了司马（福田定一）的石滨恒夫当时在大阪市西区和司马住在同一栋公寓，因此他也受邀加入了同人。6月，川端为泽野的《夜之河》撰写了解说。

　　7月1日之后的日程记录在日记《某日》中。川端在歌舞伎座观看吾妻德穗的吾妻歌舞伎访美成功回国纪念公演，回家后淀野隆来了，希望川端能收留自己至5日。淀野隆当时20岁，是庆应大学的学生，据说当时秀子告诉他，不要想着当小说家，家人会生活得很痛苦。2日，川端参加完笔会俱乐部的例会后住在福田家，他正打算为菊冈久利的《放浪时代》写推荐文时，发现忘了打印校样，于是给自己家里打电话，吩咐家人明天送来。可是他的笔记本也忘了，因此，3日川端返回镰仓取了笔记本，又马不停蹄地返回东京，和森田元子还有泽野一起参加大巴旅行。一行人在吉原的松叶屋看了名伎演出后于9点半在东京站分手，随后川端去了森田家。田村泰次郎当天出发飞往伦敦，川端于是赶往羽田机场为其送行，但是田村没有出现，因此川端于深夜1点回到福田家。4日，川端打电话给立野之后才得知田村的出发延期了，不久立野和田村来了，希望川端能够慎重考虑邀请国际笔会来日举办大会一事。

　　7月8日至14日，国际笔会伦敦大会召开，日本笔会派遣松冈、小牧近江、田村和佐藤朔（法国文学学者，庆应大学教授，1905—1996）出席，这次大会正式决定下届大会在东京举行，按惯例"超过总数百分之四十的笔会俱乐部出席便可举行正式大会"，主要议题定为"东西方文学的相互影响：历时和当下"。换言之，只要有二十三个笔会俱乐部参加，大会即可顺利举行。

　　是年夏天，川端于8月中旬从轻井泽返回，把秀子和政子留在了那里。9月1日，川端和松冈、立野在小笹寿司店听到了收音机里播报加藤武雄去世的消息，其享年69岁。26日，笔会俱乐部年度总会上决定日本笔会俱乐部实施法人化，选举青野和芹泽任副会长，立野任专务理事，松冈任事务局局长。因国际经验丰富而受到推举的松冈，从此成为川端的心腹和助手。根据芳贺檀的说法，松

冈、青野和立野均反对在日本
召开国际笔会大会，并对芳贺
进行了围攻，但是决定一经做
出，却还是将芳贺和森田珠排
除在外。10月，新潮社出版了
《生为女人》第一卷。该作品
原定由朝日新闻社出版。装帧
的设计者是苍风的女儿，现在
的掌门人敕使河原霞。川端在
信中称她为"小霞"。《雪国》
的英译本寄来了，封面上的艺
伎画像让川端也大吃一惊。这
幅画是小松文子画的，据说小
松是施特劳斯的英文老师。在
这一时期，深泽七郎因《楢山
节考》获中央公论新人奖，作
品刊登在《中央公论》上，引

日本笔会俱乐部理事会。左起：立野信
之、川端、青野季吉、芹泽光治良、九
冈明、平林太子。摄于1956年7月（日
本近代文学馆）

起了巨大反响。深泽在日本剧场音乐大厅弹过吉他。三岛一开始在
写给川端的信中称，读了该作品后，他不禁感到毛骨悚然。深泽是
同性恋者。不过，三岛还是和谷崎一起出席了出版纪念会。

11月，尾崎士郎的女儿一枝（1933— ）与俳句诗人中村汀女
的儿子举行婚礼，川端在国际会馆的婚宴上发表致辞。尾崎一雄的
女儿也叫一枝（1932— ），而且两人都毕业于早稻田大学，因此
经常被人混淆。婚后改姓中村的一枝，在1957年（昭和三十二年）
《白鸟》2月刊的作文比赛中获得二等奖，川端为其撰写了评语①。

① 作为发表年月不详的文章收录于三十五卷（增补两卷）本全集中。该年月根据
深泽晴美的论文（1998）判明。

赛登施蒂克翻译的英译本《雪国》封面，小松文子绘图。1956年（日本近代文学馆）

半年后，一雄的女儿一枝结婚并改姓古川。川端在致辞中说起两个同名同姓的一枝的趣事，他说，"我原来担心，如果是站在那里的一枝嫁给中村的话就麻烦了，现在放心了"，引起哄堂大笑。

在《文艺》杂志的 12 月刊中，由于两人是小学同级生，川端和笹川良一一起出现在画报上。12 月 19 日，国文学家、东京大学教授池田龟鉴（1896—1956）去世，享年 61 岁。由于川端当时正在向池田学习《源氏物语》，因此池田的弟子大石逸策来访时，川端对他说，自己因失去恩师而感到非常苦恼。

首次赴欧

自 1957 年（昭和三十二年）《妇女画报》杂志 1 月刊起，川端开始连载《有风的路》，于 4 月中断后又重新连载，直至完结。1 月，今东光以《吟小姐》获直木奖，当时他已年满 58 周岁。日本笔会俱乐部开始筹集国际笔会大会的资金，预算为 2500 万日元，川端宣布自己将捐赠 100 万日元，结果似乎并没有出钱（《高见顺日记》，1963 年 6 月 17 日）。川端要求大出版公司每家出 100 万日元，此外他还去见了大映电影公司的永田雅一（1906—1985）、日本商议所会长藤山爱一郎还有日本银行总裁山际正道，并寻求三井和三菱公司的支持与合作。3 月，河出书房倒闭，在《文艺》杂志上连载的川端作品《某人的一生中》也中断了。同样是在 3 月，为了邀请文学家前来参加在日本召开的国际笔会俱乐部大会，川端和松冈首次前往欧洲。22日，两人搭乘斯堪的纳维亚航空公司的航班从羽田出发，川端妻女、石井夫妇、中里，还有藤田在机场送行。我们经常可以见到川端和松冈满面笑容，向在建筑物楼顶上送行的人们挥手的照片，该照片捕捉到了身体强健且善于社交的川端的最真实的形象。

飞机越过本初子午线，于同日抵达丹麦的哥本哈根。公使馆人员前来迎接川端和松冈，随后两人在公使馆某职员家里吃了寿司。23日，两人在黄田

为出席国际笔会俱乐部执行委员会会议携松冈赴欧。摄于羽田机场，1957年3月（摄影：田沼武能）

多喜夫公使陪同下参观了被称作哈姆雷特舞台的古城。24日，川端和松冈看了美术百年回顾展，并于晚上出席丹麦笔会俱乐部会长的招待宴请。25日，二人抵达巴黎，小牧近江的女婿即大使馆一等书记官、古垣铁郎（1900—1987）大使的秘书和高田壮一郎前来迎接。古垣毕业于里昂大学，毕业后在《朝日新闻》工作，后成为外交官，是年成为驻法国大使。川端似乎和古垣关系很好。国际笔会会长安德烈·尚松（André Chamson，1900—1983）在家招待川端等人。当天川端一行人入住克拉里奇酒店。26日，川端和从西班牙回来的小松在牡丹屋共进日本料理，并游览了蒙马特高地。画家佐藤敬也来见了川端。

27日，川端在从大使馆回酒店途中见了职业摔跤选手木村政彦。中午，佐藤正彰和荻须高德夫人来访。4点川端走访联合国教科文组织，6点参加古垣大使的鸡尾酒会，与藤田嗣治、芦原英了

等在法日本人欢聚一堂。28日，川端飞往伦敦出席国际笔会俱乐部执行委员会议，并在英国笔会的晚餐会上和亚瑟·威利同席。亚瑟·威利是大正时代末期至昭和时代初期英语版《源氏物语》的译者，由于不会说现代日语，只能通过写单词的方式和川端笔谈，而且他从没去过日本。当日川端等人下榻蒙特皇家酒店。

在伦敦，川端和松冈一起出席了文学批评家安格斯·威尔逊（Angus Wilson）和诗人斯蒂芬·斯彭德（Stephen Spender，1909—1995）的鸡尾酒会。川端中途离开，去威斯敏斯特教堂听了唱诗班的演唱，之后又在老维克剧院看了《威尼斯商人》的演出。31日，大卫·卡瓦（David Kava）在自己家里招待川端。4月5日，川端与托马斯·斯特尔那斯·艾略特（Thomas Stearns Eliot，1888—1965）见面。川端邀请这位获1948年诺贝尔文学奖的英国现代派诗人访日，对方以高龄易患病为由谢绝了。两人交谈时，由松冈担任翻译。访日时曾见过川端的塞西尔·比顿（Cecil Beaton）在家中设茶会招待川端。7日，川端在海德公园散步，晚上在皇家歌剧院观看芭蕾舞剧《宝塔王子》。9日，川端回到巴黎，下榻拉贝卢斯酒店。在获得诺贝尔文学奖后，川端也是从巴黎去伦敦，又从伦敦返回巴黎，这应该是出自川端对美术的热爱吧。

11日，川端参观了《博纳尔以后》美术展，随后去画商处看了埃德加·德加（Edgar Degas）和雷诺阿的作品。12日，川端和小松清以及佐藤敬再次去欣赏了雷诺阿的色粉画，并向美术店老板出示了梅原龙三郎的信件。13日，川端携松冈、小松会见了弗朗索瓦·莫里亚克，由小松担任翻译。莫里亚克是1952年诺贝尔文学奖的获奖者。川端也向他发出了访日邀请，同样被对方以高龄为由谢绝了。

川端如此频繁地与在欧美拥有实权的作家见面，无疑为其打开了走向诺贝尔文学奖的"红毯之路"。之后，川端和冈本太郎一同前往卢浮宫参观。14日，川端委托小松给岸惠子的未婚夫希安比打电话，随后和芹泽的女儿一同前去希安比家里商谈。当天，新闻播报了弗朗索瓦兹·萨冈（Françoise Sagan）出车祸昏迷不醒的消息。15日晚上，川端前往慕尼黑，拜访了出版德语译本《千只鹤》的卡尔·汉瑟出版社（Carl Hanser Verlag），见到了汉瑟社长以及总编戈普菲特（Herbert G. Göpfert）夫妇，经他们介绍后见到了埃里希·凯斯特纳（Erich Kästner, 1899—1974）。离开时隔壁恰好有一家美术店，川端刚走进去便一眼见到了提香·韦切利奥（Tiziano Vecellio）的作品。据说川端在画作前端坐了一个小时。

19日，川端前往罗马时恰遇复活节，罗马的酒店人满为患，因此他在廉价旅馆住了一周。川端在这里见了伊尼亚齐奥·西洛内（Ignazio Silone, 1900—1978），西洛内爽快地答应了访日邀请，后因病中止计划。25日，川端移住至酒店，当晚将要前往埃及的松冈送到机场。据说松冈不顾川端反对，执意前往社会主义各国（芳贺语）。川端见到了也是意大利文学译者的高桥邦太郎，高桥可能为川端在意大利充当了翻译。26日，川端在大使馆会见高桥后外出散步，参观了国立现代美术馆。28日，他受邀去郊外观光，在蒂沃利公园喝水，因不是饮用水而被制止。29日，逢天皇生日，川端在大使馆参加庆祝会后，经日内瓦返回巴黎。可能是因为在蒂沃利公园喝的水有问题，30日，川端开始腹泻，于是卧床休息。佐藤敬来看望川端，让小松去牡丹屋料理店做了粥给川端喝下。

这一时期，东宝电影公司制作的影片《雪国》在日本公映，由岸惠子饰驹子、八千草薰饰叶子、池部良饰岛村，影片中的驹子看上去相当歇斯底里。5月1日下午3点，岸惠子抵达巴黎，准备和伊夫·希安比结婚。岸惠子出演了希安比导演的影片《长崎的台风》（*Typhon sur Nagasaki*），日本片名为《难忘的恋情》。影片大获成功，与此同时希安比向岸惠子求婚。拍摄《雪国》中途爆出此事，使大家觉得岸惠子要抛弃日本，因此对她冷眼相待。岸惠子干脆直接来到巴黎。结婚仪式需要证婚人，岸惠子为此委托日本大使古垣铁郎，但古垣说这种行为可能会有为艺人宣传的嫌疑。岸惠子感到十分吃惊，觉得这是对艺人的歧视。正当她打算离开时遇见了川端，于是拜托川端当证婚人。川端建议委托大使，岸惠子向他说明情况后，川端解释道，这种做法的确不妥，可能会造成在巴黎生活的日本人举办婚礼都委托大使担任证婚人，因此他接受了岸惠子的委托。

川端前往大使馆时恰巧岸惠子和希安比也在场，三人一同去了希安比父亲的老家帕尔蒙多瓦村。诗人乔治·杜哈曼（Georges Du-hamel，1884—1966）住在附近，他的儿子让·杜哈曼为希安比担任证婚人，两人举行了基督教仪式的婚礼。川端身着无尾晚礼服前往，然而出席者都穿得很随意，据说当时古垣对川端说："您穿得太正式了。"在小而雅致的村公所里，村长哆嗦着念完宣誓文，之后人们开始在院子里欢歌起舞。川端在后来的《岸惠子女士的婚礼》长篇随笔中记录了当时的情况。古垣"为艺人宣传"的托词，出现在古垣去世后才出版的岸惠子创作的小说《白俄罗斯的苹果》中。在古垣生前，无论川端还是岸惠子都未提起过此事。

5月5日，获须高德驾车送川端前往凡·高的墓地。6日，经小松清介绍，川端与安德烈·马尔罗（André Malraux）进行了交流。安德烈是不久后在戴高乐总统的政府中担任文化部长的重要人物。川端问马尔罗，萨特和加缪没有歇斯底里症吗？马尔罗沉默了一会儿，反问川端，陀思妥耶夫斯基是不是？川端回答说陀思妥耶夫斯基不是（《落花流水》）。7日，川端飞抵尼斯机场，参加戛纳电影节，观看了今井正导演的《米》，因为影片的主演是望月优子。该影片获得了好评，望月也因此获得"蓝丝带"[1]最佳女主角奖，确立了在电影界中的地位。随后，川端坐车前往蒙特卡洛，参观了赌场，并于11日经哥本哈根回国。川端对在机场送行的小松说，"回

---

[1] 蓝丝带，指日本1950年开始设立的电影奖。——译者注

国后就是俗世，坠机也不错"，小松果断回答，"川端先生乘坐的飞机绝对不会坠落"（《巴黎乡愁》）。川端的确不是如谷崎那样的怕死之人。在他自杀后，有人颇有意味地引用他的这句话，说他最近说过这种话。但是，这话是在访欧时说的，和自杀没有关系。据说川端听了小松的话，便将他当作了"绝对的朋友"，川端使用"绝对的朋友"这种词，有些让人起鸡皮疙瘩，我觉得他应该指的是哪怕自己犯了什么错也会被原谅的意思。

本次欧洲之旅以后，川端常去海外。1960年（昭和三十五年）川端前往圣保罗笔会，访问了南北美洲，又于1964年（昭和三十九年）前往奥斯陆笔会访问了欧洲。1968年（昭和四十三年）获诺贝尔文学奖后，又前往美国夏威夷、中国台湾等地。

川端喜欢远赴海外，这一来是他旅行爱好的延伸，二来也是因为他可以在当地观赏美术作品。他还声称，这样便减少了因访客和被催稿而产生的烦恼。不过，虽然他嘴上说可以谁都不见，但实际上他一次也没有单独行动过：他以日本笔会俱乐部会长、大文豪的身份受邀参加各种活动时，基本上都有翻译随行，而即便不懂外语，因为是日本作家也会被人原谅。且不说和漱石以及藤村、鸥外、荷风等人相比，川端对欧美的理解甚至比不上横光。年轻的大冈升平、江藤淳、安冈章太郎等人非常辛苦，而川端只是完成了一次次"奢华的旅行"，他并没有凭借作家的敏锐感受力写出和海外旅行有关的任何作品或评论。

国际笔会日本大会的召开

1957年（昭和三十二年）5月，河出书房新社成立，五年后《文艺》才得以复刊。国际笔会大会预定于9月2日召开，为此在位于旧丸之内大厦的中央公论社分室设立了事务局。平山城儿在这一年从立教大学英美文学科硕士课程毕业，因没有找到工作，在朋友的帮助下进入御殿场的美军基地工作，担任实习翻译，干了一个半月后便遭解雇（年谱）。川端看不下去，便把他招入事务局工作。平山在文章中写道，事务局里几乎都是女性，由松冈洋子担任总负责，发出各种指示，再加上比较文学学者太田三郎（1909—1976）和福田陆太郎（1916—2006），自己忙前忙后，焦头烂额。太田三郎毕业于东北帝国大学英文科，后任东京工业大学教授、千叶大学教授、比较文学学会第二任会长。福田陆太郎是东京教育大学教授，也是比较文学学会第三任会长。比较文学学会是由这两位教授和中岛健藏共同建立的，与在东京大学教授比较文学的岛田谨二关系很糟。后来与政子结婚的山本香男里，在这一时期应该还是东京大学比较文学专业的硕士二年级学生。

6月2日，石滨恒夫和森宫子举行了婚礼，由今东光夫妇担任证婚人。11日，东京国际笔会大会纪念演讲会举行。严谷大四在《川端康成：奋战记》中写道，虽然很不情愿，但川端还是进行了演讲。他埋怨道，明明是自己要过生日。7月，藤山爱一郎就任岸信介总理内阁政府中的外相。是年夏天，川端果然无法抽身去轻井泽。8月初，唐纳德·基恩到达日本，川端则为了准备在关西的接待工作而前往关西。两天后松冈也来了，两人拜访了大阪工商联合会会长杉道助（1884—1964）以请求资助，杉道助也得到了野村证券的平山副社长的建议，承诺给予支持。尾崎士郎尽管和日本笔会没有关系，也开口请与自己关系密切的实业家水野成夫（1899—1972）援助，这是川端后来才了解到的。大会的正式议程结束后，川端计划请外国人去京都观看茶道表演。高见在日记中写道，在向里千家提出请求后，对方面露难色："表可以，里就……" 9月，《太阳》杂志上以《结婚的条件》为题，刊登了麻纱子（政子）的照片和一篇主题不明的文章。

9月1日，国际笔会俱乐部执行委员会举行会议，并在椿山庄安排了招待演出，而川端的身体疲惫和精神紧张程度也达到了极限，最后由于腹泻提前回家了。2日，第二十九届国际笔会俱乐部东京大会召开，并在产经国际会馆举行了开幕式，川端致辞。此时，台风逼近。执行委员会上讨论了匈牙利笔会的问题。

会议结束后，发生了一个意外事件：波兰的鲁吉内克和波兰同事边走边埋头聊天，因此没有发现出口处的玻璃而一头撞了上去，被救护车送到了圣路加医院。当时的玻璃十分易碎，经不起撞击。川端本打算去医院探视，但因还有藤山外相的招待宴而被松冈阻止，于是他请千匹屋水果店为鲁吉内克送去慰问的鲜花。当听说他已经平安返回帝国酒店后，川端放下心来，并于第二天一大早赶去探望。让·盖埃诺（Jean Guéhenno）、斯蒂芬·斯彭德、安格斯·威尔逊、负责皇太子教育的伊丽莎白·维宁（Elizabeth Vining）、后成为国际笔会会长的阿尔贝托·莫拉维亚、约翰·斯坦贝克（John Steinbeck）、罗杰·卡洛伊斯（Roger Caillois）等一百七十一人出席了这次日本大会，共有三十个以上的笔会俱乐部参加，会议作为正式大会得以成立（实际上从未有过不成立的先例）。日本方面的主宾是川端、青野和芹泽，出席人员有伊藤整、加藤周一、高见顺、桑原武夫（1904—1988）、平林太子等。

山田耕作（1886—1965）的姐姐是嫁给传教士爱德华·冈特莱特（Edward Gauntlett，1868—1956）的冈特莱特·恒子（1873—1953），他们的儿子是传教士 J. 欧文·冈特莱特，女儿名叫玛格丽特·恒子·冈特莱特（1939—1959），在本届国际笔会召开时年满17周岁，担任川端的翻译。川端在写给志贺的信中对此表示感谢，由此可见这位翻译可能是志贺介绍的。

5日至6日，举行了如何通过翻译将文学介绍到外国的讨论会，唐纳德·基恩、多斯·帕索斯、中岛健藏和大和资雄（英国文学学者，1898—1990）参加了会议。会议结束后，川端和平林正要离开，伊拉·莫里斯（Ira Morris，1903—1972）追了上来，把自己在巴黎的电话号码递给川端。《巴黎安息》中的这一桥段，写的应该就是这时候的事情。伊拉·莫里斯是居住在法国的美国作家，他目睹了广岛的惨状后，携妻子埃迪塔·莫里斯（Edita Morris，1903—1988）建造了原子弹爆炸受害者休闲之家。两人的儿子是在哈佛大学教授日本文学的伊万·莫里斯（Ivan Morris，1925—1976）。川端和政治家前田多门（1884—1962）以及医学家都筑正男（1892—1961）也都是原子弹爆炸受害者休闲之家的发起人。6日，日本笔会俱乐部主办晚宴。在法国驻日大使馆举办的晚宴上，川端被安德烈·尚松和埃德米·拉罗什富科公爵夫人（1895—1991）夹在中间，由于不懂法语，因此感到非常窘迫。当时小松恰好不在席位上，川端坐立不安又无从求助。正式日程结束后，尚松致辞，向川端和工作人员表示感谢。根据平山城儿的说法，当时后台一片混乱，各国的翻译挤在小房间里候场，他们负责同声传译，与会者则通过耳机收听。

一般人文领域的学会以及国际会议都是如此，会议的主要目的是强化关系，因此尽管被称作会议，却也并不能决定重要的事情。平山说，众多的发言中，只有斯彭德的发言较有意义。7日，外国客人一同抵达京都，晚上的日程安排是参加里千家的茶道会，当时下起了大雨，客人要进屋子却找不到鞋子，场面陷入一片混乱。里千家的夫人不管混乱的场面，只顾和有名的外国人合影，高见顺见状非常生气，跑到后面，大声叱责里千家的人。后来高见写道："里千家……原来是这个意思啊。"

8日，在嵯峨的天龙寺举行了会议闭幕的午餐会，随后在南禅寺的野村别院举行了游园会。9日，会议代表前往奈良参观。10日，川端在《朝日新闻》发表了《写在国际笔会大会结束之际》。之后他休息了一段时间，10月，北条诚改编的《伊豆的舞女》在新桥演舞场举行了新派歌舞剧的首场演出，由光本幸子和花柳武始担任主演。11月11日，川端从东京站乘上"鸽子号"特急列车，途经横滨时秀子上车。此次出行是为参加光悦会的茶道会而前往京都。尽管川端声称创作《千只鹤》是为了讽刺堕落的茶道，却又常常出入里千家茶道会，这两点看似相互矛盾，然而这正是川端的"两面性"。有人说，通过组织国际笔会俱乐部日本大会，川端让人意外见识到了他的实干能力，"人们究竟要被川端迷惑几次"？川端是政治家，有着超强的实干能力，而人们却一味地认为川端不是那种人。无论是在镰仓文库还是在日本笔会俱乐部，抑或是在东京都知事选举，川端都让人深感意外和吃惊。

恐怕在身为《睡美人》作者的川端，和身为实干家、政治家的川端之间，横亘着一条用通常的感觉无法跨越的鸿沟。但是，作家川端和实干家、政治家川端，仅仅是同一个人身上拥有的两面性之体现。换言之，政治家川端成就了作家川端，这才是真实的川端康成。

忙碌的生活和安眠药

川端在《新潮》杂志的1月刊上发表了《弓浦市》，又在《文艺春秋》杂志上发表了《林荫道》，这两部都是很有趣的小说。想在京都听新年钟声的川端，于12月29日一个人住进了"都"酒店，又在30日去岚山、嵯峨、清泷和苔寺转了一圈。31日，"阿染"酒吧的女老板上羽秀（1923—2012）为川端准备了席位，川端在酒吧见了漆器店老板初濑川松太郎后，前往知恩院旁边的钟楼阁，见到了两个舞伎。随后他听完新年钟声便去祇园神社拜神。后来，他将当时的经历写入了《美丽与哀愁》的开头部分。

1958年（昭和三十三年），《有风的路》在《妇女画报》杂志上重新开始连载，《平凡》杂志上则开始连载《遥远的旅程》。过去川端在妇女杂志和少女杂志上都发表过连载，《平凡》则是平凡出版社面向青少年发行的文娱杂志。该杂志的编辑原本担心川端不会接受约稿，不料川端欣然允诺，编辑们对此感到十分吃惊（北条诚）。

《遥远的旅程》是一部面向年轻人的小说，但不能算作少年少女小说，小说一直连载至12月，但没有发行单行本，也没有收入川端三十五卷（增补两卷）本全集。全集第一卷所列的删除作品名单中将其错写成了《漫长的旅程》。1990年，河内书房以《未出版的名作》为题低调出版了该作品，但没有人对此发表评论。

　　一个名叫板坂刚的人在《三岛由纪夫极论》中写道，《睡美人》是三岛的代笔之作，甚至连《山之音》也是北条及泽野的代笔之作。这当然是不可能的，但是川端的研究者们，甚至不对冒出的代笔证据予以否定，至多含糊其词，因此从结果上而言，他们的表现助长了这种所谓的"极端言论"。《遥远的旅程》不是代笔之作。作品中出现了三个女孩和四个男青年，个性相似而难以区分，故事中途精神失常的母亲的名字也变了。"善良"一词用法十分奇怪，"根本听不进去"这句话说的是东京话却混入了大阪方言，加上人物太多以至于难以收场，诸如此类的问题可谓是将川端失败之作的特点"一网打尽"，完全应该放入全集。

　　1月1日，川端乘"鸽子号"返回。当月，东宝电影公司的影片《生为女人》公映。导演为川岛雄三，脚本制作则是田中澄江、井手俊郎、川岛，音乐制作由黛敏郎担任，主演有森雅之、原节子、久我美子和香川京子。20日，芥川奖评选，川端推荐了《死者的奢华》的作者大江健三郎，不过，当时的获奖者是开高健，大江被放到了下一届。

　　国际笔会事务局的卡佛来信说，打算推荐川端担任国际笔会副会长。2月的日本笔会俱乐部理事会例会决定接受该推荐。立野辞去专务理事，并由高见接任，而川端提出辞去会长职务，不过被留任。国际笔会副会长定下由川端和美国剧作家艾尔默·莱斯（Elmer Rice）担任。同月，因举办国际笔会日本大会的功劳，川端被授予菊池宽奖。战后复活的菊池宽奖，比起文学作品，更倾向于颁给在广泛的文学领域中做出杰出贡献的人。28日，菊池宽奖获奖感谢派对在帝国酒店举行，派对邀请了众多政界和财界的人士出席。

以国际笔会日本大会为契机，日本开始重视文学翻译。日本笔会俱乐部和文艺家协会合作，成立了对外文学委员会，成员有石川欣一（英语文学）、高桥健二、松冈洋子、小松、川端、高见、龟井胜一郎、臼井吉见、山本健吉、青野、十返肇、芹泽等人。2月25日《每日新闻》中的学艺栏目以"如何推进日本文学的介绍""问题是如何选择作品"为标题，对此进行了报道，还加上了诸如"过去是兴趣本位主义"等副标题。赛登施蒂克读了文章后认为这是对过去的翻译工作的否定，于是写信给川端。川端急忙回信称，自己还没有读报纸上的文章，读了报纸后又给赛登写了一封信。

实际上，报纸指出的问题至今仍没有得到解决。日本文学家组织推荐并翻译的作品通常销售量很差，而三岛由纪夫的作品因是读者的趣味所在，一直畅销不衰。至于村上春树以及吉本芭娜娜的作品，不需要国内推荐都有超高的人气。后来川端指出赛登翻译的《伊豆的舞女》中有错译，不过错译的部分是日本读者也都不太能理解的部分。然而，我将赛登翻译的《山之音》对照过原文，结果发现其错译之多让我瞠目结舌。如将通常意义上的"おじいさん"①都翻译成了"Grandfather"，"死藏"②译为"死后无意义地保存"。似乎过去的比较文学学者对此也都心知肚明，但不知何故他们没有进行过任何修正。

4月，应苏联作家协会的邀请，川端携高见、阿部知二和青野访问苏联。当月，斯彭德访日，由英语文学学者德永畅三陪同，其当时的日记被翻译为日语。28日，斯彭德来川端家拜访，当时松冈洋子也在场。斯彭德写道，松冈是原总理大臣的女儿。是事实如

---

① 此日语词义为爷爷、老爷爷。——译者注
② 此日语词义为束之高阁、囤积、隐藏。——译者注

此，还是他把松冈洋右误认为是总理大臣，以为洋子是洋右的女儿，我不得而知。同月，新潮社出版了川端的短篇集《富士的白雪》。平山城儿则被编入立教大学日本文学科读三年级。

6月1日，三岛由纪夫和日本画家杉山宁（1909—1993）的女儿瑶子（1937—1995）在明治纪念馆举行婚礼，川端担任了证婚人。川端等人在平冈家进行过讨论，但是在婚礼当天的致辞中，杉山出于画家的本能，一味地谈论美术作品的话题，甚至忘记了介绍新郎和新郎的父母，以至于参加婚礼的人以为新郎的父母亲缺席了婚礼。三岛的父亲平冈梓满腹怨气地记录下了当时的情况。据说事后平冈梓对三岛由纪夫提起此事时傻笑着说"艺术家都这样"。三岛成年后也有傻笑的习惯。

2日起，川端前往战前就想去的冲绳旅行，当时冲绳正处于归还前的状态，实际上还在美国的托管下。川端此次旅行受到了琉球大学教授、冲绳笔会俱乐部会员龟川正东的邀请。飞机抵达那霸机场时，冲绳作家宫城聪（1895—1991）前来迎接。宫城原是改造社的编辑，也曾用"宫城久辉"的笔名在《文艺时代》上发表过作品，战前师从里见弴。川端随后去了古都首里，并于5日在名为石川的农村小镇上观看了巡演于各地的姬剧团的演出。其旅行全程由具志头得助开车接送。川端还访问了名护地区的麻风病人康复机构爱乐园，在那里发表了演讲。12日，川端搭乘西北航空公司的飞机回到东京，返回镰仓。不过，此行川端只写了一篇随笔，而没有创作冲绳题材的小说，并且完全没有其访问爱乐园的资料。

说到耕治人，这一年前后不再有文艺杂志刊载他的作品，其生活陷入困境。9月21日，耕治人给秀子写信说，秀子的弟弟松林喜八郎抽中了位于小岩的金融合作社的住宅，不如要自己家隔壁的房子为好。川端很清楚这会带来麻烦，告诫喜八郎不要听他的，但喜八郎对川端的话置若罔闻，年底搬入了耕治人隔壁的住宅。翌年1月28日举行了上梁仪式，这便是悲剧的开始。

8月，川端胃痛卧床，22日前往轻井泽时，还是觉得胃痛，经医生诊断是胆囊脓肿，建议切除。川端选择了只在轻井泽静养，并于10月初回到镰仓。20日，笔会俱乐部紧急召开理事会，发表了

三岛由纪夫和杉山瑶子举行婚礼。摄于1958年6月（每日新闻社）

反对警察法的声明。然而，就在这一时间前后，中河与一的妻子中河干子在国会上以自民党方面的证人身份表明赞成警察法。据说五岛茂（1900—2003）和美代子（1898—1978）夫妇提议将中河从笔会俱乐部除名（芳贺语）。第二天，岛中鹏二和藤田从东京大学将冲中重雄（1902—1992）带到镰仓为川端进行诊断。冲中是获得文化勋章的医生，也为谷崎进行过诊断。诊断结果显示，川端必须住院接受治疗，于是他入住东京大学医院。三岛由纪夫在31日的信中将住院的必需品一一详细列出。

这一时期，《日瓦戈医生》作者苏联作家帕斯捷尔纳克获诺贝尔文学奖后，苏联作家协会以背离体制为由，要求他退出作家协会，最终帕斯捷尔纳克被迫拒绝接受诺贝尔文学奖。创作了《静静的顿河》的苏联体制内作家肖洛霍夫于1965年（昭和四十年）获诺贝尔文学奖。帕斯捷尔纳克事件发生后，西方各国一起指责苏联，日本笔会俱乐部也在11月10日召开临时会议，表明了遗憾的态度。由于这一态度并非"抗议"，因此又引起了一场争执。

17日，川端住进了东京大学医院冲中内科。11点，他坐上半藤田的小车出发，抵达医院时，中岛夫妇、三岛、笹原金次郎

（中央公论社）已经在那里迎候。川端住院后没有动手术，由于观察时间较长，赛登施蒂克、伊万·莫里斯和安德烈·马尔罗都前来探视。12月5日，川端转到木本诚二的外科，这次轮到秀子腿上和身上疼痛，住进了冲中内科。13日，约瑟夫·罗根多夫（Joseph Roggendorf，1908—1982）、赛登施蒂克和伊万·莫里斯就帕斯捷尔纳克问题致信日本笔会俱乐部会长，抗议日本笔会俱乐部的态度含糊不清。罗根多夫是一名神父，还是比较文学学者，任上智大学教授。川端因故临时出院。15日，73岁的水守龟之助去世，之后川端于19日坐藤田的车前往中野南部公会堂参加了告别仪式。24日，美术古董店商来医院，告诉川端自己入手了一幅圣德太子的幼年画像，于是川端溜出医院去看画并购入了画像。25日圣诞节，野上彰一家前来探视，孩子们为川端表演了小提琴，当时野上从事儿童音乐的创作工作。

　　另一方面，生活陷入极度困境的耕治人夫人芳子来探视川端时，央求他借款10万日元，但川端只给了1万日元。这件事发生在30日，之后在1959年（昭和三十四年）元旦，耕治人夫妇又冒雪前来看望（兼借钱）。石井碧子一家也时常来看望川端。2月初，医院决定放弃手术并转而采取随访的方式，于是川端出院。赛登等人在《新潮》杂志3月刊上发表了抗议文章，此外赛登还在《每日新闻》上批评日本笔会俱乐部。不仅如此，受日本笔会俱乐部邀请的美国作家亚瑟·库斯勒①，由于对日本笔会俱乐部在帕斯捷尔纳克问题上的态度感到不满而拒绝接受邀请。日本笔会俱乐部还因邀请苏联政府御用剧团即莫斯科艺术剧院的演员并强制要求观众鼓掌而受到批评。

　　这些问题实际上都源于松冈洋子，她本人是坚定的社会主义者。松冈回复库斯勒说，如果抗议的话，恐怕只会加重对帕斯捷尔

---

① 亚瑟·库斯勒（Arthur Koestler），应为匈牙利裔英籍作家。——译者注

纳克本人的迫害。库斯勒回应道，这是只追求利益的律师般的回答，而不是文学家的回答。4月日本笔会俱乐部的总会上，平林太子发言指责松冈的回答不负责任，此外芳贺檀和竹山道雄退会。赛登写过两部自传，他在讲谈社现代新书版的自传中声称，自己在美时是反美派，来日本后发现这里反美情绪非常严重，自己反而变得爱国了。

在这个问题上，奇怪的是高见顺。他在1961年（昭和三十六年）1月9日的日记中写道，自己在北村喜八的告别仪式上见到赛登后产生了满腔怒火。他向川端会长递交质问书，称赛登的信中说日本笔会俱乐部有政治倾向，说出这种话的他"不是美国的间谍是什么"。说美国人是美国间谍也算是一句废话，况且所谓间谍指的是伪装成友好人士刺探情报的人。这样看来，高见倒像是苏联的间谍。之后，东京奥运会之际，赛登以"原爆之子"的身份被选为火炬接力手，高见对此愤怒批评道，因为赛登反美，这之中有政治意图。在这一点上，高见说的是正确的，但这和赛登因帕斯捷尔纳克问题发怒不是一码事。1964年（昭和三十九年）《新潮》6月刊上，竹山道雄暂停了《记事本》的连载，改为《笔会俱乐部的问题——记事本（十三）》，用非常委婉的言辞批评了松冈等人。高见在《朝日周刊》6月7日刊上发表《蜗牛与秃鹫》，絮絮叨叨地说了很多事，最后谈到竹山的儿童文学作品《缅甸的竖琴》时，他说绝对无法原谅缅甸的佛教僧侣弹竖琴，对竹山进行了毫无逻辑的攻击。赛登施蒂克在《新潮》9月刊上发表《高见顺和加藤周一的逻辑——随笔的方法论》，指出高见在写作逻辑上的偏颇。文章激怒了高见，然而的确错在高见。对此，川端一如既往地采取中立立场，保持沉默。

2月6日晚，为川端担任翻译工作的玛格丽特·冈特莱特回家途中乘坐的出租车被另一辆出租车从侧面撞击，又遭到装石头的大卡车正面撞击，导致玛格丽特死亡，年仅21岁。川端在3月29日写给志贺的信中表示非常痛心（冈特莱特《死后成为传教士》）。

秀子因患"东大医院自创立以来遇到的罕见疾病"而切除了部分盲肠。若仓于3月底从新潮社离职。他计划开始创作，川端则写信对其表示鼓励。4月10日，皇太子明仁和正田美智子举行婚礼，社会上掀起了美智子热。15日，川端携临时出院的秀子参加了庆祝典礼。后来与川端交往甚密的美智子妃毕业于圣心女子大学，这位当年热爱文学的美智子，可以说最能体现川端想象中的理想女性形象。当时美智子25岁，政子则年长2岁，还未定下婚事。

这一年的4月，经川端推荐，讲谈社出版了耕治人曾经在杂志上发表的《失去的祖国》。耕治人随后收到本多秋五（1908—2001）来信，觉得自己受到了批评，向川端哭诉，之后好像又立刻写了一封信说理解错了。川端后来去信说，本多秋五特意来信，完全出自好意①。《失去的祖国》写的是佐尔格②事件。7月，尾崎秀实的弟弟尾崎秀树出版了《活着的犹大》，指责出卖了秀实的伊藤律，同月该作品的出版纪念会举办，耕治人是其发起人。4月30日，永井荷风被发现一个人死在家中，享年81岁。5月2日，小堀杏奴的长女桃子与横光佑典结婚，川端出席了婚礼，这是杏奴的姐姐森茉莉第一次见到川端。

5月17日，川端夫妇和政子一同观看相扑五月赛季的"千秋乐"比赛。买票的人可能是藤田。当天，只有一场败绩的横纲若乃花击败全胜的横纲栃锦进入决赛，最终若乃花逆转获得冠军。三人兴奋不已，前往"八百善"料理店用餐，当时藤田已在那里等候。

---

① 香男里注明的日期为1962年（昭和三十七年）4月7日，应当是搞错了或输入错误，实际上应为1959年（昭和三十四年）5月7日。

② 佐尔格，指理查德·佐尔格（Richard Sorge，1895—1944），出生于德国，为共产国际情报局工作，于20世纪30至40年代为苏联统帅部提供了关于德军侵略计划和有关日本军国主义者在远东的企图等重要情报。于1941年10月18日在日本被捕，并于1944年11月7日被处以绞刑。——编者注

川端当天住在福田家。自此，每逢东京赛季的"千秋乐"比赛后，川端一家都和藤田共进晚餐，这成了惯例。

6月10日，川端出席国立西洋美术馆的开馆仪式。高松宫、岸信介总理也来了，柿沼和夫（1924—2016）为川端和正宗白鸟拍了合影。柿沼是为作家拍摄肖像的专业摄影师，他也出席了诺贝尔文学奖授奖仪式。7月，川端对《有风的路》进行了加工并交由角川书店出版。当时国际笔会俱乐部大会在法兰克福举行，芹泽和高桥健二、西村孝村出席了大会，会上阿尔贝托·莫拉维亚当选会长，并由埃里希·卡斯特那任副会长。川端被授予歌德奖章，由高桥代为领奖并发表致辞。当时《每日画报》6月7日刊将川端称为"具有政治性的不可思议的人物"。

泽野久雄和有吉佐和子等人在当年《新潮》杂志的4月刊特集上发表芥川奖落选作家手记《芥川奖遗憾会》。川端读到其中"羡慕奖品中的高级手表"的文字后，于7月29日去信说，"我送你手表"。（后来泽野写过回忆文章。《新潮》上的文章最后写道，作为参与奖希望至少能得一块手表，大概是记错了。）但是，夏天泽野去轻井泽拜访时，川端似乎也没有要送他手表的意思。11月中旬，泽野前去参加文艺春秋社的节庆活动时见到川端，对方说，"我把手表修好了，放在笔会俱乐部了"，于是泽野去笔会俱乐部取了手表。

8月至9月，川端住在轻井泽，并在9月1日的《朝日周刊·副刊》上发表了《安眠药——写于镰仓的书房》，文中写了因服用安眠药而造成的各种窘事。比如住在福田家里时，深夜起夜后误入别人的房间是家常便饭，有时进了他人夫妇的房间，钻进别人丈夫的被窝云云。看上去川端是想把这些事情写成笑话，然而别人读了之后反倒担心起来，10月5日三岛来信，舟桥圣一也很担心，希望川端能去接受彻底治疗，川端写了回信。当时，名为海米那的安眠药非常流行，还出现在大江健三郎的小说中，川端使用的大概就是这类药物，或许还是更强烈的药物。现如今去找医生看病一般不会配安眠药了，而是使用睡眠导入剂酏乐欣①，这种药没有毒性。

川端的安眠药中毒，在后来连载《古都》时加重了，让秀子也感到非常痛苦。可能也出于这一原因，川端有一段时间似乎十分迷恋带有宗教色彩的东西。平山城儿来看川端时，也被川端说过"有一个灵魂跟在你身后"。这里要提到一名成为《睡美人》中角色之原型的女性，可能是位女招待，泽野应该也认识她：

> 川端先生说，银座的酒吧里有个自己喜欢的女人。他也邀请我一起去过酒吧，所以，我也见过那些场所里的女人，有时会觉得不可思议。所以，我能够独自想象《睡美人》以及《片腕》中的女人，是以什么样的现实中的女人为原型创作出来的。
>
> ……
>
> 我听说有一个女人，四处奔波为川端先生寻找安眠药。
> （《川端康成点描》）

川端死后，五味康祐在《魔界》中写道，《睡美人》出版几年后，一名男性给川端写了一封威胁的信，他应该是这位女性的丈夫或情人。北条诚则写道："我接到好多电话，自称是《睡美人》中的原型。"

---

① 酏乐欣，即三唑仑，是常用的催眠药，用于治疗严重的失眠症，但也有一定的副作用，且常被制成"蒙汗药"用于不法企图。——编者注

第十三章

《睡美人》《日本的文学》

北美、巴西之旅与混血美女

有人说川端因胆结石住院，实则是因为治疗安眠药中毒。1959年（昭和三十四年）11月起，《川端康成全集》十二卷本由新潮社出版。现在，几乎没有出版社为还活着的作家出版全集。同年9月，日活电影公司拍摄的《有风的路》公映。导演是西河克己，脚本制作担当者为矢代静一，主演有北原三枝、芦川泉、大坂志郎等。8月至9月，川端住在轻井泽。

自11月11日起，川端和藤田等人前往关西旅游。川端比其他人先行搭乘"鸽子号"列车赴京都，藤田圭雄和从横滨上车的秀子、政子则乘坐"木灵号"列车随后抵达。柊家旅馆已经住满，于是一行人下榻炭屋旅馆。12日，他们驾车去了金阁寺、青泷寺、小仓山的二尊院，看了三条西实隆墓，随后前往祇王寺见了庵主高冈智照尼（1896—1994），她就是后来濑户内晴美在《女德》中描写的过去从事艺伎工作的尼僧。随后，他们前往野宫、岚山、太秦的广隆寺游玩。后来，藤田的妻子也来了。13日，他们游览了高尾的神护寺、梅尾的高山寺、大原三千院、诗仙堂、东山，在祇园的十二段家饭店用了午餐。14日，他们原计划穿过奈良前往樱井，由于道路堵塞，便在参观了长谷寺、药师寺后返回京都。柊家旅馆的八重女士和木屋町的名叫"其中"的旅馆的阿波女士来了。15日，他们参拜了位于本能寺的浦上玉堂墓地，然后驾车去了大德寺喝茶并用餐，见了寺院的住持，随后去了高桐院。他们在浜作京都料理店用了午餐，随后前往名为"阿染"的酒吧。16日，下榻奈良旅馆，参观了东大寺、新药师寺。17日，从阪奈公路进入大阪，搭乘"鸽子号"列车返回。

藤田的日记中详细记录了两家的交往，他在想这种普通的观光旅行对于川端来说是不是很快乐，而且，藤田每逢旅行和用餐后都会记录下这是一次"快乐的旅行"，但这听上去不像是个50多岁的男人说的话。当然，从社会的角度来看，川端能够慰劳家人，是个好父亲，但从艺术家的角度而言我觉得有些别扭。

是月，东光出版了名为《东光金兰帖》（中央公论社）的交游录，其中也写到川端。川端为此写了推荐文章。中公文库版在内封面中仅印上了该文章的三分之二，川端全集中则未收录此文：

> 今东光天马行空般的毒舌笔锋，对今天而言是一件快事，我觉得没有哪部作品能像这部《金兰帖》一样将今君与生俱来的丰美和今日终成大器的成长如此自然清晰地呈现出来……其中不仅有奇妙绝伦的交友记，更有罕见的秀润深爱的人物论……

川端最后写道："今君也变成了伟大的人物。"文库本的版本中则没有这句话。通常，我们可以说这是对好友略带调侃的评论，问题是川端每逢不正经写作的时候，就会用上奇怪的汉语辞藻，这是他的习惯，这篇文章里也用了"丰美""秀润深爱"等词语，和最后的句子联系起来看，可以发现他并没有为这部著作的出版感到喜悦。

川端考虑以京都为舞台创作小说，《朝日新闻》报社的人也来商量连载事宜，于是他打算在京都寻找能够暂住一段时间的房子。

12月4日，川端乘"鸽子号"前往京都，入住柊家旅馆。5日，藤田和《朝日新闻》大阪分社的木村庸太郎一起来了。6日，中央公论社顾问末次摄子来了，藤田委托末次寻找京都的住所。听说广庭夫人可以出租房子，于是大家一起前往位于下鸭的井上家面见夫人，商量搬家和出租事宜，川端很满意这里的房子，于是决定租下来。川端随后和藤田两人游览了幡枝的圆通寺、化野念佛寺、苔寺、池大雅美术馆、泉涌寺、东福寺，然后在浜作、佳子酒吧喝了酒。7日，川端乘坐"燕子号"特急列车返回，随后接到藤田来电说，井上夫人将房子一事告诉丈夫后遭到反对。井上夫人在告诉丈夫前便做了决定，也有些不可思议。《睡美人》开始在《新潮》1月刊上连载。

12月11日，川端在写给三岛的信中说，自己打算创作《新古今集》①时代和东山时代②的小说，并表示自己想在京都购买住宅。12日，川端和藤田再次动身前往京都，13日，他们去了位于下鸭的名为武市的人家，这是末次找到的，川端决定租住那家的房屋。地址是左京区下鸭泉川町25番地武市龙雄宅。随后，川端前往日野的法海寺，请人打开阿弥陀堂参观。14日，藤田先行返回。晚上8点，NHK第二电台有河上彻太郎的广播讲座——《横光利一的文学》，川端在柊家旅馆收听并做了笔记。

川端之所以收听该广播，是因为15日川端要前往伊贺的拓植参加横光碑的揭幕仪式。用现在的话来说，横光少年时期跟着不断变换工作地的父亲四处辗转，对其而言最像故乡的地方是伊贺。石碑由名古屋工业大学教授城户久（1908—?）设计，由川端题写碑文。横光的两个儿子以及发起人斋藤升夫妇、政治家川崎秀二、中

---

① 《新古今集》，指1201年由后鸟羽院主持编修的《新古今和歌集》。该书在1210年左右基本完成。——编者注

② 东山时代，指日本室町时代中期。由八代将军足利义政（1436—1490）的东山山庄为中心融合武家、禅僧等文化而诞生。——编者注

山义秀、八木义德、白川渥、倡议人泽井善一和片冈作藏的遗孀等人参加了仪式。川端在斋藤夫人的伊贺上野的娘家听了横光的中学时代的女同学们讲述的故事，在上野市市长家，听了他中学时代的男同学们讲述的故事后返回。曾是横光友人的哲学家由良哲次（1897—1979）写道，这块石碑是在自己和川端商量后建造的，不知何故川端没有提到由良的名字。

该时期，三岛在给川端的信中写道，自己也想过上美国作家那样的生活，写出畅销作品，从容构思下一部作品，然而《镜子之家》尽管出版了，却是失败之作。这一时代，新晋作家大江、开高、仓桥由美子备受瞩目，不过谷崎和川端最宠爱的似乎是石原慎太郎。

12月25日的藤田日记中记录，藤田来镰仓和川端一起前往东京站，乘坐中央公论社提供的小车去了新潮社。川端要前往新潮社却坐中央公论社的车，作为大作家来说确实让人大跌眼镜。除夕，山口瞳母亲突然去世。自那以后，山口瞳开始逐步揭开母亲的娘家是妓院这一被隐藏起来的事实，他的私小说《血族》描写了这一过程。当时，山口瞳的父亲山口正雄找到川端家，声称葬礼费用出现赤字现在自己处境非常艰难，原本山口瞳打算来找川端的，但他因为受了刺激说不出话来，所以自己替他来了。他说，山口瞳的母亲虽然购买了保险，但是山口瞳办事能力差，保险赔偿款不能马上批下来，但最终会拿到的。他开口向川端借了30万日元。准确地说，这些钱两三天便被他在赛艇、赛马的赌博中输得一干二净。于是，他再次找到川端家，说自己算错了，还差20万日元。这次他的行为引起了川端的警觉，川端拒绝借钱给他，秀子写信告诉山口瞳此事。山口瞳匆忙向内弟借了5万日元赶来镰仓，哭着道歉。秀子没有收钱，说"等你拿了奖金后再一点点还吧"。山口瞳的父亲过去就有诈骗前科，他在屡次创业失败后陷入了赛马等赌博中，堪称赌徒，这些在《家族》中有详细描写。

1960年（昭和三十五年）1月8日至11日，川端携秀子前往京都拜访武市。3月，高田力藏的儿子高田壮一郎在法国完成了点心制作的学习，他在学业结束后回国，在驹入开了一家正宗的法国点心铺"卡多特"（CADOT），力藏任社长，川端是董事。据说这是日本人开的第一家法国点心铺。3月11日，碧子的内弟、46岁的佐藤泰治突然去世。第二天，川端和藤田夫妇、秀子赶往京都，事先请东大寺的上司海云做了安排，观看了"取水"的佛教仪式。4月4日，川端和政子去了京都。5日，川端等人在平安神宫观赏了红枝垂樱，在"出井"吃寿司时下起雨来，于是他们前去观看了府立美术馆的梅原龙三郎展，随后从圆山公园逛到清水寺，带政子去了怀石料理店"丹熊"用餐。6日，川端在岚山带政子去"河繁"料理店用餐，政子给淀野隆打电话后淀野也来了。淀野的父亲淀野隆三是明治大学的教授。淀野隆，在庆应大学毕业后当上了《产经新闻》报社的记者，当时的他还是学生，可能恰好在此时回了京都父母亲家。丹羽文雄也来了，并借了作家石川利光的车。7日，在石川的哥哥的斡旋下，一行人参观了修学院桂离宫，并受到特殊接待。10日，川端等人乘"鸽子号"回家。当时政子29岁。谷崎润一郎，在松子再嫁带来的孩子中，把女儿惠美子收为养女，惠美子比政子年长3岁，也是经历了一次又一次的相亲，但没有结果，因此她也感到十分苦恼。惠美子热衷于演剧，1957年（昭和三十二年）在电视连续剧《细雪》中扮演雪子。1月，32岁的惠美子和观世荣夫公开了婚约。

4月，川端再赴京都，13日至20日在京都停留，见了京都市市长高山义三。川端决定夏天前往圣保罗参加国际笔会大会，同时应美国国务院邀请，计划在国际笔会大会前先行赴美访问。5月2日，川端在羽田搭乘西北航空公司的航班出发，藤田、立野、松冈、泽野、佐藤宽子（荣作夫人，1907—1987）、堀多惠子等人在机场送行。4日，飞机抵达西雅图。川端在华盛顿大学见到了日本文学教

授麦基诺以及赫伯特·帕辛①（Herbert Passin），并与三十多名学生
座谈。晚上他在日本雕刻家的宅邸吃寿喜烧，雕刻家将川端送至机
场。5日，川端抵达华盛顿，下榻克拉瑞吉酒店。他与中央公论社
的编辑、《妇女公论》杂志社的主编三枝佐枝子（1920—　）住在
同一家酒店。6日，川端前往国务院分部见到了玛格丽特·威廉姆
斯。之后，他去日本驻美大使馆看望中山知子的妹夫垣水孝一，垣
水开车带川端参观了庭院。7日，担任翻译的青山哲弥（毕业于京
都大学，夫人是设计师）和弟弟驾车带川端去了大瀑布。9日，弗
里尔美术馆的凯西尔带川端参观了仓库内部。10日，川端前往国立
美术馆，晚上则在日本料理店宴请了三枝和垣水夫妇。11日，在斯
特恩（川端写给秀子的信中提到斯特恩和茧山来过镰仓）的陪同下
参观了美术馆，晚上去办公室拜访威廉姆斯，并送了她珍珠。随
后，他在海鲜料理店招待了垣水夫妇，然后去了"去吧酒吧"。

　　川端说，机舱内犹如天堂，他完全不介意飞机的轰鸣声，这和
他晚年频繁出入"去吧酒吧"大概也有关系。13日，青山带川端去
了巴尔的摩的美术馆。是日，松竹电影公司拍摄的《伊豆的舞女》
公映。该电影由川头义郎导演，田中澄江担任脚本制作，主演有鳄
渊晴子、津川雅彦。14日，川端乘火车抵达纽约，入住圣莫里茨酒
店三十楼的3000号房间。川端完全不恐高。他在16日写给政子的
信中提到，在绕了世界一周之后为你定下了婚事。18日，川端在前
往所罗门·R.古根海姆博物馆（Solomon R. Guggenheim Museum）
时，见到了和猪熊弦一郎夫人在一起的鸳尾丁未子，并请她吃了
晚饭。

　　20日，川端前往哥伦比亚大学拜访唐纳德·基恩，并将岛中鹏
二的礼物交给了基恩。下午，川端参加了在诺曼夫人宅邸举行的欢
迎尼泊尔国王马亨德拉·比尔·比克拉姆·沙阿（Mahendra Bir Bi-

---

① 赫伯特·帕辛，美国文化人类学者，日本研究学者。——译者注

kram Shah）的派对，后在广场酒店用餐。此时的川端，正如后来
人们所说的那样"活得十分光鲜亮丽"。22日，智利发生大地震，
海啸波及日本，川端非常担心，给家里写信询问镰仓是否平安，以
及八户的情况如何。23日，川端参加了有83岁的吉田茂出席的
"《日美友好通商条约》一百周年纪念晚餐"。24日，川端在克诺
普夫出版社见了施特劳斯并取了版税。由霍华德·西贝特翻译的谷
崎的小说《钥匙》英译本已经出版。据川端记载，他在纽约观看了
三部百老汇的音乐剧，但不清楚具体剧目。

担任翻译的青山驾车带川端游走各地，从纽约开车一个半小时
前往康涅狄格州的格林尼治，川端在此处拜访了青山的朋友、美术
家杰弗里·威尔斯。川端见到威尔斯的妹妹辛迪穿着日式短布袜，
觉得很可爱。26日，川端参加了大冢末子举办的和服秀，川端在信
中提到自己见到了"政子认为是间谍的三明夫人"。三明永无夫人
是美国人，可能在二战期间来日本拜访过川端。川端在信中还提
到，现在夫人和三明分居，与两个儿子住在纽约。这里有一家位于
名古屋的名为"斋藤"的料理店分店，川端和青山夫妇在那里吃天
妇罗时，遇见了路易斯·阿姆斯特朗（Louis Armstrong）夫妇，以
及从戛纳电影节回来的京真知子。川端在给政子的信中写道，在你
结婚前能带你来就好了。政子的婚事大概就是在这时候确定的。

27日下午2点，哥伦比亚大学的十几名学生来青山家和川端聊
天。28日，访美歌舞伎的演职员抵达纽约，他们中有演出策划人松
尾国三、松竹的永山武臣、第六代中村歌右卫门、第十七代中村勘
三郎等人。29日，在拥有美军占领时期歌舞伎救星之名的日本通法
比恩·鲍尔斯（Faubion Bowers）宅邸举行了午餐会，川端和歌右
卫门、勘三郎、尾上松绿一起受到邀请，川端坐唐纳德·金的车前
往。鲍尔斯拯救歌舞伎一说，至今仍然受人怀疑。不过，川端对歌
舞伎不感兴趣，也不知他和歌舞伎演员聊了些什么。当然，川端看
过歌右卫门表演的三岛创作的戏剧。傍晚，川端前往画家高井贞二

的家。30日下午2点半川端出发前往康尼岛，并在茧山来后一起用了晚餐。之后，他出席了总领事欢迎歌舞伎演员的宴会。31日，川端在酒店和电影界大人物川喜多长政会面。这段时间，川端非常勤快地给家里写信，但不见家里的回信，他有些生气，写信告诉家里人记得回信。

日记中记载6月2日川端前往哈佛大学见了研究日本文学的教授，可能是西贝特。川端在波士顿的喜来登酒店下榻。访美歌舞伎首日演出的剧目是《劝进帐》《壶坂灵验记》《笼钓瓶花街醉觉》。3日，川端前去观看时装秀，见到了勘三郎夫人和第四代中村时藏。这位时藏是现在的时藏的父亲，他在这次川端访美结束的两年后因安眠药中毒猝死，年仅36岁。川端一直在埋怨家里没有回信。在7日的信中，他提到自己已经对家里的回信死心了。这里有一个值得关注的地方，即川端貌似逃离了家庭的束缚，享受着和纽英伦①的名人们交往的乐趣，事实上他却接连不断地给妻女写信，等待她们的回信。我们能够知道，其实家庭对川端来说是一个港湾，他是个害怕孤独的人。

当天，川端在施特劳斯家用了晚餐，与猪熊、为《雪国》画插图的小松文子、贝雅特·希洛塔（Beate Sirota）在一起。贝雅特·希洛塔是钢琴家里奥·希洛塔（Leo Sirota）的女儿，她也参与了日本国宪法的制定。8日，川端前去观看了意大利萨米伯爵的时装秀。这一时期，日本岸信介内阁的《日美安保条约》的修订引起了社会巨大反响，日本笔会俱乐部理事会表明了对安保条约修订的忧虑。

9日一大早，川端终于收到了妻子和女儿的来信。当天，川端环游了曼哈顿岛一周，并受总领事邀请出席了歌舞伎第二轮公演的欢迎会。10日，在猪熊夫妇的陪同下，川端参观了几个画廊。晚上，川端在田中总领事的住宅与居住在纽约的画家冈田谦三、川端

---

① 纽英伦，即美国东北部新英格兰地区。——编者注

实、柳田泰云等人会面。随后，他在蒂芙尼的店里为自己的生日买了一块百达翡丽手表。川端对手表的热爱始于少年时代，但到了这一年龄还如此重视自己的生日，川端确实有点像少女，而买手表作为送给自己的生日礼物，也略有些悲哀的感觉。11日，为庆祝生日，青山夫妇邀请川端来自己家里，青山为了增加气氛，特意请来了芭蕾舞演员萨拉和时装模特朱迪。14日，川端参观了大都会艺术博物馆（Metropolitan Museum of Art）。15日，川端在猪熊宅邸和鹫尾夫人一起庆祝生日。

这一天，在东京，反对安保条约修订的游行学生将国会议事堂团团围住，东京大学学生桦美智子被压死。19日，政子来信说，艾森豪威尔总统的访日取消了，虽然反对安保条约修订的人也是希望和平，但是美国人对日感情的恶化令人担忧。这里让人联想到三十六年前《文艺时代》的创刊经历波折时川端独自躲在汤岛的情形。他总是在重要的时刻不在场。虽然这一次的情况纯属巧合，政子应该是听从了川端的意见，我们在此可以看到从未在公开场合，甚至在信件中也从未表露过想法的川端，表现出了对日美关系的重视，他对安保当然也是持赞成态度的。政子在信中说，阿比易生了孩子，中山知子邀请自己一起去看了列宁格勒芭蕾舞团的演出。

新晋作家有吉佐和子此时也在纽约，两人被《朝日新闻》记者拍到是在21日，当天两人登上了帝国大厦的一百零二层楼。22日，川端拜访了新方向出版社（New Direction）的麦克格雷戈尔。其间，第三代“舞女”鳄渊晴子来访，川端受塔克女士邀请去看《窈窕淑女》（My Fair Lady）了，没有见到晴子。在该电影拍摄前，伊莉莎一角由朱莉·安德鲁斯（Julie Andrews）饰演。28日，川端与普林斯顿大学的教授见面，教授应该是研究日本的学者，可能是马里厄斯·B.詹森（Marius B. Jansen）。当时厄尔·迈纳（Earl Roy Miner）还不在普林斯顿大学任教。29日，川端和波士顿美术馆东洋部长富田幸次郎（1890—1976）共进午餐。

7月1日，川端前往芝加哥，入住喜来登大酒店。5日，川端下榻旧金山克里夫特酒店，日记中记载他访问了加州大学，但不清楚是哪个分校。9日，川端换到坎特伯雷酒店。11日川端回到华盛顿，住在百利酒店。14日，川端回到纽约，在日本俱乐部和柳田泰云一起参加为了迎接他们而举办的围棋会，并在围棋会上和一名美国男子下了围棋。

至此，川端对北美的访问全部结束，19日，川端搭乘泛美航空公司的飞机从纽约飞往巴西。飞机需要中途在巴西利亚转机，大使馆的和田夫妇前来迎接，川端入住了里约热内卢的科帕卡巴纳酒店。曾野绫子、三浦朱门夫妇也来参加国际笔会大会，汤浅克卫则乘坐客船带着吉他来了。这一天也是岸信介下台的日子，池田勇人继任内阁总理大臣。另外，筑地的新喜乐饭庄正在改建，芥川奖和直木奖的评选会在轻井泽的游利饭庄举行，芥川奖决定授予北杜夫，川端缺席了轻井泽的这次评选会。

21日下午4点过后，川端在和田的陪同下在巴西笔会俱乐部与巴西笔会俱乐部会长塞尔索·凯利、法国笔会俱乐部会长伊夫·甘登（Yves Gandon）会面。在巴西，川端还访问了克鲁塞罗出版社（Cruzeiro）、环球电视网（Rede Globo）出版部的里约图形出版公司。换言之，川端在向葡萄牙语世界推广日本文学。23日，川端以荣誉嘉宾的身份出席了圣保罗的国际笔会俱乐部会议，并参加了庆祝活动。日本代表汤浅、大和资雄，三浦、曾野、植田敏郎（德国文学学者）作为观察员也参加了会议。25日，川端在出席意大利文化协会招待的自助餐回酒店后，被印度代表邀请去看印度舞蹈。26日，会议结束。27日，川端移至青瓷酒店入住。28日，在圣保罗举行了闭幕式。8月3日，川端再次飞往北美。在巴西利亚转机后，川端在晚上搭乘泛美航空公司的航班回到纽约。他说中途在不知道是什么地方的机场下了飞机，实际上是特立尼达的皮尔亚科机场。

三浦朱门写道，在纽约前去圣莫里茨酒店拜访川端时，川端和一位年轻女性一起出现又一起消失了踪迹。20日前后，川端好像已经在回国途中了，20日他在旧金山住了一晚，21日在夏威夷住了一晚，23日川端回到日本。

当时，川端撰写的《巴西笔会大会》的文章中，下面一节成了人们议论的话题：

> 巴西是正在努力建设中的国家。日侨也加入其中，日本依然可以有很多人来参加建设。世界各民族杂居，混血，几乎没有人种的偏见，它是我理想中的"世界国家"中堪称惊人的实例……

人们很惊讶，称颂"美丽的日本"的川端会说出这样的话，并被人大量引用。实际上，川端经常会发出一些十分"自由开放"的言论。在《接受东京审判的老人们》一文中，他也倡导废除死刑，创造没有国境的世界。如果仔细思考的话，在目睹东京审判时倡导废除死刑，这大概不能算作"自由开放"的思想。除此之外，他还提出过将罗马字定为日本官方文字。

战后有人提出"世界联邦"的主张，主导者之一是古川彻三，或许川端也受了他的影响，川端可能并没有深入思考过这种主张会带来的结果，难以否认有心血来潮的成分，也有博眼球的考虑，这和自民党政治家随口抛出一个观点的行为异曲同工。关于混血的言论，川端战前在轻井泽也提到过，似乎也有传承满洲国时期的理念的影子，或许川端在南美见到了穆拉托混血儿（Mulato）和梅斯蒂索混血儿（Mestizo）中的女性。穆拉托是白人和黑人的混血儿，梅斯蒂索是白人和印第安人的混血儿，他们中的女性非常漂亮。小泉八云（在美国出生时的名字为"Patrick Lafcadio Hearn"）在美国生活的时代有一个白人和黑人混血的情人。川端可能是在南美见到穆拉托混血儿后才发出了混血杂居的言论吧。这应该也是《睡美人》中出现混血女子的理由。

川端在欧美的活动，以及欧美人对川端写过什么样的文章，值得从事比较文学研究的学者认真调查研究，但眼下并没有见到什么成果。我注意到了一点，即川端时常出入美术馆和展览馆、美术商品店，但没有留下出入书店的痕迹。因工作原因川端有时会去出版社，但是，无论是大型书店还是旧书店，他都没有进去走走看看，关心一下有什么书，也从未买过外国书籍寄回日本。

是年夏天，诺贝尔文学奖获奖作家赛珍珠为将自己创作的《大海啸》（*The Big Wave*）搬上银幕一事来日。9月，留有一张看上去是当时川端和大佛、高见、川喜多加寿子等人在镰仓的好好亭饭店一起欢迎赛珍珠的照片。[①]

文化勋章及其相关情况

秋天，岸惠子即将起程赴法，川端从福田家出发前去参加送别会。川端在日记中提到在回家途中，有马稻子为自己送行，还在雨中帮着打伞，并叫了出租车。住院期间川端也写过此类文章，可以想见，川端对绝色美女有马稻子真的情有独钟。岸惠子当时刚拍完市川昆导演的《弟弟》，有马正在为和市川昆之间的婚外恋伤神，她甚至被要求堕胎，有马找川端商量此事，川端说："那人不想和你结婚。"有马最终和市川分手，决定嫁给中村锦之助（后改名万屋锦之介），不过后来又离婚了。可能因为有上述经历，所以才有了有马帮川端打伞的行为吧，川端应该很享受来自有马的倾诉。

10月，法国政府授予川端"艺术及文学勋章军官勋位"。法国似乎很热衷于授予外国人勋章。为川端授勋，可能是出自安德烈·

---

① 《新潮日本文学集》中标注的日期是1958年（昭和三十三年）9月，赛珍珠的访日是1960年（昭和三十五年），应该是后者。

马尔罗的安排。11月，谷崎润一郎由于高血压导致手部麻痹，在东大医院冲中内科住了约两个月。伊吹和子在《川端康成：眼睛的传说》中写道，是年12月，谷崎病房里的水桶打

NHK电台广播节目《文坛闲话》收录现场。摄于中央公论社七楼日式房间。左起：池岛信平、川端、岛中鹏二。1960年11月（中央公论新社）

翻，水漏到了下面川端的病房。但是查一下川端的年谱，当时川端并未住院。我觉得奇怪，于是查了藤田日记，原来是秀子疑似得了乳腺癌从11月11日起住院检查。

我也想过是否有可能川端因什么原因住进了医院，结果他这段时间似乎在工作。22日，川端去了中央公论社的七楼，和中央公论社社长岛中鹏二一起接受文艺春秋社的编辑池岛信平采访，录制NHK的电台广播里谈论文学的节目《文坛闲话》。是月10日发行的《中央公论》12月刊上，登载了深泽七郎的小说《风流梦谭》，后来发生了右翼少年袭击岛中住宅事件：

　　岛中：也许是无中生有，听说老师在纽约放言"我有些理解洛丽塔的心情了。"……

　　川端：我指的是公路。那里的高速公路真不错。稍微提一下速度的话就可以跑到二百英里。不是有男人带着洛丽塔疯狂逃窜的桥段吗……所以，我是这个意思……

　　池岛：那和周刊杂志说的"洛丽塔"不是一个意思。（笑）非常清纯和现代……

川端：是呀。

岛中：只听到你理解了洛丽塔的心情，这实在是……

岛中是个乐天派。《妇女公论》1月刊开始连载川端的《美丽与哀愁》。到了这部著作，或许可称之为通俗小说，川端写长篇小说的技巧变得非常成熟。进而，中断的《睡美人》也开始重新连载，《风景》杂志上则开始连载随笔《岸惠子女士的婚礼》。《风景》是"光明会"的同人杂志，由舟桥圣一、井上靖、源氏鸡太、芝木好子、船山馨、有马赖义、吉行淳之介、日下令光、野口富士男、八木义德、北条诚、田边茂一发起，后有吉、北杜夫、水上勉、泽野久雄也加入其中。向川端约稿的无疑是北条。12月27日，63岁的北村喜八去世。29日，秀子出院，不清楚是否动了手术。

1961年（昭和三十六年）2月1日，右翼少年小森一孝袭击岛中住宅，岛中的夫人受伤，保姆被害。深泽流着眼泪举行记者见面会后便隐匿了起来。推荐《风流梦谭》的是三岛。笔会俱乐部在17日召开紧急理事会，发表声明要求维护言论自由。前一年的10月，社会党委员长浅沼稻次郎在演讲时遭到同是右翼少年的山口二矢刺杀身亡，山口在拘留所自杀。大江健三郎以山口为原型，创作了小说《十七岁》，第二部则推出了续篇《政治少年之死》，由于受到右翼的威胁，没有出版单行本。二矢是村上浪六①的孙子。

2月13日，73岁的村松梢风去世。18日，川端参加了在青山殡仪馆举行的告别仪式。4月10日至14日，川端携秀子赴京都赏樱。12日，川端写信给高见和青野，表达自己想要辞去笔会会长职务的意愿。信中说，提议高见或芹泽接任。川端这次似乎真的想换人了，但是，他还是在别人的挽留下留任了。至此，川端已经担任了

---

① 村上浪六（1865—1944），日本小说家，代表作有《当世五人男》等。——译者注

十二年。

川端长期担任笔会会长是有内情的。高见在翌年6月17日的日记中记载，伊藤整曾提到，据观察，川端辞去笔会会长一职后可能会当文艺家协会会长。文艺家协会理事长丹羽文雄，从刚当选笔会新理事的寺崎浩那里听说了此事，扬言要辞去笔会理事。当时的文艺家协会有会长和理事长，会长是青野。丹羽一次都未出席过笔会的理事会，包括川端在场的时候。国际笔会大会时，川端公开表明要捐赠巨款，实际上并没有出钱，这让丹羽十分愤怒，他向高见提到了此事。换言之，为了不让川端继笔会会长之后又当上文艺家协会会长的职务，所以要让川端长期留任。因为大家觉得如果请川端担任文艺家协会会长的话，他肯定会接受。"恭敬不如从命"听上去格外动人，实际上川端在他人眼里就是这样的政治家。谷崎、志贺、荷风则完全是不属于这种世界的人。

这一时期，三岛因小说《盛宴之后》遭到有田起诉，该小说是以参选东京都知事失败的原外相有田八郎及其情妇为原型创作的。笔会俱乐部以言论自由为由声援三岛，这也是川端发挥了作用。只是，芹泽说三岛肯定胜出，川端回应道："真的是这样吗？"最终，三岛的小说维持原样，但被判支付赔偿金。4月下旬，川端再次前往京都。这段时间，他通常会坐飞机至伊丹，从伊丹前往京都。5月，年谱记载川端前往新潟、佐渡旅行采风，但他自己没有留下任何记录。不知详情如何，如果川端真去了的话，应该是上旬。12日，川端参加了东宫御所的茶话会，其他参加者还有吉川英治、佐藤春夫，五岛茂和美代子夫妇。五岛夫妇是和歌诗人，五岛茂是石榑千亦的儿子，入赘五岛家。他们都和皇室走得很近，美代子是美智子妃的和歌老师。后来，月村丽子将美代子的诗歌集翻译成了英语。美代子的诗人朋友中有一位葛原妙子（1907—1985），此人的女儿是儿童文学研究者猪熊叶子。因为这一机缘，猪熊叶子和喜爱儿童文学的美智子妃开始交往。

27日川端在写给三岛的信中委托他撰写诺贝尔文学奖的推荐信，这件事广为人知。另外，自6月6日起，秀子参加日苏妇女恳谈会的访苏团去了苏联。团长是米川正夫的夫人丹佳子，同行的有片冈光枝、高间秋子、濑户内晴美、石垣绫子、斋正子（1911—1986）。他们从横滨乘坐"莫扎伊斯基号"出发，访问了西伯利亚、莫斯科、基辅、列宁格勒，并在7月5日回到日本。当时，川端正在和冈田嘉子见面。（濑户内晴美《奇缘曼陀罗 终》）

6月23日，青野季吉去世。文艺家协会会长由理事长丹羽兼任。7月2日，美国诺贝尔文学奖获奖者海明威用猎枪饮弹自尽。川端写道，当时自己恰好在读唐纳德·里奇（Donald Richie）（1924—2013）的《现代美国文学的主潮》（加岛祥造译），川端自己记录读了这种书，实属罕见。里奇是电影评论家，曾经长期居住在日本，他在回美国后写过有关小津安二郎、黑泽明等人的电影评论，这本书大概是他本人亲手送给川端的。川端的藏书恐怕都是别人送的。22日，藤田圭雄因停电从楼梯上摔下，引起脑震荡，住进虎之门医院。人在京都的川端给秀子写信嘱咐她去医院探望。

8月4日，川端写信给作家前田纯敬（1922—2004），好像是前田告诉川端自己付不起会费，决定退出。川端在信中说，不付会费的还有其他人。对一般会员来说，不明白成为会员的意义在哪儿的，也只有笔会俱乐部这么一家。8月至9月初，川端住在轻井泽。9月上旬，从轻井泽打算回东京的皇太子夫妇和五岛茂一起前来拜访了川端。"人参俱乐部"成员之一的久我美子决定结婚，川端和岸惠子、有马稻子、久我美子以《步入婚姻的喜悦与恐惧》为题的座谈会内容记录刊载在《妇女公论》的11月刊上。当时，《朝日新闻》报社有一个策划，让作家来写女演员的故事，报社的宫下展夫特意拜访川端向他约稿，这是发生在6月的事情。川端听了宫下展夫的计划说："我就写有马稻子吧。"可是有马的故事已经委托给林达夫了。宫下说："您还是写岸惠子吧。"川端笑而不语。9月中旬，宫下前往镰仓拜访川端时，一提文章的事，起初面带笑容的川端脸色倏变，说道："我不知道此事。"宫下这才惊慌地意识到川端并没有答应写岸惠子的故事。不过，由于林达夫拒绝了写有马稻子的故事，最终还是由川端承担下来了。

宫下后来成为连载小说《古都》的责编，包括这件让他头疼的事情在内，他在《远方的云远方的海》中写了很多川端的故事。在是否写岸惠子故事的这件事情上，川端的做法让人不齿。如果自己不想写岸惠子可以直说，他偏偏一言不发，为难他人。宫下后来也写了因同一策划打电话给谷崎约稿的事情。谷崎说自己不用旧式假名就不会写作，所以《朝日新闻》报社从来不发自己的文章。宫下第一次听说这件事，非常吃惊，经与上司商量，同意特殊对待，用旧式假名刊登谷崎的文章。与性格爽直、胸襟坦荡的谷崎相比，川端给人的感觉实在是不那么光明磊落。

《古都》的连载始于10月8日，可是直到连载前不久川端还什么都没有考虑，他9月末写信给泽野久雄说自己没什么好写的。他自己声称要创作一部以京都为舞台的作品，于是他在京都租了房屋，接下了连载约稿，事到临头却是这种态度。泽野十分惊讶，匆匆赶往京都，告诉川端北山杉[1]一事，暗示川端可以以北山杉为主题进行创作。

川端死后，泽野和北条诚等人毫无顾忌地写了不少诸如此类的幕后故事。这可能会引起川端家人的不快。但是，对泽野和北条来说，他们没有照顾川端家人感受的义务。与他们相比，研究者中间倒有人大概抱有想从川端家人那里获得资料或逸闻趣事的私心，竭力维护川端，与泽野等人斗得不可开交。

《古都》连载期间，川端陷入重度安眠药中毒，这是众人了解

---

[1] 北山杉，盛产于京都北部的杉树，室町时代起主要用于建造茶室等建筑。——译者注

的事实。川端为了创作连载小说而服用安眠药，他自己也清楚长此以往结果不妙，因此很快结束了该作品的连载。但是，如此一来连载便出现了困难。其间川端几乎一直居住在他在京都租借的武市的房子里。10月10日，川端在写给政子的信中说，藤田女儿的婚礼日期是21日，与京都笔会俱乐部的聚会也在同一天，不知道该怎么办，他接着还写道："趁我还活着，你好好考虑一下自己的婚事。"是年，政子30岁。

连载好不容易开始后，第六天的10月13日发生了婴儿被盗事件，引起了社会关注。川端给宫下打电话说，自己遇到一件棘手的事情。宫下匆忙赶到京都，一起去了上七轩。实际上，川端正在构思作品中的女主角幼年被人盗走的故事，因此他想模仿社会上发生的这一事件。最终，该构思用在了作品里。宫下觉得有必要监督川端，于是在京都的旅馆住了下来。18日，川端被授予文化勋章一事定了下来，当天晚上在京都酒店举行记者发布会，川端说："作家都是坏蛋，不知道自己该写什么，却被授予勋章，这是沉重的负担。"另外，川端表示明年计划以室町时代为背景创作历史小说。21日，川端在"鹤屋饭庄"举行的笔会俱乐部联欢会上见到了今光东。22日，政子来京都看"时代祭"①。11月3日是在皇居举行天皇亲自颁发勋章的"亲授式"的日子，于是在2日，川端回到镰仓，携秀子一起出席了仪式。5日，川端返回京都，宫下则回了东京。

27日，有马稻子和中村锦之助在银座的阪急酒店举行婚宴，东映公司的社长大川博担任证婚人。川端一大早从伊丹机场飞抵东京，夫妻双双出席了婚宴。11月，《睡美人》由新潮社出版。这部作品是川端最优秀的作品。令人吃惊的是，该文连载长达十七回，其间虽然有过中断，但其实它只有中篇小说的篇幅，乃至读过一遍的人误以为它是一次性发表在杂志上的。每一回的连载，基本上是

---

① 时代祭，每年10月22日在京都的平安神宫举行的庆典活动。——译者注

每页四百字共十页稿纸的量。换言之，它每次只占三个版面，进度缓慢地在杂志上连载。对于老人的情爱描写，经常有人拿它和谷崎的《疯癫老人日记》比较，《睡美人》可以说是在《疯癫老人日记》之上吧。这是川端本人在60岁至62岁期间创作的作品。川端一如既往地将江口老人设定为67岁的高龄者。不过，最近我在细读之后注意到了一件事：

> 江口老人六十七年的生涯中，当然经历过与女人相处的丑陋之夜。而且，这种丑陋反而难以忘怀。那不是容貌丑陋的问题，而是女人不幸人生的扭曲所带来的丑陋。江口觉得自己都这把年纪了，并不想再增添一次与女人的那种丑陋的邂逅。他到这家来，真到要行动的时候，就是这么想的。然而，还有什么比一个躺在被人弄得昏睡不醒的姑娘的身边睡上一夜的老人更丑陋的吗？江口难道不正是为了寻觅极致的丑态来到这人家里的吗？

如此短小的一段文字中，出现了六次"丑陋"。通常，这算不上是好文章。川端在《山之音》中也有一段多次重复"心善"这个词，赛登施蒂克将该词分别译成不同的英语单词引起了诸多议论。重复相同的词语，似乎是川端的习惯。五味康祐在《魔界》一文中批评川端遣词过于贫乏，并且用平假名来加以掩饰，并非没有道理。

在川端荣获文化勋章时，三岛写道，文化勋章授予年纪尚轻的川端有些为时过早。最近被授予文化勋章的文学家的年龄有高龄化的趋势，不到80岁很难得到该勋章，但在当时的年代，川端其实也到了相应的年纪。另外，当下63岁的年龄算是刚到老年的门槛，但毕竟那是55岁便退休的时代，63岁的川端也堪称老年人了。川端的年龄从外貌上实在难以判断，尤其是作品集中很少收录他50岁前后的照片，让人感觉他从年轻人一下子变老了。

这一时期，河出书房新社出版了《文艺临时增刊　川端康成读本》，收有川端与三岛、中村光夫的三人谈。由于是气味相投的三个人，川端变得非常健谈，他还谈到了花柳见到叶子原型的话题。中村说自己觉得《疯癫老人日记》受到了《睡美人》的影响，川端回答："谷崎先生没有读过《睡美人》啊。他不会读这种作品。"中村和三岛异口同声地说："肯定读过。"这场面颇为有趣。

川端在《古都》中最初只构思了一个女儿，结果出现了一对双胞胎。其实川端有个怪癖，即只有一个女主角的话他写不下去，因此一定会出现第二个女主角，所以在这部作品中双胞胎登场也是必然的。12月29日，川端回到镰仓。国语学者新村出在12月30日和1月6日的《朝日新闻》上以《古都爱赏》为题发表文章赞扬《古都》。新村是京都大学名誉教授，战后与谷崎关系密切。文章的意思是川端热爱古都，值得称赞。然而，川端果真热爱古都吗？河野仁昭出版了一部论述谷崎和川端与京都的关系的著作，书中提到谷崎战后在京都居住了十年，始于《新潮周刊》创刊号连载的《鸭东绮谭》的第一回的描写中便露骨地表现出对京都人的厌恶。川端是否真的热爱京都也值得怀疑。川端的确是关西人，但是，关西地区之间实际上存在很大差异，在茨木长大的川端，似乎并没有融入京都这一古都。

1962年（昭和三十七年）1月2日，矢口纯（1921—2005）和秘田余四郎（1908—1967）来找川端可能是在这一时期。据说秘田见到山川朝子带着女儿前来，他说女孩很漂亮，将来可以当演员，他还提到了有马稻子。川端听后高喊道："女孩子不要当演员！"川端了解有马，可能觉得那并不是一条幸福之路。不过，山川带来的并不是女儿，而是外甥女，是姐姐安藤早月的长女。山川没有女儿。[1]

13日，《朝日新闻》刊载了川端回应新村的文章《答〈古都爱

---

[1] 此事得到了安藤早月女士的二女儿佐藤久美子赐教。

赏〉》。23日，《古都》连载结束。当天下起了大雪，同日，川端缺席芥川奖评选会，回了镰仓。28日，中村时藏因安眠药中毒死亡。连载结束后，川端停止服用安眠药，不久便遭遇了戒断症的痛苦。2月8日凌晨3点，由于戒断症，川端的身体变得僵硬，并出现了严重症状。秀子给藤田打电话，联系上了冲中医生，川端直接住进了东京大学医院冲中内科。川端昏迷了十天后，不

文化勋章受奖纪念照。前排左起：堂本印象、铃木虎雄、富本宪治、福田平八郎。后排左起：水岛三一郎、川端。摄于1961年11月（日本近代文学馆）

断出现幻觉，并引起了肺炎和肾盂肾炎等并发症。他整夜不睡觉，说胡话，政子则在一旁痛哭。

　　川端住院期间，藤田频繁前来探视。东山魁夷带来了主题为北山杉的画作。《古都》连载结束后，宫下展夫马上将代为保管的东山送的北山杉画交到了川端手中。当他读到川端所写的住院期间收到北山杉画的文章时感到非常惊讶，猜想是否有两幅画。川端出院时间是3月8日，计划出《古都》单行本的工作摆在眼前。川端不敢看自己脑子处于迷迷糊糊的状态中写出的作品样稿。川口松太郎好像也写信来请求将《古都》改编成舞台剧，川端在回信中说，因为你的来信，让我有了看自己作品样稿的勇气。

　　4月，新派剧团在"明治座"剧场举行舞台剧《古都》的公演。川端见到样稿，发现还是有一些莫名其妙的地方，样稿中的有些地方自己甚至完全没有印象。川端对作品进行了彻底修改，京都方言的部分则请井尻茂子帮忙修改。6月，新潮社出版了《古都》的单

行本。即便连载是在《朝日新闻》上进行的，最终，川端却把单行本的出版交给了新潮社。3月26日，74岁的室生犀星去世。犀星在川端全集的推荐文中写道："生活中有来自海的恩惠、来自山的恩惠一说，川端康成的作家运始终长盛不衰，他从他周围的人的身上得到了大量恩惠。我没见到过对他这个人进行严厉批评的评论家。他拥有冷静和热情的双重性格，不是轻易会爱别人的人，但从受人爱戴这一点上来说，我至今没有看到哪一位作家能和他相提并论。"

五味康祐指责说这是川端的政治手腕，也有些许道理。1937年（昭和十二年）以后，川端为避免遭人憎恶而变得工于心计，隐藏起了犀利的语言锋芒。但是，这并不意味着他完全不受人批评。寺田透（1915—1995）是反川端的代表性人物，他对1953年（昭和二十八年）的《雪国》提出了严厉批评。寺田是法国文学学者、文艺评论家，在因学生运动辞职前是东京大学教养学部的教授。大概因为离开了文坛，他才能自由发表自己的观点吧。

4月2日的笔会俱乐部理事会上，伊藤整坐上了副会长的位子。这一时期，据藤田日记所载，川端被请求买下还是租住的长谷的宅邸，需出资2000万日元，川端为筹集房款而四处奔走（藤田日记）。8月，川端用2500万日元买下了房子。现在该房子的价值可能在2亿日元。川端在4月7日写给三岛的信中说，自己开始留意健康问题，委托三岛将《叶隐藏》中的"身养生"三个字写成书法。三岛在17日的回信中写道：

> 我十分惊叹《疯癫老人日记》难道不是"遗书"（请勿外传）级的杰作吗？我和中村光夫君也谈到此事。连载的终回是否有些画蛇添足？只是我不喜欢谷崎先生让那位老人死去。中村说不忍心看那老人死去。
>
> 诺贝尔（文学）奖推荐委员的工作也十分有趣。似乎对日本不感兴趣的法国作家们从巴黎来信说想推荐日本人，那就宽

限到你的时代吧。

3月5日，诺贝尔奖评委会委员哈瑞·马丁松（Harry Martin-son，1904—1978）在瑞典参事官邸招待石川淳、伊藤整、大冈、三岛等作家二十余人，提到日本也有三名候选人，并接受了在日本也设立推荐委员会的提案。三名候选人应该是谷崎、川端、西胁顺三郎，没有三岛。这位马丁松和同为瑞典作家的埃温特·约翰逊（Eyvind Johnson，1900—1976）共同获得1974年的诺贝尔文学奖，受到海内外批评，据说马丁松因不堪承受而自杀身亡。

5月16日，在美国驻日大使馆的莱昂·皮康（Leon Picon）家里举行引荐斯皮勒教授的派对，川端携秀子出席，列席的其他人还有高见夫妇、伊藤夫妇、江藤淳。当时，翻译过井上靖作品的皮康说出日本笔会"左倾"的话。6月5日，63岁的小松清去世。7月18日，65岁的大河内传次郎去世，不清楚他和川端是什么关系。川端在京都参加了守灵，归途中第一次访问了位于嵯峨的有马和锦之助的新居。26日，岸田丽子，即岸田刘生的女儿，《丽子像》中的女性原型，猝死，年龄49岁。丽子是一位画家，她给川端看过自己创作的戏剧和小说作品。8月5日，玛丽莲·梦露神秘死亡。8日，88岁的柳田国男去世。9日，86岁的诺贝尔文学奖获奖者赫尔曼·黑塞（Hermann Karl Hesse）离世。噩耗接二连三传来。正在《朝日新闻》上连载《自夸十话》的川端，提到了始于海明威的艺术家之死，还提到年老给自己带来了体衰。

可能是受3月的事情的影响，川端受报社邀请前往新宿的厚生年金会馆听伊夫·蒙当（Yves Montand）的独唱音乐会，见到了肺癌手术后的吉川英治夫妇、壶井荣夫妇，从当时的模样看，川端感觉吉川剩下的时间已经不长了。8月起川端住在轻井泽，9月4日前后，受名叫影山的人的招待，在"游利饭庄"用餐。佐佐木茂索夫妇也在场，佐佐木夫妇听说吉川情况不好后立刻起身离开。7日，

70 周岁的吉川去世。川端从立野那里得到消息，在见了梅原龙三郎
后返回东京。12 日，在青山殡仪馆举行了葬礼。吉川被视为大众作
家而终生未成为艺术院院士。据说佐佐木和川端的关系非常好，这
一时期，川端时常在佐佐木跟前流露出厌世的情绪。

　　9 月末，川端回到镰仓，随笔《落花流水》开始在《风景》杂
志 10 月刊上连载。10 月，川端出席了呼吁世界和平七人委员会会
议。该委员会由平凡社的下中弥三郎、茅诚司、上代田野、平冢明
子、汤川秀树、植村环、前田多门等人组成，由于下中和前田去
世，于是川端加入，据说事务局局长内山尚三①特意去轻井泽拜访
并请求川端加入，川端当即允诺。当月，川端和大佛次郎、冈部长
二（1894？—1964）一同从京都前往黑部峡谷，徒步爬行富山、高
冈、立山等山脉。冈部家住镰仓，毕业于庆应大学，先在王子造纸
厂工作，后成为外务省非正式雇员，曾任汪兆铭政府的经济顾问，
战败前不久，他还在名古屋大学医院目睹了汪兆铭死去。日本战败
后汪伪政权的陈公博等人逃至京都时，他也提供过帮助，战后他具
体干了些什么不得而知。他出身于福井大名重臣门第，家境殷实，
应该过得非常逍遥自在。川端说自己经冈部介绍认识了小泉信三
（1888—1966），冈部可能是大佛介绍给川端的。大佛写道："一起
从黑部登上越中立山时，他登山时的超强体力让我目瞪口呆。虽然
他身体看上去很单薄，但是，在看不清脚下的暮色中，从弥陀原留
着残雪并且尽是岩石的山坡下山，他精力十分充沛，我感到了他从
身体内部透露出的强健。"28 日，84 岁的正宗白鸟去世，几乎同一
天，因胃癌动过手术的 53 岁的石井英之助离世，两人的葬礼也在
同一天，因此川端前往柏木的基督教堂参加白鸟的葬礼，在高井户
举行的石井葬礼则由涩谷清替川端代读悼词。这一天，川端好像还

---

① 内山尚三（1920—2002），日本法学家，曾为日本法政大学教授。著作有《建设
　劳动论》《转换期的建设业》等。——编者注

去了皇居的园游会。

11月，《朝日新闻》的广告版配以东山魁夷的插图，刊载了川端的短篇小说《秋雨》《信件》《邻居》等作品，距离前一次刊载时隔很久。12月9日，川端出席了在帝国酒店举行的五岛茂的女儿的婚礼，在场的还有高见、芹泽、伊藤等人，大家谈到了松冈洋子的问题。由于不满松冈的专横跋扈，很多会员退出了笔会俱乐部。

1963年（昭和三十八年）1月1日，川端在《河北新报》上发表了题为《驿站》的随笔。这篇随笔收录于全集，但未标明最初的出处，后收录于河北新报社编辑的《陆奥的驿站》（淡交新社）中。是月，岩下志麻主演的松竹电影公司的影片《古都》公映，中村登任导演。之后，定下岩下为《雪国》和《美丽与哀愁》的主演。22日，川端参加了芥川奖评选会。平山城儿的学生加藤浩子获提名，河野多惠子、田久保英夫也名列其中，最终获奖者空缺。当时评委有石川淳、石川达三、井上靖、井伏鳟二（缺席）、高见、泷井、中村光夫、永井、丹羽、舟桥。因获奖者空缺而失望地走出会议室的川端，看到隔壁贴出的直木奖评选结果，获奖作品是山口瞳的《江分利满先生的优雅生活》，川端大为惊讶。该小说是山口的第一部作品。杉本苑子的《孤愁之岸》也同时获奖。

时至2月，某日上午11点前后，山口来镰仓的川端家向他报告，当时川端还未起床，他被说话声吵醒后，嘴上叫着："是山口君吗？是小瞳吗？"起身招待山口瞳，川端说"那部作品获芥川奖也够了"。

上面的这件事是山口写在书里的，看上去有些不可思议。直木奖在获得提名时川端就应该是知道的。首先，《江分利满先生的优雅生活》是1961年（昭和三十六年）10月起在《妇女画报》上连载的山口的首部小说，当时的主编是矢口纯，川端因为连载过《有风的路》，所以认识矢口。让山口创作小说的应该是川端吧。山口的书中写道，自己是在新桥的"咚咚酒吧"认识矢口的。直木奖获奖时，强烈推荐山口的是今日出海，其他评委推荐了另一人杉本苑子。因此，川端让山口写小说并让他获得直木奖是最接近事实的。山口应该是故意隐瞒了这一点。山口从描述川端甚至连自己获得了提名都不清楚这一点上就露出了破绽。

川端也有这段时间的日记，从日记中能详细了解川端的行踪。2月13日，川端为了创作舞剧《古都舞曲》的脚本查找室町时代的文献资料，然后去山水楼参加了梢风的三年忌，12点过后去福田家住下。14日，川端前往帝国酒店的"孔雀"包间出席了佐藤荣作的周山会①的聚会。佐佐木和田崎夫人也在场。该时期，川端和木津善五郎、佐藤、田崎一起去筑地一带聚餐并举行了座谈会。15日，川端读了能势朝次②的《能乐源流考》，并出席了在东急酒店举行的"思京会"。16日，川端前往银座松屋看了森田元子的素描展，并见到了西条八十、松方三郎。在4丁目的竹叶亭用餐后，去松坂屋看村上肥出夫③油画展时，兜屋画廊④的西川武郎来为川端做了讲解。村上是一位放浪形骸的画家，无所事事地坐在一间房间里。川端在那里见到了林绿敏，两人一起离开后在中林画廊（中村铁店主）歇息。川端先去了福田家，随后参加了笔会俱乐部关东七人委员会的会议，笠信太郎（1900—1967）、清水建设社长、昭和电工副社长、索尼社长（井深大）、平凡社社长下中邦彦（1925—2002）、东京大学校长茅诚司、汤川秀树、上代田野等人进行了交流，然后搭乘井深的车去福田家，收拾行李后返回镰仓。17日，川端参加了横山隆一和横山泰三两兄弟的母亲的告别仪式。秀子为参加表哥的七年忌去了东京。此时，画商来了。川端收到了根据第八代佐地子的德语

---

① 周山会，日本自由党中的一个派别。领导人物为佐藤荣作，通称为佐藤派。——编者注
② 能势朝次（1894—1955），日本能乐研究者、日本文学学者。——译者注
③ 村上肥出夫（1933—2018），日本油画家。常被称为"异端的放浪画家"，以画风景画出名。——编者注
④ 兜屋画廊，位于银座的画廊，1919年创立。——编者注

译本重译的西班牙语《千只鹤》。桑迪普·K.泰戈尔也来请求获得《雪国》孟加拉语的翻译许可。川端收到上森子铁寄来的越前螃蟹和平田春一（诗人，1894—1973）寄来的酒糟。18日，坂本万七制版厂的人来拍摄川端收藏的雷诺阿作品。川端观看了电视节目《皇室专辑》后，又看了NHK电视台的《和原爆的孩子们在一起》，听了广岛大学中野清一教授的话深受感动（《一周日记》）。

且不论能势朝次这样的人，川端过的与其说是文学家的生活，不如说是"名士"的生活。久米正雄也有这种气质，他的通俗小说深受欢迎，在文学家的人群中却深受鄙视。但是，川端在文学家中也很受尊重（只是貌似如此），这反而有些让人毛骨悚然。

3月4日，小泉信三给川端来信说，《古都》依然炙手可热，自己看了两次电影，并为《新文明》写了感想。NHK儿童文学奖的评审会在青松寺境内的"醍醐素食馆"里举行，川端和藤田、久保田万太郎、竹山道雄一同出席，并和藤田都推荐了中川李枝子的《不不园》，该作品最终获得了鼓励奖。另外，川端接受委托创作的千代田兴业的公司《社歌》由藤田代笔，他将13万日元的歌词创作的稿费交给了藤田。

这一时期，以小田切进（立教大学教授）、高见顺、伊藤整等人为中心计划建造一座近代文学的博物馆。该博物馆即后来位于驹场的日本近代文学馆，川端也参与其中。4月，川端担任了近代文学博物馆馆长。7日，财团法人日本近代文学馆成立，川端任监事，建立了创立总会。4月，在新桥演舞场的"春之东舞"中，上演了川端的《古都舞曲》。

同时，《伊豆的舞女》定下由日活电影公司的西河导演搬上银幕，第四代舞女由吉永小百合扮演。川端为了看电影的拍摄过程，在新潮社副总编丸山泰治的陪同下前往伊豆的拍摄现场，这件事好像发生在5月1日。川端下榻下田的东急酒店，随后去了位于汤野的福田家住宿，其间还外出钓了鳟鱼。川端去了汤岛总馆，又去了

与日活电影公司影片《伊豆的舞女》中的主演吉永小百合在一起。摄于1963年（个人所藏）

国士岭看电影的拍摄情况。紧接着他又前往吉奈温泉、船原温泉，越过船原岭，在土肥的今井庄住了四晚，然后从土肥前往沼津。此时吉永19岁，她在前一年主演了《化铁炉林立的城市》，一举成为明星。另一位主角是高桥英树。电影在6月开始公映。川端是吉永的铁杆拥趸，据说他给吉永写信称："你是精神贵族。"在参观电影拍摄现场时，他一直抓着吉永热聊，给摄影师造成了很大困惑。另一位诺贝尔文学获奖者大江健三郎也是吉永小百合的影迷，据说他含情脉脉地看完了《梦千代日记》①。

吉永在拍摄前一天去川端家拜访。吉永曾经也钟爱《伊豆的舞女》，当她发现电影脚本里没有"好人就是好"的台词时深受打击。她想告诉川端，但没有说出口。井手俊郎的脚本里有这句台词，据说被导演西河删了，理由是删除了男青年是孤儿这一人物设定后，这句台词便没有了依据。（《〈伊豆的舞女〉物语》）②

本月6日，75岁的久保田万太郎去隔壁梅原龙三郎家吃饭，被赤贝寿司噎住喉咙去世。久保田是艺术院二部（文艺）的部长，于是，川端继任了部长职位。24日，和川端关系密切的66岁的田崎

---

① 《梦千代日记》，20世纪80年代NHK制作的电视剧，吉永小百合主演。——译者注
② 本书作者署名"西河"，其中有"根据西河导演回忆"的叙述，整本书几乎都由阿部嘉昭撰写。

勇三去世。33岁的平山城儿结婚。

《日本的文学》编委

战后，日本的出版社出版了大量日本文学全集类的书籍，如角川书店、新潮社、筑摩书房、讲谈社、河出书房等，这一时期，中央公论社也开始为创刊《日本的文学》做准备。编委有谷崎润一郎、川端、伊藤整、三岛、高见、大冈升平、唐纳德·基恩。经编委会多次开会，确定了共八十卷的内容。第一次会议在6月4日举行，川端、伊藤、高见、大冈、三岛等五人聚集在福田家，会议开到深夜11点。第二次会议在7月2日召开，参会人员和第一次会议相同。谷崎因病、唐纳德·金因人在美国缺席。金任职于哥伦比亚大学和斯坦福大学。会议结束后，川端和三岛、大冈、高见、岛中鹏二等人一起去了拉莫尔酒吧。随后，高见、大冈和川端带着女陪酒们去了赤坂的矶村，结束后川端和高见乘坐出租车回家。

战后和川端有关的逸闻趣事中，在各种场合被人提得最多的是下面这件事，吉行淳之介在他的文章中提到，因为银座的酒吧太贵，自己去不起，川端则对吉行说："太贵的话不付钱不就行啦。"他的意思是反正都是漫天要价不用理会吗？川端对待金钱非常随性，很有大阪人的性格。

这家拉莫尔酒吧前面也出现过，是文人聚集的场所。石井妙子的《阿染》花很多笔墨写了和川端一起听新年钟声的故事。因川口松太郎的《夜蝴蝶》中的原型而广为人知的上羽秀，后来去了东京发展。发生《事故的原委》的事件时，从松竹少女歌剧进入阿染酒吧成为吧女的小野田睦子（1940—　）深受川端宠爱，经女性周刊杂志披露，是川端将她带来东京的，她也被说成是《睡美人》中的原型。川端去世前写道"和她相遇有十一年了"，如果时间没有写错的话，睦子和川端相识是在《睡美人》之后。

由三好淳之经营的三好兴业公司开的拉莫尔酒吧，是上羽秀的竞争对手。女掌柜的名字叫花田美奈子。《瀑布之声》中佐藤碧子写道，秀子曾向自己说过已经很讨厌丈夫之类的话：

> 自从他出入银座的酒吧找R以后，花钱就像竹篮打水一样毫无节制……
>
> 听说那位名叫 M. M 的社长心狠手辣。"R"我也认识。H. M 是个中年妈妈桑①，人很聪明，文人表演话剧时让"R"的酒吧女去后台照顾那些参加演出的文人先生，出版纪念派对时她一定会来提供服务。那可是最好的广告。"R"的那个名叫 Y 子的女人让我很头疼。

"拉莫尔"的缩写应该是"L"，她大概想用罗马拼音来表示吧。"像竹篮打水一样"应该是"像流水一样"。换言之，川端在这段时间应该已经远离了"阿染酒吧"以及开店二十三年的川边瑠美子的"埃斯普瓦酒吧"。山口瞳在拉莫尔酒吧将川端介绍给梶山季之（1930—1975），这就是川端所写的自己不停去找《睡美人》的原型阿奴的时期。集英社的编辑岛地胜彦（1941— ）写道，川端只要了一杯橙汁，然后一直握着那个女人的手。

7月5日，川端前往京都，《新潮》8月刊开始连载《片腕》。这也是一篇长度只能称为短篇的作品，却花了五个月的时间连载。17日，在福田家召开《日本的文学》编委会，唐纳德·基恩第一次出席。30日，原定在热海开会，由于谷崎生病住院，改在福田家举行，谷崎也出席了会议。谷崎最年长，因此放在文集的第一位。

这次会议反对将三岛和大冈、松本清张放入全集，被拒之门外

---

① 妈妈桑，对于日本具有情色性质酒吧女性管理者的称呼。此词来自日语的音译。——编者注

的清张非常生
气，他在《中
央公论》揭露
了反对者的人
名。大冈从
1961年（昭和
三十六年）的
"纯文学争论"
的时期起，就
对清张、水上
勉的推理小说
在社会上广受

中央公论社的全集《日本的文学》第五次编委会议。摄于
福田家，1963年8月。右起：三岛由纪夫、川端、伊藤
整、唐纳德·基恩、谷崎润一郎、高见顺、大冈升平。
（中央公论社）

欢迎提出过异议。中央公论社提出将大佛、今东光、狮子文六放入
全集，高见则提出让中村真一郎进入，三岛说如果那样的话福永武
彦也应该放入，中村和福永两人以及远藤周作都有一卷进入。缺席
的伊藤要求把芹泽光治良放入，高见的意见提出后遭到否决。

　　当时，编委会决定在全集中谷崎一人的作品享有三卷。对此，
谷崎说："如果这样的话，夏目先生也必须是三卷。"这话出自讨厌
夏目漱石的谷崎之口让人深感意外。当时大家提议川端为两卷，川
端执意改为一卷。《美丽与哀愁》连载以后没有发行单行本，预定
放在这套全集中出版，高见和大冈竭力说服川端，被川端坚决拒绝
了。责任编辑三岛后来提到，为了将川端作品集结成一卷，他煞费
了一番苦心。

　　伊吹和子在文章中写道，谷崎和中央公论社原定将今东光放入
全集，因川端反对而取消。伊吹任职于京都大学国文学研究室，经
泽泻久敬推荐，在谷崎新译《源氏物语》时被派至谷崎身边担任助
手，后来成为中央公论社的编辑，晚年因撰写与谷崎生活有关的著
作《我的所见：谷崎润一郎最后的十二年》而广为人知。她在《川

端康成：眼睛的传说》中详细写到了当时的情况。

> "但是，今先生是川端老师的亲密朋友吧。"三岛先生说。
>
> ……
>
> "不用了，不能把他放到全集里。"
>
> "为什么？"
>
> "他没作品。"
>
> "也不是这样吧，他有《稚儿》《斗鸡》之类的作品，怎么样？"
>
> "说这话的大概是伊藤整先生吧。《斗鸡》写得很不错。"谷崎老师自言自语似的嘟哝道，川端老师的眼神中散发着威严的光芒。
>
> ……
>
> 大冈先生以缓和的口气说道：
>
> "那么，将《斗鸡》和别的小说放在一起，搞个《名作集》怎么样？您觉得呢？谷崎老师。"
>
> "啊，那也可以……不，我没什么意见……"
>
> "不行，采取那种形式的话反而对他不好。"川端回答道，态度强硬。

今先生当时的成就，川端老师不可能不为他感到高兴。在别人眼里，作为新全集的编委，如果可能的话，首先想推荐今先生的一定是川端老师。然而，全集中汇集着《黎明之前》《暗夜行路》《细雪》《雪国》等名著。然而，自己最亲近的朋友，实际上根本拿不出在和这些名著相提并论时而不感到羞愧的作品……当清醒地认识到这一点时，川端老师的心情一定是非常沉重的。

"因此，在东光后来参加选举时川端给予了援助，可能川端意在对当时的做法进行补偿吧。"伊吹继续说道。

我起初读到伊吹的文章时还是有些被打动的，但是现在回过头思考，《日本的文学》整体上是否经过那么严格的挑选，即便不给东光单独一卷，哪怕三人组成一卷也并非说不过去。诸如林房雄、中山义秀、阿部知二、井上友一郎以及田宫虎彦等人，现在想来那些不用放入的作家也进入了这套全集，那就更没有必要固执己见地拒绝今东光入围。不过，既然将笔会俱乐部副会长芹泽都拒之门外了，从道理上讲，因为是自己的好友而网开一面的话可能也说不过去，川端应该也有这一层的考虑吧。

说得更直白一些的话，这是川端和谷崎之间最终的战争。对川端而言，东光是谷崎的弟子，他对此并没有释怀。人们常说三岛自己想拿诺贝尔文学奖，却入了川端之怀，大概就是这一原因造成三岛情绪低落而切腹自尽，但从川端的角度来说，当时最大的竞争对手是谷崎。甚至在川端已经获得诺贝尔文学奖之后，赛登施蒂克还说，自己以为要说日本文学的话，必然首选谷崎。谷崎只要活着，获奖的可能性就是存在的。只要谷崎获奖了，川端就难了。《斗鸡》一开始就是谷崎推荐给《中央公论》的作品。川端用自己只出一卷作为筹码，击倒了谷崎的弟子东光。谷崎是否真的说过请川端出两卷的话？我觉得应该没有。

谷崎和川端的关系，伊吹和东光应该是最知情的，但他们什么都没有说。谷崎特意分了三次在报纸上盛赞水上勉的《越前竹人偶》，对川端却未置一词。两人在作品风格上貌似有相似之处，川端的内心无疑对谷崎暗藏着很深的敌意。当然，川端绝对不会在言行中流露出来。

最终，他只剩下等到谷崎寿终正寝这一条路。[1]

---

[1] 舟桥圣一在川端去世后的座谈会"追忆川端康成先生"（北条等）上谈到，川端和谷崎的关系，最终还是彼此水火不容。

第十四章
诺贝尔文学奖

大谷崎的葬礼

1963年（昭和三十八年）7月23日举行了芥川奖评选会，川端推荐了后藤纪一的《少年的桥》，最终该作品和河野多惠子的作品一同获奖，当时，佐藤得二（1899—1970）的首部长篇小说《女人的战争》获直木奖。佐藤是川端一高时期的同学，和铃木彦次郎是同乡好友。在此之前，他是佛教学者，战前任一高教授，战后在文部省等地工作，作为作家，他仅出版了一部著作便销声匿迹了。当时有人质疑佐藤是否因为是川端的朋友而获奖。确切地说，和上回山口瞳获奖一样，推荐该作品的是今日出海。当时候选作品还有梶山季之的《李朝残影》，梶山因此而心怀不满。

8月至9月，川端住在轻井泽，见了大冈升平，他对大冈表示自己认为《日本的文学》编委会很有意思。他在写给三岛的信中也提到这件事，三岛回信说，很久没有如此兴致勃勃地谈文学了。10月3日，高见顺查出食管癌，决定住进千叶大学附属医院动手术。4日，池岛信平、吉村公三郎、泽村三木男（文春）、严谷大四、安倍宁（音乐评论家）、伊藤、小田切进、团伊玖磨、川岛胜（讲谈社）等人聚集在"埃斯普瓦酒吧"，为高见举办了"欢送会"。大家为鼓励高见而特意起了这么一个名称。8日，川端去医院探视高见。当时，高见出版了长篇小说《不良感觉》，川端推荐他参评野间文学奖，最终广津和郎的《年月的足音》获奖，《不良感觉》则获得新潮社文学奖。

除了芥川奖，从这一年度起川端还担任了野间文学奖、新潮社文学奖、女流文学奖的评委。不过，他以视力恶化为由辞去了除芥川奖以外的所有奖项的评委。11月22日，美国总统肯尼迪在达拉斯遇刺。12月，石滨恒夫的次女红子出生。长女春上和生母织田昭子一起生活。《文艺》杂志由河出书房新社复刊，寺田博（1933—2010）担任主编，他请川端写完《某人的一生中》，并在1月刊上一举刊载了全文。

1964年（昭和三十九年）1月2日的新年会，三岛、立野、林房雄、野上彰、手术后的高见和夫人、石井碧子、望月优子、梅园龙子、吉水绫子、片冈蓝子、高田力藏一家、濑户内晴美、山口瞳都来了。山口只参加了这一年的新年会。2月19日，67岁的尾崎士郎去世。21日的告别仪式上，川端致了悼词。28日，77岁的辰野隆离世，川端也参加了告别仪式。这段时间，川端看了《干渴的花朵》后喜欢上了加贺真理子（1943—　）。不过，这次和川端过去喜欢的类型不同，我觉得加贺是谷崎喜欢的类型。

前一年4月，日本笔会俱乐部为了纪念东京奥运会，决定为描写日本的外国文学作品颁发文学奖而发起了征文活动，并在年末进行了评选，是年3月在丸之内大厦精养轩的例会上举行了颁奖仪式。詹姆斯·柯库普（James Kirkup）的系列诗《海的日本》获最优秀作品奖。不过，前来出席颁奖仪式的是九州大学文学部讲师让·佩罗（Jean Péro），川端为颁奖人。高见在日记中提到，18日，川端因胸部肿瘤动手术入住癌症中心，在28日出院时给高见打了电话。可能只是囊肿。川端因为眼睛后面的瘊子也动过手术。

之后川端去了轻井泽，4月5日，淀野隆来电话，告诉川端三好达治去世的消息。三好的儿子和石原八束（诗人，1919—1998）来了，说起三好临终前的情况。27日，北村小松去世。5月3日，冈部长二去世。6日，73岁的佐藤春夫在广播电台的节目录制中去世。"这次轮到佐藤先生了。我感觉很不好。"川端在信中写道。《新潮》6月刊开始连载《蒲公英》，其间几经中断，直到1968年（昭和四十三年）10月才宣告结束。5月7日，川端出席了在圆觉寺举行的冈部告别仪式，随后赶往东京，观看了三岛的作品《喜悦之琴》的演出。这部作品非同寻常，由于它是一部讽刺左翼的戏曲作品，文学座①围绕公演之事出现了分裂。10日，川端参加了在青山殡仪馆举行的佐藤的告别仪式并致了悼词。《文学界》的6月刊至8月刊，进藤纯孝连载了《川端康成论》。川端对进藤说："这让我很伤脑筋，很棘手。"是不是因为这是了解内幕的编辑撰写的文章，所以才让川端感觉坐立不安？

5月25日，"日本近代文学馆激励会"在东京会馆举行，川端是该会的发起人。池田勇人、田中角荣、滩尾弘吉等自民党政治家，以及正力松太郎、野间省一、岩波雄二郎、佐佐木、佐藤义夫、岛中、大河内一男（东京大学校长）、大谷竹次郎（松竹电影公司）、永田雅一（大映电影公司）、山本有三、丹波等人聚集一堂，今日出海担任主持，川端和池田等人致辞，高见发表了答谢词。会议结束后，川端前往"金田中饭庄"参加佐佐木的招待宴，久松潜一、伊藤、今日出海、池岛、小田切进、桥爪健、狩野近雄、高见夫妇等人在场。

之后，川端前往挪威奥斯陆，出席在那里召开的国际笔会俱乐部大会。川端先飞往美国。由于乘错去机场的公共汽车，川端只能乘坐原定飞机航班的下一趟航班。川端因持有泛美航空公司琼斯的介绍信，退回了头等舱与公务舱之间的差价。这位琼斯就是在相扑"千秋乐"的比赛中高喊"哟—嚯—哟"的亲日派大卫·米夫卡·

---

① 文学座，1937年9月由岸田国士、岩田丰雄、久保田万太郎等人结成的新剧剧团。——译者注

琼斯（David Mifka Jones）。川端在羽田海关遇见了朝吹登水子，她想推进《不良感觉》的法语译本，川端在写给高见的信中也提到了这件事。川端在火奴鲁鲁的酒店住了一晚，在25日抵达旧金山，并入住了广场酒店。26日，川端前往斯坦福大学拜访了赛登施蒂克。赛登正在翻译《山之音》。28日，川端前往洛杉矶，住在比特摩尔酒店。29日，川端参观了迪斯尼乐园和亨廷顿图书馆（The Huntington Library）。30日，川端抵达纽约，下榻圣莫里茨酒店。在这里，他受到泛美航空公司总部的接待，在副社长普莱亚处见到了旅行家兼高薰。6月2日，川端拜访了东洋美术古董商霍华德。4日，川端见了名叫哈马的人，在他陪同下参观了画廊和仓库，这人可能是画商。

13日，川端抵达巴黎，据说受到初次见面的泛美航空公司的女子招待，并与她共进晚餐。川端日记中出现了德永郁子这一名字，可能是她。15日，川端前往大使馆，和朝吹一起就翻译《不良感觉》法译本之事拜访了联合国教科文组织的罗杰·凯约瓦。16日，川端发现没有飞机，赶不上国际笔会大会第一天的会议。如果在哥本哈根候补机票也不是不可能，但此时恰好苏联的赫鲁晓夫来了，酒店满房了。于是，川端入住了华尔道夫酒店。20日，川端去见岸惠子，并见到了岸惠子的女儿。21日，国际笔会俱乐部大会在奥斯陆召开。代表有高桥健二、平林太子。东佐那绘、圆地文子、远藤慎吾、泽野、寺崎、福田兰童也以观察员的身份出席会议，中途山崎丰子（1924—2013）也来了。作为荣誉嘉宾的川端，23日终于抵达奥斯陆，入住布里斯托酒店，加入了泽野、寺崎等一行，并在当天和高桥健二聊到很晚（寺崎浩《旅人》）。

25日，川端在奥斯陆市内观光。26日，川端在王立剧场观剧。27日，闭幕大会举办，川端乘坐大使馆福田的车和兰童、泽野去钓鳟鱼。28日，川端前往巴黎，下榻名为"帕罗"的小酒店。7月13日，川端前往卢浮宫参观了印象派美术馆。随后，他从罗马抵

川端与岸惠子在《妇女公论》杂志编辑部举行对谈。摄于1964年（中央公论社）

达佛罗伦萨。川端在周游了欧洲各国后，8月10日从巴黎回国，不清楚其间去了哪里。

15日，川端去了轻井泽。20日，65岁的桥爪健去世。据说前一年佐藤得二和桥爪一起来见川端，桥爪已经显得很憔悴。9月1日，川端前往日比谷公会堂观看太刀川琉璃子（小牧正英的前妻）的芭蕾舞演出。伊万·莫里斯的夫人小川亚矢子也客串出演。川端在现场见到了伊万·莫里斯、唐纳德·基恩、赛登施蒂克，并在演出结束后下榻大仓酒店。2日，川端出席了赛登的《现代日本作家论》（新潮社）的出版纪念会。3日，川端出席外相椎名悦三郎招待赛登、金、西贝特的宴请。7日，川端为参加吉川英治的三年忌前往新日本酒店，从森田珠那里得知淡淡斋千宗室的死讯。

10月，东海道新干线通车，东京奥运会举行。11月2日，上野图书馆内临时设置日本近代文学馆文库，川端出席了纪念祝贺会。高见、国会图书馆馆长铃木隆夫、久松、爱知揆一文部大臣、山本有三在场，川端致闭幕词。这一时期，川端为谷崎润一郎的《新新译源氏物语》写了推荐文《被唤醒的世界级古典文学》。

NHK的早间电视连续小说的第四部作品播放了林芙美子的原著《旋流》，下一部计划播放川端的原著，制片人畑中庸生来找川端商量。对方刚一提出《雪国》或《伊豆的舞女》时，川端马上说道，那两部作品已经拍过好多次电影了，如果能用新作品的话我可以同意，于是定下了《玉响》。11月16日，为了作品的采风，川端带着《古事记》文库本搭乘全日空的航班抵达宫崎机场。前来迎接的是NHK宫崎放送局的笹拓儿，以及受托担任向导的名为"宫崎交通"的大巴公司职员渡边纲缆。渡边写过好多篇文章详细叙述当时的情况。由于是大巴公司的人来接自己，川端非常不高兴。川端在宫崎下榻的是宫崎观光酒店的522号房间。

川端原计划在这里住三天，然而因为渡边带他四处参观，介绍了不少地方文化人给他，最终也待了十五天。这些文化人中有二战期间获芥川奖提名的诗人、作家黑木清次（1915—1988）、原《读卖新闻》记者黑木勇吉（退休后笔名晚石，1896—1992）等人。川端还参观了本部真（1907—1991）的陶俑工厂。中途，NHK电视台的制片人长与孝子和川端的女儿政子一起来了。孝子是长与善郎的大哥称吉的孙子。宫崎交通社社长岩切章太郎（1895—1985）说自己和川端是一高和东大时期的同学。川端直接否认道："你比我大4岁，不可能是同学。"企业家可能也就打趣随口一说。岩切苦笑了一下。据说岩切说："文人真难搞。"

当时，只要有人问起川端日本获诺贝尔文学奖的会是谁，川端一定回答是三岛君。不说自己的名字当然可以理解，但他把还活着的谷崎排除在外了。川端一个人去了中村地平的作品《日向》中写到的阿波歧原。和渡边、政子、长与等四人一起去高千穗时，川端在酒店过量服用安眠药，夜里从楼梯上滚落下来。

四人一起去虾野高原时，畑中也从东京来了，据说川端在鹿儿岛待了两天后才返回东京。《朝日新闻》鹿儿岛分局的滨川博在酒店采访了川端。但是，6日高见顺打电话给川端家，被告知川端正在九州。13日川端写信对东山魁夷表示感谢，信中说结束了三周的旅行后回家收到东山魁夷赠送的《来自古老的城市》。也可能川端在鹿儿岛又待了一周，然而渡边的文章中写道，他在机场目送川端的飞机起飞，这里有些难解。

12月17日，举行了野间文学奖的颁奖仪式，获奖作品是高见的诗集《来自死亡的深渊》和中山义秀描写明智光秀故事的《咲庵》。川端代表笔会俱乐部致辞，丹羽代表文艺家协会发言。川端赠送给了三岛一座阿里斯蒂德·马约尔（Aristide Maillol）的雕刻"丽达"，并写信嘱咐三岛"请放在花园里"。

　　1965 年（昭和四十年）1 月，T. S. 艾略特、花柳章太郎去世。2 月，松竹电影公司拍摄的《美丽与哀愁》公映，篠田正浩担任导演，山田信夫担任脚本制作，武满彻担任音乐制作，主演有加贺真理子、八千草薰、山村聪、渡边美佐子。在此同时，单行本也出版了，2 月 3 日，川端给上羽秀寄了一本，并附上一封信。《妇女公论》4 月刊上，刊载了川端访问松竹大船摄影棚时与加贺、八千草等人在一起的照片。担任单行本责编的是毕业于庆应大学后进入中央公论社工作的村松友视（1940—　），当他介绍说自己是梢风的孙子时，据说川端回应道："啊，是梢风的孙子……吗?"他没想到围棋对手梢风的孙子已经长这么大了。

　　3 月 21 日，川端列席了在建长寺举行的特攻队"神雷战士之碑"的揭幕仪式。4 月 5 日，NHK 早间电视连续小说《玉响》播出。[1]山田丰、尾崎甫等担任脚本制作。川端的原作连载始于《新潮小说》的 9 月刊，对于宫崎的描写，仅止于介绍一个家庭的主要登场人物的程度，脚本也写得非常随意。与此同时，4 月，松竹电影公司的电影《雪国》公映。大庭秀雄担任导演，大庭、斋藤良辅担任脚本制作，山本直纯担任音乐制作，主演有岩下志麻、木村功、加贺真理子、泽村贞子。由于川端喜欢加贺，加上《美丽与哀愁》，她主演了（川端小说改编的）两部影片。

---

[1] 长谷川尚的文章在谈到《玉响》时提到了略显不可思议的代作嫌疑论。这部作品，除了发表的原作之外，还有用于电视小说的原作，文章怀疑是北条诚的代笔，但是《新潮小说》上的连载被认为是另写的，因此应该没有更早的其他原作。另外，《NHK 画报》5 月 15 日刊上刊载了《新潮小说》连载的开头部分的原稿照片，至少在那个时间点上已经写了开头部分。

4月5日，近代文学馆的建设地点定在东京大学（驹场校区）后面的原前田侯爵的宅邸遗址。川端和伊藤整一起去向佐藤总理表示感谢。由于池田勇人因病辞职，前一年年末佐藤出任总理，秀子和总理夫人佐藤宽子成了朋友，结果这引起了别人对川端的戒心。围绕文学馆的馆址，小田切坚持要选离东京都中心近的地方，川端则觉得驹场也不错。另一方面，

川端与村松梢风下围棋。摄于镰仓村松宅邸，1951年（日本近代文学馆）

23日，川端和植村环与七人委员会一起前往美国驻日大使馆，带去了致约翰逊总统的抗议信，并表示反对美国插手越南事务。驻日大使埃德温·赖肖尔（Edwin Reischauer）解释了美国的立场，川端给予了愤怒的反驳。5月的笔会俱乐部理事会上，松冈提交了辞呈，川端也表明了辞去会长之职的意愿。9月，川端再次表达辞任的意愿，获得批准。10月，定下由芹泽出任下一任会长。事务局局长松冈原先就被认为有问题，川端选择了和他共进退，但不清楚其中究竟有什么样的内情。5月23日的高见日记写道，他对前来探视自己的川端说："我还是让松冈君卸任了。""虽说有些残忍，但对松冈君来说，可以自由自在地做自己想做的事情，大概也不错吧。"松冈后来开始支持中国的"文化大革命"，逐渐走上了极左道路。

5月中旬，川端在京都看了"葵祭"①。天皇也来了。高见几度

---

① 葵祭，京都三大祭之一，每年5月在上贺茂神社举行的庆典活动。——译者注

住院、出院，穿着和服来参加和近代文学馆有关的活动。高见极度
消瘦，报纸上也刊载了照片，日记中也有详细的记录。高见身患癌
症，却很在意自己的著作在新闻广告版面上的大小，三岛言道"真
可怕"。春天，连载中的《高见顺日记》也没有获得艺术奖，他自
己深感遗憾。5月23日，川端去看望高见。

> "川端先生，对不起。"高见说。
>
> "什么？"川端一脸不解地问道。
>
> "我要先死了，对不起。"高见回答。
>
> "啊，啊啊，那太不好，太不好了，真的……"川端说。
>
> （《川端康成实录》）

6月，川端为四季剧团公演的《美人鱼》（让·吉罗杜）的宣传
册撰文。该剧由加贺真理子主演，浅利庆太导演。6月10日前后，
川端搭乘常盘线的准急列车前往土浦。川端在霞浦乘上"浮岛丸"
客轮抵达麻生，上岸后遇到抗议建设成田机场的游行队伍。在旅馆
小憩后，他前往天王崎、牛堀，看了鹿岛神宫的宝库。翌日，川端
抵达潮来时，偶遇NHK电视台"来自城市来自农村"的摄影组，
川端作为参加"菖蒲节"的游客被拍进了镜头。随后，川端坐上女
孩掌舵的船只，经过十二桥、长胜寺、北利根川进入横利根川，抵
达佐原。这次行程不知是否也是采风，也可能是川端为了写作刊登
在《朝日周刊》上的《水乡》而来。这部作品中首次透露了伊藤初
代已死的信息。

7月19日的芥川奖评选会，三岛以新任委员的身份参加。获奖
者是津村节子。节子的丈夫吉村昭，过去四次获得提名均未获奖。
这年春天起，谷崎病情加重，住院一段时间后在位于汤河原吉浜的
家里静养，并于7月30日去世。79周岁的谷崎，死在看得见太平洋
的家中。8月2日，在福田家举行了守灵，中央公论社的职员前来

帮忙。据说川端现身后对伊吹和子说："今天来的人中间，最悲伤的人是你。你不要在这里接待客人。你把手上的活交给别人，安静地待在祭坛边上。你在这里忙着接待，不是想哭也不能哭吗？"

3日，在青山殡仪馆举行谷崎的告别仪式，岛中任治丧委员长，川端代表日本笔会俱乐部致悼词。三岛在估计是7日发行的《SUNDAY每日》15日刊上发表文章《谷崎王朝时代的终结》。三岛模拟"平安王朝"的称谓，将谷崎活跃的时期称为"谷崎王朝"。紧接着，三岛又和舟桥圣一以"大谷崎"为题进行了对谈。此时，我认为川端的心情绝不平静。三岛，在某种程度上而言属于川端和谷崎两人的弟子。所谓"谷崎王朝"的说法，无疑未把川端放在眼里。当然，川端也绝不会因此把不快挂在脸上，这一点是川端身上可怕的地方。

8日，川端去了轻井泽。之前未出版单行本的作品一并收录于《片腕》，计划10月由新潮社出版，他为装帧设计一事在写给东山魁夷的信中写道："谷崎先生去世了，我心里很难过。"17日，59岁的高见顺离世。川端担任20日葬礼的治丧委员长。27日，川端住在轻井泽，参观了佐藤荣作的别墅，在"口悦饭庄"见了藤田圭雄，藤田的女儿崎子也在场，然后川端为了参加皇太子妃交流会前往位于千泷的猪熊叶子宅邸。这是以翻译了圣埃克絮佩里（Saint-Exupéry）的《小王子》（*Petit Prince*）的法国文学学者内藤濯（1883—1977）为中心组成的"小王子读书会"的活动。藤田、武市八十雄（1928—2017）、村松定孝等人也加入了该读书会，经猪熊介绍，喜欢童话的美智子妃也加入了进来。该会每月在国际文化会馆举行例会，这一次可能是临时增加的。藤田将自己的著作《我是海盗》送给众人，美智子轻声朗读了藤田作词的童谣《荡秋千》。武市是至光社的编辑，负责童书出版。猪熊毕业于圣心女子大学国文科，在牛津大学留学时转为英国文学专业，后在母校担任教授。

9月，皇太子夫妇前来拜访，川端把中山知子以及五岛茂也叫来了万平酒店。19日，川端在东京观看了相扑秋季赛的"千秋乐"比赛，随后和藤田夫妇在表参道的皇家饭店用餐。这一时期，《平凡》等青年杂志举办了"你心目中的名人"的问卷调查，结果，排在第一位的是佐藤荣作，第三位是川端，吉永小百合排在第四位。

政子的婚事

10月3日，川端和大宅一起回母校茨木高中举办建校七十周年演讲会，并在体育馆发表了演讲。11月12日，川端参加汤岛伊豆的舞女铜像揭幕仪式。该铜像是在《天城路慕情》的作者土屋宽的热情倡议下建造的。土屋是下田人，小学毕业后通过教师资格考试当上了小学教师，后干过杂志社记者，并经营了一家出版社"新塔社"。建造铜像是两年的计划。土屋听川端的主治医生赤堀说，川端过去始终拒绝建造文学碑，他不想在生前建造和自己有关的文学碑。但是，川端还是为土屋的热情所折服，表示了同意。当天，田中绢代、吉永小百合、五所平之助夫妇都来参加了揭幕仪式。不过，据藤田日记中记载，当时川端的安眠药中毒症状非常严重。

1966年（昭和四十一年）1月，川端在《朝日新闻》刊载《美智子妃殿下》。家人在商量后，从东京大学请来了医疗局局长栗原雅直，医生谎称川端得了肝炎，说服川端住进了东京大学医院中尾内科。实际上住院后进行的是安眠药中毒的治疗，而栗原其实是精神科医生。川端在医院从1月住到3月，由于没有了高见的日记，川端住院期间的情况不得而知。后来栗原在文章中说，川端住院一事传出去的话会有很多人来探望，因此做了保密工作。因此，川端病房门上的人名为"黑田荣吉"，只有中山伊知郎、坂本吉胜博士（1906—1989，后任最高法院审判长）、北条诚来探视过。

根据最近《SUNDAY 每日》杂志上的报道，按照栗原的说法，这次让川端入院也是为了切断川端和拉莫尔酒吧的阿奴之间的联系，但川端住院期间还给阿奴写了信。阿奴也是《睡美人》的人物原型。

也就在此时，政子的喜事却意外地从天而降。政子35岁了，依然独身。栗原想把巴黎留学时代的友人山本香男里介绍给政子。在病床上听了此事的川端说：

"快，快，孩子她妈，快告诉政子！"

栗原说他当时记住了川端说的话，他不愧为优秀的精神医学专家。川端出院后的4月3日，栗原带香男里来镰仓拜访。香男里的父亲山本政喜（1899—1960）是英国文学学者，明治大学教授，已经去世。政喜从东京大学英文科和川端同年毕业。换言之，入学年份应该比川端晚一年。战前，他以无产阶级文学评论家的身份用桎不二雄这一笔名发表文章。香男里从东京大学教养学科法国分科这样一个名称有点烦琐的专业毕业，进入比较文学比较文化研究生院，据说法国文学学者前田阳一（1911—1987）建议他改为研究俄国文学。阳一是前田多门的儿子。香男里曾经留学巴黎和莫斯科，此时在北海道大学任讲师。当时东京大学文学部没有俄国文学科，从这一年起算的四年后经木村彰一之手建立了该学科。

香男里的妹妹是美术史学家若桑（1935—2007）。香男里的大哥名叫阿母里，大姐名叫光，二哥名叫思外里。香男里当时为了参加父亲的七年祭从札幌回到东京。川端和香男里、栗原见面后在和光旅馆用餐，由于两人之间存在各种交叉的关系，所以聊天进行得很顺利。过去政子的婚事总是进展不顺，可能也有父亲是川端的缘故，大家觉得难以高攀吧。政子是川端的独生女，身上背负的东西太重。

4月，由三岛担任导演、剧本制作人、主演的电影《忧国》公映，川端应该没有看过。5月，今东光成为中尊寺贯首。川端的随笔集《落花流水》在新潮社出版。6月5日，川端年满17岁的爱犬死了。住在镰仓的江藤淳恰好给川端寄来了随笔集《爱犬与我》，川端在表达感谢的回信中提到这是川端家养犬三十七八年后仅剩的最后一条爱犬。但是，作为战后文艺批评家的代表性人物之一的江藤淳对川端很冷淡。他和里见弴也有对谈，在追悼川端的文章中特意写道，自己把这封信装裱起来了，不过，并不是因为信是川端写的缘故，而是为了怀念爱犬。江藤还在文中说，川端的文学是高度大众社会化的文学，和谷崎、志贺、荷风等人的贵族气质的文学迥异。如果参照江藤在川端死后发起的"虚假论争"的话，川端堪称是"虚假"的大头领吧，他创作的既非私小说，又十分通俗。或者也可以说，川端是紧跟经济高度成长步伐的作家。羽鸟彻哉也提到，自己收到过江藤的明信片说，不如放弃川端研究吧。江藤对三岛也持强烈的否定态度。这样说来，堪称江藤盟友的小堀桂一郎用近似极端的语言否定川端，也在情理之中，不过我并不十分了解内情。

6月17日起，川端和秀子、政子、藤田夫妇一同前往松江旅行，在这里受到了岛根新闻社社长木幡吹月的热情接待。一行人从羽田机场搭乘全日空的航班飞抵米子机场，随后坐出租车前往玉造温泉，然后住在保性馆。18日，一行人坐大型道奇车（美国车）游览了日御矶、出云大社，然后在荒木屋吃了出云荞麦面，随后入住宏道町的八云本阵。19日，一行人主要在松江城。他们参观了小泉八云的旧居，然后在松江大桥脚下的皆美馆下榻。20日，一行人从松江站乘坐开往金泽的"朝潮号"急行列车抵达福井县的小浜，藤田孩提时代的男仆女仆们前来迎接。川端住在井清，并亲眼见到了云浜狮子舞表演。21日，一行人乘船看了苏洞门。22日，川端坐旅馆的车出发，参观了明通寺，然后在湖西琵琶湖酒店享用了午餐，4点半，一行人抵达京都旅馆，随后在浜作用餐。23日，川端等人坐酒店的车前往高山寺，随后乘上新干线"光明号"，5点半抵达东京。

8月，吉田喜重导演、冈田茉莉子主演的《女人湖》公映，虽然原作是川端，但是主角变成了女性。川端住在轻井泽，29日，川端接到住在万平酒店的藤田的联系，前去参加皇太妃的聚会。在猪熊家里，川端和葛原妙子、内藤濯夫妇、芹泽、武市、中山知子围着美智子妃聊天。川端为了叫上三岛一起参加这一聚会，在10月10日为感谢三岛赠送译作《圣塞巴斯蒂安的殉难》（加布里埃尔·邓南著）所写的信中提出了邀请。川端好像并没有把三岛不满战后的皇室一事放在心上。

这一时期，川端与东山魁夷之间的通信来往十分频繁，后来的书信口气发生了些变化，礼节性的内容变多了，变得不那么有趣了。川端购买了东山的一些作品，可以从信件中看出也都是出自礼节。川端在信中曾向东山道歉，在画商推销东山的作品时说了"如果是好作品"这样的话。川端当然非常懂行，他知道东山的作品很通俗。

10月，川端和香男里两家在皇家饭店见面，香男里的大哥阿母里也来了。突然，川端提出，政子是他们的独生女，希望香男里改姓川端。恐怕这是川端最初就想好的，只是没有说出口而已。香男里和阿母里去了另一间房间商量，应该也有香男里是家里第三个儿子的缘故，香男里决定接受川端的要求。川端在11月5日写给三岛的信中说，我也想写定家、承久之乱等故事，但自己已经日薄西山，和目标渐行渐远。三岛其实听川端说这话已经听了二十年。14日，60岁的龟井胜一郎去世。就是这位曾经评价川端创作的是亡国文学的龟井，在11月15日浅草本愿寺举行的他的葬礼上，川端代读了艺术院院长高桥诚一郎（1884—1982）为他撰写的悼词。

12月1日，川端多年的友人佐佐木茂索去世，终年73岁。川端在3日举行的葬礼上致悼词，他在写给小田切进的信中说，佐佐木的去世让自己深受打击。确实，从两人交往的时间长度上来看，佐佐木堪称最老的朋友。川端继任了佐佐木近代文学博物馆募捐委员长之职，他甚至写道，自己打算拆了佐佐木的宅邸将其移到自己的住宅，有些不明其意，结果没有保留下原型。是年，以色列的萨缪尔·约瑟夫·阿格农（Samuel Josef Agnon）和瑞典的内莉·萨克斯（Nelly Sachs）获诺贝尔文学奖。严格说来，以色列是亚洲国家，因此，川端是否可以称得上自泰戈尔以来时隔半世纪后再获诺贝尔文学奖的亚洲人？

1967年（昭和四十二年）2月，东宝电影公司的《伊豆的舞女》公映，恩地日出夫（1933—2022）担任导演，恩地、井手俊郎担任脚本改编，内藤洋子（1950—　）是第五代舞女的扮演者，主演还有黑泽年男（现名年雄，1944—　）。这部影片是川端生前拍摄的最后一部《伊豆的舞女》，川端去世两年后，又有了山口百惠主演的该片，之后就没再出现新拍的《伊豆的舞女》。28日，川端和三岛、石川淳、安部公房在帝国酒店召开记者见面会，发表了对中国的"文化大革命"限制学术和艺术自由表示担忧的声明。《中央公论》的5月刊，登载了座谈会文章《我们为什么发表声明——艺术是政治的工具吗？》。安部原是日本共产党员，石川也有左翼倾向，因此，这些人聚集一堂倒成了让人意外的话题。当然，座谈会上，安部、石川和三岛的政治思想显然背道而驰，无法达成一致。"文化大革命"的支持者江马修和丰田正子夫妇以及新岛淳良也在场。

自4月起，三岛进入自卫队体验生活，并开始筹建"楯会"。日本近代文学馆开馆，川端任名誉顾问。继高见之后伊藤整继任理事长，另外，稻垣达郎、小田切任理事。4月28日，68岁的新潮社社长佐藤义夫去世。亮一继任社长。该时期，川端指定野口富士男为执笔人的《日本笔会俱乐部三十年史》完成写作，川端和芹泽、立野、田村一起在山水楼招待野口以示慰劳。野口在文中写道，当时川端说："我想人间蒸发。"5月起川端开始在《风景》杂志上连载随笔《一草一花：〈伊豆的舞女〉的作者》。该随笔的写作动机来自

川端以《伊豆的舞
女》作者的身份为
社会所认识，到处
被人提起《伊豆的
舞女》这一局面，
这是一篇非常出色
的文章，文中还指
出了赛登施蒂克的
误译。

发表抗议"文革"的声明。左起：三岛由纪夫、安
部公房、石川淳、川端。摄于1967年2月（读卖新
闻社）

6月，京都南座
再次公演由北条改编、高田美和（1947—　）主演的《伊豆的舞
女》。川端为出席高见顺文学碑揭幕仪式而前往福井县三国町，随
后和伊藤整、今日出海、中村真一郎、中野重治、高见顺的妻子高
间秋子在一起。川端在福井市的人绢会馆举行了纪念演讲，中村的
文章写道，虽然川端声称直入正题，但他的发言还是非常冗长。泽
野的《小说川端康成》和中村的文章记录了川端之后的行程，但都
比较含糊，可能也有彼此矛盾的地方。按照泽野的说法，在室生犀
星的研究者新保千代子的邀请下，4日，川端和伊藤、森山启一起
前往金泽，并在那里住了两晚，川端还购入黄濑户①的茶碗，之后
中村去了京都。5日，正当中村和人喝酒时，川端出现了。他又说，
川端后来去了芦原温泉。可能在那之后川端去了京都。

枡井寿郎，大阪人，毕业于甲南大学，随后在淀川炼钢厂工
作，年轻时曾师从川端，后陆续出版了研究大阪文学家的著作。
1966年（昭和四十一年）创立西鹤文学学会并担任会长，这一时
期，他给川端写信说计划建造西鹤文学碑，请川端题字，被川端拒

---

① 黄濑户，日本桃山时代在美浓制作的黄色陶瓷。因在濑户烧制，由此得
　名。——译者注

绝了。大阪市正在计划将近松门左卫门的墓地迁至市外，枡井等人
发起了抗议运动。他也写信向川端报告此事，川端回信道，搬迁近
松墓是大阪的耻辱，务请阻止。于是，枡井将川端的回信给反对运
动的中心人物北岸佑吉（1903—1976）看了，北岸向他借了这封信
找到大阪市市长，从而撤销了墓地搬迁计划。不过，川端的文章中
从未提到过近松的名字。

　　文学碑这种东西有些不可思议，它与文学几乎没有关系，建造
的人充满热情，而当地的政府只是想借此发展观光业。也存在一些
人想要得到作家的手稿、作家的书法的现象，但这些东西也不过是
文学的遗骸。可以说这些举动无非都是旨在让无形的文学物化而
已。观光客站在文学碑边上留影，但其中没有读过作品的人占大多
数。川端等作家可能是诸如此类的文学物化行径的最大受害者吧。
堀多惠子在文章中写道，自己反对在轻井泽建造堀辰雄文学碑时，
听说这是出自川端的提案，川端并不介意在各处建造文学碑，实际
上，由于川端对《伊豆的舞女》的文学碑做出了让步，文学碑的建
造变得一发而不可收。

　　政子婚期临近，7月3日，川端一家和藤田夫妇去熊野旅行，
他们乘坐"光明号"列车前往京都，然后下榻奈良酒店，随后去了
大和郡山的慈光院、春日的奥山。此时，一个名叫驹诚巳的人前来
拜访，他希望川端看看自己的作品，此人的详细情况不明。美术史
家矢代幸雄也在场。4日，一行人坐酒店的车在天理市观光，游玩
了田原本、橿原、五条，随后在上野地用了午餐，然后在晚上入住
汤之峰温泉的伊势屋。5日，川端等人从本宫前往宫井，并乘坐电
动船经净八丁抵达新宫，游览了速玉大社、那智、青岸渡寺，随后
从那智本宫到了胜浦、越之汤。6日，一行人乘坐松岛环游的船只，
前往太地、樫野崎灯台、串本，入住名叫海月的脏兮兮的农村旅
店。7日，秀子神经痛发作，四人乘坐巡游船前往大岛。在船舱中
遇到请求签名的中年妇女，由于身上没带纸，川端将名字签在了纸

币上。轮船途经梶取崎、海金刚后回到海月，下午，一行在暴雨中
游览了潮岬，随后前往白浜，并入住太平洋酒店，在此处川端收到
64岁的淀野隆三去世的消息。8日，川端开车去京都，并在祇园的
十二段家饭店用餐。9日，川端前往东山的织宝苑，龙村美术纺织
品的第二代传人龙村谦（即二代平藏，号光翔，1905—1979）送给
政子晚礼服的布料当作结婚礼物。参观国际会议场后，川端乘坐
"光明号"列车，在晚上8点10分抵达东京。本月出版的《彩印版
日本文学全集：川端康成》（河出书房新社）收录了《某人的一
生中》。

13日，住在镰仓的65岁的和歌诗人吉野秀雄去世。野上彰最
近因脑部肿瘤动了两次手术。8月，川端成为日本世博会政府出展
恳谈会委员。由于香男里正在苏联留学，婚礼决定放在莫斯科举
行，10日，政子一人飞往莫斯科。川端有些魂不守舍，缺席了在大
阪举行的西鹤忌辰活动。这里有一些难解的谜团。香男里10月就
要回国，当时也的确举办了婚宴。那么，为什么还要在莫斯科举办
婚礼，也可能是政子自己想去莫斯科。不过，川端夫妇为什么没有
同行？在莫斯科日本大使馆举行的婚礼日期也不清楚。11日，秀子
打电话给藤田，委托藤田的表弟，即北海道大学的日本近代文学研
究学者和田谨吾（1922—1994）为香男里夫妇寻找回国后在札幌的
住房，之后秀子也可能去了莫斯科。川端一生都未踏足社会主义国
家，也许是因为这一缘故，详情不明。

21日，山口瞳的父亲正雄去世。川端打算去参加葬礼，到了国
立市后却因迷路未赶上葬礼，回了自己家里。对于这一突发情况，
山口瞳说自己很吃惊。也许是因为川端太孤独了。政子夫妇去了意
大利，应该是新婚旅行。28日，香男里前去参加在南斯拉夫的贝尔
格莱德举行的国际比较文学学会，芳贺彻也去了，两人一同出席。

8月，杨树出版社出版了川端的《世界名著：小公子》，这部作
品中含有对伯内特的另类作品《白人》（*The White People*）的节译。

野上在1954年的信中已经写到自己很想翻译《白人》。因此，书中的节译部分可能是野上的翻译。或许是作品中描述的死后世界吸引了川端。这部著作很长，没有译完，见到过"川端译本"的砂川宏一于2002年首次完整翻译了《白人》。

10月4日，国际比较文学学会会议闭幕。野上彰生命垂危。7日，川端告诉杨树社的相原法则（1928—　　），将《世界名著：小公子》《世界名著：小公主》的出版版税全部交给野上。10日，川端在写给藤田的信中也提到此事，说这点钱大概也不够，他的日子不多了。之后，川端前往京都参加光悦会的茶道活动，可能此时政子也回来了。24日，川端和藤田、秀子、政子在皇家饭店用餐。

另一方面，是月，耕治人终于向东京简易法院中野分院提出调解申请。根据耕治人的年谱，自1960年（昭和三十五年）起，他为土地问题而感到痛苦不堪，并因失眠开始服用安眠药，他考虑处理土地和房子并搬家，在东京郊区以及神奈川寻找新居。1962年（昭和三十七年），耕治人进入芳贺书店工作，以后的五年一直从事编辑工作，土地从八十坪变成四十坪，他内心的疙瘩也没有解开。由于经常服用安眠药导致心脏疾患，耕治人时常出入中本医院，被医生强行停止了安眠药。1966年（昭和四十一年）他偷偷从药房买来安眠药服用，导致夜里突然起身并大喊大叫。1967年（昭和四十二年）1月，他写下遗书打算吞服安眠药自杀，被妻子发现后阻止，然而他还是丧失了意识。中本医院的中本医生向他的妻子建议将其送往松泽医院（精神科）住院治疗，他的妻子开始着手准备，但在和平林太子商量后，平林表示反对，说那样一来怕耕治人回不了正常状态了，耕治人的妻子又和中本医生商量，随后将其送进了大久保医院（脑外科）并住到3月。耕治人的妻子经与律师商量，向法院提出申请，要求确认四十坪为耕治人的土地。

根据香男里的解释，耕治人常常向邻居喜八郎借钱，甚至找到了喜八郎工作的东京电台。耕治人在《红色美丽的容颜》中写道，因为经川端推荐出版了自己创作的《失去的祖国》，喜八郎常对自己以恩人自居，对耕治人表现出不屑一顾的态度。耕治人确实不正常，后来他怨恨川端，可能就是因为此时川端什么都没有为他做吧。到了这种程度，和他产生瓜葛，稍不留神就会给自己带来麻烦，何况当初对他言听计从的原本就是喜八郎。最终，翌年5月法院调解成功，经确认不存在土地问题，仅剩下道路问题。

从《新潮》10月刊开始，中断的《蒲公英》重新开始连载。10月，香男里想必回国了，24日，在国际文化会馆举办了婚宴。证婚人是前田阳一。林房雄、中山义秀、岩田欣三（1898—1986）、立野、舟桥、藤田、北条、泽野等人出席。岩田，本名良吉，1925年（大正十四年）从东京大学英文科毕业，1945年（昭和二十年）日本医科大学毕业，成为一名履历奇特的医生、翻译家。他可能是法政大学教授山本政喜的好友。新人夫妇应该是在婚宴结束后返回札幌的自己家的。11月，川端住在京都。4日，接到54岁的野上彰去世的消息后急速返回。8日，为野上举行了音乐葬礼。葬礼由藤田主持，法国尚松演唱家石井好子（1922—2010）、声乐家四家文子（1906—1981）、佐藤美子（1903—1982）、立川澄人（后改艺名清登，1929—1985）进行了演唱。佐藤美子是画家佐藤敬的妻子。10日，已经怀有身孕的政子前往札幌，顺便看看自己的新居。12日，川端在京都参加光悦会茶道活动。14日，川端参加了艺术院的会议。16日，川端看了上野博物馆的古代罗马展。17日，川端出席了文部省文化局的会议，并前往东急观看，冈鹿之助回顾展，随后在派对上遇见东山和森田元子。川端在19日写给政子的信中说，自己本来打算去名古屋的明治村，秀子看上去要回来了，所以才在家里等候。这时期一般应该会选择通电话而非写信。20日，帝国酒店举行了"埃斯普瓦酒吧"开业二十一周年纪念派对，川端也在出席者的名单中。是年，诺贝尔文学奖获奖者是危地马拉的米格尔·安赫尔·阿斯图里亚斯（Miguel Ángel Asturias）。

12月，随笔集《月下之门》由大和书房出版。8日，川端飞往札幌看政子的新居，新居是一套三居室的公营住宅。11日，川端回镰仓后听说政子流产的消息。13日，川端再次飞往札幌。政子因是早期流产，身体好像安然无恙。18日，川端和政子一起在札幌散步。19日，川端在大饭店给东山写信，信中称自己原计划环绕日本海一周再回家，现在打算直接回家。20日，川端乘飞机返回东京。共有三人前来迎接，季子的哥哥笠上在信中说自己人在大冈山。川端当天下榻大仓酒店，同日，收到三岛的来信，三岛在信中写道，自己最近受到来自社会上的批评，但坐上"F104"型号战斗机心情还是十分畅快的。不知道川端的脑海里是否有闪现出战时特攻队的形象。

收藏美术品

是年年末，川端在京都度过。30日，川端住在位于富小路的吉川旅馆，受到老板娘光子的热情接待。31日，北条来了，两人一起跨了年。川端的创作量日趋减少，内心或许也有些落寞。在日东画廊①所属的《绘》杂志1月刊上发表的《美术苦乐》一文，显露了川端不稳定的精神状态：

> 按照当下作家的收入，特别是半数以上被征收了税金的作家的收入，在今天，购买美术品，对他们来说基本上是天方夜谭。现存的画家的作品，想要的多半买不起。一流的古代美术和西方名画的价值，和我能筹措到的资金相差两个数量级。当有人把我说得好像真是在收藏美术品时，我感到羞耻抑或愤慨。很少会有美术商出于好意而让我有幸邂逅名作，我只能止

① 日东画廊，日本国内最早出现的西洋美术画廊，创立于1928年。——译者注

步于观赏。

实际上不断购买美术品的川端说出这种话着实让人费解。不过，他提到半数被征税是因为累进收税制度。川端在1968年（昭和四十三年）、1969年（昭和四十四年）进入了作家富豪榜单。1968年，川端的纳税额超过3000万日元，个人所得超过6000万日元，相当于今天的2亿日元。

关于川端收藏美术品一事，坊间流传着各种趣事。《周刊文春》创刊时的记者梶山季之专写头条新闻，他在文章中写道，为了方便采访，编辑部里总是准备着一些现金。某日梶山去编辑部取钱被告知："没有钱。川端先生刚拿走了300万日元。"梶山很生气。他心想川端在《周刊文春》都出书了还那么穷。不过，《周刊文春》创刊于1959年（昭和三十四年），发生这件事之前，川端在战后只出过一本书。之后，梶山听了川端收藏美术品的各种故事，消除了偏见。我完全不懂梶山为什么消除了偏见，有意思。（《月刊流言》）

为了购买美术品，川端还会向出版社、银行借钱。银行姑且不论，出版社的借款川端是否如数归还了？不得而知。川端大概不会向日东画廊和兜屋画廊等经常光顾的美术商借钱，不过，这些美术商会将美术品送到川端家里，川端很久都不付钱。因此，美术商来访时询问川端，是付钱还是归还作品，川端一如既往地一言不发，支着腿，一只夹着香烟的手垂着，另一只手举在空中开始比画，真是名副其实的"空中的片假名"。一脸费解的美术商仔细辨认川端的手势，发现意思原来是"请离开"。如此这般，美术商最终取回了作品，但有时川端也会冷不防地支付定金。实际上，川端写的并不是"请离开"，而是陶渊明的《归去来兮辞》中的"归去来兮"之意，一般人大概看不出来吧。

川端刚去世时，了解情况的人关心川端可能还有未付钱的美术品该怎么办，据说有两件美术品被美术商带走了。高价物品无疑需要征收财产税，北条诚亲眼看到川端将来自税务署的催款单扔进垃圾桶。川端死后，桐岛洋子问秀子："是夫人支付的吗？"秀子态度冷淡地回答："不清楚，是他自己付的吧。"

川端的行为说起来确实奇特。川端认为，美术品，你不收藏它便不能懂它，听上去像在嘲笑那些爱好艺术的普通人。这让人不禁想问，仅仅是观赏就不能在心里留下美术品的印迹吗？艺术家，自然带点特立独行，有时干些傻事，有时显得有些傲慢。但是，川端对美术品的执着，完全看不出他是说出佛典是东方最优秀的文学的那个人，他十分物质、俗气，不得不让人感到他和企业里的董事以及政治家毫无区别。如果不占有它便不能懂它，那么，"一期一会"不也就不存在了吗？在此，我能感受到川端身上流淌着祖父三八郎以及黑田家、秋冈家的大阪人的血脉。《美术苦乐》是带有川端身上的这种让人厌恶的个性的随笔，文中有对诺贝尔奖迟迟不光顾自己的焦虑，也有政子出嫁后造成的内心孤寂，这些情绪在文中占了大半篇幅。

1968年（昭和四十三年）1月，笔会俱乐部在山水楼宴请夏威夷大学教授约翰·杨，川端和立野等人出席，杨邀请川端前往夏威夷大学授课。川端在皇家饭店和藤田吃饭时邀请藤田一起去夏威夷。川端和藤田看上去关系相当不错。是月，松竹电影公司拍摄的《睡美人》公映。吉村公三郎担任导演，新藤担任脚本制作，田村高广等人出演。2月，川端在《有关非核武器事宜致国会议员们的请愿书》上署名。14日，在佐藤荣作宅邸为前一年荣获文化勋章的小林秀雄举办庆贺会，川端和今日出海、永井龙男等人出席。据《佐藤荣作日记》记载，这是这些面孔时隔一年多的聚会，小林和川端虽说堪称亲友，但从未见过两人的来往书信，实情不得而知。1月26日，川端出席了在永田町东京希尔顿酒店（现东急国会大厦酒店）举行的以参议院选举竞选为目标的"今东光激励晚会"。2月，川端受邀参加新宿小田急举行的中尊寺展的开光仪式。2月2

日，东光在会场上边走边撒花鬘，川端在他身后边走边捡。2月1日，笔会俱乐部召开理事会，约翰·杨来了，并正式邀请川端去夏威夷大学。夏威夷也有大量日侨，后来日本文学研究开始兴盛。据说约翰·杨提供给川端的是教授中的教授待遇，附有"Sir"的称呼。一年前开始，盐田良平、井上靖、濑沼茂树、金田一春彦、中村光夫、五岛茂等人都去过夏威夷。约翰·杨出生于中国天津，本名杨觉勇，毕业于东京大学经济学部，随后赴美，后来成为西顿大学名誉教授。

川端爽快同意，定下翌年和藤田一同前往。其时，吉野秀雄的次子壮儿（1933—1993）计划出版首部著作《唱歌人的家》，并决定请川端写推荐文。7日，壮儿来川端家登门拜访。壮儿立志成为作家，所以当时格外紧张。川端问他："日本战后最杰出的作家是谁?"壮儿很紧张，狼狈不堪地答道："如果说谁最杰出，这个问题有些难回答。如果光说才能的话，应该首推三岛由纪夫和大江健三郎吧。特别是三岛先生在戏剧创作方面好像比写小说更加具备才能。"据说川端两眼直视壮儿，沉默了片刻说道："我也这么认为。"

11日，石滨恒夫81岁的父亲纯太郎去世。纯太郎在专业领域中是名扬海外的关西大学名誉教授，然而，据说他死于贫困。20日，东宫御所的今村淑子宫女给藤田打来电话，美智子要赠送政子小绸巾做贺礼。3月13日，川端出席了吉永小百合的23岁生日派对，川端每天都过得十分热闹。4月，东山魁夷完成了描绘皇居的壁画，川端前去观赏，浅野长武（美术史家，1895—1969）夫妇、谷川彻三夫妇、矢代幸雄夫妇也在场。战后的皇室，对川端这种人物，即适度开展反核和平运动的人非常欢迎，对三岛和林房雄之类的"右翼"则唯恐避之不及。

5月，川端携秀子、今日出海、桝井等人前去参加为庆祝中尊寺金色堂落成举行的法事，并下榻位于严美溪的旅馆。为了卸任艺术院二部部长职位，川端给志贺以及土歧善麿写信，请他们不要投票给自己。6月，川端卸任，让位给丹羽文雄。6月，川端加入了田中美知太郎等人创立的日本文化会议，这是一个稳健、保守即非左翼的知识人团体，从成立至1994年，发行了一本很薄的杂志《文化会议》。今东光开始参加参议院竞选，正当他准备让弟弟今日出海担任选举事务局局长时，今日出海却受到提拔，成了新设立的文化厅的第一代长官，于是匆忙改由川端上阵。

对于此事，虽然川端声称因为自己曾经受过东光的母亲绫夫人的照顾，实际上，两人的交往本身也是到了这个岁数才变得密切起来。换言之，主要还是因为谷崎死后川端没有了后顾之忧。由于是全国区域的选举，他们不仅在东京、京都、滋贺、大阪进行街头演讲，还去别府举行演讲会。川端从大阪坐飞机飞到当地，当时他和有马赖义在一起，突然胆结石疼痛发作，打了止痛针，在名为村桥的医生陪同下抵达会场。东光在演讲台上说，遗憾的是川端因病不能前来，话音刚落，川端便出现在台上，说道："喂，你行不行啊。"两人交流了几句，据说就这样川端还是做了发言。这件事可能发生在7月1日。随后两人去了福冈，并在新三浦住了两晚，接受了金光医生的诊治，其间，东光选举事务所的丸山正一赶来了。3日起，川端入住京都的都酒店。5日，川端乘坐"光明号"列车回到东京，当时川端和福田赳夫干事长在一起，聊了东光当选的可能性的话题。川端于6日清晨7点离家，在锦丝町坐上东光自己驾驶的汽车，在晚上八九点回到东京。

这一期间，川端于25日从都酒店给三岛寄了一封信。当时，川端可能住在都酒店里为流行歌曲《虽然还活着》作词。这首歌由北条诚的儿子北条晓作曲和演唱，翌年出了单曲唱片。B面是北山修作作词的歌曲。不过，我不清楚北条晓之后的发展。

这一时期，学生运动开展得如火如荼。7月2日，东京大学安田讲堂被路障封锁了起来。川端辞去左倾的笔会会长职务后，大致从这一年开始鲜明地举起了自民党稳健派的旗帜。当然，这也是战后川端最根本的立场。他在《选举事务长奋战记》中写道，就让安田讲堂一直被占领下去吧，东大校长们躲在高野山中即可，文章多少受到了一些社会关注。7日是周日，也是参议院投票日，东光成功当选，晚上东光回到河内，丸山将川端送回镰仓。9日，国立剧场举行了文化厅相关人士的聚会，川端打算见东光，但他在抵达后发现东光不在场。

之后，川端在京都静养。7月的芥川奖评选，丸谷才一、大庭美奈子获奖，大庭专程来镰仓拜访川端，川端带她参观了寺院。随后川端前往轻井泽，8月末川端再次参加了美智子妃的聚会，并在《新潮》10月刊上发表了《蒲公英》，至此，该作品以未完成的形式中断。高知县黑潮町（大方町）计划建造上林晓文学碑，川端挥毫为其题写了碑文。

诺贝尔文学奖获奖骚动与三岛由纪夫自杀

10月13日，AFP（法新社）发自斯德哥尔摩的报道称，川端是三位诺贝尔奖候选人之一。15日，川端参加了在新大仓酒店举行的吉川英治全集完结纪念派对后，和北条诚去了银座的几家酒吧，获悉了自己获得诺贝尔文学奖的消息。16日，川端在写给三岛的信中说，在《奔马》上读了《丰饶的海》，自己深受感动。此时媒体已经蜂拥至川端住处。17日，川端为安田大厦撰写题词，并受邀外出吃晚饭。一回家便接到电话，被告知获得诺贝尔文学奖。下午7点半，三岛打来电话表示祝贺，之后和夫人、NHK的伊达宗克一起来访。北条、泽野、今日出海也登门道贺。18日上午10点，瑞典大使K. F. 阿尔穆克维斯特前来拜访，并正式传达获奖结果。在此略去新闻媒体的反响。

也有人写过三岛由纪夫以为自己会得奖，但44岁的年龄也太年轻了吧。何况在他身上已经表现出来的"右翼"的言行大概也让他失去了这种机会。25 日来自东山的信的内容主要是对川端的祝贺，但是"出乎我意料的荣耀"这句话指的应该是翌年东山荣获文化勋章一事，这是文化厅管辖的事务，恐怕是川端和今日出海商量后内定下来的。

28 日，川端摆脱媒体的纠缠后前往银座的画廊，入住大仓酒店后赛登施蒂克前来拜访。随后，川端去了"去吧酒吧"，之后安田善一兄弟来了。11 月 4 日，东京大学"全学共斗会"软禁了文学部部长林健太郎。5 日，瑞典电视台在大佛前为川端摄影，随后岩下志麻来川端家，商量电影《日兮月兮》一事。12 日，川端为"躲避"记者兼顾参加光悦会的茶道会前往京都，下榻都酒店，随后遇到参加世博会议的各国代表，立刻被认了出来。那些人叫着"川、川"开始追赶川端，并把川端介绍给马耳他总理奥利维尔（Olivier）。13 日，是光悦会茶道会的最后一天，川端和秀子、大佛夫妇、狩野近雄夫妇、水上勉等人去四都茶席转了一下，随后去了嵯峨的大河内山庄和诗仙堂。和大佛夫妇分手后，川端在云月用了晚餐，随后去祇园转了两间酒吧，又去了据说是川端起名的百合香酒吧，在凌晨 2 点回到都酒店。这一路川端可能是和泽野同行。

14 日，秀子还在睡眠中，川端在浜作料理店写随笔《在茨木市》，他边读《源氏物语》边思考该书的现代日语翻译，川端觉得该书根本不需要译成现代日语。为了和西川鲤三郎讨论东舞的台本，川端坐车驶过名神高速公路前往名古屋。这一时期，川端好像雇了两名年轻女司机。16 日，为创作东山的《京洛四季》的序文而将秀子留在镰仓自己一人返回京都的都酒店。北条写道，川端觉得必须在京都写这篇文章，显然是一种怪癖。可能也是在同一天，川端叫来桑原武夫，要他介绍梅原猛（1925—2019）。21 日，70 岁的石滨金作去世。不清楚川端是否知道这一消息，也不清楚石滨是否知道川端获诺贝尔文学奖的消息。

24 日，川端在福田家，一出门便被瑞典大使的儿媳拦住要求签

名，到了六本木刚下
车，他又差点被多米
尼加共和国大使馆的
人拉走，川端就这样
接二连三受到骚扰。
29日，在新大仓酒店
的芙蓉厅举行了笔会
俱乐部会议兼祝贺
会，佐藤总理夫妇、
阿尔穆克维斯特大使
夫妇出席，芹泽会

接到诺贝尔文学奖获奖决定通知，川端在镰仓住宅
会见记者。摄于1958年10月17日（读卖新闻社）

长、文艺家协会丹羽会长、日本书籍出版协会野间省一会长（讲谈
社社长）、赛登均发言表示祝贺，今东光主持干杯仪式，田边茂一
任主持，鳄渊晴子、吉永小百合敬献鲜花，团伊玖磨、芥川也寸志
指挥室内乐表演。三岛好像不在场。

12月3日，川端搭乘日航班机飞往瑞典。出家门前川端突然心
情变得不佳，他说："我不去了，你们去吧。"同行的有秀子、香男
里、今日出海和他的妻子桂子、石滨恒夫和女儿春上（17周岁）、
北条诚的女儿元子（20周岁）。政子因怀孕无法同行，由元子替代。
实际上，人们认为照顾川端非带上花样般的女孩子不可。元子后来
成为翻译家。

川端等一行人经安克雷奇抵达哥本哈根，小川平四郎大使前来
迎接，随后一行人入住皇家酒店，晚上川端出席了日本大使馆的招
待宴。在这里住了三天后，6日下午，川端抵达了斯德哥尔摩郊外
的阿兰达机场，最先出现的是安娜·卢森（Anna Losen），她是当
时在日本的电影里出演过角色的瑞典女性。随后，川端入住了大饭
店（Grand Hotel）。每日新闻记者、秋冈义爱的儿子秋冈义之，产
经新闻记者淀野隆，摄影柿沼和夫也来了。晚上，元子和春上身着

摄于镰仓市长谷的家。川端与秀子夫人的纪念照片。1968年10月（读卖新闻社）

和服出现在日本大使馆的宴会上，让西方人十分惊喜。7日，泽野以《读卖新闻》记者的身份来了。川端在访问了东洋美术馆后，3点起在酒店举行记者见面会，晚上出席了红十字会的慈善电影会，克里斯蒂娜女王和王太子也出席了招待宴会，川端在宴席上观看了日本女孩的舞蹈表演。这场舞蹈表演和伊豆的舞女没法相比，只能算是斯德哥尔摩舞女。

8日，泽野在巴黎学习美术的女儿来了。晚上，川端在安娜·卢森的家里受到招待。9日白天，川端参加了日瑞协会主办的年度午餐会。3点，川端参加了诺贝尔集团主办的非正式欢迎会，晚上他出席了大使馆举行的荞麦面派对。10日，在斯德哥尔摩市政厅举行颁奖仪式，赛登施蒂克、岸惠子来了。之后，在市政厅的蓝厅举行晚餐会，川端又观看了舞蹈表演。11日上午，川端在王宫参观国王的收藏品。晚上7点，川端出席了国王的招待宴。

12日上午，川端接受了诺贝尔集团的奖金。下午2点，川端在瑞典皇家科学院举行演讲《我在美丽的日本——序言》，该会由评委会安德斯·奥斯特林（Anders Österling）主持。川端原计划在哥本哈根写完这篇演讲稿，但没来得及。川端在前一天通宵写完后，委托赛登翻译成英文，赛登花了三个通宵完成英译，这件事广为人知。演讲内容引用了明惠和一休的和歌，谈论了佛教和日本文化的关系，比较正统，而且非常艰涩难懂。

可能由于自己是日本第一位诺贝尔文学奖获奖者的缘故，川端的演讲稿写得一丝不苟。同时，可以说他从《东海道》这部作品以来将采风的内容写入文章中的长篇大论的癖好，

诺贝尔文学奖获奖庆祝会。接受今东光祝福的川端夫妇。左起：佐藤荣作、宽子夫妇。摄于1968年11月（读卖新闻社）

在这篇演讲文中也发挥得淋漓尽致。北条诚写道："这一演讲充满盛气凌人的架势。说到专业、难懂，的确难懂，恐怕日本人也听不懂。听了这一演讲的外国人，有多少人能够理解该文的多少百分比呢？在此，我们再次见识了川端先生无视舞台和场合的一意孤行和任性。"

不过，我有一种推测，川端可能从形式上受到了梅原猛的《地狱的思想》的影响。梅原，因憧憬西田哲学而进入京都大学哲学研究科，当时西田几多郎已经退休，他师从田中美知太郎学习。他研究希腊哲学、海德格尔，逐渐开始考察佛教，并且研究日本的美学。1967年（昭和四十二年）中公新书出版的《地狱的思想》，成为话题之作。该著作从《往生要集》谈到宫泽贤治，后半部分采取了短篇集锦的方式进行论述，很难称其为学术著作，但这是完美的评论，可以说对后来的"日本文化论"产生了影响，也可以说他继承了本尼迪克特《菊与刀》的论述方法。实际上，川端于翌年5月在夏威夷大学的演讲《美的存在与发现》中也引用了梅原的文章。

梅原出生于宫城县，年幼丧母，被过继给伯父当养子，他在成长过程中一直将养父母当作亲生父母，他的身世与川端比较类似。

川端在诺贝尔获奖纪念演讲会上演讲《我
在美丽的日本——序言》。瑞典皇家科学
院。身边是赛登施蒂克。摄于1968年12月
（摄影：柿沼和夫）

梅原年轻时读了大量川端的作品，后来出版了一部考察川端的演讲的著作《美与伦理的矛盾》。《地狱的思想》是梅原43岁时的著作，当时他是立命馆大学教授，因学生运动而辞职。通过梅原的文章可以得知，川端实际上见过梅原。重要的是，川端谈论过止于中世的公家文化，或许他的关注从逐渐向武家文化倾斜的三岛身上转向了梅原。

这一时期，川端为《丰饶的海》写了推荐文，并且用过于夸张的言辞对其进行了称赞，让人觉得不可思议。其实，这不是川端出于真心的表达。正如前面提到当吉野壮儿说三岛在戏剧创作方面比写小说更有才能时川端表示首肯那样，川端对三岛的小说实际上评价并不高。而且，三岛越来越向川端厌恶的军国主义的世界靠近。三岛也无疑发现了川端写的这篇推荐文是在"捧杀"自己。三岛的日本文化论，以武士文化为中心，夹杂着推崇男色和厌弃女性的色彩，川端对此越来越难以认同。

话题回到传记。诺贝尔文学奖获奖纪念演讲结束后，7点半开始了大使夫妇主办的招待宴。13日，是圣路济亚节这一庆祝冬至的节日，川端点燃了瑞典小姐皇冠上的蜡烛，这让他筋疲力尽。可能是因为疲劳或感冒，之后川端和秀子两人卧床了三天。

有一则趣闻说，在定下川端获奖的那天，川端便计划用奖金购买喜欢的美术品，他将想买的美术品列出后进行计算，发现所需金额远远超过奖金，他说："想买的东西买不了，

与赛登施蒂克一起，于瑞典皇家科学院。摄于1968年12月（摄影：柿沼和夫）

真无趣。""真无趣"是川端的口头禅。川端哪怕对弟子也使用敬体，他的说话方式有点怪异。赛登施蒂克是应邀前来担任演讲稿的英文翻译工作的，但他不知不觉成了川端的翻译。记者见面会时，有人问川端打算怎么用奖金，川端回答说是要买些瑞典的物品带回家，可是第二天文章见报时，却发现上面写着奖金用于捐赠，赛登十分震怒，打开录音机一听，发现自己果然就是这么翻译的。

另外还发生了一件事，石滨春上和织田昭子一起生活，秀子不好说什么，她让川端提醒石滨，川端告诉她你自己可以说。春上似乎对川端并不亲近。

16日，川端在离开瑞典前看了斯特林堡的美术作品，并买了旧椅子和新桌椅。当天川端飞往巴黎，在巴黎参观了卢浮宫、橘园、爱丽舍宫等美术馆。随后川端前往伦敦。18日，元子、春上等人回国。20日，川端在伦敦给东山写了一封信，并为纪念艾略特看了《鸡尾酒会》（亚历克·吉尼斯担任导演和主演），但川端没看懂。川端将秀子和石滨留在伦敦，自己在泰特美术馆看了"凡·高画展"后再次飞抵巴黎，并买下莫西·基斯林（Moïse Kisling）的《少女》，随后从奥利机场飞抵罗马的达·芬奇机场。川端乘坐五岛茂的女儿开的车，和石滨一起四处参观，年末从锡耶纳前往那不勒

斯、索伦托，好像在当地过了新年。

《新潮》1月刊刊登了川端的随笔《夕日野》，文章写得很有意思。在银座，川端看上了一件红色衬里的黑外套，想买，又说道："同行的内人皱着眉头阻止我，朋友的女儿兴奋地催促我买下，结果我自己打消了念头，主要是怕被人觉得得了诺贝尔奖以后我的脑子出问题了。"朋友的女儿应该是北条元子。

1969年（昭和四十四年）1月6日川端回国。立野、芹泽、伊藤、北条、元子在机场迎接，记者见面会之后，川端在银座的出井饭店用餐。此时，茨木市议会推举川端为荣誉市民。川端最初拒绝了，理由是文人都是浪荡子、无赖之徒，今后也许会写出有损名誉的作品，但他最终还是接受了。川端的这一举动看上去稍显做作，但也可以理解为这是他对那些根本不了解自己的政治家们的嘲讽，今后，不，他实际上已经开始写作反市民风格的作品。川端在《夕日野》中这么写道：

> 小说家无疑会有"不光彩"的言行，无疑会写出无道背德的作品，如果这两点消失了的话，小说家就会灭绝。因此，你们随时可以收回"荣誉市民"的称号，我反复强调一定会出现这种事态，可是，市政府的人好像并不同意我的观点。

需要留意的是"言行"一词。不道德的不仅仅是作品。

获奖后，书店设立了川端专柜。据说当时书店里有专柜的只有川端和人气爆棚的森村桂。森村是舟桥圣一的好友丰田三郎的女儿。1月，新桥演舞场再次公演光本幸子主演的《伊豆的舞女》。在川端获奖后初次读到他的作品的外国人写的评论中，也有一些严苛的批评，如《雪国》《千只鹤》等作品没有情节，有人说不该授予川端"Nobel"，应该授予他"NoTel"（什么都没说）。川端周围也有人过去就曾质疑西方人能否理解《雪国》，但这些质疑本身就错了，日本人中也有很多人是理解不了的，例如德川时代的人能理解《雪国》吗？只要思考一下便能明白，这种带有比较文化论的质疑有多么无聊。本居宣长大概就读不懂《雪国》吧。

1月，松竹电影公司拍摄的《日兮月兮》公映，该影片由中村登导演，广濑襄担任脚本制作，主演有岩下志麻、中山仁、石坂浩二等人，川端也客串出境。25日，藤田的女儿崎子在三井俱乐部举行婚礼和婚宴，川端和飒田琴次、大佛、田中澄江等人出席。27日，众参两院通过决议对川端表示祝贺。29日，川端的第一个外孙女出生，取名川端明。

2月，藤田先行出发前往夏威夷大学。川端在写给他的信中说，自己未能同行非常抱歉，获奖后的各种喧嚣令人烦躁。之后，川端好像去了京都。3月5日，秀子偕川端一同前往夏威夷。两人入住夏威夷茂宜岛的凯海兰希尔顿酒店，得到了中野华子的女儿中野美矢子的帮助。不知何故，川端的友人、弟子中有不少妙龄少女，他在各地都能得到帮助。这一次的情况，意味着中野母女两代人都照顾过川端。藤田夫妇住在马诺阿山腰的住宅里。日本文学研究者、漱石小说《明暗》的英译者瓦尔多·H.维列尔莫（Valdo H. Vigliel-mo）担任翻译。11日起，川端每周二授课，主要讲授道元、明惠、亲鸾等佛教僧侣的故事。

日本国内，3月，讲谈社现代新书出版了附有英文翻译的《我在美丽的日本——序言》。4月起，新潮社的十九卷本《川端康成全集》开始出版发行。4月6日，夏威夷大学的前校长格雷格·M.辛克莱（Gregg M. Sinclair，1890—1976）、安德森教授、约翰·杨教授来酒店拜访。据说辛克莱在大正末年曾在滋贺县的中学教过英语。这一时期，他和索尔仁尼琴一起被选为美国艺术文学院荣誉成员。谷崎也是荣誉成员。

4月12日，川端临时回国，藤田被推举为笔会俱乐部新理事。大映电影公司拍摄的《千只鹤》公映。增村保造担任导演，新藤兼人担任脚本制作，林光担任音乐制作，主演有平干二朗、若尾文子、京真知子。川端观看了影片试映，并与若尾等人举行了恳谈会。21日，川端返回夏威夷。由于5月1日要举办对外公开的特别讲义，川端自26日起闭门不出，在房间里准备草稿。自27日起每日新闻社主办的"川端康成展——其人和艺术"开幕，持续至5月底，随后至6月底在各地巡回展出。

5月1日，川端在夏威夷大学斯波尔丁大厅举行《美的存在与发现》特别演讲。小山敦子（1924—　）教授为翻译提供帮助，维列尔莫担任翻译，分校校长野田薰、画家平山郁夫（1929—2009）也在会场上。16日，川端在希洛分校继续讲课，此时，引用了梅原猛的观点。川端的话题始于我上中学时在教科书上读到的"我住在卡哈拉·希尔顿"，从"晨光洒落在玻璃杯上，美丽极了"开始，谈到一期一会，并论述了佛教和日本的美。该演讲内容和英语译文合为一册，当年便由每日新闻社出版，该书籍的装帧设计意外地粗糙不堪。我觉得即便是在1969年（昭和四十四年）这样的年代，也能制作出比它漂亮一些的书。装帧设计是杉山宁，他大概就是封面封底的设计者吧。书名题字和作者名字都是用硬邦邦的丑陋的印刷体，读者拿在手上都会不禁哑然。

说到川端演讲的内容，确实是枯燥无味。北条诚也说过自己听川端的演讲，一次都未被打动过。虽然川端是作家，但他不是演说家。但是，甚至连准备好的文字稿都依然如此乏善可陈。他的演讲与漱石充满幽默感和乐趣的《我的个人主义》的演讲形成了鲜明的对比。

不过，所谓枯燥乏味只是表面，川端这一时期有关日本美的演讲和文章，实际上是因为没有明确指出谁是敌人而显得枯燥乏味。敌人，其实就是武士文化或德川文化。从大学毕业论文起，川端就对《平家物语》和《太平记》的评价很低。当下，川端的敌人则是三岛由纪夫。他竭力试图说服三岛。川端反复强调，日本文化的精髓，不是三岛所颂扬的那种武士文化，而是公家、僧侣的文化。然而，三岛最终并没有被川端说动。

6月8日，夏威夷大学举行毕业典礼当天，川端和诺贝尔生理学或医学奖获奖者、听觉学家盖欧尔格·冯·贝凯希（Georg von Békésy，1899—1972）被授予名誉文学博士称号。9日，川端和秀子、美也子、藤田夫妇、约翰·杨夫妇、《朝日新闻》的文学艺术部部长山崎一起去了可爱岛，并在那里住宿一晚。11日，经吉冈总领事夫妇的筹划，在抵达椰子岛后，川端晚上在总领事馆，以《亨利·詹姆斯传》闻名的里昂·艾德尔（Leon Edel，1907—1997）博士向川端颁发了美国艺术和文学学会的荣誉会员证，并对川端70周岁生日表示了祝贺。14日前后，草野以夏季大学教授身份来到夏威夷。21日，川端向大学里的人一一告别，并在晚上于藤田家举行告别宴。[①]23日，川端回国。另外，川端又被推举为镰仓市荣誉市民。被川端视为股肱的伊藤整因患癌症动了手术。28日，川端74岁的表哥黑田秀孝去世。

回国后，川端读了《早稻田文学》上刊登的斋藤雅子（1931—2004）的小说处女座《悲伤的人鱼歌》，十分感慨。7月12日，川端给她写了一封赞扬信。18日，芥川奖评选会，庄司薰的《红头巾酱请小心》和田久保英夫获奖，川端在评语的开头就对《悲伤的人鱼歌》未进入提名一事表达不满。斋藤毕业于东京都立大学法文科，在共同通信社工作，是高井有一的同事。《早稻田文学》的主编是立原正秋，立原住在镰仓，和川端、里见弴关系密切，决定刊登《悲伤的人鱼歌》的就是立原。但是，这部作品发表后，斋藤便不再创作小说，在家养育女儿，同时写日本古典方面的评论。斋藤去世后，《悲伤的人鱼歌》出版单行本，被誉为"因与芥川奖失之

---

① 据川端记载为20日，据藤田的《夏威夷的彩虹》记载，20日川端与美也子等人在怀基基海滩用餐后去了藤田家。

交臂而留下川端康成为之叹息这一'传说'的小说"。这部篇幅约为二百二十页的长篇小说，堪称半私小说的典型，其中有灵魂感应的内容，也有幻想型的内容。单行本中还收录了川端写给斋藤信件的照片。不过，小说本身的质量，有点像森茉莉的劣品品。斋藤雅子的女儿斋藤由香里（1959—　）是意大利文学的译者，翻译过川端见过的西洛内的作品，不知是否纯属巧合。

永井龙男在谈到芥川奖评委身份的川端时这样写道：

> 晚年的川端康成，在评选会上总是情绪不佳，可以说从来不主动发言。当坐在他附近的评委或主持人征求他的意见时，他注定会咬牙切齿地回应"为什么这部作品可以提名"，"读不下去所以没读。这部作品写的什么呀"，等等，一脸拒人以千里之外的痛苦表情，让人联想到过去宇野浩二的生硬态度，川端康成甚至丝毫不隐藏满身的刺。（《回忆芥川奖与直木奖》）

8月4日，川端收到三岛的来信，三岛在信中感谢了川端赠送给自己《我在美丽的日本——序言》和《美的存在与发现》，其中写着三岛的那句名言："小生害怕的不是死，而是死后亲人的名声。"之后，川端去了京都，在名古屋和西川鲤三郎碰头后又回到京都，接着去了轻井泽。19日，70岁的中山义秀去世。20日，川端参加了皇太子妃交流会，唐纳德·基恩也来了。9月13日，川端以文化使节的身份出席了移民百年纪念旧金山日本周活动。晚上，在共济会礼堂举行特别演讲《日本文学的美》，赛登施蒂克担任川端的翻译。15日，川端前往火奴鲁鲁。20日，川端回国。

这一时期起，研究川端的人们开始采取各种方式进行采访。首先是长谷川泉，他采访了川端，并请三明永无写了回忆录。其次是武田胜彦，他是英国文学研究者，并研究川端。但是，当川端读到川岛至出版的《川端康成的世界》中称在《十六岁的日记》发表的当时该文应该经过修改时，据秀子说从来没有见过川端如此震怒。翌年3月，川端发表在《新潮》上的随笔《老鹰飞翔的西空》中提到此事，他婉转地提到由于日记的实物已经销毁，自己没有反驳的证据。

于秋天的游园会，接受当时的皇太子、皇太子妃的祝贺。摄于1968年11月（每日新闻社）

我们只能从中感到他无声的怒火。川岛两年前以细川皓的笔名发表论文，指出《伊豆的舞女》和《篝火》，男主角和女人分别后在交通工具上邂逅男青年从而得到慰藉的结构是完全相同的，给了川端很大的打击。

10月上旬三岛来访，委托川端在11月3日的"楣会"上发表贺词，川端拒绝了。川端原计划参加的庆祝活动也在前一天打电话告假。三岛认为川端会出席的想法可以说十分奇怪。3日，东山魁夷如期获得文化勋章，在皇居举行了天皇亲授仪式。

10月17日，川端和秀子一起前往居住在群马县沼田的和歌诗人生方立江（1905—2000）家拜访。生方的丈夫生方诚（1894—1978）是毕业于千叶医学专门学校的医生，战后任国家公安委员，生方家是在沼田生活了十二代的世家。生方战后渴望走近川端，她的著作《邂逅的人》中收录了川端的信件。其独生女美智子毕业于日本女子大学，与鹿岛庆三（1925？—1974）热恋，遭到立江的强烈反对，但是，两人在被父母断绝关系后依然走在了一起。最终得到了父母的同意。庆三好像是大正时代的富豪鹿岛清兵卫的孙子，是三岛由纪夫在学习院初等科和东京大学期间的朋友。三岛在战后的《会计日记》中多次提到"在鹿岛家中开舞会"。因此，三岛不

生方立江一家与川端夫妇。于幽泽入口。摄于1969年10月（作者所藏）

喜欢立江，尽量回避立江接近自己，只有一次在立江的请求下和她举行了《和歌研究》的对谈。当时，川端夫妇和生方一家去爬过谷川岳，我前些日子搞到一张当时的合影，最左边的应该是庆三。川端不参加三岛请求他参加的会，却去拜访三岛讨厌的生方，这一举动或许有深意，或许没有。

10月26日，川端前去参加茨木高中的文学碑揭幕仪式，接受了荣誉市民奖章并举行了纪念演讲。11月8日，川端携秀子出席游园会，并和天皇聊天，天皇好像询问了川端："你还在笔会俱乐部工作吗？"15日，64岁的伊藤整去世。19日举行了伊藤整的葬礼，川端任治丧委员长。当月，曲亭马琴原作、三岛担任剧本改编的《椿说弓张月》在国立剧场公演，川端去看演出的最后一场时遇见了木村德三。剧场里不断有人认出川端，并要求他签名。川端作品被翻译成各国语言，是年，赛登施蒂克将《美人鱼》翻译成了英语，法语版由藤森文吉和阿梅尔·盖尔纳翻译完成，西班牙语版由海梅·费尔南德斯、意大利语版由须贺敦子、德语版由八代佐地子翻译完成，齐格弗里德·沙阿施密特等人也参加了德语版的翻译。《古都》也出版了法语版，书名为《京都》，不知什么缘故，英译版的翻译推迟了。

时间到了1970年，我始终认为1970年以后不需要年号，所以一直使用公历，本书也依此惯例不用年号。1月，菊冈久利的夫人京子在镰仓开了一家和纸店"社头"。作为东宝现代剧新春特别公演的《雪国》由菊田一夫担任剧本制作人，若尾文子、中村吉右卫门、内藤洋子主演，并将在1月至2月、5月至6月长期驻场演出。芥川奖评选中，川端推荐了森内俊雄，但最终清冈卓行获奖。川端感到战后西方小说正在衰退，他似乎对小说的未来并不抱什么希望。

4月22日，62岁的菊冈久利去世。28日，在寿福寺举行葬礼，川端任治丧委员长。武者小路实笃致悼词。5月，久松潜一担任会长的川端文学研究会成立。是月上旬，据说川端在京都因肺浸润而卧病在床一周。13日，受长野县穗高郡安云町的邀请，川端和井上靖、东山魁夷一起前往访问。此时，川端认识了前面提到的那部《事故的原委》中的家政女性，他让她来自己家里。24日，时任瑞典王太子（卡尔十六世·古斯塔夫，时年25岁）来川端家拜访。（藤田日记）

6月15日，在中国台北举行的第三届亚洲作家会议开幕，川端以荣誉嘉宾的身份与团长立野、田中等一同出席。同行的还有严谷、上野凌弘、太田三郎、五岛茂和美代子、佐藤亮一（翻译家）、中河与一等人。该会议由北条元子担任秘书。会场设在中泰宾馆，国际笔会的大卫·卡佛也来了。16日，川端做了两个小时的特别演讲《源氏物语与芭蕉》。该演讲稿刊登在1999年6月的《新潮》杂志上。19日会议闭幕。20日，川端参观了"台北故宫博物院"，陪同的人是李嘉。川端又去了位于阳明山的李伯寿的别墅。27日，川端和草野心平一起作为荣誉嘉宾出席了在韩国汉城举行的国际笔会大会，日本笔会俱乐部代表阿川弘之、平林太子、石川达三、三浦朱门、曾野绫子等人也来了。村松刚和川端同行。7月5日大会闭会。川端被汉城的汉阳大学授予名誉文学博士学位，他做了以《以文会友》为题的纪念演讲。

20世纪70年代时，前往中国台湾和韩国会被视为"右翼"行为，尤其是韩国，在朴正熙的军事独裁政权下，反体制诗人金芝河被投入监狱，因此松冈洋子（未退会）、木下顺二、小田切秀雄、仓岛竹二郎、寺西五郎、桦俊雄（社会学者、桦美智子之父）、大江健三郎、今西锦司、饭泽匡、松田解子等人反对参加会议并退会。

8月，川端住在轻井泽，其间一直和约翰·杨的女儿阿丽斯在一起。9月28日，川端前往金泽，为茶道用品商谷庄的儿子当婚礼证婚人，并出席了石川近代文学馆的德田秋声展。10月20日，国土开发公司的社长石井新人将川端介绍给原警视厅总监秦野章，并请川端参与东京都知事选举的后援会工作。其间，佐藤荣作夫妇也来了。自从石井让川端买下轻井泽的新湖城别墅后两人便成了好友。秦野后援会的会长是小汀利得，副会长是北条诚和山冈庄八。

当时，大城市中的革新势力十分强大，1968年（昭和四十三年），担任了两届东京都知事的自民党的东龙太郎（其间击败了有田八郎）引退，随后美浓部亮吉当选，并志在连任。美浓部是力主发扬天皇机关学说的达吉的儿子，是毕业于东京大学的经济学家，还担任过法政大学、东京教育大学的教授，也曾在电视中讲解经济。京都府知事的位子，长期掌握在社会党系的蜷川虎三手中。1971年，革新派黑田了一当选大阪府知事。1975年，同为革新派的长洲一二当选神奈川县知事。秦野毕业于日本大学，从底层干到现在这个位子。第二天，川端给石井写信，拒绝了加入后援会的请求。

11月，川端原计划前往京都，上旬因胆结石疼痛发作而未能成行。在《中央公论》12月刊上，川端发表了小说《竹声桃花》。14日，川端在帝国饭店出席了伊藤整的周年祭。16日，川端出席了北条元子和瑞士制药公司职员法华津先生的婚礼，并在回家后给石滨恒夫写信告知婚礼的情况，并关心了石滨春上的近况，信中还提到来年1月的印度旅行延期了。17日，川端为出席《中央公论》千期发行纪念会和吉野作造奖、谷崎奖颁奖庆贺派对而前往了帝国饭店。身着斗篷的川端见到山口瞳时，山口说："您精神不错。"川端则回答道："已老态龙钟了。"山口写道，感觉自己被川端叱责了。

18 日，88 岁的细川护立（1883—1970）去世。22 日，71 岁的大宅壮一去世。25 日，川端携秀子参加了细川的葬礼。护立是肥后细川家的掌门，也是《白桦》杂志的参与者，是艺术家们的经济后盾，其子护贞（1912—2005）也和其父一样。川端是护贞女儿明子和表千家的继承人千宗员（后为十四代宗左）的婚姻介绍人。下午 2 点过后，川端在等回家的车时听说三岛由纪夫闯入市谷自卫队驻地自尽的消息。正欲坐车赶往三岛家的时候，他又从收音机的新闻广播听闻三岛的遗体还在自卫队。于是，川端直接去了自卫队。坊间的传言说，川端见到了三岛的遗体，且见到了三岛的头颅，川端自己则表示没有见到。之后，川端去三岛家吊唁。半夜，川端接到了舟桥的电话。

身居美国的赛登施蒂克听到这一消息后表示，我们都被三岛捉弄了，《金阁寺》等作品只是他的一种恶作剧，我庆幸自己不是看好三岛的那些人中的一员。在川端脑海里萦回的会是什么呢？在无数次的演讲中一直竭力否定武士文化的川端，他所付出的努力最终化成了泡影。

第十五章

从东京都知事选举至自杀

三岛由纪夫的葬礼和东京都知事选举

　　川端死后，很多人说川端晚年时变得十分古怪。有人说他在获得诺贝尔文学奖以后就变得十分古怪，也有人说他是在三岛死了以后才变得古怪的，如果要说川端的"古怪行为"什么时候达到了最高峰，大家则众口一词地认为是在为秦野章参选东京都知事充当后援的那段时期。濑户内晴美的文章中写道，在接到秦野电话邀请他作为后援时，川端一边拒绝，一边流着眼泪说请他也放弃参选吧。

　　不过，我有一种强烈的感觉，别人之所以认为川端行为古怪不就是因为他做了秦野的后援吗？假如他支持的是美浓部亮吉，别人就不会那么说了吧。事实上，原东京大学英文科教授、评论家中野好夫当时支持美浓部，就没有人说他行为古怪。美浓部在下一届的选举中以微弱优势击败石原慎太郎，实现三届连任。当初自民党推荐的铃木俊一出马竞选，他一再推辞，美浓部引退后才出马并当选。铃木领导下的东京都政府，改变了美浓部在位期间经济发展上的怠惰局面。从这一点上来看，在东京都知事选举的后援问题上，川端支持秦野的判断还是正确的。

　　三岛事件后的12月2日，川端为设立"日本古典文学中心"，被文部省和日本文学界推给了政治家。他和久松潜一一起前往拜访首相官邸（日期据佐藤日记记录）。佐藤、福田藏大臣、保利茂官房长官、今日出海在场，此时福田还拜托川端支持秦野。11月28日，川端在大宅的葬礼上致悼词。30日，为参加三岛的"头七"法事，川端前往平冈家。三岛的葬礼定于翌年元旦后举行，川端任治丧委员长，和片冈铁兵葬礼时的情况一样。川端很快为《新潮》新年刊撰写了《三岛由纪夫》一文。川端写道："与其为他的死愕然并悲伤，我们更应该为他的人生感到愕然和悲伤。"这段文字很有名，也是他对片冈铁兵去世后所写文章的引用。

12月9日，在镰仓的和光旅馆举行了冬树社的《冈本加乃子全集》编委会会议，担任监修的石川淳，编委会委员冈本太郎、小田良弼、奥野健男、冬树社社长高桥直良、编辑森内俊雄、辻本畅子等人聚集一堂。森内是获得过芥川奖提名的作家。

1971年元旦，北条诚考虑到三岛是川端最珍视的弟子，而川端尚在服丧期间，故未给川端发送贺年卡片，但他收到了川端寄来的贺年卡片，于是出门参加新年会。1月2日，川端家举行了惯例的新年会。政子一家、藤田一家、北条一家、石井碧子和孩子们、长谷川泉等人都来了。长谷川泉，东京大学国文科毕业后进入医学书院①工作，之后担任社长。他同时兼任大学教师工作，是清泉女子大学教授，本业是出版社社长。一个时辰之后，在川端家举行抽奖祈福活动。奖项写在那种夹在报纸里一起投送的小广告纸的背面，大家抽取由川端送出的奖品。奖品中除了川端签过字的美术纸笺——现在已经是高价品了——之外，还有打火机、钥匙扣等物品，因为川端十分爱买诸如此类的小物件。与喜欢购买高价美术品时的川端不同，这种行为会让人产生好感。

1月18日的芥川奖评选会上，古井由吉获奖，直木奖获奖者是丰田穰。三岛葬礼定在24日，川端在22日前后打电话给僧侣

---

① 医学书院，日本一家专门出版医学类图书的出版社。——编者注

东京都知事选举中川端支持秦野章。左起佐藤荣作、秦野章、川端。1971年4月摄于选举事务所（读卖新闻社）

武田泰淳，委托他致悼词。川端也委托了田中美知太郎，但遭到拒绝。三岛的死受到左翼指责，并流传有右翼想趁葬礼之机张扬民族派气势的说法，川端担任治丧委员长，看上去能让事态得以平息。葬礼在筑地本愿寺举行，由村松刚主持，舟桥和身着袈裟的武田致悼词，川端以治丧委员长的身份最后发言。川端说："倘若在这个葬礼或告别仪式上发生骚乱，我作为委员长将随时并立刻加以制止。"这句话和川端为了录音而将录音机放在脚边一事招致了三岛的父亲平冈梓的误解。

2月25日，川端出席了秦野章在百货公司的演讲会并发言，可见此时川端应该已经私下接受了后援工作。东京都知事选举的告示出现在3月17日，川端自己写道，读了自民党寄来的东京都政务的相关资料，并且前往秦野的事务所时被那幅书法打动，于是决定为秦野参选做后援。所谓被书法打动，其实就是借口，川端无疑有自己坚定的信念。然而，如果实说的话就会卷入纷争，因此就找了见到书法的借口。成为后援大概也有朋友佐藤荣作恳求的影响。而且，选举活动的后援，没有妻子的赞同也是不行的，毕竟上一届自民党和民社党提名的知事候选人，即败给美浓部的松下正寿也有着巨大的能量。松下也参加了之后的知事竞选。此时，自民党提名石原慎太郎，松下是由民社党提名的候选人，结果位列第三。因此，认为松下对秀子施加了影响也十分自然。21日，佐藤宽子来找川端商量。

选举期间，川端住在大仓饭店，和北条诚、藤岛泰辅（1933—1997）在一起。川端还参加了街头演讲，并去弥生画廊取来梅原龙三郎右手的石膏模型，在和秦野一起去银座露面时，顺便去了一趟兜屋画廊购入村上肥出夫的画作《富士》。川端还几乎每晚都和北条、藤岛出入于赤坂的比布鲁斯迪斯科舞厅。川端当然不会跳舞，只是躺在沙发上，在半梦半醒的状态中看年轻女人的舞姿。直到结束，他的目光都停留在前卫的"拉丁系日本人"（稻垣足穗）身上。

此时，川端的"古怪行为"又出现了。他在酒店请按摩师上门服务时，突然嘴里说着"日莲大师来了"，起身打开房门。按摩师感到害怕。川端又打开浴室房门说："啊，三岛君，你也来啦。"吓得按摩师尖叫着逃走了。

川端写道，自己很讨厌"美浓部的笑脸"。川端之所以会产生这种情绪，难道不是因为他也是如美浓部一样的人吗？"我见到美浓部讨好人的模样就浑身起鸡皮疙瘩。看似温柔又像是内心冷酷，貌似平易近人又感觉拒人千里之外。"这句话和十六年前杉山平助对川端的评价十分接近。力图让更多的人喜欢自己而不与人发生争执，这就是川端。在思想上，他让人感觉其反对共产主义，在行动上却连任了十七年的左翼笔会会长，言行中始终是一个和平主义者。可以说，通过成为秦野的后援，川端卸下了文坛政治家的假面具。当他看到报纸上泽野雄的名字作为美浓部的支持者出现时，立刻给泽野打电话询问："泽野先生，你为什么支持美浓部？"左右为难的泽野还收到川端的来信，信中说请他对美浓部阵营和秦野阵营两方都给予支持，不回应秦野阵营的话就视你为支持。泽野觉得两头支持的行为不太好，于是回复川端说："我支持美浓部。"据说川端对此回答："这样的话，那就好自为之吧。"

4月1日，《每日新闻》刊登了一篇题为《所以我支持》的报道，内容是支持秦野的川端和支持美浓部的中野好夫的谈话。同一天，川端香男里成为东京大学教养学部讲师，政子和儿子也搬到镰仓居住，川端住处的边上又建了一栋两层楼的住房。这一时期，川端好像还借钱买了一辆奔驰牌汽车。挑动川端买奔驰车的好像是汤本馆的女服务员（大石），她说："大先生级别的人怎么能没有一辆奔驰！"在这个女孩的"协助"下，川端开起了奔驰车。11日是投票日，秦野惨败。和上一届松下与石原之间难分伯仲的激战相比，秦野那不足二百万张选票的战绩，和美浓部的三百六十万张选票之间有着悬殊的差距。

说到这一时期川端的古怪行为，好像还有在获得诺贝尔文学奖之后，川端的确陷入了只要自己出马就没有办不到的事情的幻想中。教育出版中心出版了长谷川泉主持的川端文学研究会编写的《川端康成其人和艺术》一书，出版俱乐部举行出版纪念派对时川端也出席了，久松向川端赠送图书，川端向所有作者要了签名。西班牙的海梅·费尔南德斯以及川岛至也是编写者。当时，川端邀请研究会的成员参加自己的生日会。长谷川以为川端只是在当时那个场合说说而已，没想到生日临近时川端打来电话，长谷川大吃一惊，匆忙四处召集人去参加。

16日，诺贝尔财团专务理事访日，川端陪同前往京都。17日，川端出席了在京都举行的"呼吁世界和平七人委员会"的会议，听了藤山爱一郎对中国问题的讲解。当时，日本承认位于中国台湾的中华民国政府，与中华人民共和国没有建立外交关系。日本正式承认中华人民共和国，始于日中邦交正常化。有些奇怪，川端自这次会议以后三番五次地催促佐藤荣作承认中华人民共和国政府为代表中国的唯一合法政府。佐藤致力于让美国"归还冲绳"的工作，"冲绳归还"后他也卸任了，据说川端对此非常失望。

由于川端支持秦野，来自社会上的批评声音非常强烈。《群像》6月刊刊载了小田切秀雄和井上光晴的对谈《文艺新闻行业及其公害性的侧面》，因此对谈文章，川端受到批评。川端与小田切进关系很好，秀雄则与弟弟小田切进划清界限。

5月11日起，川端与藤田夫妇前往关西旅行，顺便退掉了位于武市的住宅。当天，他们抵达奈良，参观了桧原神社、大神神社和室生寺，在月日亭旅馆用了午餐，回到京都下榻于都酒店。12日，一行人前往下鸭的武市，向他们长时间租住的住宅的房东表示感谢后去了广泽池畔、大河内山庄，以及名为"北山绿色花园"的北山杉的工厂，晚上在祇园名为"千花"和"富乃井"的日本料理店喝酒。13日，川端在酒店写稿后搭乘"光明号"列车回镰仓。

5月，"川端康成书法个人展"在日本桥壶中居（店主为广田熙）开幕。31日，大概是展览的最后一天，川端出席个人展并发表讲话。当时藤田和古垣铁郎、赛登施蒂克也在场，据说之后川端向赛登说了美浓部一大堆坏话，赛登听后十分吃惊。另一方面，以演员身份出名的望月优子，计划由社会党提名在6月的参议院选举的全国区中出马。她打电话给川端寻求商议，川端回答说："我反对政治。"望月听后好像也大吃一惊，她以为川端为秦野充当过后援，给予支持应该没问题。她最终出马参选并成功当选。可能因为她是社会党提名的候选人，所以川端不喜欢。

6月，川端出现在日立①的中央供暖设备的电视广告中，再次引起社会关注。这是为了赚出场费。川端由于建新房屋、购买奔驰车而债台高筑。11日是川端生日，长谷川泉等人登门，秋冈义之应该也来了。此时，川端好像搞清楚了自己的生日是14日，他自嘲道"生日必须过两次"。14日，似乎阿川弘之、石井碧子来过。这一时期，川端执笔的大多为推荐文，没有创作小说。7月1日举行国际笔会俱乐部理事会，国际笔会俱乐部会长埃曼纽尔·皮埃尔（Emmanuel Pierre，法国诗人）任期届满，有人推荐川端或芹泽接

---

① 日立，指日立制作所。为日本电机及电子产品制造公司。

任会长，两人都果断拒绝了，最后由联邦德国的海因里希·伯尔（Heinrich Böll）出任。

是月，芥川奖评选会举行，无获奖作品。被提名的有高桥和子、金石范、森内、李恢成、森万纪子、山田智彦、畑山博、花轮莞尔等颇有名气的作家。石川达三表示"看不懂"提名作家的作品，川端也没有写评语。实际上20世纪70年代前半期是文学低迷的时期。而且，这次也是川端参加的最后一次评选会。石川辞任。川端虽然没有退出，但缺席了下一届的评选会。夏天，川端身体不适，没有去轻井泽。8月，牡羊社出版了《定本雪国》，川端在时隔多年之后终于更新了《雪国》。

10月，吉井画廊（店主是吉井长三）展出乔治·鲁奥[1]（Georges Rouault）的"受难"系列画作，川端多次前去观赏，和吉井提起在日比谷公园旧址建造美术馆的想法。川端在《新潮》11月刊上发表了短篇小说《隅田川》。这是川端久违了的作品，也是他发表的最后一部短篇小说，和《拱桥》形成连续性作品。这是一个以能乐作品《隅田川》为蓝本的故事，川端表现出了明显的衰弱感。

10月9日，政子夫妇又生下一个男孩，起名明成。这是自川端以来川端家族时隔七十多年后诞下的一个男孩。不久之后，川端和秀子就每天嘻嘻哈哈地追着会在榻榻米上爬行翻滚的明成跑来跑去。不过，秀子似乎不喜欢明成这一如此高调的名字，她说至少起个明夫这样的名字。12日，川端出席了在京王广场酒店举行的中野美矢子的婚礼。同一天，89岁的志贺直哉去世。翌日，川端前去吊唁。23日，川端携秀子在国际文化会馆出席了皇太子妃交流会。根据内藤濯的儿子内藤初穗的说法，1966年10月，由于在参加交流

---

[1] 乔治·鲁奥（1871—1958），法国画家、雕塑家。为法国野兽派、表现主义艺术家。代表画作有《镜前裸妇》《敲鼓丑角》等。——编者注

会的人之中有人出言不逊，内藤濯感到不快而退出聚会，之后该交流会上便不再见到内藤濯的身影。当时，武市、今村、猪熊，以及儿童文化评论家柳内达雄（1911—1978）、画家堀文子（1918—2019）、儿童画家并筑波大学杉田丰（1930—2017）在场。据藤田日记记载，在场的还有荒井和山本。荒井好像是后来创立的赫鲁浦①出版社的编辑。这一聚会以"PPM"命名，大概是"Petit、Prince、Meeting"之意。25 日，69 岁的立野信之去世。当时川端赶到顺天堂医院，已经说不出话的立野在川端的手掌上写了一个"笔"字后咽气了。这是他对川端继续办好笔会俱乐部的嘱托。

26 日，志贺的告别仪式在青山殡仪馆举行，里见弴任治丧委员长。31 日，藤田夫妇前来，川端为藤田送给明成的出生礼物——佐贺织锦袋上写了很多"寿"字。这一时期，川端为东山魁夷写了大量推荐文，在《对东山魁夷的个人感想》一文中用了大量汉字，诸如"日本民族古今之宠儿""确正、深稳之名文""东山先生乃逊愿、谨守之人""卑身佞辞不为之""悄寂、丧衰、郁厌""柔濡""爱花""怪错"等。自己声称文章应该一听就懂的川端，写出这种文章，表明并非出自他的真心。能从他赞美魁夷的文章中感受到的，只是他深深的疲惫感和虚无感。

6 日，川端出席立野的葬礼并致悼词，《新潮》12 月刊开始连载《志贺直哉》，有人称从该文中同样能感觉到川端的衰弱感，连载至翌年 3 月刊中止。之后，川端去了京都，14 日清晨乘"光明号"列车返回东京，稻子夫人邀请川端前往国立小剧场观看三岛作品《椿说弓张月》的文乐演出。之后，川端夫妇二人一同前去拜访佐藤荣作，聊了有关林语堂和郭沫若的话题（佐藤日记）。15 日，川端出席了在新桥第一旅馆举行的伊藤整的三周年祭活动。是月发

---

① 中文按日语读音翻译。日语为"ほるぷ"。——译者注

行的《诸君!》一书中有三岛父亲平冈梓写的文章《小儿三岛由纪夫》,文中这样描述三岛的葬礼。

　　有意思的是川端这位治丧委员长。不知出于什么目的,带了一台半导体收音机来殡仪馆。可能是考虑聚集在殡仪馆周围的人吵闹起来时用收音机播放悼词的内容吧,也就是说他打算在那个时候逃出去。加上前些日子,他充当东京都知事选举的后援,和秦野先生挽着手臂在东京都的大马路上边跳舞边行走,这些古怪的行为想必会成为后世的话题吧。

　　我前面提到,这是一场误会,川端带的是录音机。不仅如此,《周刊文春》11月15日刊还登载了平冈梓这篇手记报道。在伊藤三周年祭上,川端很快结束了怀念伊藤的讲话,开始表达对平冈梓的愤怒。另外他还说如果秦野再次参选,自己还是要充当他的后援,这让众人十分惊讶。当时,山口瞳对川端说那篇手记充满官僚腔调,川端说:"不,他只针对收音机一事。"然而,这次聚会上的怒火,是冲着文艺春秋社的,也是冲着文艺春秋社社长池岛信平的。川端在《诸君!》上发表手记,谈到自菊池宽时代自己与文艺春秋社的关系。而且,他对《文春周刊》在未采访自己的情况下进行报道表现出了强烈的愤怒。中央公论社的岛中鹏二说,川端只是为了收集信息带了一台录音机,并不是打算逃跑。(盐泽实信《杂志记者　池岛信平》)

　　池岛被川端骂得脸色发青。第二天,他打算去川端家道歉。由于一个人不敢去,他拉上岩波书店的小林勇同行。但是,川端的愤怒并未平息。池岛回家后对妻子说:"川端先生说谅解了我,但这是骗人的。"23日,举行大宅壮一的周年祭,扇谷正造在发言中提到计划为建造大宅壮一文库(图书馆)募捐,川端把扇谷叫到身边叱责他,说怎么能在周年祭上提钱的事。这应该是川端对文艺春社余怒未消的表现吧。不过，这一事件可以说有下面这一背景原因在起作用，即川端虽然声称与文艺春秋社交往已久，而实质上却是与《新潮》相关的作家，从某个时期起，不再有来自文艺春秋社的约稿和书籍出版。

川端以治丧委员长身份参加三岛由纪夫的葬礼，身边是三岛夫人平冈瑶子、平冈梓和倭文重夫妇。于筑地本愿寺。摄于1971年1月（读卖新闻社）

川端焦躁不堪，被强烈的无力感所困扰。为秦野后援一事受人指责后，川端不可一世的自尊心备受打击。27日，两个女孩交替开车送川端去名古屋参加爱知县知事桑原干根的77岁生日宴。川端拜访了《中日新闻》报社总部，与三浦社长亲切交谈，请求对该时期笔会俱乐部策划的日本学国际大会给予支持。晚上，川端下榻城堡酒店，阅读了志贺直哉的全集。川端对于该日本学国际大会倾注的热情，恐怕在这一时期达到了他人生生涯中的一个高峰，可以将该大会视为他通往诺贝尔文学奖的垫脚石——国际笔会大会的再现。

忧国祭

28日，73岁的盐田良平去世。29日起，名古屋东方中村百货公司的六楼举行现代作家书画展，川端前往观看并购买了三件作品。配合三岛的周年祭，"忧国祭"拉开帷幕，三岛由纪夫研究会这一团体成立。研究会的领头人是林房雄，川端的名字也在发起人之列。村松刚、福田恒存、荻原井泉水、平林太子、仓桥由美子、河上彻太郎、今东光、北条诚、进藤纯孝、中谷孝雄、川口松太郎、岸田今日子、小林秀雄、赛登施蒂克、高桥健二、田村泰次郎、田中澄江、中村歌右卫门、中村勘三郎、二代中村雁治郎、福田清人、长谷川泉、中河与一和干子夫妇、保田与重郎、田边茂一等人也在其中，声势浩大得出人意料。12月，呼吁世界和平七人委员会发表了反对第四次防卫计划的声明，声援过自民党东京都知事候选人的川端是否与此有关还不得而知。1日，笔会俱乐部召开紧急理事会，川端报告称政府将为日本学国际大会出资5000万日元。11日，因盐田去世，小田切进担任日本近代文学馆理事长，川端被推举为名誉馆长。在委任久松为名誉顾问这一条件得到满足后，川端也允诺了担任名誉馆长。12日，川端丢失了装有27万日元现金的钱包，11岁的津山雅次捡到后归还川端，《读卖新闻》对此事进行了报道。丢失钱包之事发生在川端离开横山隆一家的回家途中，川端以为钱包忘在横山家里，曾打电话去询问。

川端死后，泽野说为什么大家都不放过老师。事实并非如此。川端是主动往人群里"钻"的。年轻时，川端害怕孤独，甚至难以忍受不和很多人交往的状态，后来，这种渴望与人交往的心理，和追求名誉的欲望、受人追捧的欲望结合在了一起。不是诺贝尔文学奖获奖后的喧嚣令川端精疲力竭，而是尽管获得了诺贝尔文学奖，也并没有让更多的人围在自己身边，得到更多赞赏，他为此心情沮丧，并对逐渐褪去的热潮感到焦躁不安。

13日，川端在第一旅馆参加笔会俱乐部举行的忘年会①，见到了久松、小田切，在福田家吃了饭。18日，川端在国际文化会馆参加美智子妃交流会，与猪熊、藤田、杉田、荒井、武市、关口隆克

---

① 忘年会，指日本企业或组织在每年12月底举行的聚会，回顾过去一年的成绩与不足，以迎接新的一年。类似于中国企业的年会。——编者注

（1904—1987）、滑川
道夫（1906—1992）、
柳内、山本、堀文
子、宫女今村等人一
起，举行交换圣诞节
礼物活动，并和美智
子妃殿下装扮情侣，
玩得非常尽兴。滑川
是儿童文学家，关
口①毕业于东京大学，

川端参加盐田良平的葬礼，与芹泽光治在一起。
1971年12月摄于青山殡仪馆（日本近代文学馆）

是和中原中也共同生活过的人，战后先在日本国立国会图书馆工
作，后成为开成高中校长。交流会结束后，川端和藤田、荒井一起
前往位于名铁大厦内的美术沙龙观看已故画家的书画展，并在孚日
西餐馆用餐。20日川端受山口瞳邀请，在东京会馆出席了三得利②
的派对。21日，在赤坂的中川饭庄参加了"光明会"的忘年会，按
惯例将自己100日元买的打火机送给泽野，泽野客气了一番，川端
从口袋里又取出一个打火机，说道："我还有呢。"舟桥上前寒暄，
称川端是美丽的老人，遭到川端否认。

　　24日，川端在富士电视台的"日本人奇怪吗——突破'解构'
现象"讨论会上出场。其他人还有飞鸟田一雄、山崎正和、草柳大
藏以及今井彬（播音主持人）。后来，草柳大藏在川端的追悼文中
曾写道，当时在谈到美元和日元，以及日本的教育制度等话题时，
"他川端从政府执政党的议员或为他们代言的经济学家的视角做了
发言"。29日，石井碧子来拜访，据说川端非常焦虑，情绪很不稳

---

① 藤田日记中仅记录了关口的姓氏，和后面提到的杉田的信息，都得到了猪熊叶
　子老师赐教。

② 三得利，此处指三得利控股有限公司，为日本一家生产销售饮料的老牌企
　业。——编者注

定。除夕，川端去了京都。

1972年1月1日，川端去探视了正在住院的今东光。据说川端搞定了两起和钱有重大关系的工作。他让柳泽栋三郎包好一幅陶瓷画带回了家。2日，社会上风传有恐怖活动，为了家人的安全，川端停止了拜年活动。4日，下榻大仓饭店的704号房间。5日，川端突然出现在庆祝《文艺春秋》创办五十周年的员工新年聚会上，即兴做了演讲。这就是去世后被人诟病的所谓"我想做个新人"的演讲。演讲从回忆菊池宽开始，变成了政治经济讲义似的内容，他说，应该挖地下通道让汽车通行，三十年后不再有汽车排放的废气等。最后，川端说给大家表演一个魔术，从鞋子里取出一块手表，他戏言"这是带在身上给女人准备的"，随后从身上一一取出挎包、三得利的方形酒瓶、兼做钥匙扣的天狗脸形的圆珠笔等物件。

这次演讲是《诸君！》编辑部通过录音整理出来的，文字内容未收录进川端的全集中。写过川端对池岛发怒一事的盐泽实信没有提到这次川端突然出现在会场上的演讲，不过川端的这一举动，显然是对池岛的道歉以及为和文艺春秋社达成和解所做的努力。《文艺春秋》2月刊刊登了川端的随笔《如梦如幻》，所以，也可能是文艺春秋社为了平息川端在平冈梓事件上的怒火特意邀请他前来演讲的。

6日，川端参加了在新大谷酒店举行的大都里奇兰公司的新年会。13日，苏联驻日大使尼古拉·费多连科（1912—2000）在堺诚一郎①的陪同下前来拜访，他是后来出版《川端康成论》的作者。15日，川端携秀子和家里的帮佣去观看相扑比赛。川端购下逗子码头公寓4番417室的办公室则是7日前后的事情。16日，川端和小

---

① 堺诚一郎（1905—1993），日本作家，曾任中央公论社出版部的主管。1955年至
   1975年担任日本文艺家协会秘书长。——编者注

田切进、稻垣达郎、高间秋子以及近代文学馆的职员一起应邀前往逗子码头公寓。18日，在参加了呼吁世界和平七人委员会会议后，川端带委员会事务局长内山尚三和汤川秀树去银座，汤川离开后，他又带内山前往"去吧酒吧"，当时他对内山说："我带你看我的墓地。"内山不解，见到后才明白原来是涂在墙上的几个字"川端康成"。20日，川端缺席了芥川奖的评选会，表示弃权。

21日，川端前往樱井市为奈良县建造"万叶碑"①做前期调研，与保田与重郎碰头。两人从桧原神社步行至井寺池的现场，川端说希望建在这儿。两人随后去了京都，下榻京都的酒店。22日，川端回家。23日，川端前去观看相扑初赛季的"千秋乐"场次的比赛，大关栃东夺冠后，川端按惯例应该在皇家饭店与藤田会合，但川端睡过头了。2月1日，川端在笔会俱乐部的例会上见到了1月来日的赛登施蒂克。赛登正在翻译川端的作品《名人》。17日，68岁的平林太子去世。据平林太子年谱的记载，去年10月作家耕治人曾为平林的养女做了媒人。25日，川端的表哥——83岁的秋冈义爱去世。26日，川端携秀子前往大阪参加葬礼，据说这影响到了川端的健康。

28日，藤田等人前来，川端在电视机前目不转睛地观看浅间山庄事件的报道。3月2日，95岁的镝木清方去世。4日，川端参加葬礼后出席了在上野精养轩举行的长谷川泉鸥外五部作的纪念会，在场的还有赛登、原东京大学校长南原繁（1889—1974）、维列尔莫、久松等人。8日，川端因盲肠炎入住镰仓的道体医院动手术，17日出院（报纸报道川端住院时间为7日至15日）。12日，70岁的伊拉·莫里斯去世。

川端在东京都知事选举后与秦野关系密切，好像还邀请秦野来

---

① 万叶碑，此处指于日本奈良县樱井市井寺池边建造"万叶歌碑"，后建造的此碑上刻有川端书写的《万叶集》和歌诗句。——编者注

逗子码头公寓做客。4月1日，冈本加乃子纪念会在川崎举行，川端缺席，但发去了贺电，并留言请濑户内晴美过目。2日，阿川弘之来了。阿川按照两年的约定做完了笔会俱乐部理事的工作后被要求留任，川端对他说："我都干了十七年啦。"阿川怒骂道："骗子。"可能因为此事，川端对其道歉说："你辛苦了。"（《笔会与川端先生》）之后，汤本馆的女老板安藤玉枝来了。3日，川端写信给克诺普夫出版社的施特劳斯。信中，川端说："我因病无法出国，失去了生活的乐趣，请将您保管的版税汇给我，我还没有从失去三岛的悲痛中走出来。"4日，对川端崇仰已久的日本文学家大石逸策前来拜访。当时的情形在《邂逅川端康成老师·续篇》中有详细叙述。大石请川端在其收藏的《人间》的手稿和第一版《伊豆的舞女》的书上签名。

川端家的正门高大而气派，平时不开门，来人从后门进出。加之又在侧边上为政子一家建造了楼房，所以房屋结构看上去有点复杂。5日，《太太》杂志①来为川端进行拍摄，川端和来拜访的秦野聊了天。6日，赫鲁浦出版社的吉原前来，藤田的日记中最后一条记录说川端精神不错。近期中村光夫也来过。川端家似乎连日访客盈门。8日是周日，当天是山本政喜去世第十三周年忌日，香男里和政子两人带孩子出门，据说川端拖着病体把他们送到门口。9日，理发店主猪濑清史来为川端理发。川端给名古屋东方中村百货公司的高木贤一寄去了未付清款项的支票。10日，来自出云的和纸制造艺术家安部荣四郎（1902—1984）在日本桥三越百货公司举办"和纸展"。20日有一个纪念聚会，川端寄出了表明自己将缺席的邀请函回执。这段时间，平冈梓收到川端寄去的一封篇幅很长的来信，他表示发现了川端出人意料的另一面。关于内容，他声称绝对保

---

① 《太太》杂志，日语刊名为《ミセス》，为日本文化出版局发行的妇女杂志。1961年9月创刊，2021年3月5日停刊。

密，此信件之后去
向不明。

12 日，吉野
秀雄的长子阳一以
煤气中毒的方式自
杀了，年仅43岁。
阳一是残疾人，十
分努力地生活，也
表现出了艺术方面

川端自杀的逗子码头公寓。摄于1972年4月（读卖新
闻）

的才华，与今日出海的女儿（不知具体名字）的婚约也已确定。川
端参加了吊唁。（吉野壮儿《湘南文学》）13 日，川端前往圆觉寺
参加美术商斋藤利助的葬礼，见到了美术古董店"壶中居"的广田
熙、岩波书店的小林勇，葬礼上川端突感身体不适，中途离场。
（《朝日新闻》，小林谈）

16 日 11 点前后，香男里干完手上的工作前去主房，很晚才吃
了早餐的川端蹲在那里看邮件物品，整理别人寄来的赠书。香男里
招呼道"早上好"，川端抬头后打了声招呼，便回到书房。秀子因
盲肠炎手术和之后照顾失眠的川端而操劳过度，还躺在床上。政子
忙着照看六个月大的川端明成和她的大女儿川端明。

川端手术后身体虚弱，早饭也吃得很慢，没有胃口。四五天前
他从病床上起来后，白天穿上运动衫和毛衣或夹克，香男里等人说
外出时还是有个人陪着为好，但也觉得他在附近散步应该没有什么
关系。（香男里《现代》）

过了正午，写完稿子的川端趁家人不注意突然溜出门去，租了
一辆出租车，让司机枝并二男将自己送往逗子码头公寓。晚上 8 点
过后，还不见川端回家，岛守敏惠和前面提到的帮佣"缝子"两人
前往逗子码头公寓寻找，房间的门却反锁着，经与公寓管理人员商
议，用管理员的备用钥匙打开房门，发现川端已经死亡。这时是晚

上9点多。煤气管被拔了下来，房间里充满了煤气的气体。家人立刻报警，警方调查的结论是川端服用安眠药后吸入煤气自杀。

终章
《事故的原委》之原委

遗留问题

死者家属经常会想方设法阻止传记作家揭开真相。他们会十分鄙视传记作家的工作，称他们为"侦探"。康成死后，秀子在接受桐岛洋子采访时说："瞧，开始调查户口了。"当然，如果尽是歌颂型的悼念式传记，死者家属也会满意的。但是，即便传记作家本人只打算为死者唱赞歌，也不知道会在什么地方得罪死者家属。

川端在晚年撰写的《志贺直哉》中有一节谈到作家的遗孀。以下引自《吉川英治对话集》：

> 我寻思是不是有文子夫人撰写的序或跋，在书中找了开头和结尾，没有。真是有涵养的夫人，我想到。世上有很多文学家遗孀，但要成为优秀的遗孀很难，恶评啧啧倒是常态。据我所知，堀辰雄的遗孀和吉川英治的遗孀真的十分优秀。

"恶评啧啧"一词用错了，"啧啧"用于好评，恶评应为"纷纷"。这姑且不论。在此，川端脑海里出现的应该是织田昭子、武田留女等人吧。谷崎松子或许也算得上。川端一定也希望秀子是个优秀的遗孀，但他未能如愿。

我在《现代文学论争》（筑摩书房）一书中用一章的篇幅详细

谈论了臼井吉见撰写的《事故的原委》——该小说全部刊登在1977年筑摩书房的杂志《展望》上，并立刻发行了单行本，因此我不在此重复。1970年，川端前往信州的穗高町时，在植木屋认识了一名年轻姑娘，他将姑娘带回家做帮佣，并格外宠爱。1972年，川端一再挽留姑娘，但姑娘还是决定离开。在得到姑娘的答复后不久，川端便自杀了。换言之，作品将这件事视为川端自杀的导火索。由于作品是按小说来写的，所以没有出现川端的名字，但是宣传广告明确指向川端，社会上的人也是这么看的。其实这也算不上了不起的事情，况且这件事非常符合川端的个性。然而，川端的家人却以强硬的态度提出抗议，在和筑摩书房之间进行了多次书面交涉后提起了诉讼。臼井打算抗争到底。但是，由于作品中的女性角色来自受歧视的部落家庭，臼井受到了解放同盟①的猛烈攻击，《周刊文春》组织了"反臼井行动"，最后臼井放弃诉讼，以废弃原版且不再重版为条件达成和解。

川端家的这一强硬姿态无疑出自秀子的意愿。香男里也以代理人的身份撰文指责臼井，但并没有否认作品中的女性的存在，只是挑出一些细节上的错误，得出"没有根据"的结论。川端家的说辞完全站不住脚，最终从秀子自己嘴里说出了"我以为那姑娘交出了笔记本"的话，从而露出了马脚。

这名女佣二十二三岁，不是什么绝色美女。她吸引川端的地方可能只是来自她"不幸"的身世吧。和伊藤初代一样，这名姑娘缺乏父爱和母爱，据说是花匠的养女，但户籍上没有注明是养女。

当时，堪称川端弟子的北条诚、石滨恒夫、泽野久雄没有一个人发声。他们很清楚川端溺爱这个女佣是事实。秀子当时也反对泽野撰写《小说川端康成》。以武田胜彦为首的川端研究者们倒非常

---

① 解放同盟，全称为部落解放同盟，是日本的一个政治团体，该团体寻求部落民（日本封建社会贱民的后代）与其他日本人地位平等。——编者注

热衷于对臼井展开攻击。川端生前川岛至曾经发出警告，声称川端研究处于川端的监视下，结果，川端死后，对川端的传记研究依然停滞不前。

川俣从道的《川端康成与信州》（《川端康成と信州》，1996），写的是川端、井上、东山访问信州时的情况。川俣是少年时代被川端问过路的那个小学生，从国学院大学毕业后当了中小学一贯制学校的老师。川端和秀子从京都来信州，住在御母家温泉名叫"桂亭"的当时开业了两年的旅馆。旅馆的女主人是鸟羽节子，川俣从这家旅馆了解了详情后写了这本书。臼井的《事故的原委》中也用一章写了此事，但遭到川俣的彻底否定。只是没有提出具体的根据。臼井声称这是"一件被掩盖起来的事实"，1977年"《事故的原委》事件"发生时，他去了桂亭旅馆：

> "为什么你尽写谎话，写那些从来没有发生过的事情。"面对女主人的质问，"我轻信了别人的话，写一本书造成了这样的局面，现在我十分后悔。"臼井回答。

尽管他这么写，但终究难以让人信服。首先，臼井是以客人的身份出现的，女主人不可能这么说话，就算臼井遭到了这种程度的对待，我也不觉得他会认为自己的作品中写的尽是谎话。实际上，这家桂亭旅馆几年前歇业了，鸟羽节子女士还活着，我打电话调查此事，她妹妹接的电话，电话中说节子女士因病卧床，我一提到想请教此事时，对方立刻打起了退堂鼓，挂断电话。对方无疑不想和此事有瓜葛。

川俣的书中写道，城山三郎在《火红的落日》的诉讼案中被认定侵害了死者的名誉权。事实上，最终的判决结果是，在无法证明与事实不符的情况下，损害死者名誉权的罪名不成立。因此，虽然作品中存在不少错误，但是，堪称川端康成研究会的机关杂志《川端文学的视野》刊登过书评，作者名字不详，文中谈到《事故的原委》存在第三方的证词，是十分珍贵的资料云云。这一事件的前后，简直就像传话接龙的游戏，即便臼井是直接从川俣那里听来的，只要他说鸟羽节子那么说了，游戏也就结束了。"《事故的原委》事件"发生时，香男里一方一边表示都是道听途说不负责任的流言，一边却相信关于臼井的流言，这种行为是有些过分的。

按理说，有骨气的新闻记者应该对事实重新进行彻底调查，然而却没有出现这样的人，大概是对川端感兴趣的人越来越少的缘故吧，想到这一点不禁让人黯然神伤。

自杀及其影响

川端自杀的日子是周日，夜里11点前后电视机屏幕上出现了滚动字幕，熟人们都拥入了川端家。泽野久雄一赶到便怒气冲天地问道："究竟发生了什么？"秀子精疲力竭地回答："泽野先生，我也不知道。"第二天各报的早报都以头条新闻报道了川端自杀的消息。此时，川端的写字台上放着未写完的《冈本加乃子》的手稿，各报纸都将该手稿定位成"绝笔"刊载，后来香男里强调这是刚入手的旧稿，绝笔是《志贺直哉》。另外，各报还报道说川端嘴里含着煤气管，这也遭到了否定。22日的《读卖新闻》晚报上提到一则传言，即中村光夫说，川端在文艺春秋社举行的演讲中说谷崎、志贺的死都不是作家的死法（意为作家不能自然死亡吗？），香男里找到这一说法的出处，听了录音带后表示川端没有说过此话。

香男里的这些文章，读起来时让人感到其十分神经质。后来香男里在川端全集的月报中提到，写那些文章的时候自己还很年轻，现在觉得十分羞愧，但是当时不得不那么写。我想这大概是来自秀子的授意吧。

从获得诺贝尔文学奖到自杀，我们从中能够感受到一些有别于现代的社会氛围。当然，那是处在大阪世博会前后的日本，社会上的大多数人不了解川端文学，只知道那是了不起的世界级的荣誉，而为此欣喜若狂。《事故的原委》的开头部分也曾写道，获诺贝尔文学奖的大先生来啦，人们欢呼雀跃。大江健三郎获诺贝尔文学奖时，也因为普通民众读不懂大江的小说，社会上的狂热反应有了些许减退。围绕川端的自杀，人们在各种报刊上讨论其发生的原因和理由，这也让人感到有些奇特。例如，在报纸上可以读到以北村透谷、芥川、太宰、三岛等人为例，讨论日本作家自杀动机的文章，可是压根儿不存在作家自杀率高的统计数据，如果说外国的作家不自杀，这也十分可疑。事实上其中就有弗吉尼亚·伍尔芙、海明威、茨威格、科斯特勒等人，只是基督教文化社会中或许这种人比较少而已，而且川端死后，作家选择典型性自杀的人也少了。虽然川端之后自杀的作家有金鹤泳、田宫虎彦、佐藤泰志、加堂秀三、鹭泽萌等人。但总体而言，人们开始认识到只是有人会选择自杀，仅此而已，可见日本人也变成熟了。

也有人批评川端。川端自杀后不久，17日《每日新闻》晚报的追悼特辑中，平野谦却引用杉山平助的文章说川端有吹捧自己人的习惯。甚至还出现了诸如即便是怀着善意所写的追悼文里提到的获诺贝尔文学奖之后变得古怪起来，支持秦野的行为是非常不可思议的等论调。秀子和政子难以接受，所以请身边最亲的且最能冷静处事的东京大学讲师香男里撰文回击，这完全是我们可以想象得到的。1972年，东京大学文学部设立俄国文学科，木村彰一任主任教授，翌年香男里将要以副教授身份走马上任，因此香男里也不想做出诸如此类让人反感的举动吧。他应该很清楚，这种时候通常保持沉默才是上策。

川端死后翌日，高田博厚来印取了死者的面容。①18日下午，

---

① 指用石膏或蜡印出死者的死亡面容，用于资料保留或雕刻肖像。——译者注

川端家人在自己家里举行了秘密葬礼，将遗体送去火化。上野宽永寺的杉谷义周担任引导师，政府方面授予川端正三位勋位一等旭日大勋章。5月1日前后发行的《周刊文春》8日刊，稻垣足穗出现在草柳大藏的连载对谈中，他在《川端康成是拉丁系日本人》的标题下，指责川端是大恶人。许多7日发行的文艺杂志6月刊齐刷刷地出了追悼特辑，撰稿人最多的无疑是《新潮》，之后依次是《文学界》《群像》《文艺》《海》，《海》的撰稿人只有三位。当时，《文学界》的追悼特集的卷头中刊登的就是前面提到的江藤对川端进行批评的文章。

27日，在青山殡仪馆为川端举行葬礼，原计划委托镰仓作家中的长老级人物里见弴担任治丧委员长，可是和里见处于暂时同居状态的情人外山伊都子却让里见回电报说："不行，我拒绝。"之后里见又收到了数份旨在劝说的电报，他更是决绝地回道："我说了不行，拒绝。"外山在文章中提到过，对东京都知事选举中支持秦野的川端没有好印象，在作品《安城家的兄弟》中甚至描写妻子不忠的愚顽的里见弴，他不可能喜欢善于回避与他人的矛盾、文过饰非且总是站在文坛最前列的川端。而且自有岛武郎自杀以来，里见一直是"自杀否定论"的信奉者。尤其是根据周刊杂志的说法，里见之所以拒绝，是因为川端自杀后，里见立刻赶到川端家中，在并未经与当事人确认的情况下报纸就发布了里见任治丧委员长的消息。当然似乎也有里见年事已高这一原因。最终，芹泽光治良任治丧委员长，并决定由笔会俱乐部、文艺家协会、近代文学馆等三个团体联合举行葬礼，今东光为川端起了法名——"文镜院殿孤山康成大居士"。铃木彦次郎，前一天赶到东京。内阁总理大臣佐藤、众议院议长船田中、参议院议长河野谦三等人致悼词。

据《佐藤荣作日记》记载，川端葬礼后秀子和田崎勇三的遗孀诠子一起前来拜访佐藤，商议遗产继承税事宜，佐藤找大藏省的人商量，经与三井信托银行丸之内支店长小平敦协商后，小平帮助秀子处理了此事。

川端也曾被人称作"文坛总理大臣"。不是"泰斗",不是"大总统",这一表达准确绝妙。他以和为贵,不与人争锋,擅长社交,最终登上塔尖。那些不喜欢川端的人,为川端没有让人可以说得出的恶劣行径而心有不甘。尽管川端声称,作家是浪荡子、无赖之徒,但他始终守在一个妻子身边,在受到批评的某个阶段后他很快收心,对妻子照顾有加,完全是个像竹下登一样的人物,因此很难指责他。正如足穗所说的那样,川端也可以说是个大恶人,这也是死后一时出现的风潮。《新潮临时增刊 川端康成读本》于5月末发行,全文登载了川端最后一部完整的作品《蒲公英》,同时也刊登了借太宰治之口批评川端的五味康祐撰写的《魔界》,该文好像引起了川端家人的不快。5月至7月,北条诚在《女性自身》杂志上连载了作品《人间川端康成·他的女性彷徨》。

田中角荣就任内阁总理大臣,他没有学历,因此被赞誉为"今太阁"①。8月13日刊的《SUNDAY周日》刊载了《雪国抄》,该作品将《雪国》的情节修改成以驹子为中心,是名副其实的"抄"。这也是遗稿,藤田等人曾经希望川端自己来修改《伊豆的舞女》,于是和川端商量,只是由于《雪国》的篇幅太长,所以只"抄"了开头部分,因此就留下了这部川端的亲笔原稿。8月起,泽野的《小说川端康成》在《生活设计》杂志进行为期一年的连载。10月,泽野将迄今撰写的与川端有关的文章编辑成《川端康成点描》一书,由实业之日本社出版。9月,新潮社出版了《蒲公英》,河出书房新社出版了《某人的一生中》。10月,财团法人川端康成纪念会成立,井上靖任理事长。该财团的建立,也有用来处理川端收藏的美术品遗产继承税的意图。

---

① 今太阁,此处喻指在日本出身低微却依靠奋斗掌握权力、支配政局的政要。——译者注

11月，瓦格纳出版社出版了《川端康成青春小说集》，其中也收录了过去未出版单行本的作品。1973年1月，川端晚年的评论作品《日本之美的精髓》由讲谈社出版，随笔集《竹声桃花》由新潮社出版。2月13日，65岁的池岛信平去世。3月，以诺贝尔文学奖的奖金为基金，川端康成文学奖被设立。该文学奖由川端康成纪念会和新潮社两家共同主办，授予短篇小说的创作者，第一届获奖者是上林晓。

4月23日，71岁的阿部知二去世。30日，77岁的大佛次郎去世。10月，每日新闻出版社出版了《现代日本随笔：一草一花》。1974年1月2日，77岁的酒井真人去世。5月，耕治人以《受邀来到这个世界的客人》等作品获得第一届平林太子文学奖。直至最后都与耕治人保持密切关系的人是平林，该文学奖专门授予怀才不遇的作家，似乎也有专门为耕治人设奖的意味。11月，佐藤荣作获诺贝尔和平奖。获奖因"冲绳回归"而起，但引起了日本国内的强烈不满。田中角荣受到立花隆对其资金来源的追踪，辞去内阁总理大臣一职，三木武夫继任。12月，山口百惠主演的《伊豆的舞女》公映，该影片由西河导演，以及当时还是新人演员的三浦友和出演。

1975年4月，东京都知事选举，石原慎太郎和松下正寿挑战美浓部第三次参选，以失败告终。5月，耕治人在《文艺》6月刊上发表了小说《漩涡》，不指名道姓地写了一个土地被恩人骗走的故事。12月22日的《东京新闻》刊登了一篇平野谦、江藤淳、藤枝静男以文学回顾为话题进行三人谈的对话文章，当时平野谈到《漩涡》时说，虽然作者没有指名道姓，但暗指的是发生在当下日本文坛的问题。藤枝发言则说造成问题的那人是川端。在1976年3月刊（2月7日发行）的《文学界》的文章中，川岛至写道"那是众人皆知的事实"，指出"川端骗取了耕治人的土地"。立原正秋接到武田胜彦电话，打算写文章反驳川岛，武田询问对方说那个藤枝是什么人，立原回答解释那应该不是藤枝的发言，是平野的。3月20日，

《犀》杂志的同人，为祝贺冈松和夫获芥川奖去了法师温泉，藤枝也参加了。21日，在返回途中的火车上，立原询问了藤枝，藤枝回答说是平野请求自己帮忙，用了藤枝发言的名义。

"太龌龊了，这不是校对的错。"立原写道。立原回家后给《东京新闻》报社打电话询问，对方回答，报社文化部打算删除那部分文字，第二天接到平野电话称那部分很重要，让他们不要删。立原多次打电话给藤枝和本多秋五，指责平野的手段极其卑劣，说也要告诉武田。本多频频为平野辩护，他说："那样一来就会被川端夫人知道，那就不好办了。"不久，《新潮》编辑部的坂本忠雄来了，他对立原说："你看起来和平野先生是彻底决裂了。"（《与平野先生的距离》）

平野的行为的确十分卑劣。武田在《文学界》7月刊上发表题为《无人知晓的秘密——为川端康成先生昭雪》的文章，公开了租赁合同以反驳耕治人，但没有提及平野一事。本多和藤枝如此珍惜和平野的关系，这让人匪夷所思。可能因为平野也有类似于掌握权势的政治家的另一个面孔。另外，平野也有陷害中河与一的嫌疑。

1975年6月，汇集单行本未收录作品的作品集《天授之子》由新潮社出版。6月3日，75岁的佐藤荣作去世。7月23日，78岁的铃木彦次郎去世。10月9日，73岁的林房雄去世。1976年1月13日，73岁的舟桥圣一去世。3月2日，83岁的久松潜一去世。7月19日，52岁的伊万·莫里斯去世。8月，进藤纯孝的《川端康成传记》由六兴出版社出版。11月18日，59岁的北条诚去世。关于北条，至今没有传记，甚至没有年谱。竹中劳在《现代虚人列传》中提到北条诚，将他称为大众娱乐读物的作家而极力贬低，并指出他社会的评价并不高。北条诚的女儿也是作家，她明明可以写一本传记或回忆录予以反驳。

1977年，"《事故的原委》事件"发生后，具有讽刺意味的是，就在事件处于高潮的当口，讲谈社学术文库出版了伊藤整代笔的

《小说的研究》，集英社文库"精灵"系列出版了《万叶姊妹》。如果不是讽刺，难道是为了支持川端吗？

当时在女性杂志的采访报道中，甚至刊登了川端家女佣的照片，不过女佣并不漂亮。在作品《隅田川》中，写出"我想和年轻姑娘一起自杀"这句话的川端想认信州来的女佣做养女，这让秀子很烦恼，我听说秀子给林绿敏或是他妻子（林芙美子的侄女）打电话。从这一角度考虑的话，也能理解害怕进一步深究此事的川端家人对臼井采取强硬态度的原因了。

实际上，追溯自杀发生前一年的川端的生活，只有这件事让人觉得可以阻止川端采取自杀的行动。在庆祝诺贝尔文学奖获奖的热闹过后，川端并非死于疲惫，而是死于当一切回归宁静后所产生的孤独感。秦野章是原警视总监，他通过警察的报告书确认川端吞服了安眠药，这说明川端是在这之后缺氧窒息而死。他这才松了一口气。芹泽光治良力主事故之说，这可能是芹泽是基督教徒的缘故，不过即便川端服用安眠药使自己头脑处于迷糊状态，也难以想象他会稀里糊涂地去拔掉煤气管吧。

"《事故的原委》事件"平息后的9月19日，80岁的今东光去世。关于东光，至今也同样没有传记。东光晚年，在《海》杂志上连载回忆谷崎润一郎的小说《凌云阁倒塌》，因去世而中止。大概川端死后，他才能毫无顾忌地开始撰写回忆谷崎的作品。濑户内寂听似乎也没有写一写谷崎的意愿。使"《事故的原委》事件"再次浮出水面的龙胆寺雄，1978年1月由日月书房出版了《问题小说：致M. 子的遗书》，日月书房是常阳新闻社岩波社长的公司。为了与之对抗，4月，创林社出版了武田编辑的《婚礼与衣裳》，收录于《空中的片假名》。4月3日，72岁的平野谦去世。9月30日，72岁的山冈庄八去世。

1979年4月，美浓部引退，铃木俊一出马参选，并最终当选东京都知事。5月，川端的《海的火祭》《舞姬的日历》两部作品由每日新闻社出版，附有佐伯彰一、香男里的解说文。8月13日，61岁的福永武彦去世。12月7日，64岁的松冈洋子去世。这时期，已经没什么人记得松冈洋子这个名字了。自1980年2月起，新潮社开始出版发行《川端康成全集》（三十五卷加两卷增补卷）。8月12日，55岁的立原正秋去世。28日，79岁的上林晓去世。9月22日，79岁的河上彻太郎去世。是年11月，笔会俱乐部会长井上靖将获诺贝尔文学奖的消息传开，媒体记者已经严阵以待，结果波兰的切斯瓦夫·米沃什获奖。12月，山口百惠主演、市川昆导演的电影《古都》公映。佐藤碧子的《瀑布之声：怀旧的川端康成》由东京的白川书院出版。

1981年4月，凭借作品《陆奥偶人》获得川端康成文学奖的深泽七郎辞谢了该奖项。6月，专业研究川端文学的佐川在巴黎遭到逮捕。8月，深泽的《陆奥偶人》获谷崎润一郎奖，他接受了该奖项。1982年11月，以中曾根康弘为中心的内阁成立，秦野章出任法务大臣。1983年1月21日，96岁的里见弴去世。3月1日，82岁的小林秀雄去世。4月，秀子在全集月报上连载的《和川端康成在一起的日子》由新潮社出版。16日，以井上靖、东山魁夷、芹泽、山本健吉为发起人，在帝国饭店举行"川端康成先生追思会"兼出版纪念会。7月21日，75岁的西川鲤三郎去世。11月2日，73岁的田村泰次郎去世。

1984年3月，《龙胆寺雄全集》（共十一卷）开始出版发行。5月，川端全集增补卷二的《书简集》出版，中里、伊藤整、濑沼等人代笔之事被公开，和内田宪太郎相关的问题也自然有了定论。1985年11月4日，83岁的森畅去世。是年，须贺敦子翻译的意大利语版《千只鹤》出版。1986年11月21日，73岁的奥斯卡·本尔去世，耕治人在冬季的《文艺》杂志上发表了《红色美丽的容颜》一文。1987年4月5日，79岁的中里恒子去世。16日，81岁的佐藤宽子去世。7月12日，83岁的臼井吉见去世。11月22日，77岁的前田阳一去世。

1988年1月6日，83岁的耕治人去世。死后，其小说《或许如此》出版，并引起社会关注，该作品描写了患有"老年痴呆症"的妻子的故事。5月7日，82岁的山本健吉去世。12月，晶文社开始出版发行《耕治人全集》（共七卷）。1989年1月，裕仁天皇去世，皇太子明仁即位，太子妃美智子成为皇后。4月27日，84岁的岛村龙三去世。5月19日，《朝日新闻》晚刊报道，发现了中里恒子创作《少女的港口》的手稿，代笔一事真相大白。11月，新潮文库出版了加入作品《波千鸟》后的《千只鹤》的版本，并附有郡司胜义的解说文。

1990年1月，《遥远的旅程》被河内书房冠以"梦幻小说"之名出版。1991年1月29日，85岁的井上靖去世，川端康成纪念会理事长由东京大学文学部教授川端香男里接任。1991年1月31日，驹子的原型，77岁的小高菊去世。1992年6月3日，92岁的龙胆寺雄去世。10月31日，93岁的高田力藏去世。12月20日，69岁的小田切进去世。同月27日，81岁的泽野久雄去世。1993年3月23日，98岁的芹泽光治良去世。

山口百惠是电影《伊豆的舞女》的第六位且也是最后一位舞女角色的扮演者，这部影片之后，电视剧还在继续拍摄。提到电视剧，主演分别有：小林千登势（1971年出演）、栗田裕美（1973年出演）、小田茜（1992年出演）、早濑美里（1993年出演）。

1994年，川端香男里从东京大学退休，成为该大学名誉教授，前往中部大学任教授，后任川村学园女子短期大学副校长。7月26日，71岁的吉行淳之介去世。是年11月，大江健三郎获诺贝尔文学奖，成为日本第二位获得此奖项的作家，他的演讲题目为《我在暧昧的日本》。12月12日，98岁的中河与一去世。1995年7月31日，59岁的三岛遗孀平冈瑶子去世。8月30日，70岁的山口瞳去世。10月，时隔多年川端原作再次被搬上大银幕，横山博人导演的

《睡美人》公映。该影片将《睡美人》和《山之音》两部原作合二为一，原田芳雄、大西结花主演，它是将川端作品善于刻画人物无法预测命运的这一特征进行完美呈现的佳作。1996年1月9日，67岁的平冈千之去世，他是三岛由纪夫的弟弟，原驻摩洛哥大使，曾经拜访过川端。1997年《新潮》10月刊刊登了川端与三岛的往来书信。是年，86岁的绿川贡去世，具体日期不明。

1999年4月，退出自民党的石原慎太郎，在青岛幸男一届任期结束后出马参选东京都知事，击败民主党的鸠山邦夫、舛添要一、自民党推荐的明石康等人当选。5月6日，92岁的东山魁夷去世。9日，78岁的进藤纯孝去世。7月21日，江藤淳自杀。11月7日，95岁的藤田圭雄去世。8日，北美的川端文学研究者、68岁的鹤田欣也去世。2000年5月19日，88岁的高间秋子去世。2001年1月7日，78岁的新潮社社长佐藤亮一去世。7月2日，67岁的川岛至去世。2002年3月24日，88岁的德田雅彦去世，9月7日，96岁的川端秀子去世。是年，长谷川泉从川端康成研究会会长位子上退下，成为名誉会长，羽鸟彻哉担任会长。

11月6日，92岁的秦野章去世。同月，92岁的耕芳子去世。她不认得丈夫之后，活了十四年。2003年12月，104岁的五岛茂去世。2004年1月9日，82岁的石滨恒夫去世，11月10日，87岁的长谷川泉去世。12月13日，83岁的织田昭子去世。是年，哥伦比亚的诺贝尔文学奖获奖作家加夫列尔·加西亚·马尔克斯受《睡美人》的触动，创作出版了《苦妓回忆录》。

2005年4月20日，102岁的丹羽文雄去世。2007年8月26日，87岁的爱德华·赛登施蒂克去世。2008年7月6日，97岁的佐藤碧子去世。2010年4月16日，98岁的堀多惠子去世。2011年6月19日，78岁的枡井寿郎去世。12月12日，76岁的羽鸟彻哉去世。2012年10月1日，90岁的上羽秀去世。石原慎太郎年满80周岁，辞去东京都知事一职，重新参与国政，东京都知事继任者为猪濑直树。至此，连续三代作家当选东京都知事。

2012年，秋山千惠子96岁、吉行安久利106岁。[1]芹泽之后，历任日本笔会俱乐部会长中有短期担任的中村光夫，之后的高桥健二、井上靖、远藤周作、梅原猛、井上厦、阿刀田高、浅田次郎。过去有一种说法，芹泽、井上靖、远藤因担任笔会俱乐部会长而获得诺贝尔文学奖提名，后来这种说法渐渐消失了，日本笔会俱乐部成为以发表政治声明为主的团体。梅原猛在京都设立了国际日本文化研究中心。换言之，他以这一形式继承了川端的遗志。

---

[1] 秋山千惠子于2016年4月6日去世，吉行安久利于2015年1月5日去世，本书作者撰写此文时秋山千惠子与吉行安久利尚在世。——编者注

结　语

　　直至今日，恐怕我们还是深受罗曼·罗兰的《贝多芬传》的影响，沉浸在这么一种传统中，即艺术家的传记就是描写他们以高贵圣洁的人格创造了杰出的艺术。小宫丰隆的《夏目漱石》也是如此。在这一点上，日本即便和西方相比，对"传记"的理解依然非常老套。传记中或许还有另一种，诸如描绘埃德加·爱伦·坡和凡·高等人在痛苦中英年早逝这种"不被命运眷顾的艺术家"的类型。日本人中，青木繁、太宰治大概就是这种类型的艺术家吧。进而，樋口一叶和林芙美子作为传记的对象也十分受追捧。

　　川端和上述的两种类型都不同。虽然在获得诺贝尔文学奖后的自杀作家中还有海明威，但是海明威从小被打扮成女孩子抚养，他对自己的性别认同充满不安，这一点对于当今的美国文学研究者来说是不可忽视的要素。还有陀思妥耶夫斯基，他是一位有着幼女嗜好的作家，最后他成了俄罗斯东正教的卫士。换言之，他是以保守派的身份深受大众欢迎的"大作家"，现在的传记几乎都这么书写。当然，国外也有诸如塞林格这种讨厌被人写传记的作家，但是，在国外为诺贝尔文学奖获奖作家写作一部非常客观的传记是否也如此困难，我倒是没怎么听说过。

　　藤田圭雄在《夏威夷的彩虹》中这么谈论川端：

　　　　他从不为借给别人名字、被人利用而感到痛苦。对于内容不怎么好的全集作品也十分随意地署名为监修者，尽管我们为他捏着一把汗，但是只要有人能从中得利，即便多少有损自己的名声，他也泰然处之。

那么，对于那些因为川端担任监修而购买作品的读者，川端是否负有责任呢？能让身为资深编辑的藤田的是非观变得如此疯狂的川端，或许是个恶魔。

可能因为我本人不喜欢聚众干某事，我对川端热衷于聚会的个人特质无法产生共鸣。秀子声称丈夫厌恶文坛政治，这终究无法让人信服。反之，川端完全称得上昭和时代最大的文坛政治家。而且，他不以菊池宽那种让人一目了然的姿态示人，他半推半就地出现在人群里，不知不觉中被人捧上了塔尖，他就是这样的文坛政治家。说他是大恶人，丝毫不为过。

臼井吉见的《事故的原委》中的后半部分，借事件焦点的女佣自述的形式，构建了自身的川端论，最后他以"老师的灵魂哟，请安息吧"来结尾。我甚至怀疑臼井有没有读过川端的主要作品，虽然从小说的角度来看，最后的结尾固然非常差劲，但是我也能理解臼井不得不以这种逢场作戏的言辞来为小说收场的心情。我为自己的《谷崎润一郎传》加了个副标题"堂堂的人生"，但川端则无法用"堂堂"来形容。虽然很多人用诺贝尔文学奖颁奖典礼上身着羽织裤①的和服形象来想象川端，但我不得不认为，50多岁且身着西服的川端，才是最典型的川端形象。这与从镰仓的家门口坐上电车赶往东京的形象十分吻合，川端身上流露着白领上班族的气质。在别人眼里，他像个东方哲人，但是他沉迷于酒吧，爱购买打火机和钥匙圈，有着与众不同的老人的特征。这些都不符合艺术家的形象。不过，画家中这样的人似乎不在少数。

在我撰写《里见弴传》《久米正雄传》时基本没有出现被人要

---

① 羽织裤，日本一种在正式场合式典礼上穿着的和服。——编者注

求写成作品论的情况，这一次大概会有人这么要求吧。但是，这是一部传记。有人要求将传记写成作品论，从这一事实中可以想见，作品论对于普通读者的毒害有多深。一般而言，作品论不是学术研究。在其他领域的研究者看来，文学作品的作品论论文只是"感想文"，这基本上没说错。把驹子说成动物，把叶子想成植物，也只是凭一时的印象。即便起初的印象没有错，那也不是学者，而是文艺评论家和作家写的评论，文艺评论不是学术研究。何况，川端的作品已经被人谈论得过多，到了眼下已经没有什么新鲜的东西可谈了。那些重要的作家无论是谁都有这个特点。在本书中，我对作品也多少会涉猎一点，那也只是"感想"。另外，"感想"可以有很多种，但那不是学术研究的部分。

从另一层意思上理解，有时不需要"作品论"，例如谈论泉镜花的众多作品，还有《细雪》，只能用一个"美"字来形容，之后沉默不语。不管怎么说，文学研究，今天已陷入困局，这是不争的事实，无论哪一个文学学会的会员数量都在减少。

最近，"世界文学"这个概念经常被使用，我每每听到这个词便会焦虑不安。该词自昭和初期开始被日本学者使用，基本上被用于日本文学是否和世界文学相通这一文学脉络中。其中，甚至有人将是否通行于世界文学作为文学作品优劣的评价标准。这是多么卑微的认知啊。例如，志贺直哉、德田秋声、近松秋江等人，在国外很难受人推崇。但是，这并不代表这些作家的价值就很低。尽管我的立场是相信人类文化的普遍性，但是只要有语言障碍存在，优秀的文学作品得不到海外高度评价也就丝毫不奇怪了。这也不是日本文化才有的特殊问题。

※

前文提到的藤田的《夏威夷的彩虹》曾指出，藤田一般不用洗发液洗头，他只把名称为"月桂油"（bay rum）的洗发剂涂在头上。这是"月桂油友之会"的小册子上介绍的方法。他加入会员后得到一张会员证，有一次他买了月桂油后，店员没什么反应，他拿出会员证出示给店员，店员不明所以，四处为他找商品，藤田十分扫兴，最终退出了会员。

我原先用洗发液无论怎么洗，头皮还是很快发痒，生出头屑，十分烦恼。我读了这本书后便去寻找，现在居然还能买到月桂油，所以我马上买回家，开始使用月桂油，之后头皮发痒和头屑问题得到相当大的改善。当然，使用月桂油也并非毫无问题，比如头发会翘起、在浴室使用会有强烈的气味等等。

这就是所谓的副作用。言归正传，本书的出版得到了很多人的帮助。尤其是和洋九段女子高中的深泽（三宅）晴美女士，她一直以来全身心地搜寻全集中未收录的文章，给予我各种指点。实际上，深泽女士是我大学时期友人的友人，这是在与她联系上后我才发现的，我和她都吃了一惊。文中和事实有关的部分近似于和深泽女士的合著。

该传记中和今东光有关的部分，得到了矢野隆司先生的帮助；和淀野隆三有关的部分，则得到了林哲夫先生的帮助。另外，本书还涉及了一些其他的人。在此，我想郑重说明，我所写的内容，绝对没有受到那些当事人的干预。

本书（日文版）编辑是山本启子女士。她帮助我克服了众多困难，大家称她"帅女"（与"帅哥"对应，为帅气之意）。

谨以本书纪念鹤田欣也老师。

小谷野敦

2013 年 1 月

参考文献

●全集
『川端康成全集』全三十五巻補巻二、新潮社、1980—84年

●全集未收录书简、来函
『志賀直哉宛書簡』志賀直哉全集別巻、岩波書店、1974年
『堀辰雄全集　別巻1』筑摩書房、1979年
川端香男里「新発見 川端康成青春書簡九通」『新潮』1987年8月
川端香男里「川端康成の素顔」『新潮』1992年6月
「時代二つ」ほか、同
進藤純孝「川端さんの書簡から」『川端文学への視界』七、銀の鈴社、
　　　1992年
桝井寿郎「三通の手紙——昭和四十二年の川端康成書簡」1992年
「進藤純孝宛川端康成書簡」『川端文学への視界』九、銀の鈴社、1994年
『川端康成・三島由紀夫往復書簡』新潮社、1997年（新潮文庫2000年）
浦西和彦「川端康成未発表書簡二十通」『国文学（関西大学）』1999年3月
川端香男里「発掘・川端康成・耕治人往復書簡」『新潮』2000年5月
板垣信・高根沢紀子「川端康成の福田清人宛書簡」『紀要（立教女学院短期
　　　大学）』2005年
「川端康成書簡（一）—（八）」『日本近代文学館』1992年1月1日、3月15
　　　日、7月15日、9月3日、1999年3月15日、5月15日、2008年9月15日、
　　　11月15日
『画家高田力蔵と文豪川端康成展』北区文化振興財団、1996年
川村湊・守屋貴嗣編『文壇落葉集』毎日新聞社、2005年
「川端康成—東山魁夷往復書簡」『新潮』2005年6月（『川端康成と東山魁
　　　夷 響きあう美の世界』川端香男里、東山すみ監修、求龍堂、2006年）

「茨木市立川端康成記念館　川端康成書簡」『全国文学館協議会紀要』2008
　　年3月
『文豪が愛した美の世界　川端康成コレクション展』川端康成記念会、2010年
『真室二郎作品集』下　真室川町教育委員会、2010年

● **対談**

『レヴュウ座談会』『都新聞』1931年10月22日—11月16日
「一九三一年文壇総決算座談会」『近代生活』1931年12月
「文藝界の諸問題を批判する」『新潮』1934年7月
「リアリズムに関する座談会」『文學界』1934年9月
「横光利一渡欧歓送会」1936年4月『文學界』（『定本横光利一全集』）
川端、志賀直哉、広津和郎「文藝鼎談」『社会』1948年4月（『志賀直哉対
　　話集』大和書房、1969年）
川端、谷崎潤一郎、折口信夫「『細雪』をめぐって」『文學界』1949年3月
「お芙美さんのこと」『文藝臨時増刊 林芙美子読本』1957年3月
嶋中鵬二、池島信平『文壇よもやま話 下』NHK編、青蛙房、1961年（中公
　　文庫、2010年）
中村光夫、三島由紀夫「川端康成氏に聞く」『文藝読本川端康成』1962年
　　12月
川端、三島、石川淳、安部公房「われわれはなぜ声明を出したか——芸術は
　　政治の道具か?」『中央公論』1967年5月（『夷斎座談——石川淳対談
　　集』中央公論社、1977年、のち中公文庫、1981年）
川端、長谷川泉「青春を語る——よき師、よき友に恵まれて」長谷川『川端
　　文学への視点』明治書院、1969年

● **全集未收录文章**

「新人でいたい」『諸君!』1972年6月
川端香男里「川端康成の青春——未発表資料、書簡、読書帳、『新晴』によ
　　る」『文學界』1979年8月
郡恵一「二つの寄稿——川端康成より茨木中学同窓会へ」『川端文学への視
　　界』三、1987年
「戦後日記」「アメリカ滞在日記」『新潮』1992年6月
「『狂った一頁』撮影余談」ほか（野末明『康成・鷗外』審美社、1997年）
深澤晴美「新資料・全集未収録文——『それいゆ』誌から」『川端文学への

視界』十三、1998年

宮崎尚子「新資料紹介　川端康成「生徒の肩に柩を載せて　葬式の日、通夜の印象」『国語国文学研究（熊本大学）』2012年

片山倫太郎「川端康成の未発表小説『勤王の神』（鶴見大学図書館所蔵）　翻刻と論考」『国文鶴見』2013年3月

●文章集成

『近代作家追悼文集成　高橋和巳・志賀直哉・川端康成』ゆまに書房、1999年（『追悼文集成』）

「川端康成の「座右宝」」『藝術新潮』1972年6月

「川端さんはこんな人だった」『文藝春秋』1972年7月（『文春川端さん』）

『新潮臨時増刊　川端康成読本』1972年6月（『新潮臨時増刊』）

『別冊週刊読売　日本の心川端康成』1972年6月

『文藝読本　川端康成』河出書房新社、1977年

茨木市立川端康成文学館『川端康成その人とふるさと　挿話編』茨木市・茨木市教育委員会、1989年（『挿話編』）

羽鳥徹哉編『日本文学研究資料新集　川端康成・日本の美学』有精堂出版、1990年（『新集』）

『湘南文学』「特集・川端康成と鎌倉」1992年春（『湘南文学』）

『新潮　川端康成生誕百年記念特集』1999年6月

●文献

赤松月船「一九二六年文藝時代」『文藝時代』1926年12月

阿川弘之「ペンと川端さん」『追悼文集成』

秋山ちえ子『大晦日のローストビーフ——23の物語』文化出版局、1976年

吾妻君香「回想　川端康成先生」『湘南文学』

有馬稲子『バラと痛恨の日々——有馬稲子自伝』中央公論社、1995年

五十嵐康夫「三十代の川端康成」（一）—（十三）『経済往来』1991年3月—1992年3月

池谷信三郎「不嫉症・浅間山・鏡」『池谷信三郎全集』改造社、1934年

石井妙子『おそめ　伝説の銀座マダム』洋泉社、2006年（新潮文庫、2009年）

石川達三「断片的な印象」『追悼文集成』

石川達三『流れゆく日々2』新潮社、1972年

石塚友二「雨過山房俳句鑑賞——横光利一の俳句」『日本文学研究大成　横

　　　光利一』国書刊行会、1991年

石塚茂子「長い間のこと」『黄薔薇』講談社出版サービスセンター、1972年

石濱金作「ある恋の話」『文藝時代』1924年10月（創刊号）

石濱金作「山径」『文藝時代』1926年10月（『新進傑作小説全集　南部修太
　　　郎・石濱金作』平凡社、1930年）

石濱金作「無常迅速──青春修行記」『文藝読物』1950年5月

石濱恒夫『追憶の川端康成 ノーベル紀行』文研出版、1973年

石濱恒夫「ある離婚の手記」『新潮』1957年6月

石濱恒夫ほか『川端康成《その人・その故郷》』婦人と暮しの会、1974年

石原慎太郎「日本的な死──川端康成追悼」『対極の河へ』」1974年

板垣直子『婦人作家評伝』メヂカルフレンド社、1954年（日本図書センタ
　　　ー、1987年）

板坂剛『極説三島由紀夫　切腹とフラメンコ』夏目書房、1997年

板坂剛『真説三島由紀夫　謎の原郷』夏目書房、1998年

伊藤整『太平洋戦争日記』第一巻、新潮社、1983年

稲垣足穂・草柳大蔵「川端康成はラテン系日本人である」『週刊文春』1972
　　　年5月8日号（『天族ただいま話し中　稲垣足穂対談集』角川書店、
　　　1973年）

犬丸義一『日本人民戦線運動史』青木書店、1978年

井上謙『横光利一　評伝と研究』おうふう、1994年

猪瀬直樹『マガジン青春譜』小学館、1998年

猪瀬直樹『ピカレスク　太宰治伝』小学館、2000年（文春文庫、2007年）

猪瀬直樹『こころの王国　菊池寛と文藝春秋の誕生』文藝春秋、2004年
　　　（文春文庫、2008年）

猪瀬直樹「解説」佐藤碧子『人間・菊池寛』新風舎、2003年

犬塚稔『映画は陽炎の如く』草思社、2002年

伊吹和子『川端康成 瞳の伝説』PHP研究所、1997年

巖谷大四「川端康成・奮戦記」『特集文藝春秋』1957年10月

巖谷大四『非常時日本文壇史』中央公論社、1958年

上田宏範「金箔児 豊蔵はん」『こだはら』（帝塚山学院大学）1983年

植田康夫『自殺作家文壇史』北辰堂出版、2008年

臼井吉見『事故のてんまつ』筑摩書房、1977年

臼井吉見「川端康成政治家説の背景──「M・子への遺書」をめぐって」
　　　『文藝春秋』1977年8月

臼田甚五郎「折口信夫について——信夫と康成」『國文學 解釈と教材の研究』1985年1月

内山尚三「壺と墓」『文春川端さん』

生方たつゑ『邂逅の人』光風社書店、1978年

生方美智子『母とのたたかい 時代をこえる女の生き方』リヨン社・二見書房、1985年

梅澤亜由美「『父の名』論 田中ソノとの関わりから」『川端文学への視点』十六、2001年

梅原猛「川端康成における仏教」『國文學 解釈と教材の研究』1970年2月

江藤淳「川端康成の源流——その存在と社会」『追悼文集成』

扇谷正造「叱られる」『文春川端さん』

大石逸策「川端康成先生との邂逅」正続『土浦短期大学紀要』1988—90年

大石征也・亀本美砂「詩人・野上彰の形成と発展——川端康成宛書簡に見る戦中・戦後」『徳島県立文学書道館 研究紀要 水脈』九—十一号, 2010—12年

大滝清雄『川端康成の肖像』宝文館、1979年

大森郁之助『乙女の港の花物語をあきらめて〈少女と少女の物語〉論』大学教育社・桜楓社、1992年

大森郁之助『考証少女伝説 小説の中の愛し合う乙女たち』有朋堂、1994年

大宅壮一「川端康成君の生活」『新潮』1929年11月（『新集』）

『岡本かの子全集』第七巻（書簡）冬樹社、1979年

岡本太郎「川端さんの思い出」『川端康成全集』第十六巻月報、1973年

岡本太郎「借家住いのころ」『文春川端さん』

岡本太郎「一つ屋根の下」『新潮臨時増刊』

小川太郎『聞かせてよ愛の言葉を ドキュメント・中城ふみ子』本阿弥書店、1996年

大佛次郎「黙っていた五十年」『新潮臨時増刊』

小田切進「あたたかい人——川端さんとのこと」『追悼文集成』

海軍神雷部隊戦友会編集委員会編著『海軍神雷部隊 最初の航空特別攻撃隊』海軍神雷部隊戦友会、1996年

『梶井基次郎全集』第三巻（書簡）筑摩書房、2000年

梶山季之「借金の名人・川端康成の金銭感覚」『月刊噂』1973年8月

片岡藍子「鐵兵と娘」瀬沼壽雄『片岡鐵兵、書誌と索引』京王書林、2000年

片山倫太郎「川端康成の茨木中学後輩・小笠原義人に係る資料二点」『解釈』
　　2012年7・8月

加藤守雄「異郷の生」慶應義塾大学国文学研究会編『折口学と古代学』桜楓
　　社、1989年

金井美恵子「『女であること』その他」『新潮』1999年6月

川勝麻里「映画『狂った一頁』における代作と『最後の人』——川端康成の
　　未発見シナリオ「狂へる聖」との断絶について」『敍説』2011年9月

川嶋至『川端康成の世界』講談社、1969年

川嶋至『美神の反逆』北洋社、1972年

川嶋至「川端康成日記の改変」『学苑』1995年8・9月

川嶋至「川端康成の『原日記』忘却説への反論」『学苑』1996年8・9月

川端香男里「父川端康成のこと」『新潮臨時増刊』

川端香男里「手記 わが父川端康成」『現代』1972年7月

川端香男里「事実・伝記・小説の間」『新潮』1972年10月

川端香男里「二人の父と二人の母」『川端康成全集』第十九巻月報、1974年

川端香男里「川端康成の名誉のために」『文藝春秋』1978年10月

川端香男里「資料紹介「川端康成展」展示資科について」『昭和文学研究』
　　1987年7月

川端香男里「思い出二、三」『前田陽一その人その文』編集刊行委員会、東
　　京大学出版会、1989年

川端香男里「川端康成の死にいて」林武志編『鑑賞現代日本文学　川端康
　　成』月報、角川書店、1982年

川端香男里「今回公表した新資料について」『新潮』1999年6月

川端香男里「30年の余生——亡き義母の思い出」『婦人公論』2002年10月
　　22日

川端富枝『若き日の川端康成氏と川端家』私家版、1970年

川端富枝『川端康成のふるさと宿久庄』私家版、1989年

川端秀子「あの鋭い眼が……」『文学時代』1929年12月

川端秀子「夫・川端康成の生と死」『現代』1977年11月

川端秀子『川端康成とともに』新潮社、1983年

川端秀子「続・川端康成の思い出」『川端康成全集』補巻一、二月報、
　　1983—84年

川端秀子「新婚の頃の濠端界隈」『知識』1985年6月

川端秀子「松下先生と八戸」『知識』1987年3月

川端麻紗子「道はただ行く道（結婚の条件）」『それいゆ』1952年9月

川端政子「父と私——六十年の歳月を振り返る」『國文學』2001年3月

川畑和成「衣笠資料によるシナリオ『狂った一頁』の成立過程」『横光利一研究』2009年3月

川俁従道『川端康成と信州』あすか書房、1996年

河村清一郎「「雪国」と「北越雪譜」」『明治大学人文科学研究所紀要』1968年

上林暁「自分を書く事について——川端康成の私小説論」『上林暁全集』第十九巻、筑摩書房、1980年

上林暁「川端さんの染筆」『上林暁全集』第十五巻、筑摩書房、1980年

菊岡京子「川端先生の思い出」ほか菊岡久利関係資料『川端文学への視界』三、1987年

菊岡京子「谷の風　かまくら小町の春秋」エンプティ、2002年（「川端先生の思い出」を収録）

菊池一夫『伊藤初代の生涯　川端康成の許嫁』江刺文化懇話会、1991年

菊池一夫『伊藤初代の生涯続編　エランの窓』江刺文化懇話会、1993年

菊池寛「四つの偶然」『菊池寛全集』第二十二巻、文藝春秋・高松市菊池寛記念館、1995年

木佐木勝『木佐木日記　第四巻』現代史出版会、1975年

岸惠子『ベラルーシの林檎』朝日新聞社、1993年（朝日文芸文庫、1996年）

衣笠貞之助『わが映画の青春　日本映画史の一側面』中公新書、1977年

木村徳三「哀悼の底で」『新潮臨時増刊』

木村徳三『文芸編集者その蹉音』TBSブリタニカ、1982年（『文芸編集者の戦中戦後』大空社、1995年）

草柳大蔵『新・実力者の条件』文藝春秋、1972年

草柳大蔵「縄文人間・川端康成の死」『諸君!』1972年6月

工藤美代子『悪名の棺　笹川良一伝』幻冬舎、2010年（幻冬舎文庫、2013年）

栗原雅直『川端康成——精神医学者による作品分析』中央公論社、1982年（中公文庫、1986年）

呉直彦「川端康成"美しき死"の謎」『中央公論』1978年5月

黒崎峰孝「川端康成日記考　大正十二年から大正十三年まで」『論究』1982年

黒崎峰孝「川端康成日記考　昭和九年」『論究』1988年12月

桑原武夫「京における夕」『文春川端さん』

耕治人「赤い美しいお顔」『そうかもしれない』講談社、1988年

紅野敏郎編『新感覚派の文学世界——『文藝時代』を中心に』名著刊行会、
　　1982年

河野仁昭『川端康成　内なる古都』京都新聞社、1995年

小島千加子『作家の風景』毎日新聞社、1990年

小西千鶴「永遠の踊り子」『微笑』1976年5月15日

小林勇「池島信平抄」『遠いあし音・人はさびしき　人物回想』筑摩叢書、
　　1987年

小林秀雄「文藝月評Ⅷ」(1936)『小林秀雄全作品8　作家の顔』新潮社、
　　2003年

小林秀雄「川端康成」(1941)『文芸読本　川端康成』

小松清「川端・モーリヤック会見記」『新潮』1957年9月

五味康祐「魔界」『新潮　臨時増刊　川端康成読本』1972年6月（『五味康
　　祐代表作集』第十巻、新潮社、1981年、『新学社近代浪漫派文庫　五味
　　康祐・今東光』2004年）

今東光「文藝春秋の無礼」『新潮』1924年12月

今東光「同人雑誌から（処女作を発表する迄）」『文章倶楽部』1925年11月

今東光『東光金蘭帖』中央公論社、1959年（中公文庫、一九七八年）

今東光「小説・川端康成」『オール読物』1972年7月

今東光「本当の自殺をした男」『文藝春秋』1972年7月

今日出海「川端さんとの五十年」『新潮臨時増刊』

サイデンステッカー「高見順と竹山道雄の論理——随筆論法」安西徹雄訳
　　『新潮』1959年9月

サイデンステッカー『私のニッポン日記』安西徹雄訳、講談社現代新書、
　　1982年

サイデンステッカー『流れゆく日々　サイデンステッカー自伝』安西徹雄
　　訳、時事通信社、2004年

斎藤雅子『悲しみの人魚の歌』斎藤ゆかり、2004年（川端書簡つき）

佐伯彰一「解説」『舞姫の暦』毎日新聞社、1979年

佐伯彰一「解説」『海の火祭』毎日新聞社、1979年

三枝佐枝子、吉永小百合、立原正秋、中村登、鰐淵晴子、田中絹代、楠本憲
　　吉「今よみがえる私の中の川端先生」『週刊言論』1972年5月5日

三枝康高編『川端康成入門』有信堂、1969年

桜田満編『現代日本文学アルバム　川端康成』学習研究社、1973年

笹川隆平『茨木の名誉市民・川端康成氏と豊川　その幼少年期と手紙』私家

版、1970年

笹川隆平『川端康成　大阪茨木時代と青春書簡集』和泉書院、1991年

笹川良一『人類みな兄弟』講談社、1985年

佐多稲子「川端さんとの縁」『追悼文集成』

佐多稲子「レストラン洛陽」『白と紫　佐多稲子自選短篇集』学藝書林、1994年

『佐藤榮作日記』第二―五巻、朝日新聞社、1997―98年

佐藤観次郎『編集長の回想』東京書房、1958年

佐藤寛子『佐藤寛子の「宰相夫人秘録」』朝日新聞社、1974年

佐藤碧子『瀧の音　懐旧の川端康成』東京白川書院、1980年（恒文社、1986年）

澤野久雄『川端康成点描――この美しい日本の人』実業之日本社、1972年

澤野久雄『小説川端康成』中央公論社、1974年

澤野久雄「私設・残念賞」『新潮』1959年3月

「澤野久雄年譜」『新日本文学全集　菊村到・澤野久雄集』集英社、1964年

澤野久雄・小田切進・篠田一士「座談会　川端文学とその"死"」『毎日新聞』1972年4月17日朝刊

塩澤実信『雑誌記者　池島信平』文藝春秋、1984年（文春文庫、1993年）

芝木好子「川端先生の髪」『追悼文集成』

『島木健作全集』第十五巻、国書刊行会、1981年

島地勝彦『人生は冗談の連続である』講談社、2011年

守随憲治「無邪気な頃」長谷川泉編著『川端康成作品研究』八木書店、1969年

進藤純孝『伝記川端康成』六興出版、1976年

進藤純孝「傳記の筆に重い」『川端康成全集』第十六巻月報、1973年

杉山平助「川端康成論」『新潮』1935年10月（『日本文学研究資料叢書　川端康成』有精堂、1973年）

杉山幸照『海の歌声　神風特別攻撃隊昭和隊への挽歌』行政通信社、1972年

鈴木彦次郎「『新思潮』発刊のころと川端君」『毎日新開』1969年5月8日夕刊

鈴木彦次郎「新思潮前後（抄）」鈴木伸一・山田吉郎編『川端康成作品論集成　第一巻』おうふう、2009年

鈴木彦次郎「『新思潮』時代の川端康成」『歴史と人物』1972年7月

鈴木彦次郎「死の予感」『文春川端さん』

『スティーヴン・スペンダー日記　1939―1983』ジョン・ゴールドスミス編、徳永暢三訳、彩流社、2002年

関良一「『雪国』考」『川端康成の人間と芸術』教育出版センター、1971年

瀬戸内寂聴『奇縁まんだら 終り』日本経済新聞出版社、2011年

瀬戸内晴美「風もなきに」『追悼文集成』

瀬戸内晴美「川端康成先生を悼む」『婦人公論』1972年6月

瀬沼茂樹「川端康成」伊藤整編『近代日本の文豪3』読売新聞社、1968年

芹沢光治良『人間の意志』新潮社、1990年

曽根博義「川端康成『小説の研究』の代作者」『遡河』1989年8月

曽根博義「出発期の金星堂──『文芸時代』終刊まで」『日本近代文学館年
　　誌』2007年

高田博厚「死面（デス・マスク）をとる」『新潮臨時増刊』

高田力蔵「川端さん、久住への旅」『川端文学への視界』一号、1984年

高戸顕隆『海軍主計大尉の太平洋戦争』光人社、1994年（光人社NF文庫、
　　1999年）

高橋有恒「『雪国』のモデル考──越後湯沢における川端康成」『人間復興』
　　1972年11月

高見順『昭和文学盛衰史』文藝春秋新社、1958（講談社、1965年）

高見順「カタツムリとハゲタカ」『高見順全集』第18巻、勁草書房、1970年

『高見順日記』全八巻、勁草書房、1964─66年

『続高見順日記』第一─六巻、勁草書房、1975─76年

高山文彦『火花　北条民雄の生涯』飛鳥新社、1998年（角川文庫、2003年）

武田勝彦「川端康成氏に聞く」『国文學　解釈と教材の研究』1969年2月

武田勝彦「川端康成とゴールズワーズィ」『教養諸学研究』（早稲田大学）
　　1975年6月

武田勝彦「愛妻家・川端康成」『文藝春秋』1980年5月

武田勝彦「川端康成青春書簡」「川端康成書簡」『解釈と鑑賞』1980年4月─
　　86年7月

武田勝彦・永澤吉晃共編『証言「事故のてんまつ」』講談社、1978年

武田勝彦「あとがき」川端康成『婚礼と葬礼』創林社、1978年

武野藤介『文壇今昔物語』東京ライフ社、1957年

竹内良夫『頽廃の美学　川端康成その耽美な生涯と文学』日藝出版、1972年

太宰治「書簡」『太宰治全集』第十二巻、筑摩書房、1999年

立原正秋「美への執念」『文春川端さん』

立原正秋「平野さんとの距離」『冬の花』新潮社、1980年

田中澄江「川端さんのこと」『川端康成全集』第十七巻月報、1973年

田中純夫「小説『禁色』のモデル」『人間探究』1953年5月
田中美知太郎「北海道の旅、軽井沢の夏」『新潮臨時増刊』
田村泰次郎「川端さんの古美術好き」『川端康成全集』第一七巻月報、1973年
田村充正『『雪国』は小説なのか 比較文学試論』中央公論事業出版、2002年
田山花袋「雪の信濃」『定本花袋全集』第十六巻（1937年）臨川書店、1994年
千葉俊二「ポルノグラフィとしての『雪国』」『國文學』2001年3月（『新集』）
月村麗子「『千羽鶴』とその続編『波千鳥』について」『国文学 解釈と鑑賞』
　　1969年9月
土屋寛『天城路慕情――「伊豆の踊子」のモデルを訪ねて』新塔社、1978年
椿八郎『『南方の火』のころ』東蜂書房、1977年
寺崎浩「旅人――川端康成のいる風景」『小説サンデー毎日』1972年7月
寺田透「雪国」（1953年）『寺田透・評論Ⅲ』思潮社、1970年
十重田裕一『「名作」はつくられる 川端康成とその作品』NHK出版、2009年
豊田穣『寂光の人』文藝春秋、1973年
外山伊都子「『多情仏心』に捧げたわが半生」『新潮45』1985年8月
中嶋展子「川端康成『乙女の港』論――「魔法」から「愛」へ・中里恒子草
　　稿との比較から」『岡山大学大学院社会文化科学研究科紀要』2010年
中嶋展子「川端文学の「をさなごころ」と「むすめごころ」――昭和八年を
　　中心に』龍書房、2011年
中村真一郎「川端さんの想い出」『追悼文集成』
奈良林和子「川端康成が愛した女性と元主治医が今だから語る死の真相」『
　　サンデー毎日』2012年4月22日
西河克己（実際は阿部嘉昭）『「伊豆の踊子」物語』フィルムアート社、1994年
日本近代文学館編『定本図録川端康成』世界文化社、1973年
『日本ペンクラブ五十年史』遠藤周作・日本ペンクラブ、1987年
丹羽文雄「川端さん」『追悼文集成』
野口冨士男『蒸発――再び川端康成氏のこと』『追悼文集成』
野口冨士男『感触的昭和文壇史』文藝春秋、1986年
野末明『康成・鴎外 研究と新資料』審美社、1997年
野々上慶一「さまざまな追想 文士というさむらいたち』文藝春秋、1985年
橋本喜三『美術記者の京都』朝日新聞社、1990年
長谷川泉『川端康成論考』増補三訂版、明治書院、1984年
長谷川泉『川端文学への視点』明治書院、1971年
長谷川泉注釈『日本近代文学大系49 川端康成・横光利一集』角川書店、

　　　1971年

長谷川泉「哀悼・川端康成」『追悼文集成』

長谷川泉編著『川端康成作品研究』八木書店、1969年

長谷川泉『国文学解訳と鑑賞臨時増刊　現代作品の造形とモデル』至文堂、
　　　1984年11月

長谷川尚「たまゆら」長谷川泉編著『川端康成作品研究』

秦野章「政治とのかかわり」『文春川端さん』

秦野章『逆境に克つ　「一日生涯」わが人生』講談社、1988年

羽島徹哉『作家川端の基底』教育出版センター、1979年

羽島徹哉『作家川端の展開』教育出版センター、1993年

羽島徹哉（一英）「北条民雄と川端康成」『日本近代文学』1970年5月

羽島徹哉「川端康成伝」（一）—（十）『川端康成研究叢書』教育出版センタ
　　　ー、1976—1981年

羽島徹哉「久保喬と川端康成」『解釈と鑑賞』1998年7月

羽島徹哉『高田力蔵と川端康成』『成蹊大学文学部紀要』2002年3月

羽島徹哉・原善『川端康成全作品研究事典』勉誠出版、1998年

羽島徹哉「死の論理——江藤淳と川端康成」『國文學　解釈と教材の研究』
　　　2001年3月

羽島徹哉「浦上玉堂と川端康成——「琴を抱いて」「天授の子」「いつも話す
　　　人」、昭和二十九年の転機』成蹊大学文学部紀要』2003年3月

花柳章太郎「『雪国』劇化」『雪国』角川文庫、1956年

馬場重行「川端康成の少女小説——『乙女の港』をめぐって」『川端文学研
　　　究』1981年1月

濱川博『荒魂の人びと』永田書房、1983年

林武志『川端康成研究』桜楓社、1976年

林武志編『鑑賞日本現代文学（19）川端康成』角川書店、1982年

林房雄『林房雄評論集2　文学的回想』浪曼、1973年（新潮社、1955年）

原善『川端康成　その遠近法』大修館書店、1999年

春原千秋「〈孤独の人〉川端康成その文学と死」『月刊ペン』1976年5月

疋田寛吉『川端康成　「魔界」の書』芸術新聞社、1987年

ハワード・ヒベット「川端康成の印象——「美しさと哀しみと」のことな
　　　ど」川端文学研究会編『世界の中の川端文学』おうふう、1999年

平岡梓「倅・三島由紀夫」『諸君!』1971年12月

平岡梓「川端さんのこと」『倅・三島由紀夫（没後）』文藝春秋、1974年

平野謙「川端康成の自作自解」『毎日新聞』1972年4月17日夕刊

平山城児『川端康成　余白を埋める』研文出版、2003年

平山三男「『雪国』年立論の視点から」『川端康成研究叢書　虚実の皮膜』川端文学研究会編、教育出版センター、1979年

深澤晴美「川端訳『童話』について——そのリストと実際」一、二『和洋九段女子中学校・高等学校紀要』1995—96年

深澤晴美「『少女倶楽部』『少女の友』における川端康成」『藝術至上主義文藝』1996年12月

深澤晴美「川端康成の女性文章・綴方選　喪われた〈故郷〉への憧憬/絶対の距離」『和洋九段女子中学校・高等学校紀要』1998年

深澤晴美「『ひまわり』における川端康成　〈少女期の終焉〉と少女小説の終焉」『川端文学への視界13』1998年

深澤晴美「「婦人公論」「中央公論」における川端康成——時代との交点を探って」『和洋九段女子中学校・高等学校紀要』1999年

深澤晴美「投書家時代の川端康成——大正5年の掲載作品13」『川端文学への視界16』2001年

福田淳子「菊池寛『慈悲心鳥』と川端康成——代作問題をめぐって」『文藝空間』1992年4月

福田蘭童「むっつり川端康成さん」『小説新潮』1955年3月

福永武彦「末世の人」『福永武彦全集』第16巻、新潮社、1987年

藤岡和賀夫『藤岡和賀夫全仕事（1）ディスカバー・ジャパン』PHP研究所、1987年

藤田圭雄『ハワイの虹』晩成書房、1978年

藤田圭雄「日記の中の川端さん」一——三『川端文学への視界』一——三、1984—86年

藤島泰輔「川端康成氏の思い出」浦西和彦編『「酒」と作家たち』中公文庫、2012年

古垣鉄郎『心に生きる人びと』朝日新聞社、1973年

古谷綱武『評伝川端康成』実業之日本社、1967年

『定本北條民雄全集　下』東京創元社、1980年（川端康成・香男里編）

北條誠『川端康成　心の遍歴』二見書房、1969年

北條誠『川端康成　文学の舞台』平凡社、1973年

北條誠「人間川端康成・その女性彷徨」全七回『女性自身』1972年5月20日—7月15日

北條誠・澤野久雄・舟橋聖一・船山馨「川端康成氏を偲ぶ」『風景』1972
　　年6月

保昌正夫編『新潮日本文学アルバム　川端康成』新潮社、1984年

保昌正夫編『横光利一見聞録』勉誠社、1994年

堀多恵子『堀辰雄の周辺』角川書店、1996年

『堀辰雄全集』第8巻（書簡）、筑摩書房、1978年

毎日新聞社編『写真集　川端康成〈その人と芸術〉』毎日新聞社、1969年

松下英麿『去年の人　回想の作家たち』中央公論社、1977年

桝井寿郎「桝井寿郎氏の講演から」『挿話編』

丸谷才一「思ひ出ひとつ」『新潮』1988年6月

三明永無「川端康成の思い出」長谷川泉編著『川端康成作品研究』

三浦朱門「一かけらの石」『追悼文集成』

三木秀生『篝火に誓った恋　川端康成が歩いた岐阜の町』岐阜新聞社、2005年

三島由紀夫「永遠の旅人」（1956年）『文藝読本 川端康成』

三島由紀夫「川端康成氏と文化勲章」「最近の川端さん」『三島由紀夫全集』
　　第三十巻、新潮社、1975年

水守亀之助『わが文壇紀行』朝日新聞社、1953年

みずの・あきよし（水野明善）「川端康成——みずから身を引き裂きつづけ
　　た果ての死」『民主文学』1972年6月

光岡良二「川端康成と北條民雄」『川端康成全集』第十五巻月報、新潮社、
　　1973年

水上瀧太郎「文壇游泳術」『水上瀧太郎全集』第十一巻、岩波書店、1984年

三宅晴美（深澤晴美）「『千羽鶴』のゆくえ——『波千鳥』試論」『国文』
　　1986年7月（『新集』）

宮下展夫『遠い雲遠い海　わたしがめぐりあった作家・演劇人』かまくら春
　　秋社，2006年

村松剛「壺と墓」『文春川端さん』

村松友視『『雪国』あそび』恒文社21、2001年

望月優子『生きて愛して演技して』平凡社、1957年

森岩雄「同伴者の覚え書」『文學界』1958年1月

森内俊雄「川端康成氏の絶筆」『追悼文集成』

森本穫「魔界の住人川端康成　その生涯と芸術（第二十八回）」『文芸日女
　　道』2011年1月号

八木義徳「最後の笑顔」『追悼文集成』

矢口純『酒を愛する男の酒』新潮社、1977年（新潮文庫、1981年）

矢崎泰久『口きかん　わが心の菊池寛』飛島新社、2003年

保田與重郎「弥生の三日月」『新潮臨時増刊』

保田與重郎「川端先生の書」（1969年）『保田與重郎全集　第三十八巻』講談社、1988年

保高徳蔵『作家と文壇』講談社、1962年

山口正介『江分利満家の崩壊』新潮社、2012年

山口瞳「隣人・川端康成」『小説・吉野秀雄先生』文藝春秋、1969年

山口瞳「孤独な現実主義者」『追悼文集成』

山口瞳「創意の人」『旦那の意見』中央公論社、1977年（中公文庫、1980年）

山口瞳『江分利満氏の優雅な生活』（1963年）新潮文庫、1968年（ちくま文庫、2009年）

山口文憲・斎藤美奈子「「うしろ読み」の愉しみ」『中央公論』2013年5月

山内静夫「「伊豆の踊子」にまつわる内緒ばなし」『湘南文学』

山本茂『物語の女　モデルたちの歩いた道』講談社、1979年（中公文庫、1990年）

由良哲次「横光利一と川端康成」同編『横光利一の文学と生涯』桜楓社、1977年

『定本横光利一全集』第十五巻（座談会）河出書房新社、1983年

『定本横光利一全集』第十六巻（書簡）河出書房新社、1987年

横山隆一「カワバッタ・ヤスナリウス」『湘南文学』

吉行エイスケ・堀寿子・梅園龍子・北川惠礎子・龍胆寺雄「解剖台上のわが川端康成」『近代生活』1931年7月

吉野壮児「二つの"眼"の思い出」『新潮臨時増刊』

吉野壮児「「眼」の記憶」『湖南文学』

淀野隆『二人だけの「愛・宇宙」六十兆個のバラード』近代文藝社、2010年

読売新聞文化部編『実録川端康成』読売新聞社、1969年

頼尊清隆『ある文芸記者の回想　戦中戦後の作家たち』冬樹社、1981年

李聖傑「川端康成における戦争体験について――「敗戦のころ」を手がかりに」『ソシオサイエンス』2010年3月

龍胆寺雄「M・子への遺書」『龍胆寺雄全集』第十二巻、昭和書院、1986年

龍胆寺雄「川端康成の神通力」『歴史読本』1972年8月

若井福治『越後湯沢温泉旅情　駒子と湯の里』政エ門出版、1984年

和田芳恵『おもかげの人々──名作のモデルを訪ねて』光風社書店、
　　　1977年
渡辺網纜『夕日に魅せられた川端康成と日向路』鉱脈社・宮崎文庫ふみく
　　　ら、2012年

●新闻报道等无署名的文章
「『文藝時代』総目録」『国文学解釈と鑑賞』1957年2月号
「文藝講演の講師中村武羅夫氏来る　川端康成尾崎士郎氏ら一行」『徳島日日
　　　新報』夕刊、1930年4月27日
「霹靂の如き一瞬　川端康成氏"神雷兵器"語る」『朝日新聞』1945年6月1日
「日本文学の紹介をどう進めるか 問題は作品の選び方」『毎日新聞』1958年2
　　　月25日
『グラフNHK』1965年5月15日号
「微妙な空気でもめた川端康成氏の本葬決定まで」『週刊読売』1972年5月
　　　27日
「文豪初恋の人ハッちゃん　"青年"川端康成の求婚ソデに」『河北新報』
　　　1973年6月25日
「"文壇大御所"になるための条件」『月刊噂』1973年10月
「川端康成氏CM出演の波紋!」『ヤングレディ』1971年7月
「川端康成青春時代の手紙八通が大阪の親友宅で見つかる」『毎日新聞』1987
　　　年6月14日
「川端康成の礼状見つかる　28年前の恩忘れず　才能発掘の編集者あて」
　　　『読売新聞』1988年2月3日夕刊
「文化ノート=歌碑、踊り子、大検」『静岡新聞』2000年8月24日夕刊

●周边人物关系
五十嵐康夫「北條民雄の出生をめぐって」『解釈』1972年10月
生島遼一「鉄兵さんの思い出」『春夏秋冬』(1979年)講談社文芸文庫、
　　　2013年
石角春之助『浅草裏譚』(1927年)復刻版「大正・昭和」下層社会記録文献
　　　集成4、本の友社、1999年
石浜春上ほか「特集　追悼　織田昭子さん」『婦人文芸』2005年10月
井上謙・保昌正夫「石濱金作年譜」『日本現代文学全集　新感覚派集』講談
　　　社、1968年

（無署名）「石浜恒夫の青春」『芸能懇話』大阪芸能懇話会、2009年11月

茨木市史編纂委員会『茨木市史』茨木市役所、1969年

今川英子「林芙美子年譜」『林芙美子全集』第十六巻、文泉堂出版、1977年

牛山剛『詩に生き碁に生き　野上彰小伝』踏青社、1990年

浦田敬三「鈴木彦次郎年譜」『日本現代文学全集　新感覚派集』講談社、
　　1968年

江馬修『受難者　江馬修作品集4』北溟社、1973年

遠藤寛子『『少女の友』とその時代——編集者の勇気　内山基』本の泉社、
　　2004年

大隈秀夫『裸の大宅壮一』三省堂、1996年

大宅壮一「亡妻の姿を追ふ——愛妻の死と結婚の経緯」『婦人公論』1931
　　年5月

香村啓文「最後の総会屋　上森子鐵物語」『月刊タイムス』2006年4月

J・オウエン・ガントレット『死にて宣教者となる』いのちのことば社、
　　1959年

北村喜八「芳賀檀への友情のために　東京ペン大会の決定まで」『新潮』1957
　　年4月

清原康正編「平山蘆江年譜」『大衆文学大系』第五巻、講談社、1971年

金賛汀『炎は闇の彼方に　伝説の舞姫・崔承喜』日本放送出版協会、2002年

桑本幸信『水守亀之助伝』私家版、1992年

嵯峨信之「自己「半年譜」次第（抄）」『嵯峨信之詩集』思潮社、1989年

坂本龍彦『風成の人　宇都宮徳馬の蔵月』岩波書店、1993年

佐々木味津三「詭辯五ケ條」『新潮』1925年2月

敷田千枝子『口語詩人　西出朝風』短歌研究社、2007年

鈴木徹造『出版人物事典　明治—平成　物故出版人』出版ニュース社、1996年

竹中労「続・現代虚人列伝　北条誠/見栄で踊るカストリ文士」『現代の眼』
　　1972年2月

竹山道雄「ペンクラブの問題　手帖（十三）」『新潮』1959年6月（『竹山
　　道雄著作集』第五巻、福武書店、1983年）

内藤初穂『星の王子の影とかたちと』筑摩書房、2006年

直木三十三（三十五）「さあ来い」『新潮』1925年2月

長沼弘毅『人間宇野浩二』講談社、1965年（日本図書センター、1989年）

中野朗『変奇館の主人　山口瞳・評伝・書誌』響文社、1999年

中野正昭『ムーラン・ルージュ新宿座　軽演劇の昭和小史』森話社、2011年

中村一枝・古川一枝『ふたりの一枝』講談社、2003年

中山義秀『台上の月』新潮社、1963年

生井知子「志賀直哉と太宰治──『如是我聞』の解釈の為に」『白樺派の作
　　家たち』和泉書院、2005年

野上彰『囲碁太平記』河出書房新社、1963年

野田宇太郎『六人の作家未亡人』新潮社、1956年

野田宇太郎『桐後亭日録　灰の季節と混沌の季節』ぺりかん社、1978年

芳賀檀「我れドン・キホーテに甘んず──東京ペン大会について」『新潮』
　　1957年3月

芳賀檀「日本ペン事務局長松岡洋子氏に」『新潮』1959年5月

「平山城児教授年譜」『立教大学日本文学』1998年1月

福田信夫「耕治人年譜」『耕治人全集』第七巻、晶文社、1989年

藤澤桓夫『私の履歴書　文化人5』日本経済新聞社、1983年

藤本とし『地面の底がぬけたんです　ある女性の知恵の七三年史』思想の科
　　学社、1979年（北条民雄）

保昌正夫・栗坪良樹「菅忠雄年譜」『日本現代文学全集　新感覚派集』講談
　　社、1968年

松浦総三編著『原稿料の研究』みき書房、1978年

松本亀松『藤間政弥』青柿社、1948年

水島治男『改造社の時代　戦前編』図書出版社、1976年

光岡良二『いのちの火影──北条民雄覚え書』新潮社、1970年

村松道弥『私の舞踊史　ジャーナリストの回想』音楽新聞社、1993年

森川恭武『ハンセン病差別被害の法的研究』法律文化社、2005年

森田正治『ふだん着の作家たち』小学館、1984年

薬師寺章明「武田麟太郎年譜」『武田麟太郎全集』第三巻、新潮社、1977年

矢野隆司・漢幸雄「今東光年譜（抄）」『慧相』四一七号、2011年9月─
　　2013年3月

和辻哲郎「『受難者』の批評」『和辻哲郎全集』第二十一巻、岩波書店、
　　1991年

de la Rochefoucault, Edmee, "Dix jours au Japon" *La Revue de Paris*, 1957. 11.

ウェブサイト「東京紅團」

川端康成简略年谱

明治三十二年（1899）

　　6月14日，出生于大阪市天满此花町（现北区），父亲医师川端荣吉，母亲旧姓黑田源，为二人所生长子。进入晚年之前本人始终认为自己的生日是11日。姐姐芳子。

明治三十四年（1901）3岁

　　1月17日，父亲因肺结核去世，终年33岁。全家投奔位于大字3番（现东淀区丰里）的母亲娘家。

明治三十五年（1902）4岁

　　1月10日，母亲因肺结核去世，终年39岁。被祖父三八郎、祖母金收养。在原籍地址三岛郡丰川村大字宿久庄字东村（现茨木市宿久庄）建房，三人共同生活。姐姐芳子已经寄养在母亲妹妹谷的夫家秋冈义一家（东成郡鲶江村大字蒲生，现大阪市东区蒲生）。7月，称随尼成为三八郎养女。

明治三十七年（1904）6岁

　　日俄战争爆发。

明治三十九年（1906）8岁

　　4月，入学三岛郡丰川寻常高等小学校，由女佣田中美都接送。由于体弱多病经常缺席。作文成绩优异。同年级中有笹川良一。9月9日，祖母金去世，享年68岁。

明治四十二年（1909）11岁

　　7月21日，姐姐芳子因心脏麻痹去世，年仅15岁。

明治四十五年、大正元年（1912）14岁

　　4月，进入大阪府立茨木中学。升学考试成绩第一名。另立门户的邻家川端松太郎为其保证人。上学徒步往返东村与茨木之间一里半路程，虚弱的体质得到改善。阅读量大，作文长足进步。

大正三年（1914）16岁

　　5月25日，祖父去世，享年74岁。昭宪皇太后大丧日。祖父留下遗产50日元"劝业债券"。据该时期的记录，日后写成《十六岁的日记》。9月，被西成郡丰里町的黑田秀太郎收养，乘火车上中学。

大正四年（1915）17岁

　　在书店欠债买书，因此3月起被送入学校寄宿。

大正五年（1916）18岁

　　升入五年级，成为学校宿舍寝室长。与低年级同学小笠原义人建立同性恋关系，日后写入《少年》中。下一年级中有大宅壮一。向《文章世界》《文章俱乐部》投稿短歌、俳句，俳句数次登上杂志。在茨木小报《京阪新报》上数次发表文章。

大正六年（1917）19岁

　　1月，英语老师仓崎仁一郎猝死，学生们参加了葬礼。以《扛在学生肩膀上的灵柩》为题撰写描写当时情况的文章刊登在石丸梧平的《团聚》上。3月，从茨木中学毕业，赴东京住在位于浅草藏前的母亲家亲戚、表哥田中岩太郎家，出入周末讲习会、明治大学预备学校。拜访南部修太郎。考入第一高等学校，9月，进入文科乙类（英文）。同年级中有石滨金作、酒井真人、铃木彦次郎、守随宪治、三明永无、片冈义雄、辻直四郎、池田虎雄。在学校过宿舍生活。每逢放假回大阪的黑田、秋冈家省亲。

大正七年（1918）20岁

　　10月，前往伊豆旅行，在天城岭与江湖艺人冈本文太夫一行结成旅伴。舞女名叫加藤多美。在下田分手。以该经历为素材创作小说《伊豆的舞女》。

大正八年（1919）21岁

　　4月，与位于本乡的麋鹿饮食店女招待伊藤初代相识。6月，在《一高校

友会杂志》上发表小说《千代》。秋天至第二年，与今东光相识，出入西片町的今家，受到其父武平的影响，对神智学（精神学）产生了兴趣。

大正九年（1920）22岁

3月，从一高毕业。坚定了成为文学家的决心。9月，进入东京帝国大学文学部英文科。同年级中有石滨、酒井、铃木、三明、田中总一郎、本多显彰等人。麋鹿饮食店易主，伊藤初代去了岐阜西方寺。10月，与酒井、铃木、石滨策划发行同人杂志，在汤岛沙龙遇见菊池宽、芥川龙之介等人，菊池建议继承《新思潮》，拜访菊池后获同意。在浅草小岛町住出租屋。

大正十年（1921）23岁

2月，以文武堂为发行方创立《新思潮》，发表《订婚》。4月，在第二期上发表《招魂节一景》，受到佐佐木、小岛政二郎赞赏。大学缺课严重。9月至11月，考虑与伊藤初代结婚，并在三明等人的帮助下前往岩手县拜访初代的亲生父亲。经菊池介绍认识了横光利一。初代在经历一番曲折后单方悔婚，川端内心深受伤害。

大正十一年（1922）24岁

搬至本乡区，频繁变换住处。经济上和精神上均陷入困境，接受新潮社的水守龟之助、加藤武雄的善意，翻译高尔斯华绥和邓萨尼的短篇。同时为菊池的连载小说《慈悲心鸟》中的一部分代笔，获得稿费。6月，转入国文科。夏天，在汤岛撰写《汤岛的回忆》。该作品为《少年》和《伊豆的舞女》的原型。

大正十二年（1923）25岁

1月，菊池创刊《文艺春秋》，与横光等人成为同人。《新思潮》曾经复刊又很快停刊。该时期以初代事件为素材，"喋喋不休地老调重弹"（秀子语）创作《南方的火》《篝火》《非常》等短篇小说。9月1日，关东大地震。在大街上转悠看火灾后的废墟。

大正十三年（1924）26岁

3月，从国文科毕业，由于学分不足，向佐佐木信纲预支学分，在藤村作教授的竭力帮助下毕业。毕业论文题目为《日本小说史小论》。撰写文艺评论、通俗读物等维生。松林秀子从青森县八户前来东京。10月，金星堂创刊同人杂志《文艺时代》，与横光、片冈铁兵、东光等人共同成为其核心人物。千叶龟雄命名"新感觉派"。《文艺春秋》刊登《文坛诸家价值调查表》，引起横光和东光盛怒，横光经川端劝解息怒，东光与菊池发生争论至翌年，退出《文艺时代》。

大正十四年（1925）27岁

为避纷扰，长时间躲在伊豆汤岛。8月至9月，在《文艺春秋》上发表《十七岁的日记》（后为《十六岁的日记》），结识在菅忠雄家做家政的秀子，开始婚姻生活。在汤岛汤本馆钓鱼、下棋。

大正十五年、昭和元年（1926）28岁

1月至2月，在《文艺时代》上发表《伊豆的舞女》。3月末赴东京，4月，和横光、片冈、岸田国士等一起参加衣笠贞之助请新晋作家创作脚本的企划，创作《疯狂的一页》，被拍成电影。6月，首部作品集《感情装饰》由金星堂出版（"掌篇小说"三十五篇）。与秀子举行了仅两人的婚礼。前往汤岛汤本馆。年末，改元。

昭和二年（1927）29岁

梶井基次郎为静养前来汤岛，川端认识了淀野隆三、藤泽桓夫。4月，为参加横光再婚的婚礼，时隔七个月前往东京，住在杉并町马桥。5月，《文艺时代》停刊。赴关西演讲旅行。大宅壮一搬来隔壁居住。8月至12月，在《中外商业新报》上连载《海的火祭》。12月，以120日元的租金租下热海的鸟尾子爵别墅。

昭和三年（1928）30岁

1月，梶井居住在川端家时，家里进了小偷。3月，金星堂出版短篇小说集《伊豆的舞女》。5月，在尾崎士郎邀请下搬至大森马入文士村居住。年底，开始养宠物狗。

昭和四年（1929）31岁

4月，《近代生活》创刊。9月，搬至上野樱木町居住。10月，《文学》（第一书房）创刊。开始频繁出入浅草的卡西诺·弗利剧团。12月至翌年2月，在《东京朝日新闻》上连载《浅草红团》。

昭和五年（1930）32岁

4月，在文化学院、日本大学艺术学部授课。新潮社出版《我的标本室》（新艺术派丛书）（"掌篇小说"四十七篇）。新兴艺术派盛行。9月，《浅草红团》被拍成电影。10月，今东光出家。新潮社出版短篇小说集《有花的写真》。12月，先进社出版《浅草红团》。

昭和六年（1931）33岁

1月，在《改造》上发表《水晶幻想》。3月，大宅爱子死去。与古贺春江、高田力藏等画家关系密切。6月，在《中央公论》上发表《空中的片假名》。收养岛守吉江，12月，与秀子婚姻登记。将梅园龙子带离卡西诺·弗利剧团，正式学习芭蕾。

昭和七年（1932）34岁

1月，在《若草》上发表《致父母的信》。2月，在《中央公论》上发表《抒情歌》。23日，后成为养女的黑田秀孝的三女政子诞生。3月，伊藤初代来访。梶井基次郎去世。5月，犬养毅总理在"五一五"事件中遭暗杀。6月至12月，在《摩登日本》上连载《浅草的九官鸟》。夏天起养了众多小鸟。9月至11月，在《东京朝日新闻》上连载《化妆与口哨》。

昭和八年（1933）35岁

1月至6月，在《令女界》上连载《翅膀的抒情歌》。2月，《情窦初开 伊豆的舞女》由五所平之助导演拍成电影。田中绢代、大日向传等出演。小林多喜二被虐杀，文艺评论中谈到此事，在审查后删除。5月至6月，出席抗议法西斯焚书的集会。6月，新潮社出版《化妆与口哨》。7月，在《改造》上发表《禽兽》。9月，同人杂志《文学界》创刊，和武田麟太郎、小林秀雄、林房雄、深田久弥等人成为同人。

昭和九年（1934）36岁

2月，直木三十五去世。3月，以警保局局长松本学为中心结成文艺恳谈会，川端加入。4月，改造社出版《水晶幻想》。前往群马县汤桧曾温泉等地的次数变多。6月，搬至谷中坂町。在水上温泉目睹情人私奔事件。穿过县界抵达越后汤泽入住高半旅馆。7月，龙胆寺雄在《致M.子的遗书》中写《空中的片假名》由内田宪太郎代笔。8月至12月，在《摩登日本》上连载《水上殉情》。9月至翌年2月，在《文艺》（改造社）上连载《浅草节》。北条民雄来信。

11月，电影《水上殉情》公映。12月，竹村书房出版短篇小说集《抒情歌》。

昭和十年（1935）37岁

1月，在《文艺春秋》上发表《暮色之镜》，在《改造》上发表《晨曦之镜》，《雪国》的开头部分。1月至3月，在《东京日日新闻》上连载《舞姬的日历》。3月，成濑巳喜男导演改编自原著《浅草的姐妹》的《少女心之三姐妹》由PCL公司（东宝电影公司的前身）制作并公映。4月，横光发表《纯粹小说论》。5月，野田书房出版《禽兽》。芥川奖设立，成为最年轻评委，持续至去世前不久。8月，第一届获奖者为石川达三，落选的太宰治在《文艺通信》上发表抗议文，川端予以回应。12月在林房雄的建议下搬至镰仓净明寺宅间谷，此时至去世一直居住在镰仓。

昭和十一年（1936）38岁

1月，在《改造》上发表《意大利之歌》。1月至6月，在《若草》上连载《花之湖》。2月，《文学界》刊登了北条的《生命的初夜》。"二二六"事件乌云笼罩。"掌篇小说"原作《谢谢》由松竹的清水宏导演拍成电影《谢谢先生》并公映（上原谦的银幕处女座，桑野通子饰女主角）。4月至5月，在《改造》上不连续发表《花的圆舞曲》。8月，前往轻井泽。9月，沙罗书房出版随笔集《纯粹的声音》。10月，第一书房出版《小说的研究》，该作品由伊藤整代笔。前往信州。12月至翌年7月，在《报知新闻》上连载《少女开眼》。12月在《333》上发表《晚霞少女》。改造社出版短篇小说集《花的圆舞曲》。

昭和十二年（1937）39岁

6月，搬至镰仓二阶堂。创元社出版《雪国》。6月至翌年12月，在《妇女公论》上连载《牧歌》。6月至翌年3月，在《少女之友》上连载《少女的港口》。中原淳一担任插图制作，中里恒子代笔。7月，《雪国》获文艺恳谈会奖，用该奖金在轻井泽购入别墅。竹村书房出版《少女心》。发生卢沟桥事变。12月，花柳章太郎主演（饰演主角驹子）的《雪国》公演。中央公论社出版少年少女小说集《侦探年级长》。创元社出版《少女开眼》。5日，北条民雄去世。

昭和十三年（1938）40岁

4月起至翌年12月，改造社出版发行《川端康成选集》九卷本。川端编辑《北条民雄全集》。实业之日本社出版《少女的港口》。6月起，观看与木谷实对战的本因坊秀哉引退赛，到12月为止在《大阪每日新闻》和《东京日日新闻》上连载《本因坊名人引退围棋赛观战记》。7月，菊池担任理事长的日本文学振兴会成立，任理事。10月，在《文艺春秋》发表以折口信夫为原型的《百日堂老师》。与中里恒子、秀子等人赴信州旅行。由武田麟太郎、间宫茂辅等人选编的《日本小说代表作全集》在小山书店发行，后至1950年迄每年出版。

昭和十四年（1939）41岁

与中央公论社的藤田圭雄开始共同遴选作文，同时也在《新女苑》上遴选小品文，战后迄一直在从事少年少女、女性作文、手记的选编工作。2月，冈本加乃子去世。6月，《少女开眼》被搬上银幕。7月至昭和十六年（1941）4月，在《少女之友》上连载《美好的旅行》。9月，第二次世界大战爆发。10月至翌年1月，在《文艺》上连载《母亲朗读者》。

昭和十五年（1940）42岁

1月，在《妇女公论》上发表《母亲的初恋》，后以《我爱的人们》为系列连载至12月。本因坊秀哉去世。1月至9月，在《新女苑》上连载《旅行邀请》。2月，新潮社出版《花的圆舞曲》。3月，与横光、片冈前往东海道旅行。4月，乘坐"新田丸"邮轮至大阪。5月，参观聋哑学校，与橘川千惠（秋山千惠）相识。12月，北条诚来访。12月，在大阪见到石滨恒夫。新声阁出版《正月头三日》。

昭和十六年（1941）43岁

1月，在《日本评论》上发表描写北条民雄的《寒风》。3月末起因《满洲日日新闻》的邀请与吴清源、村松梢风前往满洲。9月，在关东军的邀请下，与山本实彦、高田保、大宅等人再次前往满洲，计划延长，10月，秀子前来。11月，在受到即将开战的提醒后回国。新潮社出版《我爱的人们》。

昭和十七年（1942）44岁

4月，东峰书房出版随笔集《文章》。在京都创作《名人》。为在小山书店创办同人杂志而拜访岛崎藤村、志贺直哉、德田秋声等同人，为杂志起名《八云》。7月，甲鸟书林出版中短篇集《高原》。8月，在《八云》第一期上发表《名人》，后间断式发表。12月，在《东京新闻》上发表《英灵的遗书》，后连续三年同月发表。

昭和十八年（1943）45岁

2月至3月，在《文艺》上发表《父亲的名字》。3月，前往大阪，将黑田政子收为养女。4月，梅园龙子结婚。5月至翌年1月，在《文艺》上连载私小说《故园》。7月至9月，在《满洲日日新闻》上连载《东海道》。8月，在《日本评论》上发表《夕阳》（后间断式连载至第二年）。

昭和十九年（1944）46岁

4月，《故园》《夕阳》等作品获战前最后一届菊池宽奖。12月，正在纪州旅行中的片冈铁兵突然去世。

昭和二十年（1945）47岁

4月，和山冈庄八、新田润一起以陆军报道组成员的身份前往采访鹿儿岛县鹿屋的特攻队，中途返回。这一时期，以久米正雄为中心开始建立图书借阅店镰仓文库。8月，日本战败后，大同造纸公司加盟，镰仓文库成为出版社，9月，久米任社长，川端任副社长。房主蒲原有明因位于静冈县的房屋遭遇火灾而回到镰仓二阶堂，遂与川端同居。10月新潮社出版短篇小说集《朝云》。

昭和二十一年（1946）48岁

1月，镰仓文库创刊《人间》杂志，木村穗三任总编。三岛由纪夫来访，拜川端为另一师。10月，搬至镰仓市长谷居住，从此时起生前定居于此地。

昭和二十二年（1947）49岁

1月1日在久米家、2日在川端家举行新年会成为惯例。5月，随镰仓文库前往北海道举办演讲。7月，新潮文库出版战后第一部作品《雪国》。12月，横光利一去世。

昭和二十三年（1948）50岁

1月至8月，在《新潮》上连载《再婚者的手记》（后改名为《再婚者》）。3月，菊池宽去世。5月起新潮社出版发行《川端康成全集》十六卷本，因费时撰写"后记"，该全集至昭和二十九年（1954）才完成出版。"后记"后编辑为《独影自命》。6月，太宰治自杀。川端担任日本笔会俱乐部会长，任职期长达十七年。10月，在《风雪·副刊》上发表《信件》，该小说是系列作品《拱桥》的发端。12月，创元社出版完成版《雪国》。

昭和二十四年（1949）51岁

5月，在《时事读物·副刊》上发表《千只鹤》，9月，在《改造文艺》上发表《山之音》，后断续发表。芥川奖复活，担任评委。11月，访问广岛，目睹原子弹爆炸惨状而深受刺激。12月，细川书店出版随笔集《哀愁》。

昭和二十五年（1950）52岁

2月，在《文学界》上发表《天授之子》。3月起至翌年5月在《妇女生活》上连载《彩虹几度》。3月，镰仓文库解散。4月至5月，和笔会会员一同访问广岛、长崎。5月，在京都购入浦上玉堂的《冻云筛雪》。12月至翌年3月，在《朝日新闻》上连载《舞姬》，泽野久雄担任编辑。

昭和二十六年（1951）53岁

2月，伊藤初代去世。5月，在《文艺春秋·副刊》上发表《玉响》。6月，林芙美子突然去世。7月，朝日新闻社出版《舞姬》。8月，成濑巳喜男导演的《舞姬》公映。

昭和二十七年（1952）54岁

1月至翌年5月，在《妇女公论》上连载《日兮月兮》。1月，久松静儿导演的《浅草红团》公映。2月至11月，在《新潮》上连载随笔《月下之门》。2月，筑摩书房出版《千只鹤》（该作品自中间部分起和《山之音》合二为一）。3月，久米正雄去世。《千只鹤》获日本艺术院奖。10月，在高田力藏的建议下，前往大分县的饭田高原采风。

昭和二十八年（1953）55岁

1月至12月，在《妇女画报》上连载《河边小城故事》。1月，吉村公三郎导演的《千只鹤》公映。2月，三笠书房出版短篇小说集《再婚者》。4月，在《新潮小说》上发表《波千鸟》。5月，中央公论社出版《日兮月兮》。堀辰雄去世。6月，再度前往九州，放有采风笔记的行李在福田家被盗。8月，见到赛登施蒂克。9月，岛耕二导演的《浅草物语》公映。11月，当选艺术院院士。

昭和二十九年（1954）56岁

1月至12月，在《新潮》上连载《湖》。1月，成濑巳喜男导演的《山之音》公映。新潮社出版《河边小城故事》。3月，野村芳太郎导演、美空云雀主演的《伊豆的舞女》公映。5月至翌年10月，在《北海道新闻》《中部日本新闻》、《西日本新闻》上连载《东京人》。7月，文艺春秋新社出版《吴清源棋谈·名人》。9月，西川鲤三郎在名古屋御园座公演川端担任脚本创作的《船游女》。久松静儿导演的《母亲的初恋》公映。10月，中央公论社出版《伊豆之旅》。11月，《山之音》获野间文艺奖。

昭和三十年（1955）57岁

1月至昭和三十二年（1957）3月，在《文艺》上连载《某人的一生中》。1月，衣笠贞之助导演的《河边小城故事》公映。新潮社出版《东京人》。1月，与东山魁夷初次见面。7月，作为角川小说新书的《玉响》出版。

昭和三十一年（1956）58岁

1月至9月，新潮社出版发行《川端康成选集》十卷本。2月，岛耕二导演的《彩虹几度》公映。前往《雪国》的拍摄地越后汤泽。3月至11月，在《朝日新闻》上连载《生为女人》。10月，新潮社出版《生为女人》第一卷。赛登施蒂克翻译英文版《雪国》。

昭和三十二年（1957）59岁

1月起，在《妇女画报》上连载《有风的路》，于4月中断后又重新连载，直至完结。1月，今东光获直木奖。3月，出席在伦敦举行的国际笔会执行委员会会议，并访问西方各国，为在日本举办国际笔会大会做准备，5月回国。4月，丰田四郎导演、岸惠子主演的《雪国》公映。5月，为岸惠子和伊夫·希安比的婚礼担任证婚人。9月，在东京举行国际笔会大会，以会长身份发挥领导能力。10月，北条诚担任脚本制作、光本幸子主演的《伊豆的舞女》在新桥演舞场公演。

昭和三十三年（1958）60岁

1月，在《新潮》上发表《弓浦市》。1月至10月，在《妇女画报》上连载《有风的路》。1月至12月，在《平凡》上连载《遥远的旅程》。1月，川岛雄三导演的《生为女人》公映。西川流《乡音》公演。2月，因举办国际笔会日本大会的功劳而获菊池宽奖。3月，成为国际笔会副会长。4月，新潮社出版《富士的白雪》。6月，为三岛由纪夫婚礼担任证婚人。前往琉球旅行。10月，发生了帕斯捷尔纳克拒绝诺贝尔文学奖事件，日本笔会内部产生争执。11月，因胆结石住进东大医院冲中内科。

昭和三十四年（1959）61岁

　　7月，角川书店出版《有风的路》，在法兰克福举行的国际笔会上川端被授予歌德奖章，高桥健二代为领奖。9月，西河克己导演的《有风的路》公映。11月至昭和三十七年（1962）8月，新潮社出版发行《川端康成全集》十二卷本。12月，在京都租借武市的房屋。

昭和三十五年（1960）62岁

　　1月至翌年9月，在《新潮》上连载《睡美人》。3月，被法国政府授予艺术文化勋章。5月，应美国国务院邀请访美。川头义郎导演、鳄渊晴子主演的《伊豆的舞女》公映。7月，出席在巴西圣保罗举行的国际笔会大会。8月，回国。11月，秀子住进东大医院冲中内科。

昭和三十六年（1961）63岁

　　1月至昭和三十八年（1963）10月，在《妇女公论》上连载《美丽与哀愁》。5月，前往新潟、佐渡旅行采风。6月，秀子访问苏联。10月至翌年1月，在《朝日新闻》上连载《古都》。11月，获文化勋章。新潮社出版《睡美人》。

昭和三十七年（1962）64岁

　　2月，因安眠药戒断症住进东大医院冲中内科。6月，新潮社出版《古都》。10月至昭和三十九年（1964）12月，在《风景》（光明会）上连载随笔《落花流水》。10月，参加呼吁世界和平七人委员会。11月，时隔多年在《朝日新闻》上发表《秋雨》《信件》等掌篇小说。《睡美人》获每日出版文化奖。

昭和三十八年（1963）65岁

　　1月，中村登导演、岩下志麻主演的《古都》公映。山口瞳获直木奖。4月，财团法人日本近代文学馆成立，担任监事。5月，前往吉永小百合主演的《伊豆的舞女》拍摄地。久保田万太郎去世，接任艺术院第二部部长。6月，西河导演的《伊豆的舞女》公映。担任中央公论社《日本的文学》编委，将谷崎推举的今东光排除在文集外。8月至翌年1月，在《新潮》上连载《片腕》。因视力恶化，辞去除芥川奖以外的评委工作。

昭和三十九年（1964）66岁

　　1月，《文艺》复刊，一举全文刊登了《某人的一生中》。2月，尾崎士郎去世。3月，将《美丽与哀愁》收录在《日本的文学：川端康成》（中央公论社）中。自《新潮》6月刊起至昭和四十三年（1968）10月，在该杂志上间断连载《蒲公英》，5月起，经美前往奥斯陆出席国际笔会大会。8月，回国。11月，为创作NHK早间连续电视小说《玉响》的原作而前往宫崎县采风。

昭和四十年（1965）67岁

2月，篠田正浩导演的《美丽与哀愁》公映，加贺真理子主演。4月，早间连续电视小说《玉响》开始播放。大庭秀雄导演、岩下志麻主演的《雪国》公映。7月，谷崎润一郎去世。8月，高见顺去世。该时期定期参加皇太子妃美智子交流会。9月至翌年3月，在《新潮小说》上连载《玉响》。10月，新潮社出版《片腕》。辞任日本笔会俱乐部会长。12月，日本放送出版协会出版《玉响》。

昭和四十一年（1966）68岁

1月，在《朝日新闻》刊载《美智子妃殿下》。医生谎称肝炎使川端入住东大医院，实则接受安眠药中毒治疗。经栗原雅直介绍认识山本香男里。5月，新潮社出版随笔集《落花流水》。6月，赴松江旅行。12月，佐佐木茂索去世。

昭和四十二年（1967）69岁

2月，恩地日出夫导演、内藤洋子主演的《伊豆的舞女》公映。与三岛由纪夫、安部公房、石川淳共同发表批判中国"文化大革命"的声明。4月，日本近代文学馆开馆，任名誉顾问。5月至翌年12月，在《风景》上连载《一草一花：〈伊豆的舞女〉的作者》。7月，在和藤田等人前往奈良、和歌山旅行途中获知淀野隆三去世的消息。8月，政子和山本香男里在莫斯科举行婚礼。11月，野上彰去世。12月，大和书房出版《月下之门》。

昭和四十三年（1968）70岁

1月，吉村公三郎导演的《睡美人》公映。6月，辞去艺术院第二部部长职务。援助今东光竞选参议院议员。10月，获诺贝尔文学奖。12月，前往斯德哥尔摩出席颁奖典礼，举行纪念演讲《我在美丽的日本——序言》。截至新年在法国、意大利旅行。

昭和四十四年（1969）71岁

　　1月，中村登导演的《日兮月兮》公映。政子的女儿出生，川端为第一个外孙女起名为川端明。3月起，在夏威夷大学讲授日本文学。讲谈社现代新书出版《我在美丽的日本——序言》。4月起，新潮社开始出版发行《川端康成全集》十九卷本。因举办"川端康成展"临时回国。和索尔仁尼琴一同当选美国艺术文学院荣誉成员。4月，增村保造导演、若尾文子主演的《千只鹤》公映。5月，在夏威夷大学举行《美的存在与发现》特别演讲。6月，回国。7月，每日新闻社出版《美的存在与发现》。9月，在旧金山举办特别演讲。11月，伊藤整去世。

昭和四十五年（1970）72岁

　　5月，和东山魁夷、井上靖同行前往长野县安云町。久松潜一担任会长的川端文学研究会成立。6月，出席在中国台北举行的第三届亚洲作家会议。出席在韩国汉城举行的国际笔会大会，日本笔会内有人反对在军事独裁政权下举行会议，为此退出笔会。11月，大宅壮一去世。25日，三岛在自卫队切腹自杀。12月，在《中央公论》上发表《竹声桃花》。

昭和四十六年（1971）73岁

　　1月，担任三岛治丧委员长。3月至4月，在东京都知事选举中为自民党的秦野章担任后援，但是秦野章最后竞选失败。10月，政子的次子降生，起名为川端明成。志贺直哉去世。立野信之去世。11月，在《新潮》上发表《隅田川》（《拱桥》的续篇）。三岛的父亲平冈梓发文怒骂川端。12月起，在《新潮》上连载《志贺直哉》（翌年3月中断）。

昭和四十七年（1972）74岁

　　1月，购入逗子码头公寓的一室用作办公室。4月16日，在公寓中自杀。

川端康成对谈、座谈会一览表

※ 对谈、座谈会的既出单行本已在书中分别列出
※（未发言）表示川端未做发言

• 1926年（大正十五年、昭和元年）
3月 "联合评议会"《文艺时代》加宫贵一、片冈铁兵、中河与一、酒井真人、
　　佐佐木味津三、南幸夫、菅忠雄、铃木彦次郎、福冈益雄
5月 "联合评议会"《文艺时代》菊池宽、稻垣足穗、石滨金作、加宫贵一、
　　片冈铁兵、中河与一、酒井真人、佐佐木茂索、岸田国士、南幸夫、菅忠
　　雄、铃木彦次郎、福冈益雄
6月 "联合评议会"《文艺时代》广津和郎、伊藤贵麿、稻垣足穗、石滨金作、
　　片冈铁兵、加宫贵一、中河与一、酒井真人、三宅几三郎
7月 "联合评议会"《文艺时代》稻垣足穗、石滨金作、加宫贵一、片冈铁兵、
　　横光利一、三宅几三郎、铃木彦次郎、福冈益雄、饭田丰二
同月 "日本电影研究会第一回《日轮》联合评议会速记"《电影时代》樋口正
　　美、森岩雄、高田保、田中纯一郎、川口松太郎、村山知义、小山内薰、
　　村田实、酒井真人、石滨金作、近藤经一、古川绿波

• 1927年（昭和二年）
11月 "与佐藤春夫先生的思想、艺术问答——第五十二回新潮联合评议会"
　　《新潮》佐藤春夫、片冈铁兵、十一谷义太郎、大鹿卓、大宅壮一、楢
　　崎勤

• 1929年（昭和四年）
4月5日 "以让·爱泼斯坦作品《厄舍古屋的倒塌》为中心"《东京日日新闻》
　　百田宗治、萩原朔太郎、饭岛正、室生犀星、矢野目源一、堀口大学

5月 "大河内传次郎座谈会"《电影时代》大河内传次郎、村上德三郎、大佛次郎、岛津保次郎、横光利一、饭岛正、片冈铁兵、内田岐三雄、近藤经一、石滨金作、古川绿波（《横光全集》）

6月 "新正统派联合评议会"《新正统派》石滨金作、逸见广、尾崎一雄、横光利一、坪田胜、谷崎精二、八木东作、井上幸次郎、酒井松男、本田亲男（《横光全集》）

10月 "最近文坛诸相联合评议会——第七十五回新潮联合评议会"《新潮》德田秋声、近松秋江、胜本清一郎、林房雄、大宅壮一、宫岛新三郎、千叶龟雄、中村武罗夫

11月 "论现下文坛的诸倾向"《近代生活》浅原六朗、片冈铁兵、平林初之辅、大宅壮一、中本隆子、加藤武雄、冈田三郎、中村武罗夫、楢崎勤、高田保

- 1930年（昭和五年）

1月 "新潮联合评议会 谈后继文坛"《新潮》加藤武雄（主持）、冈田三郎、片冈铁兵、尾崎士郎、大宅壮一

2月 "新潮联合评议会78 现代文学及其生活的批判"《新潮》德田秋声、新居格、冈田三郎、平林初之辅、浅原六朗、龙胆寺雄、佐佐木房（ささきふさ）、吉屋信子、中村武罗夫

同月 "新年创作联合评议会"《近代生活》中村武罗夫、浅原六朗、龙胆寺雄、加藤武雄、久野丰彦、吉行荣助、大等三郎、楢崎勤、嘉村几多、冈田三郎

3月 "艺术派与无产阶级文学派的讨论会——第七十九回新潮联合评议会"《新潮》小岛勗、平林太子、久野丰彦、雅川滉、林房雄、龙胆寺雄、村山知义、武田麟太郎、村松正俊、阿部知二、中河与一、中村武罗夫

同月 "享乐地漫谈会"《近代生活》冈田三郎、吉行荣助、浅原六朗、楢崎勤、中村武罗夫、新居格、龙胆寺雄（海野弘编《摩登都市文学1 摩登东京指南》）

4月 "谈文艺、美术、建筑、机械的交流——第八十回新潮联合评议会"《新潮》东乡青儿、古贺春江、阿部金刚、村山知义、新居格、板垣鹰穗、饭岛正、久野丰彦、中村武罗夫

5月 "新潮联合评议会——第八十一回：四月的创作"《新潮》德田秋声、加藤武雄、冈田三郎、浅原六朗、中河与一、大宅壮一、龙胆寺雄、中村武罗夫

6月 "新兴艺术派批判会——第八十二回新潮联合评议会"《新潮》德田秋声、
千叶龟雄、佐藤春夫、久野丰彦、阿部知二、龙胆寺雄、雅川滉、中村武
罗夫

9月 "文坛时事问题批判座谈会——第八十五回新潮联合评议会——文学中的
个性问题、代笔问题和共同创作、艺术大众化问题"《新潮》德田秋声、
近松秋江、千叶龟雄、加藤武雄、平林初之辅、浅原六朗、大宅壮一、中
村武罗夫

同月 "大东京黑暗街座谈会"《文学时代》佐藤八郎、甲贺三郎、水谷准、中
山善三郎、平野岭夫、下村千秋、吉行荣助、武田麟太郎、佐左木俊郎、
加藤武雄

11月 "'小说的未来''电影的未来'联合评议会——第八十七回新潮联合评
议会"《新潮》新居格、中河与一、大宅壮一、饭岛正、板垣鹰穗、袋一
平、平林初之辅、冈田三郎、久野丰彦、中村武罗夫

12月 "一九三一年：展望座谈会"《近代生活》浅原六朗、冈田三郎、久野丰
彦、楢崎勤、新居格、吉行荣助、龙胆寺雄、饭岛正（未发言）

• 1931年（昭和六年）

4月 "杂志及编辑批判座谈会"《近代生活》中村武罗夫、浅原六朗、龙胆寺
雄、久野丰彦、山田一夫、饭岛正、冈田三郎

7月 "恶：座谈会"《近代生活》冈田三郎、龙胆寺雄、嘉村几多、久野丰彦、
中村武罗夫、山田一夫、庄野义信、浅原六朗

8月 "座谈会"《近代生活》冈田三郎、龙胆寺雄、嘉村几多、久野丰彦、中
村武罗夫、浅原六朗、雅川滉、吉行荣助、楢崎勤、阿部知二

10月 "座谈会：彼女的印象"《近代生活》冈部三郎、浅原六朗、雅川滉、吉
行荣助、楢崎勤、北村喜八、山田一夫

10月22日—11月6日（共二十六回）"戏剧艺术座谈会"《都新闻》引田一郎、
白井铁造、青山圭男、小仓峰子、榎本健一、梅园龙子

12月 "一九三一年文坛总决算座谈会"《近代生活》中村武罗夫、冈田三郎、
阿部知二、山田一夫、吉行荣助、雅川滉、楢崎勤、浅原六朗

• 1932年（昭和七年）

1月 "谈一九三二年的文艺界动向"《新潮》近松秋江、千叶龟雄、室生犀星、
冈田三郎、青野季吉、小林秀雄、浅原六朗、上泉秀信、大宅壮一、中村
武罗夫（主持人）

5月 "座谈会：新戏剧、新电影、新文学"《近代生活》冈田三郎、舟桥圣一、阿部知二、饭岛正、中村武罗夫、北村喜八、吉行荣助、楢崎勤

同月 "谈新文学的动向"《新潮》冈田三郎、伊藤整、板垣鹰穗、久野丰彦、新居格、小林秀雄、阿部知二、浅原六朗、中村武罗夫

7月 "大众杂志时代与纯文学"《近代生活》（无法入手）

10月 "谈纯文学的危机"《新潮》杉山平助、河上彻太郎、伊藤整、雅川滉、小林秀雄、吉行荣助、井伏鳟二、中村武罗夫

• 1933年（昭和八年）

3月 "艺术界如何行动"《新潮》久保田万太郎、白井乔二、吉川英治、饭岛正、岸田国士、五所平之助、佐佐木味津三、小林秀雄、板垣鹰穗、北村喜八、杉山平助、中村武罗夫（主持人）（未发言）

4月 "大众文学走向何方"《新潮》3月会议的延续，参加者相同。

11月 "文艺复兴座谈会"《文艺春秋》深田久弥、广津和郎、小林秀雄、直木三十五、佐藤春夫、杉山平助、德田秋声、横光利一、宇野浩二、菊池宽

• 1934年（昭和九年）

1月 "日本一座谈会"《摩登日本》岛村龙三、记者（记者组成的成员）

2月 "新年期的创作评论和文坛动向谈"《新潮》德田秋声、冈田三郎、谷川彻三、青野季吉、芹泽光治良、板垣直子、高田保、中村武罗夫（主持人）

3月 "关于小说的座谈会"《行动》阿部知二、冈田三郎、芹泽光治良、中河与一、浅原六朗、舟桥圣一

7月 "文艺界的诸问题批判"《新潮》德田秋声、广津和郎、青野季吉、杉山平助、尾崎士郎、中村武罗夫（主持人）

8月 "有关政治和文学的座谈会"《文学界》青野季吉、贵司山治、芹泽光治良、林房雄、尾崎士郎、洼川鹤次郎、武田麟太郎、小林秀雄、德永直

9月 "自由主义座谈会"《行动》德田秋声、村山知义、武田麟太郎、丰岛与志雄、舟桥圣一、新居格、田边茂一

同月 "有关现实主义的座谈会"《文学界》青野季吉、河上彻太郎、武田麟太郎、森山启、宇野浩二、中野重治、尾崎士郎、小林秀雄、深田久弥

12月 "谈知识阶级"《行动》青野季吉、舟桥圣一、户坂润、冈邦雄、春山行夫、武田麟太郎、龟井胜一郎、阿部知二、田保茂一

•1935年（昭和十年）

4月 "电影之友第二十五回推荐影片《少女心之三姐妹》联合评议会"《电影之友》饭田心美、岸松雄、饭岛正、成濑巳喜男、堤真砂子①、筈见恒夫、小岛浩、大黑东洋士

6月 "谈'纯粹小说'"《作品》丰岛与志雄、三木清、横光利一、河上彻太郎、小野松二、中岛健藏、深田久弥、谷川彻三、中山义秀（《横光全集》）

7月 "芥川龙之介研究：作家研究座谈会"《新潮》久米正雄、德田秋声、广津和郎、上司小剑、佐藤春夫、杉山平助、内田百闲、中村武罗夫

同月 "《文艺时代》座谈会"《文艺》菅忠雄、中河与一、片冈铁兵、岸田国士、山本实彦、横光利一（《横光全集》）

• 1936年（昭和十一年）

1月 "文学界同人座谈会"《文学界》小林秀雄、阿部知二、河上彻太郎、村山知义、林房雄、深田久弥、岛木健作、武田麟太郎、舟桥圣一、森山启

2月 "文学界同人座谈会"《文学界》横光利一、村山知义、河上彻太郎、小林秀雄、阿部知二、林房雄、森山启、深田久弥、岛木健作、武田麟太郎、舟桥圣一

同月 "恳谈会一夕话"《文艺恳谈会》丰岛与志雄、德田秋声、中村武罗夫、岸田国士、宇野浩二、广津和郎、室生犀星、近松秋江、上司小剑、松本学

3月 "文学界同人座谈会"《文学界》小林秀雄、林房雄、深田久弥、阿部知二、森山启、岛木健作、舟桥圣一

4月 "横光利一赴欧欢送会"《文学界》村山知义、河上彻太郎、小林秀雄、阿部知二、林房雄、岛木健作、深田久弥、森山启、舟桥圣一、武田麟太郎（《横光全集》）

6月 "谈最近文坛的问题"《新潮》尾崎士郎、舟桥圣一、杉山平助、上泉秀信、岛木健作、小林秀雄、伊藤整、中村武罗夫

7月 "现代小说的诸问题"《文学界》阿部知二、河上彻太郎、小林秀雄、岛木健作、武田麟太郎、林房雄、深田久弥、舟桥圣一、村山知义、森山启

同月 "与《伯尔尼公约》修订会议出席者座谈"《文艺恳谈会》中里喜一、小

---

① 原著第252页中提到《少女心之三姐妹》中"堤真佐子"是主演之一，"堤真砂子"疑似同一人，此处可能是作者笔误。——译者注

林寻次、丰岛与志雄、近松秋江、上司小剑、室生犀星、宇野浩二、松本学、佐藤春夫、菊池宽、岸田国士、岛崎藤村、白井乔二、广津和郎、中村武罗夫（未发言）

9月 "与菊池、久米座谈文学论"《文学界》芹泽光治良、林房雄、小林秀雄、深田久弥、武田麟太郎、阿部知二、河上彻太郎、岛木健作、舟桥圣一

10月 "日本文化的现状：有关日本"《文学界》佐藤春夫、秋田雨雀、冈邦雄、保田与重郎、林房雄、舟桥圣一

12月 "文学达成了什么？——本年度文坛的总决算"《文学界》岛木健作、小林秀雄、林房雄、深田久弥、河上彻太郎、阿部知二、芹泽光治良

- 1937年（昭和十二年）

3月 "文学与政治"《文学界》岸田国士、舟桥圣一、林房雄、岛木健作、河上彻太郎、芹泽光治良、佐藤信卫、森山启、小林秀雄、阿部知二、深田久弥

4月 "文学杂谈"《文学界》舟桥圣一、武田麟太郎、横光利一、深田久弥、森山启、小林秀雄、芹泽光治良、佐藤信卫、河上彻太郎

5月 "以'壮年'为中心谈明治精神"《文学界》岸田国士、小林秀雄、龟井胜一郎、阿部知二、武田麟太郎、三木清、河上彻太郎、芹泽光治良、村山知义、深田久弥、林房雄、舟桥圣一、岛木健作、佐藤信卫

同月 "古典的现代意义"《新潮》佐藤春夫、雅川滉、吉田弦二郎、舟桥圣一、岛津久基、萩原朔太郎、中村武罗夫

8月 "最近的文学诸问题"《文学界》三木清、芹泽光治良、青野季吉、林房雄、小林秀雄、深田久弥、河上彻太郎、阿部知二、舟桥圣一、横光利一

- 1938年（昭和十三年）

4月 "文学一夕话"《新潮》高见顺

5月 "文学清谈"《新女苑》横光利一、内山基、神山裕一、辛岛（编辑部）

9月7日—16日 "本因坊名人引退围棋大座谈会"《大每东日》唐泽俊树、村松梢风、安永一、铃木为次郎、濑越宪作、加藤信、小野田千代太郎、岩本薰、八幡恭助、久米正雄、井上吉次郎、黑崎贞治郎、芦屋伸五、鸿原正广

- 1939年（昭和十四年）

5月 "与女作家交流座谈会"《文学界》片冈铁兵、林芙美子、中里恒子

•1940年（昭和十五年）

6月 "远离浮世海上闲谈会"《文艺春秋》久米正雄（主持人）、今井登志喜、德川义亲、横光利一、吉屋信子、辰野隆、内田百闲、梅原龙三郎、大仓喜七郎、大佛次郎、大谷登、小川清、山下龟三郎、里见弴、佐佐木茂索、宫城道雄、下村海南、杉村楚人冠

7月 "文艺推荐作品审查会"《文艺》青野季吉、宇野浩二、武田麟太郎

• 1941年（昭和十六年）

4月13、15、16、18日 "与川端康成先生交流会"《满洲日日新闻》绿川贡、檀一雄、田中总一郎、北村谦次郎、刘爵青、筒井俊一、古长敏明

• 1943年（昭和十八年）

1月 "日本文学的现在"《新潮》尾崎士郎、中村武罗夫（主持人）

4月 "文学及其他"《改造》武者小路实笃、志贺直哉、岩田丰雄、火野苇平

• 1946年（昭和二十一年）

6月 "关于结婚和道德"《妇女文库》河盛好藏、今日出海、芹泽光治良

• 1947年（昭和二十二年）

2月 "现用汉字和现代假名用法"《人间》柳田国男、山本有三、安藤正次

3月 "身为人和艺术家的德田秋声"《普罗米修斯》（大地书房）菊池宽、青野季吉、平野谦、德田一穗、和田芳惠、中村武罗夫、舟桥圣一

11月 "谈秋声"《艺林通道》青野季吉、宇野浩二、德田一穗、林芙美子、广津和郎、野田宇太郎（主持人）

• 1948年（昭和二十三年）

1月 "作家的独白"《社会》横光利一、岸田国士、今日出海（《横光全集》）

2月 "回忆横光利一"《文学界》菊池宽、河上彻太郎、今日出海、舟桥圣一、秋山节义（速记）（《近代作家追悼文集成》）

4月 "文艺三人谈"《社会》志贺直哉、广津和郎（《志贺直哉对话集》）

同月 "谈新人"《群像》丹羽、井伏鳟二、青野季吉、平林太子

5月 "回忆菊池宽老师"《文学会议》（讲谈社）中野实、小林秀雄、林芙美子、关口次郎、今日出海、石川达三（主持人）

11月 "文艺闲谈"《社会》泷井孝作、井伏鳟二、上林晓

•1949年（昭和二十四年）

1月 "文坛今昔纵横谈"《文艺往来》久米正雄、林芙美子、平林太子、久保
　　田万太郎、今日出海、舟桥圣一

3月 "三人谈：关于《雪国》"《文学界》折口信夫、谷崎润一郎

7月 "围棋、人生、神明"《文艺春秋》坂口安吾、吴清源、丰岛与志雄、火
　　野苇平（《坂口安吾全集》）

• 1951年（昭和二十六年）

1月 "欧洲艺术漫步——阿部知二先生交流会"《群像》阿部知二、丰岛与志
　　雄、中野好夫

• 1952年（昭和二十七年）

4月 "文艺春秋三十年回顾"《文艺春秋》佐佐木茂索、宇野浩二、永井龙男、
　　小林秀雄、吉川英治

9月 "关于日本的短篇小说"《文艺》舟桥圣一、三岛由纪夫、山本健吉、臼
　　井吉见、中岛健藏、青野季吉

11月1日 "川端康成激情漫谈：我所钟爱的高原美"《大分联合新闻》高田
　　力藏

12月 "名作《千只鹤》电影化谈论会"《妇女俱乐部》吉村公三郎、乙羽信
　　子、木暮实知代、木村三津子

• 1953年（昭和二十八年）

8月15日 "某日的对话"《中央公论》临时增刊　吉川英治

11月 "谈西方美术"《文艺》志贺直哉、武者小路实笃、福岛繁太郎

• 1954年（昭和二十九年）

1月 "对谈：梦利休"《淡交》小林太市郎

• 1955年（昭和三十年）

5月 "日本文学杂谈"《新潮》赛登施蒂克、舟桥圣一

6月 "对谈现代文学史（2）新感觉派时代"《文艺》高见顺

12月 "志贺先生交流会"《文艺临时增刊　志贺直哉读本》小林秀雄、丹羽文
　　雄（《志贺直哉对话集》）

•1956年（昭和三十一年）

1月27日 "谈电影《早春》"《每日新闻》晚刊　小津安二郎、里见弴、大佛
　　次郎、池部良（《小津安二郎战后语录集成》）

10月 "善哉朋友　好时代的好青春"《王者》田崎勇三

11月 "第六届全国学生小说竞赛作品评审会"《文艺》评审员：青野季吉、佐
　　多稻子、三岛由纪夫、臼井吉见

• 1957年（昭和三十二年）

3月 "芙美女士的故事"（《文艺临时增刊　林芙美子读本》芹泽光治良、井
　　上友一郎、壶井荣、小林秀雄

9月 "芥川奖与文坛"《文学界》井上靖、佐藤春夫、石川达三、舟桥圣一、
　　中村光夫、宇野浩二、泷井孝作、丹羽文雄

• 1960年（昭和三十五年）

1月1日 "新春文学闲话"《新潟日报》高见顺、三岛由纪夫

11月22日 "文坛闲话"下　岛中鹏二、池岛信平

• 1961年（昭和三十六年）

11月 "步入婚姻的喜悦与恐惧"《妇女公论》有马稻子、岸惠子、久我美子

• 1962年（昭和三十七年）

12月 "倾听川端康成先生"《文艺读本：川端康成》中村光夫、三岛由纪夫

• 1963年（昭和三十八年）

5月 "现代的文学与大众"《文艺》三岛由纪夫、丹羽文雄、圆地文子、井
　　上靖

• 1964年（昭和三十九年）

1月 "父亲般的老师你好"《妇女公论》岸惠子

3月 "川端文学的周边"《日本的文学：川端康成》月报（中央公论社）三岛
　　由纪夫

• 1966年（昭和四十一年）

12月 "作家的素颜"《小说现代》河盛好藏

•1967年（昭和四十二年）

5月 "我们为什么发表声明——艺术是政治的工具吗?"《中央公论》三岛由纪
　　夫、石川淳、安部公房（《夷斋座谈——石川淳对谈集》中央公论社）

8月 "婚后十年"《妇女公论》岸惠子

9月 "秋声文学的周边"《日本的文学：德田秋声》月报　德田一穗

• 1968年（昭和四十三年）

10月18日 "谈川端康成先生：诺贝尔文学奖获奖对谈"《朝日新闻》今日出
　　海、立野信之

同月同日 "老师，祝贺您——与三岛由纪夫电话对谈"《每日新闻》

• 1969年（昭和四十四年）

4月 "宇野千代交流会"《日本的文学：宇野千代、冈本加乃子》月报　宇野
　　千代、丸谷才一

11月 长谷川泉 "谈青春——遇见良师益友"《现代日本的文学：川端康成集》
　　（长谷川泉《川端文学的视点》明治书院）

• 1970年（昭和四十五年）

2月 "倾听川端康成先生《国文学》武田胜彦

• 1971年（昭和四十六年）

1月 "川端康成先生交流会"《诺贝尔文学奖文学全集：川端康成》月报　詹
　　姆斯·T.明①、海梅·费尔南德斯、武田胜彦

• 1972年（昭和四十七年）

2月28日 "身上的担子有点过重……的话题"（三得利畅谈室）《日本经济新
　　闻》阿川弘之

---

① 詹姆斯·T.明（James T. Araki），日裔美国日本文学研究者。——译者注

中日人名对照

路易斯·阿姆斯特朗
ルイ・アームストロング

会田军太夫　　　会田軍太夫

爱知揆一　　　　愛知揆一

相原法则　　　　相原法則

青木繁　　　　　青木繁

青野季吉　　　　青野季吉

青山哲弥　　　　青山哲弥

青山圭男　　　　青山圭男

赤木桁平　　　　赤木桁平

赤松月船　　　　赤松月船

赤峰武　　　　　赤峰武

阿川弘之　　　　阿川弘之

秋冈义一　　　　秋岡義一

秋冈瑛子　　　　秋岡瑛子

秋冈义爱　　　　秋岡義愛

秋冈义彦　　　　秋岡義彦

秋冈义之　　　　秋岡義之

明仁（皇太子）　明仁（皇太子）

秋山修道　　　　秋山修道

秋山千惠子（橘川千惠）

秋山ちえ子（橘川ちゑ）

秋山龙三　　　　秋山龍三

芥川也寸志　　　芥川也寸志

芥川龙之介　　　芥川龍之介

朝香宫孚彦　　　朝香宮孚彦

浅田六平　　　　浅田六平

浅野亲治　　　　浅野親治

浅野长武　　　　浅野長武

浅原六朗　　　　浅原六朗

朝比奈宗源　　　朝比奈宗源

朝吹登水子　　　朝吹登水子

浅利庆太　　　　浅利慶太

芦川泉　　　　　芦川いづみ

芦田伸介　　　　蘆田伸介

芦原英了　　　　芦原英了

飞鸟田一雄　　　飛鳥田一雄

吾妻君香　　　　吾妻君香

吾妻君子（春江）吾妻君子（春江）

吾妻德穗（春枝）吾妻德穗（春枝）

阿比留信（丰田泉太郎）

阿比留信（豊田泉太郎）

安部荣四郎　　　安部栄四郎

安部公房　　　　安部公房

阿部金刚　　　　阿部金剛

阿部襄　　　　　阿部襄

阿部知二　　　　阿部知二

安倍宁　　　　　安倍寧

网野菊　　　　　網野菊

荒川喜久雄　　　荒川喜久雄

新珠三千代	新珠三千代	石井英之助	石井英之助
有岛生马	有島生馬	石井小浪	石井小浪
有岛武郎	有島武郎	石井秀平	石井秀平
有马稻子	有馬稻子	石井漠	石井漠
有马赖义	有馬賴義	石井柏亭	石井柏亭
有本芳水	有本芳水	石井碧子→佐藤碧子	
有吉佐和子	有吉佐和子	石井碧子→佐藤碧子	
K.F.阿尔穆克维斯特		石井桃子	石井桃子
K.F.アルムクウィスト		石井好子	石井好子
安德森	アンダーソン	石垣绫子	石垣綾子
安藤早月	安藤早月	石川欣一	石川欣一
安藤岨野	安藤そのは	石川桂郎	石川桂郎
安藤玉枝	安藤たまえ	石川淳	石川淳
安藤唯夫	安藤唯夫	石川达三	石川達三
安倍能成	安倍能成	石川利光	石川利光
稻垣达郎	稻垣達郎	石榑千亦	石榑千亦
饭泽匡	飯沢匡	石坂洋次郎	石坂洋次郎
饭岛正	飯島正	石角春之助	石角春之助
饭田丰二	飯田豊二	石田三次	石田三次
伊井蓉峰	伊井蓉峰	石田雅子	石田雅子
五十岚和子→松荣	五十嵐和子→松栄	石塚茂子	石塚茂子
五十岚康夫	五十嵐康夫	石塚友二	石塚友二
生岛辽一	生島遼一	石桥藏五郎	石橋藏五郎
生田长江	生田長江	石滨朗	石濱朗
伊仓贤次郎	伊倉賢次郎	石滨金作	石濱金作
池川静树	池川静樹	石滨纯太郎	石濱純太郎
池岛信平	池島信平	石滨恒夫	石濱恒夫
池田龟鉴	池田亀鑑	石滨知行	石濱知行
池田虎雄（丽进）	池田虎雄（麗進）	石滨春上	石濱春上
池谷信三郎	池谷信三郎	石滨红子	石濱紅子
池田勇人	池田勇人	石原慎太郎	石原慎太郎
池大雅	池大雅	石原八束	石原八束
池原藤	池原ふぢ	石丸梧平	石丸梧平
池部良	池部良	井尻茂子	井尻茂子

植草雄三郎	植草雄三郎	宇野浩二	宇野浩二
上田廓了	上田廓了	宇野千代	宇野千代
上田万年	上田萬年	生方诚	生方誠
上田宏犹	上田宏猶	生方立江	生方たつゑ
植田敏郎	植田敏郎	生方敏郎	生方敏郎
上田宏范	上田宏範	生方美智子	生方美智子
上田广	上田広	梅崎春生	梅崎春生
上野凌弘	上野凌弘	梅园小美都（津祢）	
上羽秀	上羽秀	梅園小美都（津祢）	
上原谦	上原謙	梅园龙子（植草正枝）	
植村环	植村環	梅園龍子（植草正枝）	
上村槌之助	上村槌之助	梅原猛	梅原猛
上村龙之助	上村龍之助	梅原龙三郎	梅原龍三郎
杰弗里·威尔斯		鲁道夫·艾伯	
ジェフリー· ウェルズ		ルドルフ· エーブル	
辛迪·威尔斯		江口隆哉	江口隆哉
シンディ· ウェルズ		奥斯特林	エステルリンク
宇垣一成	宇垣一成	枝并二男	枝並二男
宇垣缠	宇垣纏	里昂·艾德尔	レオン· エデル
宇崎纯一	宇崎純一	江藤淳	江藤淳
宇崎祥二	宇崎祥二	江户川乱步	江戸川乱步
牛木圣子	牛木聖子	榎本健一	榎本健一
牛岛春子	牛島春子	江马修	江馬修
臼井吉见	臼井吉見	埃曼纽尔·皮埃尔	
臼田甚五郎	臼田甚五郎	エマニュエル· ピエール	
打木村治	打木村治	T. S. 艾略特	T. S. エリオット
内田宪太郎	内田憲太郎	圆城寺菊子	円城寺菊子
内田静枝	内田静枝	圆地文子	円地文子
内田吐梦	内田吐夢	远藤周作	遠藤周作
内田百闲	内田百閒	远藤慎吾	遠藤慎吾
内三尚三	内三尚三	绪明圭造	緒明圭造
内山保	内山保	笈川喜惣次	笈川喜惣次
内山基	内山基	扇谷正造	扇谷正造
宇都宫德马	宇都宮德馬	黄田多喜夫	黄田多喜夫

小川平四郎	小川平四郎	尾上梅幸（六代目）	
小川正子	小川正子	尾上梅幸（六代目）	
荻須高徳	荻須高徳	小野田睦子	小野田睦子
冲中重雄	冲中重雄	小野松二	小野松二
冲本常吉	冲本常吉	小汀利得	小汀利得
荻原井泉水	荻原井泉水	小尾十三	小尾十三
奥平英雄	奥平英雄	小山敦子	小山敦子
奥野健男	奥野健男	小山田嘉一	小山田嘉一
奥一	奥一	小山久二郎	小山久二郎
奥村铁男	奥村鉄男	折口信夫	折口信夫
小仓峰子	小倉みね子	奥利维尔（马耳他首相）	
尾崎一枝（古川一枝）		オリヴィエ（マルタ首相）	
尾崎一枝（古川一枝）		小里文子	小里文子
尾崎一枝（中村一枝）		恩地日出夫	恩地日出夫
尾崎一枝（中村一枝）			
尾崎一雄	尾崎一雄	詹姆斯・柯库普	
尾崎士郎	尾崎士郎	ジェイムズ・カーカップ	
尾崎甫	尾崎甫	福沃德・加内特	
尾崎秀树	尾崎秀樹	フォレスト・ガーネット	
尾崎翠	尾崎翠	大卫・卡瓦	
小山内薰	小山内薰	デヴィッド・カーヴァー	
大佛次郎	大佛次郎	卡尔十六世古斯塔夫（瑞典王太子）	
押川春浪	押川春浪	カール十六世グスタフ（スウェーデン王太子）	
织田昭子（轮岛昭子）			
織田昭子（輪島昭子）		罗杰・卡洛伊斯	ロジェ・カイヨワ
小田切进	小田切進	加贺真理子	加賀まりこ
小田切秀雄	小田切秀雄	香川京子	香川京子
织田作之助	織田作之助	贺川丰彦	賀川豊彦
小田岳夫	小田嶽夫	柿沼和夫	柿沼和夫
小田良弼	小田良弼	垣水孝一	垣水孝一
小津安二郎	小津安二郎	郭沫若	郭沫若
乙羽信子	乙羽信子	欠田宽治	欠田寛治
小野勇	小野勇	葛西善藏	葛西善蔵
尾上松绿	尾上松緑		

川畑和成	川畑和成	上林晓（德广严城）	
川端金	川端かね	上林暁（徳広厳城）	
川端绢枝	川端絹枝	蒲原有明	蒲原有明
川端源	川端ゲン	唐纳德・基恩	ドナルド・キーン
川端三右卫门几康	川端三右衛門幾康	木内梅轩	木内梅軒
川端三八郎	川端三八郎	鬼追明夫	鬼追明夫
川端（岸部）称随	川端（岸部）称随	菊冈久利	菊岡久利
川端种次郎	川端種次郎	菊田一夫	菊田一夫
川端常太郎	川端常太郎	菊池宽	菊池寛
川端富枝	川端富枝	菊池重三郎	菊池重三郎
川端富三郎	川端富三郎	菊池武宪	菊池武憲
川端秀子	川端秀子	木佐木胜	木佐木勝
川端政子	川端政子	岸田丽子	岸田麗子
川端麻纱子→川端政子		岸惠子	岸惠子
川端麻纱子→川端政子		岸田今日子	岸田今日子
川端松太郎	川端松太郎	岸田国士	岸田國士
川端实	川端実	岸麻衣子	岸麻衣子
川端芳子	川端芳子	吉斯林齐	キスリーチン
川边琉美子	川辺るみ子	莫西・基斯林	
川俣从道	川俣従道	モイズ・キスリング	
河盛好藏	河盛好蔵	木苏谷	木蘇毅
河原崎权十郎（第二代）		锻代利通	鍛代利通
河原崎権十郎（二代目）		北大路鲁山人	北大路魯山人
河原崎权十郎（第三代）		北川冬彦	北川冬彦
河原崎権十郎（三代目）		北岸佑吉	北岸佑吉
爱德华・冈持莱特		木谷实	木谷実
エドワード・ガントレット		北畠八穗	北畠八穂
J.欧文・冈特莱特		北原三枝	北原三枝
J.オウエン・ガントレット		北村谦次郎	北村謙次郎
恒子・冈特莱特		北村小松	北村小松
恒子・ガントレット		北村秀雄	北村秀雄
玛格丽特・恒子・冈特莱特		北杜夫	北杜夫
マーガレット・恒子・ガントレット		木津善五郎	木津善五郎
伊夫・甘登	イヴ・ガンドン	龟德静	亀徳しづ

黑田玉	黒田タマ	香坂昌康	香坂昌康
黑田定二郎	黒田定二郎	小唄胜太郎	小唄勝太郎
黑田传治	黒田伝治	河野谦三	河野謙三
黑田（权野）富江	黒田（権野）富江	河野多惠子	河野多恵子
黑田秀孝	黒田秀孝	河野仁昭	河野仁昭
黑田秀太郎	黒田秀太郎	耕治人	耕治人
黑田政子→川端政子		耕芳子	耕ヨシ子
黑田政子→川端政子		约翰·高尔斯华绥	
黑田益藏	黒田益蔵	ジョン· ゴールズワージー	
畔柳芥舟（都太郎）		古贺龙视	古賀龍視
畔柳芥舟（都太郎）		古贺春江（良晶）	古賀春江（良晶）
桑原至诚（桑原至）		木暮实知代	木暮実知代
桑原至誠（桑原至）		儿岛喜久雄	児島喜久雄
桑原武夫	桑原武夫	小岛喜美→横光喜美	
桑原干根	桑原幹根	小岛キミ→横光キミ	
郡司胜义	郡司勝義	小岛千加子	小島千加子
爱伦·凯	エレン· ケイ	小岛晁	小島晁
凯西尔	ケイヒル	小岛久雄	小島久雄
让·盖埃诺	ジャン· ゲーノ	小岛政二郎	小島政二郎
埃里希·凯斯特纳		五所平之助	五所平之助
エーリヒ· ケストナー		小杉天外	小杉天外
亚瑟·库斯勒		吴清源（吴泉）	呉清源（呉泉）
アーサー· ケストラー		小高菊	小高キク
戈普菲特（总编）		儿玉花外	児玉花外
ゲップフェルト（編集長）		儿玉重雄	児玉重雄
海伦·凯勒	ヘレン· ケラー	小寺胜雅	小寺勝雅
塞尔索·凯利	セルソ· ケリー	小寺正三	小寺正三
源氏鸡太	源氏鶏太	小寺秀松	小寺秀松
小泉三申	小泉三申	后藤繁子	後藤繁子
小泉信三	小泉信三	五岛茂	五島茂
小泉博	小泉博	后藤松阴	後藤松陰
小矶奈津子（佐藤碧子）		后藤真太郎	後藤真太郎
小磯なつ子（佐藤碧子）		后藤末雄	後藤末雄
香西升	香西昇	后藤孟	後藤孟

阪本昭子	阪本昭子	佐藤敬	佐藤敬
阪本菊三郎	阪本菊三郎	佐藤垢石	佐藤垢石
阪本钐之助	阪本釵之助	佐藤朔	佐藤朔
坂本忠雄	坂本忠雄	佐藤绩	佐藤績
坂本达男	坂本達男	佐藤惣之助	佐藤惣之助
坂本龙彦	坂本龍彦	佐藤泰治	佐藤泰治
坂本繁二郎	坂本繁二郎	佐藤得二	佐藤得二
坂本吉胜	坂本吉勝	佐藤信卫	佐藤信衞
佐川一政	佐川一政	佐藤八郎	サトウハチロー
弗朗索瓦兹·萨冈		佐藤春夫	佐藤春夫
フランソワーズ·サガン		佐藤宽子	佐藤寛子
崎山犹逸	崎山猶逸	佐藤正彰	佐藤正彰
崎山义雄	崎山義雄	佐藤碧子（石井碧子、小矶奈津子）	
笹川隆平	笹川隆平	佐藤碧子（石井碧子、小磯なつ子）	
笹川鹤吉	笹川鶴吉	佐藤义夫	佐藤義夫
笹川泰广	笹川泰広	佐藤美子	佐藤美子
笹川良一	笹川良一	佐藤亮一	佐藤亮一
笹川临风	笹川臨風	里见弴	里見弴
佐左木俊郎	佐左木俊郎	佐野周二	佐野周二
佐佐木信纲	佐佐木信綱	萨特	サルトル
佐佐木能理男	佐々木能理男	泽井善一	澤井善一
佐佐木房（大桥房子）		泽田晚红	沢田晚紅
ささきふさ（大橋房子）		泽野久雄	澤野久雄
佐佐木味津三	佐々木味津三	泽村贞子	沢村貞子
佐佐木茂索	佐佐木茂索	泽村三木男	沢村三木男
佐佐木康	佐々木康	三条绫子	三條綾子
笹拓儿	笹拓児	三条西实隆	三條西実隆
笹原金次郎	笹原金次郎	伊夫·希安比	イヴ·シアンビ
佐多稲子→洼川稻子		椎名悦三郎	椎名悦三郎
佐多稲子→窪川いね子		盐井雨江	塩井雨江
飒田琴次	颯田琴次	盐田良平	塩田良平
佐藤荣作	佐藤栄作	志贺直哉	志賀直哉
佐藤观次郎	佐藤観次郎	式场俊三	式場俊三
佐藤义亮	佐藤義亮	式场隆三郎	式場隆三郎

进藤延	進藤延	斯特林堡	ストリンドベリ
新保千代子	新保千代子	砂川宏一	砂川宏一
新村出	新村出	斯皮勒教授	スピラー教授
末次摂子	末次摂子	斯蒂芬・斯彭德	
须贺敦子	須賀敦子	スティーヴン・スペンダー	
菅忠雄	菅忠雄	陶山密	陶山密
菅虎雄	菅虎雄	素浪人	スローニン
菅原国隆	菅原国隆	诹访三郎（半泽成二）	
菅原谦次	菅原謙次	諏訪三郎（半沢成二）	
杉浦正一郎	杉浦正一郎	清野畅一郎	清野暢一郎
杉谷义周	杉谷義周	濑尾梢	瀬尾梢
杉田丰	杉田豊	关口隆克	関口隆克
杉道助	杉道助	关口泰	関口泰
杉村楚人冠	杉村楚人冠	关根柳介	関根柳介
杉村春子	杉村春子	濑户内晴美（寂听）	
杉村勇造	杉村勇造	瀬戸内晴美（寂聴）	
杉山平助	杉山平助	濑户虎记	瀬戸虎記
杉山宁	杉山寧	濑沼茂树	瀬沼茂樹
杉山幸照	杉山幸照	芹泽光治良	芹沢光治良
杉山瑶子→平冈瑶子		千家元麿	千家元麿
杉山瑶子→平岡瑶子		千玄室	千玄室
铃木重雄	鈴木重雄	千宗员（十四代宗左）	
铃木氏亨	鈴木氏亨	千宗員（十四代宗左）	
铃木信太郎	鈴木信太郎	千宗室	千宗室
铃木大麻	鈴木大麻	曽根博义	曽根博義
铃木隆夫	鈴木隆夫	曽野绫子	曽野綾子
铃木彦次郎	鈴木彦次郎	索尔仁尼琴	
铃木牧之	鈴木牧之	ソルジェニーツィン	
铃木三重吉	鈴木三重吉		
须知善一	須知善一	田井柘	田井つみ
华莱士・斯特格纳		高井贞二	高井貞二
ウォレス・ステグナー		高井有一	高井有一
哈罗德・施特劳斯		高木贤一	高木賢一
ハロルド・ストラウス		高泽二郎	高沢二郎

高须梅溪（芳次郎）		田河水泡	田河水泡
高须梅溪（芳次郎）		泷井孝作	瀧井孝作
高田壮一郎	高田壮一郎	泷泽修	滝沢修
高田保	高田保	泷田樗阴	滝田樗陰
高田博厚	高田博厚	田久保英夫	田久保英夫
高田力藏	高田力蔵	武石浩玻	武石浩玻
鹰司信辅	鷹司信輔	武市八十雄	武市八十雄
高户显隆	高戸顕隆	竹内道之助（藤冈光一）	
高桥有恒	高橋有恒	竹内道之助（藤岡光一）	
高桥一雄	高橋一雄	竹内叔雄	竹内叔雄
高桥喜一	高橋喜一	武田胜彦	武田勝彦
高桥邦太郎	高橋邦太郎	武田泰淳	武田泰淳
高桥健二	高橋健二	竹田博	竹田博
高桥幸一	高橋幸一	武田麟太郎	武田麟太郎
高桥重行	高橋重行	武田留女	武田留女
高桥诚一郎	高橋誠一郎	武市龙雄	武市龍雄
高桥泥舟	高橋泥舟	竹之内静雄	竹之内静雄
高桥直良	高橋直良	武野藤介	武野藤介
高桥半左卫门	高橋半左衛門	竹久梦二	竹久夢二
高桥英树	高橋英樹	武满彻	武満徹
高桥正夫	高橋正夫	竹本利三	竹本利三
高桥正子	高橋正子	竹山道雄	竹山道雄
高浜虚子	高浜虚子	桑迪普·K.泰戈尔	
高间秋子	高間秋子	サンデイブ・K.タゴール	
高间古代	高間古代	罗宾德拉纳特·泰戈尔	
高见贞卫	高見貞衛	ラビンドラナート・タゴール	
高见顺	高見順	太宰治	太宰治
高峰秀子	高峰秀子	太宰施门	太宰施門
高峰美枝子	高峰美枝子	田崎诠子	田崎詮子
高村光太郎	高村光太郎	田崎勇三	田崎勇三
多贺谷信乃	多賀谷信乃	田泽千代子	田沢千代子
高山广子	高山広子	田岛密	田嶋密
高山文彦	高山文彦	田代威三	田代威三
高山义三	高山義三	立川澄人（清登）	立川澄人（清登）

太刀川琉璃子	太刀川瑠璃子	谷崎惠美子（观世惠美子）	
橘左京	橘左京	谷崎惠美子（観世惠美子）	
立原正秋	立原正秋	谷崎润一郎	谷崎潤一郎
立原道造	立原道造	谷崎精二	谷崎精二
辰野隆	辰野隆	谷崎千代	谷崎千代
龙村谦（二代平藏、光翔）		谷崎（根津、森田）松子	
龍村謙（二代平蔵、光翔）		谷崎（根津、森田）松子	
立野信之	立野信之	谷本金	谷本カネ
伊达宗克	伊達宗克	谷本清	谷本清
田中岩太郎	田中岩太郎	谷桃子	谷桃子
田中延二	田中延二	田能村竹田	田能村竹田
田中角荣	田中角栄	田丸卓郎	田丸卓郎
田中绢代	田中絹代	田村泰次郎	田村泰次郎
田中军吉郎	田中軍吉郎	田村俊子	田村俊子
田中健	田中健	田村充正	田村充正
田中纯	田中純	田山花袋	田山花袋
田中澄江	田中澄江	俵丰作	俵豊作
田中纯夫	田中純夫	团伊玖磨	團伊玖磨
田中总一郎	田中總一郎	檀一雄	檀一雄
田中园	田中ソノ	邓萨尼	ダンセイニ
田中馆爱橘	田中館愛橘	契诃夫	チェーホフ
田中直树	田中直樹	近松秋江	近松秋江
田中英光	田中英光	近松门左卫门	近松門左衞門
田中又三郎	田中又三郎	千叶龟雄	千葉亀雄
田中美知太郎	田中美知太郎	千叶俊二	千葉俊二
田中美都	田中ミト	千叶勉	千葉勉
田边耕一郎	田辺耕一郎	中条（宫本）百合子	
田边圣子	田辺聖子	中条（宫本）百合子	
田边茂一	田辺茂一	陈公博	陳公博
谷川俊太郎	谷川俊太郎	塚越享生	塚越享生
谷川彻三	谷川徹三	月丘梦路	月丘夢路
谷口吉郎	谷口吉郎	月村丽子	月村麗子
谷崎鲇子（竹田鲇子）		佃节子	佃節子
谷崎鲇子（竹田あゆ子）		佃正弘	佃正弘

辻直四郎	辻直四郎	寺内大吉	寺内大吉
辻野久宪	辻野久憲	寺崎浩	寺崎浩
津岛圭治	津島圭治	寺田一夫	寺田一夫
津岛美知子	津島美知子	寺田竹雄	寺田竹雄
辻本畅子	辻本暢子	寺田透	寺田透
津田爱子	津田愛子	寺田信义	寺田信義
津田青枫	津田青楓	寺西博	寺西博
土川爱子	土川愛子	寺西易堂	寺西易堂
土屋宽	土屋寛	寺西五郎	寺西五郎
筒井俊一	筒井俊一	寺野忠夫	寺野忠夫
都筑正男	都築正男	土居光知	土居光知
堤真佐子	堤真佐子	东乡青儿	東郷青児
雅川滉（成濑正胜）		东条耿一	東条耿一
雅川滉（成瀬正勝）		东条英机	東条英機
壶井荣	壺井栄	头山满	頭山満
坪内逍遥	坪内逍遥	十重田裕一	十重田裕一
坪田让治	坪田譲治	德加	ドガ
津村信夫	津村信夫	十返肇	十返肇
津山雅次	津山雅次	户川贞雄	戸川貞雄
鹤田知也	鶴田知也	土岐善麿	土岐善麿
鹤田欣也	鶴田欣也	时田薰	時田かおる
蒂齐亚诺	ティツィアーノ	德川良子	德川良子
出口奈央	出口なお	德川义亲	德川義親
出口王仁三郎	出口王仁三郎	德川义恭	德川義恭
出口澄	出口すみ	德田秋声	德田秋聲
出口直日	出口直日	德田雅彦	德田雅彦
敕使河原霞	勅使河原霞	德富苏峰	德富蘇峰
敕使河原苍风	勅使河原蒼風	德富芦花	德冨蘆花
敕使河原宏	勅使河原宏	德永郁子	德永郁子
手冢绿敏	手塚緑敏	德永直	德永直
让·杜哈曼		德永畅三	德永暢三
ジャン·デュアメル		戴高乐	ド·ゴール
乔治·杜哈曼		土佐亨	土佐亨
ジョルジェ·デュアメル		陀思妥耶夫斯基	ドストエフスキー

栃锦清隆	栃錦清隆	中里恒子	中里恒子
外村繁	外村繁	中岛健藏	中島健蔵
鸟羽节子	鳥羽節子	中岛信平	中島信平
富冈铁斋	富岡鉄斎	中城富美子	中城ふみ子
富田幸次郎	富田幸次郎	长田秀雄	長田秀雄
富田时郎	富田時郎	永田雅一	永田雅一
富田千秋	富田千秋	长田干彦	長田幹彦
朝野谆	朝野諄	中户川吉二	中戸川吉二
友谷静荣	友谷静栄	中西悟堂	中西悟堂
外山伊都子	外山伊都子	长沼弘毅	長沼弘毅
丰岛与志雄	豊島與志雄	中野四郎	中野四郎
丰田穰	豊田穰	中野清一	中野清一
丰田四郎	豊田四郎	中野华子→淀野华子	
丰田正子	豊田正子	中野華子→淀野華子	
鸟居达也	鳥居達也	中野实	中野実
		中野美矢子	中野美矢子
内藤濯	内藤濯	中野好夫	中野好夫
内藤千代子	内藤千代子	中林忠藏	中林忠蔵
内藤初穗	内藤初穂	中原淳一	中原淳一
内藤洋子	内藤洋子	中原中也	中原中也
直木三十五（植村宗一）		永松定	永松定
直木三十五（植村宗一）		永宫志计里	永宮志計里
永井荷风	永井荷風	中村歌右卫门（第五代）	
永井隆	永井隆	中村歌右衛門（五代目）	
永井龙男	永井龍男	中村歌右卫门（第六代）	
永井潜	永井潜	中村歌右衛門（六代目）	
中井英夫	中井英夫	中村勘三郎（第十七代）	
永井路子	永井路子	中村勘三郎（十七代目）	
长冲一	長冲一	中村雁治郎（第一代）	
中河干子	中河幹子	中村鴈治郎（初代）	
中河与一	中河与一	中村雁治郎（第二代）	
中川李枝子	中川李枝子	中村鴈治郎（二代目）	
中勘助	中勘助	中村吉右卫门（第一代）	
长崎英造	長崎英造	中村吉右衛門（初代）	

野上弥生子	野上弥生子	长谷川彼女	長谷川かの女
野口富士男	野口冨士男	长谷川伸	長谷川伸
野岛康三	野島康三	长谷川如是闲	長谷川如是閑
野岛辰次	野島辰次	长谷川巳之吉	長谷川巳之吉
野田宇太郎	野田宇太郎	秦丰吉	秦豊吉
野田薰	野田薰	畑中庸生	畑中庸生
野々上庆一	野々上慶一	秦野章	秦野章
信时洁	信時潔	波多野里望	波多野里望
宣仁（高松宫）	宣仁（高松宫）	汉幸雄	漢幸雄
升曙梦	昇曙夢	珀尔·赛登施特里克·巴克	
野间省一	野間省一	パール・サイデンストテッカー・バック	
野间省二	野間省二		
野村芳太郎	野村芳太郎	赫伯特·帕辛	
诺阿耶夫人	ノワイユ夫人	ハーバート・パッシン	
		初濑川松太郎	初瀬川松太郎
约翰·赫尔西	ジョン・ハーシー	初濑国雄	初瀬国雄
尼古拉·拜科夫		八田尚之	八田尚之
ニコライ・バイコフ		初山滋	初山滋
马海松	馬海松	羽鸟彻哉（一英）	羽鳥徹哉（一英）
芳贺彻	芳賀徹	花岛希世子	花島希世子
芳贺檀	芳賀檀	花田美奈子	花田美奈子
芳贺矢一	芳賀矢一	花柳章太郎	花柳章太郎
萩原朔太郎	萩原朔太郎	花柳武始	花柳武始
朴正熙	朴正熙	羽仁五郎	羽仁五郎
桥爪健	橋爪健	羽仁素子	羽仁もと子
桥爪裳子	橋爪裳子	滨川博	濱川博
桥本雅邦	橋本雅邦	滨本浩	濱本浩
桥本作雄	橋本作雄	林鹤梁	林鶴梁
桥本寿子	橋本寿子	林健太郎	林健太郎
桥本英吉	橋本英吉	林泰	林泰
莲田善明	蓮田善明	林躁（木々高太郎）	
鲍里斯·帕斯捷尔纳克		林躁（木々高太郎）	
ボリス・パステルナーク		林武志	林武志
长谷川泉	長谷川泉	林达夫	林達夫

威廉·福克纳		船越英二	船越英二
ウィリアム·フォークナー		船田中	船田中
深川弥生子	深川弥生子	舟桥圣一	舟橋聖一
深泽七郎	深沢七郎	船山馨	船山馨
深泽晴美	深澤晴美	卡米伊·弗拉马里翁	
深田久弥	深田久弥	カミーユ·フラマリオン	
福冈正七	福岡正七	弗兰克永井	フランク永井
福冈益雄	福岡益雄	古姬塔·布兰科	クキタ·ブランコ
福士幸次郎	福士幸次郎	白伦敦	
福田清人	福田清人	エドマンド·ブランデン	
福田澄夫（澄男）	福田澄夫（澄男）	古垣铁郎	古垣鉄郎
福田赳夫	福田赳夫	古川丁未子→鹫尾丁未子	
福田恒存	福田恆存	古川丁未子→鹫尾丁未子	
福田兰童	福田蘭童	古川绿波	古川緑波
福田陆太郎	福田陸太郎	古田晃	古田晃
福永恭助	福永恭助	古谷纲武	古谷綱武
福永武彦	福永武彦	盖欧尔格·冯·贝凯希	
福本日南	福本日南	ゲオルク·フォン·ベーケーシ	
藤枝静男	藤枝静男	欧内斯特·海明威	
藤泽清造	藤澤清造	アーネスト·ヘミングウェイ	
藤泽桓夫	藤澤桓夫	让·佩罗	ジャン·ペロル
藤岛泰辅	藤島泰輔	奥斯卡·本尔	オスカー·ベンル
藤田明	藤田明	帆足杏雨	帆足杏雨
藤田崎子	藤田崎子	北条晓	北条暁
藤田繁	藤田繁	北条民雄	北條民雄
藤田圭雄	藤田圭雄	北条秀司	北条秀司
藤田嗣治	藤田嗣治	北条诚	北條誠
藤间政弥	藤間政弥	北条元子	北條元子
藤村作	藤村作	北条泰时	北条泰時
藤森弘庵	藤森弘庵	北条义时	北条義時
藤森淳三	藤森淳三	房野顺一	房野順一
藤森文吉	藤森文吉	星野美莎	星野ミサ
藤山爱一郎	藤山愛一郎	细江光	細江光
双叶山定次	双葉山定次	细川明子	細川明子

松本幸四郎（第七代）

松本幸四郎（七代目）

松本重治　　　　松本重治

松本四郎　　　　松本四郎

松本清张　　　　松本清張

松本太郎　　　　松本太郎

松本刚　　　　　ツヨシ・マツモト

松本学　　　　　松本学

真船丰　　　　　真船豊

马亨德拉・比尔・比克拉姆・沙阿

マヘンドラ・ビル・ビクラム・シャー

间宫茂辅　　　　間宮茂輔

真室二郎　　　　真室二郎

黛敏郎　　　　　黛敏郎

茧山顺吉　　　　繭山順吉

丸冈明　　　　　丸岡明

丸根赞太郎　　　丸根賛太郎

丸谷才一　　　　丸谷才一

丸山菊（松荣）　丸山キク（松栄）

丸山正一　　　　丸山正一

丸山泰司　　　　丸山泰司

安德烈・马尔罗

アンドレ・マルロー

三明永无　　　　三明永無

三浦朱门　　　　三浦朱門

三浦哲郎　　　　三浦哲郎

三浦德修　　　　三浦徳修

三笠宫崇仁　　　三笠宮崇仁

三上于菟吉　　　三上於菟吉

三木清　　　　　三木清

三岛海云　　　　三島海雲

三岛由纪夫（平冈公威）

三島由紀夫（平岡公威）

水上勉　　　　　水上勉

水木洋子　　　　水木洋子

水岛治男　　　　水島治男

水谷八重子（第一代）

水谷八重子（初代）

水野成夫　　　　水野成夫

水守龟之助　　　水守亀之助

沟口直亮　　　　溝口直亮

美空云雀　　　　美空ひばり

美智子妃（皇太子妃，正田美智子）

美智子妃（皇太子妃、正田美智子）

光冈良二　　　　光岡良二

三木干人　　　　三ッ木幹人

詹姆斯・米切纳

ジェイムズ・ミッチェナー

光本幸子　　　　光本幸子

绿川贡　　　　　緑川貢

水上泷太郎（阿部章藏）

水上瀧太郎（阿部章藏）

南幸夫　　　　　南幸夫

簑内收　　　　　簑内収

簑内民　　　　　簑内民

美浓部亮吉　　　美濃部亮吉

三堀将　　　　　三堀将

宫城聪（宫城久辉）

宮城聰（宮城久輝）

宫城道雄　　　　宮城道雄

三宅几三郎　　　三宅幾三郎

三宅恒方　　　　三宅恒方

三宅艳子　　　　三宅艶子

三宅泰雄　　　　三宅泰雄

三宅康子　　　　三宅やす子

宫坂普九　　　　宮坂普九

宫崎龙介　　　　宮崎龍介

宮下展夫　　　　宮下展夫
宮操子　　　　　宮操子
宮田重雄　　　　宮田重雄
宮胁春野　　　　宮脇春野
宮胁吉太郎　　　宮脇吉太郎
三好淳之　　　　三好淳之
三好达治　　　　三好達治
三轮寿壮　　　　三輪寿壮
六笠武生　　　　六笠武生
武川重太郎　　　武川重太郎
武者小路实笃　　武者小路実篤
村冈花子　　　　村岡花子
村上浪六　　　　村上浪六
村上肥出夫　　　村上肥出夫
村濑幸子　　　　村瀬幸子
村濑太乙　　　　村瀬太乙
村松刚　　　　　村松剛
村松定孝　　　　村松定孝
村松梢风　　　　村松梢風
村松友视　　　　村松友視
村松正俊　　　　村松正俊
村山知义　　　　村山知義
室生朝子　　　　室生朝子
室生犀星　　　　室生犀星
莫里斯・梅特林克
モーリス・メーテルリンク
毛利菊枝　　　　毛利菊枝
保罗・穆杭　　　ポール・モーラン
弗朗索瓦・莫里亚克
フランソワ・モーリヤック
森下宫子（近江久子）
森下宫子（近江ひさ子）
望月美惠子（优子）
望月美惠子（優子）

本部真　　　　　本部マサ
阿尔贝托・莫拉维亚
アルベルト・モラヴィア
森内俊雄　　　　森内俊雄
森川宪之助　　　森川憲之助
伊万・莫里斯
アイヴァン・モリス
伊拉・莫里斯　　アイラ・モリス
埃迪塔・莫里斯　エディタ・モリス
森田珠　　　　　森田たま
森田正治　　　　森田正治
森田元子　　　　森田元子
森畅　　　　　　森暢
森雅之　　　　　森雅之
森茉莉　　　　　森茉莉
森宫子　　　　　森宮子
森本严夫　　　　森本厳夫
森本荻　　　　　森本穫
森安理文　　　　森安理文
森山启　　　　　森山啓
伊夫・蒙当　　　イヴ・モンタン
玛丽莲・梦露
マリリン・モンロー

八木义德　　　　八木義徳
矢口纯　　　　　矢口純
矢崎泰久　　　　矢崎泰久
矢代静一　　　　矢代静一
矢代幸雄　　　　矢代幸雄
安井曽太郎　　　安井曽太郎
安冈章太郎　　　安岡章太郎
保高德藏　　　　保高徳藏
安田善一　　　　安田善一
保田与重郎　　　保田與重郎

八住利雄	八住利雄	山路照子	山路照子
八代佐地子	八代佐地子	山田五十铃	山田五十鈴
八千草薫	八千草薫	山田耕筰	山田耕筰
柳内达雄	柳内達雄	山田甚助	山田甚助
柳永二郎	柳永二郎	山田清三郎	山田清三郎
柳泽吾一	柳澤吾一	山田珠树	山田珠樹
柳田国男	柳田國男	山田丰昭	山田豊昭
柳田泰云	柳田泰雲	山田丰藏	山田豊蔵
柳原白莲	柳原白蓮	山田丰	山田豊
柳宗悦	柳宗悦	大和资雄	大和資雄
矢野绫子	矢野綾子	山名康郎	山名康郎
矢野隆司	矢野隆司	山根银二	山根銀二
矢之向亥之松	矢之向亥之松	山内明	山内明
薮本宗四郎	藪本宗四郎	山内静夫	山内静夫
山冈铁兵卫	山岡鉄兵衛	山内光（冈田桑三）	
山冈庄八	山岡荘八	山内光（岡田桑三）	
山川朝子	山川朝子	山原邦子	山原邦子
山川弥千枝	山川弥千枝	山村一平	山村一平
山岸德平	山岸德平	山村聪	山村聰
柳原敏雄	柳原敏雄	山本阿母里	山本阿母里
山际正道	山際正道	山本香男里→川端香男里	
山口里	山口さとの	山本香男里→川端香男里	
山口正介	山口正介	山本和子	山本和子
山口青邨	山口青邨	山本健吉	山本健吉
山口升	山口昇	山本实彦	山本実彦
山口瞳	山口瞳	山本茂	山本茂
山口正雄	山口正雄	山本千代→伊藤初代	
山崎斌	山崎斌	山本千代→伊藤初代	
山崎刚平	山崎剛平	山本直纯	山本直純
山崎晴一	山崎晴一	山本富士子	山本富士子
山崎丰子	山崎豊子	山本政喜（柾不二雄）	
山崎秀	山崎ひで	山本政喜（柾不二雄）	
山崎文武	山崎文武	山本安英	山本安英
山崎正和	山崎正和	山本有三	山本有三

李伯寿	李伯寿	D.H.劳伦斯	D.H.ロレンス
刘爵青	劉爵青		
笠信太郎	笠信太郎	若尾文子	若尾文子
龙胆寺雄（桥诘雄）		若仓雅郎→进藤纯孝	
龍胆寺雄（橋詰雄）		若倉雅郎→進藤純孝	
林金花	林金花	若槻繁	若槻繁
林语堂	林語堂	若乃花（第一代）	若乃花（初代）
安娜·卢森	アンナ·ルーセン	若原雅夫	若原雅夫
鲁奥	ルオー	若水绢子	若水絹子
鲁吉内克	ルジネック	若山牧水	若山牧水
奥古斯特·雷诺阿		鹫尾丁未子（古川丁未子）	
オーギュスト·ルノワール		鷲尾丁未子（古川丁未子）	
理查德·莱恩		鹫尾洋三	鷲尾洋三
リチャード·レイン		和田谨吾	和田謹吾
莱德曼	レッドマン	渡边库辅	渡辺庫輔
约瑟夫·罗根多夫		渡边三郎	渡辺三郎
ヨゼフ·ロゲンドルフ		渡边纲缆	渡辺綱纜
约翰·洛克菲勒二世		渡边铁藏	渡辺銕蔵
ジョン·ロックフェラー二世		渡边美佐子	渡辺美佐子
奥利弗·洛奇		和田芳惠	和田芳惠
オリヴァー·ロッジ		和辻哲郎	和辻哲郎
罗曼·罗兰	ロマン·ロラン	鳄渊晴子	鰐淵晴子

我在美丽的日本——序言①

（在诺贝尔文学奖颁奖典礼上的发言）

川端康成

春花秋月杜鹃夏

冬雪皑皑寒意加

这是道元禅师②的一首和歌，题名《本来面目》。

冬月拨云相伴随

更怜风雪浸月身

这是明惠上人（1173—1232）作的一首和歌。当别人索书时，我曾书录这两首诗相赠。

明惠在这首和歌前面还详细地写了一段可以说是叙述这首和歌的故事的长序，以阐明诗的意境。

元仁元年（1224）十二月十二日晚，天阴月暗，我进花宫殿坐禅，及至夜半，禅毕，我自峰房回到下房，月亮从云缝间露出，

---

① 该文引自川端康成著、叶渭渠译，《我在美丽的日本》，河北教育出版社2002年版，略有改动。

② 道元禅师，即希玄道元（1200—1253），日本曹洞宗的始祖，曾到中国学习佛法，著有和歌集《伞松道咏》等。

月光洒满雪地。山谷里传来阵阵狼嗥，但因有月亮陪伴，我丝毫不觉害怕。我进下房，后复出，月亮又躲进云中。等到听见夜半钟声，重登峰房时，月亮又拨云而出，送我上路。当我来到峰顶，步入禅堂时，月亮又躲入云中，似要隐藏到对面山峰后，莫非月亮有意暗中与我做伴？

在这首诗的后面，他继续写道：

步入峰顶禅堂时，但见月儿斜隐山头。

山头月落我随前
夜夜愿陪尔共眠

明惠当时是在禅堂过夜，还是黎明前又折回禅堂，已经弄不清楚，但他又接着写道：

禅毕偶尔睁眼，但见残月余辉映入窗前。我在暗处观赏，心境清澈，仿佛与月光浑然相融。

心境无边光灿灿
明月疑我是萤光

既然有人将西行称为"樱花诗人"，那么自然也有人把明惠叫作"月亮诗人"了。

明明皎皎明明皎
皎皎明明月儿明

　　这首仅以感叹声堆砌起来的"和歌"，连同那三首从夜半到拂晓吟咏的"冬月"，其特色就是："虽咏歌，实际不以为是歌。"（西行的话）这首歌是坦率、纯真、忠实地向月亮倾吐衷肠的三十一个字韵，与其说他是所谓"以月为伴"，莫如说他是"与月相亲"，亲密到把看月的我变为月，被我看的月变为我，而没入大自然之中，同大自然融为一体。所以残月才会把黎明前坐在昏暗的禅堂里思索参禅的我那种"清澈心境"的光，误认为是月亮本身的光。

　　正如长序中所述的那样，"冬月相伴随"这首和歌也是明惠进入山上的禅堂，思索着宗教、哲学的心和月亮之间微妙地相互呼应，交织一起而吟咏出来的。我之所以借它来题字，的确是因为我理解到这首和歌具有心灵的美和同情体贴。在云端忽隐忽现、照映着我往返禅堂的脚步、使我连狼嗥都不觉害怕的"冬月"啊，风吹你，你不冷吗？雪侵你，你不寒吗？我以为这是对大自然，也是对人间的一种温暖、深邃、体贴入微的歌颂，是对日本人亲切慈祥的内心的赞美，因此我才书赠给人的。

　　以研究波提切利①而闻名于世、对古今东西美术博学多识的矢代幸雄博士，曾把"日本美术的特色"之一，用"雪月花时最怀友"的诗句简洁地表达出来。当自己看到雪的美，看到月的美，也就是四季时节的美而有所省悟时，当自己由于那种美而获得幸福时，就会热切地想念自己的知心朋友，但愿他们能够共同分享这份快乐。这就是说，由于美的感动，强烈地诱发出对人的怀念之情。这个"朋友"，也可以把它看作广泛的"人"。另外，以"雪、月、花"几个字来表现四季时令变化的美，在日本这是包含着山川草木、宇宙万物、大自然的一切，以至人的感情的美，是有其传统的。日本的茶道也是以"雪月花时最怀友"为它的基本精神的，茶会也就是"欢会"，是在美好的时辰，邀

---

① 波提切利（约1445—1510），意大利文艺复兴时期的画家，代表作是《春》和《维纳斯的诞生》。

集最要好的朋友的一个良好的聚会。——顺便说一下，我的小说《千只鹤》，如果人们以为是描写日本茶道的"精神"与"形式"的美，那就错了，毋宁说这部作品是对当今社会低级趣味的茶道发出怀疑和警惕，并予以否定的。

> 春花秋月杜鹃夏
> 冬雪皑皑寒意加

　　道元的这首和歌也是讴歌四季美的。自古以来，日本人在春、夏、秋、冬的季节，将平常四种最心爱的自然景物的代表随便排列在一起，兴许再没有比这更普遍、更一般、更平凡，也可以说是不成其为歌的歌了。不过，我还想举出另一位古僧良宽所写的一首绝命歌，它也有类似的意境：

> 秋叶春花野杜鹃
> 安留他物在人间

　　这首诗同道元的诗一样，都是把寻常的事物和普通的语言，与其说不假思索，不如说特意堆砌在一起，以表达日本的精髓，何况这又是良宽的绝命歌呢。

> 浮云霞彩春光久
> 终日与子戏拍球

> 习习清风明月夜
> 通宵共舞惜残年

> 并非逃遁厌此世

只因独爱自逍遥

　　良宽的心境与生活，就像在这些歌里所反映的，住的是草庵，穿的是粗衣，漫步在田野道上，同儿童戏耍，同农夫闲聊，尽管谈的是深奥的宗教和文学，却不使用难懂的语言，那种"和颜蔼语"的无垢言行，同他的歌和书法风格，都摆脱了自江户后期、18世纪末到19世纪初的日本近代的习俗，达到古代的高雅境界，直到现代的日本，他的书法、和歌仍然深受人们的敬重。他的绝命歌，反映了自己这种心情：自己没有什么可留作纪念，也不想留下什么，然而，自己死后大自然仍是美的，也许这种美的大自然，就成了自己留在人世间的唯一的纪念吧。这首歌，不仅充满了日本自古以来的传统精神，同时仿佛也可以听到良宽的宗教的心声。

　　　望断伊人来远处
　　　如今相见无他思

　　良宽还写了这样一首爱情歌，也是我所喜欢的。衰老交加的68岁的良宽，偶遇29岁的年轻尼姑纯真的心，获得了崇高的爱情。这首诗，既流露了他偶遇终身伴侣的喜悦，也表现了他望眼欲穿的情人终于来到时的欢欣。"如今相见无他思"，的确是充满了纯真的朴素感情。

　　良宽74岁逝世。他出生在雪乡越后，同我的小说《雪国》所描写的是同一个地方。就是说，那里是面对里日本的北国，即现在的新潟县，寒风从西伯利亚越过日本海刮来。他的一生就是在这个雪国里度过的。他日益衰老，自知死期将至，而心境却清澈得像一面镜子。这位诗僧"临终之眼"，似乎仍然映现出他那首绝命歌里所描述的雪国大自然的美。我曾写过一篇随笔《临终之眼》，但在这里所用的"临终之眼"这句话，是从芥川龙之介（1892—1927）自杀遗书中摘录下来的。在那封遗书里，这句话特别拨动了我的心弦。"所谓生活能力"，"动物本能"，大概"会逐渐消失的吧"。

　　现今我生活的世界，是一个像冰一般透明的、又像病态一般神经质的世界……我什么时候能够毅然自杀呢？这是个疑问。唯有大自然比持这种看法的我更美，也许你会笑我，既然热爱自然的美而又想要自杀，这样自相矛盾。然而，所谓自然的美，是在我"临终之眼"里映现出来的。

　　1927年，芥川35岁就自杀了。我在随笔《临终之眼》中曾写道："无论怎样厌世，自杀不是开悟的办法，不管德行多高，自杀的人想要达到圣境也是遥远的。"我既不赞赏也不同情芥川，还有战后太宰治（1909—1948）等人的自杀行为。但是还有另一位年纪轻轻就死去的朋友，日本前卫派画家之一，也是长期以来就想自杀的。"他说再没有比死更高的艺术，还说死就是生，这些话像是他的口头禅。"（《临终之眼》）我觉得这位生于佛教寺院、由佛教学校培养出来的人，他对死的看法，同西方人对死的想法是不同的。"有牵挂的人，恐怕谁也不会想自杀吧。"由此引起我想到另一桩事，就是那位一休禅师曾两次企图自杀的事。

　　在这里，我之所以在"一休"上面贯以"那位"二字，是由于他作为童话里的机智和尚，为孩子们所熟悉。他那无碍①奔放的古怪行为，早已成为佳话广为流传。他那种"让孩童爬到膝上，抚摸胡子，连野鸟也从一休手中啄食"的样子，真是达到了"无心"②的最高境界。看上去他像一个亲切、平易近人的和尚，然而，实际上确实是一位严肃、深谋远虑的禅宗僧侣。还被称为天皇御子的一休，6岁入寺院，一方面表现出天才少年歌人的才华，另一方面也为宗教和人生的根本问题所困惑而陷入苦恼，他曾疾呼"倘有神明，就来救我。倘若

---

① 无碍，佛语，通达自在的意思。
② 无心，佛语，不起妄心的意思。

无神，沉我湖底，以葬鱼腹！"当他正要投湖时，被人拦住了。后来有一次，由于一休所在的大德寺的一个和尚自杀，几个和尚竟被株连入狱，这时一休深感有责，于是"肩负重荷"入山绝食，又一次决心寻死。

一休自己把那本歌集，取名《狂云集》，并以"狂云"为号，在《狂云集》及其续集里，可以读到日本中世的汉诗，特别是禅师的诗，其中有无与伦比的、令人胆战心惊的爱情诗，甚至有露骨地描写闺房秘事的艳诗。一休既吃鱼又喝酒，还接近女色，超越了禅宗的清规戒律，把自己从禁锢中解放出来，以反抗当时宗教的束缚，立志要在那因战乱而崩溃了的世道人心中恢复和确立人的本能和生命的本性。

一休所在的京都紫野的大德寺，至今仍是茶道的中心。他的书法也作为茶室的字幅而被人敬重。我也珍藏了两幅一休的手迹。一幅题了一行"入佛界易，进魔界难"。我颇为这句话所感动，自己也常挥笔题写这句话。它的意思可作各种解释，如要进一步往深处探讨，那恐怕就无止境了。继"入佛界易"之后又添上一句"进魔界难"，这位属于禅宗的一休打动了我的心。归根到底追求真、善、美的艺术家，对"进魔界难"的心情是：既想进入而又害怕，只好求助于神灵的保佑，这种心境有时表露出来，有时深藏在内心底里，这兴许是命运的必然吧。没有"魔界"，就没有"佛界"。然而要进入"魔界"就更加困难。意志薄弱的人是进不去的。

逢佛杀佛，逢祖杀祖

这是众所周知的禅宗的一句口头禅，若将佛教按"他力本愿"和"自力本愿"来划分宗派，那么主张自力的禅宗，当然会有这种激烈而又严厉的语言了。主张"他力本愿"的真宗亲鸾①也有一句话："善人

---

① 亲鸾（1173—1262），日本佛教净土真宗的初祖。著有《教行信证》《愚秃钞》等。

尚向往生，况恶人乎。"这同一休的"佛界""魔界"，在心灵上有相通之处，也有差异之点。那位亲鸾也说，他"没有一个弟子"。"逢祖杀祖""没有一个弟子"，这大概又是艺术的严酷命运吧。

禅宗不崇拜偶像。禅寺里虽也供佛像，但在修行场、参禅的禅堂，没有佛像、佛画，也没有备经文，只是瞑目，长时间静默，纹丝不动地坐着。然后，进入无思无念的境界。灭我为无。这种"无"，不是西方的虚无，相反，是万有自在的空，是无边无涯无尽藏的心灵宇宙。当然，禅也要由师指导，和师问答，以得启发，并学习禅的经典。但是，参禅本人始终必须是自己，开悟也必须是靠独自的力量。而且，直观要比论理重要。内在的开悟，要比外界的教诲更重要。真理"不立文字"而在"言外"。达到维摩居士①的"默如雷"的境地，大概就是开悟的最高境界了吧。中国禅宗的始祖达摩②大师，据说他曾"面壁九年"，即面对洞窟的岩壁，连续坐禅九年，沉思默想的结果，终于达到了开悟的境界。禅宗的坐禅就是从达摩的坐禅开始的。

> 问则答言不则体
> 达摩心中万般有 （一休）

一休还吟咏了另一首道歌：

> 若问心灵为何物
> 恰如墨画松涛声

这首歌，也可以说是洋溢着东洋画的精神。东洋画的空间、空白、省笔也许就是一休所说的墨画的心境吧。这正是"能画一枝风有声"

---

① 维摩居士，大乘佛教经典《维摩经》中居士之名，或谓菩萨的化身。
② 达摩，南北朝时期的高僧，自称佛传禅宗第二十八祖，为中国禅宗的始祖。

（金冬心①）。

道元禅师也曾有过"虽未见，闻竹声而悟道，赏桃花以明心"这样的话。日本花道②的插花名家池坊专应③也曾"口传"："仅以点滴之水，咫尺之树，表现江山万里景象，瞬息呈现千变万化之佳兴。正所谓仙家妙术也。"日本的庭园也是象征大自然的。比起西方庭园多半是造成匀整，日本庭园大体上是造成不匀整，或许正是因为不匀整要比匀整更能象征丰富、宽广的境界吧。当然，这不匀整是由日本人纤细而又微妙的感情来保持均衡的。再没有比日本庭园那种复杂、多趣、细致而又繁难的造园法了。所谓"枯山水"的造园法，就是仅仅用岩石砌垒的方法，通过"砌垒岩石"，来表现现场没有的山河的美境以及大海的激浪。这种造园法达到登峰造极时就演变成日本的盆景、盆石了。所谓山水这个词，指的是山和水，即自然的景色，山水画，也就是风景画，从庭园等的意义，又引伸出"古雅幽静"或"闲寂简朴"的情趣。但是崇尚"和敬清寂"的茶道所敬重的"古雅、闲寂"，当然是指潜在内心底里的丰富情趣，极其狭窄、简朴的茶室反而寓意无边的开阔和无限的雅致。

要使人觉得一朵花比一百朵花更美。利休④也曾说过：盛开的花不能用作插花。所以，现今的日本茶道，在茶室的壁龛里，仍然只插一朵花，而且多半是含苞待放的。到了冬季，就要插冬季的花，比如插取名"白玉"或"侘助"的山茶花，就要在许多山茶花的种类中，挑选花小色洁，只有一个蓓蕾的。没有杂色的洁白，是最清高也最富有色彩的。然后，必须让这朵蓓蕾披上露水。用几滴水珠润湿它。五月

---

① 金冬心（1687—1764），中国清代书画家和诗人。他打破宋画的画风，独创新的风格，擅长画竹、风、水、佛像。
② 日本花道，日本一种用以修养心神的插花艺术，派别很多，以"池坊派"为最有名。
③ 池坊专应（生卒年不详，约在15世纪初到15世纪中期），是池坊派的插花始祖。
④ 千利休（1522—1591），安土、桃山时代的茶道家，精通茶术，集茶道之大成。

间，在青瓷花瓶里插上一株牡丹花，这是茶道中最富丽的花。这株牡丹仍只有一朵白蓓蕾，而且也是让它带上露水。很多时候，不仅在蓓蕾上点上水珠，还预先用水濡湿插花用的陶瓷花瓶。

在日本陶瓷花瓶中，格调最高、价值最贵的古伊贺①陶瓷（大约十五六世纪），用水濡湿后，就像刚苏醒似的，放出美丽的光彩。伊贺陶瓷是用高温烧成的，燃料为稻草，稻草灰和烟灰降在花瓶体上，或飘流过去，随着火候下降，它就变成像釉彩一般的东西。这种工艺不是陶匠人工做成，而是在窑内自然变化烧成的，也可以称之为"窑变"，生产出各式各样的色调花纹。伊贺陶瓷那种雅素、精犷、坚固的表面，一点上水，就会发出鲜艳的光泽。同花上的露水相互辉映。茶碗在使用之前，也先用水湿过，使它带着润泽，这成了茶道的规矩。池坊专应曾把"山野水畔自成姿"（口传）作为自己这一流派的新的插花要领。在破了的花瓶、枯萎的枝叶上都有"花"，在那里由花可以悟道。"古人均由插花而悟道"，就是受禅师的影响，由此也唤醒了日本人美的心灵。大概也是这种心灵，使人们在长期内战的荒芜中得以继续生活下来的吧。

在日本最古老的歌物语，包括被认为是短篇小说的《伊势物语》②里（10世纪问世），有过这样一段记载：

有心人养奇藤于瓶中。花蔓弯垂竟长三尺六寸。

这是在原行平③接待客人时的插花故事。这种所谓花蔓弯垂三尺六寸的藤确实珍奇，甚至令人怀疑它是不是真的。不过，我觉得这种珍奇的藤花象征了平安朝的文化。藤花富有日本情调，且具有女性的优

---

① 伊贺，地名，现在日本三重县西南，盛产陶瓷。
② 《伊势物语》，日本平安朝的歌物语，由以和歌为中心的一百二十五个短篇汇编
　 而成，有相当一部分是取自地方的恋爱故事、民间传说等。
③ 在原行平（818—893），日本平安朝前期的歌人。

雅，试想在低垂的藤蔓上开着的花儿在微风中摇曳的姿态，是多么纤细娇弱、彬彬有礼、脉脉含情啊。它又若隐若现地藏在初夏的郁绿丛中，仿佛懂得多愁善感。这花蔓长达三尺六寸，恐怕是异样的华丽吧。日本吸收了中国唐代的文化，尔后很好地融会成日本的风采，大约在一千年前，就产生了灿烂的平安朝文化，形成了日本的美，正像盛开的"珍奇藤花"给人格外奇异的感觉。那个时代，产生了日本古典文学的最高名著，在歌方面有最早的敕撰和歌集《古今和歌集》①（905），小说方面有《伊势物语》、紫式部（约978—约1016）的《源氏物语》②、清少纳言（约966—约1025）的《枕草子》③等。这些作品创造了日本美的传统，影响乃至支配后来八百年间的日本文学。特别是《源氏物语》，可以说自古至今，这是日本最优秀的一部小说，就是到了现代，日本也还没有一部作品能和它媲美，在10世纪就能写出这样一部近代化的长篇小说，这的确是世界的奇迹，在国际上也是众所周知的。少年时期的我，虽不大懂古文，但我觉得我所读的许多平安朝的古典文学中，《源氏物语》是深深地渗透到我的内心底里的。在《源氏物语》之后延续几百年，日本的小说都是憧憬或悉心模仿这部名著的。和歌自不消说，甚至从工艺美术到造园艺术，无不都是深受《源氏物语》的影响，不断从它那里吸取美的精神食粮。

紫式部和清少纳言，还有和泉式部（约979—?）和赤染卫门（约957—1041）等著名歌人，都是侍候宫廷的女官。难怪人们一般提到平安朝文化，都认为那是宫廷文化或是女性文化。产生《源氏物语》和《枕草子》的时期，是平安朝文化最兴盛的时期，也是从发展的顶峰开始转向颓废的时期，尽管在极端繁荣之后已经露出了哀愁的迹象，然而这个时期确实让人看到日本王朝文化的鼎盛。

---

① 《古今和歌集》，简称《古今集》，共二十卷，收集和歌千余首。
② 《源氏物语》，以日本平安王朝为背景，描写了主人公源式的生活经历和爱情故事，全书共五十四回。
③ 《枕草子》，随笔集。与《源氏物语》一起被喻为日本平安文学时代的"双璧"。

　　不久，王朝衰落，政权也由公卿转到武士手里，从而进入镰仓时代（1192—1333），武家政治一直延续到明治元年（1868），约达七百年之久。但是，天皇制或王朝文化也都没有灭亡，镰仓初期的敕撰和歌集《新古今和歌集》（1205）在歌法技巧上，比起平安朝的《古今和歌集》又前进了，虽有玩弄辞藻的缺陷，但尚注重妖艳、幽玄和风韵，增加了幻觉，同近代的象征诗有相同之处。西行法师（1118—1190）是跨平安和镰仓这两个朝代的具有代表性的歌人。

　　　　梦里相逢人不见
　　　　若知是梦何须醒

　　　　纵然梦里常幽会
　　　　怎比真如见一回

　　《古今和歌集》中的小野小町的这些和歌，虽是梦之歌，但却直率且具有它的现实性。此后经过《新古今和歌集》阶段，就变得更微妙的写实了。

　　　　竹子枝头群雀语
　　　　满园秋色映斜阳

　　　　萧瑟秋风荻叶凋
　　　　夕阳投影壁间消

　　镰仓晚期的永福门院①的这些和歌，是日本纤细的哀愁的象征，我觉得同我非常相近。

————————————

① 永福门院（1271—1342），镰仓晚期的女诗人，伏见天皇的中宫皇后。

讴歌"冬雪皑皑寒意加"的道元禅师或是歌颂"冬月拨云相伴随"的明惠上人，差不多都是《新古今和歌集》时代的人。明惠和西行也曾以歌相赠，并谈论过歌。

西行法师常来晤谈，说我咏的歌完全异乎寻常。虽是寄兴于花、杜鹃、月、雪，以及自然万物，但是我大多把这些耳闻目睹的东西看成是虚妄的。而且所咏的句都不是真挚的。虽然歌颂的是花，但实际上并不觉得它是花；尽管咏月，实际上也不认为它是月。只是当席尽兴去吟诵罢了。像一道彩虹悬挂在虚空，五彩缤纷，又似日光当空辉照，万丈光芒。然而，虚空本来是无光，又是无色的。就在类似虚空的心，着上种种风趣的色彩，然而却没有留下一丝痕迹。这种诗歌就是如来的真正的形体。

（摘自弟子喜海的《明惠传》）

西行在这段话里，把日本或东方的"虚空"或"无"，都说得恰到好处。有的评论家说我的作品是虚无的，不过这不等于西方所说的虚无主义。我觉得这在"心灵"上，根本是不相同的，道元的四季歌命题为《本来面目》，一方面歌颂四季的美，另一方面强烈地反映了禅宗的哲理。

1968年1月

（唐月梅　译）